V. KUMAR

全球营销调研

GLOBAL
MARKETING RESEARCH

［美］V. 库马尔 著

于洪彦 金钰 朱鸿 译

格致出版社 上海人民出版社

前　言

　　商务全球化的不断发展促进了国际贸易的增长和跨国公司的出现，对商务的各个方面产生了重要影响，包括营销调研领域。随着欧洲共同体（European Community）和北美自由贸易协定（North American Free Trade Agreement，NAFTA）等区域贸易联盟的成立，全球竞争日益激烈，这推动了跨国公司的发展，激发了对全球营销调研的需求。而世界各国纷乱的经济形势进一步加剧了这种需求。这样的全球发展态势激励着公司将各国市场看作进军的潜在阵地，并督促着它们稳定其财政状况。在此情势下，公司需要收集国际市场的相关信息，监测其趋势，并且通过调研来确定在国际市场上最有效、最恰当的策略。

　　营销调研的范围不断向全球扩展，这要归因于市场、贸易、通信和运输全球化的快速进程。面对来自世界各地林林总总的商品，消费者发现他们的选择范围拓宽了，但企业面临的则是加剧的竞争、饱和的国内市场以及控制成本的压力。而在另一方面，这也为小企业和跨国公司提供了机遇，使它们可以在国外市场占有一席之地，结成联盟并维持较高的增长率和利润率。全球性产品的设计、品牌推广、广告宣传及定位需要考虑各种经济体制与文化的市场需求。

　　种种现实表明，全球性企业制定决策的当务之急是采取及时并正确的营销调研方法。调研者不仅需要熟悉最新的技术进步，以便促进和加速全球调研，还需要对严酷的、瞬息万变的竞争环境了如指掌，同时对于经济、文化、政治及法律对国际营销调研的影响，也要保持敏锐的触角。社交媒体在全球市场的盛行及其商业意义足以证明这一点。在社交媒体的作用下，当今的消费者更加便于互相联系，因此营销已经走向了真正的国际化。这种由消费者管理的传播方式的出现，使消费者可以互相交流产品比较和消费者体验，其结果是他们更注重其他消费者的产品评价，而不是传统的、由公司主导的营销传播方式。在这种市场发展形势下，为了在竞争者中站稳脚跟，公司将面临一系列营销挑战。

　　本书的撰写正是为了向学生、学者和营销调研者提供实用的、详尽的、有据可查的指导，介绍开展并进行全球营销调研的各个阶段。本书不仅关注全球营销调研的范围与程度方面的新近发展,而且考查定量与定性调研方法的进步,还涉及互联网对全球调研的影响。

在这一版中,我们依然试图全面覆盖所有相关主题。这些主题涉及设计与进行全球营销调研的各个阶段—从分析调研的性质与范围,到初步阶段、收集数据、设计问卷、抽样和展示数据。大量的国别示例和案例分析有助于深入理解本书所提及的概念。

快速的全球化与技术革新,以及以消费者为中心的营销方法被越来越多地采用,必将导致全球营销领域的革命性变化,本书的内容正着重于此。本书的首要目标是提供关于全球营销调研行业的最新、最切实的信息,概述其必要技术,以便指导调研者的工作。

目标

本书的目的是提供现代全球营销调研技术方面的全面指导,用以在全球范围内进行信息收集、分析与解释。本书的优势在于其定位、内容与相关主题的涵盖。为了加强对书中所陈述的事实与原理的理解,本书使用了全球营销背景中最新的营销调研实例。本书所提供的信息的价值体现于主要国别市场的实际特征与处理全球营销调研问题的实用方法。对于全球营销调研实践者,跨国公司里负责监督国际业务的主管人员,以及对进入外国市场感兴趣的许多小企业来说,本书也同样具有切实作用与吸引力。具体而言,本书的目标是:

(1) 强调全球营销调研的重要性与必要性;

(2) 阐明国内营销调研与全球营销调研的差异;

(3) 对全球营销调研过程提供全面理解;

(4) 对管理全球营销调研活动方面的问题展开深入讲解;

(5) 通过诸多实例与应用,介绍如何在不同地区进行全球营销调研;

(6) 掌握互联网、社交媒体与其他进步技术在营销调研中的使用情况,并说明其在全球营销调研中的应用;

(7) 对全球营销调研所需的简单与高级的数据分析方法,提供清晰而全面的介绍。

本书架构

　　本书的结构安排令读者置身于正在进行着的全球营销调研中。第一篇是介绍性篇章,包括三个章节,对全球营销调研进行概述。后面的篇章详细介绍进行全球营销调研的步骤。

第一篇　新兴市场和发达市场营销调研的介绍

第1章

　　公司不断寄期望于向新的国别市场进行扩张。它们如何选择想要进入的市场呢? 它们将采用什么策略来进行营销、广告宣传、品牌推广、分销和销售呢? 它们在新的市场总是能够获得成功吗? 为了提高成功几率,它们需要哪些市场信息呢? 第1章讨论的就是诸如此类的全球营销调研方面的问题。

　　具体而言,第1章介绍全球营销调研的概念并讨论其发展过程,特别是全球调研在近20年的变化与进展。除了介绍全球营销调研的性质与范围,还将详细讨论进行全球营销调研所面临的挑战。本书还提供了营销最新趋势方面的资讯,包括互联网、数字传播、电话营销和社交媒体的渗入。借助一些当前的实例,探讨在全球背景中,如何将全球市场的这些革命性变化有效应用于营销调研。本章还提供新的实例,用以说明国别与文化差异、数据可比性和权力距离因素的重要性,进一步解释全球营销调研的性质与范围。本章所讨论的调研伦理可以扩展至在线调研以及与之相关的伦理挑战。

第2章

　　公司一旦决定向新的国别市场进行扩张,它们如何确定目标市场呢? 它们将采用哪种进入模式？应该何时进入市场？它们应该如何分配营销资源？公司需要这些更高水平的信息来指导它们的国际扩张进程。本章探讨的是调研在全球营销策略形成中所起的作用，这将促进公司的国际扩张进程。

本章讨论全球营销调研所特有的问题，比如调研设计的复杂性、二手数据的使用问题、收集一手数据的高额成本，以及在不同国家进行与协调调研的相关问题等。

在讨论上述问题的重要性时，比如在当今时代进行全球营销调研的复杂性，本章着力于提供关于成本可比性的最新信息。本章还包括全球营销调研行业、对全球调研的需求、跨国客户的需求变化，以及主要商业营销调研代理机构等方面的信息。讨论将针对世界市场的营销调研，探讨在何地进行何种程度、何种类型的调研。另外，本章还探讨全球营销调研行业的未来业务发展来源，以及该行业在未来将面临的挑战。

本章将介绍一些顶级全球调研公司的最新资讯，这些信息来自相关杂志中的时下热点话题，如美国市场营销协会的《营销新闻》，还来源于个别公司网站。本章还谈及该领域的最新发展，比如基于手机的测量系统、便携式人员收视测量仪、使用社交媒体收集数据，以及进行基于社交媒体的宣传活动等。

第3章

搜寻新市场的信息是一个漫长而紧张的过程。调研者应该如何确定相关调研问题呢？需要什么信息？如何获得信息？他们应该如何进行研究设计？如何分析与解释数据？要想洞悉这些问题需要进行切实而有意义的研究。

具体而言，本章讨论全球营销调研设计方面的问题。首先介绍并解释全球营销调研过程。然后讨论一些技术问题，比如每个任务所需的信息类型、分析级别、决策类型以及需要确定的分析单位等。本章还详细描述进行营销调研所需的组织结构，并讨论集中化结构与分散化结构的利弊。

除了讨论全球营销调研的设计过程，本章还阐述当今全球营销者所面临的挑战。讨论问题包括市场复杂性的提高要求营销者必须掌握应用市场知识，日渐模糊的产品类别要求采用协调的设计与调研，产品开发周期的缩短要求强化高品质的重要性，以及特征过多要求进行更多效益研究等。本章还讨论诸如全球调研的分析单位等其他问题,包括不同国家对于城镇的定义。

第二篇　调研设计与管理调研过程

第二篇讨论的是与全球营销调研有关的问题,比如进行全球营销调研的内容与方法。这部分包括 9 个章节,探讨数据来源(一手数据和二手数据),信息收集方法(基于调查和非基于调查的技术),问卷设计、抽样方法、测量和量表编制过程等工具的设计,以及数据收集方法等问题。

第 4 章

考虑进入新的国别市场时,公司如何识别国家间的异同呢? 最恰当的进入方式是什么? 为什么? 对于想要进入的市场应该采取什么战略定位? 它们是否应该依照现有市场的标准投放产品或服务? 还是应该针对新市场进行调整? 这些是公司在全球营销调研的初级阶段需要回答的问题。

本章提供关于全球化进程的最新研究信息,比如进入全球市场的决策方法和利用跨国扩散模型进行预测的有效方法等。营销者可以利用跨国、跨文化营销调研的变量,通过扩散研究,了解产品在全球市场的潜在使用率,并预测市场将对产品和营销策略作出何种反应。

第 5 章

收集国别市场信息经常要依赖二手数据。调研者如何收集二手数据呢? 二手数据的来源是什么? 二手数据经常用来做什么? 收集二手数据的利与弊是什么? 分析与解释二手数据存在哪些问题?

本章通过识别跨国数据的各种来源,重点探讨二手数据来源。此外,本章详细讨论如何获得目标市场的综合环境数据,关于社会、文化、政治、法律和经济等因素的数据,以及用于评估特定国别信息的数据。

尽管传统的二手数据形式依然重要,事实上,许多公司都借助基于网络的方法来收集二手数据。互联网信息提供者能够向大量用户提供更具有选择性的、动态的、最新的信息,并节省出版、分销以及其他成本。然而,互联网上的信息量巨大,也会造成混乱,有时关于同一个问题会存在互相抵触或互相矛盾的信息。本章除了讨论网络上全球调研数据的各种来源之外,还将提供有效进行在线二手数据调研的准则。

第6章

互联网正在不断重塑个人生活和商务领域。在这种情况下,公司如何利用互联网收集数据呢? 收集二手数据的主要来源是什么? 公司是否可以利用互联网收集一手数据? 如果可以,如何收集? 随着大数据的盛行,公司如何通过互联网和技术利用大数据? 本章将讨论这些问题。

本章首先讨论互联网使用情况的当前趋势,包括全世界互联网的周平均使用时数,首要的在线语言,以及全球用户进行互联网搜索的特征等,然后讨论反映现今市场趋势的其他相关问题,包括社交媒体扩散,互联网语音协议,以及在线视频、在线零售、卫星行业和数码音乐行业等。本章讨论的其他问题包括各个调研公司采用的在线方法,比如在线样本库、焦点组、访谈、民族志和计算机辅助访谈的选项等。

第7章

调研者的需求通常紧迫而独特,这就需要收集一手数据。那么,调研者如何收集一手数据呢? 一手数据都有哪些类型? 如何使用? 调研者如何设计实验来帮助他们对特定现象做出结论呢? 调研者需要解决哪些关于一手数据的问题呢? 这些是本章着重讨论的问题。

本章还讨论建立等价数据的重要性,这是为了获得国与国之间的数据可比性。本章讨论的其他问题还包括一手数据收集面临的主位/客位困境,调研设计、传播与解释过程中可能存在的文化偏差,以及诸如国际在线综合调查这样的全球一手数据调研的新近发展状况等。

第8章

当着手提出研究问题并设计研究框架时,调研者对某个营销问题很少有足够的了解。在这种情况下,调研者如何进行数据收集呢?可以使用何种类型的定性数据和观察方法呢?使用这些方法的利弊是什么?采用某一方法时,需要克服哪些文化内涵?本章讨论的是与定性数据和观察方法有关的一些问题。

本章阐述基于调查和非基于调查的数据收集方法。首先讨论的是非基于调查的技术,包括观察数据、实验报告、投射法、深度访谈和焦点组方法。然后解释非基于调查与基于调查的技术的利弊。除了传统的定性方法和观察研究方法,本章还详细讨论思想测量方法在21世纪取得的一些重要发展,包括最新的神经科学方法、磁共振成像技术(MRI)和肌电图技术等,这些技术可以用来检测特定广告所引起的生理与情感反应。我们还将讨论萨尔特曼隐喻诱引技术(ZMET),这种技术利用图像和隐喻来揭示消费者对于品牌或其他调研问题的想法与感受。

第9章

调查是一种比较流行的一手数据收集方法。调查方法都有哪些种类?调研者如何为其研究确定恰当的调查种类呢?每种方法的利弊是什么?这些方法面临的文化问题有哪些?本章将讨论这些调查方法及其他相关问题。另外,本章还着力探讨这些调查研究方法中可能存在的误差来源,并提供克服这些误差的建议。

第10—12章

第10—12章分别讨论量表开发、问卷设计和抽样问题。为了作出正确的决策,调研者必须向恰当的受众提出恰当的问题,以了解人们的普遍态度。

第10章讨论各种测量与量表技术,以及这些技术的局限性。除了传统的量表开发与态度测量方法,本章还讨论能够揭示无意识生理反应的特定心理生理方法,以便了解受访者对所研究的特定产品或属性的真实态度。这种无意识生理反应包括皮肤电反应(GSR)、心率、瞳孔扩大和面部肌肉(皱眉肌或颧肌)反应等。

第 11 章讨论全球营销调研问卷开发的问题,以及在线问卷设计的准则。

第 12 章讨论全球营销调研的抽样方法。我们详细讨论的是,为了达到全球营销调研的目的,在确定有效的抽样过程时所遇到的问题。本章还讨论概率与非概率抽样设计、样本量估计、传统方法与贝叶斯方法的评估等概念。在讨论各种抽样设计与抽样过程的同时,本章还对线上与线下抽样技术进行了比较。

第三篇　数据分析与结果报告

继收集数据之后,第三篇讨论分析数据与展示数据的有关问题。这部分包括四个章节,分别阐述不同数据分析工具的重要性与关联性,何时使用哪种方法,以及如何有效地展示数据。

第 13—15 章

搜集到的数据形式很少能够直接用于分析并得到有意义的结果。那么,在进行分析之前,调研者如何准备数据呢? 为了理解数据,可以使用哪些分析与统计工具呢?

第 13 章讨论数据准备、数据分析和统计工具的有关问题。本章还介绍目前用于数据分析的一些新型高级技术,比如时间序列与截面数据混合分析、遗传算法和分层贝叶斯线性回归等。

第 14 章讨论方差分析与解释实验结果方面的问题。本章还介绍回归分析,重点是简单线性回归模型。本章提供的例子有助于更好地理解每种方法。

第 15 章对各种多变量数据分析方法展开全面讨论。本章详细介绍每种方法,并分别附带一个应用实例。本章讨论的主要多变量方法包括多变量回归分析、判别分析、典型相关分析、因素分析、聚类分析、联合分析和多维尺度分析。

第 16 章

调研者经常关注调研方法,却忽视了良好沟通的重要性。那么,调研者如何有

效地展示结果呢？第 16 章讨论口头和书面展示结果的方法。本章还介绍沟通技术
与调研结果展示方面的发展，这些能够使调研结果更加有效、引人入胜和易于
理解。

第四篇　跨国市场的营销调研方法

这部分讨论亚太地区、欧洲、拉丁美洲、中东与非洲和北美洲等不同地区的特
性，以及在这些地区进行调研时必须铭记于心的重要因素。这部分包括五个章节，
分别介绍在每个地区进行调研的重要信息。

第 17—21 章

第 17—21 章专门讨论亚太地区、欧洲、拉丁美洲、中东与非洲和北美洲的营销
调研问题，每章各涉及一个地区。这几个章节详细讨论并提供的信息包括二手数
据来源，与社会文化、经济和政治环境有关的问题，营销调研行业，营销调研的成
本，以及抽样与问卷设计方面的问题。这部分还介绍这些地区的互联网渗入、社交
媒体盛行和移动通信技术的使用等方面的最新资讯。另外，还列举了在这些地区
进行调研时必须留心的各种问题与挑战。

第五篇　全球营销调研的未来方向

在这部分，作者对全球营销调研的未来作出了展望。这部分还包括一些案例，
用来说明全球营销调研的应用以及相关挑战。

第 22 章

第 22 章讨论作者所展望的全球营销调研的未来。消费者不再是广告与商业信
息的被动接收者，而是积极地参与产品生命周期的各个阶段，从设计到衰落。因

此,营销者必须不断迎合顾客的偏好与诉求。鉴于无线通信技术与数字营销的发展,本章为当今与未来的营销者提供了一些准则。本章还讨论数据收集方面的一些技术进展,特别是在广播听众测量方面,这些可以为其他行业的调研带来启示。

致　谢

　　谨向 Tamer Cavusgil、Keith Cox、Raj Echambadi、Jaishankar Ganesh、Les Johnson、Philip Kotler、Robert Leone、Werner Reinartz、Seenu Srinivasan 和 Bart Weitz 表达我诚挚的谢意,感谢他们对本书各版草稿做出的宝贵评论。我还要感谢为本书提供有益合作与见解的所有国际营销调研企业的行业高管。

　　我还要向 Anita Iyer、Prakash Ravichander 和 Divyapriya Muthukumaran 表达谢意,他们协助我从各种来源摘录信息。特别感谢 Bharath Rajan,他协调了本书创作过程中的所有活动。

　　同样感谢维韦卡南德教育学会管理学与研究学院博士研究生中心主席 Srini. R. Srinivasan 教授,加尔各答的印度社会福利和工商管理研究所的 Tanima Ray 教授,和庞第皆瑞的庞第皆瑞大学管理学院的 Uma Chandrasekaran 教授。作为本书的评审,他们提供了建议与意见。

　　我深深感谢 SAGE 印度出版公司与编辑团队,在本书的创作过程中,他们给予了协助与支持。

目　录

第二篇 调研设计与管理调研过程

第三篇   数据分析与结果报告

第四篇　跨国市场的营销调研方法

第五篇　全球营销调研的未来方向

案例研究

第一篇　新兴市场和发达市场营销调研的介绍

1

全球营销调研的性质与范围

本章概述

如今,整个世界紧密关联。你还记得 20 年前吗? 我们的生活中见不到智能手机,谷歌只是一家私人公司,Facebook 和 Twitter 甚至都不存在。通信系统技术产业的革新使信息在各地高效传播。在过去 20 年中,通信障碍的降低大力推动了国际贸易的发展。在后衰退时代,虽然发达国家的经济增长减缓,但新兴市场仍然保持着回弹力。中国、印度和非洲等市场,即使在艰难时期,也显示出了潜力,成为各类企业的潜力市场。许多企业都试图通过扩张而从这些发展中国家的经济增长中获利。尽管,向不熟悉的市场进行扩张,会增加公司的风险,但却能够帮助公司打败竞争对手。总之,竞争的加剧、饱和的国内市场和成本压力正在进一步加速各行各业的全球化进程。

在过去的 20 年中,技术改变了人们的生活。如今,技术公司已经跻身全球十大品牌榜。互联网能够使人们进行电子商务,没有时间、地域限制地购买或销售产品和服务。商务全球化的影响如此之深远,以至于我们走在任何国家的街道上都可以见证它的存在,肯德基在中国越来越多地出现就是一个例子。尽管全球化对公司来说是非常有利的,但其却不得不面对向不同受众群体营销产品所带来的复杂性。对于公司来说,这意味着必须掌握不同目标受众的更多信息,以便服务于每个个体。考虑以下情况:

● 思科(Cisco)于 2005 年开始在印度班加罗尔开设第二总部,目的是把握印度以及迪拜等周边地区的机遇。[①]像这样的企业,如何开启国际化进程呢? 在选择想要进入的市场时,其需要关注哪些因素呢?

● 为了宣传公司的护发产品,Helene Curtis 注意到英国的中产阶级女性洗发频繁,西班牙女性次之,而日本女性则因担心失去保护油而避免洗发过频。[②]在这种情况下,如何为每个营业地区设计广告和分销策略呢?

● 当肯德基于 1970 年进入日本时,发现日本人认为快餐是非自然的、不健康的。为了建立品牌信任,肯德基在广告宣传活动中描述了桑德斯上校是如何开始在美国肯塔基州传扬南方人的盛情、传统和正宗家常食品的。[③]肯德基到底是如何研究其不同全球市场的品牌形象呢?

● 金宝汤公司(Campbell Soup Company)向英国推出小罐装浓缩汤品时,损失了大约 3 000 万美元。损失的原因是,消费者并没有意识到需要加水。产品在英国上市前,公司是否了解这一点呢?

专栏 1.1 举例说明了一家零售业巨头试图进入国际市场时面临的种种困难。冒险进入陌生市场时,为了顺利经营,管理者将面临额外的负担。关于国际市场的正确信息与透彻了解有助于避免在将来陷入困境。据证实,为主管提供国际商务培训的出口公司比不提供该项培训的公司经营得更好。[④]国际市场的复杂性、巨大的国别差异以及外国市场知识的匮乏更加凸显出全球营销调研的重要性。[⑤]进入市场之前,必须先确定产品定位或营销组合决策,并获得有关市场容量、市场需求和竞争方面的正确信息。调研除了有助于避免因不当策略而造成的高额损失或错失良机,还能够实现在外国市场的产品开发过程。据了解,全球营销调研领域促进了

---

① Vikram Mahidhar, Craig Giffi, and Ajit Kimbal, with Ryan Alvanos, "Rethinking Emerging Market Strategies", *Deloitte Review*, No.4, 2009.

② Philip Kotler and Kevin Keller, *Marketing Management*, 14th edition, Upper Saddle River, NJ: Prentice Hall, 2011:611.

③ Philip Kotler, Kevin Keller Lane, Abraham Koshy, and Mithileshwar Jha, *Marketing Management: A South Asian Perspective*, Boston, MA: Pearson Education, 2013:546.

④ 改编自 Eugene H.Fram and Riad Ajami, "Globalization of Markets and Shopping Stress: Cross-Country Comparisons", *Business Horizons* 37, 1994:17—23。

⑤ Anthony C.Koh, "An Evaluation of International Marketing Research Planning in United States Export Firms", *Journal of Global Marketing* 3, 1991:7—25.

研究的理论框架与概念和理论的实证检验方面的实质性进展。①

专栏 1.1

沃尔玛在印度面临的问题②

沃尔玛是世界领先级雇主，也是最大的公开上市公司之一，凭借其优秀的经营管理与高度的顾客价值而久负盛名。沃尔玛每天向顾客提供惠宜商品，多年来一直延续着它的成功传奇。印度，世界上发展最快的经济体之一，成为沃尔玛的下一个目标。

2006 年，公司宣布与印度的巴提公司（Bharti Enterprises）成立合资企业。进入印度市场为沃尔玛带来诸多挑战。拥有高水平的运营效率和供应链管理、持续的增长以及非凡的经验，人们可能认为对于这个零售业巨头而言，进入印度市场易如反掌。然而，事实远非如此。印度的市场条件带来了一系列全新挑战。

首先，由于不允许外国公司直接进入印度零售业，沃尔玛不可能再是一个独立品牌。因此，巴提沃尔玛以"惠宜现代批发卖场"的名义而开业了。第二，沃尔玛在印度国会进行的游说活动被认为是一种贿赂，相关争论严重破坏了公司形象。第三，供应链与物流是沃尔玛在印度遇到的最大挑战。印度缺乏合适的设施，比如冷藏卡车、高效的仓储和维保，因此每年有三分之一的产品因腐烂而损失。由于道路条件差和政府指定中间商等原因，维持每天低价对于沃尔玛来说是一项艰巨任务。

然而，公司一直在竭力解决在印度遇到的这些难题。对于沃尔玛来说，这就好像是一切从头开始，需要采取革新方法在印度跨越这一障碍。

营销调研曾被美国市场营销协会定义为"通过信息将组织与市场联系起来的一种职能"。营销调研收集的信息用于识别和定义营销机遇与挑战，提出、改进并

---

① Preet S. Aulakh and Masaaki Kotabe, "An Assessment of Theoretical and Methodological Development in International Marketing: 1980—1990", *Journal of International Marketing* 1, No.2, 1993: 5—28.

② 改编自 Amol Sharma and Biman Mukherji, "Bad Roads, Red Tape, Burly Thugs Slow Wal-Mart's Passage in India", *Wall Street Journal* 11, 2013:12。

评估营销活动,监控营销绩效,以及提高对营销过程的理解。营销调研具体说明了研究这些问题所需的信息,设计信息收集方法,管理并执行数据收集过程,解释研究结果,以及揭示结果及其意义。营销调研可以理解为在市场数据收集过程中应用科学方法来作出营销决策。[①]它是营销者获得营销活动的消费者和交易反馈的方法。它是一种关键的营销功能和有用的管理工具,可以被看作是管理者欲将科学引入营销的一种尝试。

在一个或多个外国市场进行一个或多个上述活动就是全球营销调研。全球营销调研的传统定义是"在一个以上国家进行的、辅助决策制定的调研"。[②]简单的全球营销调研是指在公司的国内市场之外,仅在唯一市场所做的调查研究。更为复杂的则是多国调研项目,这种调研经常涉及国家间优先权的确定和国家内营销方法的优化。因此,全球营销调研可以被定义为"为了便于在多个国家作出营销决策而同时或先后进行的营销调研"。

全球营销调研对于向外国扩张业务的公司具有重要意义,因为其需要最新而准确的市场信息。在这点上,全球营销调研可以被看作是国际营销与营销调研功能的结合。从这个角度很容易看出,国际营销致力于向国际消费者提供他们所需的产品和服务,而全球营销调研致力于收集、分析与展示关于国际消费者需求的信息,以便协助国际营销任务的达成。

那么,为纽约市场做调研与为新德里市场做调研是一样的吗?答案明显是否定的,正是如此,国内市场营销调研有别于国际市场营销调研。纽约和新德里的基本调研过程和方法是相同的,但是国际市场调研具备两个额外特征。第一,必须付出努力在两种文化之间交流调研问题。也就是说,必须将纽约的调研问题应用到新德里市场,而在这个过程中,不能有任何信息丢失或改变。第二,必须将新德里的调研结果应用到美国环境,以便进行比较并理解纽约市场。

换言之,全球营销调研是公司积极进行国际营销的结果,也是最终有助于公司内部决策的营销调研过程。全球营销调研过程通过以下方式帮助公司管理全球营销决策:①决定在国际市场的占有程度;②确定具有吸引力和有利条件的市场来进

---

① Alvin A. Achenbaum, "The Future Challenge to Market Research", *Marketing Research* 5, No. 2, 1993.

② Susan P. Douglas and C. Samuel Craig, *International Marketing Research*, Eaglewood Cliffs, NJ: Prentice Hall, 1983:24—25.

入；③确定在国际市场的经营模式；④开发适合于特定市场的产品和国际营销方案；⑤确定长期国际营销策略，以便维持、扩展或退出国际市场。从这个角度出发，本书着重讨论多国营销调研，目的是帮助解决多国营销问题，而不是单纯的国内营销问题。图 1.1 说明了全球营销调研的概念及其在制定全球营销策略方面的作用。

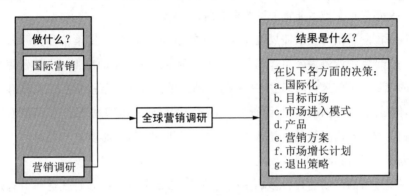

图 1.1　全球营销调研的作用

接下来的部分对全球营销调研进行概述，重点讨论调研在制定全球营销策略过程中的重要性。本章的目的是引导读者关注全球营销调研的必要性及其作用。什么是全球营销调研？这个概念有效吗？如果有效，它与国内营销调研的区别是什么？我们首先阐述全球营销调研的必要性，然后重点讨论全球营销调研的不同类型，以及它在国际营销决策过程中的作用。

全球营销调研：它是有效概念吗？ [①]

全球营销调研的批评者对这个概念本身提出了质疑。他们主张所有营销调研都是以国别为基础，不存在什么"全球营销调研"。然而，随着国际商务近年来的发展，批评者应该能够认识到有必要对市场进行深入了解，并且与当地顾客建立联系。对于当今的企业来说，全球营销调研比以前更加至关重要。

有些调研者也提出，在任何地点进行营销调研的本质基本上都相同。因此有

---

① 这部分改编自 P.D. Barnard，"International Research Is Different：The Case for Centralized Control"，presented in ESOMAR Seminar on International Marketing Research："Does It Provide What the User Needs?"，Brussels，1976。

人认为,如果你能够在一个国家进行调研,你就能够在任何地方调研,不需要有关当地的知识或技能,他们的理由是在任何地点进行调研的基本方法都是一样的。然而,在国际市场营销产品需要对当地具有特定程度的了解。同样,在国际市场进行调研也需要一定的当地知识。虽然基本方法相同,但是如果不了解当地市场,调研者难免错失这个地区非常关键的重要信息。

进行国际营销的企业需要制定国别间的市场优先权、分销策略和资源分配等决策。全球营销调研为公司管理人员提供了制定这些决策的准则。全球营销调研的目的就是提供信息,作为这类决策的基础。尽管获取的某些信息仅仅具有国别意义,但是国际(跨国或多国)调研与一个国别调研或一组国别调研是不同的,它是用来辅助国际营销决策的。随着不断地打开国际市场,有必要进行及时而正确的营销调研,以便指导决策制定过程。

只要进行的市场调查会影响多国的决策,那么全球营销调研就是一个有效概念。归根结底,只要营销策略是建立在多国基础上,营销调研就应该如法炮制,这才是唯一符合逻辑的做法。将国际营销计划建立在割裂的国别营销调研基础上,这种做法毫无意义。专栏1.2列出了全球营销调研者需要考虑的一些关键问题。

专栏 1.2

全球营销调研:需要注意什么?①

没有明确的议程或计划时,进行全球营销调研是非常困难的。最好先搜集有关问题的信息,以便帮助管理者缩小全球营销活动的范围。值得考虑的一些问题包括:

- 外国市场是否存在推广公司产品和服务的机遇?
- 需要详细研究哪个外国市场?
- 每个潜在国家的主要经济、政治、法律及其他环境因素与趋势如何?
- 公司计划采用哪种进入模式来进入外国市场?

---

① David A. Aaker, V. Kumar, George S. Day, and Robert P. Leone, *Marketing Research*, New York, NY: John Wiley and Sons, 2013, 11th edition.

- 这些国家的市场潜力如何？
- 公司现有与潜在的外国顾客是哪些人？
- 外国市场的竞争特征如何？
- 公司应该采取哪种营销策略？

全球营销调研为何不同？

　　全球营销调研过程与国内营销调研没有太大差异。国内调研的准则也同样适用于国际调研。[①]然而，全球营销调研与单一国家的国内调研的主要区别在于：①国际调研涉及国家间的差异，这是由不同政治、法律、经济、社会和文化差异导致的；②国际调研还涉及调研结果的可比性问题，这是由国际调研所面临的前述差异导致的，而这个问题在单一国家调研中并不存在。例如，"红色"在中国被认为是幸运颜色，可是许多其他国家则将其视为警告标志。专栏 1.3 列出了世界各地的各种普遍习性。这些习性反映了不同国家的文化特征，这是进行国际市场调研时不得不处理的。

专栏 1.3

特定地区的习性[②]

亚　　洲	欧　　洲	拉丁美洲	中东地区
● 中国人习惯对他人说他们认为听者想要听的话，不管真假。进行调查时，这一点很重要。	● 尽管电信网络很完善，瑞典人不回电话也是很正常的。 ● 法国人崇尚社会地位，通常不与不同圈	● 大多数阿根廷人交谈时保持很近的身体距离，而且常常谈论个人的家庭问题。他们表达个人观点时非常	● 在中东，直接目光接触时间过长被认为是无礼的。同样，在群体中进行私下交谈或窃窃

[①]　作者对国际市场研究集团(Research International)的访谈。

[②]　改编并更新自 V.Kumar, "International Marketing Research", in *The Handbook of Marketing Research: Uses, Misuses, and Future Advances*, eds Rajiv Grover and Marco Vriens, Thousand Oaks, CA: SAGE Publications, 2006; http://www.kwintessential.co.uk/, 访问日期 2014 年 5 月 10 日。

（续表）

亚　洲	欧　洲	拉丁美洲	中东地区
● 在中国，获得官方批准的调查可以得到更高的应答率。 ● 与中国香港地区的应答者相比，中国内地的应答者更好合作，更渴望尝试新产品，也更有耐心。 ● 印度人只愿意与他们认识和信任的人做交易——哪怕因此错失赚钱的生意。 ● 日本人的购买行为更多以产品的卖主为中心，而不是产品本身。这代表着品牌忠诚以及对质量与可靠性的重视。 ● 亚洲人更愿意使用头衔，却回避使用名字。 ● 亚洲人特别重视集体，并且以集体原则为基础。	子的人交往。他们认为一个人生来就属于某个阶层。 ● 法国人重视居家的个人时间，通常不接受提问。 ● 德国人尊重时间，是公认的最守时者之一。 ● 德国人看重私人性，往往保持己见。在所有在场的人中，应该最先向年长者问候。 ● 德国人更喜欢面对面交谈，而不是电话交谈。英国人却更喜欢打电话，而不是直复营销方式。	坦率，但在外交时特别谨慎。 ● 在巴西做生意看重私交。他们以轻松的方式对待生活和生意。 ● 大多数拉丁美洲人觉得电话交谈或回复邮件令人不舒服，他们更喜欢面对面的访谈。与现金相比，他们更愿意接受实物作为调研酬劳。 ● 拉丁美洲人很难回答"不"。同样，在拉丁美洲请人帮忙很常见。明智的回答是"我试试"，而不是坚决地说"不"。 ● 在拉丁美洲，用收入水平测量消费者购买力可能无法揭示真实情况。这是因为愿意支出收入购买外国产品的消费者真实数量比预期的少很多。	私语是不礼貌的。 ● 最好不要称赞阿拉伯主人的财产。这会令他们感觉应该把东西送给你。 ● AMER World Research 最近的一项调查发现，新一代的阿拉伯调研参与者在着装风格方面比较保守，他们认为家庭与婚姻是牢固的城池，并且在女性应该受到更多重视的同时，家庭享有优先权。 ● 在沙特阿拉伯，非语言交流是非常复杂的，因为大多数阿拉伯人表达自己所使用的手势都不一样。 ● 握手时需要等待对方先将手撤回。另外，最好使用右手。

国别差异的重要性

与其他国家比较，每个国家都各有异同。作为国际调研者，关注这些异同非常重要。国内调研者也许只关心一个国家，但是国际调研者需要应付的是在多个重要方面都存在差异的多个国家。

（1）在外国经营时，公司可能被赋予一种外国身份，这将给调研者评估与预测国际商务环境造成更多困难。这种身份意味着公司可能被看成剥削者，从而受到政治或法律当局的不公正待遇。例如，印度政府让可口可乐选择要么公开秘密配方，要么离开这个国家。结果可口可乐选择了离开。可是，当其再次被迎回这个国家时，却不得不面对政治活动家们的不断干扰。①

---

① Philip R. Cateora and John L. Graham, *International Marketing*, New York, NY: Irwin/McGraw-Hill, 1999, 10ᵗʰ edition:11.

（2）美国人口普查局和私人服务商得到的人口统计数据是相当可靠的；可是，其他一些国家获得的统计数据质量非常差。调研者很难了解不断变化的人口地理信息与区域定义情况，因为国家政府或者社会服务组织经常一时兴起改变这些信息。

（3）有些发展中国家不如发达国家那么先进和设施完备。例如，在 2012 年 6 月份互联网用户数量最多的前 20 个国家中，印度排名第三（1.37 亿）。可是在互联网渗入方面，印度在这 20 个国家中排名垫底（仅 11.4%）。将其与排名前三的发达国家英国（83.6%）、德国（83.0%）和韩国（82.5%）相比，差异显而易见。调研者评估国际市场时，考虑到这一点是非常重要的。①

（4）由于语言差异明显，某些地区还存在语言障碍。例如，巴布亚新几内亚有将近 750 种不同的语言，互相不能理解，在这里进行沟通很成问题。②语言差异的存在要求必须将问卷翻译成外语，再译回英语，以便发现语义上的差别。

影响不同文化背景人群行为方式的主要因素包括：

文化差异

文化是指在一大群人中普遍采用的行为规范或模式。文化决定消费者的购买行为。例如，在印度尼西亚文化中，人们崇尚集体主义，而美国这样的国家则是高度个人主义的。家庭结构与等级制度也决定着决策权。同一国家内部也存在差异。例如，尽管加拿大在政治上是统一的，但是却在文化上分为法式与英式传统。因此，针对法裔加拿大人所制定的成功营销策略，可能会在其他加拿大人中以失败告终。消费者对特定产品和服务的态度与行为同样会受到文化影响。欧洲的冰箱市场就可以作为一个例子。北欧人喜欢冷冻室位于底部的大冰箱，因为他们每周仅在超市采购一次，可是南欧人却喜欢冷冻室在顶部的小冰箱，因为他们几乎每天都去露天市场采购。另外，消费大量冷冻食品的英国人喜欢冷冻空间占 60% 的冰箱。可见，产品期望与使用方面存在如此大的差异，像伊莱克斯这样的公司不可能

---

① "The Top 20 Countries with the Highest Number of Internet Users（2012）", http://www.internetworldstats.com/top20.htm，访问日期 2013 年 7 月 30 日。

② Bernard Kong, "Papua New Guinea: A Land of Extreme Contrasts", *Trade and Culture*, May/July, 1997:40.

在整个欧洲将产品标准化。这也解释了为什么在饱和的市场中会同时存在若干个制造商,通过提供具有细微差异的产品来争得一席之地。而美国的冰箱市场却与此大相径庭,整个美国的冰箱市场高度标准化,冷冻室在顶部,隔层空间方面的差异很小,并且只有少数几家制造商统治着绝大部分市场份额。①

种族差异

文化差异也意味着身体特征差异。就拿日本和美国来说,在日本几乎每个人都是日本人,而美国人则是由不同文化与种族的人所构成。事实上,2010 年美国社区调查(American Community Survey)估计出生在美国的外国人大约为 4 000 万,占总人口的 13%。②对于那些在美国以及世界各地销售诸如个人护理等产品的公司来说,这些差异至关重要,鉴于皮肤或头发类型方面的固有差异,一个国家消费者的需求与期望可能与其他国家不一样。

气候差异

受气候条件影响,全球特定地区需要使用特定产品。全球不同地区的气候差异正是某些地理区域之间存在显著差异的原因。例如,博世—西门子(Bosch-Siemens)不得不改变销往欧洲的洗衣机。原因是德国或斯堪的纳维亚半岛地区的日光照射不规律,洗衣机的转速必须在每分钟 1 000—1 600,衣服才能干得透。可是在意大利或西班牙,因为日光充足,洗衣机达到每分钟 500 转就足够了。③公司必须根据这些差异,相应改变其全球推广信息。

经济差异

财富与收入水平也影响不同国家的消费者行为。各国经济模式不断改变,但仍然存在明显的差异。例如,联合国开发计划署公布的《2007 年人类发展报告》发现,全世界总人口中最贫穷的 40% 占有全球收入的 5%,而最富有的 20% 人口占有

① Cateora and Graham, *International Marketing*, 10ᵗʰ edition:343.
② "The Foreign-Born Population in the United States: 2010", May 2012, published by the American Community Survey, US Department of Commerce, Economics and Statistics Administration, US Census Bureau.
③ Scot Stevens and Dan Davis, "Battle of the Brands", *Appliance*, February, 1997:B21.

将近75％的总收入。这种经济差异为营销带来很多启示。例如,全世界的电力供应就是一个强有力的事实。在最贫穷的50个国家里,大约79％的人得不到电力供应。得不到电力的总人数大约为15亿(全世界人口的25％),大多数集中在非洲与南亚地区。①在这种情况下,让我们考虑一下电动开罐器和电动碎纸机等电子产品在全世界的销售情况。在不算富裕的国家,这些产品不仅无法获得、没有用处,将可支配收入花费在这些产品上也是一种浪费,还不如用来购买更有意义的其他必需品,如食品、服装和住所等。②

鉴于这些收入差异,营销者和调研者为了开发可行的市场,习惯上只关注现金充裕的那部分人口。可是最近的研究指出,可行市场也有可能存在于较低经济阶层。据证明,如果公司重新考虑一下定价、质量、可持续性和利润等方面的政策,那么也有可能发现金字塔底层的财富。具体而言,通过(1)创造增长的购买力,(2)促进消费者购买意愿,(3)开发当地解决方案,(4)改善产品和服务的获得性,公司也可以在低收入阶层建立可行市场。③

宗教差异

特定宗教塑造了非常具体的行为模式。例如,宗教在非洲起着关键作用,该地区的营销口号可以证明这一点。"神之服务美容院"或者"不许带手机去天堂"都清楚表明了人们的宗教优先意识。中东国家还禁止饮酒。必须尊重这条国家法令,否则犯法者将被收监或当众鞭笞。

历史差异

历史差异能够帮助解释关于每个国家的事实,英国的板球运动就是一个例子。这些随着时间演变而来的差异对消费者行为的影响很深。例如,在意大利,饮用苏格兰威士忌被看作体面的象征,在苏格兰却并非如此。

---

①　Nathanial Gronewold, "One-Quarter of World's Population Lacks Electricity", *Scientific American*, November 24, 2009.

②　Cateora and Graham, *International Marketing*, 10th edition: 89.

③　C.K. Prahalad and Stuart L.Hart, "The Fortune at the Bottom of the Pyramid", *strategy+business*, issue 26, 2002.

消费模式差异

不同地区的消费模式差异巨大。例如,世界各地的饮料消费存在明显差异。美国每年的人均软饮料消费量最高,为 760 瓶净重 8 盎司的饮料。墨西哥的饮用量为 674 瓶,巴西 315 瓶,俄罗斯 149 瓶,中国仅 39 瓶。[①]对于世界各地的软饮料制造商来说,在确定产品销量与营销努力时,这些信息至关重要。

市场条件差异

调研者需要掌握外国市场的基本现状,以便了解营销产品和服务方面的细微差别。正如无所不在的移动电话市场,现行的市场条件与营销策略大相径庭、不断变化。电信运营商 Grameenphone 向孟加拉国的乡村销售了 35 000 部手机,其做法是雇用当地妇女作为代理,她们可以将通话时间租给其他村民,每次打一个电话。这种方法有效解决了孟加拉国可支配收入水平低和手机渗透率低的问题。[②]诺基亚派遣营销、销售和工程部门的一些初级人员,前往中国、泰国和肯尼亚的乡村驻留了一个星期,观察当地人如何使用手机。根据观察结果,公司开发了仅具有基本功能的低价手机,最终赢取了非洲与亚洲市场的大部分份额。[③]同样,诺基亚在所有主要市场对其 6100 系列手机实行了定制化。针对亚洲进行的开发包括设备的基本语音识别功能,这是为了应对键盘问题,还提高了铃音的音量,以便在嘈杂的亚洲街头也能听得到铃声。

从调研的角度,世界各地应答者的访谈条件也不一样。例如,如果在中国香港地区进行调研,人们会隔着前门的栅栏接受采访,因为他们不会让陌生人进入家里。类似地,日本人也不喜欢通过电话进行联系。采访拉丁美洲的富人很困难,因为他们很难联系或接近。调研者应该谨记这些不同文化的细微差别。

现有与潜在目标群体差异

在英国和德国这样的国家,是有可能采集到全国性样本的。小型城镇与乡村

① "U.S. Soft Drink Consumption on the Decline", *Reuters*, August 24, 2009.

② Vijay Mahajan, Marcos V.Pratini De Moraes, and Jerry Wind, "The Invisible Global Market", *Marketing Management*, Winter 2000:31—35.

③ Clayton Christensen, Stephen Wunker, and Hari Nair, "Innovation Vs. Poverty", Forbes, October 13, 2008.

都可以被包括进来，因为距离不远。而在西班牙，访谈只能在 10 万以上人口的城市进行，因为在小型城镇与乡村进行访谈的成本高得让人不敢问津。①同理，印度乡村地区绝大部分居民受教育程度不高。因此，对于这些消费者，自填式问卷调查是不可行的。

消费者语言差异

各个国家消费者的沟通方式不一样。不同国家消费者所讲的语言存在差异，国际营销调研者还需要密切关注每个国家各个年龄组的人所讲的语言。在印度和中国这样的市场，消费者的平均年龄大约为 25 岁，而在日本、德国或意大利这样的市场，大约为 43 岁。市场内与市场间的年轻一代消费者有他们独特的语言，而他们正是服装、消费电子产品、家电和汽车等产品类别的目标消费者。因此，作为调研者，想要理解并在调查中检验这些细微差别，重要的是需要了解每一部分消费者所讲的语言。

另外，全球营销调研者还要应对以下差异：

- 语言差异
- 产品或服务的使用方法差异
- 产品或服务的评估标准差异
- 市场调研设施差异
- 市场调研能力差异
- 国内消费者对调研问题应答方法的差异

多国调研结果可以反映上述差异，正如单一国家调研结果可以反映性别、年龄或社会阶层方面的差异。上述差异的性质不仅会影响研究结果，也往往对研究的初级阶段产生重要影响。重要的是要在多国调研的计划和开发阶段考虑这些细微差别，以便正确地了解市场并得到可信的结果。

虽然许多调研者都对国别差异议论纷纷，但是这些差异对于国际调研计划阶段的重要性却很少被意识到。营销调研者很容易忽视这些差异，因而在获取外国的营销情报时便会陷入困境。专栏 1.4 描述了全球营销调研中的一些关键陷阱。

---

① 作者对国际市场研究集团的访谈。

专栏 1.4

从业者眼中进行国际调研时的关键陷阱①

进行全球营销调研项目时应该避开的陷阱包括：

(1) 选择国内调研公司来进行国际调研。只有少数国内调研公司是能够致力于国际调研的专家。对于国际项目,重要的是需要得到一支团队的协作,他们对于外国市场的敏感性与了解,能够保证研究顺利进行。应该将重点放在选择一家声誉良好、在全球调研的设计、协调与分析方面具有丰富经验的调研公司。

(2) 刻板地在各国间使用标准化的调研方法。试图在各国之间采用统一的调研方法,这种做法是可取的。但是为了确定一种特定方法能否带来最佳结果,需要提出两个重要问题:①该文化是否适合于这种方法? 例如,在拉丁美洲,关系的基础是私人交往。因此,在进行 B2B 调研时,面谈比电话访谈更有效,尽管其费用更高。②当地的基础设施是否妨碍这种方法的使用? 例如,在美国进行电话调查是很常见的,可是俄罗斯电话系统的效率之低是出了名的。

(3) 在全世界都用英语进行访谈。在进行 B2B 调研时,即使外国的高管会讲英语,用英语进行访谈也可能导致不正确的应答。采访对象是否能够正确并充分地理解问题呢? 问题中是否存在没有被理解的细微差异呢? 顾忌到使用非母语进行应答,他们对于开放式问题的回答是否缺乏细节与丰富性? 另外,他们是否过于关注口音(他们自己的口音或采访者的口音),而不是调研问题本身? 因此,尽管翻译问卷耗资又耗时,这样做却能带来更准确地应答。

(4) 设定不恰当的抽样要求。有些具有国别特性的变量会影响到如何为多国营销调研选择恰当的抽样方法。例如,尽管随机抽样是统计上最为可靠的方法,但是在特定的外国市场,这种方法可能行不通。原因是许多非发达国家的文化水平很低,当抽样调研要求受访者必须识字时,随机抽样就不可行了。

(5) 对语言问题欠缺考虑。翻译为正确的当地语言时,必须仔细检查。如

---

① 改编自 Daphne Chandler, "8 Common Pitfalls of International Research", *The Council of American Survey Research Organizations Journal*, 1992:81。

果有可能,对"回译"采用质量控制程序。最关键的是在问卷的翻译过程中,确保在所有国家进行调研时,它的意义与重要性都相同。

(6) 缺乏系统的国际沟通程序。国际调研最大的问题之一是无法与当地调研公司清晰地沟通。他们是否理解调研目的? 是否理解抽样标准? 是否理解他们该做什么? 对于这些问题,他们经常妄作猜测,结果导致调研执行出现重大问题。

(7) 错误地解释各国间的多国数据。对研究数据的分析必须侧重于那个作为数据来源的国际市场。进行跨国调研比较时,必须理解特定国家在许多关键因素上的差异,比如当地市场条件、市场饱和度以及该研究范畴内当地的竞争体系等。

(8) 不理解进行定性调研时的国际差异。进行焦点组、小组讨论和深度访谈等定性调研时,调研者必须注意文化在讨论过程中的重要性。并不是所有国家都鼓励坦诚、公开的交流以及个人的不同意见。身份意识可能导致所有参与者都同意某一个人的观点的情形。不同意见被认为是不礼貌的,特定话题也可能遭到禁忌。另外,在亚洲某些国家进行消费者小组讨论时,打乱性别与年龄的分组方法往往提供不了准确信息。例如,年轻人的观点经常与老年人不同。如果无法根据年龄和性别来进行分组,那么就应该采用一对一的访谈。

文化[①]

所有国家都有其丰富的文化价值观,而且消费者都有意或无意地通过行为表达这些文化差异。进行调研时就可以看到文化与文化价值观、语言以及陌生人间的信任程度等方面的差异。由于忽视文化差异而导致的失误屡见不鲜。如下所述,这些失误可能后果严重:

● *产品*:诺基亚推出的 Nokia Lumia 就是一个典型例子。它的品牌名称翻译成

---

① Richard L.Sandhusan, *Global Marketing*(Hauppage, NY: Barron's Educational Series, 1994: 100—101.

西班牙语意思是"妓女",这使该品牌遭到了严厉批评。①

● 价格:一家美国公司就产品的可接受价格与日本买方进行磋商。经过详细陈述,美国公司报出了价格,而日方报以沉默。美国公司以为日方不接受该报价,便降低了价格。结果得到的还是沉默。美方提出会进行最后一次降价,这将是他们的最终报价。短暂的沉默之后,日方接受了这个报价。后来美国公司才了解到,日本人的习惯是作出决策之前,对于提议进行默默地考虑。由于没能正确解读文化信号,美国人损失巨大。②

● 渠道:一家美国蛋糕粉制造商在日本推出了一系列产品,结果却是一次重大失误。这家公司以美国作为参照,错误地认为所有日本家庭都有烤箱。③

● 促销:斯堪的纳维亚半岛地区的真空吸尘器制造商在美国推出产品时使用的宣传语是"伊莱克斯最能吸"(Nothing sucks like an Electrolux,但是它也有"伊莱克斯最烂"的意思),当时公司并没有意识到酿成了大错。④

理解全球营销调研的定义与范围是至关重要的,因为文化差异导致全球营销调研有别于国内调研。在营销领域中,文化被定义为"人们采用的生活方式所反映出来的价值观、态度、信念、文化产品以及其他有意义的符号等,帮助人们作为社会成员进行理解、评价与沟通"。⑤文化驱使人们对于各种情况作出特定反应,营销调研者必须在特定情况下对此有着清楚的认识。文化并非仅仅由个人发展并被个人追随;它是社会的集体行为,影响所有具有相似教育与生活经历的社会成员。文化是通过学习而得到的,并不是承袭下来的。该术语可以应用于国家、社会、职业或社会组织中的群体。⑥文化也是确定信息处理过程的重要因素。⑦例如,西非的零售

① "Why Nokia is Being Mocked in Spain", *Olive Press*, November 19, 2011, http://www.theolivepress.es/spain-news/2011/11/19/nokia-lumia-prostitute-spain,访问日期 2013 年 7 月 2 日。

② "Cultural Awareness—International Business Communication", 2011, http://www.cba.uni.edu/buscomm/InternationalBusComm/blunders.htm,访问日期 2014 年 1 月 20 日。

③ Gary A.Knight, "International Marketing Blunders by American Firms in Japan: Some Lessons for Management", *Journal of International Marketing* 3, No.4, 1995:107—129.

④ "Top 10 Translation Blunders of International Marketing, PR and Branding", July 27, 2010, http://www.utalkmarketing.com/Pages/Article.aspx?ArticleID=18456,访问日期 2014 年 5 月 1 日。

⑤ Greet Hoefstede, *Culture's Consequences: International Differences in Work-Related Values*, Beverly Hills, CA: SAGE Publications, 1998:42—43.

⑥ Marieke de Mooij, *Global Marketing and Advertising—Understanding Cultural Paradoxes*, Thousand Oaks, CA: SAGE Publications, 1998:42—43.

⑦ Edward T.Hall, *Beyond Culture*, Garden City, NY: Anchor Press/Doubleday, 1976.

商更喜欢面对面的会谈,而不是通过电子邮件或电话交流。对于中东的商人而言,信任是非常重要的。因此,他们往往认为应该在达成交易之前先建立关系。

霍夫斯泰德(Hofstede)识别出了文化的五个维度,即权力距离、个人主义与集体主义、男性化与女性化、不确定性规避和长期导向。①每个维度都能帮助解释不同国家之间的差异。

权力距离

权力距离维度主要涉及"并非所有社会成员都平等"这一观念。这个维度可以定义为权力地位低的社会成员对权力分配不平等情况的接受与期望程度。权力距离指数高的文化往往更加专制。权力地位高的人行使权威,而权力地位低的人服从权威,这是自然而然的。日本就是典型的权力距离指数非常高的文化。无论在个人生活中,还是在职业生涯中,日本人都认可并接受等级制度。

在许多文化中,比如美国,权力距离指数非常低,权威不易被接受,这个词甚至带有贬义。在权力距离指数低的国家,人们的相互关系更加平等,下属表达自己的观点也不会被当作失礼或不守常规。这些差异影响决策制定方法,进而影响在营销特定产品时对目标群体的选择。如果权力距离指数低的国家的制造商决定在权力距离指数高的国家推出产品,营销者与当地基层团队互动时,必须格外注意沟通方式。

个人主义与集体主义

霍夫斯泰德将个人主义与集体主义分别定义为只照顾自身和直系亲属的人与期望群体内部成员照顾他们并且以对群体保持忠诚作为回报的人。个人主义文化重视个体身份、个人观点的表达、自我实现、个体权益和个人成就。集体主义社会重视的则是基于所属群体或社会阶层的身份。个人主义文化严格地区分个人与职业生活,而在集体主义社会,两者之间的区别很小。因此,在这些文化中进行营销的方法也截然不同。让我们考察一下一家计算机制造商定位于日本和美国的家用计算机市场的情况。日本人非常重视集体主义,不赞成在家工作;因此,拥有计算

---

① de Mooij, *Global Marketing and Advertising*:42—43.

机的日本家庭数量很少。相反,由于越来越多的人在家办公,美国的家庭计算机市场相当庞大。同样,英国人被普遍认为是个人主义高的,而墨西哥人的行为更加具有集体性。

该理论的一个分支是高背景与低背景文化的定义,该定义根据沟通对背景的依赖程度来区分文化。①低背景文化特别重视明确、直接、毫不含糊的语言信息。大部分西方文化可以归类为低背景。相反,在高背景文化中,沟通内化于个人。明确的沟通很少见。大多数高背景沟通都迅速而言简意赅,同时非语言沟通起主要作用。日本社会就是典型的高背景文化,人们不欣赏长篇大论或滔滔雄辩。对于全球营销调研者而言,理解这一点至关重要,因为必须恰当地修改调研设计才能正确地展现文化。

男性化与女性化

这个维度可以被定义如下:男性化社会的主导价值观是成就与成功;女性化社会的主导价值观是关爱他人与生活质量。它测量的是情感作用在男性与女性之间的分配。男性化文化推崇坚强、胜利的重要性、自信、抱负和权力。另一方面,女性化文化则推崇同情与关爱,并且重视生活质量。瑞典、丹麦和荷兰等斯堪的纳维亚文化主要体现为女性化文化,重视的是情感,而非不择手段。美国和日本,以及大多数拉丁美洲国家的男性化指标得分很高,其中日本最高。在这些文化中,人们对胜利、成功和地位的理解很不一样,因此这成为营销的重要维度。例如,许多女性化指标得分高的文化不崇尚强行销售。设计调研时,营销调研者必须将此谨记于心。

不确定性规避

这个维度被定义为人们面对不确定性和模糊性时所感受到的威胁以及试图避免这种情况的程度。它测量一个社会对不确定性和模糊性的忍受程度。在不确定性规避得分很高的文化中,人们感受到的焦虑程度往往更高,并且更自由地表达他们的情感。不确定性规避程度低的文化认为限定生活的规则很少,并且面对竞争

---

① Hall, *Beyond Culture*.

与冲突时感受不到威胁。法国是典型的不确定性规避程度高的国家。他们倾向于将未知情况细化并相应进行计划。另一方面,丹麦则是典型的不确定性规避程度低的国家。

长期导向

长期导向是指一个社会表现出务实的、面向未来的态度的程度,而非注重传统与历史的或短期的观点。具有长期导向的文化特别重视坚持、尊重社会地位、节俭和羞耻感等品德。大多数亚洲国家,尤其是中国,在这个维度上的得分都很高。与之相反的则是短期导向的许多西方国家。这些文化重视即时满足并追求物质享乐。

时间是另一个具有文化敏感性的变量。进行全球营销调研的调研者面对的最重要的差异之一就是不同群体之间由于对时间的理解完全不一致而造成的冲突。①

作为一名调研者,关注这五个维度对认知、态度和消费者行为的影响,这是可以理解的,因为这些因素在全球营销调研中举足轻重。对于调研者来说,尽管理解这些非常重要,但是并非总能做得到。调研者本身受其各自文化与思维模式的限制,这影响了他们看待不同国家调研问题的方法。这种现象被称为"自我参照标准"(self-reference criterion,SRC),将在第3章中详细解释。按照这些维度对文化进行分类能够帮助调研者将相似的国家归为一组,并为其开发相同的调研方法。如果调研者能够识别影响购买决策的相关产品属性,就可以设计有效的营销策略。专栏1.5讨论了全世界的各种文化构成,这些对于调研者非常重要。

专栏 1.5

如果全世界是一个由 100 人构成的村子②

如果将全世界人口缩减为正好 100 人的村子(所有现有人口比例保持不变),

---

① Edward T. Hall and Mildred Reed Hall, *Understanding Cultural Differences* (Yarmouth, ME: Intercultural Press, 1990).

② 改编自 Family Care Foundation, http://www.familycare.org/special-interest/if-the-world-were-a-village-of-100-people/,访问日期 2013 年 5 月 15 日。

人口统计特征将如下所示：

全村共有 61 名亚洲人、13 名非洲人、12 名欧洲人、9 名拉丁美洲人以及 5 名美国和加拿大人。

- 将有 50 名男性和 50 名女性
- 将有 75 名非白种人和 25 名白种人
- 将有 67 名非基督教徒和 33 名基督教徒
- 将有 80 人居住在未达标住房
- 将有 16 人不会读写
- 将有 50 人营养不良,1 人死于饥饿
- 将有 33 人得不到安全供水
- 将有 39 人缺乏卫生条件的改善
- 将有 24 人根本得不到供电(能够得到电力供应的 76 人当中,大多数只能将其用于夜晚照明)
- 将有 8 人能够使用互联网
- 将有 1 人获得大学教育
- 将有 1 人患有艾滋病
- 将有 2 人即将出生,1 人濒临死亡
- 将有 5 人控制全世界财富的 32%;这 5 人将全是美国公民
- 将有 48 人的日收入低于 2 美元
- 将有 20 人的日收入低于 1 美元
- 将有 33 人仅得到全村收入的 3%并以此维生

文化分类模型[1]

任何行业在制定经营决策时,时间的利用、处理工作的方法和关系的作用等因素,在全球范围内都呈现出不同的趋势。基于这些因素,国家被分为 6 个主要群组:

---

[1] Camille Schuster and Michael Copeland, *Global Business—Planning for Sales and Negotiations*, Orlando, FL: Harcourt Brace and Company, 1996:17—27.

欧洲西北部和中部、北美洲、欧洲地中海地区、拉丁美洲、传统国家（包括发展中国家、中央计划经济体制国家和前中央计划经济体制国家）和中东地区。按照从欧洲西北部和中部到中东地区的顺序，我们发现相对于关系的建立来说，这些群组对手头工作的重视程度递减。

北美洲与欧洲西北部和中部的文化群体往往主要关注手头工作。他们特别重视尽快地并尽可能有效地完成手头工作。完成任务比当事双方的关系更加重要。这些地区通常严格遵守日程和会议时间。但这并不意味着根本就不建立关系。对于为期较长的工作而言，相关各方也会发展关系，但这主要是一种业务或工作关系。

而在东半球地区，这种对于手头工作的重视程度减弱了。例如，地中海国家相对来说更注重关系。他们依然认为工作非常重要，只不过对待时间的态度更加灵活。地中海地区包括除巴黎以外的法国、伊比利亚半岛、意大利和希腊文化。这些文化表现出一种"大部族"理念。在这种理念下，与那些被认为是宗教、部落、国家或文化群体成员的个体或当事人进行的谈判，会注重建立共同纽带和亲密关系。在另一方面，对于那些不被当作群体成员的外族人，他们不寻求这种亲密关系。这种文化还持有一种多元性时间观念。相对于欧洲西北部和中部国家而言，这种文化对于时间的态度更加具有灵活性。他们在同一时间可以同时关注多项不同任务。

在拉丁文化中，对于关系的重视程度更强。在拉丁国家，大部族的理念范围更宽，因为他们常常将其他拉丁或讲西班牙语的国家也包括在他们的群体当中。尽管这个群体在商务活动中能够仅仅关注任务，但这并非是他们喜欢的方法。他们还是更愿意包容，让外族人成为群体成员。如果外国商务代表表现出了可靠性、可信性和对本国文化与传统的兴趣，那么就可以逐渐建立关系。为了建立良好关系，这种文化采用的方法包括多次召开会议、与当地人一起进餐、花时间学习当地文化等。

传统国家群体包括亚洲国家、发展中国家和那些中央计划经济国家或前中央计划经济国家。在深厚的农业传统下，这个群体在很大程度上依赖于建立关系网络。在这些文化中，关系在商务决策中起主要作用。他们只选择与那些先建立了关系的人做生意。因此，要想在这些文化中成功经营，重要的是首先与决策者或能够提供决策者信息的人发展关系。由于高度重视在业务中建立关系，这些文化大多属于高背景文化,在沟通时使用很多非语言线索。

中东文化也将关系置于首位。一个主要差别是,在各种关系当中,血缘关系最为重要。家庭关系和与同一宗教成员的关系则首当其冲。通过亲属或可靠朋友推荐或介绍的外人也可以成为群体成员,在这种文化中,此类推介至关重要。当关系成功确立并恰当维持之后,就可以讨论特定情况下的约束和限制因素了。如果对目标达成一致,一方则会像朋友一样对待另一方。

全球营销调研的其他种类

全球营销调研可以通过描述性研究、比较性研究或理论性研究来进行。

在描述性研究中,调研者深入考查另一国家或文化消费者的态度和行为。在另一方面,比较性研究则涉及将两个以上国家或文化背景的态度和行为进行比较,目的是识别他们之间的异同。在理论性研究中,调研者预先确定理论或模型,并检验这些理论或模型的跨文化普遍性。专栏 1.6 解释了不同国家的消费者类型与现状。

专栏 1.6

全世界的消费者类型①

Roper Worldwide Inc.进行的全球消费者调查采访了来自 35 个国家的消费者,并按照他们对生活中一些主导原则的重视程度列出了 56 个价值观。该调查找出了全世界消费者重视程度各异的以下 6 个主导价值观。

● 奋斗者:最大的群体(总人数的 12%);大多为男性;更重视物质和职业目标。多数来自亚洲和俄罗斯——1/3 来自发展中亚洲国家,1/4 来自俄罗斯和发达亚洲国家。

---

① 改编自 Tom Miller, "Global Segments from 'Strivers' to 'Creatives'", *Marketing News*, July 20, 1998:11。

> ● 虔诚者:22％的成年人;女性更多,男性更少;最重视传统和责任。在非洲、亚洲和中东最常见。在欧洲最少见。
>
> ● 利他者:18％的成年人;女性中的大多数;对社会问题和社会福利感兴趣;年龄较大的群体(平均年龄 44 岁)。在拉丁美洲和俄罗斯更常见。
>
> ● 亲密者:总人数的 15％;最重视个人关系和家庭;男性与女性比例相等。在欧洲和北美洲最常见。
>
> ● 寻乐者:总人数的 12％;较年轻的群体,男女比例为 54:46。大多数来自发达亚洲国家。
>
> ● 创意者:最小的群体(全世界的 10％);对教育、知识和技术的兴趣最大;男女比例相等。在拉丁美洲和西欧更常见。

为了解决国际营销问题而进行调研时,调研者可以选择在所有国家使用同一问卷,或者进行一次抽样并收集数据的方法。但是,调研者必须在每次调查开始时认真思考并评估是否能做到这一点。调研者的这一最初决策本身就有别于对单一国家进行的调研。单一国家调研通常只涉及同一组调查技术的使用,能够应用于整个调查区域的抽样设计,统一的问卷,以及生成一组同类结果。而在另一方面,跨国调研则需要使用一种以上的数据收集技术,若干不同的问卷,以及各国不同的抽样设计。不同的语言以及多变的经济和文化背景则要求进行大量的合作与监督。另外,对于结果的准确翻译也很重要。调研者翻译这些调查结果时,各国之间文化、语言和态度方面的差异增加了额外负担。

世界各地的主要文化差异影响了人们对调查问题的应答方式。调研者进行全球营销调研时,了解这一点是至关重要的。例如,各国消费者对于一个简单的"是或否"问题回答"是"的倾向存在差异。[①]同样,他们回答"喜欢"什么或"同意"某一陈述的倾向也往往不同。在印度这个国家,为了避免冒犯或伤害采访者,消费者经常回答"是"。调研者在分析搜集到的跨国数据时,必须要注意这一点。调研者对于特定国家应答者的言过其实或轻描淡写充分理解之后,在比较多国调研结果时,就

---

① J.Puleston and M.Eggers, "So Many Variables, So Little Time: A Practical Guide on What to Worry About When Conducting Multi-Country Studies", February 12, 2013, message posted to http://rwconnect. esomar. org/2013/02/12/a-practical-guide-on-what-to-worry-about-when-coducting-multi-country-studies/,访问日期 2014 年 4 月 30 日。

可以在分析中对此进行调整。专栏 1.7 是一个跨国调查的例子，该调查没有考虑到
国别差异。

专栏 1.7

面向正确的受众 ①

麦当劳在南非市场卷入了有关其品牌名称权益的争议当中。他们的主张
之一就是南非人能够记得麦当劳的名字。作为诉讼证据，他们进行了两项调
查，调查显示样本中的大多数人都听说过公司名字，并认识公司标识。但是，审
理案件的最高法院法官并不看重该证据，因为调查是在高档的白人社区进行
的，而该国 76% 的人口都是黑人。鉴于这些抽样问题，法官拒绝受理该案件。

基于以上讨论的事实，国际调研者必须获得三个基本方面的重要技能与经验：

● 对个别国家和全球环境具有透彻的了解和一定程度的经验；对于面临的问
题，具备获取并吸收新信息的能力；

● 能够将此经验与知识运用于特定研究问题，并将其融入调查设计；

● 能够将来自不同国家的数据进行整合，并理解影响数据的各种因素，以便从
国别角度或国际角度生成有意义并可行的结果。

单一国家调研者可能具备这些能力，也可能不具备，他们不需要在工作中应用
这些能力。

可比性的重要性

单一国家调研和多国调研存在一些异同。之前讨论了一些关键差异。而可比
性的概念是多国调研所特有的。处理来自两个以上国家的数据时，对于所面临的

---

① 改编自 "Management Brief—Johannesburgers and Fries"，*Economist*，September 27，1997：
75—76。

结果可比性问题的重要性,调研界已达成共识。

对结果的解释高度依赖于这一点。如果数据没有可比性,那么对结果的解释就可能无法产生有用的信息。不管进行调研的目的是什么,调研的设计方法必须保证其结果能够用来有效地进行各国之间的比较。也就是说,"哪个或哪些国家能够提供最佳机遇?""如何在不同国家之间分配营销支出?"和"不同国家的产品、包装或广告之间需要存在多大程度的差异?"等营销问题是多国调研必须能够回答的一些典型问题。专栏 1.8 提供了一个例子来说明数据可比性的重要性。

专栏 1.8

数据可比性

这个例子是关于一张针对 7 个国家的女性而设计的问卷。问卷开始处询问的信息非常简单:应答者是否已婚或订婚,是否收到了订婚戒指,以及收到的订婚戒指的种类。在英国使用的问卷的前三个问题如下:

(1) 你是否已婚? 如果是,你是哪年结婚的?

如果否,你是否已订婚(订再婚)?

如果已婚或订婚,问:

(2) 你是否拥有订婚戒指? 或者,在订婚时你是否得到了一枚或更多戒指?

如果是:

(3) 它是哪种戒指?

(a) 没有宝石

(b) 只有一颗钻石

(c) 有若干钻石但没有其他宝石

(d) 有钻石和其他宝石

(e) 只有其他宝石

这些问题看起来非常简单,直接翻译没有任何困难。可是,如果对所有 7 个国家都提出这些相同的问题,由于对"engaged"一词的不同理解,结果将会毫无意义。在英国,"to be engaged"是指为了结婚而达成的正式或半正式的约定。而

在西班牙或意大利,这个词仅仅意味着有男朋友。如果我们原封不动地使用这张问卷,那么关于已订婚女性的人数,我们得到的结果将过于夸大。更严重的是,结果将大大低估目标群体的订婚戒指拥有数量。在意大利和西班牙,问题作出了如下修改:

(1) 你是否考虑在近期结婚?

(2) 你是否因此得到了戒指?

这是一个非常简单的使用不同问题获取可比性信息的例子,而使用相同问题得到的信息将不具有可比性。

然而,差异不止于此。"你是否拥有订婚戒指?"这个问题在德国是没有意义的,因为许多德国女性在订婚时都会收到一枚普通的金指环,然后她们会将这个指环转戴在另一只手上作为结婚戒指。夫妻双方通常是在订婚时交换戒指,因此,为了得到与其他 6 个国家等效的信息,在德国必须使用一系列问题。

作出的另一项修改是问题 3(它是哪种戒指?)中预编的戒指种类列表。尽管对大多数所涉及的国家而言,珍珠戒指相对来说不重要,但是在日本它们占订婚戒指的比例很高,在法国也占很大比重。在大多数国家将珍珠戒指列为一项单独类别是没有必要的,只会使列表更复杂。可是,如果在日本和法国不将其列出,不仅会导致信息缺失,还会因戒指种类列表不完整而造成混乱。

数据可比性的真正意义是什么呢? 它意味着在调研所涉及的所有国家都可以采用相同的方法来解释结果,而且结果具有相同的意义。数据可比性能够使调研者推断出数据所呈现的差异是真实的,而不仅仅是由于方法的不同导致的。因此,参与多国调研的协调人员需要做的并不是指示别人、下命令或严格遵循调研要求,而是必须要对以下差异进行说明:

- 各个领域的资源和专业技能的可获得性
- 工作习惯和公司文化
- 组织机构方面

可比性的概念很容易与标准化相混淆。它经常被误认为是研究方法的精确重复,并假定结果的可比性依赖于方法的可比性。要想清楚地理解这一点,应该明确的是数据收集阶段的可比性不同于结果解释阶段。在所有多国研究中,解释阶段的可比性都是必需的。然而,数据收集阶段的可比性,也就是方法的可比性,并非是必要的,甚至常常不是一个明智的选择。不同国家之间的差异要求在数据收集阶段使用不同的方法。例如,在美国这样的发达国家可以使用自填式问卷,可是在印度等国家进行的许多调研中,只能是采访者提问,应答者回答。为了可比性而采用相同方法是错误的,因为必须区别对待不同国家的调研。

营销学者与从业者一致认为,跨国公司制定国际营销决策时,必须使用不同的营销策略。进行国际营销时,没必要在所有国家采用标准化程序。另外,也没必要在所有被调查国家使用完全一样的调研方法。为了标准化,在多个国家采用相同的抽样方法以及相同的问卷处理方法,这有悖于全球营销调研的目的。

全球营销调研领域特别关注于消除国家间的差异,比如语言或社会阶层划分方面的差异,以便获得数据收集方面的一致性。然而,多国调研涉及的不仅是国家间的语言差异,还涉及经济与社会结构、行为和态度模式等方面。在多国调查的设计过程中,必须考虑这些差异。对于许多调研者来说,不论是国内还是国际调研者,为了"虚假"可比性而忽视这些差异,这是犯了大忌,也就是说,他们采用的观点是以方法为导向,而并非以问题为导向。事实上,因为所调查的国家之间存在差异,必须在调查中呈现这些差异,所以国际调研结果比国内调研结果更加丰富。简而言之,尽管采用不同的数据收集方法,依然能够获得可比性数据来进行解释和推断。调研者应该着重关心的是用"相似"测量工具所获得的应答的可比性,而并非这些测量工具本身必须"相同"。虽然多国调研领域的从业者们认为结果可比性非常重要,但他们越发意识到可以在不同国家使用不同方法来达到他们的目标。①因此,可比性关乎结果,而非方法。

全球营销调研的分类

如前所述,全球营销调研是一个有效概念。那么,全球营销调研有哪些类别呢?接下来将讨论这个问题。全球营销调研涵盖各种营销调查研究,既包括单一

---

① 几乎所有被作者采访的美国和欧洲的国际营销企业都重申过该观点。

国家调研,也包括更加细致与复杂的多国调研。

单一国家调研

有时,公司面临的情况是,需要在某个单一的外国市场进行调研,以便协助制定与执行营销策略。通常,当 X 国的营销者想知道在国内环境中有效的营销策略是否能够应用于 Y 国市场时,就需要进行这种调研。如果 Y 国市场具有某些独特性,为了更好地满足当地消费者的需求,必须调整营销组合策略,那么调研可以帮助制定策略。

专栏 1.9 指出了在外国市场营销产品时,公司犯过的一些错误。尽管单一国家调研涉及许多多国调研中的问题,因此可以被划分为国际调研,但本书的重点却是多国营销调研。

专栏 1.9

错在哪里——重大的业务失误!!①

当大公司进行跨国营销活动时,如果未能评估对当地受众的影响,往往会落入陷阱。下面展示几个国际营销失误的例子。

2011 年,彪马(Puma)——一家德国运动服饰公司,决定在阿联酋推出其品牌旗下的一款新鞋,在这款鞋上使用了该国国旗的颜色。尽管意图是好的,但其没有意识到,将国旗的颜色穿在脚上,这是对当地人的一种冒犯。这种行为被看作是"践踏国旗"。如果对当地文化多一点了解,彪马就不会在阿联酋铸此大错。

不了解词语的当地含义,也会在营销中造成麻烦。有时,一些公司往往将其宣传语或信息直接翻译成当地语言,却并未过多注意它在当地的含义。一个

---

① 改编自 W.Corry, "What Company Famously Advertised, 'It Won't Leak in Your Pocket and Make You Pregnant'?" April 7, 2012, http://www.themarketingblog.co.uk/2012/04/what-company-famously-advertised-it-wont-leak-in-your-pocket-and-make-you-pregnant/于 2013 年 7 月访问;"3 International Marketing Blunders You Shouldn't Forget", December 5, 2012, http://www.backpackingdiplomacy.com/3-inernational-marketing-blunders-you-shoulding-forget/于 2013 年 7 月访问。

出了名的例子就是美国的啤酒品牌库斯(Coors)。公司将其宣传语"释放它吧"(Turn it Loose)按字面翻译为西班牙语。这句宣传语在美国没什么不妥,可它翻译成西班牙语的意思却是"腹泻带来的痛苦"(Suffer from Diarrhea),因此这场营销活动一败涂地。

百事的宣传语——"百事新一代,带给你活力"(Come Alive with Pepsi Generation),在中国也犯下一个人尽皆知的国际营销错误。这个可乐巨头未能发觉它翻译成中文的意思是"百事把你的祖先从坟墓里挖出来"(Pepsi Brings Your Ancestors Back from the Grave),这导致其营销努力功亏一篑。

耐克试图抢占中国市场时,也出现过失策之举。2004 年,作为卖点,耐克推出一则由美国篮球运动员勒布朗·詹姆斯代言的广告。广告中,这个篮球明星击败了一些传统的中国老人、妇女和一条龙。结果,这则广告破坏了中国人的传统情怀,因为许多中国人十分重视传统与文化。西方人认为龙是神秘的生物,但是许多中国人将其看作力量与机遇的象征。同时,老人与妇女也被赋予了尊敬与权威。耐克未能理解当地的传统与文化价值观,因此未能将其应用于营销活动中。

另一个单一国家调研的例子是一项在希腊进行的调研,目的是研究信用卡的选择标准。①调研抽取了一些持卡者和主要发卡公司的营销人员来进行访谈。另外,还编制了一张列表,列出选择信用卡时非常重要的 15 个属性。然后通过问卷,试图识别出持卡者对每个属性的重视程度。为了达到调研目的,开发了一张逐项、五点李克特量表,并进行了预测试。考虑了性别、收入和持卡者年龄等因素后,随机抽取了 151 名持卡者作为配额样本。希腊的一项全国媒体调查曾经指出,62%的持卡者居住在雅典地区,32%在塞萨洛尼基,52%的持卡者为男性,47%为高收入者,12%为低收入者。数据是通过对雅典地区持卡者进行面谈而搜集到的。

多国调研

多国调查研究,正如其名称所指,是在多个国家市场进行的调研。多国调查研

---

① Arthur Meidan and Dimitris Davos,"Credit and Charge Card Selection Criteria in Greece",*International Journal of Bank Marketing* 12,No.2,1994:36—44.

究可以进一步分为三大类:①

- 在多个国家独立进行的相似调研
- 在多个国家依次进行的调研项目
- 在多个国家同步进行的调研项目

独立多国调研

这可能是最普通的全球营销调研形式。当跨国公司的子公司或分公司在多个国家独立进行同一产品的相似调研时,就可以采用独立多国调查研究。常见的例子包括国际品牌的认知度或渗透率调查和新产品的测试营销。这类国际调研的主要弊端是:(1)它经常导致重复工作(如问卷等),因此不是非常有效率;(2)由于这类调研是孤立进行的,这使得对结果进行跨国比较越发困难。

尽管存在这些弊端,这种独立多国调研非常普遍,因为大部分营销调研资金都来自当地预算。由于缺少一位全球营销调研经理,这些预算往往完全是分别支出的。通常,不存在统一的系统,各国调研经理无法将自己的活动告知外国同僚。如果在某些或所有子公司之间不存在正式的市场调研定位,那么情况将更加糟糕。

一名国际调研经理或协调员,可以帮助各个子公司开发一个调研策划的统一框架。另外,即使国际企业的成员公司分别独立进行调研项目,如果国际调研经理能够设计或推进一套调研理念或研究准则,以供各国同事参考,那么调研结果也可以达到一定程度的可比性。

依次多国调研

依次多国调研对于许多调研者来说非常具有吸引力,因为可以在最初一两个调研市场学习经验,然后依次应用于调研项目所涉及的其他国家。这一过程有助于:

- 界定研究对象
- 确保在项目中首先被调查的国家遇到的操作性问题,能够很容易地在其他国

---

① 改编自 P. D. Barnard, "The Role and Implementation of International Marketing Research", presented in ESOMAR Seminar on International Marketing Research: "Does It Provide What the User Needs?" Brussels, 1976。

家加以避免或克服

- 确保之前研究的关键性结果能够影响其后研究的重点
- 在较长的时间段内分摊调研成本

通常,在多个国家进行连续产品推出的情况下,可以采用依次调研方法。这类研究最大的优势在于,调研公司可以想方设法避免国家之间调研程序方面的变化,这种变化有可能导致虚假的国际差异。

同步多国调研

同步多国调研是指在多个国家市场同时进行营销调查研究,也许,这才是最纯粹的全球营销调研形式。它对调研者的能力提出了最严峻的考验,同时也涉及最尖锐的可比性问题。本书的绝大部分讨论的都是这种国际调研形式。因为同步多国调研是最为复杂的,并且需要处理许多特有的问题,将这种调研形式作为重点,才能保证当国际调研者进行其他形式的国际调研时,他们可能遇到的问题也都得到了讨论。

调研的挑战[①]

在大数据时代,对于营销调研者来说,面对庞大的数据量不要茫然失措,这一点至关重要。我们兴奋地发现,当今 90％的数据都是在近两年生成的。[②]以下方面颇受关注:

- 在解释结果过程中,过于重视统计技术。面对庞大的数据量,调研者往往以方法为导向,从方法着手转向问题,而不是让问题来决定恰当的方法。
- 过分重视数据,严重依赖计算机。在试图提供对现有数据的真知灼见方面,花费的时间不足。
- 营销调研者的作用不只是搜集数据。展示分析结果与解释原始数据是不一样的。调研者只有凭借其经验与技能,才能提出最恰当的见解与建议。

---

① Achenbaum,"The Future Challenge to Market Research".

② C. Casseb,A. Garrido,and D. Baronni,"The Insight Innovation Exchange LatAm",May 8,2013,message posted to http://rwconnect.esomar.org/2013/05/08/the-insight-innovation-exchange-la-tam/于 2014 年 5 月 6 日访问。

进行全球营销调研时,调研者面临的关键性挑战包括数据搜集成本、在当地背景下解释数据、与国内调研团队进行沟通和结果的传播等。营销调研者的责任是展示结果,使公司经理能够将其用于决策过程。本书的重点就是为营销调研者提供所需工具,以便他们在国际环境中完成该任务。

21 世纪的营销调研者[①]

未来的营销调研者仍然会受四个主要因素影响:时效性、互联网、全球化和数据超载。为了更快地提供营销情报与洞察,时效性的必要性日益增长。互联网、通信技术的进步、计算机与计算系统的改良等因素加快了信息交换。因此,搜集数据并尽快提供给最终用户,对于及时的决策来说非常重要。互联网渗入全世界各个角落,为数据搜集、调研管理,甚至营销活动的执行提供了新的机遇,令调研者激动的时代来临了。在全球化方面,调研者必须更加了解外国市场,以及世界经济所呈现出的价值观与文化差异。另外,调研者必须能够对数字提出有价值的见解,而不是以超量数据给用户造成困惑。

与当今的调研者相比,21 世纪的营销调研者应该更加训练有素,更加精明强干,具备更加全面的技能。熟悉网络空间,卓越的计算机技能,熟练掌握统计方法,快速精准的沟通能力,这些特质都很必要。专栏 1.10 介绍了一个有效利用近代技术进步来开展营销活动的成功案例。

专栏 1.10

Adobe 将员工变成品牌大使[②]

Adobe,美国的跨国软件公司,得到了社交媒体的极大关注。早在 2014 年

---

① James H.Fouss, "Faster and Smarter", *Marketing Research* 8, No.3(1996):16~17.

② 改编自 Louise Julig, "4 Ways to Turn Your Employees into Brand Ambassadors", October 21, 2014, http://www.socialmediaexaminer.com/turn-employees-brand-ambassadors/#more-70724 于 2014 年 10 月访问。

10月,Adobe 就拥有超过 34 万名 Twitter 关注者,26 万名 Facebook 关注者,和 30 万名谷歌＋关注者。Adobe 将其员工变成品牌大使,这是极具创新性的社交媒体营销举措。

通过评估现有的员工倡议活动,并采取必要的步骤鼓励员工进行推介,Adobe 通过社交媒体大力推动了其销量。例如,Adobe 的就业品牌领导推出了"主题标签"活动,激励员工拍摄照片并分享更新,来宣传 Adobe 员工的生活方式。公司还针对所有员工,根据他们的不同水平,开展了一项社会转变培训。培训既包括指导员工利用个人社交账户分享与公司相关的内容,或代表 Adobe 参与活动,也包括对员工进行关键社交媒体准则方面的教育,这些互动式培训课程是迈向品牌管理的清晰而重要的一步。最近,归功于这些社交媒体举措,Adobe 创意云(Creative Cloud)的付费量增长了 20%。

专栏 1.10 揭示了在全球市场进行营销、新产品推出和消费者调研的最新趋势。通信基础设施的技术水平不断发展与提高,这有助于在更加广泛的地理范围内进行营销调研。营销已经从传统的传播模式转向社交媒体营销、数字通信、网络社区和基于网络的互动营销等模式。随着网络工具的快速发展,即使不具备技术兴趣与知识的人,现在也可以轻而易举地在网上聊天、发布消息、宣传、讨论和互动。例如,截至 2011 年末,一项尼尔森/麦肯锡调研追踪调查了全世界超过 1.81 亿个博客,而在 2006 年该数字仅为 3 600 万。[①]其他大受欢迎并方便快捷的数字工具还包括 Facebook、Twitter、Pinterest、RSS、Podcasting、Feedster 和 Flickr 等。

全球互联网渗透的影响

表 1.1 展示了 21 世纪初全球互联网渗透的状况。全球渗透进而促进了信息的快速传播,消费者的权限增加,更见多识广,并且积极参与世界各地的活动。

---

① Nielsen Newswire, "Buzz in the Blogosphere: Millions More Bloggers and Blog Readers", 2012, http://www.nielsen.com/us/en/newswire/2012/buzz-in-the-blogosphere-millions-more-bloggers-and-blog-readers.html 于 2013 年 6 月 10 日访问。

表 1.1　全世界互联网使用与人口统计量①

地区	人口	占全世界人口的百分比(%)	互联网用户占总人口的百分比(%)	互联网用户占总互联网用户的百分比(%)	2000—2014 年互联网用户的增长(%)
非洲	1 125 721 038	15.7	21.3	8.6	5 219.6
亚洲	3 996 408 007	55.7	31.7	45.1	1 006.8
欧洲	825 802 657	11.5	68.6	20.2	438.8
中东	231 062 860	3.2	44.9	3.7	3 060.9
北美洲	353 860 227	4.9	84.9	10.7	177.8
拉丁美洲/加勒比	612 279 181	8.5	49.3	10.8	1 571.4
大洋洲/澳大利亚	36 724 649	0.5	67.5	0.9	225.5
全世界总计	7 181 858 619	100.0	39.0	100.0	676.3

注:互联网使用与人口统计量数据截至 2013 年 12 月。

消费者自主营销的时代

在新的时代,消费者权益保护与由消费者主导的营销工具备受关注。消费者通过网络媒体影响营销者设计和推广产品的方法,这被称为消费者自主营销。美国教师乔治·马斯特斯(George Masters)是苹果的粉丝,他曾经自制了一个 iPod Mini 广告,该广告被放在网上不过几个星期,就被 64 000 人看过。②人们曾经认为的高端制作技术,当今的数字一代都能轻易获得,他们可以使用视频或音频编辑软件以及设计软件等工具来截取视频、音频和数字影像。可是,有一个讽刺性的广告却背道而驰,在这个广告中,一名恐怖分子驾驶着一辆大众 Polo 进行自杀式爆炸袭击,结果他失败了。③所有这些都说明了一个事实,即消费者在控制,营销者必须找到创新方法来积极地影响消费者。宝洁公司的全球营销长官吉姆·施滕格尔(Jim

① 改编自 Internet World Stats, www.internetworldstats.com 于 2014 年 9 月 29 日访问。

② "Homemade iPod Mini 'Tiny Machine' Ad by George Masters Takes Internet by Storm", *Internet Patrol*, 2007, http://www. theinternetpatrol. com/homemade-ipod-mini-tiny-machine-ad-by-george-masters-takes-internet-by-storm/于 2013 年 6 月 10 日访问。

③ David Smith, "Suicide Bomber Sells VW Polo-Hoax Ad Takes Internet by Storm", *Guardian*, January 22, 2005, message posted on http://www. guardian. co. uk/technology/2005/jan/23/arts. artsnews 于 2014 年 5 月 2 日访问。

Strengel)声称:"我们需要接受消费者控制带来的紧迫后果。"路透社的首席执行官汤姆·格罗瑟(Tom Glocer)也说到:"我们的受众一往无前。现在,他们甚至在网上消费、制作、分享和发布他们自己的内容。"①

2005年,美国通用磨坊公司(General Mills Inc.)的哈根达斯品牌在中国严重受挫,因为有博主散布谣言说这家公司的冰淇淋是在南方城市深圳的一个不卫生的工厂生产的。尽管事实是,该品牌在这个城市根本就没有工厂。②如果公司无法达到市场的期望,也会导致消费者权益保护事件,正如下面这个达美乐比萨(Domino's Pizza)案例。2009年,两个公司员工在互联网上发布了一段恶作剧视频,结果公司遭遇了严重的销量下滑、负面舆论和消费者不满。公司不得不着手进行品牌重塑,以便重新获得其品牌可信度。③

这些例子揭示了当今营销界的两方面重要问题。一方面,互联网已经成为公司和商业实体通向世界的途径。通过提供一种用户友好的互动环境,网络空间已经成为商业、零售业和广告业的大门。营销行业因此发生了一场巨大变革,由于网络资源的存在,许多传统的营销策略已被取代。另一方面,必须使用一种系统的、精心设计的方法来进行调研,将不同地区的地理、文化、政治、法律和经济因素纳入其中。

移动营销和社交媒体营销

移动营销是针对移动电话、掌上电脑和平板电脑的直复营销。借助声音、影像和文字,发送至移动电话的大量多媒体信息,向传统的广告和营销渠道提出了挑战。利用手机短信服务、蓝牙、无线局域网、红外线和快速响应(quick response, QR)编码等技术,可以将商业信息(有时是非商业信息)发送至移动电话。在制造高响应率方面,手机短信媒介一直很成功。大量包装上促销的响应率为8%—20%。

①　James Cherkoff, "Collaborative Marketing", 2014, http://www.collaborativemarketing.com/about/于2013年6月10日访问。

②　"Mad as Hell in China's Blogosphere", *Bloomberg Businessweek Magazine*, August 13, 2006, http://www.businessweek.com/stories/2006-08-13/mad-as-hell-in-chinas-blogoshpere 于2013年6月10日访问。

③　V.Kumar and Yashoda Bhagwat, "Listen to the Customer", *Marketing Research—A Magazine of Management and Applications* 22, No.2(2010):14—19.

而来自选择加入式手机号码数据库的响应率平均为 15％。①

2013 年全世界手机用户总数大约为 68 亿,比 2011 年增长了近 15％。这意味着 2013 年末的全球渗透率约为 96.2％。也就是说,每 100 个居民中大约 96 人拥有手机。将发达国家和发展中国家的数字分别列出,就可以显示出渗透强度。2013 年发达国家每 100 个居民大约拥有 128.2 部手机(这意味着一个人可能拥有多部手机),发展中国家为 89.4 部。②如此高的手机密度必将为移动营销的新兴领域创造奇迹,同时向调研者提出了一些营销挑战。

作为一种新的营销形式,社交媒体营销近年来势头强劲。社交媒体平台形式多样,包括博客、社交网络和主题社区,已经成为消费者与其他消费者和公司分享文字、影像、音频和视频信息的工具,反之亦然。用户可以在社交媒体门户网站上找到一切可靠的信息来源,从馅饼食谱到产品评论。营销者密切监测着网络空间,近来,他们的网上活动有增无减。例如,根据"2013 年互联网广告表现展望",这是由 Vizu——一家被尼尔森公司收购的广告科技公司和首席营销官委员会[the Chief Marketing Officer(CMO) Council]联合制作的一份报告,在 2013 年被调查的品牌营销者中,将近 70％都计划增加社交媒体的使用,移动广告(69％)和视频广告(64％)紧随其后。相比 2012 年的预测,这些数字都有所增长,这意味着营销正不断转向那些消费者投入时间越来越多的渠道。另外,从消费者的角度,社交媒体是与朋友和家人进行互动的一种新方式。而对于营销者而言,了解消费者在日常生活中如何使用社交媒体,这实在令人鼓舞。专栏 1.11 显示了全球社交媒体使用方面的一些有趣的统计资料。

专栏 1.11

全球社交消费者

社交网络让世界变得更小。社交媒体对消费者生活的影响非常大;为了适

---

①　A.Micheal and B.Slater, *Mobile Marketing*, New York: Taylor and Francis Group, 2006, 1st edition: 39.

②　International Telecommunication Union, "Yearbook of Statistics", February 2012, http://www.itu.int/en/ITU-D/Statistics/Pages/stat/default.aspx 于 2013 年 7 月 2 日访问。

应这种消费者互动与交流想法的新环境,营销正在奋力追赶。根据《媒体现状:2012年社交媒体报告》,移动设备是社交媒体不断发展的一个重要驱动力。消费者凭借智能手机和平板电脑等移动设备,在社交网站上广泛使用这种媒体。根据该报告,在社交媒体使用的总时间中,花费在手机应用程序和手机网站上的时间占其同比增长的63%。另外,46%的智能手机用户和16%的平板电脑用户通过各自的移动设备连接至社交媒体。

社交口碑传播的增加明显反映出了社交媒体对营销的影响。社交媒体极大提高了口碑的作用,因为它的影响和到达范围不存在限制。另外,消费者可以通过社交媒体获取大量信息。它改变了全球消费者制定购买决策的方法。利用社交媒体,增加对产品与服务的了解,寻找促销信息,这已经很常见了。

最近,边看电视边使用社交媒体的现象也增加了。消费者通过社交媒体可以迅速地与世界分享观看电影或电视节目的体验。截至2012年6月,超过33%的Twitter用户积极发布了关于电视节目的推文。大约44%的美国平板电脑用户和38%的美国智能手机用户每天看电视时,都使用其设备连接至社交媒体。最近,尼尔森公司对全球28 000名使用互联网的消费者进行了调查,探究了社交媒体的全球到达范围与影响。其中有几个调研结果与社交网站访问工具和观看电视时与社交媒体的互动有关。下表展示了结果。①

	亚太地区(%)	欧洲(%)	中东和非洲(%)	拉丁美洲(%)
社交网站访问工具:				
计算机	93	96	91	96
移动电话	59	33	48	33
平板电脑	28	8	10	6
互联网电视	9	4	9	4
游戏机	5	3	2	3
手持音乐播放器	5	2	2	2
观看电视时与社交媒体的互动	63	52	47	38

---

① 改编自"State of the Media:The Social Media Report,2012",http://www.nielsen.com/content/dam/corporate/us/en/reports-downloads/2012-Reports/The-Social-Media-Report-2012.pdf 于2014年5月10日访问。

在社交媒体渠道中，Facebook 和 Twitter 是使用范围最广的社交网站。以下是这两个网站 2012 年的一些有趣的统计资料。①

Facebook	Twitter
➢ 每月活跃用户总数现已将近 8.5 亿。 ➢ 21％的 Facebook 用户来自亚洲，仅略低于亚洲人口的 4％。 ➢ 4.88 亿用户经常使用 Facebook 的移动应用。 ➢ 在所有使用 Facebook 的国家中，巴西发布帖子的数量最多。800 多个主页的 Facebook 留言板持续繁忙，每月发布将近 86 000 个帖子。 ➢ 23％的 Facebook 用户每天查看账户 5 次以上。 ➢ 来自俄罗斯、韩国、日本、印度和巴西的活跃用户增长了 41％。 ➢ 每天上传至 Facebook 的照片多达 2.5 亿。 ➢ Facebook 上播放音乐的总时间为 210 000 年。 ➢ 经记录的带有位置标签的帖子和登录信息达 170 亿。 ➢ 77％的 B2C 公司和 43％的 B2B 公司从 Facebook 获得了顾客。	➢ Twitter 发出 1.75 亿个推文。 ➢ Twitter 用户平均发帖 307 次。 ➢ 自网站建立起，发出推文总数为 1 630 亿。 ➢ 消费者发给公司的推文中，56％都被忽视了。 ➢ 使用 Twitter 排名前三的国家是美国（1.07 亿）、巴西（0.33 亿）和日本（0.30 亿）。 ➢ 2012 年总统大选凭借 3 170 万个政治推文而打破了纪录。 ➢ "选举日"是至今美国政治史上发布推文次数最多的事件。 ➢ 所有互联网用户的 32％都在使用 Twitter。 ➢ 截至 2014 年创造广告总收入约 5.4 亿美元。 ➢ YouTube 的拥护者为 1 900 万，是最受宠的品牌。 ➢ 美国有 1.418 亿 Twitter 账户，相当于 Twitter 总用户的 27.4％。 ➢ 50％的 Twitter 用户通过手机使用社交网络。 ➢ 34％的营销者利用 Twitter 开发了商机。

技术对商务实践的影响

在这个全球化飞速发展的时代，随着技术与传播渠道的巨大进步，全球各公司的营销者都在改变他们处理顾客服务（进出电话和顾客问询）的策略，不论是呼叫中心还是顾客接触点。将日益复杂的顾客服务需求外包出去，可以更加专注于核心竞争力。精密的自动呼叫分配系统正在取代基于电话交换机（PBX）的技术。②一些最新技术包括：

● 互联网语音：用一根电话线在网络上传输的电话，既能处理语音，也能处理

① 改编自 Brian Honigman，"100 Fascinating Social Media Statistics and Figures From 2012"，http://www.huffingtonpost.com/brian-honigman/100-fascinating-social-me_b_2185281.html 于 2012 年 11 月 29 日访问。

② Clarence Henderson，"Globalization Revisited"，Asia Pacific Management Forum，http://www.apmforum.com/columns/orientseas29.htm 访问于 2013 年 7 月 2 日。

数据。

● 短信聊天：一种较老的技术，两个以上的人通过向对方输入信息而进行实时交流。

● 护航浏览：业务代理可以看到顾客浏览的内容，并将其导航至特定的网站。

● 虚拟会议：一种实时交流，可以向世界各地的人展示幻灯片，并同时参与互动对话。

营销领域的这些发展说明，传统的营销策略以及营销调研方法正在转向更加复杂的技术型营销。

传统营销转向技术型营销的重要性

我们将从技术型营销对全球营销调研的影响着手，详细分析传统营销方法向技术型营销转变的意义。后面的章节重点讨论技术型营销对以下因素的影响。

(1) 应答率

(2) 应答质量

(3) 受访者的可接近性

(4) 调研成本

(5) 完成研究所需的时间（速度）

(6) 较大的样本容量

(7) 全球样本的适切度

(8) 多语言群体的可接近性

(9) 降低以下因素导致的误差：

　　(a) 等效构念

　　(b) 等效测量

　　(c) 等效抽样

调研伦理

国内营销调研涉及的伦理问题同样适用于全球营销调研。许多国家的调研者都自发制定了一些营销调研中应该遵守的伦理标准。不论在哪个国家进行调研,营销调研者都应该恪守特定的准则,这一点至关重要。下面讨论一些重要的问题。

● 受访者的权利:第一方面,受访者拥有权利,他们应该是自愿参加调研,而不是受调研公司的强制。他们需要被正确告知调研目的,如果允许,还应该告知发起者的身份。曾经发生过这样的事例,电话营销者以进行调研为借口给潜在顾客打电话,试图销售产品。这造成了受访者的普遍不信任,导致了较高的无应答率。第二方面,必须保证受访者的安全。参与调研不应该给受访者带来任何伤害。另外,在进行调研之前,必须告诉受访者关于他们的身份与详细资料的保密程度。一旦承诺了保密性或不公开姓名,调研者就有义务言出必行,尤其是当调研主题具有社会或政治争议时。

● 发起者的权利:发起者是委托调研者的客户。遵守与发起者订立的协议,并按照约定的方法进行调研,这是调研者的责任与义务。调研者必须保证数据搜集过程采取了合法步骤,数据分析是公正的,没有为了发起者或任何其他机构的需求而有所考虑。公司会委托进行多种调研,其中有些调研是为了证明或支持他们的判断。在这种情况下,发起者或发起公司的代表可能会试图影响调研结果。而调研者的伦理义务是忽略这种影响,并呈现真实的结果。

发起者和受访者的道德义务则是不应该滥用对他们的信任。与调研者一样,发起者也应该遵守协议或合同;因此,不能为了此后的内部调研,而在最初的筛选过程中谋取协议之外的交付条件。另外,发起者不应该为了呈现有利情况而要求调研者篡改结果。对于受访者来说,一旦同意参与调研,他们必须对调研者提出的问题作出真实的回答。

欧盟广泛实施数据隐私法。其条款包括:个人数据必须经公正而合法的手段获取和处理,只能用于数据搜集阶段所声明的目的,保存期限不得超过所需时间,而且需得到保护不被非法取得、公开、更改或破坏。①

互联网调研的伦理问题已经成为近年的关注热点。人们大量利用聊天室和信息留言板与虚拟陌生人分享体验、想法或观点,导致很容易在网络上获得他们的社

---

① Simon Chadwick,"Data Privacy Legislation All the Rage in Europe",*Marketing News* 27,No.17,August 1993:A7.

交和行为信息。即使受访者选择匿名,由于隐私问题以及公共与私人领域的模糊界限,调研者依然能够在受访者不知情或未同意的情况下记录他们的在线活动。为了保护参与者的隐私及安全,每个互联网调研者都必须做出灵敏而道德的判断。进行互联网调研的伦理准则包括①:

(1) 调研者应该考虑调研目的与论坛目的是否兼容。

(2) 应该将调研者的存在、目的与身份,正确地告知被调查群体的每个成员。

(3) 如果调研者想要引用论坛中的某些个人信息,必须对其进行告知并获得他们的同意。

(4) 尽管可以公开获得虚拟社区里的言论,对于个体成员的心理边界、弱势和隐私,调研者仍然应该保持尊重与敏感性。

全球营销调研实践

本章能够使读者确信决定进入外国市场前进行全球营销调研的重要性。为了讲解概念,本书将使用一些实例以及一个假想的快餐连锁店的例子——Tasty Burgers,其总部设在美国,试图渗入全球快餐市场。这个例子具体涉及四个国家,包括英国、巴西、印度和沙特阿拉伯。从第 2 章开始,每个章节依次向读者介绍全球营销调研的实践过程。

本章小结

渴望在全球范围经营业务的公司,必须妥善管理人力和财力等多种资源。正如本章所阐述的,对产品进行国际营销是对营销者的一项巨大挑战。本章所讨论的国别与文化差异,引导了全球营销调研的整个概念。如果不是这些差异,本书甚至全球营销调研这个概念都将不复存在。社交媒体与互联网近期发展方面的内

---

① Dag Elgesem, "What Is Special About the Ethical Issues in Online Research?" September 1, 2002,http://www.nyu.edu/projects/nissenbaum/ethics_elg_full.html 访问于 2013 年 7 月 2 日。

容,能够使读者全面了解全球营销调研的现状。本章通过举例详细解释各个概念。所提及的营销失误用以说明某些大品牌所犯下的小错误。这证明不论多大的玩家,执行任何营销决策之前都需要认真考虑。对于市场选择、进入模式、资源配置和管理方法,需要制定各种战略决策。在数据的作用下,全球营销调研为公司提供了将全球化效益最大化的一种更加科学的方法。本章能够使读者了解全球营销调研的重要性与独特性。与此相关的是,伦理问题对于全球营销调研没有什么不同,在这一点上,与国内营销调研完全一样。

思考题

1. 拉斯哈德·华勒斯(Rashad Wallace)是加利福尼亚洛杉矶一家综合性武术馆的所有者,他察觉到欧洲特定国家对于室内体育馆存在需求,而目前这种需求尚未得到满足。他考虑雇用一家营销调研公司进行调研,以便确认是否存在室内设施的市场。

a. 进行全球营销调研之前,华勒斯先生应该考虑哪些因素呢?

b. 进行调研时,营销调研公司必须避开哪些陷阱?

c. 获得营销调研建议之后,华勒斯先生决定不采用营销调研公司的调研信息。影响他不采用这些调研信息的因素有哪些呢?

2. 面对近年来移动电话与社交媒体营销的发展,以及信息传播的加速,有哪些因素决定公司选择自己进行营销调研或者雇用外部的服务供应商?

3. 随着知识差距的缩小与信息传播的加速,在不同国家进行实地调研时,营销调研者将面临哪些伦理困境?

4. 软件工程师罗伯特·桑德斯(Robert Sanders)针对老年与残障人士设计了一个在线购买生活用品的网站。交通不便的人可以在网站上购买他们所需的物品,并送货到家。网站在桑德斯的家乡加利福尼亚获得了成功,因此他想向东海岸扩张。作为桑德斯的营销调研顾问,提出一个行动方案建议,帮助他将服务推广至加利福尼亚以外的其他各州。

5. 以下公司应该如何进行全球营销调研?具体回答。

a. Whole Foods,一家健康食品连锁店,在加拿大开业。

　　b. 美国国家橄榄球联盟(NFL)，在欧洲推广橄榄球运动。

　　c. 一家大型美国电视网络公司(CBS、NBC 或 ABC)，考虑在远东地区开展经营。

　　d. 苹果笔记本电脑公司，寻求在外国进行制造。

2

全球环境中的营销调研

本章概述

要想在国际市场取得营销成功,公司必须收集与分析市场与环境信息,并制定针对特定国别市场的恰当策略。①在这个策略制定过程中,需要考虑一些关键因素。这些策略的性质与作用取决于国际化进程的不同阶段。还需要考虑在国际市场的经验程度与经营性质。国际工业营销公司制定战略规划时,必须综合考虑工业供应商与顾客的互动、各级营销角度,以及工业产品与服务的购买等因素。必须明确以下策略:

- 想要进入哪些市场以及目标细分市场?
- 对于特定目标市场,应该采用哪种进入与经营模式?
- 进入多个市场时,怎样确定进入时机(就公司现有资源以及不同国家的竞争条件而言)?
- 为了实现国际经营的预期目标与控制程度,应该如何将营销资源分配至各级营销管理(产品与产品线级、顾客级、细分市场与国别市场级)?
- 为了监督目标市场战略业务单位(SBU)等的职能,如何建立控制系统?

---

① Milan Jurse, "Organizing Information for Effective International Industrial Marketing Management", in *How to Do It*: *Managing the Process*:193—211.

调研在全球营销策略形成中的作用

营销战略决策基于市场潜力、顾客诉求、行业与市场趋势、目前与将来的竞争行为、预期销量、细分市场规模与诉求,以及顾客、产品与区域的销售与利润绩效等方面的信息。①在工业产品的营销过程中,可以确定以下各级市场定义:顾客级(微观市场)、细分级(宏观市场)、国别级,以及全球级(作为细分或国别市场集合的全球市场)。

目标顾客与市场的选择是国际工业营销者的基本策略之一。目标顾客与细分市场的选择,便于供应商在现有与将来的营销组合之间恰当地分配资源。感知到的市场重要性与风险,以及从内部获得的市场知识,能够影响市场层面的战略决策。在不同国家经营所面临的市场机遇与风险,能够影响国别层面的市场决策。全球策略是在公司层面制定的,需要决定如何将公司资源在不同国家的产品市场与目标细分之间进行总体配置。在顾客层面,应该对各个运营市场的现有与潜在顾客进行评估。在战略业务单位层面,针对每个目标顾客的营销决策过程将涉及:

(1) 需求分析(顾客的诉求)

(2) 竞争产品分析(差异化分析)

(3) 制定目标(微观市场份额、销量与利润)

(4) 定义策略

(5) 计划(营销方案)

(6) 执行

(7) 控制与评估

以前,营销调研的基本作用是发现事实,但是随着营销调研被越来越多地用于提供定性与分析性信息,它的功能将体现于解决问题。这就需要营销调研进行战略转变。因此,市场调研者必须成为可行性营销信息的来源,能够对营销经理的信

---

① Michael D. Hutt and Thomas W. Speh, *Business Marketing Management*, 5th edition, Orlando, FL: The Dryden Press, 1994.

息需求快速作出反应,并且向管理者建议可采取的行动,发挥营销顾问的职能。为了达到营销调研的这种战略转变,必须实现两个先决条件。第一,必须将市场信息作为公司重要的营销资源,并根据营销经理的需求加以管理。第二,为了满足营销者的信息需求,市场调研部门必须具有创新性,并且以顾客为导向。要想取得成功,必须在最开始就解决经理与营销调研者的沟通问题。专栏 2.1 介绍了国际市场战略联盟的形成。

根据欧洲市场研究学会(European Society for Opinion and Marketing Research, ESOMAR)报告,全球营销调研支出于 2010 年达到其峰值 310 亿美元,其中大约 50 亿美元用于亚太地区。[①]另外,WPP 国际调研首席执行官菲利普·巴纳德(Philip Barnard)指出:

如果你看一看剩余的 65% 就会发现,大多数国内和国外的调研公司都想开展国际业务。而事实上,他们正是这么做的。真正的区别是,他们是否像我们一样通过自己的国际分公司进行运作,还是通过与其他公司建立松散合作或特别伙伴关系的方式。也许这取决于客户是否希望与供应商建立正式的战略关系,还是每次从周边进行购买。

专栏 2.1

通用磨坊与雀巢合作创建全球谷物联盟有限公司[②]

早在 20 世纪 90 年代初期,全世界最大的食品公司之一——通用磨坊想要在迅速发展的欧洲早餐谷物市场分一杯羹,于是与雀巢(Nestlé)公司联手创建了全球谷物联盟有限公司(Cereal Partners Worldwide)。

通用磨坊进入这个市场属白手起家,成本极高。尽管谷物企业可以使用廉

---

① ESOMAR, "2009 Global Market Research Report", 2009 www.esomar.org,于 2014 年 6 月 2 日访问。

② Philip, R. Cateora and John L. Graham, *International Marketing*, 13th edition, New York: McGraw Hill Publications, 2007.

价商品作为原材料,但其实它既属于资本密集型,也属于营销密集型行业;要想增加利润,必须先实现高额销量。如果通用磨坊想要独自达成这个目标,就必须建立生产基地与庞大的销售团队。另外,家乐士(Kellogg)公司已经牢牢占据了各大超市,这是无名小卒很难轻易攻破的。通用磨坊的解决办法就是与雀巢成立合资企业。

这笔交易互利互惠。通用磨坊提供谷物技术方面的知识,包括某些专利制造设备,一些知名品牌,还有向消费者推销这些产品的诀窍。而雀巢则在包装盒上冠名,并提供零售商渠道,以及可以转为生产通用磨坊谷物的生产能力。

全球营销调研的特定问题

图 2.1 展示的是想要开展国际业务的公司需要制定的某些决策。这些决策涉及若干风险,因此在投资进行国际化之前,公司必须注意某些关键指标。

财务风险	**市场风险**	**政治风险**	**其 他**
● 了解该国的通货膨胀率、货币贬值程度、外汇汇率与限制条件	● 增长潜力、潜在销量、竞争与劳动力成本的分析至关重要	● 决定是否进入国际市场时,必须了解该国的稳定程度与没收政策	● 必须清楚地了解进出口限制等限制措施、人口规模与所有权程度

图 2.1 评估风险与机遇的特定指标①

尽管经济下滑,国际化却可以促进增长,其原因并非共同市场的出现。可口可乐、联合利华、玛氏、壳牌公司和欧莱雅一直很重视与跨国管理有关的问题。BSN、惠而浦和玛莎百货这样的公司也开始确立或重新确立全球营销策略。关于经营方式的主要特征及其对企业的影响,可以分析如下。

---

① 改编自 C.Samul Craig and Susan P.Douglas, *International Marketing Research*, West Sussex: John Wiley and Sons, 2005。

全球化

随着公司的结构重建与国际化经营，除了进行全球营销与广告，它们别无选择。品牌资产分析、组合管理、产品线延伸开发、更名以及将品牌转向其他市场是当今普遍的焦点问题。因此，利基营销机遇与细分消费者的新方法成为热点研究。

不过，全球化与本土化之间仅有一线之隔。评估营销绩效时，需要关注以下两方面是否达到了恰当的平衡，一方面是整合的集中营销和战略思维，另一方面则是适应国别文化的、灵活的、更加分散式的营销方法。这两类方法都是必需的。联合酿酒集团（United Distillers）和麦当劳似乎在这项双重任务方面有所开拓，不过确定正确的方法很困难，因为产业部门、市场成熟度和公司文化方面的问题都存在差异。

主要决策

BSN 在法国收购了一个意大利矿泉水品牌，法国国家铁路公司（SNCF）购买了英国铁路公司的股份，联合利华公司采用了一种泛欧洲的媒体方法，此类事件令营销者的任务更加复杂而多面。

复杂性

了解与本国完全不同的体制、结构与文化，这是一项复杂的任务。在传统的国际化方式下，每个市场都被分别对待，这种做法过于简单，类似于出口部门。而在新的方式下，公司经过结构重建，指派最佳人手对国际营销、广告、媒体和调研活动进行协调。如今，国际调研者的作用是通过制定更好的决策来帮助客户降低风险。而现今的客户期望的是针对所有问题的解决方案，而不仅仅是答案。客户诉求的方方面面都反映了这一点。

分裂

专家日渐减少，集中式的市场调研部门日益缩小，调研的最终用户越来越多地参与购买决策。调研机构需要发挥不同的作用,向客户建议应该制定什么调研决策。

在目前经济衰退的环境下,对建议的需求增加,而对专项服务的需求减少。这对于各行各业来说都迫在眉睫,除非是那些传统产业。成熟产业往往将调研委托公司建立的调研部门进行,而不是市场调研机构,并且公司内部都设有调研专家,但是像电信这样的新兴产业宁愿使用咨询顾问,而不是建立自己的调研部门。即使是汽车或 IT 这样的配备了调研人员的传统公司,也正在重新建构各种活动,削减总部人员,并直接与顾客打交道。

速度与可实施性

执行规模更大或范围更宽的决策需要花费更多时间;因此必须更快地提供信息。大规模的调研项目需要的决策制定过程更长,因为决策总是经由低层到高层来作出。涉及人员的复杂决策更加耗时,但是用在提案和公布结果上的时间大大缩减。在竞标情况下,对复杂要求快速应答,将是一种强大的优势。在对特定国家进行调研时,当地客户代表和当地广告代理等并不具有实际控制权,他们仅仅是在发布结果时具有关键参与权。因为信息量大并且内容复杂,所以客户需要对信息进行更深程度的分析。但是有时因为急需使用,客户需要的是用图表形式呈现的简短报告。

全球营销调研更加复杂,因为每个国家的政治、法律、文化和商务环境都不一样。调研者的责任是应对这些差异并确定真实的市场潜力。表 2.1 列出了对营销策略具有重大影响的主要环境变量。

表 2.1　主要环境变量

变　　量	指　　标	重　要　性
经　　济	● GNP、人均 GNP、人口、通货膨胀、失业率、利率等	● 经济财富的指标、市场潜力的宏观指标等
政　　治	● 政府类型、政治稳定性的专家评定、征收的数量等	● 政治稳定性与政治风险、政府对企业的态度等指标
法　　律	● 进出口法规、关税、非关税壁垒、税收、版权法等	● 法律风险、贸易保护主义的指标,影响营销组合策略
社会文化	● 宗教、语言、文化程度、价值观、职业道德、家庭角色、性别角色等	● 高或低文化背景、人们的态度、生活方式差异等指标
基础建设	● 能源成本、计算机化的程度、电话与传真机的数量、大众媒体现状等	● 技术进步的指标,影响营销组合策略

全球营销调研的复杂性

与只服务于国内市场的供应商相比,国际调研供应商面临的质量问题更为复杂。① 一方面,各国之间调研设施与能力的差异仍然很大,对新的国家进行市场调研时,这是难以避免的。另一方面,客户公司的众多用户往往相隔千里,关键是了解他们的不同需求,这样才能提供优质的客户服务。国际调研的两个主要问题可以归纳如下:

(1) 不同国家之间调研结果的差异非常引人关注,因此调研者会试图掩盖缺乏实质性内容的结果。

(2) 如果试图拒绝添加限定条件或者缩短过长的问卷,经常会得到的应答是"我们在某某国家这样做的时候,没有任何问题……"。

需要进行国际调研的公司无法详细了解其他国家使用的各种标准。它们往往认为特定标准是理所当然的,并且坚持在不同国家采用相同的标准。这种做法对调研项目来说是昂贵或不利的。另外,质量标准涉及调研过程的哪些方面有时并不明确,通常会涉及实地调查、信息提供者的责任,还有客户与供应商之间的相互责任,但是通常不会涉及其他特定方面,如调研设计、数据处理、定性分析过程以及主管人员培训。标准不明确使得国际调研更加复杂,因为维持标准成了多方当事人的共同责任,包括国际调研的客户、国别调研的客户、协调供应商以及分包供应商。

刚开始开展跨国调研时,遇到的问题是国外设施不足以及很难保证跨国可比性。不过,随着其他国家的调研设施迅速达到了美国水准,这个问题便迎刃而解了。关于可比性,最初的问题是如何确保原始的英语问卷得到准确的文字翻译,② 而美国总部的调研部门做不了这项工作,这必须由有经验的调研者在国外完成。

---

① Jane Kalim, "Quality Standards: The push-me-pull you of marketing research", *Seminar on Marketing and International Research: Client Company Needs and Research Industry Skills; Can the Gap be Bridged?*, 1993, March 10—12:11—26.

② Thomas T.Semon, "Red Tape Is Chief Problem in Multinational Research", *Marketing News* 28, 1994, February 14, No.4:7.

总部人员甚至无法对翻译进行检查,除非他们熟练掌握这种语言,并且对原始的英语版本并不熟悉。如果对原始版本很了解,就会造成偏差,不利于发现错误。因此,标准的做法是请一个局外人将外语版本再次翻译成英语。将重新翻译的版本与原始版本进行比较,这既笨拙又耗时,但是它起作用,并且仍然不失为一种标准做法。

如今,当美国的制造商想要研究数个国家对同一产品的市场需求及态度时,可以将项目分散,按照总部下达的方针,由每个国家的公司办公室进行调研。这种策略会导致每个国家出具的调研报告在质量与形式上各不相同,难以总结归纳;不过,集中进行项目也不是办法,因为特定国家的工作人员与美国公司总部中央管理层的关注点可能存在差异。

项目集中化可能导致层级与职权问题更加复杂,因为这种调研涉及总部人员、公司外国办公室人员、外国调研承包商以及总体协调者,如设在美国的调研承包商,这将导致大量的争议、延迟与低效率。克服这个问题的最佳方法是妥善组织。在项目开始之前,总部的调研部门应该针对任务、责任与报告渠道起草详细的计划,并征得各方同意。

大多数国际调研问题都具有相似的特征。①这些复杂的问题涉及多个相互独立与相互作用的变量。这些问题严重地以关系为导向,反映了调研环境的复杂性,并且没有固定的结构。这种困难会影响所有的国际调研,尤其是实地调研,因为实地调研者总是试图在特定背景下去理解某个问题,而并非局限于研究一个狭窄的孤立范围。

严重地以行为和关系为导向

组织与各种环境因素都试图相互控制。公司及周边各团体必须始终致力于有效管理已建立的各种关系。只有对这种管理过程加以调研,才能更好地理解公司如何进行国际化经营,以及哪些因素影响经营的成功与否。作为重要的变量,文化因素必须要考虑。

---

① Lorna L. Wright, Henry W. Lane, and Paul W. Beamish, "International Management Research: Lessons from the Field", *International Studies of Management and Reorganization* 18, 1988, No. 3: 55—71.

反映环境的复杂性

产品市场竞争性与技术和法规差异性的程度,以及与组织内部和外部各个团体建立的关系的数量,反映了组织环境复杂性的程度。这些团体控制着各种意外事件,强烈影响着公司的行动与决策。内部与外部的相互依存性提高,约束着公司的决策制定者。另一个可能性是,周边各个利益团体的目标与价值观互相矛盾。各国文化与意识形态上的差异也会增加复杂性。

缺乏结构

为了降低不确定性并定义环境,行为互动必不可少。在情况不明确时,采用常规的公司方针与行动方案也许并不恰当。常规的、明确的调研策略也许不足以抓住问题的实质。复杂的、非结构化的问题往往涉及多重要关系,在行为上相互作用,无法快速、轻易地加以研究。这是调研者力求通过现场实地调研来攻克的一项挑战。

成本

因为国家、服务类型与调研供应商的不同,进行营销调研的成本差异巨大。新的客户不断进入国际调研领域,但是许多客户不愿意支付主要国际网络收取的额外费用。[①]中等规模的公司要想参与竞争,必须具有相当的质量控制水平。进行全球营销调研时,公司必须关注调研机构为各种成本做预算的不同方法,比如现场调研或制表与分析的成本。另外,最好要求用一种常见的货币来报价,或者提前将汇率固定,以防将来引起麻烦。

全球可比性

ESOMAR 在 2012 年进行了一项"全球价格研究",为构建总体价格指数提供了

---

① Kalim, "Quality Standards".

基础。该研究在不同时期、不同国家、不同项目类型的作价差异方面提供了一些见解。表 2.2 展示了调研成本最高与最低的 10 个国家。为了获得能够反映国家成本的综合指数,"全球指数"的开发是通过将特别用途方面的最廉价选择与态度调查相结合,并经过了一系列群组讨论——二者都具有标准化形式并被广泛使用。

表 2.2　调研成本最高与最低的 10 个国家①

国　　家	2012 年全球指数	2012 年排名	2010 年排名
成本最高的 10 个国家			
美国	241	1	1
瑞士	239	2	2
加拿大	229	3	10
日本	222	4	5
英国	187	5	9
瑞典	168	6	4
德国	165	7	6
丹麦	162	8	8
法国	161	9	3
荷兰	156	10	7
成本最低的 10 个国家			
刚果民主共和国	51	58	数据未获得
罗马尼亚	50	59	46
塞尔维亚	47	60	59
肯尼亚	46	61	数据未获得
克罗地亚	44	62	53
乌克兰	43	63	54
保加利亚	39	64	64
厄瓜多尔	38	65	61
拉脱维亚	31	66	45
巴基斯坦	30	67	67

　　有趣的是,除了进行调研的价格,不同国家能够采用的调研类型往往也大不相同。例如,尽管在线调研可以降低总成本,但是在某些国家进行在线调研是不可行或不合理的。类似地,尽管面对面访谈的成本大大高于在线调研,像印度这样的发展中国家却特别偏爱进行面对面访谈。进行在线调研的成本呈现下降趋势;但是,集中测试与计算机辅助电话访谈(CATI)的成本却提高了。②

---

　　①　改编自 Global Prices Study, 2012, "US Market Research—Price is no Object?" http://rwconnect.esomar.org/2012/10/11/global-prices-study-2012/于 2014 年 5 月 15 日访问。

　　②　Global Prices Study, US Market Research—Price is no Object? Message posted to http://rwconnect.esomar.org/2012/10/11/global-prices-study-2012/, 2012.

除此之外,在线调研的定价一直受到关注。由于遭到欺诈性与重复性应答方面的抨击,调研者全力以赴地投入资源改善质量管理程序。不过,随着越来越多的机构开始提供在线调研,调研价格不断下降,人们开始担心价格下降对调研工作的影响,以及维持高质量标准的成本。专栏 2.2 提供了上述全球价格指数研究的概况。

专栏 2.2

2012 年全球价格研究①

研究范围

2012 年进行的全球价格研究强调了在不同国家进行调研的价格差异。本研究的最后一轮是在 2014 年进行的,大约有来自 40 个国家的 1 600 名参与者。该研究的报价由来自 106 个国家的 633 家机构提供。提交的报价是关于一系列标准化的项目,包括 5 个消费者调研项目(3 个定量调研、1 个定性调研、1 个利用在线传播的调研),和 1 个 B2B 项目以及关于员工工作时间和进行结果展示的一系列商业资费。

　　项目 1:关于巧克力糖果产品的使用与态度调查

　　项目 2:关于洗衣粉的跟踪调查

　　项目 3:计算机辅助广告的预先测试

　　项目 4:关于零售银行业服务的 4 个群组讨论

　　项目 5:调研社群

　　项目 6:关于笔记本电脑的 B2B 调查

商业资费

低级、中级与高级主管的一天工作时间与面对面展示。2010 年与 2012 年的全球指数得分具有相当大的相似性(相关系数为 0.93)。而 2007 年与 2010 年价格指数的相关系数甚至达到了 0.94。对于使用不同货币的国家,报告都以美元为单位(除非特别标注),并且使用的是 2012 年 6 月 1 日的汇率。

---

　　① Global Prices Study,US Market Research—Price is no Object? Message posted to http://rw-connect.esomar.org/2012/10/11/global-prices-study-2012/,2012.

样本、现场调研与应答

样本包括 ESOMAR 的成员机构。当一国成员机构数量过少时,样本还包括了由当地调研协会或欧洲市场研究学会代表所指定的机构。现场调研是在 4 月 3 日至 6 月 26 日期间进行的。报告仅包括三家以上机构对至少一个项目的报价,这样做是为了保护应答者与公司的匿名性。对应答者和公司匿名性的保护是项目各阶段的重点,从收集数据到处理结果。中位数没有均值那么容易受异常值影响,所以在 2010 年和 2012 年的研究中都使用了中位数这个指标。

等价性

国际调研必须采用可接受的、一致的质量标准。目前,国际买方与调研协调者很难确定跨国通用的标准与方法。① 能够使用质量标准的领域包括定性招募、访谈与分析、定量的现场调研、问卷编辑、复查、数据录入与记录保管。目前,方法与标准方面存在相当大的差异。有些供应商采用严格的控制,一旦出现不满意或质量不佳的结果,会采取明确的行动政策。其他供应商采用的标准似乎非常低,或者根本没有标准。为了确定目前正在使用的方法,所进行的一项调查揭示了一系列问题,比如:

(1) 在定性招募中大量使用专家组

(2) 少部分供应商对定性招募者与定量访谈者的培训微不足道

(3) 对定量数据编码与录入的验证水平低

(4) 少部分供应商的复查水平极低

(5) 大部分供应商保存数据记录的时间少于六个月,或根本不保存

一贯使用高标准的领域包括定性数据的详细分析与定量数据的综合编辑。

要想保证市场调研的质量,必须关注项目管理与公司总体管理方面的标准。这种行业最好使用 ISO9000 这样的政府资助计划,鼓励良好的管理实践。供应商

---

① Carol Coutts,"Quality Standards in International Research—A Review of Current Practices", in *Identifying the Gap*, Amsterdam 1993:27—47.

与国家之间的标准差异很大。考虑到有关调研类型或特定国家的现状,有时这种差异是可以理解并接受的。在其他情况下,关于什么是良好调研的最基本准则,则会出现歧义。

建立更多的国际数据库,不仅是为了保存消费者行为、市场容量、品牌份额和消费者资料等信息,也是为了说明以下各方面的异同:

(1) 总体态度、生活方式、社会文化趋势

(2) 关于特定产品领域的态度

(3) 诉求、动机、感知与理想形象

(4) 品牌或公司形象及其发展

(5) 对广告与促销的反馈

被广为接受的做法是:

(1) 对每个国别市场的差异与特征进行冗长而艰难的讨论时,要想做到客观,唯一的办法是在各地使用相同的调研技术来测量有关事实。

(2) 这些技术必须规范化,才能得出有意义的结论;例如,在拉丁语系与日耳曼语系的国家,极高分数的出现与最高级的使用并不一定具有相同含义。

(3) 这种系统化做法的有利之处是能够取得规模、经验与可比性,但是高额的开发成本需要在尽可能多的国家快速收到回报。

在不同的文化框架下得到的百分比与均值不一定具有相同意义。例如,拉丁语系的人更有可能使用最高级或极限销量。因此,对于购买意向问题的回答或态度数据,必须小心加以解释。

人员[①]

进行国际调研时,必须要确保以下各种资源:

---

① Katherine Passerieu, "What Changes Will Be Needed Within the Research Agency? —Radical Change, Evaluation or Head Down?" in *Identifying the Gap*, Amsterdam, 1993:49—64.

● 技术资源,例如,集中化的计算机辅助电话访问(CATI)系统与数据处理能力。

● 人力资源,例如,业务专家(抽样专家、电话访谈专家等)与具备合适技能的主管人员。

● 系统(公司内部系统与跨网络系统)。面对大规模的多国项目与全球化趋势,我们不得不将调研数据视为硬数据,而不是软数据。仅仅为了达到和谐一致,却丢失或错误地解释背后隐藏着的重要地方性因素,这样做很危险。还有一些特定问题一直是全球调研很难解决的。例如,对美国、印度和沙特阿拉伯的调研,要想取得方法与结果上的可比性是极其困难的。

在定性方面,因为调研明显侧重于人和文化,这种风险就没那么重要。探讨行为、态度和动机是调研目的之一。因为定量数据更加简洁,人们花在每个地方性报告上的时间更少,所以信息往往被当作事实来处理。麻烦的是,包含着管理总结、图表和规划的重大定量报告通常基于调研,而这些调研处理的基本是矛盾的、主观的和常常无理性的人。

全球营销调研行业信息

世界最大的营销、广告与民意调查企业大约占全球支出的 54%,2011 年的总收入为 215 亿美元,较之 2010 年增长了 4.1%。2011 年出现了一些内乱和战争,而该行业对通货膨胀做出调整后的真实增长率为 2.0%,这是令人瞩目的。除了收入,25 大企业大多通过收购而扩大了规模。仅在 2013 年,25 大公司就在世界各地收购了 24 家调研企业。

2013 年 25 大调研企业总部所在的国家包括美国、德国、英国、日本、法国和巴西。世界顶级调研企业正在不断向全球扩展业务。本国之外的业务收入之和达到了总收入的 55%。25 大调研企业之中只有 3 家没有获得国外的利润贡献。作为一个整体,25 大企业 2013 年一共拥有 122 310 名全职调研人员,而 2010 年仅有 103 136 名。[①]

---

① Laurence N.Gold,"2012 Global Top 25 Rankings Chart",*Marketing News*,August 23,2012.

一些大企业的调研活动①

尼尔森(Nielsen)是一家全球信息与测量公司，研究 100 多个国家的消费者及其行为。2011 年 1 月，该公司在纽约股票交易所上市。尼尔森提供的服务可以划分为 Nielsen's Watch 与 Nielsen's Buy 两个部分。Nielsen's Watch 包括与电视、在线和移动设备有关的测量与分析服务，并主要为媒体与广告行业提供观众数据与分析。尼尔森测量零售、电视、在线、手机、受众、消费者神经学、广播和全球消费者信任度。另外，2012 年收购阿比创有限公司(Arbitron)之后，其全球调研收入有所增长。Nielsen's Buy 主要为消费性包装产品行业的企业提供零售交易测量数据、消费者行为信息与分析。通过提供点对点的消费者洞察，尼尔森帮助企业快速发展。

凯度(Kantar)是 WPP 集团的一个消费者洞察部门，这是一家总部位于伦敦的上市公司，拥有 12 个调研业务单位，包括①Kantar Media、②Millward Brown、③Kantar Japan、④ Added Value、⑤ Kantar Retail、⑥ IMRB International、⑦Kantar Health、⑧ Kantar Worldpanel、⑨ Lightspeed Research、⑩ Benenson Strategy Group、⑪The Futures Co.和⑫TNS。凯度协同这 12 个分支业务单位提供一系列服务，包括需求预测、广告测试、文案测试、购物者洞察与解决方案、受众测量、数据收集与处理、零售商洞察、虚拟购物趋势、媒体与营销效果、产品开发与创新等。

艾美仕市场研究公司(IMS Health Holdings Inc.)是一家全球信息与技术服务公司，向医疗行业的客户提供广泛的服务，帮助他们测量并提高绩效。艾美仕的业务遍布 100 多个国家，向全世界近 90％的医药企业提供信息与洞见。

益普索(Ipsos)是一家全球市场调研公司，业务涉及六个专业领域：广告、营销、媒体、民意调查、顾客关系管理调研和数据收集与处理。益普索拥有六个全球品牌，服务于世界各大市场，是：①Ipsos ASI、②Ipsos Marketing、③Ipsos Media CT、④Ipsos Public Affairs、⑤Ipsos Loyalty 和⑥Ipsos Observer。益普索从 2010 年全球调研公司排名第 5 名上升到了 2013 年的第 4 名。

---

① Laurence N. Gold, "The Global Top 25 Company Profiles", *Marketing News*, August 21, 2012.

捷孚凯(GfK Group)是继尼尔森、凯度、艾美仕和益普索的第五大营销调研公司,帮助客户将数据转换为有意义的洞见。公司在100多个国家对消费者的生活、思考和购物方式进行综合性研究。公司提供的服务侧重于消费者、医药、媒体和服务部门,分为以下两个部分:①"消费者选择"提供市场规模估算、货币、媒体和销售渠道方面的洞见;②"消费者体验"研究全世界消费者的态度、感知与体验。

专栏 2.3

全球 25 大调研公司①*

2013 年排名	2012 年排名	公　司	国家	全球调研收入(美元)	本国外调研收入的百分比(%)
1	1	尼尔森	美国	6 045.0	47.2
—	9	阿比创	美国	476.0	1.3
2	2	凯度ᵃ	英国	3 389.2	71.9
3	5	艾美仕	美国	2 544.0	63.2
4	3	益普索	法国	2 274.2	93.1
5	4	捷孚凯	德国	1 985.2	70.0
6	6	Information Resources Inc.	美国	845.1	40.4
7	8	Westat Inc.	美国	582.5	3.2
8	—	Dunnhumby Ltd.	英国	453.7	46.5
9	7	INTAGE Holdings Inc.ᵇ	日本	435.5	5.6
10	10	The NPD Group Inc.	美国	287.7	29.7
11	11	comScore Inc.	美国	286.9	29.3
12	15	J.D. Power and Associatesᵃ	美国	258.3	33.1
13	13	IBOPE Group	巴西	231.1	22.4
14	14	ICF International Inc.	美国	225.3	23.7
15	13	Video Research Ltdᵇ	日本	204.0	—
16	19	Symphony Health Solutions	美国	198.7	1.1
17	16	Macromill Inc.	日本	184.7	10.9
18	17	Maritz Research	美国	177.6	21.8
19	18	Abt SRBI Inc.	美国	172.8	9.9
20	—	Decision Resources Group	美国	150.3	28.1

---

① 改编自 Laurence N.Gold,"The 2014 AMA Gold Global Top 25 Report",*Marketing News*,August 2014。

* 原文表格中的"全球调研收入"的单位为美元,译者疑为"千美元"。——译者注

（续表）

2013 年排名	2012 年排名	公 司	国家	全球调研收入（美元）	本国外调研收入的百分比（%）
21	20	Harris Interactive Inc.	美国	139.7	38.4
22	24	ORC International	美国	122.0	32.9
23	22	Mediametrie	法国	106.1	14.0
24	25	Yougov plc	英国	101.4	70.3
25	21	Lieberman Research Worldwide	美国	100.3	32.2

注：a.根据排名前 25 的作者估计；b.数据为截至 2014 年 3 月的财政年度。

调研种类

在线调查研究的支出逐年上升，目前所占的百分比已经超过传统的面对面调研。目前，在线调研占市场调研总投资的 22%，而面对面调研仅占 11%，电话调查与群组讨论各占 13%，定量调研公司占全球总调研的 76%。不过，在线调研差异巨大，例如，在线服务在日本广为使用（大约占 40%），新西兰紧随其后。

数据收集方法

2013 年冬季 GreenBrook 调研行业趋势报告（GRIT）指出，客户方面的预算限制迫切要求对数据收集方法进行重大变革。在所使用的数据收集方法中，在线调查（66%）是公司最常用的。[1]最常用的前三种方法还包括计算机辅助电话访谈（13%）和面对面调查（12%）。在定性调研领域，传统的现场焦点组方法独占鳌头。

招聘

进入新的市场时，对于调研公司来说，雇用一组合适的人员成为一项艰巨的挑战。因为在那些鲜有调研历史的市场，常常人才短缺。尽管可以将任务委派给外

---

[1]　GRIT Winter 2013 Report，http://www.greenbookblog.org/grit-winter-2013/于 2014 年 5 月 16 日访问。

国调研人员,不过在大多数情况下,这种做法成本高昂,对兼具企业家与领导者素质的出色调研人员的需求量巨大。

调研机构

ESOMAR 名录列出了全球调研机构的完整信息。进行搜索时,可以根据国家,如美国、澳大利亚、英国等,根据调研对策,如人口统计调研、广告调研、混合调研、网络专家组等,根据市场部门,如耐用品、包装消费产品等,或者根据调研服务,如计算机辅助个人访谈(CAPI)、计算机辅助电话访谈、在线调研、电子邮件调研等。

兼并与收购

2011 年兼并与收购(M&A)方面的重头戏是益普索对思纬市场研究公司(Synovate)的收购。这影响了益普索在 25 大调研公司内的排名。

电视广告测量

近年来,消费者的内容消费转变巨大。公司可以通过多种平台接近目标受众。电视广告在近年发生了变化,有几项互动性的、按需定制的内容应用成为主要特征。随着互联网的不断普及,数字媒体为广告行业开辟了一片新天地。尽管互联网的重要性持续上升,电视广告支出却并没有下降。[①]

电视是一种功能强大的媒介,可以到达全世界大量的受众。随着多屏幕与画中画模式等电视机新特性的出现,对电视广告的测量变得越来越重要。另外,移动设备上的内容浏览越来越多,因此调研公司将其融入调研方法中。例如,调研公司特恩斯市场研究公司(TNS)开发了一个收视记录软件,将个人电脑当作电视一样进行浏览测量。这样可以将标准的电视测量指标用于在线测量。

提供全球测量服务的公司有数个。尼尔森负责美国的电视测量。加拿大的收视

---

① E-Marketer, "TV Advertising Keeps Growing as Mobile Boosts Digital Video Spend Message", April 3, 2013, posted on http://www.emarketer.com/Article/TV-Advertising-Keeps-Growing-Mobile-Boosts-Digital-Video-Spend/1009780.

信息与广播测量来自 BBM Canada。在澳大利亚,OzTAM、Regional TAM 和尼尔森(澳大利亚)分别负责全国不同地区,提供关于电视收视率的数据。IBOPE 负责巴西的测量,而捷孚凯负责德国。负责印度的是 TAM Media Research 和 aMaps。aMaps从 Telecontrol-Switzerland 引进了先进技术,并于 2005 年进入印度市场。利用全球移动通信系统网络,公司对 6 000 个家庭进行调查,提供隔夜收视率。特恩斯负责许多国家的测量,包括哈萨克斯坦。凯度提供越南 6 个主要城市的电视测量服务。

公司用于电视广告的投资高达数百万美元,目的是利用追踪方法获得目标受众的实时反馈。这不仅能帮助公司优化广告投入、获得预期效果,也能帮助公司在媒体投资方面维持可观的回报。尼尔森公司向全球提供消费者观看与购买方面的信息与洞见。[1]

尼尔森公司帮助营销者测量各个主要媒体每天的广告支出与创意性内容,其服务遍及全球各地,包括北美、欧洲、亚太、中东和非洲。尼尔森收视率给出了特定时段使用某种媒介的特定群体所占的百分比。尼尔森公司推出了自动地方收视仪(Local People Meter, LPM)技术,用以取代市场上现有的收视记录仪。LPM 能够全面报告节目收看者的观看信息,包括变换频道,从而提供特定地方市场的精确测量。类似地,阿比创的技术服务用于美国的广播测量。专栏 2.4 介绍了尼尔森的收视记录仪在世界各地的使用情况。

专栏 2.4

世界各地的尼尔森收视仪[2]

收视仪是一个与电视连接的盒子,用以记录电视上的观看内容。记录仪收集的信息包括正在收看的节目、收看时长、录下的节目,甚至是没有收看或快进

---

① Nielsen Pressroom, "Nielsen Expands Digital Measurement with Pilot Program for New Content Ratings", April 30, 2013, http://www.nielsen.com/us/en/pressroom/2013/nielsen-expands-digital-measurement-with-pilot-program-for-new-c.html 于 2013 年 6 月 2 日访问。

② 改编自 John Herrman, "Why Nielsen Ratings Are Inaccurate, and Why They'll Stay That Way", January 31, 2011, http://splitsider.com/2011/01/why-nielsen-ratings-are-inaccurate-and-why-theyll-stay-that-way/(Retrieved on May 20, 2013); Emma Hall, "TV Audience-Measurement Data in Turkey Hit by Scandal", March 1, 2012, http://adage.com/article/global-news/tv-audience-measurement-data-turkey-hit-scandal/233041/于 2013 年 5 月 20 日访问;Economic Times, "NDTV Sues Nielsen for Viewership Data Manipulation", July 31, 2012, http://articles.economictimes.indiatimes.com/(转下页)

的节目。每个家庭成员(包括孩子)都配有一个单独的遥控器,上面的"我正在收看"按钮可以识别每个成员正在收看的特定节目。

收集到的数据每天晚上被传回尼尔森,用于统计各种收视率,数据从最初的播放日期起会被保留七天。这些收视率在很大程度上决定着一个特定节目的续播与否。例如,在美国收视率 1.0 表明全国大约 1.16 亿收视家庭中(大约)只有 1‰正在收看某个节目。如果某个节目的收视率为 1.0,想要续播是不可能的。数据还可以被拆分为不同的人口统计收视率,用于进一步的营销工作。更重要的是,这些收视率还起到了货币的作用,广告商可以依据此购买广告时间。

尽管收视仪广为使用,却难免遭遇挫折。例如,2012 年电视收视系统在土耳其引起了争议并遭到了指控,因为配备了尼尔森收视仪来收集观看数据的 2 500 个家庭的身份信息在整个行业内被广泛泄露。另外,当地的制作公司和电视台也遭到了指控,因为它们为了获得有利于自己的收视率数据而向观看者送出昂贵的礼品。由于收视率的测量不再可靠,为了重新获得媒体机构与广告商的信任,该行业正在考虑使用特恩斯(尼尔森的竞争者)的一个新系统。

类似地,2012 年 7 月,印度一个 24 小时的新闻频道 NDTV 向尼尔森索赔数十亿美元,据说是因为尼尔森为了那些愿意向官员行贿的频道而篡改收视者数据。NDTV 的起诉还针对 TAM,这是一家尼尔森与凯度的合资企业,也是印度唯一的电视收视率代理机构,起诉的理由是该公司垄断了电视收视率数据的市场。

印度领先的广播公司——索尼娱乐集团、NDTV 和 Times Television Network 致电 TAM 表示将不再订购它们的数据,原因是数据不稳定以及数据可信度方面的问题。TAM 在申辩中提出,电视频道超过 600 个之多,而每天平均收视时间仅为两小时,一定会出现许多"频繁的频道更换",因此数据波动与可信度问题是难免的。经过此起彼伏的指控与申辩,印度这几家广播公司决定采取措施与行业联合实体,即广播听众调研协会(the Broadcast Audience Research Council,BARC)创建一个替代的电视收视率系统,该系统自 2015 年 4 月开始实施。

一方面,电视广告的测量越来越受重视;另一方面,这也给各国营销者带来了

(接上页)2012-07-31/news/32961619_1_ndtv-viewership-data-television-audience-measurement 于 2013 年 5 月 20 日访问;Gaurav Laghate, "Advertisers Bat for TAM After Broadcasters' Boycott", June 11, 2013, http://www.business-standard.com/article/companies/advertisers-bat-for-tam-after-broadcasters-boycott-113061000892_1.html 于 2013 年 5 月 20 日访问。

某些不同的问题与挑战。两个比较显著的差异如下所示。

电视的渗透

据估计,2011 年全球拥有电视机的家庭将近 13 亿。到 2016 年,该数字有望达到 15 亿。[①]其中,拥有数字电视的家庭大约为 6.75 亿(比 2007 年的 3 亿有所增长),而拥有模拟电视的将近 7 亿。另外,各国的电视渗透情况并不相同。自 2007 年至 2011 年增长的 3.7 亿数字电视家庭中,1.94 亿来自亚太地区,其中中国家庭大约为 1.49 亿。全球数字电视渗透率自 2007 年的 24％上升至 2011 年的 49％。2011 年北美洲的渗透率为 89％,有别于拉丁美洲的 33％。截至 2011 年,只有西班牙和芬兰达到了数字电视全覆盖。[②]全世界的电视普及与增长情况不均衡,给营销者制造了难题,他们必须根据国际受众的喜好策划营销活动并定制传播信息。

根据 2011 年尼尔森全球广告动向观察(Nielsen Global AdView Pulse)的报告,电视广告自 2010 年起增长了 11.9％,并且在发达国家和许多新兴经济体国家,在其他传统媒体中(广播、杂志和报纸)所占的份额自 63.5％增长至 65.3％。报告还指出,公司想要接触到新的消费者,电视仍然是最重要而且具有成本效率的一种媒介,尤其是在那些蓬勃发展的新兴市场,正如专栏 2.5 所印证的。[③]

专栏 2.5

2011 年全球各地区的支出[④]

地　区	2010 年期间的变化(%)	地　区	2010 年期间的变化(%)
欧　洲	2.9	拉丁美洲	11.0
北美洲	5.4	亚　太	12.4
中东和非洲	10.4	全　球	8.8

---

① IDATE Media, "2012 World Television Market Report", http://www.idate.org/en/News/World-Television-Market_759.html 于 2013 年 6 月 2 日访问。

② Simon Murray, "The Digital TV World Factbook", June 25, 2012.

③ "Global Ad Spend Up 8.8% in Q1 2011 as Advertisers Increase TV Spend", July 5, 2011, http://www.nielsen.com/us/en/newswire/2011/global-ad-spend-up-q1-2011-as-advertisers-increase-tv-spend.html 于 2014 年 5 月 18 日访问。

④ 改编自 Nielsen Global AdView Pulse Report, 2011。

广告的策划

全球营销者面临的一项主要难题是,在特定时间范围内可以投放的广告数量限制。这不仅挑战了营销者的创造性,也有可能削弱广告的效果。下面是几个全球电视广告限制的例子。

(1)在科威特,政府控制的电视网络只允许每晚播放 32 分钟广告。[1]

(2)欧盟将每小时的广告占用时间限制为 12 分钟(20%)。[2]

(3)在印度,电信与广播业的监察部门——印度电信管理局(the Telecom Regulatory Authority of India)最近将每小时的广告占用时间限制为 12 分钟,也就是每小时节目的 20%。[3]

(4)在爱尔兰,商业广播公司必须将全天节目播放中的广告占用时间限制为 18%,并且每小时最多 12 分钟。不过,对于儿童节目,每小时广告不得超过 10 分钟。[4]

(5)在德国,商业广告之间必须至少间隔 20 分钟,而且每小时的广告总时间不得超过 12 分钟。[5]

(6)在菲律宾,菲律宾广播协会将每小时广告时间限制为 18 分钟。[6]

以上只是少数例子。许多其他国家在特定节目时段允许广告商播放的广告数量方面都有类似的规定。尽管此类限制可能导致该行业的广告费率与节目策划出现暂时的波动,不过其长期效果可望有利于所有的利益相关者。例如,这类规定能

[1] Sree Rama Rao, "Legal Constraints", October 11, 2010, http://www.citeman.com/11067-legal-constraints.html 于 2013 年 6 月 2 日访问。

[2] European Parliament, "Culture and Education Committee Endorses New TV Advertising Rules", November 13, 2007, http://www.europarl.europa.eu/sides/getDoc.do?language=nl&type=IM-PRESS&reference=200711121PR12883 于 2013 年 6 月 19 日访问。

[3] Meenakshi Verma Ambwani, "The 20 Per Cent Conundrum", *Hindu Business Line*, June 6, 2013, http://www.thehindubusinessline.com/features/weekend-life/the-20-per-cent-conundrum/article-4784932.ece 于 2013 年 6 月 19 日访问。

[4] "BAI Rules on Advertising and Teleshopping", Broadcasting Authority of Ireland, July 2010, www.bai.ie 于 2013 年 6 月 19 日访问。

[5] Miriam Hils, "TVINTL German Spot Checks", *Variety*, May 19, 1997:30.

[6] Riza Olchondra, "ABS-CBN Supports Cap on Ad Load", Philippine Daily Inquirer, March 17, 2008, http://business.inquirer.net/money/breakingnews/view/20080317-125318/ABS-CBN-supports-cap-on-ad-load 于 2013 年 6 月 19 日访问。

够帮助消费者剔除杂乱无章的广告,并促使营销者制作对参与度高的受众更具针对性的广告。

作为公认的最强有力的传统媒体,电视广告能够到达广泛的受众,而且投放成本低。其优势包括:生动的信息展示、参与度高、适用于不同国家与市场、可以根据国际顾客的偏好进行定制,这些优势是其他传统媒体形式通常不具备的。尽管具备这些优势,如果投放过度,电视广告也有可能给消费者造成混乱,将导致消费者对广告的记忆率下降。另外,生动的广告有时会令观看者分心,导致他们的注意力偏离预期的信息。无论如何,恰当开发并投放的广告能够提高品牌价值,并正向地影响销量与利润。

全球营销调研方法

营销调研可以被看作是消费者意向的一种反映。不过,营销者和调研者需要花费大量的时间、精力和金钱来正确解释调研结果。因此,不论是在公司内部还是委托外部代理进行,这对于营销组合来说都越来越重要。鉴于当今市场的高度竞争性、复杂性以及高额成本,不可能再根据本能与直觉来作出商务决策。重要的是,必须借助充分的市场调研进行决策,以避免灾难性的后果。纯果乐(Tropicana)就有过深刻的教训。推出重新设计了包装的橙汁时,在没有经过预先市场调研的情况下,它们决定放弃那个标志性形象:插着吸管的鲜橙。结果很悲惨,销量锐减20%。因新包装表现不佳,纯果乐不得不快速换回原包装。①

没有任何一种调研方法或工具能够成为"万金油"。必须根据手头的调研问题选择调研方法。后面的章节将详细介绍国际调研中采用的各种工具,而本章将简要介绍最常用的市场调研工具:观察性研究、焦点小组、调查与实验。

观察性研究

在观察性研究中,数据收集于自然状态下的应答者,需要仔细观察他们的活

---

① Natalie Zmuda, "Tropicana Line's Sales Plunge 20% Post-Rebranding", *Advertising Age*, April 2, 2009.

动。这种活动包括研究购物行为、在实际情境中对特定产品的使用、对产品的消费等。观察性研究可以分为两大类：直接观察与控制观察。直接观察通常用来获得调研行为及其相关问题方面的洞见。食杂店里的产品选择决策与包装效果的研究都属于这一类别。控制观察可以被看作是行为投射测验，设计用来揭示某些潜在的信念、态度与动机。调研者观察消费者与零售商、银行、服务部门或投诉部门之间的日常互动时，或者观察政府或私营机构员工的公共绩效质量时，凭借的都是控制观察。

焦点小组

焦点小组讨论是指由一小组应答者（通常为 6—10 人）在一名熟练的中间人带领下进行讨论，帮助调研者获取关于营销问题的想法或解决方案。这种方法的重点是鼓励参与者对每个问题表达自己的观点，并对其他参与者的观点进行详细讨论或反馈。焦点小组的应用范围很广泛，从社会科学到公共治理，从制造设计到使用性研究。在营销领域，该工具能够帮助公司收集产品态度、产品使用和包装等重要信息。它还可以帮助检验新产品的营销，在新产品上市前进行讨论、考察或检验。

调查

调查被设计用来捕获各种信息，比如消费者态度（反映为他们对产品、产品特性、可获得性、定价以及营销努力各个方面的认知、知识或看法），消费者对产品的总体接受度，他们对于某个个人形象的看法，以便用来确定明星代言人或产品大使的类型，以及消费者生活方式等。总之，通过测量行动与诉求、渴望、偏好、动机和目标之间的关系，调查可以解答某个特定现象的产生原因。通常需要使用某种调查工具，比如要求应答者填写的问卷。

实验

在实验这种调查研究中，除了必要的测量手段，还需要观察者实施主动干预。也就是说，调研者控制自变量或实验变量，然后测量这个控制变量对因变量的作用。因此，通过排除通常观察性研究所揭示的不同观点，这个工具可以用来捕获因果关系。与其他工具相比,也许这个工具是最科学的方法,但是为了得到有意义而正确的结果,必须要考虑几点因素。必须正确选择实验对象,恰当地配对,对他们进行差别对待,控制外部影响,以及检验统计显著性。

选择调研公司

许多公司会向多个调研机构索要提案,以便正确地选择调研公司。关于这一点,主要的考虑因素包括产品领域、对问题的理解以及提出的解决方案的性质。可是,当两家同等资历的公司对问题作出类似的定义,提出类似的解决方案,但报价截然不同时,选择正确的公司就变得相当复杂。在这种情况下,不应该将价格作为决定性因素,因为定价结构在很大程度上反映着对于调研的时间投入(例如,访谈时间、数据准备时间、执行时间等)。也就是说,便宜的价格可能意味着程序不严谨(在数据校验与审核阶段)、执行监管程度低或者该公司低估了所需时间。另外,还需要注意的是,市场调研所提供的数据是用来促进决策制定,而并非取代它。因此,仅仅因为价格较低,就用调研来代替决策制定,这不仅会危及整个调研项目,也可能摧毁决策制定过程。

协调全球营销调研

对于由中央机构进行协调的调研项目,重要的是需要配备对地方性问题具备知识与敏感性的执行主管。语言与机动性被视为强大的优势。在当地办公室显露出的强大语言技能优势,能够帮助解决问题,理顺与当地合作伙伴的关系,进而节省下宝贵的时间,而无需中央机构来解决这些问题。

国际调研常见的问题不仅是确保他国调研同事实施某个调研项目;还必须对各种具体能力、专业技术和重要资源加以协调,这样才能取得最佳效果。[①]另外,调

---

① Jean Quatressooz, "Coordinating International Research Projects—Easy to Say But …", in *How to Do It : Managing the Process*：233—245.

研设计与跨国数据可比性必须要考虑以下差异：①有关领域的资源与专业技术的可获得性，②工作习惯与公司文化，③组织因素，④招募与激励参与者的最佳方法。

在协调与当地办公室合作进行的调研方面，世界上比较流行的一种做法是分包，即当地办公室将一部分工作转而分包给当地承包商。可被分包的工作包括保证数据安全这样的重要工作，也包括汇编报告这样的基本文案工作。赋予当地办公室对分包商的自由选择权，这是一种利弊参半的做法。一方面，这会帮助他们专注于手头的重要任务，另一方面，不得不考虑以下因素：①雇用报价低廉的分包商有可能导致结果的质量差，②失去指挥他们开始工作的宝贵时间，③担忧分包商是否恪尽职守，④发挥当地办公室的当地专业技术的机会降低。因此，重要的是要了解合作伙伴在成本结构、组织设置与人力资源方面的相对优势与弱势。这样做能够帮助消减管理费用，避免内部竞争。专栏 2.6 详述了公司如何利用营销调研制定战略决策。

专栏 2.6

营销调研的应用①

最大的跨国消费品公司之一宝洁(P&G)是美国剃须刀市场的领导者。根据《哈佛商业评论》最近的一份统计报告，宝洁的吉列品牌在美国的市场份额为 80%。在印度市场，该品牌在高端市场的份额大约为 50%。对于宝洁来说，占领低收入群体的市场似乎前景广阔。

为了此举，宝洁进行了一系列人类学调研，以便了解剃须刀产品功效方面的问题。与美国人相比，印度男性对价格更加敏感。另外，剃须体验也不同，因为印度男性大多是在昏暗的灯光下，手拿着镜子，只使用少量的水，坐在地板上刮胡子，结果双刀片的剃须刀经常会在脸上留下划痕和切口。

经过这些深刻的洞察，宝洁面向整个印度市场推出了一项新设计：吉列 Guard。这个产品有别于宝洁的传统产品：零件少了 80%，外壳为塑料材质，并且

---

① 改编自 V. Govindrajan, "P&G Innovates on Razor-Thin Margins", *Harvard Business Review Blog Network*, April 16, 2012, http://blogs.hbr.org/cs/2012/04/how_pg_innovates_on_razor_thin.html 于 2013 年 5 月 20 日访问。

为了缩减成本只使用单层刀片,同时维持着足够好的剃须效果。为了适应印度消费者,宝洁开发了数个特性使新设计既安全又便宜。新产品上有一个大大的安全梳齿板,可以减少划痕和切口,而且须粉盒特别容易清洗,即使没有自来水也能洗干净。据报告,74%的应答者说划痕和切口减少了,大约 75%的应答者声称,比起双刀片剃须刀,他们觉得吉列 Guard 更安全。[①]

除了产品上的改变,宝洁还采用了地方化的制造与营销方法。根据之前调研所揭示的洞见,借助于生产控制和供应链成本精简,宝洁通过降低产品总成本来迎合那些对价格敏感的消费者。宝洁的故事成为公司利用营销调研成功打入未知市场的典范。

根据客户的组织结构调整协调过程,这一点至关重要。在制定营销策略和营销调研投资决策时,必须要考虑每个客户公司的组织结构。组织总部对其国内运营公司下达调研项目指示的方法分为建议与强制两种。建议是邀请国内分公司支持或参与普通的调研项目,这些项目由总部集中设计,由地方出资。重点在于说服以及根据地方状况提供充足的信息。强制的意思是所有国内分公司必须参与项目,除非它们能够成功地证明某种应用于国内市场的特定方法与其无关。预算通常由总部集中管理,重点在于约束,而且只向地方执行主管提供有限的信息。

这些方法成功与否取决于公司文化、国外市场活动的发展历史、对单一欧洲市场的适应程度等。在某些情况下,国内营销与调研主管从一开始就需要参与进来。协调机构会要求地方提供支持,分析与解释数据,并将其转换为地方性结论。组织总部有可能对国内分公司与调研合伙人之间的密切合作提供财政支持,但协调机构负责各国之间技术上的标准化与可比性。在另外一些情况下,只需要告知国内客户的运营公司,但它们不用从一开始或项目的初期分析阶段就进行参与。还有一些情况下,地方合同会谨慎避免客户主管在其组织内部泄露项目信息(与否)。

调研协调机构必须了解客户的需求与观点,才能确定采用什么方式向地方机构介绍情况以及确定任务的复杂程度。例如,为了进行一项由总部发起的满意度调研,应该知道客户的地方运营公司将会被邀请还是被命令提供顾客的姓名与

---

① J.L. Nilsson, "Procter & Gamble Innovates on Thin Margins", June 5, 2012, http://jacoblangvad.com/2012/06/procter-gamble-innovates-in-india/于 2013 年 8 月 2 日访问。

地址。

最后,由中央机构进行的关于世界各地市场的调研项目需要出具一份足够详细的报告。对于那些想要了解全球市场情况的公司,在报告和展示中必须考虑以下几点因素,以便提供更加清晰的结果:

(1)关于各个国别市场差异的分析与洞见。

(2)对每个国别市场进行深入的平行式分析,并附加跨国合并报告。

(3)跨国分析所涉及的因素与问题。

对这些问题的回答将会影响结果的分析与展示以及结论的形成。因此,对于由中央机构进行协调的高效调研项目,其成功与否关键取决于以下因素:①与直接客户的密切合作;②共享客户组织结构方面的重要信息;③重视收集正确的跨国信息;④投入更多时间分析并提供数据、结论与建议,同时不要忽视文化因素。

全球营销调研实践

继续 Tasty Burgers 的例子,母公司首先需要在那些它们想要开展经营的国家进行可行性研究。这涉及在英国、巴西、印度和沙特阿拉伯进行营销调研。公司面临两个选择——它们可以寻找一家总部在美国的调研公司,进行所有国家的调研,或者它们可以在每个国家分别雇用营销调研公司。这两种选择各有利弊。

如果雇用一家公司进行所有国家的调研,Tasty Burgers 能够获得所有国家的标准化信息。这可以帮助它们比较潜在销量与利润值,制定最佳方案进行各国间的资源分配;不过,这家营销调研公司必须是国际营销领域的资深者。第1章提到的所有国别与文化差异将会显现出来,尤其在巴西、印度和沙特阿拉伯等与美国差异巨大的国家。如果在这些国家雇用当地的调研公司,这些细微差异更有可能引起 Tasty Burgers 管理者的注意。而不利的一面是跨国数据缺乏可比性。计量单位与汇率等差异必须换算回美国标准,管理者才能确定在特定国家开展经营是否在经济上可行。

有许多大的调研机构都具有跨国业务经验,可以在母国对项目进行协调,并且确保客户得到具有可比性的数据。同时,这些机构保证在各国都拥有当地的工作人员,他们特别熟悉当地的文化传统,能够提供更有意义的市场洞见。标准做法是请多家调研机构报价,列出候选人名单,然后与其中几家机构讨论项目。Tasty Burgers 确定最终调研供应商时,必须考虑调研项目的各方面因素。

Tasty Burgers 还需要确定公司内部的层级制度。外部调研机构应该对 Tasty Burgers 内部的某个人或某个委员会负责。这能够帮助避免 Tasty Burgers 和外部调研机构的重复工作。

本章小结

本章概述了全球营销调研的过程,重点讨论了全球营销调研的一些特定问题。本章强调了国内调研与全球营销调研之间的巨大差异。调研者在数据收集与其他调研阶段所面临的问题都证实了这一点。另外,本章还提供了关于全球营销调研行业的基本信息与统计数据。据统计,25 大营销调研公司的近一半收入来自全球营销调研。[①]在过去,一些顶级营销调研公司通过建立战略联盟进入全球市场。全世界各公司的全球营销调研支出呈现稳定增长。

思考题

1. 在外国进行营销调研时,必须注意哪些关键因素或问题?

2. 全球营销调研是一种复杂的研究,主要原因有哪些?

3. 协调全球营销调研应采取哪些步骤?

4. Nuturama 是一家总部设在美国的、注重健康的快餐连锁店,想要在法国营销产品。为该企业起草一份营销方案。

---

① Gold,"2012 Global Top 25 Rankings Chart".

3

全球营销调研过程

本章概述

全球营销调研过程为调研项目提供了系统的、有计划的方法,确保调研项目的各个方面互相一致。[①]调查研究涉及一系列步骤,每个步骤回答一个关键问题。公司或调研者应该提出的问题包括:

(1) 为什么要进行调研?

(2) 需要进行什么调研?

(3) 公司进行全球化的长期目标是什么?

(4) 是否值得进行调研?

(5) 需要什么信息?

(6) 如何获得必要信息?

(7) 如何设计调查研究?

(8) 如何分析与解释数据?

本章的目的是向读者介绍全球营销调研过程,并解释专栏 3.1 所描述的一系列步骤背后的逻辑。

[①] 主要摘自 *Marketing Research*,Aaker 等(2012)。

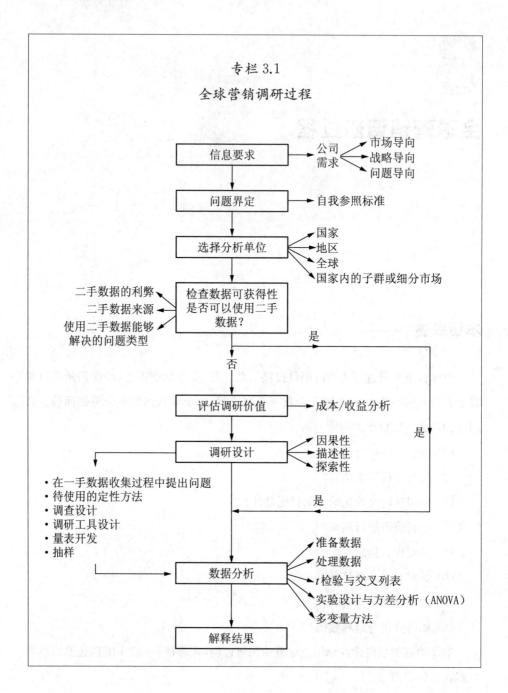

专栏 3.1

全球营销调研过程

调研的目标

调研过程的第一步是确定为什么要进行调研,即调研目的。在这个阶段,大多数调研问题的定义并不清晰,只有一部分能被理解,也没有许多决策选项。充分理解调研目的,对于公司和调研者具有重要意义。调研目的包括对以下各项的共同理解(管理者与调研者之间):

(1) 待研究的问题或机遇

● 预期会出现哪些问题或机遇?

● 问题的范围与可能的原因是什么?

(2) 待评估的决策选项

● 被研究的选项有哪些?

● 作出选择的标准是什么?

● 决策的时机或重要性是什么?

(3) 调研结果的使用者

● 谁是决策制定者?

● 是否存在任何隐秘的目的?

问题或机遇分析

调研通常是由某个问题或机遇促成的。委托调研的公司也许正在计划首次进入某个外国市场,比如,星巴克(Starbucks)与亚洲最大的咖啡公司 Tata Coffee 合作进入印度。[①]也许是公司正在计划供应更多产品和服务,以便向更大的市场进军,比如杜邦公司(DuPont)。通过销售特卫强(DuPont Tyvek)产品,杜邦已经占据了1 亿美元的气密层膜(用以控制楼房的空气漏入与漏出)市场的 70%,但其仍然发

---

① "Tata Coffee Brings Starbucks to India", Business-standard.com, January 14, 2011 于 2013 年 6 月 22 日访问。

现了扩张至 70 亿美元的美国家装市场的契机。①外国某地区的销量突然下降。某个竞争者可能正在抢夺市场份额。这些问题都有可能激发公司开展营销调研。重要的是,公司主管必须向营销人员正确传达问题的实质与他们需要作出的决策。管理者必须确认正在处理的是真正的问题。有时,认识到的问题只是一个更大问题的征兆或一部分。为了确定真正的问题,也许需要进行单独的探索性调研。

决策选项

调研者必须认识到,调查研究是用来辅助决策制定的。如果没有决策选项,或者调研结果对决策没有任何影响,那么调研就没有实际价值。调研者应该时刻认清的是,调研有可能成为徒劳无功之举,如果当真如此,就应该及时停止调研。要想澄清调研目的,调研者可以提出以下两个问题:①正在考虑的备选行动有哪些?②如果调研结果可行,可以采取哪些行动?

调研者还有必要了解决策制定者将如何选择备选决策。调研者需要与决策制定者讨论所有可能的标准,选择出最恰当的决策。调研者还需要考虑决策对于公司的重要性。在当今变幻莫测的全球经济环境下,快速作出决策对公司至关重要。决策延迟意味着面临竞争,市场份额遭到吞蚀。

调研使用者

调研者必须知道谁是决策制定者,他们对调研项目有什么期待。这样调研者才能更好地理解调研目标,并提出更加务实的调研方案。通过与所有决策制定者的交流,调研者能够确定正在进行的调研是否是出于隐秘的,有时甚至是非法的原因。

---

① Conference Summary, "Excelling in Today's Multimedia World", Economist Conferences' Fourth Annual Marketing Roundtable, Landor, March 2006.

信息要求

　　下一步是找出需要处理的主要问题,并确定解决问题需要哪些信息。例如,宝洁公司为了向印度推出一次性尿片而付出了努力。为了达到这个目的,宝洁需要作出许多决策——市场有多大,理想的价格如何,怎样分销产品,应该采用什么促销策略等。在调研过程的这一阶段,调研者应该重点关注的主要问题是印度是否存在一次性尿片的市场。许多公司在国际市场遭遇失败,因为它们分心于不重要的小问题,却忽视了亟须处理的主要问题。例如,可口可乐公司在印度推出可乐时,它们没能战胜受欢迎的当地品牌:Thums Up。为了立足于印度市场,可口可乐采用了与 Thums Up 相同的装瓶方法。尽管如此,可乐的市场份额并没有增长。这是因为公司没有考虑到 Thums Up 已获得的强大的品牌忠诚,因此没能正确定位其产品。在全球营销调研中,搞不清问题的根本原因,损失可能会非常惨重。

　　关键问题一经确定,便需要明确调研目标。调研目标是指用尽可能精确的术语对所需信息作出的陈述。它有助于调研者对正在考虑的问题的可能答案提出各种假设。调研目标还定义了调研范围。

　　调研问题涉及的是为了达到调研目的需要哪些特定信息。在宝洁的例子中,调研目标是确定印度是否存在一次性尿片的市场,如果答案是肯定的,那么接下来的问题就是营销这个产品在财务上是否可行。可以提出的调研问题如下:

- 目前父母们使用的一次性尿片的主要替代品是什么?
- 父母们是否熟悉一次性尿片的成本?
- 目前印度是否销售其他品牌的一次性尿片?
- 预期市场容量有多大?
- 消费者愿意为一次性尿片支付的价格是多少?

　　界定问题时,调研者面对的主要绊脚石叫作自我参照标准(self-reference criterion,SRC)。意思是调研者往往因为自己的价值观与信念而对外国市场状况产生偏见。美国成功的汽油品牌埃索(Esso)在日本推出该品牌时,其营销者认为该品牌名称在日本不会有什么问题。然而,在日语中,这个名称的发音意思是"抛锚的车",这对于汽油品牌来说,显然不是恰当的形象。类似的一个例子是宠物牛奶中的宠物(pet)一词。这个名称已经使用了几十年,可是在法国该词有"胃肠气胀"的意思,同样也不是罐装牛奶的理想形象。①美国人当然很容易掌握英语的知识,不过在日本市场,这样做有可能给营销策略带来灾难。在全球营销调研中,调研者必须摒弃成见,尽量从外国市场的角度研究问题,这一点至关重要。

调研过程的下一步是确定公司需要什么信息来制定全球化策略。进行国际化的公司有多种选择。最简单的方法是向目标国家出口产品。有些公司(如赛百味和麦当劳)选择特许经营,还有些公司选择设立合资或全资子公司。英国最大的制造业公司,也是全世界最大的化学公司——帝国化学工业公司(Imperial Chemical Industries, ICI)在本国外拥有许多营业机构,是外源型全球公司的楷模。②类似地,杰西潘尼公司(JCPenney)采用三种全球经营模式:①拥有并经营杰西潘尼百货商店,如在智利和墨西哥;②与当地合作伙伴进行许可经营,如在中东地区;③与当地一家零售商签订许可协议进行经营,如在迪拜。③在设计调研之前,调研者必须清楚公司的动机。

所需的第二类信息有助于公司战略导向方面的决策制定。而公司的战略导向有助于国际市场扩张计划的制定。有些公司仅仅将国际经营看作是处理国内过剩产量的一种方法。这些公司并没有为国际市场设计任何特殊的策略。而其他一些公司则努力去迎合外国市场的特殊需求。它们针对这些市场开发独立的营销方案。大多数汽车制造业巨头都采用这种策略,它们制造汽车时考虑的是市场的特殊需求。

所需的第三类信息用于对特定问题提供解决方案,如定价策略、产品定位与促销等。调研者应该对需要解决的问题进行明确的界定。在调研过程的这个阶段,调研者必须对先前提及的自我参照标准隐患多加小心。例如,在某个发展中国家,消费者会选择铝制包装的产品,而不是塑料盒装。原因可能很简单,消费者想要在产品用完之后继续使用那个包装存放东西。如果美国的调研者将该国家消费者的购买动机猜测为爱护生态环境,这就大错特错了。自我参照标准会导致调研者错过重要问题,引起调研设计方面的根本性缺陷。

---

① Sree Rama Rao, "The Self-Reference Criterion and Ethnocentrism: Major Obstacles", October 16, 2009, http://www.citeman.com/7414-the-self-reference-criterion-and-ethnocentrism-major-obstacles.html #ixzz2WULz8ves 于 2013 年 6 月 2 日访问。

② Jean-Pierre Jeannet and Hubert D. Hennessey, *Global Marketing Strategies* (Boston, MA: Houghton Mifflin Company, 1998), 4th edition.

③ Alfred P. Lynch, "In Search of Global Markets", *Strategy and Leadership*, November 21, 1996:40.

分析单位

　　全球营销调研最重要的关注点之一就是决定分析单位,即统计分析的基本单位。对于一个全球营销调研问题,调研者必须明确分析单位,不论是宏观单位还是微观单位,这一点至关重要。宏观单位由较大的区域构成,如国家和城市。微观单位则包括公司、顾客和特定细分市场。分析单位还能够帮助调研者定义分析的地理范围。调研问题有可能涉及在全世界、在特定区域或国家的组合中、在特定国家或在特定城市搜索信息,其中每个因素都可以被定义为一个分析单位。

　　在全球营销调研项目中,调研者面临的另外一个问题是如何界定国家。根据对调研问题的界定,国家可以被定义为一个政治单位、经济单位、组织单位、文化单位或语言单位。例如,如果研究的是美国和英国双收入家庭的消费习惯,分析单位将是个体家庭。如果研究目的是确定这两个国家的家庭消费习惯是否存在差异,分析单位则是这两个国家。两种情况下所使用的数据会不一样,在第二种情况下,需要考虑的是每个国家的双收入家庭的平均消费。

　　全球营销调研中有可能产生问题的是如何界定各种分析单位。思考一个例子,一家化妆品公司想要同时进入多个国家市场。公司希望针对城市职业女性,于是请调研者研究这些国家的市场潜力。这听起来很简单,直到调研者真正开始着手进行抽样过程。如何界定城市呢? 专栏 3.2 给出了全世界不同国家对城市的定义。调研者必须想方设法获得每个国家的等价数据,同时还要满足调研发起者的要求。这是全球营销调研与国内调研的本质差别之一。

专栏 3.2

不同国家对城市的定义 [1]

国　　家	城　市　的　定　义
阿尔巴尼亚	居民超过 400 人的城镇和其他工业中心。
阿根廷	居民 2 000 人以上的人口聚集地。

---

　　① 改编自 United Nations,"2009-10 Demographic Yearbook",United Nations Publications, November 2011,http://unstats.un.org/unsd/demographic/products/dyb/dybsets/2009-2010.pdf 于 2013 年 5 月 20 日访问。

（续表）

国　家	城 市 的 定 义
白俄罗斯	城市以及官方指定的类城市地区，通常的参照标准是居民人数与农业工作者及其家庭的主导地位，或非农业工作者及其家庭的数量
加拿大	居民 1 000 人以上、每平方公里人口密度 400 人以上的地区。
中　国	城市仅仅是指由国务院正式指定的城市。对于设置了行政区的城市，如果其每平方公里人口密度达 1 500 人以上，城市是指整个行政管辖区域；如果其每平方公里人口密度低于 1 500 人，城市则指行政区政府所在地及其管辖的其他街区。对于未设置行政区的城市，城市是指政府所在地及其管辖的其他街区。对于每平方公里人口密度低于 1 500 人的城市行政区和未设置行政区的城市，如果行政区的城市建设或市政府所在地已经延伸至邻近指定城镇的某些部分，城市则包括这些城镇的整个管辖区域。
多米尼加共和国	市或市辖区的行政中心，其中有些行政中心包括了带有农村特征的郊区。
法　国	聚集的居民超过 2 000 人，并居住于毗连的房屋或房屋间距不超过 200 米的市镇，或者大部分人口以上述方式跨市镇聚集居住的市镇。
希　腊	城市是指任何一个最大地区居民 2 000 人以上的市镇。
印　度	城镇（拥有市政公司、市政区委员会、镇委员会、指定区委员会或兵站委员会的地方）；或者居民 5 000 人以上、每平方英里或每 400 平方公里人口密度不低于 1 000 人、城市特征明显并且至少 3/4 的成年男性就职于非农业行业的所有地方。
日　本	居民 5 000 人以上、60％以上房屋位于核心区域并且 60％以上人口（包括家属）从事制造业、贸易或其他类城市行业的市。
肯尼亚	居民 2 000 人以上，并且拥有交通系统、核心区域、工业或制造业结构以及其他发达经济结构的地区。
马来西亚	人口 10 000 以上的公报区。
墨西哥	居民 2 500 人以上的地区。
挪　威	居民 200 人以上的地区。
瑞　士	居民 10 000 人以上的市镇，包括郊区。
巴基斯坦	拥有市政公司、镇委员会或兵站的地方。
韩　国	用于估计：居民 50 000 人以上的地方。用于人口普查：这些数据来源于次要行政区域，如洞（Dongs）（多数位于城市地区）和镇（Eups）或面（Myeons）（农村地区）。
泰　国	市政地区。
乌干达	公报区、城市、自治市和镇。
英　国	人口 10 000 以上的居住地。
美　国	居民 2 500 人以上、通常每平方英里人口密度 1 000 人以上的聚集地。两类城市地区：居民 50 000 人以上的城市化地区与居民 2 500 至 50 000 人的城镇集群。

　　根据城市的定义,公司必须确定如何对目标市场进行分组。如果国家之间在该产品方面存在显著差异,那么每个国家都应该被单独处理。国际营销中最经常使用的分析单位就是国家。如果这些国家之间存在合理的相似之处,则应将它们合并为一个区域。例如,调查可乐的品牌知晓度时,调研是在全球层面进行的。美国的娱乐公司迪士尼在世界各地建造主题公园。

　　而在某些情况下,必须为不同的细分市场设计不同的营销计划。向全世界推出婴儿尿片时,宝洁公司发现日本的母亲们有不同的需求。日本母亲会频繁地给婴儿换尿片,因此不需要加厚、吸水性强的尿片。[1]因此,宝洁为日本家庭设计了占用空间小的薄尿片。类似地,百事可乐也在不同国家使用不同的消费定义。在墨西哥、委内瑞拉和阿根廷,消费者被问及的是访谈前一天该产品的消费量。而在德国和西班牙,问的却是每天或每周的消费量。[2]公司也可能将国家内的特定子群定为目标。例如,信奉天主教的法裔加拿大青少年既可以作为天主教子文化群体成员,也可以作为法裔加拿大人子文化群体成员。考虑到不同国家之间的差异与产品特性,公司可以采用不同的市场导向。因此,调研者必须在进行调研时选择分析单位。

数据可获得性

　　确定分析单位之后,调研者开始收集数据。也许调研者无法获得所有感兴趣的变量的数据,不过从私人或公共来源获取数据的成本仅仅是获得一手数据成本的一少部分。二手数据来源难以一一列举,其中包括银行、顾问、商会和行业期刊。互联网现已成为获得二手数据的强大工具,因为需要投入的时间与资金很少。二手数据尤其适用于评估国家或市场环境,不论是在制定最初市场进入决策时,还是在预测未来发展趋势时。二手数据在全球营销调研中的三个主要用途可以归纳如下:

　　(1)选择值得深入研究的国家或市场;

　　(2)初步估计目标市场的需求潜力;

　　(3)监测环境变化。

---

①　Douglas and Craig, *International Marketing Research*:33—35.

②　Jeannet and Hennessey, *Global Marketing Stategies*.

不过,使用二手数据也面临一些问题。二手数据有可能过期而不准确。不可能总是能将收集于不同国家的数据进行比较。调研者也许无法获得完成研究所需的全部数据。第5章将详细介绍全球营销调研中的二手数据。

调研设计

二手数据用来对调研项目提出最初假设。这些假设的结论进而用来进行成本效益分析。如果研究证明了财政上的可行性,调研者便开始着手调研设计。调研方法的选择取决于调研性质。[①] 调研种类可以分为三大类别:

(1) 探索性调研:用于探索问题的普遍本质、可能的决策选项以及需要研究的相关变量方面的深入见解。

(2) 描述性调研:用于对市场环境的某个方面进行准确描述。

(3) 因果性调研:用于需要说明一个变量引起或决定其他变量的取值,而不仅仅是调研者推断两个以上的变量之间相关。

第7章将着重介绍一手数据收集方法,并对上述三种调研类型进行详细解释。

本书的重点之一是关于营销调研在互联网上的广泛应用。全球营销调研通常需要投入大量的时间与金钱。由于信息的匮乏以及对外国文化缺乏理解,调研者不得不花费大量时间与资源收集并分析数据,而互联网是一种既廉价又广泛的信息来源。

开始收集一手数据之前,调研者可以首先确定感兴趣地区的信息来源并收集有用的信息,如市场容量以及是否存在当地或全球竞争。这些信息能够帮助在调研过程初期排除许多国家。确定潜在市场之后,调研者就可以继续进行下一阶段,这有助于节省大量时间与资源。不过,在互联网上收集的信息必须谨慎使用,并且需要首先证实信息的真实性。一种有利的做法是将从传统来源获得的二手数据作为互联网数据的后盾。第6章将详细阐述互联网及其在全球营销调研中的应用,展示的一些统计数字清楚地表明互联网将成为未来的调研工具,既可以用于一手调研,也可以用于二手调研。

---

① 此部分改编自 V. Kumar, David A. Aaker, and George S. Day, *Essentials of Marketing Research*, 1st edition, New York: John Wiley and Sons, 1999。

一手数据收集问题

进行调研过程需要收集一手数据。全球营销调研需要应对的一个问题是数据的等价性。首先,必须确定正在研究的构念是否等价。其次,必须评估研究概念的测量指标的等价性。最后,必须考虑每个国家或文化的样本的等价性。专栏 3.3 简要说明了全球营销调研中必须考虑的三类等价性。后面的章节将讨论这些概念及其在相关调研阶段的应用。

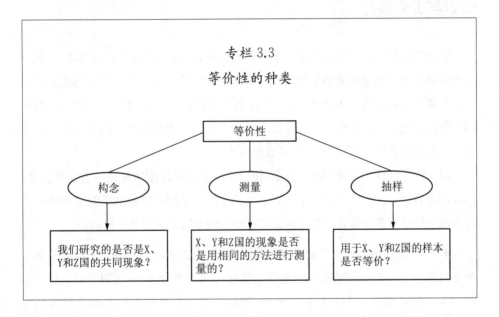

专栏 3.3

等价性的种类

定性方法

正如本章之前所述,探索性调研需要使用定性数据收集方法,因为此类非结构化调研需要处理的是情感、态度以及过去行为的数据。定性方法分为三大类别:观察法、投射法与访谈。

观察法基于对应答者行为的观察。在大多数情况下,应答者并不知道他们正在被观察。样本容量取决于观察类型与调研对象。投射法要求应答者完成一项特殊任务,如词语联想、句子填空或解释某个动作或图片。访谈方法要求应答者用语言表述其观点。第8章将深入讨论定性与观察法。

上述各类数据收集方法中,都可能存在一些误差来源。在外国工作的调研者也许不能完全融入环境。如第1章所述,许多国别与文化差异也有影响。语言差异使调研者很难将他们的意图逐字翻译成外文。第7章将专门讨论一手数据收集及其相关问题。

调查与工具设计

调查是比较流行的一种收集一手数据的方法,可以使用自填式问卷进行,也可以由访谈者当面或通过电话指导进行。设计问卷的第一步是确定所需信息。通过问卷收集的信息分为三大类别:人口统计数据、行为数据与心理或生活方式数据。调研者需要决定问题是否应该是开放式或封闭式。还需要确保不同语言的问卷向应答者传递的意思是相同的,以保证数据可比性。

对于问卷设计非常重要的一点是,使用不同的测量尺度来获得应答者的态度、偏好和行为信息。标度是指建立一段连续的刻度的过程,以便根据测量对象所具有的测量特征的多少对其进行定位。可以使用的不同类型的尺度包括:

● 名义尺度:测量对象归属于各个互斥的、有名目的类别。也就是说,如果某个对象与另一个对象所分配的值相同,那么就这个名义变量来说,这两个对象属于相同类别。否则,它们就是不同的。性别、地理位置和婚姻状况都是名义尺度的变量。对于这种尺度可以采取的唯一数学处理就是对每个类别进行计数。

● 定序尺度:对于某个普通变量,可以按照特定顺序对测量对象进行排列。这种尺度提供的信息可以说明哪个对象具有的某一特征更多,而哪个对象具有的这种特征更少。因为各级别之间的差异是未知的,所以不能对这种尺度计算均值。不过,可以计算其中位数和众数。

● 等距尺度:排列对象所使用的数值也代表着测量属性的等量递增。这意味着等距尺度允许对差异进行比较。例如,华氏度与摄氏度是利用不同的等距尺度进行测量的,有着不同的零点。对于这类尺度,可以使用各种统计处理来分析结果数值,包括加法和减法。因此,除了中位数与众数,还可以计算等距尺度变量的算术平均值。

● 比率尺度:这是一种经过改进的等距尺度,其零点是具有意义的。这种尺度可以说明某个对象比另一个对象大多少或小多少,也可以对绝对值进行比较。

对于全球营销调研者来说,问卷设计的挑战不止于选择需要使用的尺度类型。在文化程度低的国家,调研者必须利用创新方法,将调查意图传达给应答者。调研者还需要注意的是应答者往往会造成调查误差。如前所述,研究表明日本人是趋于中庸的,因此设计测量尺度时应避免中间点,以促使他们做出回答。在测量生活方式态度的量表中,拉丁美洲人往往夸大他们的回答;因此应该适当降低尺度。关于调查方法的详细介绍参见第 9 章。

抽样

抽样的第一步是确定进行抽样的层级。也就是必须确定产品购买决策的关键制定者。例如,如果是为了营销某种蛋糕粉而进行调查,应该联系的是家庭主妇。下一步是确定抽样范围。在国际调研中,将总体名单作为抽样范围有可能遇到问题。在欠发达国家,电话没有那么普及,也没有全面的列表可供调研者选择名单。通常,调研者需要借助非概率抽样。然后,调研者需要确定进行抽样的地理层级。这是为了确保样本能够充分反映总体中的各个不同群体。抽样方法大致分为非概率抽样与概率抽样,非概率抽样包括方便抽样、判断抽样、配额抽样和雪球式抽样;概率抽样包括简单随机抽样、分层抽样和聚类抽样,第 12 章将详细讨论这些抽样方法。

数据分析

在多国调查研究中,数据分析的第一步是准备数据。需要对数据进行编码和编辑,而且调研者必须确保数据的质量与信度。在这个阶段,调研者需要检查是否存在意思含混、访谈误差、不一致性、缺乏合作以及不合格的应答。数据编码的主要问题是确保各个样本数据之间尽可能具有可比性,以便进行多国分析。对数据进行编码与编辑之后,调研者需要检验数据的信度。然后,调研者可以进行国别分析与跨国分析。分析数据时,可以采用单变量或多变量方法。数据分析采用的单变量方法包括交叉列表、t 检验与方差分析（ANOVA）。多变量方法包括协方差分析、回归分析、判别分析、联合分析、聚类分析、因素分析与多维尺度分析。第 13 章与第 14 章将详细讨论这些简单与高级的数据分析方法。

解释与展示

调研过程的最后阶段是一个非常重要的步骤，因为调研者需要将调查结果传达给委托调研的公司决策制定者。调研者凭借他们的知识与经验，利用数据收集与分析过程所得到的信息作出结论，为决策制定过程提供帮助。根据客户的喜好，可以采用书面或口头形式进行展示。第 16 章将详细介绍调研结果的展示方法。

全球营销调研需求①

正确界定调研问题也许是任何营销调研项目最重要的一步，尤其对于全球营销调研来说。即使是大公司也曾出现过营销失误，就是因为没有正确地进行营销调研。专栏 3.4 讨论了可口可乐的典型错误，这个例子被一次又一次地用来说明营销调研的重要性。

专栏 3.4

新可乐的告吹②

20 世纪 70 年代时，尽管投放了广泛的广告并实施了优质的经销，可口可乐的市场份额却开始下降。为了找寻市场份额下降的原因，公司则将注意力转向产品本身。有力证据表明，口味是（市场份额）下降的原因。盲测结果显示，人们

---

① Robert F.Hartley, *Marketing Mistakes and Successes*, 7ᵗʰ edition, Hoboken：John Wiley and Sons, 1998：160—175.

② 改编自 Hartley, *Marketing Mistakes and Successes*, 7ᵗʰ edition.

更喜欢百事可乐,而不是可口可乐。因此,为了放弃原始配方,公司开展了堪萨斯项目。来自 10 个主要市场的近 2 000 人接受了采访,目的是了解他们是否愿意接受不同口味的可乐。调研显示,大多数人更喜欢口味偏甜、气泡更少的可乐,由于含糖量高,这种可乐的口感更加黏稠。在进行的第二次盲测中,对新可乐的反应是压倒性的。大多数参与测试的人更喜欢新可乐,而不是百事可乐。

　　1985 年 4 月 23 日,新可乐上市了。消息迅速传开。仅仅不到 24 小时,全世界数百万人都知道可口可乐的配方改变了。早期结果显示,新口味的反响极好,新可乐的销量空前。

　　可是,成功持续的时间很短。抱怨开始逐渐出现,不到一个月就如同洪流一般。媒体舆论雪上加霜,没多久美国人就开始谈论那个突然背叛了他们的老朋友。新可乐的销量开始下滑,经销商们也开始要求老可乐的回归。

　　最终,7 月 11 日,在新口味推出不到 4 个月内,公司高管因撤回老可乐而向公众道歉。其内容是喜欢新口味可乐的人仍然可以继续购买,而喜欢老可乐的人也一样能够买得到。反响令人非常满意,甚至影响了可口可乐的股价。

　　这次失误可以归因于不恰当的营销调研。推出新口味的决策依靠的仅仅是盲测结果,况且参与者并没有被告知,选择一种口味意味着将失去另一种。因此,这次测试没能顾及消费者对这个有着 99 年历史的配方的情感依恋。在口味测试中最具代表性的目标群体是年轻人,而他们通常更喜欢偏甜的口味,可是调研者并没有注意这一点。调研者忽视的另一个事实是,对甜的东西的喜爱往往会随着使用而减弱。这次测试的重点虽然是口味,但是却没有考虑美国大众对原始配方的情感诉求。

　　吉列在中东推出剃须刀产品时也曾犯过类似的错误。尽管大力促销,销量依然没有提高。产品遭遇挫折之后它们才意识到,大多数中东国家的男性根本就不刮胡子。营销调研变得越发重要,这一点必须得到充分强调。营销调研之所以非常重要的原因如下:

市场复杂性的增长

　　当今的商业世界瞬息万变。利用消费者购买交易方面的丰富信息,开发了很多开展业务、接触消费者、提高效率的新方法。这些为全球经营提供了重要平台。但是,国家、民族、人和企业之间的关系网络非常复杂,并且正以难以想象的速度不断变化着。为了克服这种不断变化的商务环境所造成的影响,想要开展全球业务的营销者必须开发出真正具有创新性的技术与方法。

如今的世界变得越来越小。一个国家发生的事件,不仅会在邻国,甚至会在全世界引起连锁反应。例如,仅有 30 万居民的国家冰岛发生了火山爆发,导致整个欧洲领空关闭了 6 天,航空业遭受的损失将近 20 亿美元。除此之外,全世界的紧急、易腐与高值产品制造者、物流公司和旅游经营者也遭受到了数十亿美元的损失。另外,由闲置员工造成的生产效率损失和取消商务会议的损失,以及这个小事件对全球经济的影响都是巨大的。[①]

2011 年 IBM 对于全球首席营销官的研究报告指出,79％的被调查首席营销官认为未来 5 年的市场复杂程度将会高或很高,而只有 48％作好了应对准备。[②]巴西的一名电信业首席营销官说到:"消费者权益的增长使市场更加复杂。心理模型正在改变。我们正面临着重大的社会转型。"来自 64 个国家、19 个行业的 1 700 名高管参与了这次调研。报告还提出了首席营销官面对的四项主要挑战:数据爆炸(71％),社交媒体(68％),渠道与工具的激增(65％),消费者人口统计资料的变化(63％)。至少 80％的首席营销官依靠市场调研与竞争标杆方法来制定战略决策,还有 60％以上依靠销量与营销活动分析等。市场调研依然盛行,不过首席营销官们为了探索个别顾客与市民的需求,正在挖掘新的数字数据来源。但是,对消费者评论、第三方排名、在线传播与博客的投资依然相对较低,这说明首席营销官们目前重视的是对市场的理解,而不是对个体的理解。消费个体生成的大量数据造成了数据爆炸,不过首席营销官们忽视对个体的理解,这会阻碍业务的长期前景。

应用市场知识

企业的发展特征是创造更多机遇与挑战,这一点毋庸置疑。对市场与消费者

---

① G.Seijts, M.Crossan, N.Billou, "Coping with Complexity", June 2010, http://www.iveybusinessjournal.com/topics/leadership/coping-with-complexity#.Ub8OY-fglMg 于 2013 年 6 月 2 日访问。

② IBM Global CMO Study, 2011, http://www-935.ibm.com/services/us/cmo/cmostudy2011/cmo-registration.html 于 2013 年 7 月 10 日访问。

的深入了解能够帮助公司顺利应对全球市场中复杂的营销环境。

就这一点而言,关于市场的应用知识有助于公司制定正确的市场进入策略。公司决定走全球化路线时,进入策略的选择特别关键。这个决策反映着对市场潜力的估计、公司对于如何在新市场求生存的准备程度,以及公司致力参与营销活动的程度。公司可以据此选择进入策略,从低风险低回报的进入策略(如出口),到高风险高回报的策略(如直接投资)。第 4 章详细讨论各种进入模式。图 3.1 展示了一系列不同的进入策略。

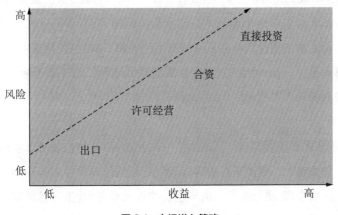

图 3.1 市场进入策略

如图 3.1 所示,随着市场进入策略从许可经营转向合资,再到最终各种形式的投资,公司的参与程度、风险和财政收益不断提高。当一家全球公司试图进入一个发展中国家时,还需要探讨另一个策略问题:如果公司不作出重大调整,是否可以复制在发达国家适用良好的策略。只要进入市场的目的是实现渗透,全球公司的高管还是考虑采用大众市场模式为好。这种情况下,可能就需要采用调整策略。

应用市场知识还可以帮助公司制定正确的传播策略,如广告、促销和其他营销传播形式。向新市场扩张时,营销传播方面有可能出现错误。通常,错误源于这种想法:"如果产品在国内市场受欢迎,那么它在国际市场也会受欢迎"。这种错误的推理在营销产品过程中会产生许多重要影响。这时,深入的市场知识能够帮助营销者成功地操控新环境。另外,设计营销传播活动时,需要留心文化差异,以免张冠李戴。举例如下:

(1)市场机遇差异:麦当劳在新兴市场将年轻的新富阶层顾客定为目标,并且定位为高档餐厅,这有别于其在美国的定位。

(2)意义与内涵差异:众所周知,讲美式英语与英式英语的国家存在不同的含意与解释。为了进行有效传播,达到预期结果,必须谨慎选择并使用 rug 与 carpet(地毯)、closet 与 cupboard(橱柜)、elevator 与 lift(电梯)、soccer 与 football(足球)等词语。

(3)决策制定差异:不同国家或家庭模式在决策制定方面也许不一样。例如,在墨西哥和印度这样的集体主义国家,许多购买决策是为了全家作出的。而在美国和加拿大这样的个人主义国家,购买决策是由消费产品的个体作出的。

(4)消费模式差异:例如,由于收入、资源、文化与生活方式的巨大地区差异,巴西被划分为东北与东南两个地区。在洗衣粉的使用方面,人们发现东北地区的女性更喜欢每周五次使用洗涤皂在公共场所手洗衣物,却很少使用洗衣粉;而东南地区的女性每周至少三次使用洗衣粉和洗衣机洗涤衣物。对于联合利华来说,要想将其名牌洗衣粉打入东北地区,必将面临这种地区差异的严峻挑战。①

最后,包装能够使顾客与产品产生第一次互动,正确的包装对于获取有用的市场知识是十分关键的。这对于在语言、识字率、对颜色与符号的解释等方面都存在差异的国际市场来说,更是如此。由于包装的特征显著,营销者常常将其作为一种宝贵的媒介工具。包装的价值体现于:①吸引人的包装能够正向影响冲动性购买行为;②有助于立即识别品牌;③利用新的包装方法与技术,提供创新机会。

尽管包装具有这些固有的益处,营销者仍然需要应对包装尺寸与标签方面的国别法律,这样才能保证包装有助于产品的成功。全世界普遍关注的一些标签注意事项包括:①清楚而具体的产品说明(Brugel 是德国的一种儿童谷类食品,包装上带有动物图片,在中国的一家超市里,它却被陈列在宠物食品区)。②在标签上打印价格(在智利,在标签上打印价格被认为是非法的)。③如果有必要,提供附加的产品信息[巴西法律对 diet 一词的解释是必须带有药用属性,所以要求在标签上注明每日建议使用量的信息。健怡可乐(Diet Coke)试图避开这一限制,在巴西陷入了一段困难时期]。④使用当地语言打印产品名称与其他信息(中国要求所有外国商品必须使用中文打印品名、含量与其他特性)。在某些情况下,国别法律不仅限

① Unilever in Brazil, case by INSEAD, http://faculty.insead.edu/chandon/personal_page/Documents/Case_Unilever%20Brazil%201997-2007-corrected-w.pdf 于 2014 年 7 月 10 日访问。

制包装,还被更广泛地加以利用,参见专栏 3.5。

专栏 3.5
提供快餐的法国①

最近,法国正考虑出台一项禁令,如果餐食不是从一开始就由本餐厅厨师制作,不允许他们叫作餐厅。作为消费者权益法案的一项修改,这样做的目的是限制那些将速食或微波食品作为菜单餐品的餐厅的数量增长。通过这项提案,法国将限制对餐厅一词的使用权,只有那些使用新鲜或冷冻原材料现场制作食物的餐饮场所才可以使用这个名称,例外产品包括面包、预加工肉食品和冰激凌。列入消费者权益法案之后,这项提案不仅能够保护法国知名的美食声誉,还能够为遭受重创的餐厅行业提供支持。2012 年快餐与外带食品占法国市场的 54%,销售额达 340 亿欧元,第一次超过了传统的餐桌服务式堂食餐品。

产品类别界线不清

为了满足不断增长的消费者需求,营销者向每个消费者细分市场推出产品。如果营销者发现很难将某个产品归入一个特定类别,就会出现可以被列入多个类别的产品。例如,谷物品牌家乐氏也会被放在休闲食品通道。在印度,Britannia Treat Choco Decker 和 Unibic 即将上市的 Chyawanprash 饼干都可被归属到不止一个产品类别。②

有些产品可以归入多个类别,也有些产品被合并为一个类别。运动与能量饮料就是一个例子。起初,这两种产品与信息有着清楚的划分。能量饮料针对的是

---

① "French Move to Ban Industrial Food from 'Restaurants'", June 6, 2013, http://www.themalaysianinsider.com/food/article/french-move-to-ban-industrial-food-from-restaurants/于 2013 年 5 月 20 日访问。

② S. Jacob, "Companies Blur Food Category Boundaries, Position Products in Multiple Categories", February 2, 2011, http://articles.economictimes.indiatimes.com/2011-02-02/news/28425975_1_chyawanprash-kellogg-india-unibic 于 2013 年 6 月 2 日访问。

与运动无关的消费者，为他们提供能量与咖啡因；而与运动有关的消费者饮用运动饮料是为了在锻炼身体时获取能量与水分。不过两者之间的差异显然已经消失了。消费者越发关注健康问题，但他们往往没有足够的时间与精力，所以渴望利用能量饮料来战胜平日里的疲惫，这推动了该行业市场的发展。①

再看一看技术方面，有些产品不符合任何一个类别，因此新的类别正在被创建。平板电脑的出现就是一个很好的例子。平板电脑的创造是为了满足对超便携式、大显示屏、便于阅读的移动设备的需求。智能手机也同样备受青睐。平板电脑与智能手机改变了人们与朋友和家人互动并交流想法的方式。如今，在智能手机与平板电脑市场的激烈竞争下，产品之间的界线正在变得模糊起来。三星新款Galaxy Mega 手机的屏幕为 6.3 英寸，而谷歌 Nexus 平板电脑的屏幕为 7 英寸。据说三星正在设计一个"平板手机"类别。②作为营销者，有必要了解当前的市场趋势，助力品牌在全球市场采取主动并获得竞争优势。

计划与调研的协调

为了确保成功进入并立足于国际市场，公司必须对调研与计划工作加以协调。这些工作包括：①确定以什么顺序进入哪些国家市场以及选择什么产品；②确定营销组合；③收集关于不可控因素的信息，如经济、竞争、基础设施、文化以及政治或法律制度等，因为这些因素会影响公司在该国的绩效。

关键的第一步是确定进入哪些国家市场。就这一点而言，公司的目标、文化、资源和产品必须与该国的文化和市场潜力相匹配。考虑进入新兴市场国家时，这些条件会构成一定的挑战，因为这些国家缺乏完善的基础设施、经销渠道以及政治或法律结构。另外，考虑进入多国市场时，公司必须寻找这些市场之间的共性与标准化的机会。满足这些条件的市场就可以作为潜在的进入市场。

如果公司决定进入一个以上的国家，确定进入顺序也很重要。营销者可以采

① "Sport and Energy Drink Industry: Market Research Reports, Statistics and Analysis", 2013, http://www.reportlinker.com/ci02023/Sport-and-Energy-Drink.html 于 2013 年 6 月 2 日访问。

② E.Pullan, "Is Bigger Always Better? The Blurring of Product Boundaries", April 12, 2013, http://www.citnow.com/is-bigger-always-better-the-blurring-of-product-boundaries/于 2013 年 6 月 2 日访问。

用两大类策略来制定进入策略:洒水策略(同时进入所有备选市场)与瀑布策略(首先进入效益最高的市场,再扩张至其他市场)。第4章将详细讨论营销者可以采用的扩张策略。

至于向新市场推出什么产品,必须对标准化或调整程度进行透彻的分析。进入外国市场时,即使是高标准化的产品也需要作出细微调整。例如,为了适应印度的饮食与宗教习俗,麦当劳在印度推出了素食与羊肉汉堡。通常,需要在新市场作出的调整程度取决于产品原产国市场与新市场在产品使用与感知方面的文化差异。两个市场的文化差异越大,需要的调整程度越高。

目标市场选定之后,必须要确定营销组合变量,如产品、价格、促销与渠道。关键是必须根据具体情况,确定对这些变量进行标准化或调整的程度。对标准化程度的错误估计将导致不恰当的产品被推入市场,还会消减公司的利润,正如专栏3.6所示。

专栏 3.6

欧洲迪士尼的失策①

1992年,迪士尼在巴黎郊外启动欧洲迪士尼主题乐园时,因为没考虑到当地的习俗与价值观而付出了惨重的代价。迪士尼被严厉地批评为正在进行美国文化帝国主义扩张,甚至未能采纳随餐点提供葡萄酒这样的当地习俗。它们没考虑到的问题还包括只设置了露天餐厅,在巴黎漫长的阴雨天气里起不到任何庇护作用。另外,它们只提供法式香肠,这惹恼了来自其他国家的游人,他们不禁要问为什么不卖他们当地的香肠。公司终于意识到了这个错误,正如一位高管说道,"乐园刚启动时,我们以为只要举着迪士尼的旗号就足够了。现在我们才意识到,必须要照顾到游客的文化与旅游习惯。"

最终,它们将乐园更名为巴黎迪士尼乐园,并接纳了所有的批评,包括在所有餐厅设立覆盖式座位,提供更多种类的香肠与餐点,迎合欧洲多样化的本土文化。采取了这些本土化补救措施之后,巴黎迪士尼乐园一跃成为欧洲最大的旅游胜地,甚至比埃菲尔铁塔更受欢迎。

---

① Paulo Prada and Bruce Orwall, "A Certain 'Je Ne Sais Quoi' at Disney's New Park", *Wall Street Journal*, March 12, 2002.

开展多国经营的公司常常面对经济、文化、技术以及政治或法律制度方面的种种矛盾。这些关键因素与公司的顺利运转息息相关,却是公司无法控制的因素。

多年来,世界经济的发展在各国之间并不平衡。在过去的 10 年中,这种情况尤为明显,许多国家都经历了经济发展的波峰和波谷。国家之间的经济发展失衡,这在很大程度上归因于多种原因造成的国际收支差异,如出口、对外投资、汇率以及为了保护国内市场而采取的保护主义政策,包括关税壁垒与非关税贸易壁垒(如贸易许可证、配额、补贴、禁运、贸易的技术壁垒与标准等)。

不过近年来,全球都在加大改革力度,开创企业经营业务变得更加容易。由国际金融公司与世界银行联合发表的《2013 年营商环境报告》指出,2011—2012 年,108 个经济体实施了 201 项体制改革,经商比以前简便多了。报告还指出,与法律制度(合同实施、破产制度、信用信息、借贷双方的法律权益以及中小股东权益保护)的作用相比,监管过程(企业创建、产权登记、施工许可、电力连接、纳税以及贸易程序)的复杂性与成本方面的一致性更高。①

进行国际经营时,影响每个营销者的另一个不可控因素是文化。正如第 1 章所讨论的,文化包括价值观、态度、习俗、观念与符号,我们使用这些在社会中与他人互动并交流。在营销方面亦是如此,这些因素促使消费者按照特定国家的特定模式产生互动与行为。

文化本身是一个重要的考虑因素,除此之外,营销者与调研者还应该密切关注子文化因素。子文化因素包括观念、价值观以及习俗,在同一个社会内,特定文化群体在这些方面与其他社会成员存在差异。识别子文化的依据包括:

(1) 种族:拉美裔美国人、非洲裔美国人、亚裔美国人等;

(2) 宗教:印度教徒、穆斯林、基督教徒等;

(3) 地理位置:东部人、西部人、城市、农村等;

(4) 年龄:千禧世代、X 世代、婴儿潮世代等;

(5) 性别:男性、女性、同性恋、双性恋及变性者等。

一种文化内部的差异已经如此之大,而不同文化之间的差异更加广泛并根深

---

① Doing Business(part of World Bank Group),"Doing Business 2013: Smarter Regulations for Small and Medium-Size Enterprises", co-publication of World Bank and International Finance Corporation, October 23, 2012.

蒂固。了解一个国家的文化意识形态是企业成功的关键。①产品与一个国家的文化和社会观念的匹配程度决定着产品是否被接受以及成功与否。相反,错误地解释或忽视文化与宗教偏好,有可能造成不良效果,影响公司为了建立顾客忠诚而付出的努力,正如麦当劳在墨西哥所经历的状况一般。为了庆祝墨西哥国旗日,公司在餐具垫上印制了该国国徽的浮雕图案,作为一种庆祝活动。可是,这种做法却使墨西哥人感到困扰,因为他们对于国徽情有独钟。这也吸引了墨西哥政府的注意,结果当局没收了这些餐具垫,因为这种做法被认为是不尊重该国历史。②

技术在刺激经济增长与绩效方面起重要作用。这种刺激因素不但有助于新趋势的革新与创造,还为旧方法的没落铺平了道路。电视机的出现打击了印刷媒体与晶体管收音机,而互联网的发展更是推波助澜。类似地,在通信技术方面,许多方法都经历过发展、停滞与衰落,如电报、传呼机与固定电话等已经在很大程度上被互联网、电子邮件和移动电话所取代。专栏 3.7 描述了印度两个传统技术的经历:电报与晶体管收音机。

专栏 3.7

电报与收音机在印度的经历③

电报开启了印度的技术先河。1844 年,世界上第一条电报发出之后不久,当时的印度总督达尔豪斯勋爵(Lord Dalhousie)就发现了它的潜力,并于 1850 年委托建设了一条 27 英里长的实验线(在加尔各答与钻石港湾之间)。在实验

---

① David K. Tse, Lee Kam-hon, Ilan Vertinsky, and Donald A. Wehrung, "Does Culture Matter? A Cross-Cultural Study of Executives' Choice, Decisiveness, and Risk Adjustment in International Marketing", *Journal of Marketing* 52, No. 4, 1988: 81—95.

② Cateora and Graham, *International Marketing*, 10th edition.

③ 改编自 Barney Henderson and Dean Nelson, "End of an Era. Stop. India Scraps the Telegram. Stop.", June 13, 2013, http://www.telegraph.co.uk/news/worldnews/asia/india/10118966/End-of-an-era.-Stop.-India-scraps-the-telegram.-Stop..html 于 2013 年 5 月 20 日访问;Sandeep Joshi, "Dot, Dash, Full Stop: Telegram Service Ends July 15", June 12, 2013, http://www.thehindu.com/news/national/dot-dash-full-stop-telegram-service-ends-july-15/article4806921.ece 于 2013 年 5 月 20 日访问;Purvita Chatterjee, "Eveready Tunes into Radios to Recharge Battery Sales", June 6, 2013, http://www.thehindubusinessline.com/companies/eveready-tunes-into-radios-to-recharge-battery-sales/article4788423.ece 于 2013 年 5 月 20 日访问。

线大获成功的激励下,截至 1856 年,该网络在英属印度境内延伸了 4 000 英里,连接着加尔各答、阿格拉、孟买、白沙瓦和马德拉斯这几个战略要城。1857 年,在镇压印度第一次重大的抗英起义中,这个网络起到了关键作用。要不是这个装置,英国人不可能通过实时传递信息来作出重要决策。

可是在成功运转了 163 年之后,2013 年 7 月 15 日,印度发出了最后一条电报。有意思的是,最后一条消息所使用的技术与第一次成功发送的电报几乎相同。政府当局指出,电报没落的原因是移动电话与互联网连接的迅速发展,它们甚至已经渗透到了印度的偏远角落。印度是世界上最后一个大规模使用电报的国家,超过 30 亿美元的损失致使电报服务业入不敷出。不过,印度并不是唯一淘汰了这种技术的国家。在英国,一家私人公司将电报作为贺卡和邀请函的复古方式来进行营销。2006 年,美国关闭了这项服务,而俄罗斯、德国和加拿大却仍在提供类似服务。从笨拙的起步,攀升到制高点,再到如今的消失边缘,这项技术经历了整整一个周期,能被人们记住的不只是它的怀旧之情,还因为它是一种简单而即时的通信工具。

与电报不同,印度的收音机将重获新生。随着移动电话、mp3 播放器以及近来苹果产品(iPods、iPads、iPhones)的普及,实用的收音机几乎被人们淡忘了。这时,印度最大的干电池与闪光灯畅销品牌 Eveready Industries 决定让收音机起死回生。公司特别针对半城市和农村地区的城镇(人口低于 100 000)推出售价为 500 卢比(约 8—10 美元)的收音机。公司还期待通过这一举措重振其正在没落的核心事业——晶体管收音机使用的 D 型号电池。销售额为 130 亿卢比(约 2.5 亿—3 亿美元)的电池类产品的增长率约达 5%。

尽管该品牌占有了广泛的半城市和农村市场(将近 80 万个专卖店),却仍然面对着激烈的竞争,中国产无品牌的调频收音机的零售价仅为 150 卢比(约 2.5 至 3 美元),而移动电话都自带收音机。不过,吸引 Eveready 的是晶体管收音机的市场规模(10 亿卢比,约 2.0 亿至 2.5 亿美元),而且目前的经营者只有一个品牌:飞利浦。Eveready 计划在整个印度推出颜色深浅不同的收音机,试图重振萎缩的市场,并且希望复苏这项古老技术。

虽然技术时起时落,不过在使用期间,它们深深嵌入了消费者的文化与生活方式。尽管这两种技术都是初级的通信工具,它们的影响力却很强大,甚至能

> 够到达这个国家最偏远的角落。它们可以传送实时消息,像催化剂一样将人们聚集起来,更重要的是,它们成为了唯一的通讯平台。尽管历史辉煌,谁也无法保证它们会永远存在。

技术兴衰涨落,营销者与调研者必须密切关注技术变革的速度,新技术出现时的创新途径,为了促进新技术发展而投入研发(R&D)活动的资源,以及国家监管机构在监察技术方面的作用。

政治或法律因素也有可能使公司与外国政府陷入关于运营机制的纷争之中。另外,外国公司这一身份经常使问题加剧,导致公司无法准确理解外国的商务环境。沃尔玛试图进入印度市场时就曾经面临过难关。印度政府宣布允许海外公司拥有多达51%的超市之后不久,沃尔玛就开始着手设立店铺并开展经营活动。可是,政府的这一举动遭到政界与当地工商界的强烈反对,他们辩称这一举动会严重损害家庭式企业。因此,政府不得不在两个星期之后推翻了这一决策。不过,政治或法律环境也有可能使商务环境发生积极的变化,正如南非的例子。南非宣布废除种族隔离政策之后,许多为了抗议种族歧视曾经实施了贸易禁运的国家,都取消了禁令并恢复了商贸活动。

除此之外,同时在多个国家经营业务的公司,面对的一个更加复杂的问题是新兴经济体国家之间政府法规方面的差异。例如,巴西与中国之间在商业伙伴关系(如并购)、出口税费(如报关与清关税费)和税收法规(如税法与税收激励)方面存在显著差异。因此,在这两个国家经营业务的公司必须制定相应的资源与决策计划。

产品开发周期的缩短

推出产品之前,公司面对许多压力。激烈的竞争加剧了产品或服务投放时间方面的压力。例如,由于相机部件的采购问题,HTC One 系列手机推迟了投放时间。据推测,这次延迟投放对 2013 年一季度的利润造成了冲击。[①]精简而高效的产

---

① L.Whitney,"HTC Profits Smacked by Delayed Launch of HTC One",April 8,2013,http://news.cnet.com/8301-1035_3-57578378-94/htc-profits-smacked-by-delayed-launch-of-htc-one/于 2013 年 6 月 2 日访问。

品开发过程是极为重要的。延迟投放的后果重重。在产品投放前的那几个月,销量受到损失,这将直接打击利润率。

随着技术日新月异,产品开发周期不断缩短。产品开发周期的缩短进一步加剧了营销者的压力,他们必须及时充分地了解市场,并且及时制定高效的投放计划。据辛辛那提市一家调研公司 AcuPoll 报告,每年有 95% 的新推出产品以失败告终。①考虑到短暂的产品开发周期与市场成功率,为了避免在市场中失败,调研是一种必不可少的工具。

对产品特性与功能的重视

对任何一家公司来说,成功的关键是创造能够满足顾客需求的产品。在国际市场上更是如此,因为顾客的需求与期望可能有别于国内。因此,需要提供能够满足当地需求的产品。

为国际市场开发产品时,公司通常可以采用不同的方法。首次打入国际市场的传统型国内公司更有可能提供与国内市场相同的产品。这种方法需要考虑的是产品在外国市场是否可行。具有外国市场销售经验的公司,需要寻找每个市场的独特性,并据此定制产品。相对于原本为一个不同市场开发的产品,他们的产品更有可能迎合当地需求。尽管如此,他们仍然需要面对诸多问题,比如是否全面考虑到了当地的独特性,是否遗漏了任何看似不重要的细节。最后,试图寻找外国市场之间共性的全球公司,开发的是能够吸引各国消费者的全球产品。即使在这种情况下,他们也面临着风险,如果未能充分考虑到每个国家,也许他们最终开发出的产品对任何一个国家都不具吸引力。不论采用什么方法,公司必须针对以下参数分析外国市场:①开发目标产品的市场机遇;②该产品的标准化或调整程度;③产品定位。

评估潜在市场时,考虑远距离的市场之前,许多公司更愿意先向邻国进行销售。这是因为公司更了解该市场,对经营与成本结构的控制更强。这解释了美国、加拿大与墨西哥之间,以及欧洲各国之间密切的贸易纽带。有时,公司通过心理距

---

① L.Burkitt and K.Bruno, "New, Improved … and Failed", March 24, 2010, http://www.nbc-news.com/id/36005036/ns/business-forbes_com/t/new-improved-failed/#.Ub9k0efqlMg 于 2013 年 6 月 2 日访问。

离评估市场。也就是说,公司更愿意向文化、法律和语言与本国类似的国家进行营销。因此,美国产品相对更容易进入那些传统上以英语为母语的市场,如加拿大、英国和澳大利亚,而不是中国和印度这种非英语市场。

关于标准化或调整程度,市场与学术研究分别举出了证据。标准化研究发现,对于美国、英国、加拿大与西欧,竞争策略与市场结构变量的作用,在很大程度上是相同的。①另外还发现,进入新市场时,只有当营销组合因素、市场结构、竞争与业务流程之间的关系强度与模式与公司正在经营的市场相似时,产品标准化才更有效。类似地,只有市场存在差异,调整策略才有效果。②市场方面的证据表明,侧重于技术解决方案、象征着奢华与尊贵以及高品质的产品,可以在不同国家进行类似营销。这类产品的例子包括苹果、梅赛德斯—奔驰和奥迪。不过在另一方面,很难在不同国家对食品与饮料进行标准化,因为各国口味不同。与在美国本土开发的产品存在差异的麦当劳巨无霸汉堡和芬达就是例子。

产品要想在国际市场取得成功,产品定位特别关键。通过产品定位,营销者能够强调焦点品牌与消费者在购买过程中值得考虑的竞争品牌之间的重要差异。正确定位产品的目的是,创造能够吸引目标受众的、针对市场的价值主张。通常,公司根据形态、特性、功能、质量标准、可靠性、使用期限和设计等属性选择产品定位。例如,飞利浦在发达国家市场保留了高端的医疗设备产品,而向发展中市场销售的是具有基本功能与可购性的产品。飞利浦是根据国际市场中的产品特性定位产品的。③类似地,许多公司根据他们在设计方面的国别特征和声誉对产品进行定位。例如,意大利的服装设计,斯堪的纳维亚重视功能性、美学与环保意识的设计,还有德国强调稳健性的设计。④

以上讨论说明了决定进入外国市场之前进行调研的重要性。可乐的例子提醒调研者,必须全面考虑一个问题,并设计周全的调研方法。

---

① David M.Szymanski, Sundar G.Bharadwaj, and P.Rajan Varadarajan, "Standardization Versus Adaptation of International Marketing Strategy: An Empirical Investigation", *Journal of Marketing* 57, No.4, 1993: 1—17.

② James Wills, A.Samli, and Laurence Jacobs, "Developing Global Products and Marketing Strategies: A Construct and a Research Agenda", *Journal of the Academy of Marketing Science* 19, No.1, 1991: 1—10.

③ Leila Abboud, "Philips Widens Marketing Push in India", *Wall Street Journal*, March 20, 2009.

④ Philip Kotler, *Marketing Management*, 10th edition, Upper Saddle River: Prentice Hall, 2011.

全球营销调研实践

Tasty Burgers 需要界定调研问题并与调研机构制定调研目标与调研计划。第一步是界定调研问题。Tasty Burgers 的目标是进入有利可图的、具有良好发展潜力的国际市场。调研问题涉及以下方面:各个国家的预期利润率,每个市场的发展潜力,以及每个市场在产品、定价与促销方面的政策。在这个阶段需要解决的一个重要问题是,是否应该对 Tasty Burgers 的产品进行标准化或针对当地偏好进行定制。还需要确定的是 Tasty Burgers 是否应该采用标准化的营销方案,也就是是否使用与美国相同的营销策略,还是针对每个市场分别制定策略。这称为公司的策略导向。

首先,调研机构需要收集 Tasty Burgers 感兴趣的所有市场的二手数据。分析二手数据可以提供信息用来筛选国家。Tasty Burgers 需要以下几类信息:

● 顾客信息:消费模式、外出就餐习惯、饮食偏好、限制消费者食用特定食品的宗教情怀等。

● 竞争者信息:分销网络、定价与促销策略、与关键供应商的关系等。

● 国家信息:政治风险、法律体制、所有权与利润汇回的规定、房地产与合格劳动力的可获得性、税收减免之类的投资收益等。

选定国家之后,调研者进行成本效益分析,确定调查研究的成本。必须在预期盈利与调研成本之间进行权衡。只有收益能够满足 Tasty Burgers 的要求,才可以确定进行调研。

必须在所有选定国家进行一手调研。一手调研的目的是收集数据,回答所有调研问题。数据收集方法取决于国家与文化。

然后,对收集到的数据进行编码与分析。数据分析方法取决于数据的数量与质量以及调研问题的性质。向 Tasty Burgers 解释并展示调研结果时,应该采用在初级阶段确定的方式。

本书每个章节都将涉及这个例子的相关部分。我们将深入讨论上述每个阶段,使读者充分理解全球营销调研过程。

本章小结

本章向读者概述了全球营销调研过程。另外,本章还强调了在当今市场环境下进行营销调研的必要性。本章提及的每个阶段将在后续章节中详细介绍。读者可以将本章作为路线图,在阅读本书时随时了解自己所处的位置。公司的调研目的是界定问题并确定可以采用的各种决策选项。明确具体的调研目标才能够界定调研范围。调研问题决定着解决问题所需的具体信息。二手调研收集到的二手数据能够帮助调研者进一步理解调研问题。接下来的步骤是收集一手数据。用来收集数据的一手调研方法有许多,如定性调研、观察与调查。调研过程的最后阶段是对收集到的数据进行分析与总结,帮助制定决策。

思考题

1. ComfortWear Inc.的首席执行官罗伯特·史密斯(Robert Smith)正在考虑将他的服装公司扩张到美国之外。史密斯的投资者与领导者成员对于品牌的国际扩张忧心忡忡,担心国际市场对他们产品的需求会低于本国。哪些调研问题与假设能够帮助他们制定最终决策呢?

2. VisionArt, Inc.是纽约的一个外国首饰制造商,意欲将其产品推入一个外国市场。你被聘为该公司的营销顾问。请解释,为了确保进入新市场的可行性,为什么必须进行全球营销调研?

3. Sweet Water Creamery(SWC)计划向印度以及部分东南亚地区拓展业务。如果 SWC 想针对每个地区开发独特的菜单,它们是否需要制定全新的菜单? 哪种调研设计更恰当? 确定调研目的、调研问题与假设。

4. 进行国际调研的国内调研公司将面临哪些问题?

5. 回答以下问题:

a. 决定是否开展营销调研时,成本效益分析对管理者有什么作用?

b. 确定市场调研项目预算的两种方法是什么?

c. 每种方法适用于什么情况?

第二篇　调研设计与管理调研过程

4

调研过程的准备阶段

本章概述

第 1、第 2 章讨论了不同文化与国籍之间的差异以及这些差异给全球营销调研带来的复杂性与挑战性，第 3 章讨论了全球营销调研的过程，本章则聚焦于调研过程的准备阶段。对于任何想要进军全球的企业而言，调研都是不可或缺的工作。在决定进入国外市场之前，调研能帮助该企业明确国际化举措的可行性。调研也有助于决定进入哪些市场、何时进入这些市场、如何进入这些市场等一系列决策。大多数企业都会根据营销调研的结果进行产品发布和定价决策。本章会针对上述与调研相关的主题进行详细讨论。

全球营销决策的信息要求

全球营销调研常被称为"比较型营销调研，其主要原则是针对整体国家体系之间的相似性与差异性进行系统地探查、识别、分类、测量和解读"。营销管理人员规划全球营销调研时会面临五大挑战：

（1）需要理解国家之间的相似性，以界定目标市场。

（2）缺乏准确的现有信息。

（3）调研的成本颇高，尤其是需要调研原始数据的时候。

（4）需要协调各个国家的调研，这种协调工作涉及控制调研过程和翻译工作。

（5）确立营销调研工具（量表或问卷）的可比性与等同性。

在国际企业的战略与结构日渐多样化且不断变化的背景下，企业对信息的需求存在很大区别。但可以确定的是在调研方面投入资源可以给企业在以下三大领域带来更多的价值，这三个领域分别为市场导向、战略导向和问题导向。[①]

市场导向

企业试图让其产品或服务进入新市场时，总会面临更多新的未知问题。通过初步的定量调研和可行性研究全面理解市场需要，能为在外国发布产品或服务的企业提供极大帮助。筛查并识别可能进入的潜在国家市场，是营销调研在跨国企业中更为常见的一种方法。在国际化进程的启动阶段，企业需要提出和确认一到两个可进入的潜在目标市场，并确定进入方式。在此过程中，企业需要理解计划在市场中投放的产品或服务的准备程度。专栏 4.1 是企业基于调研结果决定不建立特许经营店的例子。

专栏 4.1

以色列的墨西哥连锁餐厅[②]

在实施了一项包含几个阶段的精细调研之后，调研结果建议这家墨西哥休闲餐厅不要在以色列特拉维夫市区开设特许连锁店。

首先，利用市场分析，该企业能够充分了解行业趋势、选址与设施、区域特征、竞争状况、顾客人口统计特征，以及预期销售等情况。企业识别期望进入市场

---

① Vern Terpstra and Ravi Sarathy, "Techniques for Dealing with International Marketing Research Problems", in *International Marketing*, Orlando, FL: Dryden Press, 1994:213—218.

② 改编自 Quirk's Marketing Research Review, "Tacos in Tel Aviv?", September 12, 2011, Quirk's e-newsletter。

的当前趋势,并对竞争对手的优势与劣势进行深度分析,从而为该企业可能面临的相关问题提供了早期预警信息。

其次,针对投资连锁计划的可行性,企业迫切需要清楚每个特许连锁店每年能为多少顾客提供服务。该服务能力受到特许连锁店目标顾客所居住区域的影响。该餐厅知道,客户类型的经济基础能够为公司计划作出的投资可行性提供证据。该可行性研究帮助企业得出了结论:该企业有机会在购物中心内开设中等价位的休闲餐厅。

再次,企业决定实施初次营销调研以回答以下问题:①餐厅宣传口号"国境之南"所表现的埃及情景是否会影响以色列雅皮士夫妇们经常光顾该餐厅?②在以鹰嘴豆泥为王的国度,他们的孩子是否会讨厌墨西哥玉米薄饼卷?③墨西哥玉米煎饼的吸引力是否能打败隔壁主打烤羊排与羊心的以色列肉排餐厅?该调研在当地某家调研伙伴的协助下得以实施。

最后,通过调查和可行性研究所得的结果可知,以色列人对开设高档休闲墨西哥餐厅的想法抱着支持态度。但是,根据各种预测方案,该市场还不够成熟。因此,该企业的计划未能继续推进。

全球化过程[①]

决定企业走向国际化的关键因素之一是管理的类型和质量。在企业处于走向国际的最初阶段,动态管理是非常重要。长期来看,企业在国际市场上的成功依赖于管理层的承诺、态度和感知。研究人员发现,对业务有着长期视野的进取型企业会更为活跃。因为国际市场不可能一举成功,而是需要大量市场开发活动、市场调研以及对国外市场因素的敏感性,所以管理承诺问题对企业至关重要。研究还表明,在大多数情况下,国际企业的管理人员相比国内企业的管理人员在正规教育和外语流利度方面都有着更高的水平。

但是,单项因素并不能解释企业在国际市场上的成功。通常是一系列相互结

---

① Michael R. Czinkota and Illka A. Ronkainen, *International Marketing*, 5th edition, Orlando, FL: Dryden Press, 1998:296.

合的因素共同影响着企业面对企业既定的方向采取行动。这些因素可分为主动型动机和反应型动机。主动型动机是带来战略性变革的刺激因素,包括利润优势、技术优势、专有的市场信息、管理层的推动(managerial urge)、税收优惠以及规模经济。反应型动机则可能包括竞争压力、国内市场生产过剩、国内市场销售稳定或减少、产能过剩、国内市场饱和,以及邻近顾客和港口。

市场选择

为了对一国或多国的某个市场或多个市场具有初步理解,企业通常仅仅需要相当有限的背景数据。这些信息包括:①市场规模与趋势;②市场结构或市场细分;③市场上运营企业(供应商和购买方)的名字及其重要性;④产品及价格的清单;⑤分销渠道;⑥媒体的可得性与费用。

使用已出版的或者其他易获的信息来源所开展的案头调研,通常足以满足这一目的。除了政府以及国际机构的系列统计数据在数量和价值上日渐增加以外,由行业协会、商会、金融机构、政府贸易部门、媒体、咨询业等出版的市场调查数据越来越多,范围也越发宽泛。许多商业组织以低廉价格和辛迪加(Syndicate)方式定期提供这些市场分析。

除了通过上述信息来源获取信息之外,企业还可以灵活利用贸易名录、贸易与财经出版物,甚至可能是企业已有信息——这些信息来源让企业常常觉得能够自己已经有能力掌控市场需求情况。因此,市场调研服务提供商很少涉足该调研阶段。本书的第5章将详细探讨如何使用二手数据开展国际营销调研。

进入方式

进入国外市场并不是一蹴而就便可以完成的决策。企业会操作大量分析,以便更加聚焦地了解它们想要拓展业务的国家、地区或区域。该评估过程大体涉及三个阶段:①筛选阶段,在该阶段企业会评估诸如政治稳定性和社会文化因素等宏观指标;②鉴别阶段,企业深入调查与行业相关的具体信息,如市场规模、成长机会、进入壁垒、竞争性定位等;③选择阶段,企业根据上述信息确定潜在的国家细分市场。[1]起

① V. Kumar, Antonie Stam, and Erich A. Joachimsthaler, "An Interactive Multi-Criteria Approach to Identifying Potential Foreign Markets", *Journal of International Marketing* 2, No. 1, 1994:29—52.

初,管理人员在进入国外市场时通常会有多个目标。资源和信息的限制会加重他们的困境,过多的市场选择更使管理人员举步维艰。此时,管理人员可以使用一种交互技术,从之前的迭代方案中找到最优的解决方案,之后将该方案用于进一步的迭代筛选,以帮助管理人员根据目标缩小他们对国家/地区/区域的选择。然后,管理人员能够使用这些信息来针对已缩小的选择目标做更为精密的原始调研。这种方法不仅能节约成本,且更为聚焦。

企业在某个国家市场的运营性质依赖于它所选择的进入方式。[①]进入方式是企业为了在某个国外市场开展业务所选择的制度安排。该决策是企业最为关键的战略决策之一,它会对该企业在所选国家市场的未来所有决策与运营产生影响。由于每种进入方式都会涉及相应的资源承诺水平,企业很难在不损失大量时间与金钱的前提下更换进入方式。如图 4.1 所示,决策权变模型包括了一系列的阶段。

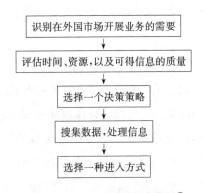

图 4.1　进入方式决策的权变模型[②]

该模型的第一阶段涉及识别与界定问题。在第二阶段,决策者提出以下问题:"需要考虑哪些因素会影响进入方式?""能从何处获取与这些因素相关的信息?"该阶段是全球营销调研起作用的阶段。在第三阶段,管理人员利用手中的基本信息选择进入方式。在第四阶段,决策者搜集并分析与他们所选决策策略相一致的信息。一些策略可能涉及精细且昂贵的信息搜集与处理,而另一些策略则基于简单的启发式处理。最后一个阶段是实际决策,需要选择进入国外市场时的具体进入方式。

---

①② V.Kumar and Velavan Subramaniam, "A Contingency Framework for the Mode of Entry Decision", *Journal of World Business* 32, No.1, 1997:53—72.

虽然对于调研而言需要确定如何进入不同市场或是否在这些市场开展业务，但对国际运营的兴趣与承诺的程度将决定管理层是否愿意在调查国外市场潜力以及最为合适的运营方式花费时间与精力。进入国外市场的方式大体可分为以下四类：出口、许可证（以及其他形式的契约协议）、合资企业以及全资子公司。①②

影响进入方式选择的因素包括：①企业在国外市场的目标；②承担风险的准备程度；③可供支配的资本投资量；④企业想在国外市场拥有的控制力的程度。图4.2展示了各种进入方式及其影响因素。

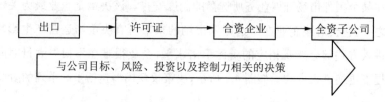

图4.2　确定进入方式

出口。 在企业国际化进程的初始阶段，它们通常采用直接出口或间接出口的方式。直接出口是指企业设立自己的出口部门，并主动谋求和完成海外订单。间接出口是指企业通过它们设立在国内的出口代理商完成未经请求的海外订单。间接出口有两大优势：第一，企业不需要设立专门的出口部门，从而释放了能用于其他目的的资金；第二，出口代理商提供的服务和技巧有助于企业降低风险，从而降低了错误的层次。考虑到上述优势，间接出口通常是进入国外市场时企业可采取的首个步骤。但是，由于间接出口是一种低风险的方式，它的缺点是企业回报较低。因此，此时不太可能针对国际市场开展一些调研。

在间接出口之后，企业可以选择采用直接出口的方式。开展这种出口方式可以通过：①在企业母国设立专门的出口部门；②设立海外销售部门；③不断往返的销售团队；或者④位于国外市场的专有分销商。例如，出口管理企业能在海外营销或者生产产品。想要发展出口市场却缺乏足够的管理层承诺或财务资源的中小企业，能够采用这种企业进入国外市场。这些中间机构能够安排出口方式、识别市

---

①　P. B. Barnard, "The Role and Implementation of International Marketing Research", International Marketing Research Seminar, Rotterdam, ESOMAR, 1976:67—88.

②　Franklin R. Root, *Entry Strategies for International Markets*, Washington, DC: Lexington Books, 1983.

场、找到潜在买家,并选择分销商。然而,随着这些市场的发展,企业最终需要通过设立用于国际市场的单独销售组织来建立直接接触。当企业采取此种出口形式时,对国外市场的聚焦以及有效的市场渗透就至关重要了。然后,企业需要应对与调研相关的所有复杂问题,来确定哪些市场可以进入以及采取何种策略。①除此之外,持续维持与某个国家的出口关系的策略也很重要。研究表明,诸如直接营销等营销方法在出口中能起显著作用。除了企业在市场上的已有经验以及它们的准备程度之外,直接营销能持续显著地预测出口。

许可证。许可证是指当目标企业(许可证颁发者)准许另一家企业(许可证接受者)使用某个制造流程、专利、商业秘密或产品配方,以交换版税、许可费用或其他形式的补偿金。这种进入方式对企业很有吸引力,原因在于:①它能以几乎不需要初始投资的方式为企业提供利润,从而增加投资回报率;②它让许可证颁发者规避了关税、配额以及其他的出口壁垒;③它的实施相对便宜。但这种模式也有不好的一面。这种方式对许可证颁发者在国外市场直接参与的限制达到了最低限度,但它同时也让许可证颁发者失去控制,限制回报的额度,并可能让许可证接受者成长为国外市场上的竞争对手。许可证的一个很好的例子是可口可乐,它将秘密配方提供给许可证接受者,而后者在国外市场使用该配方生产并销售饮料。

许多企业采用两种普遍的许可证形式。首先,企业可以采用合同制造(contract manufacturing)的方式,为分包商或当地的制造商提供技术规范,以生产产品。这种形式的好处在于运营启动更为快捷,且在运营成功的情况下可能有机会买下当地制造商的股权。而它的不足之处则是企业无法控制生产过程,并存在失去利润的风险。一些汽车企业使用这种模式让汽车配件根据外国制造商的具体要求得以生产。其次,企业能采用特许经营(franchising)的方式,让目标企业(此时为授予特许者)与某家当地企业(特许经营者)签订合同,允许特许经营者在缴纳一定费用并遵循特许经营相关政策的前提下采用授予特许者所开发的商业模式开展运营。肯德基和赛百味等企业已经在世界范围内任命特许经营者接手许多感兴趣国家的店面。

---

① S.Tamir Cavusgil and John R.Nevin, "State-of-the-Art in Marketing", *Review of Marketing*, 1981,Vol.XVIII:296—301.

虽然许可证是一种低程度的国际承诺的策略,但它也需要通过调研来识别最为合适的许可证接受者,并在作出许可证决策之前确定市场潜力是否会快速增长。在这种情况下,其他的进入形式,如合资企业或全资子公司,可能更受欢迎。作为许可证模式在服务业中的相似物,特许经营也需要通过调研来找到潜在的特许经营者并评估各种策略应该进行调整的程度。

合资企业。与外国的当地企业建立合资企业也提供了一种方式降低进入国外市场的风险。此时,当地的伙伴能带来专业知识以及对当地市场状况的熟悉度。这种进入方式也能给目标企业带来一些好处,如①共担风险;②让企业亲身了解新市场;③与外国企业协同作用所带来的好处。而且,当地伙伴的存在让企业不太需要通过调研来确定产品或策略应该进行调整以适应这些状况的程度。

在这些举措之下,当地伙伴能给外国企业提供建议,帮助其了解对决定企业在国外市场成功与否的经济、文化、政治/法律框架以及基础设施状况。新兴市场正经历着最多的合资企业举措。例如,IBM 与中国长城电脑集团建立的合资企业,IBM 占有 80% 的股份,而剩下的股份由长城所有。①近期亚洲航空与塔塔有限公司在印度成立了合资企业,其中亚航持有该合资企业 49% 的股份。②

然而,该进入方式也包括以下不足:①投资水平的增加;②收益的分享;③合作伙伴之间可能存在的冲突。英雄汽车与本田的例子,是合作伙伴之间的冲突相关的近期事例。1984 年,日本本田与印度新德里的英雄汽车建立了合资企业,为印度市场生产小型摩托车和常规摩托车。2010 年,本田开始有了单独进入印度两轮挂车市场的想法。本田已经意识到,自从成立合资企业后印度市场已经完全改变,比25 年前的改变更大。③不久之后,英雄集团买下了本田所持有的股份,该合资企业在成功合作后就这样解散了。

全资子公司。当某家企业愿意承担在国外进行经营的所有风险时,它可以建

---

① Liu Baijia, "Great Wall, IBM in Partnership", *China Daily*, December 13, 2004.

② Reeba Zachariah and Rajesh Chandramouli, "AirAsia to Tie Up with Tata Sons for New Airline in India", *Times of India*, February 21, 2013.

③ Subramaniam Sharma and Siddharth Philip, "Hero Buys Honda's $1.9 Billion Stake in India Motorbike Maker on Exports", *Bloomberg*, December 17, 2010.

立全资子公司。全资子公司的设立需要该外国企业在国外市场建立自己的生产或服务机构。在某些情况下,这些公司在不同的国家可能是独立的单位,如宝洁公司在欧洲区域与亚太区域的运营。虽然这种进入方式较为昂贵并需要管理时间与精力的大量承诺,但是它有以下好处:①对运营、营销和制造的全权控制;②收益不需要与其他任何公司进行分享;③完全进入当地市场,并获取其他在当地可得的劳工、土地和资本等资源用于生产;④通过迎合整个市场而节约生产成本。

虽然全资子公司可以解决外国企业关注的许多问题,但也存在一些政治环境或其他环境因素对这种方式带来阻碍。设立这种全资子公司的其他方式可以通过绿地投资,与现有企业合并,以及收购现有企业。作为通过绿地投资方式建立新设施的一种替代方式,收购是市场进入或扩张的一种即时方式,且有时候可能更为便宜。虽然拥有完全所有权能够产生额外的优势,让公司避免合资企业或共同生产伙伴的方式下可能产生的沟通问题和利益冲突问题,但是收购仍然会给企业带来要求较高和充满挑战的任务,需要它将收购的企业整合到跨国组织中并协调各种活动。

对于设立全资子公司的那些企业而言,与国内营销调研类似的调研必须由当地子公司开展。但是,如果产品和策略要在各个国家之间转移,企业就需要一些事先的调研来评估标准化会在多大程度上导致市场潜力的损失。在其他情况下,如在汽车行业,全资子公司会由一系列复杂且紧密相连的全球运营所构成。例如,福特嘉年华汽车的变速器产于法国的波尔多,挡风玻璃产自俄克拉荷马,火花塞产自英国,保险杠镀层则产自德国科隆。此时,若要确立全球营销规划,并确定在多大程度上营销规划和战略应该标准化还是根据不同国家环境进行调整,就更可能需要企业的全球总部或区域总部根据来自当地子公司管理层的投入来指导调研。

预测

市场进入几乎总是伴随着许多不确定性。对于企业而言,在理解产品/服务的潜在需求,消费者对特定产品/服务的准备度、市场状况以及汇率时,企业需要作出某些判断和预测。企业具备准确提前预测未来趋势、市场状况、以及产品/服务的预期业绩方面的能力,会给它们在新市场带来极大的竞争优势,从而减少整个过程中的不确定性水平。预测是新产品开发周期中的关键步骤。这种方式对国内市场有效,但在国际营销环境中则并不一定奏效,有时不确定性水平会翻番。此时有多

种预测方法能用于不同阶段的规划与控制。接下来将详细解释这些用于预测的定性与定量方法：[1]

定性方法。这些方法快捷，节省成本，且较为灵活。虽然该方法具有主观判断和偏差方面的缺点，但在大多数情况下它有助于组织快速获取对当前状况的总体印象。定性方法包括以下类型：

（1）高管评判（jury of executive）：综合同一组织不同部门的管理人员对预测所作出的判断。

（2）销售团队估计（sales force estimates）：销售团队所作出的判断。销售人员对顾客或客户的理解较为全面和时效。

（3）顾客意向调查（the survey of customer intentions）：要求顾客针对产品使用和购买意向作出自己的预测。

（4）德尔菲法（Delphi approach）：与高管评判法较为类似，不过对德尔菲法而言，团队成员提交他们各自的预测，将其与他人的预测进行比较，并有机会在需要时作出修改。通常会重复三到四次，才会为团队提供结论性方向。

定量方法。这些方法常常更为稳健。但是，它们较为耗时，并在某些情况下需要搜集数据。定量方法主要包括两大类：

（1）时间序列外推法（time series extrapolation）：时间序列外推方法是使用历史数据来预计未来结果的一种工具。在许多情况下时间序列是一种常用的方法。这种方法非常适用于利用数据来获取清晰趋势或周期性模式的短期预测。这种方法的缺点在于不能解释突然出现的预期之外事件，如自然灾害或经济崩溃等。

（2）因果模型（causal model）：因果模型是表现一系列变量之间因果关系的统计模型。该方法的具体例子包括简单回归模型。

创新扩散

在国际环境下，新产品/服务的扩散过程在不同国家会存在差异。研究人员分析了产品和技术的多国扩散模式，以理解新产品如何在不同文化和市场环境下进

---

[1]   Aaker et al., *Marketing Research*, 11th edition：690.

行扩散。研究表明,当某个产品或技术创新发生于一国时,落后国家(产品在后期得以引入的那些国家)在上述产品或技术上存在较为快速的扩散过程。[①] 各国之间的距离被"拉近",世界变得越来越小,技术进步让信息传递变得更为快捷。在这种情境下,产品或技术在一国的引入可能会对之后采用该产品国家的产品扩散产生更为显著的影响。扩散模型为企业预测某个市场的销售潜力提供了很大帮助。此外,企业能够基于它们对扩散模式的分析而选择国家市场。

今天,在大数据(big data)时代,预测方法正变得更为精妙。使用现有数据实现预测目的越来越受欢迎。诸如人工神经网络的方法就是这些方法中的绝佳例子。营销人员使用多国多文化情境下开展调研所获的变量,能通过扩散研究洞察产品的潜在采用率,并能预测市场如何对产品以及营销战略作出反应。

战略导向

虽然市场导向阶段能帮助企业在市场和国家之间确定优先性,企业需要更为详细的信息来提出进入所选市场或扩展该市场的战略。与战略导向相关的数据包括:①市场份额(估计的数据也常会在出版物上找到);②产品知名度/渗透率;③购买动机;④变革障碍及其克服方式;⑤品牌/产品形象;⑥购买者态度和购买者画像;⑦竞争对手的劣势;⑧分销系统的详细结构以及利用方式。

这种更为详细的市场研究与诊断一般涉及一手数据调研,即为特定客户(或客户群)所设计的深层数据搜集。这些研究可以在案头调研之后实施或者与案头调研结合实施。研究通常需要访谈产品或服务的消费者或最终用户,以给市场提供更好的总体印象(feel)。这种访谈可以是某些工业部门中针对关键购买者或决策者的少量接触,也可以是消费者商品市场上简单的习惯与态度研究。在调查国外市场时所搜集的用来帮助提供市场导向或战略导向的信息主要是对整个市场有所了解,并使用有限的诊断性数据来帮助制定营销、销售和分销计划。

---

① Jaishankar Ganesh, V.Kumar, and Velavan Subramaniam, "Cross-National Learning Effects in Global Diffusion Patterns: An Exploratory Investigation", *Journal of the Academy of Marketing Science* 25, No.3, 1997:214—228.

扩张战略[①]

许多企业都是先在国内市场开始它们的业务。一段时间之后,它们中的一些企业逐步扩张至国际市场。在研究企业国际化过程时,有人发现最初的时候绝大多数企业对国际市场根本不感兴趣。随着时间的变迁,某些企业可能开始对出口有了一些兴趣。对于那些对出口从不感兴趣到部分感兴趣的大多数企业而言,它们都具有国内市场扩张的业绩记录。在下一阶段,这些企业逐渐开始探索国际市场,且管理层也愿意考虑出口的可能性。在探索阶段之后,企业开始试探性地出口,并常常选择那些心理上相近的国家作为出口对象。但是,管理层仍然远远算不上对国际营销活动抱有承诺。

在下一阶段,企业会评估出口对企业总体活动的影响。在这一阶段可能出现的情况是,企业对国际市场失望,并决定退出国际活动。但在大多数情况下,企业继续作为一个小型出口商存在于国际市场。最终阶段是出口调整。企业在出口方面日渐积累经验,并会根据变化的汇率、税率以及其他变量对出口进行调整。管理层也乐于考虑将出口业务扩展到心理上更为遥远的其他国家。出口所获的收入,之前被视为惊喜收入,现在将成为预算的一部分。在这些情况下,企业能被视为国际市场的战略参与者。

企业进入国外市场所采取的战略可分为两大类:洒水器战略和瀑布战略。[②]采取洒水器战略的企业会决定计划进入哪些市场并同时进入所有这些市场。这种进入方法存在风险,因为进入国外市场涉及高昂的成本。微软于 2009 年秋季在 100多个国家同时发布了 Windows 7 系统。虽然在该营销方法上有一些小变化,但此次发布是涉及营销、运营和物流决策在内的世界范围措施。[③]这可以视为一种洒水器战略。当企业不得不制定战略性产品与营销决策以在竞争中保持领先时,以及当产品引入的时间极其重要时,它们会采取这种方法。

[①] Czinkota and Ronkainen, *International Marketing*, 5th edition.

[②] Shlomo Kalish, Vijay Mahajan, and Eitan Muller, "Waterfall and Sprinkler: New Product Strategies in Competitive Global Markets", *International Journal of Research in Marketing* 12, 1995: 105—119.

[③] Marc Gunther, "The World's New Economic Landscape", *Fortune*, July 26, 2010:105—106.

瀑布战略是一种更为保守的战略,采用该战略的企业会遵循推展策略(roll-out policy),首先进入最具盈利性的市场。之后再根据产品在该市场的表现,企业进一步识别下一个进入的最佳市场。这是一种更适合国际化的战略。已经观察到的一般情况是,新产品会遵循某种特定的扩散模式。比如,研究表明,产品在美国引入并被消费者接受之后,下一个可能的市场是德国。①调研人员可以研究特定产品类别的扩散模式,并决定采用的推展策略。在这种方式下,企业有机会减少不接受其产品的市场上的损失。如沃尔玛、奥迪和赛百味等企业都已采用这种方法。不同于洒水器战略,这种方法能让企业仔细规划其扩张,且不会对企业或管理资源带来压力。

标准化和本土化②

在进入新市场时,产品采用标准化还是本土化的决策至关重要。该决策对研究这些市场的调研人员也有重要意义。支持采用标准化方式的原因主要包括:

(1)节约大量成本(significant cost savings)。生产标准化产品有助于企业的生产基地得到加强,单位成本得到控制。这种方式提升了对资源的明智使用,让企业规划更为合理,并为企业提供了控制力。

(2)价格利益超过文化利益(price over culture)。由于国外市场可能存在文化差异,标准化方式下的成本优势、价格以及稳定质量所带来的利益将会抵消生产本土化产品引发的优势。

(3)同一个世界,同一个市场(one worlds, one market)。随着更多市场对世界贸易的开放,人员、金钱和物资的自由流动让全世界人民的口味与偏好逐步同质化。因此,需要与欲望日趋相似,从而带来了对标准化产品的需要。

虽然标准化战略具有成本优势,当地市场的特征可能会要求企业作出某种形式的本土化调整。全球营销调研所面临的一大挑战在于确定可以采用的标准化程

---

① Jaishankar Ganesh, V.Kumar, and Velavan Subramaniam, "Learning Effect in Multinational Diffusion of Consumer Durables: An Exploratory Investigation", *Journal of the Academy of Marketing Science* 24, No.3, 1997:214—228.

② Erdner Kaynak, "Difficulties in Undertaking Marketing Research in Developing Countries", *European Research*, Vol.6, 1978:251—259.

度。标准化战略有赖于规模经济,而本土化战略的关键则在于解决不同国家市场之间的文化差异。支持本土化战略的理由包括以下几点:

(1) 当地法律(law of the land)。国外市场所盛行的法律体系可能会决定企业必须遵守的某些情况。比如,巴西法律将"diet"这个单词解读为具有药用特征并要求在标签上具备日常推荐的消费信息。对于那些销售先前产品的"diet"变体的食品饮料企业,与标签方面相关的产品标准化将不太可能实现。

(2) 使用模式(usage patterns)。不同国家市场会因为它们的需要、欲望和购买力不同而有不同的消费模式。比如,为了让更多消费者能够购买与消费,流行小吃奇多粟米脆在中国市场上推出了 15 克装、售价 1 元的产品。而标准化战略则会产生包装、标准包装尺寸和库存单位方面的问题。

(3) 基础设施问题(infrastructure issues)。即使产品本身可以标准化,但需要使用该产品的其他支持设施则需要本土化。比如,在研究人员发现很少有西班牙人拥有能够存放食品的冰箱之后,可口可乐在西班牙不得不停止供应 2 公升装的饮料瓶。

虽然标准化和本土化存在支持其运用的不同要点,但标准化或本土化的程度却受到每个国家市场上所存在的外国环境状况的影响。决定这两种战略程度的影响因素可分为以下四大类:

(1) 市场特征(market characteristics)。市场的实体环境,如气候、产品使用状况以及人口规模,常常会迫使营销人员努力让产品适应当地状况。影响标准化/本土化的其他一些因素包括收入水平、汇率浮动、语言、文化以及社会因素。

(2) 行业状况(industry conditions)。市场的成熟度决定了企业引入和促销产品时所应遵循的战略。竞争程度、技术程度、当地替代品的不同价格,以及当地生产成本也会影响营销策略。

(3) 营销机构(marketing institutions)。分销系统、经销店可得性、广告机构、大众传媒渠道存在与否等方面的惯例会影响标准化/本土化的程度。

(4) 法律限制(legal restrictions)。企业需要遵循当地政府发布的法规与行业执行标准。关税和税收也会让企业必须调整价格。当地对广告方面的约束影响促销方案的效果。此外,当地政府也会对全资子公司的产品生产附加当地的内容要求。这可能会影响和阻碍企业的标准化的原材料与生产过程的规划。

根据这些差异,在发展中国家开展营销调研明显不同于在发达国家进行调研。

虽然使用的方法一样,但对某些方法的应用则不同。①

EPRG 模型

随着国际企业运营不断增加,在国外市场开展业务的动态性注定存在差异且不断变化。研究表明,企业用于新市场扩张时制定明智决策时可以使用四种国际化导向——民族中心导向、多中心导向、区域中心导向或全球中心导向模型(EPRG 模型)。②这四种导向反映了企业的经营目标与经营哲学,且有助于企业制定管理战略并规划国际运营的流程。

对于民族中心导向,企业高管紧密聚焦于国内市场的绩效,并将外国销售收入只视为国内销售的延伸。这些企业通常具有集权化的管理运营方式。此外,企业认为其国内市场的运营方式以及人力资源库要优于国外市场。持有这种观念的企业只会进入那些在产品需求与可接受性方面极其类似国内市场的国外市场。因此,它们不会在海外开展任何系统调研,也不会对产品作出重大调整。

采用多中心导向的企业理解国内市场与其他国家市场之间的差异,能够辨别每个市场具有的特性,并认识到需要调整企业的产品以适应每个市场。这些企业通常具有分权化的管理模式。企业管理人员也意识到需要将当地资源投入纳入能够满足当地口味的产品设计与价值传递。因此,这类企业会在独立运营的海外市场设置子公司。企业的营销也根据不同国家的要求而展开,在每个国家制定自己独特的营销策略。

采用区域中心导向和全球中心导向的企业将世界视为一个完整的市场,并试图创建一种整合营销方式来满足所有的当地消费者的需要与欲望。换句话说,这些企业拥有整合式的管理模式,其策略的开发与实施都归属于区域层次或世界层次。相应地,与产品开发、营销与促销、生产以及运营相关的所有决策都发生于全球层次。

---

① This section draws heavily from Johny K. Johansson, *Global Marketing*, New York: Irwin, 1997.

② Y. Wind, S. Douglas, and H. Perlmutter, "Guidelines for Developing International Marketing Strategy", *Journal of Marketing*, 37, 1973:14—23.

问题导向

第三类的信息需要促使我们关注那些特地为了支持某些决策而开展的调研。这些调研通常只聚焦于营销组合中的一个或多个关键要素,如产品配方、价格、广告、包装设计或者促销。但是,调研有时会涉及对总体市场或行业的直接或间接评估,并通过搜集数据帮助企业进行市场细分、目标顾客群体识别以及准确的品牌定位。新概念或新产品开发工作在这里也会占有重要地位。问题导向是三类研究中所有项目拥有的共同特征。企业也经常会需要花钱委托市场调研公司来设计和解读涉及原始数据搜集的研究。

问题的界定——自我参照标准

在对全球市场进行调研时,自我参照标准(self-reference criterion,SRC)是需要应对的重要问题。它是指调研人员无意识地参考他们自身的文化、价值观、生活方式、知识以及经验来理解某个现象。换句话说,当调研人员面临不同的陌生文化准则时,他们本能地通过应用自身的文化理解与经验来理解当前状况并制定解决方案。自我参照标准不仅会阻碍调研人员以真实方式界定问题的能力,也会让他们不能很好地意识到文化差异并识别这些差异的重要性。从家乐氏公司在英国的经历中能看到自我参照标准的事例。当家乐氏在英国上市了果塔饼干后,它们没有意识到在英国很少有家庭像美国那样拥有烤面包机,且该产品对于英国消费者而言太甜了。这导致了该产品在英国市场的失败。

想要消除自我参照标准的问题,可以遵循以下四个步骤:①

(1) 根据母国的文化特征、习惯与规范界定问题;

(2) 根据外国的文化特征、习惯与规范界定问题;

(3) 剥离问题中自我参照标准的影响,并对其仔细检查以查看自我参照标准如何让该问题变得更为复杂;

---

① James A. Lee, "Cultural Analysis in Overseas Operations", *Harvard Business Review*, March—April 1966:106—111.

（4）在没有自我参照标准的影响下重新界定该问题，并为国外市场状况进行解答。

在某些情况下，调研人员可能会开发适用于某个国家的调研工具，然后在不同国家之间进行协调与比较，因为这种方法更为容易。这时，那些熟悉该国的调研人员和那些不熟悉该国的调研人员都检验了这些工具与数据并得出结论。第二种方法是一次只考虑一个国家，然后再进行比较。这种方法虽然较为耗时，但更受青睐。它也可能会带来许多交叉问题，因为来自不同文化背景的调研人员不得不持续地彼此接触。

分析单位①

在初次调研完成之后，企业会有深入了解要进入的市场的想法。所以，该企业应该进行市场细分以更好地理解市场动态。但是，要确定开展调研的地理边界却变得极度复杂。例如，北美国家（美国、加拿大、墨西哥）之间不断模糊的边界以及北美自由贸易协定的建立，已经有效地将这三个国家整合为单个市场。在这种情况下，该市场大约 4.4 亿的人口每年会消费价值将近 16 万亿美元的商品与服务。虽然这种区域贸易共同体的建立有助于同一区域不同文化的共存，但它也让调研人员难以确定分析单位。

在某些情况下，企业必须在同一国家的特定区域之内开展调研。以比利时为例，该国大致可划分为南北两半，弗拉芒在北部而瓦隆在南部。②弗拉芒人使用人造黄油，而瓦隆人则使用动物黄油。美国食品零售商需要理解这种日常产品使用方面的区别。这种因地制宜的产品使用特征要求企业需要基于不同区域开展市场调研。调研人员在作出营销计划之前应该比较不同区域内目标人口的生活方式。这些目标人口可以基于年龄、性别、区域或其他人口统计变量进行划分。专栏 4.2 强调了美国国内的人口统计变化及其在营销调研中的重要性。

---

① James A. Lee, "Cultural Analysis in Overseas Operations", *Harvard Business Review*, March—April 1966:106—111.

② Ira Sager, "The Stealth Computer—Annual Design Awards", *Business Week*, June 2, 1997:103.

专栏 4.2

养家糊口的妈妈们[①]

　　皮尤研究中心的调查发现,美国 40% 的有孩子的家庭中在职妈妈们如今已创纪录地成为养家糊口的主力,而这个数据在 1960 年只有 11%。该报告还发现,不但大多数这些家庭都是由单亲妈妈们掌管,那些已婚妈妈收入比丈夫们要高的家庭数量也在不断增加。

　　专家认为这种结构性变化出现的原因主要有三个。第一,劳动力中妇女的受教育比率以及参与劳动比率有了极大提升。据报道,妇女在美国劳动力中所占的比例接近 47%。第二,经济衰退和失业,尤其是之前由男性劳动力主导的制造和建筑等行业,提高了已婚妇女的相对收入。甚至教师、护士或管理人员等中层职位的薪水也在进一步提升。最后,结婚率的降低以及婚姻之外婴儿出生率的提高也导致单亲妈妈家庭的增加。

　　这些发现强调了妇女在美国社会中的角色变化。此外,养家妈妈的增加对家庭结构和家庭动态也有着重要意义。因此,营销人员应该监控这些变化,并将它们纳入产品开发与定位之中,以便让其产品与服务更有意义和价值。

　　不同国家的消费者之间存在极大差距。欧洲各个国家在酒类消费的情况上也有区别。[②]例如,捷克共和国每年的啤酒消费量最高,达到了人均 81.9 公升;而挪威则最低,仅有 40.3 公升。类似地,在葡萄酒消费方式方面,葡萄牙的年人均消费量最高,达到了年人均 33.1 公升;而芬兰最低,年人均消费量为 9.9 公升。[③]在口味和偏好上,法国人喜欢葡萄酒,德国人偏爱啤酒,而西班牙人青睐餐前酒。在英国,波尔图葡萄酒常在饭后饮用;而在葡萄牙却是在饭前。在开展营销调研时必须考

---

　　① Adapted from Hope Yen, "Mothers Now Top Earners in 4 in 10 US Households", *Columbus Dispatch*, May 29, 2013.

　　② Jim Williams, "Constant Questions or Constant Meanings Assessing Intercultural Motivations in Alcoholic Drinks", *Marketing and Research Today*, August 1991.

　　③ The Economist, *Pocket World in Figures*, London: Profile Books, 2009.

虑这些消费方式上的差别。在这种情况下,企业需要将国家作为分析单位开展调研。

在某些情况下,企业却必须瞄准所有国家的某些特定人群。例如,中国妇女的发型不同于非洲妇女。根据观察可知,在使用方式上英国中产阶层妇女相比西班牙妇女而言会经常洗发,而日本妇女则因为担心损失保护油而避免过度洗发。[1]因此,生产护发产品的企业应该瞄准这些国家的女性来开展调研,以了解这些市场的不同需要。

信息需要也受到企业性质的影响,贸易行业或原材料/冶金行业的企业很少求助于商业研究供应商。制造业对全球营销调研的使用程度最高,且在过去几年中服务业企业对调研的需求也有了显著增长。例如,批发贸易中某些行业的国际化最近已引发对零售、运输和物流研究的更多兴趣。

从研究供应商的视角来看,营销企业并不能代表与研究活动相关的整个目标群体。在过去 10 年内,各种形式的社会研究的重要性也有了提升,但是由于显而易见的原因,在给政府或它们的机构开展研究时,这些研究主要局限于国境之内。但是,信息的搜寻日渐以多国的方式开展,从而为信息的比较提供了标准。

许多企业抵制全球市场,因为全球化相关的问题似乎难以克服。大多数企业似乎并不知道,它们的国际销售人员以及分销商的销售人员在克服文化障碍与营销障碍方面极具价值。1965 年,韦斯特认为,"利用销售人员搜集信息会比利用他们开展促销更为重要"。[2]专栏 4.3 总结了营销调研的信息要求。根据相关观察,销售人员可作为市场问题的信息来源。[3]许多跨国企业依赖通过雇佣外部咨询人员获取的二手信息。除了上述问题之外,其他问题还包括语言障碍,缺乏与外国数据搜集机构的接触,缺乏对政府机构的了解,以及在当地市场获得应变能力。

---

[1]　Aradhna Krishna and Rohini Ahluwalia, "Language Choice in Advertising to Bilinguals: Asymmetric Effects for Multinationals Versus Locals Firms", *Journal of Consumer Research* 35, 2008: 692—705.

[2]　Frederick E. Webster, Jr., "The Industrial Salesman as a Source of Market Information", *Business Horizons*, 1965, 8(1):77—82.

[3]　C.Mellow, "The Best Source of Competitor Intelligence", *Sales and Marketing Management*, 141, December, 1989:24—29.

专栏 4.3

营销调研的信息需求①

祁科、坦纳和史密斯所实施的研究探讨了企业的信息需求和在国际环境运营中所使用的信息来源。该研究是基于以下几个假设:

● 由于海外运营涉及额外的政治与经济风险,相比国内营销而言准确且及时的营销信息更为重要。

● 在美国经营的国际企业的不可靠性风险以及所涉及的成本让企业想要找到合适的替代物。

● 在许多情况下,销售人员是企业与顾客之间的唯一联系。所以,任何公司的销售队伍拥有获取宝贵的顾客信息的专有途径。

该研究想要探讨在营销周期的每个阶段企业所需搜集的信息类别,这些信息该如何向营销部门传播,是否要向销售人员提供调研结果,如果需要的话该以何种形式进行提供。此外,也要对中心化和正式化的问题进行讨论。接下来将详细解释方法论。

样本

基于以下标准来选择样本企业:①根据标准普尔的《企业经营指南》,选择销售收入超过 200 万美元的企业;②企业所属行业涉及人员推销;③企业在国际事业部列出了高管姓名。研究人员根据最后一个标准能够联系到企业的高管并向他们提问,以确保较高的回答成功率。为了避免偏差,每个行业最多只能选择两家企业。例如行业要包括:办公用品、药品、化妆品、家居护理产品、计算机系统、原材料、航空旅行、食品、保险等。样本必须是在美国创立的企业。外国企业,即使是总部位于美国或者在美国开展业务,都被排除在外。在 26 个抽样

---

① 改编自 Lawrence B. Chonko, John F. Tanner Jr. and Ellen Reid Smith, Winter 1991. "Selling and Sales Management in Action: The Sales Force Role in International Marketing Research and Marketing Information Systems", *Journal of Personal Selling & Sales Management*, XI (1).

企业中,23 个能够接受访谈的企业为有效样本。研究人员还对每个高管进行了甄别,以检测他们对企业的国际营销实践的相关知识。

测量

虽然人员访谈拥有更高的成功率,但本研究还是使用了电话深度访谈来搜集数据。访谈使用 10 个开放性问句,其中 4 个开放性问题每个都有 3 个部分。该访谈搜集了 6 类信息:

(1) 产品生命周期的每个阶段所要搜集的信息类型
(2) 搜集和使用信息过程中的问题
(3) 搜集和传达信息的系统
(4) 信息搜集过程中外派员工所起的作用
(5) 国际销售人员搜集信息中使用的决策类型
(6) 搜集信息过程中国际和本土销售人员所搜集的信息差异

结果

所使用的三种决策包括:销售预测、产品设计和企业/产品形象。所调查的 71% 的企业都使用了销售人员信息进行销售预测。只有 35% 的企业将调研信息用于产品设计,46% 的企业用于产品形象设计。

搜集和使用国际市场数据过程中的问题

三分之一的受访者报告了环境问题,40% 的受访者报告了销售人员问题。许多受访者认为数据的过于宽泛或本土化而没有价值时,这些数据就可能不太准确。这些问题出现的原因可能在于环境限制或销售人员的问题。

信息的搜集与传播

企业使用了书面问卷(32% 的样本)、非正式电话交谈(25% 的样本)以及持续沟通(26% 为书面、电话和面对面沟通)。定期报告提及次数最高(30%),但只有一家企业使用月度通讯。研究发现的展示内容包括数据汇总(30%)以及指导原则与建议(30%)。

本研究假设高管们知道向销售人员传达研究发现的最佳方式,但却不能实施他们的系统。研究向受访者询问了他们认为的最佳的沟通研究结果的方式。受访者认为,向营销部门传达数据的频率有助于企业成功。每日或每周的沟通(电话和电传)会带来更为及时的信息和理解。有些企业认为它们自身的信息系统良好,原因在于:

- 销售人员和营销人员之间的沟通很开放
- 销售人员和营销人员之间定期会晤
- 信息交换持续不断
- 系统具有弹性能够满足变化的市场
- 销售人员能自主做出独立的决策
- 企业的信息系统属于最优当中的一个
- 企业在信息系统方面很擅长
- 销售人员是企业与消费者接触的唯一途径

成长阶段

企业使用销售人员来搜集竞争信息和其他新型市场需求方面的信息。两家企业认为成长阶段是使用销售人员获得信息最为重要的阶段。第一家企业搜集了产品进入市场后服务需要和满意度方面的信息。第二家企业聚焦于顾客对其企业的产品以及竞争对手的产品的喜欢与不喜欢的状况。在成长阶段销售人员搜集的主要市场数据包括:

- 竞争者信息
- 新的市场要求
- 顾客调查
- 产品质量和特性
- 企业与终端消费者之间的关系
- 盈利率最高的区域
- 企业是否需要扩张
- 根据市场容量还是启动成本确定增长规模

● 通过分销商调查测量顾客满意指数

成熟阶段

很少有企业认为自己已经成熟。有一家企业认为,由于企业投入的巨大资本,在此阶段使用销售人员是至关重要的。另一家企业认为销售人员所搜集的数据可以成为竞争的早期预警系统(early warning system)。在成熟阶段销售人员搜集的主要市场信息包括:

● 竞争信息
● 产品使用习惯的政府数据
● 使用该产品的企业类别
● 改进的分销方式
● 顾客对产品变革的愿望
● 新的顾客需要
● 能有什么样的新产品会替代成熟产品
● 产品的劣势

国际与国内的差异

当被要求详细描述国际销售人员和本土内销售人员的常见区别时,受访者认为在国外市场所发现的信息差异包括:

● 没有太多信息可供获取。
● 信息相对难以获取。
● 信息没有那么可靠,因此需要较为耗时的交叉检查。
● 由于国外市场存在许多复杂性且竞争增加,因此需要更多类别的信息。
● 国际销售更依赖关系,因此需要监控的区域更多,且需要信息的销售代表也更多。
● 在美国的主要战略是模仿,但是在国际市场上日益增加的竞争要求更多市场信息和市场调查以制定更具进取性的市场战略。

其他受访者则认为二者的差异在于销售人员。

使用美国的外派员工

有 8 个受访者所在企业没有使用外派员工,10 个受访者所在企业既使用了外派员工又使用了外国销售人员。使用外派员工并不普遍。数据显示许多做法都在使用中。

结论和启示

对美国出口市场调查的研究显示,企业常常存在信息过量的问题,且信息常常相互矛盾。[1]本研究则表明,跨国企业经常将国际销售人员作为信息来源用于搜集营销情报和调查数据。有人认为更多跨国企业应该使用自己的销售人员来搜集产品设计信息。

总体来说,销售人员在市场进入阶段比在国内营销周期中起着更为显著的作用,因为此时销售人员较为靠近市场——这是身处国外市场之外的营销人员不能轻易获得的状况。跨国企业更为依赖国际销售人员而不是国内销售人员获取市场数据,其主要原因包括:

● 外国发布的数据常常不太可靠,需要搜集原始信息进行交叉检查。

● 美国管理人员不够理解外国顾客或外国销售方式,因而难以制定有效明智的市场战略决策。

● 许多国家的国际销售更为依赖关系,因此需要监控更多的信息领域,营销和销售过程中更多人员需要信息。

● 在波动的市场中,对市场的紧密监控只能通过利用销售人员得以实现,因为等待市场信息发布后,信息可能会过时。

● 外国营销中复杂度和日益激烈的竞争导致企业需要更多信息来制定成功的营销战略。

● 绝大多数情况下,国内战略可以复制,但国际市场上竞争的增加则要求获取更多信息,并需要销售人员开展营销调研来设计积极的(aggressive)营销战略。

在最后的分析中,跨国企业认为来自国际销售人员的常规投入是需要的,企业可以从国际销售人员和营销人员之间的紧密合作中获得益处。

---

[1] Cavusgil S. Tamer, "Guidelines for Export Market Research", *Business Horizons*, 1985, 28(6):27—33.

全球营销调研实践

接下来,我们将查看 Tasty Burgers 公司的市场导向、战略导向和问题导向。

如本章所说,在考虑市场导向时,企业需要注意一些特征。首先企业要注意的细节是市场规模以及市场竞争者的数量。许多美国快餐连锁品牌,如麦当劳和必胜客已经在许多国际市场建立了企业。调研人员应首先查看这些企业的与绩效相关的信息以及它们的利润数据。作为一个市场跟随者而非先行者的优势在于,企业有机会从其他竞争者的错误中总结经验教训。

Tasty Burgers 也应该关注为快餐连锁运营提供必备原料的其他相关行业。因为食品通常容易腐烂,它们必须找到经销快餐原材料的可靠来源。Tasty Burgers 不得不寻找托盘、碟子、刀具、容器和袋子等物品的供应商。但是,这些物品可在企业需要的时候从遥远的地方运送过来。

另一件重要的事是在所有这些国家找到合适的经营快餐的地点。这些快餐店必须位于许多人口经常光顾的地点,且房地产价格不应该消耗掉可获利润。企业也应该考虑进行产品改良以及为了占有合理市场份额所需的定价。

企业还需要确定它们认为能让自身获利的市场进入方式。如本章所说,进入国际市场的可行方式主要有四种:出口、许可证/特许经营、合资企业、部分所有的子公司或全资子公司。快餐行业过去一直致力于建立特许经营店。但是,Tasty Burgers 应该考察它们所选进入国家各自的法律、政治和文化状况。Tasty Burgers 需要找到愿意遵守其在美国所设立的道德与伦理标准的合作伙伴。

Tasty Burgers 必须开展调研,回答与确定产品价格和定位相关的一些战略问题。首先,它们需要考察当前的产品形式是否能被接受,还是应该针对每个国外市场对产品作出一些改良。Tasty Burgers 要考虑当地的饮食习惯及宗教态度。之后,调查人员需要确定消费者愿意为产品支付的价格。在此问题上,现有的快餐连锁能用作参考依据。Tasty Burgers 还需调查广告媒体,并确定应该采用的最为划算的引入和促销方式。

根据调研结果,Tasty Burgers 应该确定它们想在这些国家使用洒水器战略还是瀑布战略。两种战略各有优劣。如果采用瀑布战略,则企业会分阶段地推出投资。Tasty Burgers 能从某个城市上所犯的错误中进行学习,并避免在其他所有城市再犯相同的错误。但是,若采用这种战略,竞争对手可以在具备很高获利可能性的新城市开设经销店,从而击败 Tasty Burgers。若采用洒水器战略,Tasty Burgers 可以确保其先发优势,但最后可能会在所有城市犯代价极高的类似错误,让企业的损失加倍。

下一阶段就是 Tasty Burgers 的问题导向了。公司的态度会在很大程度上对此起决定性作用。Tasty Burgers 可以用美国快餐店的相同方式在这些国外市场设立快餐店,即民族中心方式。企业可以决定在这些国家定制独特的产品与管理战略,即多中心方式。Tasty Burgers 也可以决定以具体问题具体分析的方式达成此事,并作出一些完全必要的改变,即全球中心方式。然而,如营销调研所展示的那样,Tasty Burgers 的成功有赖于自身在每个国家调整产品以满足消费者偏好的能力。

可能对 Tasty Burgers 的成功造成损害的因素之一在于自我参照标准。为此,管理层开展工作时不能抱有以下假设:使 Tasty Burgers 在美国得以成功的因素将帮助企业在国际市场实现目标。

本章小结

本章探讨了全球营销调研过程的第一阶段,它包括以下三个内容:识别企业需要、界定问题,并确定分析单位。企业需要为在国际市场开展业务而建立信息需求。一旦信息需求得以确定,就能勾画出调研内容,用准确的术语界定研究问题,并制定像自我参考标准一样的允许偏差。之后,企业需要选定分析单位,分析单位可以是一个国家、一个区域,或是全球。企业需要确定市场的进入方式。企业可以在国际市场上选择四种方式开展业务:出口、许可证、合资企业、全资子公司。另一个和国际市场的相关问题是企业要决定在同一时间是选择多个市场,还是采取较为审慎的方式并依次进入单个市场。可以使用营销调研确定最佳的备选决策。一旦企业作出了进入市场的决策,它将不得不为了在当地市场进行渗透而确定在这些国家需要作出的定制化程度。当在国外作出战略决策时,调研人员需要牢记自我参照标准的偏差——即以自身的本土文化来界定外国文化的问题。本章探讨了避免自我参照标准的具体方式。

思考题

1. Nuturama 是一家美国的健康快餐连锁,它认为欧洲国家可以成为其产品的海外市场。请解释在该市场选择过程中所涉及的步骤。

2. 假定市场选择的调研表明,瑞士是启动欧洲市场业务的最佳市场。Nuturama 能采取的最佳进入方式是什么? 请列出确定进入方式过程中的所有假设。

3. 在产品生命周期的以下各个阶段,Nuturama 在瑞士的信息需求是什么:

a. 进入阶段

b. 成长阶段

c. 成熟阶段

4. 在为全球营销调研获取信息时,调研人员面临的各种挑战是什么?

5

二手数据调研

本章概述

　　企业管理者通常清楚地知道他们需要实施调研来增进对当前问题的理解。但是,调研应该从何处着手呢? 通过实施调查所获得的数据可能无法检验所有假设,回答所有问题。所以,调研人员通常以二手数据的使用作为研究起点来深入考察问题本身。二手数据是出于其他研究目的,而非为解决当前研究问题所搜集的可用数据。二手数据的优点是获取成本低且容易,此外,二手数据还为研究人员提供了研究方向,所以研究人员通常在原始数据调研之前先做一些二手数据调研工作。通过二手数据的获得与分析,研究人员可以清楚认识手头所拥有的信息与所需信息之间的缺口,从而明确如何通过原始数据的调研来获得所需信息。诚然,管理人员搜集消费者的信息并验证一些事情是一件愉悦的事情,但如果研究人员手头上或可能获得很多由他人搜集的可用信息,显然,对这些信息的使用可以节省大量的成本与时间。大量的二手数据可能会让人们无所适从,但是,详尽地搜寻研究领域的二手数据信息,并将这些数据用于相关的研究之中,是调研人员的一项工作。

二手数据的来源

二手数据来源于企业的内部记录,也可以来自外部的信息供应者。企业的内部记录是二手数据获取成本最低和相关程度最高的数据。企业外部的信息包括政府出版物、行业杂志、期刊、报纸、书籍、年度报告、库存审计、消费者固定样本购买行为数据,等等。通常的调研都是从最容易获得、成本最低的信息来源着手。图5.1提供了二手数据来源的分类。

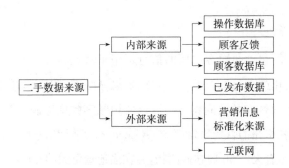

图 5.1　二手数据来源的分类①

内部数据资源

正如前面所说,内部数据资源是指能够在组织内部获取的信息。内部数据资源的优点是:①获取容易;②可持续使用;③相关程度高。内部数据资源大致分为三类:运营数据库、顾客反馈和顾客数据库。

运营数据库

运营数据库的数据通常来自企业的会计、营销和运营部门,并整理企业和顾客层面的数据。随着信息技术和供应链管理的进步,顾客与供应商的联系更为紧密,使提供给管理的销售信息在及时性与深度性方面得到了改进。例如,沃尔玛和宝洁都对各自的供应链系统进行了整合,从而能够跟踪、测量并分析产品品类业绩,

---

① 参考 Aaker et al., *Marketing Research*,11th edition。

找出提升销售的新策略。运营数据库有助于即时获取与运营、销售和顾客相关的数据。

顾客反馈

顾客反馈信息可以使企业倾听顾客的声音,并设计出与顾客需要精准匹配的产品或服务。要实现满足顾客需要的目标,企业就需要跟踪产品退货、服务记录、顾客往来通信、顾客建议以及投诉信件等相关信息。这种顾客反馈的数据提供了与顾客满意水平和产品认知程度等方面的大量信息。

顾客数据库

顾客数据库所包含的顾客层面的信息可用于对顾客进行分类和分析,从而变成对企业经营有用的信息。企业拥有与维护忠诚顾客及其交易的记录,企业使用这些数据可以发现顾客的共同特点。可以使用顾客数据库制定并实施奖励计划。例如,美国康涅狄格州的百货零售商 Stew Leonard's 估计出它的平均顾客每周花费约 100 美元,每年有大约 50 周在此购物,并在当地逗留大约 10 年。因此,根据这些顾客信息,Stew Leonard's 预期每年能从每个顾客身上获得大约 50 000 美元的收入。[①]该数据也能用来弄清顾客的产品偏好和支付方式等状况。营销管理人员如今正广泛地使用顾客数据库制定关系营销战略。

外部数据资源

来自企业外部的信息称为外部数据资源。外部信息资源大致分为以下几类:公开发布的数据、标准化营销信息和互联网信息。

公开发布的数据

公开发布数据是目前为止最为流行的次级信息资源。分开发布的数据获得容易,而且能用于回答调研问题。但是,调研人员也会面临挑战,如由于手头上的次

---

① N.Hill and J.Alexander, *Handbook of Customer Satisfaction and Loyalty Measurement*, 2nd edition, Hampshire: Gower Publishing Company, 2000.

级信息的变化口径、数据序列、数据质量等的不同,使研究人员所需信息与手头上的二手数据资源难以匹配。因此,调研人员必须采取一些具有弹性的研究流程,并遵守一些评价数据质量的准则,从而避免忽略任何重要的数据资源。公开发布的数据资源主要有各种政府公开信息(联邦、州、省和当地)、期刊和杂志,以及来自基金会、出版商、商业协会、联合会和企业等私人群体公开提供的报告。所有这些数据资源中,对营销调研人员最有价值的数据是政府和普查信息以及各种注册记录。人口普查报告通常包括出生、死亡、所得税申报单、失业记录、出口申报单、汽车登记和财产税记录等信息。

发达国家的政府通常提供了大量免费的或者象征性收费的可用数据。最为全面的信息来资源之一是美国商务部开发与维护的国家贸易数据库。获得政府公开发布数据的最佳方式是首先查阅美国的年度统计摘要。美国年度统计摘要包含了丰富的信息:人口总数及增长趋势、人口预测、GDP、GNP 以及许多其他有用信息。统计摘要数据资源的指标解释为营销人员提供了更为详细的信息。贸易信息中心的信息来自 19 个联邦机构,提供一站式信息服务。国际贸易中心拥有一些专家,营销人员可以通过免费服务电话 1-800-USA-TRADE 向他们申请帮助,这些专家会向营销人员如何获得如何政府信息提供帮助与建议。

许多其他国家也提供了贸易数据。如果这些信息是用当地语言发布的,大使馆和领事馆能提供翻译。华盛顿特区的外国使馆能够提供许多有用信息。一些国际杂志也想要将业务扩展到国际市场,从而将其他国家的消费者作为目标读者。联合国发布的《统计年鉴》包括了各种产品的贸易数据以及各国进出口的信息,也提供了各国人口统计方面的信息。世界银行的世界地图提供了人口、增长趋势及GDP 的信息。世界银行发布的世界发展报告总结了各国的平均预期寿命和入学人数等指标的相关信息。经济合作与发展组织也会发布其各个成员国的季度和年度贸易数据。国际货币基金组织和世界银行也会偶尔发表员工所写的深度讨论区域或国家相关问题的论文。

标准化营销信息资源

标准化营销信息资源是指营销调研的常用信息。比较流行的标准化营销信息有零售研究报告、固定样本组消费者购买数据、汇编、名录、尼尔森电视收视指数、国家指南、咨询研究报告、营销数据库等。由于技术的发展,营销人员获取标准化数据资源越来越容易。近期计算机科技的进步已经为已发布数据的编目、储存与获取提供了更为有效的方式。通过计算机以电子方式提供信息的数据库的数量也飞速增长。据估计,超过 5 000 个在线数据库可让从事于商业、科学、法律、教育及社会科学等几乎所有领域的研究人员和分析人员使用。常用的一些数据库包括 ESOMAR、《经济学家》、邓白氏咨询、世界银行数据、国际货币基金组织数据、标准普尔数据库、数据星(data-star)等。除了在线版的数据库之外,也可以将信息下载和存放于只读光盘(CD-ROM)上。这种方式使数据便携成为可能。

互联网

互联网为传统营销调研从信息传递的角度提供了重要工具。由于点击鼠标就能获得大量相关信息,如今的决策制定与以往大不相同。与此同时,全世界互联网用户的数量一直持续增长。其结果创造了巨大且不断扩大的在线资源网络,如在线消费者报告和承载丰富产品信息的论坛。本书第 6 章会深度探讨互联网及其在营销调研中的作用。

浏览互联网和相关信息的能力,对于支持国际贸易决策日渐重要,因为浏览能力可以帮助积累大量的相关数据。通过互联网所获取的电子数据库拥有大量的营销信息,这些信息包括产品开发最新消息,学术与商业出版物上的最新文章,以及更新后的国际贸易统计数据。也有一些画像分析(profile analysis)研究可用来帮助调研人员更好地分析与瞄准潜在顾客。例如,通常的看法是日本是一个同质化市场,因而营销的结果要么能够获得大量的消费者的回应,要么是消费者没有任何回应。对日本消费者的心理分析和市场细分则得出了不同结论。研究结果表明日本有 10 个细分市场,每个市场都有确切的目标市场,可以实施定制化的营销方案。[①]

面对如此丰富可用,成本低,容易获得的信息资源,调研人员获取信息的第一步常常是使用二手信息。调研人员将二手数据作为参考点,然后以逐一选择其他信息资源。但是,信息获得过程上最为关注的还是所需信息的相关性。

---

① Lewis C. Winters, "International Psychographics", *Marketing Research*, 1992, Vol. 4:48—49.

辛迪加数据资源

对于全球营销调研来讲,辛迪加数据是一种重要的外部数据资源。辛迪加数据通常由商业调研公司使用标准化流程搜集数据并进行汇编,它为与行业、产品及企业相关的众多主题研究提供了丰富信息。由于大多数辛迪加数据来自销售渠道,所以它能反映消费者的偏好与情感。此外,辛迪加数据也能基于企业的具体要求而提供定制化调研报告。提供辛迪加数据的调研企业通常使用以下三种方法编制数据:消费者固定样本组、零售审计以及扫描设备数据。在美国,许多调研企业如 AC 尼尔森和信息资源公司(Information Resources Inc.)都能够提供辛迪加数据服务。为了实现营销调研的目的,调研人员需要识别所研究国家的辛迪加数据资源。许多网页能提供各国的辛迪加数据资源的相关信息。

消费者固定样本组是由一些家庭所构成的样本,这些家庭同意分享家庭在一定时间内的具体信息,比较典型的信息是家庭产品购买信息,购买习惯信息和媒体消费习惯信息。调研公司从某城市招募一些家庭,通过结构化和标准化问卷来收集与分享这些家庭与购买行为相关的信息。数据记录家庭在某个时间段所发生的购买行为,通常消费者要每周或每月汇报一次购买行为的信息。调研企业用这种方式搜集大量数据之后,可以根据客户的需要对数据进行剪裁,提供个性化与定制化的服务,以满足客户的调研需要。

许多公司都能提供固定样本组数据,如 AC 尼尔森、美国信息资源公司、特恩斯市场研究公司、思纬消费者固定样本组。[①]提供在线固定样本组的调研公司则包括抽样调查国际公司(SSI)、抽样调查国际公司欧洲分公司、欧洲 Bloomerce Access Panels、哈里斯互动调查公司、E-Rewards.com、Opinion Outpost。这些调研公司的数据资源在业内有很好的信誉,它们的数据资源对所有调研人员都非常有益。例如,SSI 从事创建和管理全球在线固定样本组业务已有 15 年的历史。使用固定样本组来测量与跟踪消费者的态度与行为已变得非常容易。[②]另外,SSI 提供了许多专

---

① "Marketing Power AMA Resource", http://www.marketingpower.com/Community/ARC/Pages/Research/SecondaryData/PanelData.aspx 于 2013 年 6 月 2 日访问。

② SSI Global Panel Book, http://www.surveysampling.com/ssi-media/Corporate/Fact-Sheets-2013/Global-Panel-Book-2013.image 于 2013 年 6 月 2 日访问。

业的固定样本组,如 SSI 汽车消费者固定样本组、SSI 婴儿母亲固定样本组、SSI 健康与病患固定样本组、SSI 移动固定样本组,这些固定样本组让企业能够有效地与它们的目标市场建立联系。专栏 5.1 描述了欧洲的消费者概况,专栏 5.2 则涉及了英国的具体消费者类别。

专栏 5.1

地理人口统计概况描述:MOSAIC 和 EuroMOSAIC[①]

营销人员可以采用下列方式对消费者进行分类:基于消费者的年龄和收入等人口统计信息;根据消费者的价值观和态度(心理统计因素);基于消费者的行为(行为统计)。可以根据消费者的地理人口统计,如人们所居住的街区对消费者进行分组。分类的逻辑是在一系列人口统计指标上类似的街区将在大多数产品、品牌、服务和媒体方面具有类似的特征。

这种分类方法具有许多优点。营销调研人员通过已经得到消费者分群特征,使其调查能够更有代表性和更大的覆盖率。这种消费者分群能用于许多产品和各种活动,具有很好的灵活性。速度也是消费者分群的另一优点。清晰的细分市场将让营销调研人员开展调查以及其他研究变得更为容易。同样,也使调研人员对具有相同特征的细分市场不必要重复相同的调研,反而可以在已有的研究基础上轻易地推断各个相似细分市场的市场潜力。

西欧多国、北美和澳大利亚都有地理人口统计分类。街区集群的规模有较大差异,如最小的街区集群是英国的 15 个家庭所构成的街区,而最大的则是瑞典的 800 个家庭所构成的街区。特定的细分市场可能来自人口普查、信用评分机构、选民名册、邮购购买、汽车登记以及许多其他数据资源的统计数据。例如,在英国有 80 个不同的测量指标用来界定被组织成 12 个集群的 52 个截然不同的 MOSAIC 类别。基于邮政编码,每个家庭被分配到一个 1 到 52 之间的 MOSAIC 编码。专栏 5.2 列出了英国人口的 MOSAIC 分布。消费者概况是一种非常强大的工具,且能够以如下所列的多种方式进行构建。

---

① Margaret Crimp and Len Tiu Wright, *The Marketing Research Process*, 4th edition, Harlow: Prentice Hall, 1995.经 Pearson Education Ltd.许可使用。

● 通过对照普通英国人,概述完整的顾客文档,确定大多数消费者可能归入哪些类别的 MOSAIC 类型。

● 通过对照消费者来源群体概述顾客文档,确定相比于顾客所居住的区域有哪些 MOSAIC 类型代表人数不足和代表人数过多。

● 通过对照所有顾客概述某个细分人群的顾客文档,确定哪些 MOSAIC 类型购买一系列所售产品中的具体产品。

● 概述开支和销售的平均水平,确定哪些 MOSAIC 类型能成为最具盈利性的顾客。

单个欧洲市场的出现意味着许多企业正将欧洲作为一个整体市场推出营销战略。因此,概况描述系统必须扩展到包括整个欧洲。EuroMOSAIC 是一个基于 3.1 亿人口所居住的街区将这些人口进行分类的系统。全球营销调研人员使用该概况描述来界定他们的人口与目标细分市场。EuroMOSAIC 识别了 10 种不同的生活方式类别,这些类别在所有国家之间保持一致,且来自 300 多个描述各个欧洲国家消费者的不同 MOSAIC 细分人群。

专栏 5.2

MOSAIC 的英国人群[①]

人群	描述	占总人口的百分比	占总家庭的百分比	类别	描　　述	占总人口的百分比	占总家庭的百分比
A	阿尔法领土	4.28	3.54	A01	全球权力经纪人	0.32	0.3
				A02	权威发声者	1.45	1.18
				A03	商务人士	1.83	1.5
				A04	大款	0.68	0.56

[①] "Mosaic United Kingdom—A Report by Experian", 2009, http://www.experian.co.uk/assets/businessstrategies/brochures/Mosaic_UK_2009_brochure.pdf 于 2013 年 6 月 2 日访问。

（续表）

人群	描述	占总人口的百分比	占总家庭的百分比	类别	描　述	占总人口的百分比	占总家庭的百分比
B	职业回报	9.54	8.23	B05	事业中期爬坡者	2.9	2.3
				B06	昔日船长	1.8	1.84
				B07	杰出成功者	0.48	0.48
				B08	市郊村民	1.81	1.29
				B09	远离乡村	1.41	1.31
				B10	教区守护者	1.14	1.0
C	乡村独居	4.84	4.4	C11	本地乡绅	1.01	0.85
				C12	乡恋老者	1.32	1.31
				C13	现代农民	1.61	1.36
				C14	当代农民	0.53	0.53
				C15	山区奋斗者	0.36	0.34
D	小镇缤纷	9.21	8.75	D16	小巷单身者	1.21	1.17
				D17	万事通	2.6	1.99
				D18	勤奋者	2.87	2.63
				D19	天生保守者	2.53	2.96
E	有趣的退休生活	—	—	E20	拥有安逸生活的退休者	0.52	0.67
				E21	宁静生活者	1.42	1.79
				E22	海滩拾荒者	0.57	0.6
				E23	阳台俭省者	0.9	1.29
F	城郊心态	13.16	11.18	F24	花园城郊居民	2.82	2.14
				F25	奋争者	2.31	2.63
				F26	中端家庭	3.75	2.7
				F27	劳动致富	2.82	2.73
				F28	亚洲成功者	1.45	0.98
G	事业和孩子	5.34	5.78	G29	自由职业者	1.11	1.67
				G30	运动父母	1.34	1.34
				G31	家庭闲适	1.24	1.09
				G32	儿童看护年代	1.46	1.52
				G33	军人家属	0.19	0.17
H	新型家庭主妇	3.99	5.91	H34	以租养房者	1.08	1.79
				H35	废弃用地开发者	1.13	1.38
				H36	脚踏实地者	1.48	2.37
				H37	先行者	0.3	0.37

（续表）

人群	描述	占总人口的百分比	占总家庭的百分比	类别	描述	占总人口的百分比	占总家庭的百分比
I	救济房转为私人房的社区	10.6	8.67	I38	稳定老房客	2.08	2.06
				I39	购买选择权	1.9	1.72
				I40	劳工遗产	3.46	2.68
				I41	焦虑的借款人	3.15	2.2
J	失业救济者文化	4.52	5.16	J42	疲惫工人	1.82	2.3
				J43	街头浪子	0.9	1.05
				J44	危难中的新父母	1.8	1.8
K	高楼层生活	4.3	5.18	K45	小区单身者	1.26	1.77
				K46	租客	0.62	0.8
				K47	无政见者	0.36	0.5
				K48	多元文化者	1.09	1.11
				K49	重新安置的移民	0.97	0.99
L	老年人需求	4.04	5.96	L50	养老金领取者	0.89	1.31
				L51	福利院老人	0.67	1.12
				L52	需要送餐上门的老人	0.51	0.86
				L53	低支出的老人	1.98	2.68
M	工业遗产	7.39	7.4	M54	打卡下班	2.18	2.25
				M55	后院重建	2.4	2.06
				M56	低工薪阶层	2.81	2.06
N	排屋式熔炉	6.54	7.02	N57	连排式房屋	2.5	1.97
				N58	亚洲身份	1.06	0.88
				N59	低调的起步者	1.6	2.72
				N60	全球融合	1.38	1.44
O	自由派观点	8.84	8.48	O61	欢乐的房主	1.74	1.68
				O62	缓冲垫专家	1.41	1.09
				O63	都市酷族	1.25	1.1
				O64	出色的青年人	1.36	1.52
				O65	反物质享乐主义者	1.12	1.03
				O66	大学边缘	1.1	0.93
				O67	学习伙伴	0.87	1.14

零售调研审计是由调研企业所搜集的审计数据,调研企业的审计人员在固定的间隔时间内访问一系列抽样商店盘点存货,并记录运送的货物来估算零售销售额。零售调研审计的数据可以用来进行预测,即估算全国和区域内的总销售额、存货总值等,并将这审计结果在具体的时间段(通常每6—8周)汇报给客户。在每次访问商店时,调研人员也可以搜集诸如上市价格、展示空间、特殊展示以及店内促销活动等可观察到的信息。

扫描数据是指与零售购买过程相关的一些数据,这些数据包括产品、价格以及其他任何店内促销数据的信息。扫描数据主要用来研究当营销组合的各种要素发生变化时,消费者行为是否发生变化。扫描数据用于研究并预测某个新产品的销售情况。甚至连零售商都在使用扫描数据操作实验,以为零售商的定价选择和最优价格确定提供建议,从而使利润最大化。像零售领域的排头兵,沃尔玛和西夫韦等零售商就是对扫描仪所提供的数据进行分析,将其分析结果应用于零售战略。例如,西夫韦使用扫描仪数据对店内产品的不同的摆放方式进行测试。例如,有测试结果显示,箔纸包装的各种配料不应该摆放在一起,而应该根据它们商品归属放于店内各处(如意大利面的配料放在瓶装意大利面酱汁附近,肉汁配料放在罐装肉汁附近,等等)。

营销人员在确定进入国际舞台的具体地点、销售产品和销售方式时会体验到许多困惑。[1]企业在通过常规的营销调研解决这些问题之前,必须搜集并分析相关信息来支持基本的行动决策。实现该目标的关键在于有效利用二手数据调研。二手数据调研虽不能回答营销人员会碰到的所有具体问题,但是如果适当使用二手数据,就能以低成本的方式协助调研人员在调研过程进入下个步骤之前作出宏观决策。

电子销售点(EPOS)扫描

条形码、电脑化信息、射频识别(RFID)标签、二维码以及近期的移动支付等为零售研究带来了新的变化趋势。这些新的支付技术不仅能帮助零售商管理企业的

---

① Michael R.Czinkota, "Take a Short-Cut to Global Research", *Marketing News*, March 13, 1995:3.

销售和库存,还可以为企业提供可以使用的二手数据。在一些国家,如美国和加拿大,这些新的支付技术所产生的数据被广泛用于营销调研。如使用 EPOS 支付系统的数据,可以在消费者固定样本中追踪消费者的购买模式。在收银台结账时消费者需要出示电子卡,系统会自动记录此次销售情况。这些新的支付技术产生的数据能帮助调研人员研究具有不同人口统计特征的消费者群体的购买习惯,并了解他们品牌忠诚状况、品牌转换方式以及促销对销售的影响。

射频识别标签是在销售支付扫描仪(POS 机)上面的一个操作步骤。结账时,顾客只需要将他们装满货物的购物车推过一个射频识别扫描仪。不到一秒钟的时间,该扫描仪会扫描购物车内所有商品上的信息。事实上,购物者甚至在打包所购物品后仍能走过射频识别扫描仪,并将这些物品进行扫描,从而减少付账时间。虽然即时结账听起来像是每个购物者立即会青睐的技术优势,但货物上的射频识别标签却还未流行起来。这是因为标签部件的成本很高,且百货生产商的利润微薄。因此当超市行业率先采用了条码技术的时候,其他行业将会引领射频识别标签的使用。超市购物者可以确信的是,射频识别标签的成本将稳步降低并最终以财务上切实可行的方式计入产品价格之中。

销售支付装置上的另一个技术进步是由 IBM 所研发的购物伴侣。它装有扫描设备,能在购物者向购物车中添加商品、给商品装袋和走向结账台时对商品进行扫描,从而为他们节省时间。Stop & Shop 超市是于 2003 年试用该技术的第一家百货零售商。该零售商通过本店的卡片激活购物伴侣功能,且可以通过该卡片获取顾客的过往购物历史,帮助购物者们找到具体产品,并允许顾客在不排队等待的情况下预订熟食产品。

二维码技术的引入是销售支付技术方面的另一个重大进展。二维码系统最早由日本汽车行业所发明,之后由于它们相比标准条形码具有更快的识读性及更强的储存力而迅速扩展到其他行业。如今二维码正被用于各行各业及其各种应用之中,如物流、制造基地、库存管理、消费者广告、营销,等等。

在营销领域,改进后的二维码包含了如网页网址或某些基本产品信息的有用信息,因而确保了轻松且不费力地获取产品信息。储存这些信息的二维码可以出现在杂志、招牌、汽车、名片或用户可能需要相关信息的几乎任何物体上面。用户通过照相手机及其正确的电子识读器应用能扫描二维码图像,以展示文本和联系信息,与无线网络连接,或在手机浏览器上打开网页。comScore 公司最近的一项研究发现,美国有 1 400 万的手机用户(或 6.2％的总移动用户人群)在 2011 年 6 月通过他们的移动设备扫描了二维码。该研究也发现,在这个月期间扫描二维码的移动用户更可能是男性(60.5％的扫码用户人群),年龄介于 18 岁到 34 岁之间(53.4％),家庭收入在 10 万美元以上(36.1％)。此外,该研究还发现,用户最可能扫描那些在报纸或杂志以及在产品包装上发现的二维码,且最可能在家或在商店的时候进行扫描。①

基于移动终端的革命,已经开发并出现越来越多的移动支付方式。近期,Stop & Shop 超市发布了一款名为 Scan It! Mobile 的店内手持扫描枪,它能让顾客在购物时使用自己的移动设备扫描并打包所购百货。该扫描枪通过苹果手机 3GS 或 4G 上的某个应用进行操作,并让顾客在自己的移动设备上完成整个购物旅程。Stop & Shop 超市的这个移动手机应用是基于 2007 年最初发布 Scan It! 应用,该应用是购物伴侣的升级版且能为购物者提供更为小型的手持设备扫描商品并接收个性化的商品特价。②随着移动技术的不断发展,我们有理由相信更多类似的应用会进入市场。

二手数据的使用

调研人员使用二手数据可以完成许多工作,下面介绍一下二手数据的应用:③

需求估计

企业经常基于区域、细分市场或地区来确定营销资源。企业评估每个企业准备满足的顾客细分市场的潜力,然后对每个相关的顾客细分市场进行资源分配。例如,福特汽车正花费超过 10 亿美元来努力改善它的林肯品牌。为了实现该目标,福特管理人员已经意识到只是生产更好的汽车还远远不够,而能吸引年轻、高等教

---

① "14 Million Americans Scanned QR Codes on their Mobile Phones in June 2011", *comScore. Inc.*, August 12, 2011.

② "Ready, Set, Scan: Stop & Shop Launches Scan It! Mobile App", Stop & Shop Press Release, July 7, 2011.

③ Aaker et al., *Marketing Research*, 11th edition.

育、富有购买者的豪华汽车购买体验才是实现目标的关键。对于最初以 70 岁和 80 岁年龄段的顾客为主体的林肯品牌,福特正以年青的顾客细分市场为目标,并力图满足这些顾客偏好,这些顾客的特征是收入中位数为 14.3 万美元且受过大学教育。①

需求估计有两种方式。第一种方法是来自与该行业相关的整合销售数据。该方法被称为直接数据法(direct data method)。该方法所需的销售数据可以源自政府数据资源、行业调查报告或行业协会的数据资源。但是,只有在销售数据能按照企业的销售或运营地区进行分解时,才能使用这些数据有效地确定相对的市场潜力,因为此时可以直接比较每个地区的企业销售份额与行业销售份额。例如,根据高德纳研究公司(Gartner)的报告,2013 年第一季度全世界个人计算机出货量达到了 7 920 万台。在该出货量当中,惠普占了 1 170 万台,联想 1 170 万台,戴尔 840 万台,宏碁 680 万台。另外,相比 2012 年第一季度的出货数量,2013 年第一季度的表现下降了 11.2%。②

第二种方法称为推定数据法(corollary data method)。每个地区的行业销售数据的缺失可通过使用另一变量来进行弥补,该变量需要满足两个条件:一是每个销售地区或区域都能得到该变量的数据;二是该变量应与该产品的销售额高度相关。例如,儿童保育服务或婴儿食品的地区需求与前三年该地区的出生人口数量之间存在高度相关。因此,相关地区之内所有地理区域的出生人口份额可作为该地区之内相对市场潜力的良好代理变量。

概览竞争环境

二手数据有助于企业追踪市场上重要的市场开发和发展趋势。由于不断变化的市场动态,企业如果能够随态度、时尚、时髦、法律变化而改进营销策略,就会使企业大为受益。这就需要企业对报纸、大众杂志、行业杂志和期刊紧密追踪。例如,印度政府近期宣布,进入印度的全球零售商将禁止使用特许经营方式建立商店,这就意味着多品牌零售商(如乐购、家乐福、沃尔玛)所建立的前端商店将不得

---

① Craig Trudell, "Lincoln Tries Cheese to Lure Mercedes Buyers to Showrooms", *Bloomberg*, June 13, 2013.

② Venkatesh Ganesh, "How HP is Trying to Stay Relevant in Devices Space", *Business Line*, July 9, 2013.

不由企业拥有和运营。另外,外国零售商需要强制性地将其投资金额的 50％投资于专门用于零售连锁商店的后端基础设施。①对于像乐购、家乐福和沃尔玛这样在印度开展运营的企业而言,追踪这样的信息将帮助它们规划投资方式与当地物流。

市场细分和目标市场选择

市场细分战略允许企业通过将其产品或服务进行区分从而更好地应对市场竞争。企业可以基于价格、包装、促销、分销、服务等变量对产品进行细分。包括地理因素(如区域、城市和气候)、人口统计(如年龄、性别、收入、教育和职业)、心理因素(如需要、态度、感知和生活方式)、社会文化因素(如宗教、种族和文化)、使用情况(如私人的、消遣、礼物)、使用时间(如工作、休闲、白天和晚上)以及产品利益(如方便、经济和社会接受)等都可以作为市场细分的变量。

有效的市场细分需要企业将它们的顾客分为相对同质化的群体。在美国的背景下,《北美产业分类系统》(*North American Industry Classification System*)和《邓白氏市场标识符》(*Dun's Market Identifiers*)常被销售工业产品的企业用来进行市场细分。在印度,RK SWAMY BBDO 公司的《城市市场指南》使用大约 18 个变量来为超过 750 个城镇开发市场指标,这些城镇大多都拥有 5 万多人口且这些人口占到城镇人口的 77％。类似地,MICA 公司的《农村市场评级》使用 6 个变量为印度的459 个地区开发市场评级。企业能在这些数据的帮助下对市场进行恰当地细分。

开发商业智能系统

商业智能系统里包含了环境与竞争对手的数据。它构成了营销决策支持系统的重要部分。原始数据和二手数据都是商业智能系统的部分内容。高德纳研究公司的报告显示,全球商业智能、企业绩效管理、分析应用/绩效管理软件的收入在2012 年达到了 131 亿美元,比 2011 年小幅增长了 6.8％。调查报告的结果还明确了在 2012 年影响商业智能软件开销与增长的五个关键市场驱动力,分别为:①严峻

---

① "Govt Nixes Franchise Route for Multi-Brand Retail Stores; Clarifies Sourcing Norms", *Business Line*, June 6, 2013.

的宏观经济形势,以及在对分析进行定义时的混乱;②大数据和商业智能的介入;③商业智能的花费转移到信息技术之外;④数据挖掘技术已成为主流架构;⑤软件服务。①在这样的动态市场背景下,拥有先进的商业智能系统,追踪与市场相关的所有信息,是让企业在竞争中立于不败之地的重要举措。

二手数据的优点

·　在信息时代的今天,二手数据的最大优势在于其可及性与可得性。每个营销人员或调研人员都能轻易获取和找到大量的可用的二手数据,其中有些二手数据需要付费,有些数据则免费使用。此外,使用在线检索方法进行数据检索极其快速。二手数据为调研人员提供的其他益处在于节省成本与时间。搜集二手数据所涉及的过程相当简单。调研人员只需花费一些时间在图书馆里或通过网络搜寻相关的数据来源。即使这些数据需要从另一机构花钱购得,相比在外国搜集原始数据,其成本仍然要低得多。二手数据能在花费大量时间与金钱搜集原始数据之前就为调研人员提出警示,告知他们该项目不可实行或在财务上无法实施。

在某些情况下,二手数据可能是开展调研可获得的唯一资源。例如,想要通过搜集原始数据确定新型经济体对混合动力汽车的市场需求是很难实现的。相反,与此任务相关的二手数据则能为调研人员提供富有价值的帮助。同样地,与历史趋势和事件相关的数据也只能通过二手数据获得。此外,当需要与销售和利润数据相关的竞争信息时,诸如行业期刊和行业报告等二手数据资源将比竞争对手本身更适合获取这些数据。

二手数据的缺点

二手数据也确实存在一些缺点。②二手数据的最大缺点之一是所搜集的数据不

---

①　"Global Biz Intelligence, CPM Software Revenue at ＄13 bn in 2012; Gartner", *Business Line*, June 6, 2013.

②　This section is adapted from Cateora, *International Marketing*, 9th edition.

能回答调研人员碰到的具体问题。此外,二手数据在全球范围内的可得性仍是一个重要议题。美国及大多数发达国家有着大量丰富的二手数据,这些数据可以通过各种政府资源和非政府资源得以获得。但是,发展中国家缺乏定期搜集数据的相关机构。因此,获取诸如收入、产品与服务的批发价与零售价、电话号码等十分基本的信息都可能是个挑战。

即使二手数据可以获得,但数据的精确性仍然可能达不到决策制定者的所需水平。某些统计数据可能过于夸大,其目的是反映国家的自豪感而非现实状况。在许多国家,企业为了避税会虚报收入及销售额等相关数据。在某些情况下,错误是有意为之;在其他情况下,错误则源自记录潦草。①调研人员需要对从外国任何数据资源所获得的二手数据的质量持有怀疑态度。

在许多国家,尤其是发展中国家,数据可能过时,也可能以不定期和不规则的时间表进行搜集。全球经济的快速变化要求数据必须及时更新。即使一些国家在不久的过去一直定期搜集可靠数据,却没有历史数据可用来对趋势进行比较与研究。

二手数据相关的另一问题是数据搜集与报告的方法。在这些方面不同国家之间存在许多差异。因而开展多国研究时不可能比较各国数据。

营销调研中使用二手数据时,必须对这些数据进行仔细地检查与解读。证实从某些国家所搜集的数据是否有价值是一件相当困难的事情。调研人员需要弄清数据搜集的人员与方式。另外,调研人员还需要查明数据是否被错误表示,并根据已知数据来源和市场因素核实数据是否具有内部一致性与逻辑性。这在全球营销调研当中可能是一项极具挑战的任务。

二手数据收集过程中的问题

调研人员在国内市场调研中面临的所有问题常会在全球营销调研中出会碰到,而且更加严重。许多国家普遍缺乏统计汇总数据,尤其在统计和调研服务较为落后的欠发达国家。即使是提供数据来源的国家也面临数据可比性的问题。例

---

① Tom Lester, "Common Markets", *Marketing*, November 9, 1989:41.

如,在德国因购买电视机所产生的支出被归类为娱乐支出,而在美国却被划分为家具支出。即使是谈到某些特定的术语,不同国家也有着不同的意思。例如,"超市"这个术语在日本的情境下通常是指两层或三层建筑,其中的各层分别销售食物产品、日用产品和衣物。某些这样的商店还可能出售家具、家电产品、文具,甚至经营餐厅。而美国情境下的超市则与日本存在极大的不同。

不同国家处理统计数据方式不同所带来的数据无法可比也是一个大问题。表 5.1 展现了四个国家用于统计分组的消费行为的标准年龄分类。

表 5.1 各国的年龄分类标准

澳大利亚	印　度	土耳其	美　国
15 岁以下	6 岁以下	14 岁以下	5 岁以下
15—44 岁	7—14 岁	15—64 岁	5—17 岁
45—64 岁	15—69 岁	65 岁及以上	18—24 岁
65 岁及以上	60 岁及以上		25—44 岁
			45—64 岁
			65 岁及以上

资料来源:Australian Census Bureau;Office of the Registrar General and Census Commissioner,India;Turkish Statistical Institute;United States Census Bureau.

各国之间统计口径与分类标准的差异和可比的困难意味着多国市场的差异情况一定要研究,它要包括利润潜力仍存疑虑的较为贫困的国家,而不应只调查像美国这样的单个大型市场。

评估调研的价值

在正式开展调研之前需要估计信息的价值,也就是说,对获取调研问题的答案的价值进行估计。这将帮助企业决定应该在调研上花费多少钱。调研的价值将依赖于基于信息所进行的决策的重要性、与情境相关的不确定性,以及调研信息对决策的影响。如果决策有可能对企业的长期计划产生显著影响,调查就明显可认为非常具有价值。同理,如果已明确知道的结果以及调研信息将不会对决策产生影响,信息也就没有价值。

调研价值的概念可通过一个简单的例子得以更好地阐述。假设需要决定是否引入某个新产品。该例子中的不确定性在于该产品是否能够成功。假定成功的概率是0.6,失败的概率是0.4。A国和B国代表该企业所面临的两种情景。

	成　功	失　败
A国		
引入	400万美元	100万美元
不引入	0美元	0美元
B国		
引入	400万美元	−250万美元
不引入	0美元	0美元

如果该产品在A国进行投入,不考虑该产品成功或失败所涉及的不确定性,这家企业都能赚钱。如果产品在市场上成功,它将赚400万美元,而失败的话也将赚100万美元。这是一个很简单的决策——企业应该投入该产品。任何为了获得准确的成败概率所开展的调研都不会为该决策增加价值。该例子体现了调研没有价值的状况。

但是,在B国,企业不能针对产品的投入做出明确的决策。如果该产品在市场上失败,企业会遭受250万美元的损失。在这种情景下,如果调研信息能完美地提供产品成败的信息,它能在产品失败的情况下为企业节省250万美元。考虑到现有信息表明失败的概率是0.4,完美信息的价值将是250万美元乘以0.4,即100万美元。然而市场信息不可能是完美的,该信息的实际价值将少于100万美元。企业对其产品成败的概率的看法将会影响信息的价值。

有效的在线二手数据调研指南

二手数据调研起初可能会让许多企业感到畏惧。但是,在将大量时间与资本投入于原始数据调研之前对二手数据资源进行探索是非常值得的。其他人所作的类似调研可为企业提供很好的洞察。如前所述,利用二手数据调研具有巨大的优点。随着技术的进步,开展二手数据调研已因为容易获得在线信息而变得简单很多。但是,由于可得内容的类别多样和经常变化,挖掘合适的信息必然充满挑战。

互联网如今已是许多调研人员最为信赖的伙伴。互联网为人们通过点击鼠标搜寻他人所做的相关调研结果提供了很好的平台。正如我们所知道的,谷歌主导了今天的互联网搜索市场。谷歌简单而有效的操作让它成为市场的领导者。在任何项目开始之时,调研人员可以利用谷歌搜寻指导他们开展进一步调研分析的信息,数据或报告。

虽然搜索是一种易用和有效的工具,但在线找到相关内容却是很大的挑战。为了能够有效利用在线资源,人们需要理解搜索引擎搜索网页的内在逻辑。例如,谷歌在它们的支持板块提供了相关信息以便提高大家搜索体验并改善搜索效果;① 使用引号会返回精确词语/短语的搜索结果,在某个词语之前使用(—)这个破折号则会将该词从你的搜索中排除(尤其想找到那些具有完全不同意思的词语时非常有用,如苹果电脑和苹果水果)。

虽然大多数人依赖互联网即刻获得结果,但要想获得更为丰富的信息,大家需要知道从哪里寻找。添加那些你认为包含所搜寻信息的新闻来源、网页或期刊是一种不错的做法。此外,在搜寻二手数据时使用"统计""调研""报告""调查""研究"等词语能够丰富搜索结果。在开始二手数据调研时有各种资源能为营销人员提供极大帮助。这些资源包括:②

● 在行业出版物和行业协会的网站上能找到的白皮书、文章、研究报告或调查结果。

● 行业出版物和行业协会赞助的在线研讨会。

● 联邦和各州根据行业和业务类型所细分的普查报告。

● 如 IbisWorld、Mintel、商业资源全文数据库(Business Source Complete)等服务商在线提供的报告。其中的一些报告可能需要付费,而另一些则会免费。如 ESOMAR 这样的机构也会经常发布报告,这些报告能为营销人员对所研究的行业、国家或特定地区提供一般性的信息与知识。如皮尤互联网与美国生活这样的企业探究了互联网对公民的总体影响。这些只是为调研人员开展在线二手数据调研时进行探索和利用提供资源的一些实例。

● 实务人员和经验丰富的调研人员会写一些为营销人员或调研人员提供很多洞察的博客。调研人员能够通过聚合内容功能(RSS)订阅 CNN、BBC、纽约时报等

---

① Google Help, https://support.google.com/websearch/answer/136861 于 2013 年 6 月 2 日访问。

② J.Castanzo, "Tips for Conducting Secondary Research Online", August 2, 2011, http://www.godfrey.com/How-We-Think/B2B-Insights-Blog/Research/Tips-for-Conducting-Secondary-Research-Online.aspx 于 2013 年 6 月 2 日访问。

新闻资源以及可能与其所在行业或业务相关的博客。聚合内容功能可以有效地将你所感兴趣的内容传送给你。

● 社交媒体和移动手机如今扮演着创造大量数据的重要作用。这些媒介可成为一种重要的信息来源,让企业获取产品/服务的定性方面或相关议题的洞察。

虽然搜索是一种强大和有用的工具,调研人员应该防止自身受到互联网的一些不利因素的负面影响。他们需要注意相关报告、文章或白皮书的真实性和可信性。此外,当在利用某些报告时忘记注明出处,还可能出现版权问题。引用数据的来源则会为使用者提供更多的可信性。

全球营销调研实践

继续以计划进入英国、巴西、印度和沙特阿拉伯国家的 Tasty Burgers 为例,本章来看一下开展二级数据调研的问题。二级数据调研的第一步是获取所有这些国家的一般数据。这些数据包括:GNP/GDP 以及人均收入等经济数据;每个国家的政府和法律制度的稳定性等政治数据;交通运输、通信、广告媒介、社会结构等基础设施状况;人们对外国产品的态度。搜集这些数据能让调研人员初步感受到每个国家成为潜在扩张市场的可行性。有许多资源能用来获取这些信息。这些国家在美国的大使馆可以是搜集数据的良好开端。许多杂志和行业期刊也包含外国商业环境的相关信息。另一重要数据资源是互联网。在互联网上开展二手数据调研将在第 6 章详细解释。许多网页包含国家统计数据和人口统计信息。调研人员需要核验数据来源及相关信息的真实性,他们最好能够从多个来源获取同类信息并对其进行交叉检查。这样会大大降低出现错误的可能性。还需要记住的是,二手数据并非总是调研人员想要的那种格式,因此,它们并非总是具有可比性。可用的一些信息来源已在本章当中提及。

获取竞争产品的信息以及已在这些国家设立企业的其他本地快餐连锁及外国快餐连锁的相关信息,也是一项重要的任务。这将帮助 Tasty Burgers 决定它们所提供的产品是否需要为这些国家进行调整。如果其他美国快餐连锁已经在这些国家开展业务,Tasty Burgers 就需要弄清它们的市场份额及利润率。这些信息将可用来确定各个特定市场是否能支撑另一家快餐连锁。Tasty Burgers 还需要获取供应商、分销网络以及潜在的特许经营成本等相关信息。它可以与美国的信息提供商签订合同进行多客户研究,也可以联系这些国家的信息经纪人并与他们签约搜集数据。

二手数据调研的关键在于考虑数据搜集的成本并将其与未来潜在收益进行比较。二手数据可以作为调研过程的第一步,但如前所述,二手数据既不是完全准确的,也不能以调研人员想要的确切形式得以提供。在确定搜集二手数据所投入的时间与资源之前,需要进行成本—收益分析。

本章小结

本章讨论了二手数据资源、优点和缺点。需要注意的是,二手数据资源不胜枚举,而本书所列的只是其中很少的一部分。本章应该已让读者明白了在开始调查研究之前考察各种二手数据资源的重要性。许多调查研究可利用企业内部记录或其他二手数据资源所提供的大量信息进行操作。随着电脑和互联网力量的增强,获取数据变得愈发容易。调研人员能够在他们所研究的国家获取营销调研企业的清单。

二手数据有许多优点和缺点。可以较短时间内获得二手数据,其获取成本也相对较低。在许多情况下,二手数据能够帮助决策制定者在没有原始数据调研的情况下制定决策。过往的消费者行为数据只能通过二手数据调研而获得。另一方面,真实合格的二手数据较为缺乏。许多发展中国家的二手数据过时或不准确。从不同国家搜集的数据还在数据比较方面存在问题。重要的是要开展成本—收益分析,以确保搜集二手数据的收益超过成本。

思考题

1. 通过使用二手数据资源获取 2013 年某个行业的销售信息以及该行业所有大型企业的销售额。在计算这些大型企业的市场份额之后,使用另一数据资源获取这些企业的市场份额信息。两种方式所获信息的差别是什么?为何存在差别?

2. 假设你要开一家销售运动装备和衣物的新型零售商店。在你所在地区有什么可以获得的二手数据帮助你决定该商店的选址？同样的这些数据是否对想开运动与健身中心的其他人有重要作用？

3. 在获取美国咖啡消费的数据后，计算该国的人均咖啡消费并将其与法国的人均咖啡消费进行比较。二者是否存在显著差别？如果存在差别，原因是什么？

4. 对于下列产品，为了获得二手数据，应当联系哪家行业协会？

a. 智能手机

b. 进口酒

c. 混合动力汽车

d. 外国地毯

e. 冷冻餐包装

5. 如果 Tasty Burgers 想将其扩张计划向英国、巴西、印度和沙特阿拉伯推进，它们必须评估竞争对手的哪些要素？如何使用二手数据资源帮助制定决策？

6

互联网营销调研

本章概述

　　互联网正以其前所未有的速度进行扩张,并征服了许多人成为其用户。据 ITU(International Telecommunications Union,国际电信同盟)最新研究报告《2013 全球 ICT 发展报告》(*The World in 2013*)①显示,2013 年,全球 41％的家庭已经接入了互联网,其中一半的用户来自发展中国家。这个数据令一些意图将其事业扩展到国际市场的公司异常兴奋。随着世界贸易的开放,巨大的潜在消费者群体期待着一些企业能够向他们提供最好的产品与服务。尽管互联网在发展中国家得到迅猛的发展,但诸多发展中国家的互联网状况还存在一些差异。有 90％没有接入互联网的家庭来自发展中国家。然而,互联网的发展趋势已经足以鼓励营销人员沉浸于在线交易。表 6.1 展示了互联网在过去 10 年的发展和一些有趣的统计指标。②

　　虽然互联网通过电子商务和跨境通信正在重塑商业世界,但移动革命会将其发展推向新的阶段。随着诸如基于定位服务的移动技术的不断创新,如今企业已经有一些新的经营模式。企业与顾客之间的沟通方式已经从传统的单向模式(one-way)

---

　　① "The World in 2013—ICT Facts And Figures", http://www.itu.int/en/ITU-D/Statistics/Documents/facts/ICTFactsFigures2013.pdf 于 2013 年 6 月 3 日访问。

　　② C.Erickson, "Internet a Decade Later—Infographic", August 22, 2012, http://mashable.com/2012/08/22/the-internet-a-decade-later/于 2013 年 6 月 2 日访问。

表 6.1   互联网——过去和现在①

	2002 年	2013 年
互联网用户数	5.69 亿(世界人口的 9.1%)	28 亿②(世界人口的 39%)
网站数	300 万	6.72 亿③
浏览器	IE 浏览器:95% 其他浏览器:5%	谷歌浏览器:41% 火狐浏览器:27% IE 浏览器:23% 欧朋浏览器:2% 其他浏览器:7%④
网　速	通过 56k 的调制解调器,下载 5MB 的歌曲需要花费 12.5 分钟	通过 DSL 下载 5MB 的歌曲花费不到 1 分钟
网页加载时间	16 秒	7.25 秒⑤
社交网络	社交网站 Friendster 推出之初,不到 300 万用户	Facebook 拥有 12 亿用户

向双向模式(two-way)转变。顾客通过社交媒体不断地交流分享他们的偏好和观点。而且,顾客越来越多地想要获取关于产品和服务的信息。互联网和移动技术使得顾客去搜寻他们自己想要的信息,而不是接受营销人员提供的信息。例如,口碑已经对顾客产生了重要的影响。然而,随着互联网和社交媒体的蓬勃发展,这些互联网和社交媒体可以作为测量顾客反应的一种方式。互联网和社交媒体不仅记录了海量的顾客个人信息,还记录了顾客对企业提供的产品/服务的反应信息。顾客也越来越多地使用网络进行信息搜寻和信息分享。⑥营销人员虽然意识到了这些新兴趋势的变化,但他们难以精确地测量和分析顾客与企业互动的细微差异。因此,互联网时代的营销调研已经成为当前紧迫的研究课题。

---

①　Adapted and updated from C. Erickson, "Internet a Decade Later—Infographic", August 22, 2012, http://mashable.com/2012/08/22/the-internet-a-decade-later/于 2013 年 6 月 2 日访问。

②　"Internet World Stats—Usage and Population Statistics", http://www.internetworldstats.com/stats.htm 于 2014 年 9 月 26 日访问。

③　"Internet Live Stats", http://www.internetlivestats.com/total-number-of-websites/于 2014 年 9 月 29 日访问。

④　"World-Wide Internet Usage Facts and Statistics—2013", http://www.factshunt.com/2014/01/worldwide-internet-usage-facts-and.html 于 2014 年 9 月 29 日访问。

⑤　"Top Retail Websites Not Getting Faster: Average Web Page Load Time Is 7.25 Seconds [Report]", http://marketingland. com/retail-website-load-times-continue-to-decline-with-a-22-decrease-during-thelast-year-37604 于 2014 年 9 月 26 日访问。

⑥　H.Leggatt,"High Percentage of Consumers Seeking and Giving Product Advice Online", February 1,2007,http://www.bizreport.com/2007/02/high_percentage_of_consumers_seeking_and_giving_product_advice_online.html 于 2013 年 6 月 3 日访问。

对于企业而言,互联网也正在成为一个强有力的工具。持续创新有助于复杂软件的开发,并将这些软件用于分析每天搜集到的海量数据。尽管网络世界的新兴趋势是显而易见的,但企业如何分析顾客互动的在线数据及其细微的差异仍然是一个挑战,所以,研究人员的工作日益复杂。越来越多的顾客醉心于在舒服的家中或办公室进行网上购物,对于大多数企业来讲,这无疑使现存的竞争增加了新的内容。使用互联网实施在线调查不仅成本低,而且更容易获取最新的调研信息,此外,在第 5 章中已经介绍过,实施二手数据调研成本低且易获取。本章将介绍在全球营销调研环境中如何使用互联网进行调研。

互联网的当前趋势

当今世界已经逐渐变得数字化。通过点击按钮就可以获得大量可用信息实在是一件令人兴奋的事情。互联网用户平均每天消耗的信息相当于:①1.69 亿个DVD,②2.94 亿封电子邮件,③200 万条博客。[①]

互联网改变了许多事情,从企业公司经营业务的方式,到消费者与消费者之间,消费者与企业之间的互动方式都发生了很大的变化。使用互联网的消费都会留下数字化痕迹,这些痕迹有助于企业追踪顾客的消费与购买经历,从而为顾客提供定制化的产品和服务。除却个人隐私主题之外,对数字化痕迹的利用对于企业和消费者绝对是一个双赢的结果。一方面,企业可以获得丰富的数据用于开发吸引、维系及赢回顾客的营销战略;另一方面,顾客可以获得满足他们需要的量身定做的产品和服务。截至 2013 年,约占全世界人口总数的 40％的 27 亿人正在使用互联网。[②]纵观快速发展的科学技术着实令人欣慰。

过去的 10 年,宽带的采用也是惊人的。在诸如美国等发达国家,65％的美国成年人在家中享受着高速的宽带连接。图 6.1 展示了 18 岁以上的网络用户使用宽带和正常拨号连接上网的变化趋势。随着宽带服务费的降低,宽带用户数日益增长。[③]

---

① F.Berkman,"How the World Consumes Social Media",January 17,2013,http://mashable.com/2013/01/17/social-media-global/于 2013 年 6 月 3 日访问。

②③ "The World in 2013—ICT Facts And Figures",http://www.itu.int/en/ITU-D/Statistics/Documents/facts/ICTFactsFigures2013.pdf 于 2013 年 6 月 3 日访问。

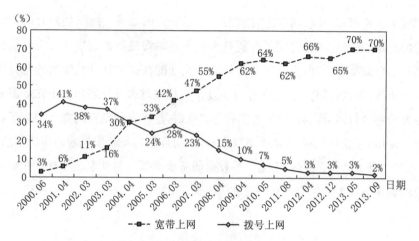

图6.1　宽带上网和拨号上网的采用（2000—2013年）①

在使用互联网的用户中，有些数据令人惊讶。例如，研究发现平均每个美国网络用户每周大约花费 23 个小时用于处理网络活动，包括电子邮件、发信息、社交媒体以及其他沟通方式。②根据这项调查，被访者每周大约花费 8 个小时用来收发电子邮件，7 个小时使用 Facebook，5 个小时用于 YouTube。其他小众社交网络用户接入互联网更加频繁，超过 80％的用户每周至少一次登录网站。③

研究还表明，全球范围内男性比女性更多地使用互联网。④尽管越来越多的发展中国家和发达国家女性开始使用在线和社交媒体平台，但不同国家网络使用的性别差异仍然存在。发展中国家女性使用互联网总数比男性少 16％，而发达国家女性使用互联网总数仅比男性少 2％。然而，一旦女性使用互联网参与一些活动，她们比男性更加专注。⑤沟通和社交网络已经成为男性和女性使用网络的重要驱动

①　改编自 Pew Research Center's Internet and American Life Project surveys，http://www.pewinternet.org/data-trend/internet-use/connection-type/于 2014 年 9 月 30 日访问。

②　"American Spend 23 hours per Week Online/Texting"，*Business News Daily*，July 3，2013，http://mashable.com/2013/07/03/americans-time-online-texting/于 2013 年 8 月 15 日访问。

③　"Social Usage Involves More Platforms，More Often"，*E-Marketer*，July 2，2013，http://www.emarketer.com/Article/Social-Usage-Involves-More-Platforms-More-Often/1010019 于 2013 年 8 月 15 日访问。

④　"The World in 2013—ICT Facts And Figures"，http://www.itu.int/en/ITU-D/Statistics/Documents/facts/ICTFactsFigures2013.pdf 于 2013 年 6 月 3 日访问。

⑤　Comcast Report："Women on the Web—How Women Are Shaping the Internet"，June 2010，http://www.comscore.com/Insights/Presentations-and-Whitepapers/2010/Women-on-the-Web-How-Womenare-Shaping-the-Internet 于 2013 年 6 月访问。

力,同时,女性比男性在这些社交活动上花费更多的时间。

　　婴儿潮时期出生的人们,更多地使用互联网,融入网络上多样化的社交活动。对于营销人员而言,专门关注由多数女性主导的家庭决策这个目标群体显得尤为重要。在许多国家的电子商务市场,往往是由女性通过网络购买产品和服务。就交易和花费而言,女性的贡献大于男性。表 6.2 显示了婴儿潮女性调查的一些有趣的营销统计数据。

表 6.2　针对婴儿潮女性的营销统计数据①

50 岁及以上的女性净资产	19 万亿美元
女性主导的消费者购买	85%
家庭购买	91%
假期	92%
每天至少一次网购	22%
认为广告主不了解她们	91%
如果她们不得不失去一个数字设备,她们将选择告别电视	58%
传递交易信息或查找他人信息	92%
影响家庭消费者电子产品购买的女性	61%
由女性驱动新的商务	70%
女性电子邮件的平均联系人数	171
新车	65%
银行账户	89%

　　中国是互联网用户数量最多的国家,此外,网民用户数从高到低依次为美国、印度、日本、巴西、俄罗斯、德国、印度尼西亚、英国和法国等。②世界各地的消费者通过网络互动,实现多种多样的目的,如浏览新产品和服务信息,分享他们自己、朋友及亲戚的信息,与企业互动,浏览一些关于自学教育方面的话题等。这些由用户所生成的数据是巨大的。每分钟 YouTube 用户上传时长达 48 个小时的新视频,Facebook用户分享 684 478 条信息,Instagram 用户分享 3 600 张照片,Tumblr 产生27 778 条的新帖子。③最新互联网使用研究报告显示,在线信息产生量在一段时期内还将持续增加。图 6.2 展示了数字化信息内容和数据的生成随着时间而变化的趋势。

---

　　①　改编自 Statistics Brain, October 6,2012, http://www.statisticbrain.com/financial-facts-onbaby-boomer-women/于 2013 年 6 月 2 日访问。参与调研的女性出生于 1946 年至 1964 年之间。

　　②　"Top 20 Countries with Highest Number of Internet Users", June 30,2012, http://www.internetworldstats.com/top20.htm 于 2013 年 6 月访问。

　　③　N.Spencer,"How Much Data Is Created Every Minute", June 19,2012, http://www.visual-news.com/2012/06/19/how-much-data-created-every-minute/于 2013 年 6 月访问。

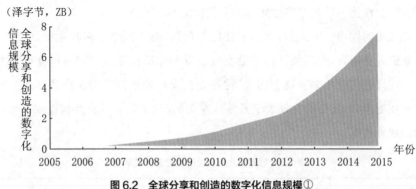

图 6.2   全球分享和创造的数字化信息规模①

　　然而,大多数数据是非结构化的,那么,营销人员如何了解何种类型的消费者在线,并向他们提供合适的产品与服务是很重要的,同样,营销人员要理解这类消费者所使用的语言,并与他们互动与沟通,从而增加消费者与品牌的融入程度也是非常关键的。图 6.3 显示了网络用户所使用的语言分布趋势。到目前为止,英语是互联网上的主导语言,其次为中文。对于营销人员而言,如果能将一种语言翻译成英语,他们将可能达到潜在的 5.36 亿网络用户规模。虽然谷歌主导了英文搜索市场,但百度仍然占据了中国消费者最大的搜索市场。

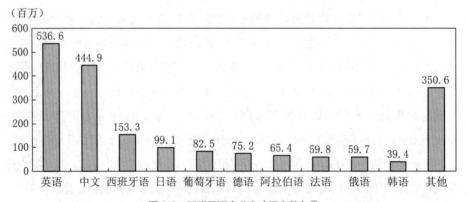

图 6.3   互联网语言分布（用户数）②

―――――――――

　　①　改编自 K.Knibbs,"Five Surprising Things We Learned from the 2013 Internet TrendsReport", June 3,2013,http://www.digitaltrends.com/social-media/top-x-things-we-learned-from-the-2013-inter-net-trends-report/访问于 2013 年 8 月。
　　②　改编自 Internet World Stats,http://www.internetworldstats.com/stats7.htm 于 2013 年 6 月 2 日访问。

　　尽管中国由于庞大的人口基数优势具有了大量的网络用户,但中国的互联网普及率并未进入全球前 10 名,如表 6.3 所示。

表 6.3　全球各国互联网普及率排名①

冰岛	97.8%	格陵兰岛	90.2%
挪威	97.2%	澳大利亚	89.8%
瑞典	92.9%	荷兰	89.5%
福克兰群岛	92.4%	丹麦	89.0%
卢森堡	91.4%	芬兰	88.6%

互联网的二手数据调研

　　如第 5 章所言,互联网已经促进了研究人员的次级数据调研。例如,研究人员可以获取到的调研信息包括企业层面、行业层面(数据库和企业名录)、宏观层面(政府、组织等)等方面。同时,竞争对手信息对于任何营销售单位来讲也是非常重要的。如果竞争对手在网站上公布信息,那么,企业可以通过竞争对手的网站获取到竞争对手的产品信息和财务信息。竞争对手的价格信息可以通过在线交易平台搜集到。尽管上述这些信息通过企业网站很容易被获取到,但促销和分销信息却很难获取。搜索引擎更适合实现这个目的。正如第 5 章所介绍的内容,搜索标准/规则在精确结果中扮演了重要的角色。通过支付固定的费用,顾客搜索供应商去帮助获取信息,接下来将详细讨论这个问题。

　　在进行网络次级调研时,研究人员应该记住上面提及的一些统计数据,如互联网渗透率、用户使用的语言、用户之间互动概况等。即使现在有些发展中国家还有一些人并没有接入网络。此外,研究人员在投入用于制定营销策略的数据之前,对数据的准确性和资源的原真性进行检查是很重要的工作。

定制搜索服务

　　随着互联网在商务活动中人使用日益广泛,许多企业开始提供专业化的付费

---

　　①　改编自 Internet World Stats,http://www.internetworldstats.com/stats7.htm 于 2013 年 6 月 2 日访问。

搜索服务。这种业务既可以是一次性的定制化搜索,也可以常规化的信息交付服务。这些定制化搜索可以专门在一个或两个领域提供服务,以实时通讯的方式将服务传递给订户,如电信或食品加工领域。服务费用取决于传递给订户的信息频次、使用惯例(一次性的或整个项目)、周期性(每周、每月、每年)、对象(文件费、调研出版费)、消息的长度特征,或者这些组合形成的费用。例如,道琼斯通讯社(Dow Jones News/Retrieval Service)为订户提供了定制化商务和金融新闻消息。同时,它们的服务还包括覆盖全球 6 000 多种出版物,用户可以检索到 5 500 万条商务文章。用户可以免费检索文章的标题,但需要支付每篇 2.95 美元才能阅读正文内容。此外,订户还可以在搜索服务提供高提供的 1 200 个主题文件夹中选择感兴趣的信息,并可以追踪与订户特殊需要相关的信息。[1]

情报代理[2]

情报代理是一种与定制化搜索服务不同的信息搜集方式。随着竞争加剧,用于监控信息的情报代理商正在增加。情报代理商可以提供与产品相关的重要信息,如竞争对手产品定价信息。一个情报代理商可以监控所有的制造商和零售商的网站信息,搜集价格和其他可获得信息,以及提供易于浏览的摘要。

情报代理服务有很多种方式。有些情报代理服务为完成信息搜索任务,可以在互联网和预设程序中设定,例如,廉价发现者(Bargain Finders)。这种商业模式在不久的将来将会获得极大的增长。其他类型的情报代理服务,包括由用户[3]购买的软件,这些用户常常被指定具体的下载规则。大多数情况下,安排用户在晚上使用软件,这是因为他们不需要等待其他用户下载文件。代理服务技术即将进入网络搜索服务的主流,未来在这个领域可能会有更多的创新。

搜索引擎

目前主流搜索引擎有谷歌、必应、雅虎、Ask、AOL。谷歌主导了 66.7% 的市场

[1][2]　Aaker et al., *Marketing Research*, 11th edition.

[3]　J.Slegg, "Google, Bing Both Win More Market Share", June 18, 2013, http://searchengine-watch.com/article/2275863/Google-Bing-Both-Win-More-Search-Market-Share 于 2013 年 6 月 3 日访问。

份额,必应拥有 17.4％的市场份额,雅虎则拥有 12％的市场份额。显而易见,互联网和搜索引擎的使用极大地简化了次级数据调研的工作。全球营销研究人员在走出本国国门,实施实地调研之前,能够操作一个全面的互联网调研,甚至形成初步的研究假设。这对降低和控制调研成本具有重要意义。许多网站提供了详细的信息,包括研究国家的地理、经济、政治、人口统计方面的数据。许多国家也建立了政府机构,免费向从事商务活动的企业提供他们要进入国家的相关信息。在第 5 章中所介绍的搜索策略在搜索具体项目内容的时候依然有用。在互联网中实施搜索具有三个不同的层面,即企业层面、行业层面或宏观层面,后续将通过一些案例阐述如何通过互联网搜集这些信息。

竞争情报分析

竞争情报分析是研究人员在一个特定国家对一个具体企业进行研究。例如,福特公司(Ford)雇用一位研究人员搜集福特在印度尼西亚的竞争对手的市场行为信息。在这样的研究中,研究人员通常关注以下几个方面的信息:①印度尼西亚的整个企业产业及其未来发展前景;②该国家具体的汽车产业信息,包括印度尼西亚的人口、汽车销售量、具有显著影响力的制造商、贸易展览会信息、产业信息及其最佳的市场机会;③重要的贸易相关信息,包括贸易壁垒、关税、商务组织、商务政策、海外投资、激励政策、税收、监管机构;④汽车制造商的营销实践信息以及汽车公司官方网站提供的顾客买车的促销方案;⑤产品相关的信息,诸如价格、不同竞争对手的车型特点、代理商的数量和位置、融资计划、具体促销方案;⑥福特公司要求的特定信息。搜集和了解上述所有竞争对手的信息是洞察竞争对手市场行为的一种重要方式。

行业分析

行业分析是研究人员针对一个特定国家的一个具体行业进行的研究。如一家美国早餐麦片制造商想要进入印度市场,那么,执行这个研究需要全面地了解印度麦片市场的一些情报信息,包括市场规模、其他麦片制造商的市场份额、印度人对麦片的感知、可能成为麦片市场威胁的其他流行早餐种类。具体而言,研究人员必须搜寻以下几个方面情报信息：①文化因素，它可能是决定着印度人是否愿意接受麦片食物的重要因素。这些文化因素包括国家历史、地理信息、教育水平、政策体制、法律体系、宗教信仰、生活水平、医疗保健设施、语言等。②经济因素，可以用来预警总体市场特征，例如，人口统计信息、宏观经济信息、自然资源、科学和技术、基础设施建设、国际贸易、贸易管制、工作条件和媒体等。③行业因素，是指麦片行业的一些具体指标，例如，市场规模、市场增长趋势、季节性、新产品预期、产品竞争、采购商和供应商的权利等。④产品因素，主要是指所涉及的产品特征，例如，定价模式、分销渠道、销售方案、广告和促销、产品使用模式和服务水平。⑤顾客特征，包括顾客人口统计信息、顾客画像、购买习惯、购买行为决策和购买的时间和频次等。⑥竞争对手信息，包括当前市场战略、绩效指标、关键成功因素、SWOT 分析、未来发展计划。上述提及的与这些因素相关的信息都应该尽可能地获得，从而构建印度市场上推出早餐麦片是否可行的一些假设。

购买者行为

购买者行为调研是研究人员需要了解和洞察在特定市场上顾客的购买特征的研究。例如，下面是一项关于德国全国分销连锁决定是否在他们的产品组合中放入加工食品。所以这个调研涉及对德国零售食品市场的调研和已有分销机构的研究。具体而言，需要收集如下几个方面信息：①产品（如产品的创新信息、产品用途/使用习惯、产品功能偏好、产品评分如何超过竞争产品、顾客接受或抵抗的问题）；②市场（如关注的地理区域、可利用的运输方式、可采纳的沟通模式、行业销售预估、企业销售预估、行业管制、产品生产许可证和资质）；③顾客购买（如购买习惯、购买频次、价格敏感性、使用环境/条件）；④分销设置（如奥特莱斯工厂直销产品类型、中间商卷入程度、直接到商店的下单和交付方式、对商店采用的信用政策等）；⑤广告和促销（如到达目标受众的所使用的广告媒体、使用的促销工具）；⑥定价（如成本加成定价、零售商利润和折扣、折扣类型、相对于竞争对手定价方式）；⑦竞争定位（如市场上的竞争者品牌和产品、竞争对手产品特点和包装、竞争者价格结构、竞争者采取的广告和促销方案、竞争者的分销方式）。上述信息的搜集与获得是了解德国分销加工食品的市场潜力的良好开端。

新 B2B 市场

新 B2B 市场是在一个特定国家为一个具体的产品而了解 B2B 市场的一种研究。例如,研究人员被要求准备一个关于在中国铸铁厂生产用于建筑行业的诸如下水道、排水管、管道配件等铸铁产品的报告。在这个项目中,研究人员通常需要获取如下几个方面信息:①通常使用铸铁方法的产品列表;②使用这类产品的行业,例如,建筑、工程、钻井、勘测、工程技术服务、石油生产和加工、医院、教育机构、采矿和一些政府机构(卫生部、公路部门、市政部门、铁路部门);③可用的铸铁生产方法;④生产铸铁产品的工厂数量;⑤可用于生产设备的原材料模式;⑥这类产品市场规模和销售预估;⑦对这类产品的生产和使用方面的政府管制、许可、审批。所有这些信息将是研究人员开展这个项目所需要的基本信息。如果企业想继续执行这个项目,研究人员可以利用这些数据决定在下一步设计搜集原始资料的所使用的工具。

互联网的一手数据调研

近年来,互联网已经成为一种流行的搜集数据工具。从上一节可以看出,互联网正被日益用于次级数据调研。对于原始资料调研,互联网使调研过程更简单、更快速、更高效。互联网使原始资料调研更加具有弹性,如使用复杂的跳问,使用诸如文本、音频、视频等不同的刺激物灵活地编制更加复杂的问卷。互联网也扩大了在线调查研究范围,例如,研究人员可以几乎没有成本的情况下获取更广泛、更多的原始资料和原始样本,大样本意味着研究结果更加稳健和精确。互联网还有助于搜集多样化的被访者数据。此外,互联网调研也不存在地点的物理障碍,搜集世界任何一个地方的被访者数据都是可能与可行的。与传统调研相比,互联网调研的调查者偏差也将被消除或缩小。基于互联网开展原始资料调研流行的优势是大大节约了数据编码的时间和成本。由于消除了人工录入数据产生的错误率,所以运用互联网开展原始资料调研在数据录入方面也更加准确。

抽样偏差是在线调研面临的一个重要问题。尽管由于互联网调查节约了数据编码和录入的时间,但在调查前在网上编制问卷花费的时间增加了。因此,即使互联网调研是有用的,但在我们应用之前也需要了解这种方法存在的一些不足。接下来,将介绍和讨论运用互联网搜集原始资料的几种方式。

电子邮件调查

电子邮件调查方式即将问卷发送到被访者的电子邮箱,通过电子邮件来回收问卷。电子邮件被看作发送和接收被访者回答信息的媒介。被访者在网上完成问卷,并将问卷返回给研究人员。表 6.4 介绍了电子邮件调查的优缺点。

表 6.4 电子邮件调查的优缺点

优　　点	缺　　点
电子邮件比传统的邮寄调研具有更快的速度。万一被访者没有收到问卷,电子邮件会使受访者立刻收到问卷,而传统邮寄调研则需要 1—3 天才能将问卷送到被访者手中。	大量的垃圾邮件对电子邮件调研造成了威胁。2010 年全球通过互联网共发送 107 万亿封电子邮件,其中,垃圾邮件占总数的 89.1％。①
电子邮件调研的接收和反馈速度均比传统邮寄方式更加高效、快速。	某些特定的产品调研需要调研某些电子邮件到达不了的特定目标顾客,此时电子邮件调研将无法使用。
电子邮件调研比传统调研能够节约成本。	电子邮件的安全性低于传统媒介。被访者可能担心在互联网上提供的一些信息会披露他们的身份及隐私。
电子邮件调研消除了调查者偏差(与面对面的调查相比)和主持人偏差(与面对面访问和焦点小组座谈相比)。调查问卷通常只由邮件接收者独自阅读完成。	被访者的响应率/回应率问题。虽然重复发送问卷不需要额外成本,但被访者更容易忽略问卷,从而影响调查的回应率。
电子邮件调研涉及了异步沟通,换言之,被访者可以选择合适的时间接收、阅读和完成调查问卷。	同一个被访者可能使用不同的电子邮箱多次填写问卷,特别是对于有奖励的调查。

互动平台

电子互动平台为营销人员根据每个被访者的情况定制信息。当今的消费者并非只从制造商处获得信息,消费者还与他们的朋友、亲戚互动,或者在购买前浏览网页,搜寻详细的产品信息和评价。互动平台增强了顾客的在线分享体验。电子

---

① Pingdom, "Internet 2010 in Numbers", January 12, 2011, http://royal.pingdom.com/2011/01/12/internet-2010-in-numbers/于 2013 年 6 月访问。

预约服务就是一个很好的电子互动平台范例。在数字化技术的帮助下,互动得以发生。今天的被访者不再是被动的接收者,他们通过使用电子互动平台将他们自己融入双向的沟通场景。①

在线固定样本组

在线固定样本组是由调研公司招募的被访者所构成的样本,样本中的被访者出于得到一些激励或回报的原因,具有分享参与营销调研的意愿。在线固定样本组对于研究人员而言是非常好的一种调查方式。这是因为被访者同意参加调查,并在线分享他们的观点。因为被访者是心甘情愿地参加调查,所以研究人员会获取到更加丰富的数据。例如,哈里斯互动公司(Harris Interactive and Synovate)是一家在世界各地都有在线固定样本组的调研公司。因为在线固定样本组已经招募好被访者,所以研究人员和营销人员在使用这类公司所提供的服务的时候,就会节约大量的时间。有时,研究人员和营销人员并没有更多的资源去招募被访者,在这种情况下,在线固定样本组是一个非常有用的工具。

显而易见,招募被访者在整个调研过程中起到重要的作用。在招募被访者的过程中,招募者不仅要考虑受访者的覆盖面,还要关注抽样技术。样本要具有代表性,研究人员要确保在线固定样本组提供的被访者会均等地参与调查。被访者要有参加调查的动机与动力。受访者也要向招募公司提供详细的人口统计和心理因素等信息,以便公司可以根据受访者的信息使其匹配到相应的研究之中。对在线固定样本组进行维护是招募公司的另一个责任,及时更新被访者信息,确保被访者能够经常参加调查提供信息是招募公司的重要工作。否则,将带来不正确的分析结果,营销人员所得到的回答则是来自并不愿意参与调查的受访者。

在线焦点小组

互联网使在线焦点小组成为可能,从而丰富了定性研究方法。研究人员可以从世界各地招募被访者,探索他们为什么做某件事情,为什么不做;对某一产品或

---

① W.G.Zikmund, J. C. Carr, and M. Griffin, "Business Research Methods", CengageBrain.com, 2012:205—234.

服务为何买或者为何不买；对某一特定的沟通方式为何喜欢，为何不喜欢的原因等。同时，对于在线小组座谈来讲，研究人员甄别和控制受访者成为可能。

被访者可以舒服地待在家里，与其他处于相似环境的被访者坐在电脑屏幕前面参与调查。虽然有些人认为在线小组座谈缺乏面对面的互动，但它仍然是在很多情况下可以替代传统小组座谈的一种方式。

用户生成评论

消费者评论已经成为网络在线的重要内容。越来越多的消费者在购买产品之前会在网络上寻找评论，包括购买汽车、房屋这些高介入的产品。随着电子商务的发展，越来越多的消费者花费更多的时间在网络上对产品进行调查。[1]有研究表明，有50％的消费者在网络上研究产品的时间达总购物时间的75％以上，有15％的消费者在网络上研究产品的时间达总购物时间的90％。[2]例如，2011年的一项研究发现，阅读快速消费品评论的访客的平均订单价值比没有阅读评论的访客高出6％。[3]在英国，朋友推荐是英国人购物最重要的驱动因素，其次就是顾客评论。因此，对于企业而言，为消费者提供一个分享消费者产品/服务体验评论平台是非常重要的。用户生成评论还具有原真性和相关性的特点，消费者信任这些评论，并基于这些评论作出他们的产品决策。

虽然消费者评论为消费者购买决策提供了有用的信息，但必须谨慎选择评论的来源。尤其是虚假的支付或评论信息。那些虚假评论无论是对产品的正面宣传，还是负面信息而言，都严重地偏离了总体状况，会影响市场调查过程。一般而言，零警告（zero caveats）、空洞的形容、极度的情绪或同一个评论者在其他不同地方也出现了的评论都可以认定为虚假评论。[4]在这些情况下，研究人员可能需要参考

① G.Charlton, "E-Commerce Consumer Reviews: Why You Need Them and How to Use Them", March 21, 2012, http://econsultancy.com/us/blog/9366-e-commerce-consumer-reviews-why-you-needthem-and-how-to-use-them 于2013年6月访问。

② Marketing Charts, "Customer Reviews Affect 6 in 10 Online Shoppers", September 1, 2011, http://www.marketingcharts.com/direct/customer-reviews-affect-6-in-10-online-shoppers-19019/于2013年6月访问。

③ "The Conversation Index Vol. 1", October 2011, Bazaarvoice.com.

④ Arjun Mukherjee, Bing Liu, and Natalie Glance, "Spotting Fake Reviewer Groups in Consumer Reviews", ACM Digital Library, April 2012.

维基百科去获取产品信息。

由于社交媒体的出现，观点与想法的交换日益普及，它也为人们提供了一个在线讨论产品和社会话题的平台。接下来，将介绍社交媒体在全球营销调研中的重要性。

社交媒体

在 2012 年，50％的互联网用户注册了社交网络。①消费者在日常生活中日益频繁地使用互联网，部分原因在于近年来社交媒体的发展。早期消费者使用电子邮件和聊天的方式与其他人交换意见和想法，但社交媒体改变了传统的一对一的互动分享意见和沟通方式。社交(socializing)一词在社交媒体渠道下已经有了新的含义。那么，什么是社交媒体呢？正如 Lisa 的买家所说的，"社交媒体是当今最透明、最具有融入和互动性的公共关系方式，它整合了实时的惊人内容和真正的点对点的沟通"。②作为交互式网页的延伸，社交媒体不仅允许用户分享文章、图片或视频，还允许他们创造自己拥有的内容。根据联合利华的首席运营总监、印度斯坦联合利华董事长曼瓦尼(Harish Manwani)所言，"消费者正在拥有内容所有权，社交媒体正在创建产品的内容"。③社交媒体的采用已经成为一种全球现象。根据福雷斯特公司(Forrester)的关于《2012 年全球社交媒体采用》研究报告可知，超过 86％的美国在线成年人和 79％的欧洲在线成年人融入了社交媒体。在金砖国家，93％的在线用户使用社交工具。④社交网站在女性群体中更加受到欢迎。表 6.5 展示了女性和男性使用不同社交网站的差异。这些用户参与不同的社交平台的差异对于营销人员来说是极其有用的。

---

① F.Berkman, "How the World Consumes Social Media", January 17, 2013, http://mashable.com/2013/01/17/social-media-global/于 2013 年 6 月 3 日访问。

② Heidi Cohen, "30 Social Media Definitions", May 9, 2011, http://heidicohen.com/social-mediadefinition/于 2013 年 6 月访问。

③ "Social Media Forcing Change in Corporate Strategy：HUL Chief", *Hindu*, March 20, 2013.

④ P.Crowe, "8 in 10 Internet Users Engage in Social Media Globally", July 5, 2012, http://www.globalresponse.com/2012/07/8-in-10-internet-users-engage-in-social-media-globally/于 2013 年 6 月访问。

表 6.5　社交媒体男性和女性用户

	男性(%)	女性(%)
Facebook	40	60
Twitter	40	60
Pinterest	21	79
谷歌＋	71	29
领　英	45	55

在线社交网络和博客数量的扩张令人瞩目,同时它也吸引了更加广泛的人口细分市场的消费者。互联网用户正从虚假/陷阱的产品评论转向一个令人信任的平台渠道。营销人员已经开始重视这个正在增长的变化趋势,并决定增加在线广告预算。[①]在 2012 年,在线广告支出达到 370 亿美元。[②]以下是一些受欢迎的社交媒体渠道。[③]

● 博客:用于存储信息的在线文章。当前流行的两类博客是企业博客(如Google Blog、Coca-Cola Conversation、Delta Airlines-Under the Wing)和微博(如Twitter、Tumblr、Plurk)。企业博客通常用于创建消费者参与的企业营销活动,而微博允许用户交换简短短的内容,如短句、个体图片或视频链等。

● 社交网络:允许用户创建和连接个人网络的平台,例如,Facebook、Twitter、MySpace 和领英。

● 内容社区:存储和分享特定内容的网站,例如,YouTube、Google Video(视频分享)和 Flickr(图片分享)。

● 社交优惠(券):为顾客提供在线优惠券和折扣的一些网站,例如 Groupon、Living Social。

口碑一直是市场营销中非常重要的影响因素。社交媒体有助于对口碑沟通进行追踪和量化。社交媒体所能达到的范围无比巨大。一个人可以坐在客厅里同时与成千上万个人进行交流。亚马逊 CEO 杰夫·贝索斯(Jeff Bezos)曾说过,"如果你在传统物理世界中使一个顾客不开心,他可能告诉 6 个人。如果你在互联网上使一个顾客不开心,他可能告诉 6 000 个朋友"。[④]专栏 6.1 描述了主要社交网络的一

---

①② M.Walsh, "Online Ad Spending Up 15% to $37 Billion in 2012", April 16, 2013, http://www.mediapost.com/publications/article/198161/#axzz2Ykex7cPo 于 2013 年 6 月访问。

③ Aaker et al., *Marketing Research*, 11th edition.

④ Collins Olua, "Dave Carroll Versus United Airlines(When Customer Service Fails)", January 25, 2011, http://www.ebusinessjournals.com/2011/01/25/dave-carroll-versus-united-airlines-whencustomer-service-fails/于 2013 年 6 月访问。

些事实和数据。

专栏 6.1

2013 年主要社交媒体的数据和统计①

Facebook

日活跃用户数：6.65 亿

月活跃用户数：11 亿

月手机访问用户数：7.51 亿

手机活跃用户数：1.89 亿

手机广告收入百分比：30％

谷歌＋

社交网络排名：第二大社交网络

月活跃用户数：3.59 亿

从 2012 年 6 月至 2013 年 3 月活跃用户增长比例：33％

Twitter

定位：全球增长最快的社交网络

月活跃用户数：2.88 亿

全球互联网用户每月使用 Twitter 的比例：21％

注册用户数：5 亿

Twitter 增长最快的年龄段是 55—64 岁，注册增长 79％ 的活跃用户

YouTube

月访问量：10 亿

---

① 改编自 J. Bullas, "21 Awesome Social Media Facts，Figures and Statistics for 2013"，2013，http://www.jeffbullas.com/2013/05/06/21-awesome-social-media-facts-figures-and-statisticsfor-2013/于 2013 年 6 月 3 日访问。

月视频观看时长：60 亿小时

YouTube 覆盖的美国 18—34 岁的成年人超过任何一家有线电视网络

领英

定位：全球最大的专业商务网络

用户数：超过 2 亿

活跃用户：每秒有 2 个新增用户

覆盖和渗透：64％的用户来自美国之外的国家或地区

利用大数据

大数据是指信息的容量、速度、多样性、可变性及复杂性正以前所未有速度发生着变化。从营销和销售数据，到在线浏览历史数据，再到社交媒体活动，今天的数据正保持着快速的增长。随着如此处理巨大和多变的数据技术的成熟发展，大数据分析能够帮助企业对市场有更加精准的洞察，从而将洞察转换成商业决策。

随着强大的并行计算技术（parallel computing techniques）的出现，大数据能够帮助我们更加容易处理海量数据。使用智能化的大数据技术，可以帮助企业识别新的市场、聚焦机会、评估当前的绩效、使销售效率最大化、更加理解顾客融入、顾客保留、顾客忠诚等。[1]数据分析的概念可能并不是新的，但事实上数据分析工作量显然是巨大的。虽然是大数据，我们仍然能够容易地获得和挖掘这些数据，其中一个原因在于大数据在商务分析领域被认为是一种高新技术。

社交网络的巨头 Facebook 通过多样的实时分析操作证明了它们已经成为大数据专家。Facebook 关注用户每一次登陆、退出、点赞、评论或分享、粉丝访问页面或广告点击的记录信息，并运用这些信息进行数据分析。所搜集的数据被永久保存起来，仅仅是因为安全、隐私或监管等原因才去删除一些数据。为此，Facebook 拥

---

① SAS Institute Inc.，"Big Data，Bigger Marketing"，http://www.sas.com/en_us/insights/big-data/bigdata-marketing.html 于 2014 年 9 月 26 日访问。

有成千上万台服务器组成的几个 Hadoop 集群来保存数据。其中,最大的集群存储了超过 100 千兆数据。[①]为了回答一个特定的查询,常常需要从数据仓库中调出数据。Facebook 使用顾客的个人数据能够在顾客有效时间窗内实时地推出广告,还可以使用这些信息推荐新朋友和用户感兴趣的页面。亚马逊也有一个非常完善的大数据基础设施,用于不断迭代建立产品推荐引擎功能。亚马逊推荐系统运用点击数据流和 1.52 亿顾客历史购买书推荐相似的或新的顾客产生购买行为。[②]

从上述例子可以看出,网页数据是大数据的重要来源。随着博客的大量聚集,用于制定决策的指标变得非常重要。有些直接追踪的指标有访问页面数、页面浏览、信息订户、活跃用户、社交媒体追随者、每页耗时。然而,更加重要的是哪些派生出来可以用于了解用户行动的指标。例如,了解哪些用户访问这个页面,他们从哪里开始访问,哪个网页访问最频繁,用户通过什么渠道转入,哪些对话能够加深企业与顾客的关系或产生收入,常规访客和不频繁访客有哪些差异等。[③]

关于分析工具,大部分大数据分析工具均是基于 Hadoop。Hadoop 是目前使用最广泛的开源分布式计算平台,同时在集群的硬件上进行大规模数据处理。Hadoop 拥有自己名为"Hive"的数据存储,专门用来提供数据汇总、查询和分析;同时,还拥有另一个名为"Pig"的高级语言,作为一个通过用户程序的分析大数据平台。其他一些有竞争力的大数据工具包括 SpliceMachine、mongoDB、Pentaho。[④]

随着巨大数据的处理,企业有时可能会遇到诸如如何选择正确恰当的数据,运用哪种分析工具和哪种数据计算方法等一些问题。[⑤]大数据有时可能是无法避免的,但如果商业目标明确,这些挑战与问题是能够被克服的。

大数据的出现和增长不仅缓解了商务分析,还提供了许多相关就业的机会。

---

① Wade Roush, "Facebook Doesn't Have Big Data. It Has Ginormous Data", February 14, 2013, http://www. xconomy. com/san-francisco/2013/02/14/how-facebook-uses-ginormous-data-to-grow-its-business/ 于 2013 年 9 月 30 日访问。

② "How Amazon Is Leveraging Big Data", http://www. bigdata-startups. com/BigData-startup/amazonleveraging-big-data/ 于 2014 年 5 月 5 日访问。

③ Jayson DeMers, "2014 Is the Year of Digital Marketing Analytics: What It Means for Your Company", February 10, 2014, http://www. forbes. com/sites/jaysondemers/2014/02/10/2014-is-the-year-of-digitalmarketing-analytics-what-it-means-for-your-company/于 2014 年 9 月访问。

④ William Toll, "Top 45 Big Data Tools for Developers", March 20, 2014, http://blog. profit-bricks. com/top-45-big-data-tools-for-developers/于 2014 年 9 月访问。

⑤ SAS Institute Inc. , "Big Data, Bigger Marketing".

截至 2014 年 1 月,全球工作岗位需要 14 万—19 万名大数据科学家。这可以部分地理解为大数据技术已经改变了搜集和分析数据的方式,但其在营销和其他领域决策的制定仍然依赖于人类。①

全球营销调研实践

互联网是最重要的次级资料资源之一。人们可以充分利用互联网获得 Tasty Burgers 的一些初步信息。在前面的章节中,我们简要介绍了四个国家所需要的不同类型的次级数据的初步判断。经济数据包括诸如国民生产总值、国内生产总值、人均收入和购买力等指标。社会数据包括法律体系、社会结构和诸如交通、通信、媒体服务等基础设施。人口数据包括地区人口、人口密度、收入范围、生活水平。这些数据可以在网站上获取到,借助搜索引擎可很容易搜索到这些网站。其中,美国中央情报局网站:http://www.odci.gov/cia/publications/factbook。这个网站提供了所有国家的基本数据,而且数据保持实时更新。此外,我们能够通过搜索"印度统计"或"巴西统计"关键词获取到由印度和巴西统计局维护的网站,这些网站有可能帮助我们获取到快餐行业和这些市场的面包、蔬菜、肉类供应商的数据。但对于使用互联网作为信息获取的来源,研究人员不仅要当心发布在互联网上没有经过控制的信息,还必须要严格地验证渠道来源和信息的真实性。

本章小结

互联网改变了人们之间彼此互动的方式,互联网也改变了企业的经营方式。本土和国际的营销调研在实施研究的方法论方面已经有了重要变革。这是因为我们所生活的世界中彼此的联系比以往任何时候都更加紧密,国际研究人员已经能运用先进的数字化技术,充分发挥技术的优势。互联网不仅有助于加快沟通的速

---

① Rob Salkowitz, "From Big Data to Smart Data: Using Data to Drive Personalized Brand Experience," January 22, 2014, http://www.mediaplant.net/report/details/bigdata 于 2014 年 9 月 26 日访问。

度,还降低了原始资料和二手资料调研的成本。

　　本章简明介绍了互联网对原始资料和二手资料调研的影响,还有与互联网、社交媒体相关的统计数据的影响。鉴于基于互联网的原始资料调研日益流行,所以本章只是介绍其中的一些方法。

思考题

　　1. Young Forever 是一家受欢迎的美国时尚连锁零售商,这家零售商计划进入印度市场。请您简要概述如何利用互联网开展这个项目的营销调研?

　　2. 接收顾客关于产品信息的在线方式有哪些? 您认为社交媒体如何改变营销调研过程?

　　3. 您认为当前营销界对大数据的青睐趋势合理吗? 大数据技术的哪些功能在早期的基础设施中不能实现的呢?

　　4. 约翰·史密斯(John Smith)制定了一个从首尔到洛杉矶的度假行程。他搜索了互联网提供的最低价格的票,并且购买了机票。请您操作演示约翰从搜索到获得机票的全过程及其关键步骤。

　　5. 请选择您熟悉的一个公司:

　　(1) 识别找出它的网址;

　　(2) 浏览这个公司的网站;

　　(3) 列出这个公司网站上所能获取到的信息类型;

　　(4) 识别这个企业在任何特定国家或国际的运营商。

7

一手数据调研

本章概述

　　本章聚焦于全球营销调研的一手数据的收集,介绍各种类型的一手数据调研及其差异,与一手数据收集相关的各类问题,收集一手数据过程中可能发生的偏差,搜集一手数据的好处和成本等问题。

　　搜集一手数据可能源于不同原因。当具体的研究内容确定之后,就可能需要搜集一手数据。一手数据的搜集常常用于一个具体的项目,如上市一种新产品。企业也可以连续地搜集一手数据。企业搜集原始数据也可用于制定集团战略和未来的调研活动。一手数据的搜集方法有多种,从定性研究到问卷调查、再到实验研究,都可以用于搜集一手数据。专栏 7.1 介绍了家乐氏公司如何使用一手数据调研方法进行香脆坚果麦片(Crunchy Nut Bites)的市场开发和市场推广。

　　尽管一手数据调研方法各种各样,但有些方法适合某类研究,而另一些方法则可能适合另一类的研究。同时,研究人员也必须要注意并不是所有的数据搜集方法在所有国家都适用,其原因是各国的基础设施、文化差异、地理限制和语言障碍不同所致。因为一手数据调研的成本很高,所以研究人员在实际启动数据收集过程之前,就应当获取所研究国家的初步信息。

专栏 7.1

家乐氏的香脆坚果燕麦[①]

　　许多企业的经营理念是产品导向,即企业聚集于开发产品与品牌。然而,也有许多企业的经营理念是市场导向,即企业是基于顾客需求去开发产品和品牌,其目的是满足顾客需求,家乐氏公司就是一家以市场导向为经营理念的企业。香脆麦片是家乐氏于在英国推出的最重要品牌,自 1980 年上市以来,在市场上大获成功。家乐氏计划以香脆坚果麦片为母品牌,开发一个延伸品牌,从而在早餐麦片市场上获得更大的市场份额。家乐氏综合运用一手数据和二手数据调研方法去为顾客提供一个与母品牌味道和口感不同的延伸品牌。在整个调研阶段,研究人员整合了定性和定量两大类技术。家乐氏开发新产品的几个步骤如下:

　　第一步:产品机会识别。家乐氏公司的研究人员使用二手数据调研获得关于谷物早餐市场创新趋势及其新产品及口味等详细且具有深度的信息。研究人员使用二手数据调研的结果,针对目标顾客运用一手数据调研方式实施了焦点小组座谈。通过焦点小组访谈,研究人员获得了许多关于新产品开发的建议,这些建议使新产品可能成为母品牌"香脆坚果"麦片的子品牌。焦点小组访谈的结果为调研人员提供了大量的消费者可能感兴趣的味道和口感方面的信息。

　　第二步:创意甄别。研究人员在焦点小组座谈中得到的产品创意并非一个。对于几个入围的产品创意,研究人员需要使用概念测试(concept-testing)这种定量方法来帮助他们对这些产品创意进行进一步评估。他们将这创意转换成产品概念,然后用不同组的消费者来对这些产品概念进行测试。研究人员将产品创意转换成产品概念,即用想象、图片、产品描述来深度陈述产品的概念。研究结果表明当新产品上市的时候,在所有新创意之中,潜在消费者最为青睐的

[①]　参考"New Products from Market Research—A Kellogg's Case Study",2014,http://business-casestudies.co.uk/kelloggs/new-products-from-market-research/introduction.html#axzz2ZQJFooTr 于 2014 年 5 月 10 日访问。

是香脆坚果麦片创意,并认为这个产品最吸引人、最具潜力。

第三步:创意实施。家乐氏团队完成产品概念测试之后,便开发了产品原型。在这个阶段需要再次使用一手数据和二手数据调研。定性研究可以帮助研究团队理解消费者对新产品的食用体验和具体的味道和口感的感知。定量研究可以帮助研究团队在众多个开发的产品原型中做最终的选择。最后,在这个阶段还包括消费者的产品包装设计测试,即消费者对香脆坚果麦片这个产品,如何选择它的包装设计。

第四步:销售预测。新产品上市之前,家乐氏必须通过一个最终的检测(家庭使用测试)才能推出新产品。这个测试包括将新产品与喜欢这个创意的消费者或潜在消费者放在一起,去实际地评价这个产品本身。同时,家乐氏还开展了关于新产品的定量调查,即当新产品真的推向市场后,消费者购买新产品的意愿,对新产品的评价,喜欢产品的哪些方面的属性、不喜欢产品的哪些方面的属性。这些调研有助于香脆坚果麦片的销售预测,而且这些销售预测数据可以用于财务部门预算、组织供货和为食品生产部门安排生产计划。

显而易见,家乐氏从产品的最初创意到产品生产计划和产品交付的全过程均使用市场调研。家乐氏在 2008 年 9 月在市场上推出了香脆坚果麦片,从而扩展了香脆坚果产品的延伸,吸引了新的顾客和增加了消费。根据每年的销售数据可知,家乐氏所推出的香脆坚果麦片是早餐麦片产品类中销售业绩最好的品牌,其第一年销售收入达到 690 万英镑(IRI 销售数据)。家乐氏在其新产品开发周期的每一个阶段所使用的营销调研能够确保公司产品扩展恰当地适合消费者需求,从而最好地掌握了市场机会。

如第 5 章所描述,二手数据调研有助于缓解一手数据调研的压力。有许多组织发布的信息帮助调研人员事先决定采用何种数据收集方法。专栏 7.2 介绍了 ESO-MAR 提供的全球市场调研概览。

专栏 7.2

2012 年 ESOMAR 全球营销调研[①]

ESOMAR 关于 2012 年全球营销调研报告显示,2011 年全球营销调研花费总额达到 335 亿美元,较 2010 年增长 3.8%。剔除通货膨胀影响,增长比例为 0.4%。报告还描述了全球不同地区市场的收益和损失,这些数据在各个地区具有较大的差异。全球营销调研费用总额如下:

地　区	2011 年		2010 年	
	调研总额 (10 亿美元)	净增长比率 (%)	调研总额 (10 亿美元)	净增长比率 (%)
欧　洲	14 140	−1.3	13 143	1.0
北　美	11 188	1.7	10 614	3.1
亚　太	5 754	1.7	5 082	3.5
拉　美	1 858	1.3	1 828	13.9
中东、非洲	601	−1.3	573	4.3
全　球	33 540	0.4	31 239	2.8

就调研费用方面,2011 年营销调研支出前三名的领域依次为市场潜量研究(18%)、定性研究(16%)和受众研究(15%),以及其他的费用比例如下:

调研的类型	费用百分比(%)	调研的类型	费用百分比(%)
市场潜量研究	18	新产品/服务开发	7
其他定性研究	16	消费者使用和态度调研	6
媒体受众调研	15	营销模型	4
利益相关者潜量,包括顾客关系管理	9	广告前测	3
其他研究	8	其他 B2B 研究	2
广告/品牌跟踪	7	其他搭车/分担成本调查	2

该研究报告还考察了研究人员对在线调研的态度,结果表明在线调研越来越受到研究人员的重视,占总调研费用的 22%。在线调研超过了传统的调研方式,例如面对面调查(11%)、电话调查(13%)和小组讨论(13%)。报告还强调了

---

① 改编自 ESOMAR, "Global Market Research 2012", ESOMAR Industry Report, in cooperation with KPMG Advisory。

在线调研的地区差异,日本使用在线调研费用占总调研费用的比例最高(40%),其次为新西兰(38%),其他地区结果如下:

国　家	2011 年在线调研支出 占总调研支出的比例(%)	国　家	2011 年在线调研支出 占总调研支出的比例(%)
日　本	40	保加利亚	35
新西兰	38	瑞　典	34
荷　兰	36	澳大利亚	29
芬　兰	35	英　国	28
加拿大	35	德　国	22

　　该报告还展示了在线媒体角色的动态变化和现有调研本质。尽管在线调研不是研究人员所使用的工具的一部分,由于在线调查覆盖了广泛的人群和服务,因此目前在线调研已为调研行业广泛接受。同时,随着客户对快速完成调研项目的要求越来越多,在线调研已经成为调研公司满足客户要求,以相同的成本或更低的成本快速提供调研结果的一种主要方式。此外,该报告还跟踪了营销调研定义的动态变化,呼吁重新评估现有的调研定义,并对新的数字化时代下的营销调研提供了标准和指导。

一手数据调研的类型

　　一手数据调研分为探索性研究、描述性研究和因果研究。三种调研的区别在于实施调研的时间和费用不同。这些调研方式的目的也是不同的,包括从具体的战术到战略和长期目标。绝大多数全球营销调研本质上是描述性研究。探索性研究不足以支撑企业作出重要决策,而因果研究相对比较耗费时间。大多数企业满足于获得对市场的了解,这样就可以帮助他们作出精确的决策。本节将详细地介绍这三种一手数据调研。

探索性研究

　　当企业面临识别问题,准确界定问题,或者研究新产品或新方案的可能性时,探索性研究是最合适的方法。探索性研究也可能有助于识别企业在制定决策过程中对所面临的潜在问题或为出现的机会构建假设。在某些情况下,探索性研究可能是进一步研究活动的唯一方式。探索性研究的特点是需要极大的灵活性和多功能性。研究人员对于正在开展的项目知之甚少,需要借助探索性研究才能快速适应新出现的情况,以便做出有价值的研究。探索性研究侧重于定性数据搜集而不是定量数据搜集,它有助于研究人员对所面临的问题快速找到答案。因此,探索性研究并不是特别严谨,其可靠性低于描述性研究和因果研究。当研究目的是界定问题或提供总体的概述时,研究人员可以选择使用探索性研究。在时间和费用方面,探索性研究是比较经济的。在全球营销调研中研究人员广泛地使用探索性研究。当研究人员在他们并不熟悉的国家想要解决一个问题或识别问题的时候,他们不得不采取探索性研究来获知和理解这个国家文化。

描述性研究

描述性研究的目的在于对现有的市场现象提供一个描述。这样的研究通常用于确定市场事件发生的频率,例如顾客光顾商店的频率、机器更换的频率,或律师咨询的频率。描述性研究还可能用于描述两个营销变量之间的关系程度(非因果关系)。描述性研究也能够根据营销变量之间的关系程度来预测市场上未来发生的情况。在国际市场环境中,研究人员通常使用描述性研究去寻找市场和消费群体之间的共性和差异。共性可以构建标准,而差异可能有助于形成适应性的商业战略。

鉴于描述性研究需要准确、更加严格地描述总体,故其需要大量数据。描述性研究需要先构建假设,随后搜集数据去检验假设。对于描述性研究来讲,研究人员需要仔细规划和建构。描述性研究倾向于使研究的精确度最大,系统化误差最小。研究人员要尽可能地控制测量过程中所出现的随机误差来提供研究结果的可靠性。

因果研究

因果研究旨在识别市场所表现的变量之间的精确的因果关系。鉴于因果研究必须提出合理和明确的因果关系，从而使得因果研究的精确度高于其他类型的研究。也正因为精确度的要求，所以因果研究通常是最耗费时间和金钱资源的。为了从各种无关因素中提取因果关系，研究人员常常需要开展纵向测量和实验测量。因为事后测量无法单独地解释因果影响，所以，纵向测量是必要的。引入因素的系统误差，然后测量这些误差的效果是实验研究的基本思路。当研究目的是确定变量之间是否具有相互关系，这些关系是否对企业决策过程具有贡献时，因果研究就非常有用和有意义。

实验设计①

实验设计是指导实验研究的一组程序，具体而言：①操纵哪些自变量；②测量哪些因变量；③使用何种水平的实验处理方式；④如何选择被试群体以及如何分配被试到不同的组别；⑤如何控制选择性偏差；⑥如何最小化外部变量对实验结果的影响。实验研究是研究人员按照操纵自变量，观测因变量的变化这样的原理进行操作。这种技术能够使研究人员得出因果关系的结论，尤其是实验控制了其他因素所引起的因变量的变化情况下所得出的结论。

在建立变量之间的因果关系时，确定何为自变量，何为因变量，或者何为原因变量，何为结果变量非常有必要。当寻找因果关系时，研究人员应该寻找行为/行动和观测结果之间的强有力的证据。从发生的时间顺序来看，通常行动先于结果。研究人员还应该排除其他可能的原因导致的结果。此外，还需要考虑另外一个重要的因素是原因和影响结果之间的时差。

在许多国际营销环境中，因果关系的结果并不明显。即使实验设计适用于所有的社会和文化背景，但在所有国家和文化背景中设计可比较的或是相同的实验是非常困难的。从本质上来讲，实验结合了营销实践、分销渠道和购买模式等方面的文化差异。因此，复制各国相同的设计可能带来错误的结论，对于研究人员而言，必须考虑国家和文化偏见来调整数据。②以下六个符号通常用于实验设计过程。

(1) O：O 表示正式观测或测量的因变量，它是实验研究的一部分。当实验中

---

① Aaker et al., *Marketing Research*, 11th edition.

② Charles S. Mayer, "Multinational Marketing Research: The Magnifying Glass of Methodological Problems", *European Research* (1978), Vol.6；77—83.

使用一个以上的因变量时,则这些因变量可以表示为 O_1,O_2 等。O_s 的顺序从左到右的排序代表它们出现的时间顺序。

(2) X:X 表示实验操纵或处理的变量。当操纵变量不仅一个时,可以使用符号 X_1,X_2 等。X_s 从左到右的排序代表它们出现的时间顺序。

(3) EG:EG 表示实验组别,使用符号 EG_1,EG_2 来表示不同的组别。

(4) CG:CG 表示控制组别,使用符号 CG_1,CG_2 表示不同的组别。

(5) R:R 表示将被试随机分配到实验组别,随机可以确保控制无关变量的影响和增加实验的可靠性。

(6) M:M 表示实验组和控制组在相关特征基础上的匹配性或程度,匹配有助于减少选择性偏差所引起的实验误差。

实验设计通常分为三种:预实验设计、真实验设计和准实验设计。

预实验设计

预实验设计类似于探索性研究,它几乎没有控制任何外在因素对实验结果所产生的影响。预实验设计对因果关系的推断贡献很小或没有,但能够帮助提出因果关系假设。全球营销调研常用的预实验设计方式如下:

单组别,事后设计(one group, after-only design)

实验设计是对被试或被试组进行实验处理,然后测量结果。例如,家居装修店于 4 月份在乔治亚州杜鲁斯举办了为期两周的广告活动,该广告活动诉求点是"草坪维护良好可带来美景"。这样,事后的清洁设备销售额提高,顾客惠顾园艺部门的数量上升都可以作为评价广告支出活动的效果。这个实验设计使用符号可以描述为:

$$EG \quad X \quad O$$

这种实验设计存在的问题之一是所产生的结果可能是由于实验外部的因素所引起的。例如,清洁用品销售额的增加和顾客惠顾的数量增加可能是由于人们春天大清洁活动引起的,不一定和广告活动有关联。这些干扰的外部影响被称为历史影响(history effects)。在营销研究中,历史影响可以出现在竞争对手的行为、报复性或其他方面。在某些情况下,例如在他人执行实验的过程中,竞争对手故意在市场上进行特别的促销活动,干扰他人的实验结果。这个过程所涉及的时间越长,历史影响对实验可观测结果的影响越大。

实验设计的另一个问题被称为成熟(maturation),它是指随着时间的变化,被试发生了一些变化,例如年龄增长、更加疲倦或更加饥饿等。例如,假设实验是关于一年的犯罪预防项目的研究。到年底,项目评估测量被试的在职人数和犯罪的发生率。如果18岁的年轻人比17岁的年轻人在职人数更多和犯罪率更低,这个发现可能是年轻人成熟的结果,而不是因为犯罪预防计划的结果。

非匹配对照实验设计(non-matched control group design)

控制历史影响和成熟影响的方法是引入一个控制组。乔治亚州萨凡纳市的园艺设备和顾客商店惠顾数据是可以获得的。因此,将已经获得的萨凡纳市的数据与杜鲁斯相比较。这种实验设计用符号可以表达为:

$$EG \quad X \quad O_1$$
$$CG \qquad\quad O_2$$

虚线上指的是杜鲁斯市的数据,而虚线下指的是萨凡纳市的数据。显然萨凡纳市并没有进行实验处理。研究结果可以表示为 $O_1 - O_2$。水平虚线意味着两组是分别不同的组,实验处理组与控制组互不影响。如果杜鲁斯市民在萨凡纳阅读广告,所得结论就会有问题了。

然而,这个实验设计存在着选择性偏差。实验结果可能由于所选择的杜鲁斯市,如杜鲁斯的家庭类型、收入、生活方式和气候等因素影响了实验结果。如果选择两个、三个或更多的城市作为控制组,那么选择性偏差将减小,但仍然会存在。

匹配对照组设计(matched control group design)

降低选择性偏差的一个方式就是匹配对比实验组和对照组。如果气候会影响社区对草坪维护广告的反应,可以根据城市的平均气温进行匹配,例如,选择一个与杜鲁斯市温度相似的城市作为控制组。当然,除了温度之外,家庭类型或收入水平等因素也和杜鲁斯市相匹配。这类实验研究设计可以表达为:

$$EG \quad M \quad X \quad O_1$$
$$CG \quad M \qquad\quad O_2$$

其中,M 表示两组群体在一些感兴趣的变量上相似或相匹配的特征。

当抽样设计和抽样成本限制了样本规模的时候,匹配的控制组是适用的。在一个城市或一小群城市进行测试营销计划是非常昂贵的,而研究人员经常受限于在一个单一的城市进行测试,或者至多两个或三个城市测试。在这种情况下,尽量将控制组的城市与实验组的城市进行相匹配,保证除了所研究的变量之外,其他因素保持一致或相匹配。

单组别,事前—事后设计(one group, before-after design)

到目前为止,考虑的均是只有事后设计。改进控制的另一种方法是增加事前的测量,这种方法可以表达为:

$$EG \quad O_1 \quad X \quad O_2$$

事前测量扮演着控制组或对照组的作用。如果样本城市是一个大城市,那么 O_1 的测量样本规模也应该是巨大的。此外,关注从 O_1 到 O_2 的改变,纠正季节性模式与影响。事前测量可以添加到已经呈现好的任何设计中,同时它通过添加另一种方法控制混淆或干扰变量来提高实验灵敏度。

真实验设计

真实验设计采用随机方式将被试分配到不同的实验组。这种实验设计主要目的在于将影响内部效度的一些因素控制到最小和最小化,这些因素有死亡、测试、历史、选择和成熟的影响。这种实验设计有助于排除竞争性的假设。同时,由于真实验设计随机分配被试,在很大程度上控制了内部效度。全球营销调研经常使用的真实验设计有以下几种:

两组别,事后设计(two-group, after-only design)

出于比较的目的,这种实验设计将测试组分为实验处理组和对照组。将被试随机分配到实验组和对照组。研究人员能够测量实验组和对照组的差异,了解自变量的影响。因将被试随机分配到实验组和对照组,当样本量足够大时,两组被试在所有维度上的特征都将是匹配或相似的。由于在实验处理之前没有进行测量任务,所以也不存在测量上的偏误。

以 30 家零售店样本为例,我们随机将 15 家零售店分配到实验组,剩余 15 家分配到对照组。由于随机分配的原因,实验组和对照组的零售店在收入、顾客数量、产品数量等因素上将不会存在比较大的差异,所有的这些因素应该倾向于平均化。当然,随着样本量的增加,随机分配所带来的实验组和对照组在这些因素上的匹配效果越好。随机的两组别—事后设计可以表达为:

$$\frac{EG \quad R \quad X \quad O_1}{CG \quad R \qquad\quad O_2}$$

其中,R 表示被试被随机分配到实验组和对照组。随机分配在样本量足够大的时候很有效,这是因为实验组和对照组是相似的。然而,这种方法不能消除历史和成熟效应所产生的偏差。因此,两组别事前—事后设计被用于控制这些偏差。

两组别,事前—事后设计(two-group,before-after design)

类似于前面的实验设计,事前—事后设计也有两组——实验组和对照组。在这个设计中,需要分别测量或采集实验处理的事前和事后两次数据。这种设计揭示了实验组所处理后的效应或效果。

在 20 世纪 70 年代,美国金宝汤公司进行了一系列的 19 组事前—事后的实验设计研究,通过随机分配实验组和对照组来评估不同的广告方案对一系列产品的广告效果,这些产品包括浓缩汤(Campbell's condensed soups)、汤(Soup for One soups)、美味汤(Chunky soups)、法国—美国面食(Franco-American pasta)、斯旺森冷冻食品(Swanson frozen dinners)和 V-8 鸡尾酒蔬菜汁(V-8 cocktail vegetable juice)。[①]这些研究分别测试了增加的广告投放,不同媒体投放的广告、不同的市场投放的广告和新的广告创意。这些研究结果表明:①在前五项增加的广告投放研究中,消费者并没有感觉被告之更多的信息;②五个实验中有三个实验,包括美味汤(Chunky soups)的产品实验表明,广告的到达率并没有增加,对于增加销售也没有效果;③在关于新的广告创意检测中,五个实验中有三个实验结果表明新的广告创意并没有增加销售额;④实验结果表明在相对较短的时期内,即三或四个时期

---

① J.O. Eastlack, Jr., and Ambar G. Rao, "Conducting Advertising Experiments in the Real World: The Campbell Soup Company Experience", Marketing Science 5, No.3(Winter 1989):245—259.

内,销售额有显著增长。两组别,事前—事后设计可以表达为:

$$EG \quad R \quad O_1 \quad X \quad O_2$$
$$CG \quad R \quad O_3 \qquad\quad O_4$$

其中,对照组有助于控制历史和成熟的效应,同时控制了 O_1、O_2 的反应效应(reactive effect)。这种方法的不足在于,容易引起被试对实验流程变得敏感,导致他们发生不自然的行为。

所罗门四组设计(Solomon Four-Group Design)

所罗门四组实验设计提供了一种解决上述两种实验设计所存在问题的方案。这个实验设计程序使用四组实验——两个实验组和两个控制组。具体程序为:首先,在实验处理之前,观测一个实验组和一个对照组。然后,分别处理或操纵两个实验组。最后,观测所有的四个组别。由于这种设计所需要的样本量是其他设计的两倍,所以这种设计方法的成本非常昂贵。然而,这种设计控制了实验程序中的所有偏差和提供了一个清晰的实验效果的画面。这个实验设计可以表示为:

$$EG \quad R \quad O_1 \quad X \quad O_2$$
$$CG \quad R \quad O_3 \qquad\quad O_4$$
$$EG \quad R \qquad\quad X \quad O_5$$
$$CG \quad R \qquad\qquad\quad O_6$$

准实验设计

准实验设计一般应用于随机分配被试不太可行或实践上行不通的情形。在这种情形下,研究人员应该意识到潜在影响内部效度的因素,并控制这些因素。现场实验(field experiments)允许研究人员去作出真实情形中的因果推断。这种自然的情形得出了更加普适性的研究结论。

准实验设计包括诸如趋势分析和时间序列测量等程序。准实验设计没有将被试随机分配到不同组别里。准实验设计的一个例子是探讨货架展示对橘汁销售的影响。在美国,大多数杂货店采用 4 列形式展示这些产品。因此,通过改变 3 和 5列的形式展示这些产品,然后观察销售的变化。当然,研究人员需要确定没有其他诸如价格变化和商店竞争对手的促销等其他混淆因素对实验结果的影响。上述相同的程序被应用到英国和日本两个国家市场中。值得注意的是,在国际情境中执行实验的关键在于采用适合国家市场特征的程序。在英国,平均展示橙汁的列数为3,因此,实验还设计了2和4列展示方式,进一步观察销售的差异。而在日本这个平均展示列数为2,因此实验设计了1和3列。合理化地改变实验程序,使得实验在具体的国家情境中更有意义。

实验设计中的问题[①]

国际现场实验(field experiment)是不常见的。因为合适的环境很难找到,同时它还具有非常高的复杂性。加上考虑文化差异的影响,现场实验将引发多种问题,有些问题如下:

● 缺乏对被试或企业的研究过程的熟悉与了解,可能意味着实验研究过程中研究人员试图将他们自己的价值观强行加给被试。在这种情况下,可能很难进入或获得被试或企业的真实反应数据。

● 实施调研的管理上,例如信息搜集和现场展现等方面,可能本身都是不寻常的或比较困难,同时形成或构成了一个包含混淆因素的实验设计。由于国际调研项目更加不寻常,因此,国际环境比国内环境更可能发生混淆的因素影响实验结果。

● 研究人员通常与被试在教育、地位和声誉上具有显著的差异。在某些情况下,研究人员被视为权威人物,而被试可能通过给出正确的回应或错误的反应来应对研究人员。

● 研究人员可能由于种族、性别或年龄的原因被视为是社会地位较低的,导致被试拒绝合作或故意扭曲实验结果。

● 为了尽可能自然地实施实验处理,组织成员执行实验可能是可取的。如果他们不熟悉研究过程,那么这些人可能难以了解严格遵循程序的需要。

● 不同的风俗习惯和条件可能有意料之外的结果。在熟悉的环境中隔离实验

① Betty Jane Punnet, "Designing Field Experiments for Management Research Outside North America", International Studies of Management and Organization XVIII, No.3(1988):44—54.

可能的混淆因素是相对容易的。然而,在不熟悉的环境中,研究人员可能不知道和忽略这些重要的因素。

● 如果他们不熟悉研究过程或正在测试理论,获得被试的同意和汇报研究目的可能是比较困难的。

实验设计中的偏见

实验设计中涉及的偏见会导致扭曲研究结果。常见的偏见如下:[①]

● 历史效应(history effect):实验外部事件影响人们在实验中的反应。

● 被试退出(mortality):被试群体中成员离开这个群体,因此,随着实验的进行,群体特征变得越来越不匹配或不协调。

● 选择性偏差(selection):实验选择样本过程中,可能存在有意识或无意识的选择性偏差,偏离了预期的样本特征,或与预期样本特征不匹配。

● 测试效应(testing effect):如果被试者意识到他们正以某种方式被进行测试,他们可能表现出不自然的行为。

● 测量或工具误差(measurement or instrument error):测量前后可能会有差异,或者在实验过程中测量工具可能会发生变化。这可能导致测量的变化或误差。

一手数据收集的问题

收集一手数据并不总是意味着研究人员必须亲自到所研究的国家。这些数据在美国境内可以通过所研究的国家的学生、当地大使馆人员、游客,甚至是对这个国家有深入了解的美国专家进行收集。值得注意的是,尽管所搜集的信息从技术上角度是正确的,但不能用这些信息代表总体。不过,这些信息可以用于获得问题的感觉和构建假设的探索性研究。

一旦确定了所调查的国家,研究人员必须清晰需要收集哪些信息。所调查的

———————

① Richard L. Sandhusen, *Global Marketing*, Hauppauge, NY: Barron's Educational Series, 1994:67—69.

目标应该非常具体。例如,如果有一项研究是关于职业女性,那么就要重点关注这个国家的从事工作的女性。要思考如何花费最少的时间和精力去收集最大量的有用信息。在这个时候,研究人员也应该非常清楚决策过程。如果开展一项关于出售金融服务的研究,那么,研究人员应该清楚这个金融决策过程是夫妇共同决定还是由男性决定。

在确定数据资源之前,研究人员应该了解客户的能力和限制。许多客户往往对自己的员工有很大的信心,有时可能会对研究人员产生反感。一个客户公司的员工声称知道另一个国家的所有情况也许并不是最佳的数据资源。同样,提供帮助的朋友也可能并非是最佳的信息来源。由于对于这类人没有财务责任,所以,他们提供的信息可能不是标准化的,甚至是错误的。研究人员必须在研究过程的后期进行交叉检验或检查这些数据的质量。

本位学派和客位学派的两难之处

全球营销调研者面临的一个主要问题就是数据的可比性。每个国家都是独一无二的,拥有不同的民族,表现出不同的价值观、态度和行为。因此,研究人员需要设计一种适合所要调研国家的调查方式,以便准确地搜集这个国家的数据。然而,在多国调研中,跨国数据可能是不可比较的。为了数据的可比性,研究人员可能设计用于跨国调研的标准化的技术。但是,技术虽然达到标准化,但有可能降低了数据的精确度。

基于这样的困境,两个全球营销调研学派应运而生。本位学派(EMIC)认为每个国家、每种文化具有唯一性,强调研究每个国家的特点,识别和了解每个国家的独特性。这类研究通常具有文化情境,所得出的结论建立在不同文化的相似性和主观方式的差异性上。

与本位学派相对立的是客位学派(ETIC)。客位学派主要强调价值观、态度和行为的普适性。客位学派的研究技术不考虑文化差异,从而使跨文化的比较变得容易和客观。然而,在不同的文化情境中应用相同的技术在可能导致方法论问题。两种学派代表了跨文化研究方法论的两个极端。研究人员选择哪一种方法取决于研究目的和所研究的国家数量或文化差异。

从两个学派视角而言,这两种学派的意识形态都是正确的。对于一个有用的多国研究来说,信息是应该可比较的。同时,如果一个研究要对实施这项研究的国家的用户有用,则数据必须具有独特性。理想的调查工具应当涵盖 EMIC 和 ETIC 学派的思想。要想实现这一点,在调研开始就让当地用户参与整个调研工作。调研设计不应该完全标准化,必须要考虑到每个国家的特点。当调查生活方式和态度等软性数据时,请当地用户参加就非常重要。

一手数据来源的类型

具体调研技术的选择取决于许多因素,如下面的这些因素:

● 数据收集的目的。标准化技术可应用于搜集客观数据,但不太适合搜集主观数据。

● 研究人员需要使用开放式问句来获取非结构化的数据。

● 数据收集环境会影响所使用的搜集技术。研究人员能够控制数据搜集的环境或者研究人员能够从真实世界中收集数据。

● 搜寻的数据类型——购买产品的历史数据或未来购买产品的意向。

● 国家和文化差异、个体偏好也影响调研技术的选择。例如,美国研究人员喜欢使用问卷调查法,日本研究人员喜欢从经销商和其他渠道商收集数据。①

访谈

访谈是最流行的一种收集一手数据方式。访谈有助于研究人员获得正在研究的课题的深度信息。因为访谈是非结构化的或半结构化的,被访者可以围绕话题进行自由回答。这种访谈通常需要录音(经过被访者的许可),以便日后分析。只要访谈到合适的被访者,一对一的面对面访谈或电话访谈通过访问正确的人,通常能够得到很好的结果。虽然电话访谈具有成本低和研究人员不需要到现场的优势,但个人访谈技术则能降低不应答而导致的误差。值得注意的是研究人员应当小心,尽量防止访问员偏差。

---

① Czinkota and Ronkainen,*International Marketing*,5th edition,p.256.

焦点小组

　　焦点小组是另一种流行的搜集一手数据的方式。这种方式是由 6—8 个具有丰富消费经历的人聚集在一起,在一定的时间内讨论具体的话题。由于这种方式涉及多人,所以单独访谈中不会发生的一些隐藏的想法就会浮出水面。焦点小组的讨论使用磁带录音,然后研究人员对其进行详细分析。焦点小组能够提供更多的诸如态度、感知和其他隐秘因素主观方面的定性数据和信息。在国际环境下研究人员必须了解文化特点,相应地调整相关流程,激发被访者真诚和开放的思想交流。焦点小组是一手数据调研的主流方式,使用这种方式研究人员在一种集体环境下尝试和调动顾客的情绪,以了解他们对事件或产品或服务的态度。客户隐藏在另一个房间观看讨论,参与焦点小组过程,如果客户需要澄清特定的想法或观点,可以立即向主持人发出信号。在国际环境中,实施与操作焦点小组的技术已经扩大了焦点小组的应用范围。在第 6 章可以看出,越来越多的焦点小组调查方式已经广泛被应用在互联网中。互联网打破了边界,将世界缩小,从而使研究人员有能力实施全球营销调研,研究人员通过互联网能够接触不在同一地点的消费者。

观察法

　　观察法需要研究人员对于研究对象的活动和行为通过非参与的形式获取资料的方法。观察可以通过个人或借助一些机械装置完成。观察可以采取伪装形式,也可以告诉研究对象。在全球营销调研中,观察法主要用于理解以前未曾遇到过的营销实践。观察技术也可以帮助理解难以用其他方法评估的现象。

　　此外,观察法有助于获取更为精确的行为意图。观察法并不是向消费者询问他们购物花费了多少时间,或者在商店里购物行走的是什么路径,研究人员使用观察法能够直接看到消费者的这些活动并得出结论。当一些消费者可能不知道他们的自己的所作所为是一种什么信息,或者他们不会乐意与研究人员分享信息,使用采访方法都会使唤数据分析时产生偏差,而使用观察法所得到的结果则更加准确。例如,宝洁公司实施的一项观察法调研通过观察美国各地的家庭的使用行为,重新设计其 Swiffer 拖把。研究结果使宝洁在 2005 年 8 月在市场上向终端用户推出了

Swiffer CarpetFlick①。在国际营销情境下，观察法用于观察从前不可观察的特征和实践。

观察法也有其缺陷。一旦被研究对象意识到了其被观察，他们的反应可能变得不正常。在国际环境中，使用多种语言可能会导致一些问题。例如，在比利时，从一个商店到另一个商店，可以使用四种不同的语言。不同的国家对实施观察法有不同的规定，例如，欧洲对于店内调研则要求研究人员提前对店铺进行货架拍照、店面检查和店内访谈。②此外，每个国家购物模式也有所不同。例如在一些发展中国家没有完全采用购物中心的购物形式，这便为研究人员在商品购物的模式和格式方面的研究带来了需要考虑的新变量。

问卷调查

问卷调查是搜集一手数据最为流行的方式。问卷调查通常由研究人员通过邮件或电话的方式，借助于人员发放问卷而收集数据的方式。在全球营销调研中，问卷调查面临着诸多障碍。实施问卷调查的潜在假设就是目标人群能够理解并愿意回答问卷。事实上，被调查者并不总是如此能够理解或配合调查。众所周知，在大多数欠发达国家至今还尚未普及电话，这就不可能实施电话调查。有些国家中还没有全面覆盖邮政系统，导致大多数样本人群可能无法参与调查。例如，在委内瑞拉，房屋没有数字编号，只有个人名字，根据正确的地址找到被访者可能是一件麻烦的工作。邮件调查也遭受着诸多限制。在一些国家，邮政员工会将送给邮寄问卷填写者的调查激励（礼品或金钱）据为己有。例如，意大利将很多邮寄问卷交给造纸厂进行回收利用。尽管存在这些问题，问卷调查依然是全球营销调研搜集数据的最流行的方法。很多访问的问题正在被解决。在线访谈正显现出低成本的优势。第6章详细地讨论了关于互联网改变了在线营销调研技术的话题。

在线国际搭车调查

搭车调查（Omnibus）受到青睐由来已久。在搭车调查中，访问员在同一个访谈

---

① Sarah Ellison, "Studying Messy Habits to Sweep Up a Market", *Wall Street Journal*, July 14, 2005.

② Czinkota and Ronkainen, *International Marketing*, 8th edition.

中向被访者询问一系列的话题。一些公司支付这些调查费用,而客户则只支付与其相关的向消费者访问的问句的费用。这种多客户营销调研倍受欢迎,其原因在于:①节省成本——所涉及的被访者的招募和甄别成本由所有购买客户分摊;②节省时间——因为这些一手数据调查同时进行,而不是单独开展,因此节省了大量时间。在全球环境中开展营销调研,时间和金钱的节约非常重要。多国调研费用昂贵,需要协调大量资源,按计划成功地开展调研项目。搭车调查和互联网是使公司可以更快速和更容易地从消费者处获得信息的两个重要驱动力。

公司可以运用搭车调查达到很多目的,比如识别成功的概念、检查新产品或特定事件的知名度、检查促销活动的有效性,这些均便于了解详细的消费者体验。益普索为客户提供一项调研,希望了解垃圾邮件是否是面向未来客户的各种在线服务和产品类别的成本效益的一种方式。①其在英国、法国、德国、美国、加拿大和巴西使用在线搭车方法去测量:①垃圾邮件被删除甚至不被阅读的比例;②最易受垃圾邮件营销影响的人口群体;③由于垃圾邮件而获得最大成功的服务/产品类别;④垃圾邮件购买过程的满意度水平。

一手数据收集的难题

收集一手数据的难题大致包括以下三个方面:方法论问题、实践问题和操作问题。②下文将详细地讨论每一类问题。

方法论问题

文化偏差

每个研究人员都会将融入其身心的文化所形成的价值观、信仰和假设带入其

---

① "Ipsos MORI—Online Omnibus", http://www.ipsos-mori.com/researchareas/omnibusservices/onlineomnibus.aspx 于 2013 年 6 月访问。

② Ugar Yavas and Erdner Kaynak, "Current Status of Marketing Research in Developing Countries: Problems and Opportunities", *Journal of International Marketing and Market Research* 5, No.2 (1980):79—89.

研究。即使他们意识到这种偏差的存在，但他们也很难防范。正如前几章所述，自我参照标准(SRC)允许研究人员的价值观、信仰和态度影响他们在外国文化中的口头和非语言方的解释。当研究人员在与自己的文化差异很大的文化情景中开展研究时，这种自我参照标准的效应更加显著。例如，卡夫食品(Kraft)已经认识到不同国家的咖啡味道不同，并为英国人(牛奶咖啡)、法国人(黑醋饮)以及拉丁美洲人(咖啡中加入菊苣)推出了各种口味咖啡。然而，通用食品(General Foods)将 Tang 定位为早餐时橙汁的替代物的营销策略则以失败而告终，后来它们才意识到法国人只喝少许橙汁，几乎从不吃早餐。[1]因此，研究人员分析产品和国际市场时必须警惕自己的文化偏差给研究结果带来的影响。

语言问题

大多数北美调研都是运用英语进行的，但在国际调研中，仅仅使用英语则可能会产生一些问题，例如，不回答、简短回答、不知情的答案、误解的答案和难以获得当地政府或当地合作伙伴的支持。另外，人们熟练地使用一种语言和使用另一种语言的思考方式会有差异。根据不同的语言，研究人员可能会对同一个问题提供不同的答案。例如，印度没有民族语言，根据 2001 年的普查，印度政府已经承认大约有上百万的人口使用了 29 种官方语言；超过 10 万本土人口使用 60 多种语言，1 万本土人口使用 122 种语言。在这样的市场上，由于语言的含义可能有所不同，研究人员必须小心理解和解释市场现象。

翻译可以克服这些问题，但术语则不能直接翻译，如果使用翻译或口译员，必须要求口译员能够流利地使用这两种语言，并对具体的研究领域非常熟悉。此外，研究人员和口译人员还必须在开始执行调研之前进行沟通和交流。对于访谈而言，翻译也是重要的，尤其是访谈所使用的大纲。最后，当使用回译时，可能会发现与原始翻译有许多不同。

不完备的研究设计

某些调研公司可能与研究人员所得出的研究设计不匹配。第一个挑战是找到满足研究设计所需要的特征的足够的被访者。研究地点的选择非常重要，应该尽

---

① Kotler et al.，*Marketing Management*.

可能地使变量不要过于复杂。2×2矩阵通常是很好的模式。

　　识别问题往往是样本量的问题。大样本与小样本的辩论和一个国家内缺乏满足项目研究的潜在调查站点都是研究中常见的问题。在没有足够的调查站点或缺乏访问权限的情况下,研究人员必须考虑其他解决方案。例如,如果需要八个访问站点,但只能访问四个站点,那么必须寻求替代解决方案,一个策略是继续在能够进入的站点进行访问,并且同时搜索其他解决办法,但这需要考虑哪个是最重要的变量,以便加以控制和建立层次结构。这个策略被用于指导搜寻新调查站点和决定是否接受他们这些调查站点。研究设计需要具有灵活性和清晰地列出潜在的备选方案。

进入问题

　　研究人员要了解发展中国家中企业如何应对限制性投资政策、本地化压力、如何发起和管理合资企业等主题,他们就必须接触现场,并与涉及这些情境的主要角色进行交谈。假设已经确认了一家合适的调研公司进行调研,那么接下来的问题就是获得研究的访问权限。根据研究问题的敏感程度不同,访问接触的问题将更加突出。

　　研究人员要访问企业人员,第一步是在公司总部找到合适的人选。如果研究人员能接触到公司高层,合作和成功的概率将会提高很多。起初应该直接联系国际公司的总裁或副总裁。也许由于有些主题过于敏感不能披露给局外人,或者企业根本不符合研究设计,在这种情况下可能总裁或副总裁就不是合适的人选。许多公司可能不愿意为学术研究作出贡献,所以,研究方案必须以高管人员能够接受的方式表述,并且必须设法使调研能够为被访者提供实际利益。方案中必须使用商业术语而不是学术术语。例如,公司高管对研究人员是否使用多元回归、因子分析或内容分析不感兴趣,他们关心的是研究完成后可以获得哪些有实践价值的结论或建议。

　　研究人员必须将东道国政府、当地合作伙伴、地方管理人员和当地雇员等的观点放在心上。每个政党都会采取不同的逻辑范式来指导其行动,但地方政府官员和合资伙伴与北美企业相比,更不容易接触,可能对学术研究的兴趣更小。在一些国家,甚至访谈或调查个人也可能是一个问题。在墨西哥,由于上层社会的住房结构、围墙和仆人等方面的障碍,直接访谈或调查上层社会是很困难的。[①]

---

① Kalim, "Quality Standards", pp.11—26.

机密性和信任

在全球营销实践中,有时候可能需要调研一些敏感性的机密数据,例如涉及主权国家的功能或当地经营问题或公司间冲突等方面的数据。研究人员必须说服相关方不要丢失他们的信任,向被访者保证机密性的承诺是非常重要的。保密通常包括公司真实名字或人员的真实姓名。保密可能会影响研究人员对调研工作的完全评估,但是这个缺点是微不足道的。否则,研究人员则无法获得访问的机会与权限。此外,调研公司应该相信研究人员实际上是持有保密特质的。

研究人员还必须考虑访谈和回答问卷所需要花费的时间。访谈开始时,就应该告知被访者研究目的及所用时间。此外,使用笔记或磁带录音机等设备可能会遭到受访问者拒绝,但研究人员还是要尽可能征得被访者同意。备注记录必须在访谈后尽快更新,感谢信等承诺材料也应在访谈后立即发给被访者。感谢信除了包括常见的礼貌外,还应提醒被访者在访谈中应该讨论的潜在情况,例如后续电话或进一步访谈进行澄清。

分析问题和沟通结果

在记录叙事历史后,研究人员应进行初步分析,确保被访者回答了所有相关问题。这可能会发现进一步探索的领域,甚至迫使研究人员适当地修改研究框架。

在最后的分析中,研究人员将搜索与模式相关的绩效数据。由于大多数信息是通过调查问卷所获得的定性数据,因此研究人员撰写良好的书面报告是很大的责任。良好的写作在叙述历史和观察法调研中至关重要。最后,诸如内容分析等定性技术也经常运用到调查过程中。

实践问题

时间

快速完善的研究并不多见。对于研究人员来说,调研所用时间是进行研究的宝贵资源。因此,仔细和细致的规划有助于研究人员保持正常的时间进度和避免延误。由于时间最终转化为费用,所以现场调研的精心安排必须是有效率的。这也包括确定搜集数据的备选来源和精心的研究设计所花费的时间。概述国际实地调研项目进展的粗略清单有助于遵循时间表实施项目。国际调研的经验法则是计算预期时间,然后将其加倍。例如,由于研究人员必须按照企业高层人员的忙碌时间表来工作,所以在访谈的时候会出现访问中止的状况。

花费

时间最终转化成费用。实地调研是国际调研中费用最高的一种收集数据方式。因此,保证实地研究尽可能高效尤其重要。在开展实际数据搜集前,研究人员需要深思熟虑,进行研究设计。如果传统的学术资源不足,那么必须考虑非传统数据资源。例如,在加拿大,可以考虑加拿大国际发展署和对外事务处;而在美国,可以考虑美国国际发展署。

技术要求

技术要求是指确保在诸如电话、传真机、电子邮件和邮政设施以及交通运输设施等方面设施资源是可利用的,并保持着顺畅的运行秩序。在国际环境下,研究人员在比较不发达国家实施调研时,会碰到交通设施恶劣、道路不畅、不正确的连接方式等问题。这些后勤和资源需求必须得到妥善保证,并具有替代方案。另一个问题可能是使用多个软件时的兼容性问题,这必须谨慎进行,是为了避免翻译过程中的延迟问题。

操作困难

(1) 最初始的问题是确保获得调研许可,尤其是在发展中国家市场环境条件下。一些国家需要三到六个月才能获得调研许可,特别是如果研究课题涉及国家敏感话题,或者在该国家首都之外的城市开展调研,则所需要的时间会更长。被研究国家的相关组织,如大学或管理机构可以帮助完成申请过程。

(2) 电话可能不可靠。个人访问前到办公室提前预约可能会更好。如果资金允许,做好相关人员的电话和培训的准备可能是成功的关键。有一些事情需要权衡与考虑,如外国人的声音通常可以容易预约到当地人接受访问,或者当地人可能比外国人更容易获得许可。

(3) 有些国家的邮件系统是不可靠的。信件可能会丢失或延迟。即使快递服务也不是万无一失,信件可能会在公司内传递给错误的人。某个研究团队进行的一个调查显示,实际的收件人虽然已经签收,但事实上并没有收到信件的比例有25％左右。

(4) 调研所属地的交通可能很困难。恶劣的道路状况、交通不畅、航班稀少或昂贵,以及乘坐公共交通的危险等可能成为问题。

(5) 研究人员的人身安全。重要的是研究人员外表衣着不要太耀眼,尽量与当地人在服饰上相匹配。最好选择安全性比较好,可以徒步到达的地方去调研。

(6) 公文包中的财产和个人地址放在视线之内是很重要的。

(7) 研究人员还必须处理一些问题,如目标受访者死亡,搬到其他地方,或者根本不想与研究人员谈论研究的话题。

(8) 研究人员在家使用的电脑可能与在现场使用的电脑不兼容。即使由同一家公司生产,软件包也可能不兼容。例如,不同国家可用的软件之间的差异和不兼容可能会导致研究人员的翻译和分析方面的一系列问题。

在最终的分析中,现场实地研究涉及访问、信任、时间表、保密性和转录访谈的反馈等问题。现场实地研究可能不适合每个人,但研究方法和研究人员的个性之间要有匹配。调研的执行可能充满了模糊、焦虑和沮丧。

一手数据收集的利弊

与二手数据相比,一手数据具有很多优点和缺点。本小节详细介绍其优缺点。

一手数据准确和精确,因为它们是为某个具体项目执行而收集获得的。而二手资料通常是由于其他研究目的而收集的,因此,一手数据仅用于提供一般普适性的观点。二手数据也不能用于制定战略决策。推论和结论等应该出自一手数据。而且,二手数据在不同国家以不同的方式收集,有时也无法进行对比。这使得研究人员难以在多国研究中使用二手数据。一手资料可以针对具体研究的研究目的选择合适的方式进行收集。

一手数据的一个缺点在于收集过程需要涉及诸多资源。公司必须投入大量时间、人力和资金才能搜集到可接受高质量的一手数据。前面提到的国家和文化差异对数据收集方法具有重要的影响,因此,在全球营销调研中,公司需要投入更多的资源。

国际营销调研中建立等同性[①]

一项研究的结论基于如下假设：所测量的样本具有代表性和结果是样本的真实测量。然而，现实中一些偏差可能使数据的分析和解释复杂化。偏差可以被定义为倾向于产生与真实不同的结果或结论的任何因素。研究中的偏差可能来自许多来源，包括统计分析中的错误，不能区分自变量和因变量的观测值，或者无法调整混淆变量。因此，有必要检查多国调研环境的数据搜集过程的各个方面，并确定其等同性。图 7.1 展示了常见的等同性类型。

图 7.1   国际营销调研中的等同性类型

概念等同性

概念等同性涉及正在研究的产品或服务的功能，而不是用于搜集数据方法。正在研究的不同国家必须对正在研究的产品有同样的看法，如果不是这样，数据的比较就变得没有意义。例如，如果我们正在调研自行车市场，我们需要明白，自行车市场在美国是娱乐运动的类别；然而，在印度和中国，它们被认为是一种基本的交通工具。在日本，人们可以使用非碳酸饮料代替果汁，而在美国，这两个类别被认为是不同的产品。[②]研究人员需要关注调研所需要的信息，而不是用于搜集这些数据所使用的搜集方式的相关信息。例如，在美国，可能使用电话访谈。在欠发达国家，研究人员可能不得不采用邮件采访或个人访谈来获得相同信息，这在问卷设

①   Douglas and Craig, *International Marketing Research*：78—82.

②   Charles S. Mayer, "The Lessons of Multi National Marketing Research", *Business Horizons*, December 1978：10.

计的章节有详细的介绍。

测量等同性

测量等同性与在调研中用于测量调研对象的各个属性的尺度或量表有关。在多国调研中,研究人员需要修改测量单位。在英国和大多数英联邦国家,测量标准是度量尺度。在设计调研工具时,必须注意改变单位。人们普遍认为,人口统计变量之间的测量等同性比心理变量之间的等同性更容易建立。在美国,研究人员使用了五点量表或七点量表;而在法国,研究人员常常使用20点量表。测量等同性还包括校准、翻译和度量标准等。这些内容的论述参考量表开发的章节。

抽样等同性

抽样等同性关系到决策制定过程。例如,如果调研消费者玩具购买习惯,研究人员需要了解美国孩子们是由孩子们自己决定购买他们想要的玩具,还是由父母决定。而在另外一个国家,可能由父母作出这个购买决策。因此,要想获得有用的资料,美国的访谈样本应当是儿童,而另一个国家的访谈样本应当是父母。这些内容将在抽样章节详细论述。

分析等同性

分析等同性是全球营销调研人员应该关注的第四个,也是最后一个方面的等同性问题。在进行数据分析时,研究人员应考虑到不同文化中存在的不同偏差。不同文化对情形评估和问题评估的影响差异也很大,因此,在给定的量表中,受访者倾向于选择不同的等级。例如,日本人倾向于选择中立点,因此研究人员应当谨慎地避免设计有中点的量表来获得有用的信息。美国人通常不会透露出开放性问题的细节。拉丁美洲人和意大利人倾向于夸大他们的反应。在设计测量量表时,必须要考虑这些因素的影响。数据分析章节讨论了这个方面的内容。

为了在上述四个方面建立等同性,研究人员通常要对各国的结果进行比较,同时分析和检查信度。

国内和全球营销调研的主要区别在于概念、测量和抽样等同性等方面。在全球营销调研中,说起来容易做起来难。对于初学者而言,跨文化比较是非常困难的。来自不同国家的人们有着不同的价值观念、信仰和生活方式,并且总体世界观也有所不同。希冀法国人和韩国人统一所有相同的想法是不切实际的。在许多情况下,单一国家的思想和价值观也并不是均匀的,所以研究人员可能需要调整研究设计来搜集来自不同国家的可比较的数据。

在许多情况下,研究人员试图在所有正在研究的国家中采用同一种方法。例如,如果使用电话调查作为搜集一手数据的主要方式,那么在大多数家庭有电话和电话号码列表易于访问的发达国家是非常有效的。但是,在电话费用非常高的发展中国家,这可能是一种价格非常昂贵的方法。此外,有些国家并不是所有的家庭都有电话连接,并且达到目标样本可能很难实现,在这些国家,这种方法将不得不进行调整。全球营销调研的首要目标是数据具有可比较性,其次为调研工具的可比性。

相同的原理可能应用于测量和抽样等同性。用于测量各方面的量表应根据使用的国家进行相应的修改,抽样群体也应该进行相应的修改。例如,如果一家公司有兴趣调研办公用品市场,在美国所有关于购买行为的数据都可以通过与办公室秘书交谈来搜集;而在另一些高度官僚主义文化的国家,可能有必要采访企业高层管理人员。为了获得可比较的信息,研究人员应该了解决策过程,并确定合适的样本。

建立全球营销调研的等同性是一项庞大的任务,这需要研究人员进行大量的诊断性决策。研究人员必须依赖过去丰富的经验来决定在所要调查的国家采用相适应的方法。一项关于不同城市工作场所的压力水平的调查表明香港是压力最大的城市。这个调查结果可以说明在概念、测量、抽样和分析方面建立等同性的重要性。调查结果将纽约和伦敦与香港进行了比较,得出了男女职工的观点。由于受访人群的多样性,压力的定义也必然会有很大差异。纽约职工考虑通勤压力,而香港职工考虑同事压力,这些构成了工作压力中最大的一个方面。所有这些城市的样本同样重要。因为伦敦的医生可能没有纽约医生相同的工作压力,这可能是非常棘手的问题。因此,重要的是研究人员在得出结论之前需要考虑所有的方面。

全球营销调研实践

Tasty Burgers 使用可用的二手数据对英国、巴西、印度和沙特阿拉伯四个国家市场规模进行清晰的了解。二手数据的调研结果帮助 Tasty Burgers 在哪些清楚表明没有增长潜力的市场选择退出,然而,对于那些计划扩张的市场实施一手数据调研是非常重要的。本章定义的一手数据是专门为特定项目搜集的数据,应该能够为所要研究的问题提供答案。

第一步是分析要研究市场的可获得信息的程度。通常发达国家有大量的信息可以获得。因此,研究人员应该可以容易地获得于英国的深度信息。不过巴西和印度这样的发展中国家,获得可靠的人口和经济数据并不容易。即使它们数据可以利用,但这些数据也不会及时更新。沙特阿拉伯是另一个缺乏信息的国家。在这些情况下,有必要进行探索性研究来测试这些国家的项目可行性。只有在探索性研究证明存在市场潜力时才应该分配时间和资源。

探索性研究将涉及调研这些国家的主要城市,并确定这些城市中哪一个城市最适合建立第一个货物集散地。研究人员可以调研这些国家现有的快餐市场,并确定需求量较大的产品。公司可以对其他快餐连锁店的客户进行非正式的调查,以了解他们对竞争对手提供的产品是否满意。这些调查可以用来估计 Tasty Burgers 在这些市场上未来的销售状况。

描述性研究涉及要对这些国家开展业务所需要的所有方面进行彻底的调查。对于每个国家,研究人员决定和选择最有效和最可靠的数据收集方式。由于几个国家的文化差异,有可能对于这几个国家使用了不同的数据收集方法。当然,应该注意确保概念、测量和抽样等的等同性。后续关于量表测量、抽样和设计量表等章节将讨论如何实现这些内容。

本章小结

本章主要讨论了在全球营销调研过程中如何搜集一手数据。根据调研目的,研究人员可以在探索性研究、描述性研究和因果研究中选择合适的调研方法。探索性研究最主要的目标是识别/确定问题、更准确地界定问题或调查新的替代行动方案。描述性研究旨在提供现有市场现象的描述。因果研究目的在于确定市场中存在的确切的因果关系。本章还详细介绍了搜集一手数据的不同方法,例如定性方法、调查法和观察法。随后,本章还讨论了国际营销调研中搜集数据面临的方法论、实际和操作等方面的问题。搜集一手数据的优缺点也在本章进行了介绍。收集一手资料最重要的方面就是建立等同性,包括概念、测量、抽样和分析等四个方面。后续章节将继续介绍对等性建立问题。

思考题

1. 向某城市的一家知名零售店的一群客户邮寄信件,以了解他们对即将上市的产品和销售折扣活动的反应。调研结果用来确定这个活动在其他城市的有效性,从而增加总体销售量。

(1) 这是一个什么样的实验设计?

(2) 从这个实验中得出的结论有哪些潜在的危害?

2. 给出本章中学到的影响内部信度有哪些因素。哪类实验设计对这些影响因素提供了最有效控制和最小化办法?

3. 列出不同类型的一手数据调研,并对他们进行简要描述。

4. 可口可乐希望在菲律宾进行口味盲测,主要测试消费者对可口可乐和百事可乐的偏好。在口味盲测中,要求被试品尝没有标记的可乐并报告其偏好。评估这个测试实验的有效性。

5. 影响全球营销调研实验设计的因素有哪些?

6. 比较和对比 EMIC 和 ETIC 两个学派的主要思想异同点。

7. 定义和描述全球营销调研中建立等同性的各部分及主要内容。

8

定性研究和观察调研

本章概述①

在大多数的全球营销研究中,二手数据不可能解决所有研究问题。因此,收集原始资料成为营销调研必不可少的工作。在大多数研究中,研究人员没有足够的信息来构建研究问题。研究人员必须先进行探索性研究,以便更好地理解问题。定性数据和观察数据有助于研究人员在操作实际调研过程之前,对研究问题有更好地理解。

定性研究的必要性

定性研究能帮助研究人员更好地了解消费者的需求、期望和感知。来自消费者的信息有助于研究人员对消费者活动所关注的范围和复杂性有更好的认识。例如,Del Monte 公司在要推出一种狗粮早餐时,会先通过公司的在线社区("我爱我狗")与消费者密切互动。基于这种社区互动,该公司发现该类早餐需要维生素和矿物质,同时具有培根和蛋的味道。公司在产品开发过程中,通过在线社区与消费

① 改编自 Kumar et al., *Essentials of Marketing Research*。

者不断互动,推出强化的 Sausage Breakfast Bites 早餐。这种不断通过在线社区与消费者互动所获得的信息帮助公司仅用通常开发新产品的一半时间,顺利地开发和推出这种产品①。在国际范围内,当区域和文化差异凸显了人们之间的态度不同时,定性研究具有特殊作用。例如,亚洲人以白皮肤为美的观念已被研究所证实,这也引导一些化妆品公司像宝洁、联合利华和欧莱雅,推出满足这种期望的产品②。如宝洁的一些产品,及玉兰油的皮肤增白产品和 SK-II,佳洁士的绿茶风味牙膏,以及针对印度大部分人口用手洗衣服的国家推出的汰渍自然洗涤剂。因此,定性研究会帮助企业洞察消费者的感觉、想法、意图和行为,从而促进产品在全球市场的成功。

收集定性数据的目的是希望更多地了解无法直接测量和直接观察的内容。定性方法的基本假设认为个人对没有规则或结构的刺激所做的整理可以表明该人对这种现象的基本认知和该人对这种现象的反应。刺激越是模糊,越是没有结构,受试者就越能投射他们的情绪、需求、动机、态度和价值观。对于受试者来讲,刺激的结构是受试者可选择的程度。高度结构化的刺激给予了被试非常明确的选择,留下了很少的选择空间,而低结构的刺激则给受试者宽泛的备选方案。

相对于基于访问的问卷方法,定性方法结构化程度低,灵活性高。正是由于定性研究方法与受试者的相处时间更长,方法更灵活,因此,定性研究方法所获得数据结果为研究人员提供了更强的洞察力和更新颖的观点。定性研究基于小样本,因此其研究结果不能代表目标总体。定性研究可以用于各种目的。在探索性研究中,它可以用于更详细地界定问题,推演研究假设。研究人员也可使用定性研究来测试新产品概念,进行问卷的预测试。在国际研究中,使用定性研究可以获知消费者的长处和词汇,同时更好地了解外国文化情境下决策制定方式和产品使用情况。

研究人员往往将定性研究与定量研究视为二种具有竞争性的研究方法。然而,二者只是代表不同的研究工具。定量研究侧重于谁是消费者,什么消费行为,消费行为发生于何时何地。定性研究则倾向于关注为什么,即行为背后的原因。同时,在学术界也有一种流行的谬误,即认为定性研究只能用于探索性研究。定性研究的目的是理解消费者的行为,而不是测量消费者行为,所以,定性研究可以增

① Emily Steel, "The New Focus Groups: Online Networks Proprietary Panels Help Consumer Companies Shape Products, Ads", *Wall Street Journal*, January 14, 2008.

② Anita Chang Beattie, "Early Foothold in China Pays Off", *Advertising Age*, October 29, 2012.

加研究人员的知识，帮助他们弄清主题、界定问题、构建假设，以及获得新的想法。定性研究也能够帮助研究人员理解依附于客体和体验的文化意境和个人意境。①

定性研究的类型②

定性研究有不同的方法，本节将对每个方法详细介绍。这些方法在数据收集的结构、数据收集的环境（真实购物环境或模拟购物环境）、受访者对研究的了解程度，以及样本量等方面都有不同程度的差异。

个人访谈

个人访谈是与受访者面对面地进行交谈以探求受访者的详细资料的收集数据方法。深度访谈有两种基本类型：

（1）非指导访谈（nondirective interviews）：受访者在访问员给定的主题范围内自由发挥。非指导访谈的成功取决于是否能够建立起轻松的气氛，访问员启发受访者的能力，在偏离主题讨论的情况下访问员能够将访谈拉回主题。非指导访谈可以持续一至两个小时，访谈需要记录以用于稍后的解释。

（2）半结构化或焦点个人访谈（semi-structured or focused individual interviews）：访问员试图将其访谈包括一些具体的主题。这种访谈在访问员的访谈提纲的各个部分都确切地安排措辞和每个问题所需时间。这种类型的访谈类型对于忙碌的管理人员获取感兴趣的主题信息十分有用。假如有需要，访问员也可以采用开放性的访谈与受访者进行详细讨论。

有三种技术广泛地用于深入访谈的实施。第一种技术称为阶梯技术（laddering）。这种技术的特点是访谈问句从产品特性开始，逐渐过渡到用户特性。阶梯技术试图通过产品的有形方面，来引出客户对产品无形方面的反应，如感觉和态度。如果所研究的主题是关于服装店的情况，访问员可能要求受访者列出服装店的每个属

---

① David Aaker，V. Kumar，Robert P. Leone，and George S. Day，*Marketing Research*，11th edition，Hoboken：Wiley Publications．

② 改编自 Aaker et al.，*Marketing Research*，6th edition．

性,然后访问员向受访者询问为什么这些属性是重要的。这种启发与探索过程一直继续到研究人员将所列出的属性与其相关的价值一一连接。这种访谈操作过程可能类似于以下问句:

> 访问员:你为什么喜欢这家服装店?
>
> 受访者:他们服装种类很多。(商店属性)
>
> 访问员:为什么服装种类多对于你重要?
>
> 受访者:这样我可以找到适合我的尺寸的衣服。(商店属性)
>
> 访问员:为什么适合你的尺寸这点重要?
>
> 受访者:我购买的衣服我要穿起来合适。(购物所带来的结果)
>
> 访问员:为什么你穿起来合适重要?
>
> 受访者:我会感觉很好。(从商店所得到价值)

在上面的对话中,讨论的焦点从服装店的一个非常具体的方面(即服装种类多)到无形方面(即通过好看和感觉好所带来的自尊价值与感受)发生转变。

第二种技术称为隐藏主题询问(hidden-issue questioning)。这种访谈技术的重点不是社会共享价值,而是个人的核心价值,即并不是一般的生活方式,而是个人所深切关注的方面。值得强调的是,这里的提问方式不同于一般的关注社会共享价值观方面的提问。相反,这类提问侧重于个人所关注的问题,通常采用间接的方式来提问。例如,访问员询问受访者关于他们对社会生活的理想想象。跟着这样的提问,接下来的问句可能是围绕确定不包括完美生活的因素。例如,如果问题显示受访者不愿意被社会群体忽略,那么这就是公司应该关注的方面。解决这个问题的一个方法可能是建立起有效的、可供用户讨论产品的和互动的用户社区,如哈雷品牌社区(Harley Owners Group)、SAP 社区(the SAP Community Network)和 Intuit 生活社区(Intuit's Live Community),这些都是用户社区的一些例子,这些社区为志同道合的客户之间提供了互动的平台,并创造了紧密的社会纽带。

第三种技术称为象征分析(symbolic analysis),这种方法是利用研究客体属性相反方面的表现进行比较,以分析客体的象征意义。这种技术可以帮助研究人员了解某些事物对受访者的真正意义。例如,在确定受访者使用手机之后,访问员可能会问受访者如果手机不在了,会有哪些情况出现。受访者可能说他们不能即时与他们的朋友、家人和同事沟通,不得不通过写信或跋山涉水才能和他的朋友、家人和同事见面。由此调研人员就会发现,手机能够使消费者以即时的方式与联系人保持联系。因此,手机公司可能会使用这些信息来进行广告创意,其广告诉求可以是电话更少掉线,公司能够为消费者提供更好的呼叫接收服务。

电话网络覆盖程度高的国家越来越接受使用电话操作个人访谈。受访者越来越愿意接受通过电话采访,这可以帮助节省时间,同时对于进行研究的公司来说也更经济。目前越来越多的调研人员也会用计算机进行访谈,他们用耳麦进行访谈,并直接把结果录入计算机。此后可以将访谈结果打印出来。此外,一些计算机程序可以对封闭式问句的回答计算频率分布和平均值。

焦点小组访谈

焦点小组访谈是通过讨论方式,从一群受访问者中获得某些营销问题的可能想法或解决方案的重要过程。焦点小组访谈的参与者来自同一目标市场,这种方法强调的重点是参与者之间的互动,鼓励每个参与者对讨论主题充分发表意见,并向其他参与者阐述自己的观点或反驳其他人的观点。访问员主持整个讨论,并在讨论离题的情况下引导讨论回归正题。

与个人访谈相比,焦点小组访谈所获信息更多,想法更为自发坦诚。焦点小组访谈主要用于:

- 为新产品、产品概念,产品定位产生创意和检验这些创意;
- 提出用于之后研究的假设;
- 为设计问卷收集信息;
- 检查营销战略是否在不同国家实现转换。

焦点小组访谈有不同的类型。探索性焦点小组访谈用于生成假设,这些假设用来阐述未来的测试或研究所用的概念。体验性焦点小组访谈用于研究人员探索消费者使用过产品后所体验到的情感框架。诊断焦点小组访谈用来洞察现实世界中消费者的下意识的心智中的真正动机与感受。诊断性焦点小组访谈需要具有心理学和社会学专业知识的研究人员来主持。

通常要组织三到四场焦点小组访谈才能获得某一研究主题的充分信息。第一场访谈会为分析人员展现大量的信息。接下来的第二场和第三场会产生更多的信息,但许多信息都会与前场重复。但是如果所研究的主题具有明确不同的细分市场,这些细分市场在所讨论的主题方面有许多不同的见解与看法,则三到四场焦点小组访谈则明显不够用。

在国际调研中,主持人必须熟练掌握当地语言和社会互动模式,以及人们使用的非语言线索。主持人还应该牢记该地区特有的规范准则。例如,中东地区的妇女不像西方国家妇女那样自由。在一些亚洲国家,若想使讨论真正地开放与坦诚,主持人就要在小组访谈介绍的时候制造出一种特殊的兴趣。在全球营销研究中,主持人的角色至关重要,因为他(或她)倾向于反映规范、态度及特定文化背景下典型的反应模式,这些态度和反应都要预测到,并写到调查发现中①。

主持人首先要理解研究目的和研究问题。然后需要准备一份关于具体主题的问句清单用于小组讨论。主持人使用问句清单(小组访谈大纲)组织小组成员讨论以防讨论中跑题。通常的做法是从一般性的话题开始,逐步进入具体的话题。参加小组讨论的受访者在组内应当具备相似性与对抗性特征。因为不同社会阶层和年龄组的受访者的感知、体验和表达能力会有差异,因此,小组中受访者具有不同社会阶层和年龄是必要的。招募小组访谈的受访者需要对研究主题和潜在的小组成员有清楚的了解。例如,在英国实施一场关于道德敏感话题的焦点小组访谈就相当具有挑战②。尽管为了确保小组对于研究总体具有代表性,整个小组成员都是亚裔人种也是不可能的。组织一个由三个印度教徒、两个锡克教徒、两个穆斯林和一个基督教徒构成的小组是一个问题。小组中的年轻西方印裔也是难以研究的,因为他们非常努力地保持他们的街头身份完整一致。通常小组访谈的规模是8—12个人,但有时也需要规模更小些。专栏8.1介绍了主持人和主持助理所需的技能。

分析人员想通过焦点小组访谈获得有用的结果,那么就必须具有文化敏感性,在全球营销调研中更是如此。分析人员应该牢记不同国家或不同文化间的动态差

---

① Naresh K. Malhotra, James Agarwal, and Mark Peterson, "Methodological Issues in Cross-Cultural Marketing, A State-of-the-Art Review", *International Marketing Review* 13, No.5(1996):7—43.

② Peter Chisnall, *Marketing Research*, Berkshire: McGraw Hill Publications, 5th edition, 1997: 185.

专栏 8.1

主持人与主持人助理所需要的主持技巧①

焦点小组访谈的主持人应具备以下关键技能,如:

● 能够快速平滑地启动讨论。这需要主持人简明扼要地给出讨论目的,大概要讨论的内容,要遵守的基本规则和启动讨论的第一个问句。

● 能够快速营造气氛,以尽可能少的时间使受访者参与话题讨论。也就是说让小组访谈参与者感到舒适和愿意表达他们的想法。

● 从受访者的角度来解释与展现所讨论主题的内涵,还应该擅长使用本地的表达方式,习惯用语,文化参考点和非与讨论主题相关的一些非语言类的线索。

● 在维持主题不变的情境下,鼓励组内的每个受访者积极参加讨论。

● 确保访谈中每个受访者都要讲话,避免让一位乐于讲话的受访者主控小组访谈。

● 避免使用技术行话和复杂术语。

● 对于可能的不同意见要提前准备,同时要对不同意见的评论细心聆听。

● 调和讨论过程中由于各种互动可能发生的冲突。

● 使用探测性短语(如,你可以进一步解释一下吗? 你能提供一个例子吗?)善于使用暂停以获取更多信息,并邀请更多参与者参与讨论。

● 灵活使用访谈流程,避免小组访谈冷场。

● 确保小组访谈聚焦于主要内容,不要试图控制受访者表达观点时的犹豫程度。

● 使用恰当的结论来概括整个讨论,回顾受访者所作的评论,检查是否有遗漏的地方,并向全部受访者对小组访谈的贡献表示感谢。

---

① 改编自 Richard A. Krueger and Mary Anne Casey, "Designing and Conducting Focus Group Interviews", in Social Analysis, Selected Tools and Techniques, eds, Richard A. Krueger et al., October 2002:4—23,访问于 2013 年 6 月;"Guidelines for Conducting a Focus Group", 2005, http://assessment.aas.duke.edu/documents/How_to_Conduct_a_Focus_Group.pdf 访问于 2014 年 5 月 6 日。

焦点小组访谈主持助理应具备以下关键技能：

● 确保受访者在讨论中感到欢迎，并且很舒服。

● 通过安排房间，配备相关电子音像等设备，帮助操作设备，并提供茶点以使受访者保持最好的状态参加讨论。

● 对讨论中的各种互动与主题的讨论做好详细笔记。

● 除非主持人的特别要求，不要参与讨论。

● 在讨论结束时与主持人会面，并对小组访谈做全面总结，对小组访谈的优点与缺点提供看法。

异性。某些文化对于一些新观念或新概念采取保守的态度。例如，研究证明法国人抵制任何形式的创新。在某些情况下，受访者可能对某些事情过度批评和对某些事情并不批评。日本人在批评新产品创意时表现为犹豫的态度。相对于亚洲文化中强烈的集体主义，美国人则表现为个人主义。在亚洲，集体主义意味着亚洲人具有排外性。在选择小组成员时，应注意解决这个问题。虽然每个国家的文化特征都是独一无二的，但有一些共同的差异需要着重强调①：

● 时间框架（time frame）：许多美国和加拿大的公司的调研项目都是在相对较短的时间内完成。如此短的时间完成调研在国际调研中是不可能的。在远东地区项目的导入时间往往更长，调研时间就更长。在美国所使用的调研时间在欧洲实施，所需时间应当是美国的 2 倍，而在亚洲实施则需时间还会更长，这是一个不错的时间计算方法。

● 结构（structure）：大多数焦点小组访谈由 4—6 人组成，在美国则是 8—10 人。焦点小组访谈一般持续近 4 个小时。在国外实施焦点小组访谈时，要与所委托的调研公司共同合作，给出具体的安排。

● 招募和重新甄别（recruiting and rescreening）：在美国，焦点小组访谈的参与者清单是以比较严格的方式进行甄别和招募的，必须认真仔细地监控甄别和招募过程。

● 主持方法（approach）：国外的主持人不像美国主持人那样具有组织性和权威

① Adapted from Thomas L. Greenbaum, "Understanding Focus Group Research Aboard", *Marketing News* 30, No.12(3 June 1996)：H14.

性,所以国外的主持人在主持过程中可能导致长时间的沉默和离题。正是因为外国主持人知道这一点,所以他们觉得有必要先让焦点小组访谈的受访者对其主持建立起信任,并创造必要的舒适感。此外,外国焦点小组访谈倾向于使用较少的外部刺激工具,例如照片和视频辅助。

焦点小组访谈近年来倍受欢迎。用于实施焦点小组访谈的技术也得到了极大的改善。会议室所配备的单面镜可以允许研究人员观察小组访谈的动态,并观察和记录受访者的肢体语言。对于非常忙的受访者也可以使用电话小组访谈。双向焦点小组访谈也越来越普遍。在这种情况下,一组受访者从另一组相关的受访者哪里聆听和获取信息。

投射技术

所有投射技术的核心特征是呈现出一种模糊的、非结构化的对象、活动或人作为刺激物,然后请受访者进行解析①。刺激物越模糊,受访者就会越多投入任务,从而揭示隐藏的感觉和意见。一般而言,当研究人员认为受访者对某些行为和态度不能直接回答时,就可以使用投射技术。有些受访者力求给出一个大家都认可的答案,从而避免不好的形象。有时受访者可能出于礼貌,也不能给访问员真实的答案。归根到底,研究人员主要利用投射技术获得消费者行为背后的真正原因。

投射技术有很多不同类别。词语联想技术(word-association technique)主要是指,在研究人员向受访者展现一个词或短语之后,记录受访者心智中立刻反应的词或短语。研究人员要快速读出清单中的单词,以避免受访者防范机制出现。通过计算研究人员给出一个词之后受访者给出的反应频率,受访者给出反应所需要的时间以及在合理的时间内对测试没有给出回答的受访者数量进行分析。词语联想测试会产生数百个词语和想法,这种技术可以用于竞争品牌的关联研究,也可以用于获取潜在品牌名称和广告口号的反应。句子完成测试(completion tests)是指向受访者给出用短语表现的一个不完整和有歧义的句子。这些句子通常是第三人称,鼓励受访者用脑海中想到的第一个答案来完成。在图片解释技术(picture in-

---

① Harold S. Kassarjian, "Projective Methods", in *Handbook of Marketing Research*, ed., Robert Ferber New York: McGraw Hill, 1974:3—87.

terpretation technique)中,向受访者呈现一张模糊的图片,并要求受访者描述它。非常灵活,有助于多种营销问题。第三角色技术(third-person techniques)是让受访者回答他的朋友,邻居或普通人是如何思考或对情况做出反应。受访者将在一定程度上在第三角色上投射自己的态度,这更有助于揭示受访者的真实感受。在角色扮演(role-playing)中,被访者假定承担着另一个人的角色或行为,在这个过程中受访问者可能会将自己的态度投射到受访者所扮演的角色中。

过程

过程方法是要求受访者在制定决策或解决问题的过程中将所思所想说出来。所以,过程方法要记录受访者的思考过程。这种方法的设计要防止研究人员将自己意见影响到受访者。受访者可以根据对自己重要的因素来自由作出决策。常用方法是当受访者处于决策制定过程中时,记录他们的想法和意见。如研究人员正在想要研究在杂货店购买行为时,他就应当伴随受访者的整个购物过程。受访者在作出购买决策时,也要同时大声说出。在某些情况下,研究人员会给受访者录音机以帮助他们记录他们的购物行为。但有时这种方法没有效果,因为大多数人觉得在他们购物时,对着麦克风大声说话会让他们感到尴尬。

观察法的类型

相较于其他方法,观察法更能对顾客行为进行深入洞察。它适用于研究从购物行为到交通堵塞模式等不同话题。观察法对新产品创意、产品补充和产品替代等非常有用。例如,有人观察到客户在社区心理健康中心的奇怪行为,如即使附近有充足的停车场,客户还是到远离中心的地方停车。当向客户问及这个问题时,客户承认他们不想让别人知道他们造访心理健康中心。于是,心理健康中心重新设计了入口标志①。

---

① Sydney J. Levy, "Dreams, Fairy Tales, Animals, and Cars", *Psychology and Marketing* 2, Summer 1985:67—82.

观察法仅仅能为当前行为的提供有限信息。观察法相对于其他研究方法成本偏低，但非常准确。在某些情况下，观察可能是研究人员可以使用的唯一选择。观察法有不同的类型，下面将详细介绍。

直接观察

直接观察是观察者伪装成购买者观察其他购买者的购买行为的方法。观察者收集关于购买者在陈列架上耗费了多少时间，产品购买是否便利性以及顾客是否阅读包装等方面的信息。在有些情况下，观察者要与顾客交流，以了解他们是否有任何其他的服务问题。顾客没有意识到被观察时，效果往往最佳，这可以帮助发现顾客下意识的购物活动。

人为观察

人为观察是在人为设置的环境中来研究人们行为的一种方法。人为观察能够再现被观察者的信仰、态度和动机。同样的方法可以用于小组观察，观察者伪装成顾客来观察顾客和在服务台处理业务的人员之间的互动。虽然人为观察法对某些方面有助于深度了解，如对少数民族歧视的了解，但这种方法也涉及道德问题。

内容分析

内容分析是指应用规则，将文本资料分析到有意义的单位的一种方法。文本分析是一种对沟通内容进行客观的、系统的、定量化地描述的一种方法，它包括观察和分析。可以依据词、字符、主题、空间测量和时间测量，或主题等方式对文本进行分析。研究人员使用分组和分析方法得到类别，按照事先的规则将文本资料分解。这种方法能够用于广告文案的分析。

物理追踪测量

物理追踪测量是对人类行为的自然痕迹的记录。例如，如果研究人员想要在不检查零售店销售量情况下找出一个城镇有关酒的消费情况,检查垃圾的空瓶数量可以帮助进行大致的估计。但这种方法在某些地方与国家并不能很好进行,因为有些发展中国家并没有制度化的垃圾处理系统。因此,研究人员有必要先确定这种方法的有效性,然后才能使用这种方法。

人文调查

与研究人员不参与被观察者的传统方法不同,人文调查要求将研究人员沉浸于正在研究的系统之中。在此期间,研究人员要为之前所形成的假设记录日志。第二组笔记是方法日志,即在记录过程中所使用的调查技术。同时,雇用外部分析人员确定是否对于所收集的数据的解释具有公正性。

行为记录设备

研究人员所开发的行为记录装置克服了人类观察法的缺点。有些设备不需要受访者的直接参与。研究人员将 AC 尼尔森开研发的记录仪连接到电视机上,这个记录仪就能持续记录电视观察者所选择的频道。如果所要观察的变量超过了人的能力,就可以使用特殊设备去记录人的行为。眼动仪就是目前比较流行观察设备,实践中眼动仪已经广泛用于记录观看广告、包装、标识或货架图片的体验。这些设备有助于观察被访者在不同因素的视觉刺激下所花费的不同时间。语音音调分析检查受访者声音的音调变化,受访者的变化越大,情感参与越大。

定性研究和观察法的利弊

前述的各种定性和观察方法都有优点与缺点。在各种方法中进行选择是研究人员的决策。大部分研究人员更倾向在所有研究的国家使用相同的方法来获取数据。在选择一种方法时,研究人员必须牢记每个国家的特点和习惯,并选择一种最恰当的方法以得到最好的结果。在某些情况下,研究人员甚至可能需要使用不同的工具,以对不同国家获得可比数据。

访谈

个人访谈是一个获取信息的很好方法。在面对面访谈中,访问员可以灵活地启发受访者,并以某种对研究帮助最大的方式指导面对面的访谈。个人访谈对于忙碌的高管来说非常有效,这种方法可以帮助研究人员获得真实的信息。技术的进步使电话采访成为可能,电话个人采访成本低效益高,同时能够向研究人员提供丰富信息。个人访谈的缺点是过多依赖于访问员的面访技巧,并可能存在研究人员个人偏差。访问员必须技巧纯熟地与受访者建立良好的气氛,连续读出一些问句以获得更好的结果。个人访谈的另一个缺点是录音。有些受访者不喜欢录音,访问员一定要有足够快速的能力记录相关的所有重要细节。在国际营销调研中,必须酌情使用个人访谈。例如,日本人不喜欢接受电话采访。在中国香港,一般来讲受访者不会允许研究人员进入受访问者家里接受访谈,通常都是在前厅的某个地方接受访谈。在中东,女性不会轻易地接受访谈,特别是对于男性访问员。研究人员必须注意不要忽视任何当地传统。

焦点小组

焦点小组访谈的规模如果限制在5—9人之间,每个人都能发表他们自己的看法与意见,所以,信息收集的效果会非常好。因为焦点小组访谈中大多数人都觉得很舒服,因此他们的表达要比个人访谈更坦率。然而,焦点小组访谈实施过程中还有几个主持人需要注意的地方。有时,小组中有一两个受访者会非常积极强势,并强迫小组其他成员接受他们的观点。主持人一定要在产生不良后果之前制止这种情况发生。如果焦点小组访谈实施失误,则会产生误导性结论。通常情况下,在国际营销调研中,研究人员必须意识到文化在小组讨论过程中的重要性。在东方国家,研究人员将不得不在讨论导入部分多花费一些时间详细介绍。在此之后,受访者之间才能彼此相互认识,敞开心扉自信并坦率地相互交流与分享意见。在许多文化中,小组成员很在意他们的社会地位,并将意见分歧看成是不礼貌的行为。专栏8.2说明了利用焦点小组收集信息的过程。

专栏 8.2

焦点小组访谈应该做和不应该做的事①

值得注意的建议包括：

1. 确定您的目标和研究内容

2. 严格甄别和招聘受访者

3. 不要期待使用定量数据进行分析

4. 保持灵活性

5. 合理利用积极参与者

6. 不允许受访问者个人主导整个讨论

投射技术

在全球营销调研中，投射技术非常有用，这是因为投射技术并未对受访者强加具体的文化。然而，对投射结果的解释却是高度的主观。还有投射技术方法的编码和分析也是非常困难的。所以不同国家间的投射技术结果的比较也可能是一个挑战。

过程

过程在获得广告效果及促销活动的信息方面非常有用。过程技术可以帮助研究人员确切地知道消费者对于营销策略的看法。过程技术还可以用于洞察顾客对于单一产品的不同用途，及其经常使用的替代品。过程技术有助检查消费者所在意的因素的重要性，如商店布局、货架展示、与店员的互动、结账排队等重要性。过程技术也帮助研究人员了解消费者所使用的产品术语。过程技术的缺点是非结构

① 改编自 Joanna L. Krotz, "Dos and Don'ts for Using Marketing Focus Groups", Microsoft Business, 2011, http://www.microsoft.com/business/en-us/resources/marketing/market-research/dosand-donts-for-using-marketing-focus-groups.aspx?fbid=f6-znzgl1Jk 于 2014 年 5 月 12 日访问。

化。研究人员有责任去解释过程技术的结果,并将结果归因到国家或文化的差异。在很多场合,顾客可能并不能很好地描述全部的购物过程,所以研究人员最终只得到部分信息。

观察方法

观察方法昂贵耗时。假如被观察者发他们正在被观察,他们往往会有不同的反应。此外,对研究人员而言,观察法还有其他限制,如不能测量动机、态度或意图。因此,观察法在诊断研究中作用非常有限。另外,对观察法结果的解释是非常主观的,这种解释完全依赖于观察人员的理解。多种语言的使用也增加了复杂性。此外,在一些国家也很难实施前面提到的一些观察方法。如果研究人员计划在发展中国家使用物理证据,就可能得到不正确的结果,原因是有些国家并不存在制度化的垃圾处理活动。另外,说服日本的零售商帮助进行隐蔽的观察也十分困难。

使用频率和易用性

研究方法的选择主要取决于研究目的、研究环境及研究人员。如果研究人员希望对研究问题进行洞察,或理解研究与本土研究的不同方面,定性方法将是首选。如果研究侧重决策过程而不是实际行为,则使用语音技术比较恰当。过程技术也可以在实验室或任何其他受控制的环境下实施,它用于在现实世界中无法实际实施的研究。国际营销研究频繁使用个人访谈,特别是基于国家和文化差异引起的复杂性的情况下更是如此。访谈是非结构化的,它有助于研究人员控制数据的收集过程。

当研究人员正在实施探索性调研去熟悉国外消费者的购物习惯时,会经常使用观察技术。然而,有些国家的消费者讨厌被别人观察。研究人员的经验是当顾客意识到被观察时,他们的表现往往不同。因此,许多研究人员更偏好隐蔽式观察。观察方法对于研究消费者如何在不同的环境中的购买行为具有普适性,特别是研究不同国家间的购买过程差异。如果研究人员不熟悉某个国家的一般产品购买与使用模式,观察方法有助于帮助研究人员来理解,并决定收集数据的最佳方法。

文化影响

设计全球营销研究的研究工具是一件棘手的事情。研究人员在实施数据收集过程之前,需要确保他们了解产品的购买与使用习惯,知晓其他可接受的替代品。研究工具要能够为研究人员提供有关具体国家的有用数据,同时也应该与其他国家收集的数据相比较。研究人员所使用的问句可以是结构化的或非结构化的,这取决于文化。在东方文化下,开放性问句能够提供良好信息,而在美国则应避免使用开放问句。然而,开放式问句的结果需要研究人员来解释,这可能会导致偏差。

问句的措辞是研究人员必须注意的内容。在有些国家可以对一些如收入和生活方式等敏感主题直接提问。在大多数拉美国家,逃税是非常普遍的现象,所以有关收入的问句可能会使受访者不安。在这种情况下,研究人员应使用弱化的问句提问。人口统计和心理学数据在不同国家也可能有很大差异。在一个国家认为是一个较低的劳动阶层可能是另一个国家的中产阶层。研究人员应该在寻找该国的适当的细分结构信息之前确定该国的阶层结构。语言在定性研究中起着非常重要的作用。很多重要信息和微妙的细微差别可能在翻译中丢失。在一些具有多种文化的国家里,单一语言使用中的差异会增加任务的复杂性。

芝华士(Chivas Regal)在 1990 年进行了一项国际定性研究,以帮助管理人员评估芝华士威士忌的全球广告概念数量。其中一个研究是把日本作为一种特殊情况。有 14 次的深度访谈和两个小组访谈,小组访谈由一位本地主持人操作,深度访谈是另外三个研究人员采用伪装形式进行观察。受访者和小组通过针对实际的主题创建了一个热烈的气氛,主持人和两位观察员是日本人,另一位观察员是可以使用日语和英语进行双语交流,这样的组合确保了研究人员在受访者回答文化意义上能够有效配合①。

---

① Clive Nancarrow, Len Tiu Wright, and Chris Woolsten, "Pre-Testing International Press Advertising", *Qualitative Market Research*: *An International Journal 1*, No.1, 1998:25—38.

定性研究和观察法的偏差

全球营销研究涉及拥有一种文化或属于一个国家的研究人员,去研究另一种文化中的消费者在生活方式、态度、价值观和信念方面的差异。即使在同一个国家内,也有国家间和文化间的巨大差异。研究人员很有可能会误解另一个国家消费者的表达和行为。同时,在任何研究中,对最终搜集的数据的解释主要由研究人员负责,任何误解都可能导致错误的结果;因此,了解有哪些偏差来源,以及如何避免这些偏差是非常重要的。

全球营销研究中偏差的主要来源之一是由研究人员的制定的研究设计和采用的方法。由此,研究人员自己的价值观、信仰和态度都会影响他们对国外受访者的口头和非言语提示的方式(SRC)的解释。当研究人员进行着与本身文化背景差异很大的文化研究时,这种效果更为显著。例如,一个美国研究人员在加拿大进行研究就可能误认为地理位置相近,意味着消费习惯和态度相似。这是一个错误,特别是如果研究人员以大多数美国人的商业态度去接触受访者的时候。加拿大人喜欢在开始生意之前,先花些时间去了解这个人,创造一种和谐的气氛。如果研究人员保持开放的心态,并花一些时间去尝试熟悉外国文化,研究将会更加有效。

偏差的另一个主要原因是沟通。翻译过程中往往会丢失很多重要的信息。全球营销研究在很大程度上依赖于翻译和回译。首先,调查工具必须翻译成本地语言,以便受访者能够明白,而受访者的答案必须翻译成研究人员使用的语言。在每个翻译中传达正确的信息是非常重要的,但这也被证明是棘手的。因为一些语言在不同地区有许多不同的方言。一个例子是印地语这种在印度北部地区流行的语言,但这种语言不同地区有不同的方言。大多数研究使用专业翻译,但即使如此,很多沟通不畅仍会发生在翻译过程的每个阶段,这也是偏差形成的来源。

偏差的第三个来源是结果的解释。这是定性研究和观察法的主要缺点。结果的解释完全依赖于研究人员,而这正是 SRC 再次发挥的作用。研究人员可能会对购买行为错误归因。例如,在发展中国家,消费者选择包装是铝罐而不是塑料的产品,原因可能只是消费者计划在使用之后利用铝罐存储食品。美国的研究人员不能将购买动机归因为铝罐有效回收利用。这个错误的解释可能会导致在产品定位时犯更大的错。

在全球营销研究中避免偏差需要研究人员作大量努力。第一步是应当试图从所研究的国家的视角来看待研究问题。这点说来容易做起来难,因为问题的根源可能是研究人员对文化细微的差别敏感性和理解力不足。一个可行的办法是让研究团队的研究人员来自不同文化背景,这将帮助整个团队可以考虑研究问题的所有不同方面。在研究过程的每个阶段,熟悉该国文化的研究人员应主导实施研究,同时进行跨国比较。同样,熟悉这个国家文化的研究人员与不熟悉该国文化的研究人员共同检查所使用的工具和数据,从而得出结果。第二种方法是在第一次考虑一个国家的情况,然后再比较,这种方法虽然耗时但是可取。这种方法也带来了许多互动问题,因为不同文化背景的研究人员彼此间必须不断相互接触。避免偏差的第三种方法是使用许多不同的工具去测量相同的变量。给定的一些变量结果收敛性将表明偏差的消除。

里程碑式的发展

全球营销研究在定性研究和观察研究方面取得了长足的进展。本节将介绍一些在过去几十年具有里程碑研究发展。

心智测量

20 世纪 90 年代初,营销研究领域出现了生活形态细分方法。这种研究方法起源于人口统计学,逐渐转向心理学、价值观、态度、生活方式(VALS),以及经改版的生活形态 2.0(VALS 2),所有的这些努力的目的都是力图通过了解消费心理来增加收入。广告公司使用利益探测、角色扮演、照片拼贴等技术进行大规模的心理细分。了解消费者,获知他们对某一具体品牌情感是广告创意的关键。

随着市场日益复杂,人们已经不能依赖少量的顾客细分来解释市场。根据多个变量进行细分是必要的,但完全清楚这些变量也是不可能的。起初,概括能力和细分大众市场的能力是关键的心理特征。这种细分基于社会学、心理学、经济学和人类学得以发展,并帮助营销人员更好地了解大型消费群体。哈佛教育心理学家丹尼尔·扬克洛维奇(Daniel Yankelovich)和营销研究人员弗洛伦斯·斯凯利(Florence Skelly)注意到社会变化极大地影响了市场。在 20 世纪 60 年代初,倍儿乐(Playtex)请来扬克洛维奇、斯凯利和怀特识别一下束腰带市场下滑的原因。研究发现追求自然美的女性改变了她们对体型的认知,她们变得不再需要腰带了。克莱斯勒的另一项研究证实了人们购买汽车并不是为了地位的象征,而是作为一种自我表现的手段。这些研究人员共同创办了扬克洛维奇生活形态指标。这个指标是在 1970 年开发的,用于绘制不断变化的社会态度及其对企业的影响,并通过在年度访谈的基础上确定不断变化的趋势。

计算机使大量调查问句的交叉分析成为可能。结合统计理论,心理学消费者特质的研究提供了定量方法。心理学为营销研究人员提供的市场细分方法超越了传统人口统计变量分组。为了更好地了解市场,研究人员更加关注品牌或产品具体属性和行为。当阿诺德·米切尔(Arnold Mitchell)于 1978 年最先开发了 VALS 量表时,许多顶级广告主和广告公司都把它看成是了解美国市场复杂性的最新工具。直至 20 世纪 80 年代后期,批评家们指责这个生活形态量表过于理论化,不能很好地预测消费者行为。他们认为每组的规模差异太大,群体同质性对他们来讲用处不大。因此,斯坦福国际研究院认为 VALS 量表需要更新,并于 1989 年推出了一个侧重产品使用的新版本。

VALS 2 量表包含了八种消费者类型,回应了原来关于 VALS 量的批评。每类消费者可解析总人口的 8% 至 17%,而原来的 VALS 量则是 2% 至 38%。新的分类是基于消费 170 种不同类别的产品研究而得,而原来的 VALS 量表则倾向于社会行为模型,VALS 2 量表基于产品用途、识别细分来预测消费者行为。换句话说,VALS 2 量表评估的是人类消费的倾向,而不是与人有关的风格,精神目标或价值观。

感觉测量

咨询公司正在利用旧的投射技术来获取影响品牌选择的情感因素。为此 BBDO Worldwide 使用一种称为 Photosort 的商标技术来揭示消费者对品牌的情感。Photosort 由不同人群,如从高层经理到大学生使用某种品牌的照片所构成,通过向受访者展示这些照片,请他们表达他们对品牌的感觉。受访者将这些人与他们所使用的品牌联系起来。使用 Photosort 揭示消费者将通用电气公司品牌与保守、较老、商务等特征相关联。为此,通用使用"带给你美好生活"(Bring Good Things to Life)为宣传口号来实施广告战役。使用 Photosort 技术发现 Visa 的在消费者心中的形象是健康、女性化、折中化,为此,Visa 发起了"随处可去"(Everywhere You Want To Be)的广告战役,从而增加高收入男性的青睐。

主题统觉测验(Thematic Apperception Test)是另一个成功的投射技术,这种技术有助于了解人们隐藏的情感和想法。在主题统觉测验中,呈现给受访者一些模糊的素描、插图或照片,并请受访者对此进行描述。主题统觉测验曾用于识别啤酒品牌 Coors 和 Lowenbrau 的广告是否与产品使用情境建立伴随关系,即 Coors 是否与远足、健康相联,Lowenbrau 是否与烧烤、朋友、温情相关①。其中一幅图像描绘了白天徒步旅行之后在山顶休息的场景;另一个幅图显示了傍晚时分与好友在一起烧烤。在这个场景里,有 Coors 啤酒或 Lowenbrau 啤酒。请受访者将自己投射到照片中的情境,然后用五点量表来表明他们将在多大程度上感到温暖、友好、健康和营养。正如期望的那样,研究结果表明,在这些属性上,在山顶休息场景的 Coors 啤酒和在傍晚烧烤情景中的 Lowenbrau 啤酒得分较高,其他词则与场景关联不敏感。例如,在徒步旅行场景中,Coors 啤酒在热情和友好维度上得分较高,在健康和营养情景下得分也高。其他投射技术已经演变了几十年,包括 Rorschach 的墨迹测试、句子完成法、图片刺激测试和案例研究。

品牌多意

随着产品类别的增加和类似品牌数量日益增长,广告主需要知道消费者如何将他们自己与品牌相联。同时随着消费选择增加,广告公司也力图寻找销售中的细微差别。一些技术,如一对一的访谈就会请受访者将品牌赋予人的个性,这种探索技术经常用于更好地理解消费者对品牌的感受。例如,Grey 广告公司开发一种

---

① David A. Aaker and Douglas M. Stayman, "Implementing the Concept of Transformational Advertising", *Psychology and Marketing*, May—June 1992:237—253.

称为利益链的技术以便更好地理解消费者的感受。作为一种自我实施技术，利益链使用分层碳纸来记录消费者的关于产品观察。在第一层，消费者用自己的话来描述产品两个最重要的好处。接下来要他们写下次要的好处。这个过程允许消费者用自己的话来表达他们对品牌好处的评价和这些好处表现的下意识水平。Minute Rice 曾经使用利益链再现了其产品侧重每一次完美的米饭带来美好生活的效果。

理解心理变量

从事心理变量研究时间最长的项目是 DDB Needham 的生活方式研究，它自1975 年以来每年都实施一次调研。每年在全国范围内有近 4 000 名成年人接受具有 1 000 个问句的邮件问卷调查，问卷中包括态度、意见、活动，个人和家庭产品使用，产品所有权，媒体习惯和人口统计。生活方式分析用来勾画目标受众，识别消费趋势。

大规模的消费者研究对客户提供了特别的卖点，为那些能够付得起钱的买家提供了独特的市场洞察。Grey 先后对极端消费者，即 50 多个市场和其他住户细分市场实施了主要的研究。Backer Spielvogel Bates Worldwide 公司有一个名为"全球扫描"的产品，这个产品通过心理变量对 18 个国家进行细分市场分析。NW Ayer 根据心理变量和购买行为，对婴儿潮一代进行了细分。Ogilvy 和 Mather 有一个称为新势力（New Wave）的消费者趋势扫描产品，它跟踪了影响消费的主要趋势。

像芝加哥的李奥贝纳特（Leo Burnett）和纽约的 Nw Ayer 广告公司都是心理研究的先驱，他们对人格、生活方式和情绪进行量表研究。李奥贝纳特的 Emotional Lexicon 是一种交互式计算机化系统，用于研究来自产品类别的情绪。这个系统通过对被试进行访谈，获得 143 个表示情感层面的词或短语，并将其聚合到 15 个关键情感点。例如，使用这个工具研究喜欢低热量啤酒的人与喜欢普通啤酒的人的差异，并确定这种差异是否来自卡路里水平的理性考虑。NW Ayer 的情感测量工具由一个对 50 个情感品牌的评分的短语所构成的问卷组成，这个工作可以测量对广告的反应，也可以测量使用一个产品后的感觉。这种反应通常是交叉的，可以在感知图中以图形方式表示出来。

专栏 8.3

社会责任角色的全球细分①

目前的细分方法现在已经远远超越了传统营销活动的领域(如广告、促销和买家行为)，而已经进入了其他领域，如企业社会责任等活动。Cone Communications 公司最近发布了一项名为"全球消费者责任细分"的研究，该研究根据对社会和环境主题的观点与角色，将全球消费者进行分类，并通过他们的购买行为进行确认。该细分确定了以下四个不同的个性：

● 保守派(old guard)：这一部分消费者可能是男性，年龄在 55 岁以上。这些消费者并不认为他们的购买决策能够在社会或环境问题方面发挥作用。他们的购买决策主要是基于价格、质量和便利等价值。事实上，在那些购买社会责任产品的人中，有 32% 的人表示只是偶然的行为。

● 乐天派(happy go-lucky)：这一细分市场可能是男性或女性，年龄为 18—34 岁的消费者组成。这些消费者认为他们应购买他们认为对社会和环境负责的产品。但是他们也只有在方便的时候才会购买这些产品。尽管近 72% 的消费者认为他们可以通过购买习惯积极地影响社会，但他们不仅仅满足于善行。他们还需要良好的购买感觉。事实上，近 31% 的消费者表示他们会出自社会责任购买，从而感觉良好。

● 追随派(bleeding heart)：这一细分市场通常年龄在 18—34 岁左右，最有可能是女性，这些消费者觉得他们的责任就是在每次购物时，或尽可能多的时候去主动寻求并选择具有社会责任感的产品。他们还认为，从这种购买中获得的最大收益是他们能够认知到他们能积极地影响社会。但是他们的购买行为带有一个警告。近 92% 的消费者可能会抵制他们发现粗制滥造的产品或服务，而近 57% 的消费者已经这样做了。

● 革新派(ringleader)：这一细分市场的消费者通常年龄在 35 岁以上，可能

---

① 改编自 Cone Communications，"Global Consumer Responsibility Segmentation：Cookie Cutter Communications Won't Cut It"，May 24，2013，http://www.conecomm.com/global-csrsegmentation 于 2013 年 7 月访问。

是男性或女性,这些消费者认为,他们的角色不仅是购买社会责任产品,而且还鼓励他人做同样的事情。事实上,这些消费者中有 45% 的人主张购买对社会有责任的产品,因为他们强烈地感觉到个人可以对社会问题产生重大影响。此外,近 92% 的人评价和考虑公司的社会责任努力的程度,从而决定向他们的朋友推荐哪些产品。

在国际情境中,利用心理变量进行市场细分的方法各不相同,其差异主要来自本地文化和生活形态。例如,生活形态量表的日本版本 Japan VALS™,使用两个重要的参数,即生活导向和对社会变化的态度将日本消费者分成 10 个部分。生活导向包括传统的方式,如职业、创新、自我表达,对社会变革的态度参数也包括如维持、务实、适应和创新[1]等内容。同样,在印度市场,RK Swamy/BBDO 广告公司开发了 RK SWAMY BBDO 生活形态指数以了解复杂的印度市场。该广告公司开发的生活形态指数使用了大约 18 个变量构建的市场指数,测量 750 个城镇大约 50 000 人口,用以解释 77% 的城镇人口。此外,MICA Rural Market Ratings 使用了六个变量为印度 459 个地区进行市场评级。还有,一些辛迪加公司所提供的年报也能够用于市场细分,如 AC Nielsen-ORG-Marg 零售指数和国家机构的报告都提供了相关分类的消费者和行业信息。

在英国,伦敦麦肯—埃里克森(McCann-Erickson)确定了一套应用于英国消费者的生活形态量表。他们将其生活形态分类为:①对变革有兴趣的前卫者(Avant-Gardians);②跟随英国习俗和价值观的传统人士;③随社会与时代调整的变色龙;④满足现有成就水平的梦游者[2]。同样,DMB&B 公司发表了《俄罗斯消费者:新视角和新的营销方法》,文中将俄罗斯人口分为五组,分别是:①商人;②雄心勃勃、独立且追求地位的哥萨克人;③学生;④企业高管;⑤由被动、惧怕选择却怀有希望的人组成的一群俄罗斯人(Russian Souls)[3]。

---

① Kotler et al., *Marketing Management*.

② Kotler, *Marketing Management*, 10th edition.

③ Stuart Elliott, "Sampling Tastes of a Changing Russia", *New York Times*, April 1, 1992: D1, D19.

来自语义的心理变量

质疑使用心理变量进行细分的原因是语义。一旦通过生活形态来进行细分,心理变量就会转换面对具体产品的态度、情绪和行为。心理变量术语于 1965 年 11 月首次问世,它出现于 Grey 广告公司的内部出版物《Grey Matter》杂志中。心理变量在提出之前作为概念已被广泛使用。在 1964 年,丹尼尔·扬克洛维奇在《哈佛商业评论》发表了一篇论文,他概述了他称之为非人口统计变量细分的理论。他建议市场应当根据消费者和产品特定价值,对产品的态度进行市场细分。他警告说,个性类型是无法预测品牌选择的。他觉得个性差异过于繁杂,无法承载了解产品选择的机理。

萨尔特曼隐喻诱引技术

由哈佛商学院营销教授杰拉尔德·萨尔特曼(Gerald Zaltman)开发的萨尔特曼隐喻诱引技术(ZMET),通过探索消费者的隐喻表达,来提取消费者的有意识和无意识的想法,从而探索其隐喻表达。这种工具的方法论是假设人们的大多数思想和感觉可以为一组深度隐喻所勾画。这些深度隐喻是对消费者的所处环境和环境的成分的基本理解。这些隐喻反映了人们所看到、听到或所做的事情,这种反应大多是无意识的、普遍的[①],隐喻可分为以下七个类别,如表 8.1 所示。

表 8.1 描述感情和思想的隐喻

隐喻类别	所表达的感觉和思想	隐喻类别	所表达的感觉和思想
平衡	自然元素的相互作用下的平衡	连接	自己与和他人接触的需求
转化	实质和情况的变化	资源	获得及其后果
旅程	过去、现在和未来的集合	控制	掌控、自愿和幸福的感觉
容界	包容、排除和其他边界		

按照这种技术,首先要求参与者根据所要研究的题目,至少选择 12 个图片来反映他们想法和感受。参与者根据事先的指导去从自己拥有的资源,如杂志、照片、家庭期刊等搜集图片。收集图片后,研究人员要对参与者进行一对一的访谈,访谈

① Gerald Zaltman and Lindsay Zaltman, Marketing Metaphoria: What Deep Metaphors Reveal about the Minds of Consumers, Boston: Harvard Business School, 2008.

中研究人员探索想象,使用一些高级的技术来发掘隐藏的情感。最后,要求参与者根据自己选择的想象,即交流他们对研究主题的下意识的想法和感觉,使用计算机程序创建一个拼图。

萨尔特曼隐喻诱引技术是设计和实施营销活动的良好测量工具[①]。例如,雀巢脆米果巧克力使用萨尔特曼隐喻诱引技术,发现了糖果会唤醒参与者愉快的童年回忆。同样,杜邦公司意识到连裤袜在用户之间有着强烈的爱恨关系,如将连裤袜想象成钢制树叉,还有的想象成花瓶中的高挑的鲜花。在摩托罗拉的例子中,在访谈到公司的新安全系统时,所持续出现的狗的想象表明安全感对于参与者来说很重要。除了关于营销的研究,ZMET 也被用于学术研究和非营利情境的研究,如山地自行车体验的主题[②],以及美国如何应对经济危机等[③]。

神经营销

营销调研领域最新进展之一是神经营销。这个研究分支侧重监测大脑活动来了解消费者对营销活动的反应。研究人员正在应用神经营销领域中的一些技术来揭示神经行为的各个方面。正在流行的技术包括:

● 脑电图(EEG),研究人员使用脑电图来记录大脑中的电子活动,并结合其他生理指标,如皮肤温度和眼动对消费者对广告的反应进行测量。

● 磁共振成像(MRI),这种技术是通过记录消费者神经元活动的频率、位置和时间,以此来测量消费者在气味、颜色、图像和声音等外部刺激后的反应。

● 功能磁共振成像(fMRI),这种技术是通过检测与血流变化相伴随的大脑活动来测量消费者对营销活动的反应。

● 肌电图(EMG),这种技术是在披露营销信息后,记录与评估所触发的电流或神经所产生骨骼肌的电流活动。

● 面部肌电图(fEMG),这种技术是当暴露在正向和负向刺激时,通过检测所产

① Daniel Pink, "Metaphor Marketing", *Fast Company*, March/April 1998:214—229.

② Alison Balmat, "The Meaning of a Bike", January 1, 2000, http://news.psu.edu/story/141419/2000/01/01/research/meaning-bike 于 2014 年 5 月 25 日访问。

③ Rob Walker, "S.U.V. and Sympathy", New York Times, March 22, 2009: MM21 (New York edition).

生的微小电脉冲,来测量所带来的面部肌肉活动。

神经营销科学的应用日益广泛,成果斐然。在所有使用神经营销的营销活动中,广告是受益最大的一种营销活动。不同公司的研究一直显示披露给受众同样的广告,但受众却呈现不同程度的大脑活动。在某些情况下,通过研究大脑活动已经确定顾客对于一则广告具有偏好,却发现这个结果与这些顾客最初表示的品牌偏好有所不同[1]。这表明虽然消费者可能会声称喜欢某些品牌,但他们的偏好可能并不会扩展到这个品牌的营销信息。这样的结果对于营销人员来说是重要的,因为它可能潜在影响品牌的受欢迎程度。

同样,大众在 2011 年"超级碗"期间,也收集了有关"力量"广告的一些有趣见解。这支广告的故事是一个身穿达斯·维德披风(Darth Vader)想象自己是超人的小孩,试图展示自己的超人力量,他依次对父母的跑步机、洗衣机、厨房桌台上的食品等用想象的力量去启动或抓取,但都没有成功,甚至家里的狗也对他没有任何惧怕,这使小男孩大为失望,准备放弃力量的尝试,而接受失败。当他的父亲开着一辆达帕萨特汽车到家的时候,男孩决定对这辆汽车最后一次尝试他是否有超人的力量。在房间里的爸爸看到这个情况,便用遥控器启动了汽车,而这时男孩则以为是他的"超人力量"起了作用。得克萨斯州 Sands 调研中心研究使用功能磁共振成像的研究记录来完成这则广告,并记录了该则广告有最高的神经融入评分。功能磁共振成像也反映在 Adweek 获得"2011 年度最佳商业"奖和戛纳两位金狮奖中[2]。在游戏开始之前,这个广告在 YouTube 便有 1 200 万人观看,而在撰写本书时,该广告已被浏览近 5 800 万次。

神经营销也用于品牌间的比较研究,以了解品牌如何被竞争对手感知与使用。最近的一项研究使用 fMRI 技术对百事可乐和可口可乐进行比较,并产生了一些有趣的结果[3]。该研究选择了 67 名参与者,让他们品尝两种可乐,同时扫描他们的大

① Carolyn Yoon, Angela H.Gutchess, Fred Feinberg, and Thad A.Polk, "A Functional Magnetic Resonance Imaging Study of Neural Dissociations between Brand and Person Judgments", *Journal of Consumer Research* 33, 2006:31—40.

② Alex Hannaford, "'Neuromarketing': Can Science Predict What We'll Buy?", *Telegraph*, April 13, 2013.

③ Samuel M.McClure, Jian Li, Damon Tomlin, Kim S.Cypert, Latané M.Montague, and P.Read Montague, "Neural Correlates of Behavioral Preference for Culturally Familiar Drinks", *Neuron* 44, No.2, 2004:379—387.

脑。在品尝后,约一半的参与者选择了百事可乐,因为百事可乐比可口可乐在大脑中产生更强的反应。但是当他们被告知他们喝的是可乐的时候,四分之三的人说可口可乐更好。他们的大脑活动也发生了变化。负责高级认知能力(外侧前额叶皮层)的大脑区域和负责记忆(海马区域)的区域被同时使用,表明消费者将可口可乐与记忆相关印象进行连接。因此,很明显,百事可乐已经落后于可口可乐,不是因为可口可乐的口味更好,而是因为可口可乐有卓越的品牌体验。

戴姆勒-克莱斯勒(Daimler-Chrysler)采用相同技术的另一项研究发现,跑车的图像刺激了大脑的奖赏中心(内侧前额叶皮质)的反应。这也是在使用药物或酒精时,刺激的相同区域。因此,这些研究清楚地强调了精准品牌构建和推广活动,对为用户创造一个令人喜欢且持久的品牌体验的重要性。所有这些有深刻意义的研究结果使一些公司,如可口可乐、家得宝和宝洁等公司都相信这种形式的研究,并将其用于产品和营销研究中。

由于复杂的神经营销技术获得营销领域的青睐,帮助营销人员能够倾听消费者心声,揭示一些传统研究观察方法例如焦点小组所不能呈现的信息有时甚至是不准确的信息。据特恩斯媒体情报部门估计,今年预计美国将会花费 1 540 亿美元用于广告业务[①]。尽管广告研究开支很大,公司有时并不能从焦点小组获得可靠的结果。正如 ZMET 的创始人萨尔特曼所说:"消费者所表述的意向和他们实际行为之间的相关程度通常很低,还可能是负相关的[②]。"他引证了几种产品,并以电视连续剧为例[例如,美国的《宋飞正传》(Seinfeld),英国的喜剧《冤家成双》(Coupling)],来说明使用焦点小组访谈所揭示的误导信息。由此我们可以发现,神经营销研究在广告设计和营销战役设计的过程中,确实产生了更让人信服的效果。因此,这种新的研究方法为追求设计和开发更能满足消费者需要与欲望的产品的公司提供更好的承诺,结果也增加了利润。

尽管神经营销的研究结果高度准确,但这种技术仍然处于初级阶段。这种技术涉及的成本很高。虽然这种技术与其他传统研究形式的比较估计并不可行,但只是 MRI 扫描就要花费百万美元。另外是这种研究的其他组成部分,如被试的选

---

① Donna Mitchell-Magaldi, "Turning Heads—Neuromarketing Must Overcome Some Obstacles to Gain Acceptance", *Industry and Innovation Marketplace Review*, Nerac Inc., April 26, 2007.

② Gerald Zaltman, *How Customers Think: Essential Insights into the Mind of the Market*, Boston: Harvard Business Review Press, 2003.

取、实施研究、完成的扫描数和技术的分析,研究的全部成本已经远远超过一些公司所能负担的财力能力,特别是一些小公司根本无力实施这种研究。

除了高成本的挑战之外,这一研究领域也面临正义和伦理团体的强烈反对。这些专家和团体担心这种研究可能侵犯个人隐私。此外,心理学家还担心神经营销的应用会具有购买行为失调,其他强迫症和弱势群体如儿童和年轻人产生不利的影响①。当神经营销研究被用于了解消费者的想法和感受时,所关注的是使营销不健康和不期望的产品将变得容易。此外,与使用 MRI 扫描相关的医疗复杂性也涉及医疗界。外科手术植入物和心脏起搏器的消费者不应该进行 MRI 的扫描检测。在某些情况下,MRI 扫描仪可能由于与磁场作用,引起消费者眩晕、恶心和灼伤。

立足于现在,尽管人类大脑的研究已经对人体解剖和工作原理提出了一些有趣的见解,但从成本和道德观点来看,将这些见解转化为可行的营销活动仍然是一个挑战。虽然神经科学家将会继续获得该类研究的资助,同时也使更多从事尖端研究的学者涉入其中,但营销人员和公司仍然需要更多的证据来证明这一研究领域的成本和投资回报率,从而确保这种方法可以成为主流。

手机跟踪

随着技术日新月异,零售商正在寻找新的方法来收集有关消费者购物的数据。最近有一个研究就是通过消费者智能手机的 Wi-Fi 信号来跟踪顾客购买行动路线②。随着大数据的发展,公司正在寻求增加更多关于顾客的数据点,从而帮助营销人员准确地分析顾客在商店内的购买行为。

Nordstrom 是于 2012 年 10 月首次尝试使用手机跟踪技术的零售商。Nordstrom 采用 Euclid 提供的系统和服务,当顾客在商店内试图用智能手机连接 Wi-Fi 服务时利用所配置的传感器来收集信息。Nordstrom 利用这些传感器所收集的信息有顾客所走过的区域,在每个区域所花费的时间,整个购物过程的模式等。

---

① Donna Mitchell-Magaldi, "Head Games—Neuromarketing Applies the Power of MRI to Study Our Reaction to Ads", *Industry and Innovation Marketplace Review*, Nerac Inc., March 26, 2007.

② Stephanie Clifford and Quentin Hardy, "Attention, Shoppers: Store Is Tracking Your Cell", *New York Times*, July 15, 2013:A1.

基于这个系统旨在跟踪电话信号,从而确定顾客所行走的购物区域。商店管理层表示,传感器仅仅是跟踪手机用户的信号,没有手机用户个人身份的识别信息,消费者一般也不太欢迎这样的试验。消费者往往因这种物理监视而苦恼,认为是侵犯隐私。在多次消费者投诉之后,Nordstrom 于 2013 年 5 月停止了该计划。

销售类似软件的各种公司所提供的服务涵盖甚广。这些系统的一些突出特征包括:①识别购物者的商店动线模式以设计适当的商店布局;②确定顾客在每个商品区域所花时间以协助商店规划配套的人力;③根据购物者的性别(男性与女性)和年龄(儿童与成年人)对顾客进行分类,以确定不同群体的购物者偏好;④通过分析追踪顾客使用的唯一识别码来识别再次惠顾的购物者,并收集他们重复来店的次数和再次来访的平均间隔时间;⑤绘制顾客在商店内的路线图,以决定商店陈列的品类与陈列方式;⑥分析面部线索以确定顾客在店内的愉悦水平;⑦通过面部识别的测量,来对不同性别、年龄、情绪的顾客来调整营销提供。

尽管有 Nordstrom 的前车之鉴,但还是有许多零售商仍在尝试手机跟踪技术。像 Family Dollar、Cabela's、Benetton、Warby Parker 以及在英国的 Mothercare 等零售商正在测试用这些技术来收集信息,从而帮助店面规划和促销活动。随着跟踪服务的发展加上在线零售商的繁荣,实体零售将越来越多地关注这些选择,这些技术将有助于顾客重新回到实体店消费。

面部识别

观察研究领域最新进展是面部识别技术的使用。现在,研究人员使用计算机应用程序,通过将所选择的面部特征,与电脑的面部数据库进行比较,从而来识别或验证数字图像或视频图像中的人物。这一技术正在被私人和政府安全机构,以及州和联邦司法部门广泛使用。例如,美国国务院拥有最大的面部识别系统,其拥有超过 7 500 张用于签证处理的照片。这项技术在其他场合也得到使用,包括在公共场合进行例行监视(佛罗里达警方在 2001 年"超级碗"时使用这项技术,并确定有轻微犯罪记录的人),进行人面识别(如墨西哥政府在 2000 年总统选举中使用该技术来防止选民舞弊)。

这项技术现在已经在市场营销中也得到了应用。最近,NEC IT Solutions 创建了面部识别软件程序,使用这个程序可以识别进入他们的商店的 VIP 顾客或者名人①。这家英国软件公司也已经提供类似的软件用于安全服务,帮助识别恐怖分子和罪犯。该软件在人们进入商店后进行追踪,与此同时进行登记及面部分析。然后将面部测量的结果与包含 VIP 和名人图像的数据库进行比较。当比较的结果显著时,该软件通过电脑,iPad 或智能手机等形式通知员工。同时,发送的这些通知还包括 VIP 的信息,如衣服大小、喜爱的购物或购物历史。该公司声称,不论贵宾身穿其他时尚配饰(如太阳镜或帽子),抑或是体重变化、头发颜色、面部毛发和年龄等身体变化,软件都能很好地识别。在撰写本书时,该技术正在美国、英国和亚洲的各种优质商店和酒店进行测试中。

全球营销调研实践

对于 Tasty Burgers 来讲,定性方法和观察方法是数据收集的重要的手段。定性方法涉及非正式或半结构化的访谈,焦点小组座谈和投射影技术。在这四个国家,这些方法的有效性并不相同。焦点小组座谈在人们普遍习惯于坦率和持有独立意见的文化中表现良好。这种数据收集方法在英国实施效果会非常好;然而,在印度,大多数人屈服于同伴压力,不希望与社会其他人显得有所区别,因而焦点小组座谈可能不是理想的方法。个人半结构化访谈可能相对会更有效地获得真实的回答。日本消费者往往比西方消费者在批评一种新产品方面显得更犹豫②。在沙特阿拉伯,妇女不得与陌生男人谈话,因此可能有必要让女性主持人或调查员来获得数据。重要的是确保研究人员和焦点小组访谈的主持人在文化上要保持细致,尊重不同的宗教与信仰,特别在印度和沙特阿拉伯地区,因为这些地区社会、政治生活和宗教往往会交织在一起。

观察方法有助于研究人员收集受访者没有说出来的信息。要了解 Tasty Burgers,对于在公共场合隐藏他们的真实想法以遵守一些社会规则的人来讲,观察方

①   Brenda Salinas, "High-End Stores Use Facial Recognition Tools To Spot VIPs", NPR, July 21, 2013.

②   David B. Montgomery, "Understanding the Japanese Customers, Competitors, and Collaborators", Japan and the World Economy(1991), Vol.3:61—91.

法有很大的帮助。例如,在印度,许多人声称是素食主义者,原因在于印度教徒的宗教信仰禁止他们吃牛肉;然而,这些人中还有很多人也私下吃肉,然而这并不为家人和朋友所知。在公众场合,这些人会拒绝任何包含肉类的产品。观察这种未知的形式能帮助研究人员作出更恰当的产品销售估算。然而这种观察方法并不适用于所有国家。例如,在沙特阿拉伯,研究人员可能无法观察到女性的吃零食习惯,因为饭店会将妇女和家庭安置在不同区域来吃饭。

本章小结

本章讨论了全球营销研究中使用定性方法和观察方法。定性方法包括个人访谈、焦点小组访谈、投射技术和过程记录。直接观察、控制观察、内容分析、物理追踪测量、人文调查和行为记录装置都是观察法可能用到的手段。本章还讨论了这些方法在全球营销研究中的优缺点、使用频率和易用性。文化差异在记录和解释行为方面有很大影响,研究人员应该对不同国家的当地文化保持敏感。

营销研究的目的是确保公司没有忽视问题的主要因素,或者所有备选方案都要被考虑在内。研究是一个持续不断的迭代过程,其中每个阶段都是相对于前一个阶段的改进与完善。定性方法和观察方法可帮助研究人员进行探索性研究并熟悉国际市场。本章也讨论了各种方法的优缺点。

思考题

1. 比较焦点小组访谈和个人深度访谈方法这两种定性研究方法。(提示:讨论每种方法中团体互动水平、同伴压力、受访者竞争、实施容易程度和信息获取数量。)

2. 2004 年宝洁正在研究一个更好的空气清新剂,并决定探究顾客期望从中获得的气味体验。对这样一个研究,你对采用的定性方法或观察方法的相关技术有什么建议?

3. Your Friendly Store 商店最近接到消费者的投诉和抱怨,其内容涉及消费者认为该商店在价格、销售帮助和信用方面具有性别偏见。您将用本章描述的哪种技术来研究这种情况？

4. 一个市场研究中心提出这样的假设，随着青少年数量的增加，应在产品推广时应使用更多的青少年模特儿。你认为哪一种方法测试这个假设的效果最好？

5. 非指向性和半结构化个人访谈之间的重大差异是什么？在什么情况下非定向访谈比半结构化访谈更有效？

6. 一个本土的消费者组织对主要国际市场的食品价格差异感兴趣。应该如何开展调研才能获得有意义的比较结果？

7. 在国际范围内进行定性访问时可能遇到什么困难？

8. 什么时候在不同的国家推荐使用观察方法？为什么？

9

定量调查研究

本章概述

定量调查是收集原始资料的一种流行方式。如第 6 章所示,随着互联网的出现,它已经成为收集原始资料的常用方法,同时能以更低成本进行调查。本章详细讨论了最流行的调查研究法的形式,并回顾了这些方法在国际调研环境中的用途。定量调查包括有多种不同的方式。随着通信技术的进步,调查方式也变得多种多样。电子邮件和移动技术为调查增添了多种工具,同时为被调查者提供了不同的参与形式。

在全球营销调研中,由于不同国家的技术发展差异,特定调查方法的选择相对困难。为了帮助定量调查研究,表 9.1 提供了欧洲国家调研方式使用的百分比数据(仅限定量研究)。

调查研究的类型

定量调查研究的四种最普遍的方法是个人访问、电话访问、邮寄调查和在线调查。本节将讨论这些方法。

个人访问

个人访问可以根据访问方式分为不同类型。个人访问包括四个要素,即研究人员、访问员、被访者和访问环境。研究人员、访问员和被访者由于先天遗传和后天习得的一些习惯特征会影响总体访问结果。在个人访问情景中,访问员和被访者彼此之间也会相互影响。研究人员主要根据收集的数据类型来决定访问情景,下面介绍关于个人访问的不同方法情景。

表 9.1　欧洲国家调研方式使用的百分比(仅限于定量调研)[1]

国　家	邮　件	电　话	面对面	在　线	其　他
奥地利	3	20	22	8	2
比利时	1	32	32	9	3
克罗地亚	1	23	33	1	31
捷克共和国	1	18	44	5	14
丹　麦	9	18	9	24	28
芬　兰	5	40	5	33	3
法　国	2	12	15	12	46
希　腊	1	18	41	1	28
匈牙利	4	16	45	14	5
拉脱维亚	0	17	41	41	22
荷　兰	5	18	11	25	15
挪　威	8	39	10	23	3
波　兰	0	11	35	10	26
葡萄牙	0	19	21	3	38
俄罗斯	1	21	35	5	13
斯洛伐克共和国	1	14	42	2	24
斯洛文尼亚	8	27	23	4	14
西班牙	2	26	27	11	15
瑞　典	12	36	7	22	12
瑞　士	5	49	21	10	1
英　国	8	17	21	18	23

入户访问

入户访问是访问员到消费者家中对他们进行访问。入户访问被认为是最好的

---

[1]　改编自 ESOMAR, "Global Market Research", ESOMAR Industry Report, Amsterdam, 2008, http://www.roymorgan.com/～/media/Files/Papers/2008/20080903.pdf 于 2014 年 5 月 6 日访问。

方法,原因在于以下几个方面:首先,入户访问是一种面对面访问,具有被访者的及时反馈和访问员可以对调查问题的即时澄清等优点。其次,它提供了解释复杂任务的能力,同时使用专门的问卷调查技术,有助于展示被访者的产品概念并就其他刺激进行即时评估。最后,被访者在熟悉、舒适和安全的环境中接受访问也相对放心,因此,受访者能够更自由地回答访问问题。这类访问还能够让访问员使用肢体语言和其他非语言的线索进行提示,从而提高收集信息的质量。当然,入户访问是开展深入访问和一些家庭产品测试的唯一可行的方式。然而,由于管理调查费用较低,所以在除美国和加拿大以外的国家,个人访问往往更受到研究人员的偏爱[①]。

高管访问

入户访问的商务版被称为高管访问。商务人员在办公室内就工业产品或服务接受研究人员的访问。事实上,这种形式的访问成本通常非常昂贵,原因在于:首先,识别与确定符合调查标准的被访者是一项艰巨的任务。其次,找到合格的被访者后,召集他们进行访问需要很多时间。最后,需要花费宝贵的时间到达访问地点,同时还可能需要经过漫长的等待,甚至面临整个访问被临时取消的现状,这些都是普遍的情况。因为访问主题及内容可能非常复杂,这也要求访问员必须非常有经验,才能得心应手地处理访问中所出现的问题。

商场拦截访问

当资金经费有限时,研究人员可采用商场拦截调查法。访问员在购物商场入口处等待,以随机方式选取被访者。商场拦截访问一般是直接在拦截的地方进行访问,或者邀请被访者到商场里的指定地点。这种方式由于省去了访问员的交通费用,所以调查费用比较低,同时在短时间内可以访问到大量的被访者。然而,从购物商场获得的样本并不能很好地代表普通人群。这种方法在美国和加拿大非常受欢迎,但在欧洲国家或发展中国家并不常用[②]。

尽管商场拦截调查的成本费用较低,但确实面临成本/质量问题。尽管这种方法确保了更好、更快、更便宜的服务,同时并没有附加任何成本。然而,具体而言,诸如

---

① Monk, "Marketing Research in Canada", *European Research*, 1984, Vol.15:271—274.

② B.P. Kaiser, "Marketing Research in Sweden", *European Research*, 1988, 16(1):64—70.

调研质量、使用资源的效率以及委托人后续的满意度等问题都受到质疑。在预期结果出现概率较低或采集数据必须满足分析/建模的特殊参数的情况下,小样本的访问方式是一种恰当的选择。然而,调研人员可能会错误地选择很小的范围(在一个项目集中的某个位置取样),这是因为他们认为这样有助于更快、成本更低地完成访问。

受访者自填问卷法

受访者自填问卷法是指访问执行过程中访问员并不参与或很少参与问卷填写,这有助于降低成本。同时,自填问卷法还有助于消除访问员的偏见。但这种方法的不足之处在于,研究人员无法及时地澄清或解决被访者可能面临的疑问。这种方法通常用于商场、航空公司和其他研究人员放心且能够保证搜集数据质量的地方。例如,诸如酒店和餐馆等服务性商务经常使用这种方式来评估其服务质量。

购买拦截技术

与商场拦截相关的另一种调研技术称为购买拦截技术。这种技术主要是指在购物时拦截客户和访问他们的购买行为。购买拦截技术结合店内观察和店内访问两种方式,评估被访者的购物行为和购买动机。研究人员通常会在店内不间断地观察正在购物的顾客,然后在购买行为完成后立即展开访问。正因为被访者购买和调查之间的间隔时间比较短,他们能够清楚地记住和回忆购买的细节,所以购买拦截技术更具有优势。然而,访问员只能接触到那些进行购买的人员,因此样本可能并不具有代表性。此外,研究人员在与商场打交道时,也可能遇到其他的一些问题。

搭车调查

搭车调查是指每周、每月或每季度定期地开展个人访问调研。这些调查围绕不同的委托人针对不同的主题展开。问卷包含由不同委托人提供的许多不同的问句。当被访者需要回答有限数量的问题时,这种方法非常有用。因为许多委托人共同分担费用,所以这类调查费用较低。因为调查程序是标准化的,所以这种方法在连续跟踪研究中特别有用,还可以非常容易地展示相关调查结果。有时研究人员使用样本拆分的方法来获得更好的结果,具体而言,控制受访样本的有些成员收到一个版本的问卷,而另外一些成员收到另一个版本。这种调查方法已被证明对于研究低概率发生的活动(如外来宠物的所有权)非常有用。

电话访问

随着全球大部分地区技术的进步,电话采访越来越受到研究人员的欢迎,特别是当研究所需的样本数量较大时,电话访问有助于保持低成本的调研优势。许多不便于面对面访问的被访者可能会愿意接受电话访问。此外,手机的普及正在改变全球电话访问的形式。

实施电话访问的过程与面对面访问非常相似,区别在于电话访问过程在选择样本时的不同。研究人员可以使用随机拨号程序或从预先指定的列表(例如电话簿或客户名单)中选择被访者。在发达国家,大多数个人或企业都被列入固定电话簿,从中挑选的访问对象是比较常用的方法。截至 2011 年,法国每 100 人拥有 63 个电话线路/电话机,中国香港地区则每 100 人拥有 215 部移动电话是全球最高①。在荷兰这样的国家,电话访问数量很多超过个人访问②。

然而,芬兰在移动电话方面有戏剧性的表现。2010 年,超过 99% 的家庭拥有一部或多部手机,只有 20.7% 的家庭有固定电话,少于 20% 的家庭拥有两种类型的电话。此外,79.1% 的家庭只有移动电话,而只有不到 1% 的只拥有固定电话。过去十年来,这种固定电话数量一直处于下降的趋势,甚至固定电话有可能在未来完全消失。目前,芬兰几乎所有的固定电话都是老年人所拥有的。2010 年,38% 的领取养老金的家庭有电话,其中 2.6% 只有固定电话。其他固定电话的用户包括一般农民(28% 来自固定电话、2.3% 只有固定电话),企业家(32% 拥有固定电话,但都拥有手机)。基于此,芬兰所有电话访问中有 90% 以上是通过移动电话进行的③。

诸如德国这样的国家,电话访问的效果不太好,因为这些国家有很多限制性措施④。例如,这些国家或州,存在很多非公开的电话号码或用户。这样的调查方式,可能存在选择的群体不能很好地代表样本总体,导致选择的群体行为可能与其余群体行为有很大的差异。

---

① World Bank, 2011, World Development Indicators.

② J.C. J.Ososteveen, "The State of Marketing Research in Europe", *European Research*, 1986, 14(3):100—135.

③ Vesa Kuusela and Matti Simpanen, "Finland", in Telephone Surveys in Europe, eds Sabine Häder, Michael Häder, and Mike Kühne, Heidelberg: Springer, 2012:37—45.

④ D.N. Aldridge, "Multi-Country Research", *Applied Marketing and Social Research* 2, 1987: 359—377.

随机拨号抽样

为了克服电话簿带来的抽样偏见,研究人员采用随机拨号抽样方法(RDD)。在完整的 RDD 方法中,随机选择电话号码(区号、前缀和交换机后缀)的所有数字。这意味着在某个国家,所有的电话号码被抽样到的概率是相同的。这种方法的不足之处在于并不能保证所有的电话号码都在持续使用,研究人员可能会对没有使用的号码进行多次呼叫,从而浪费时间和金钱。此外,RDD 方法可能导致抽样呼叫并没有太多的电话号码,超出研究的具体范围,如在研究家庭时,可能拨打了政府或企业等的号码。专栏 9.1 为可使用随机拨号抽样的国家提供了案例。

专栏 9.1

覆盖面逐渐扩大化的全球电话样本[①]

SSI 是调查研究抽样解决方案的全球供应商。使用 SSI-SNAP 订购固定电话或无线电话样本,和点击鼠标一样简单。所有用户必须将 SSI-SNAP 应用程序下载到其桌面。用户能用简单的菜单选项,通过 SSI-SNAP 为其研究项目构建正确的样本。同时,它直接与 SSI 进行通信,将自定义样本快速传递给用户。在业界已有 36 年,它为用户提供了可靠的样本。它涉及了从实时专家咨询到全面的帮助功能的服务,而且用户很易于操作。它还覆盖 12 个国家的无线和移动样本,样本具有最新的人口统计特征和详细的地理细分。用户可以使用网站上的简易计算器来计算他们需要的样本数字。当然,这个软件的安装也完全免费。SSI 的 RDD 电话样本、目录列表及特殊目标是用户可用的抽样方式。SSI-SNAP 能实现全球化、高效率和高成本效益的抽样。同时能及时地进行地理文件更新,可以确保正确的地理表示,同时便于用户实时下载。这些样本目前被广泛应用于许多行业。最近,凯撒基金会(Kaiser Foundation)正对包含 1 500 个美国成年人的 RDD 电话样本进行跟踪调查[②]。

---

① 改编自 http://www.surveysampling.com 于 2013 年 7 月 23 日访问。

② "SSI Sample Is Source for Kaiser Foundation Tracking Poll", http://www.surveysampling.com/KnowledgeLink/news/SSI-News/SSI-Source-for-Tracking-Poll(Retrieved in July 2013).

目前,可以通过移动电话方式接触到 98% 的美国家庭①。因此,对于需要广泛受众的不同形式调查,如辛迪加调研(Syndicated Research)、政治民意调查及其他营销调查项目,大多数研究人员选择电话抽样。然而,移动技术的快速发展使人们更少的拥有固定电话,这也呼吁传统电话调查方式需要改变。此外,在使用样本抽样调研时,必须格外重视诸如携号转网(number portability)等方面的问题。研究人员必须认识到电信行业最新的变化,确保样本稳健可靠和代表性,从而保障了应用于研究项目的准确性。表 9.2 展示了关于电话方面的统计数据(数据截至 2013 年)。

表 9.2　电话覆盖数据

美国家庭总数(100 万)*	123.1	非电话户数百分比(%)*	3.9
电话户(100 万)*	118.3	移动手机订阅(100 万)**	305.7
电话户数百分比(%)*	96.1	移动手机订阅(每 100 人)**	95.5
非电话家庭(100 万)*	4.8		

注：＊美国人口普查局(US Census Bureau)、人口现状调查(current population survey)；＊＊世界发展指数(world development indicators)。

系统随机数字拨号抽样

在大多数情况下,使用更多的是系统随机数字拨号抽样方式(SRDD, RDD 的另一种形式)。对于系统随机数字拨号抽样方式,研究人员需要指定被调查呼叫的电话号码的区号和前缀,这能避免呼叫到与该调查无用的号码。研究人员确定被调查呼叫的电话号码的一个起始数字/号码和一个常数,这将被系统地添加到生成的数字上,从而产生要调查呼叫的电话号码列表,但并不是所有的号码都会成功的生成;因此,研究人员必须生成所需要样本量四倍以上的电话号码。这种方法的优点是每个电话号码均有被抽取的机会。同时,由于研究人员能够控制电话区号、前缀,这将有助于将调研集中在特定的地理区域。如果研究需要根据地理进行抽样,研究者人员需要添加更多的起始数字/号码以生成更多的号码列表。该号码列表可以在计算机的帮助下生成。加号拨号抽样是 SRDD 方法的一种简单形式。加号拨号抽样主要是从电话簿中选择随机数,并将"1"加到数字的最后四位数字,这些方法确保随机样本中也包含未列出的数字。专栏 9.2 介绍了 SRDD 的过程。

---

① Harold S.Kassarjian, "Projective Methods", in *Handbook of Marketing Research* , ed., Robert Ferber, New York：McGraw Hill, 1974：3—87.

专栏 9.2

SRDD 过程[①]

假设研究人员想在总统选举前夕,在特定地区(区号前缀为 743)连续采访 1 000 名($n=1\,000$)被访者。共有 10 000($k=10\,000$)个数字,前缀为 743,即 743-0000 至 743-9999。SRDD 过程的第一步是计算由 k/n 给出的采样间隔(I),这里等于 10。研究人员随机选择间隔 743-0000 至 743-0010 的电话号码。一旦选择了一个数字(例如,743-0005),之后要生成相关附加号码,即将 I 的值添加到每个先前选择的数字。换言之,要呼叫的电话号码是 743-0005,743-(0005+I),743-(0005+2I), …, 743-[0005+($n-1$)I]。

电话预约调查法

作为筛选和通知被访者的方法,电话访问也越来越多地被应用于全球营销调研。调查在国际市场上非常昂贵,只有非常高的响应率才能与成本持平(规模效益)。将电话与其他调查方式一起使用,能确保良好的响应率。以一家软件公司关于产品在全球市场潜力的调查为例,德国被列入调研的国家之一。所采用的方法是呼叫潜在的回复者,并告知他们研究的目的,争取他们的合作。随后研究人员将问卷通过传真或电子邮件发送给被访者,如果被访者在指定的时间内没有发送答复,则再次通过电话联系,这将保证非常高的响应率,因此,仅需要小样本量。事先征求这种合作的方法,在忙碌的行政人员群体中的效果很好。专栏 9.3 给出了定时电话呼叫的一些关键点。

电话访问的结果在国际调研中可能会有很大的不同。在美国,研究人员习惯于通过多次呼叫相同号码。大多数电话也连接到应答机或语音信箱,这样便可以留下记录,之后再重新呼叫。然而,在其他大多数国家,这种情形可能不太一样。电话很少连接到应答机和没有呼叫等待的概念,即使他们正在工作,研究人员也可

[①]　Aaker et al., *Marketing Research*, 11th edition.

专栏 9.3

电话访问的时间选择①

在进行调研时,应当考虑访问确切时机与高质量回应间的关系。在对每天/每周不同时间的电话分析后,研究人员能够注意到一些趋势:

1. 消费者在晚上 6 点至 9 点之间表示更乐于接受采访。

2. 有效地联系家庭主妇或正在工作的个体的最佳时间是上午 9 点至下午 4 点半。

3. 与任何营销研究机构的工作实践相比,调研人员的工作模式与被访者更相关。

4. 如果访问员更多地关注当天访问的具体时间,而不仅是具体哪一天,那么成功回应的机会就会更大。

5. 调研人员进行傍晚电话访问会产生更好的回应率和降低成本。

能获得一个忙碌占线的信号。在一些产业方面的调查下,由于官僚化的管理风格,想要接触到决策者或管理者可能会非常麻烦。研究人员需要经过与秘书的成功预约后,才能访问决策者或管理者,这种成本也很高。大部分本地电话都收费,不同行政区域(或地区)之间的电话费用也比美国贵一些。同时,地区间不同的文化又为这种调研增添了复杂性,如一些地区拒绝通过电话分发任何信息。考虑使用电话作为数据收集的媒介时,必须牢记这些方面的问题。

一般而言,墨西哥电话网络的可靠性是有问题的(截至 2011 年,每 100 人只有 17 条电话线路)②。因此,一些公司选择使用私人卫星网络来提供自己的电信线路。在阿根廷,人们必须持续几个小时等待拨号。在俄罗斯,近 40%—60%的电话

---

① Aaker et al., *Marketing Research*, 11th edition; Chisnall, *Marketing Research*, 5th edition (Reprinted by permission of Professor P. M.Chisnall).

② "Dialling for Dollars, Far from Home", *Business Week*, January 13, 1992; Ray Converse and Shelley Galbraith, "Eastern Europe", *Business America*, June 18, 1990; "China's Budding Phone Market, Industry Still Has Its Wires Crossed", *San Jose Mercury News*, March 6, 1994.

调查会被直接拒绝和中断,这高于面对面访问的直接拒绝率①。在中国,很多人不习惯打电话和没有惯常的挂断程序。有时他们会在突然挂断之前发出警告;有时,他们将话筒放在离嘴很远的地方,从而不接听电话。这些是全球营销调研电话调查中(可能会)遇到的问题。

在进行电话访问时,访问员应注意几个技巧。首先,电话访问开始的介绍是非常重要的一部分,这有助于与顾客建立良好关系。访问员使用友好及愉快的语调进行交谈。研究主题的介绍应该简短和准确。其次,访问员应该考虑在访问者最方便的时候进行访问。例如,如果这项调研要求访问专业人士,应在工作时间之后或周末联系。当然,不应该在太晚的时间进行,因为这将打扰他们休息,同时被访者可能不会合作。最后,访问员还应详细报告每个被访者的访问信息,例如访问日期、通话时间、最后结果、呼叫时长及是否需要再次调查拨号等,这些信息对于数据整理非常重要。

邮寄调查

邮寄调查是指将调查问卷邮寄给需要完成调查的潜在被访者,并让他们将其完成调查后邮寄返回给调查人员的一种调查方法。在邮寄调查中,应首先确定需要抽样的潜在被访者,并获取其邮寄地址。邮寄调查更多地应用于文化水平较高的国家或地区②。邮件列表可以通过诸如电话簿、组织成员名册、出版物订阅列表或其他商业来源等多种渠道获得。唯一的前提条件是邮件列表必须是最新的,并且必须与正在调研的群体密切相关。如预期的那样,获得最新且能够代表一般人群的有效邮件列表是一项颇具挑战的任务。此外,邮寄调查还受到邮寄费用的影响。在欧洲国家中,保加利亚的邮政费率最高,在调整劳动力成本和购买力后为2.26欧元。与大多数欧洲运营商相比,美国邮政(USPS)的费率是最便宜的,为0.46欧元。此外,USPS的业务覆盖了比欧洲邮政经营者还广泛的地理区域。在国际

---

① Anna Andreenkova, "Russia", in *Telephone Surveys in Europe*, eds Sabine Häder, Michael Häder, and Mike Kühne, Heidelberg: Springer, 2012:3—16.

② T.Vahvelainen, "Marketing Research in the Nordic Countries", *European Research*, 1985, Vol.13:76—79; T. Vahvelainen "Marketing Research in Finland", *European Research*, 1987, 15(1): 62—66; E. H.Demby, "ESOMAR Urges Changes in Reporting Demographics, Issues Worldwide Report", *Marketing News* 24, No.1, January 8, 1990:24—25.

上，USPS 正在为其产品与服务提供非常公平的交易。表 9.3 展示了欧盟 27 个成员国的邮政费率。

表 9.3　欧洲国家的标准邮寄费用①

国　家	邮政费(欧元/€)	国　家	邮政费(欧元/€)
保加利亚	2.26	英　国	0.64
拉脱维亚	1.54	希　腊	0.62
立陶宛	1.38	瑞　士	0.61
斯洛伐克	1.28	瑞　典	0.60
罗马尼亚	1.21	奥地利	0.59
波　兰	1.02	卢森堡	0.58
挪　威	0.94	德　国	0.55
丹　麦	0.90	法　国	0.54
匈牙利	0.89	爱尔兰	0.51
爱沙尼亚	0.83	塞浦路斯	0.47
葡萄牙	0.80	荷　兰	0.44
芬　兰	0.73	西班牙	0.44
捷　克	0.68	斯洛文尼亚	0.38
意大利	0.65	马耳他	0.35
比利时	0.64		

在数字营销的时代，传统的直邮渠道在客户响应率方面仍然表现更好。直接邮寄给现有客户的平均回复率为 3.40%，而电子邮件的平均回复率为 0.12%②。虽然邮寄名单易于应用，但小企业可能无法负担得起。邮政服务 USPS 正在努力解决小企业面临的这个问题。专栏 9.4 说明了美国 USPS 的门户直邮服务(every door direct mail)的主要功能特征。

专栏 9.4

门户直邮服务③

　　门户直邮服务能为希望向特定地区的所有居民发送邮件的公司提供服务。实际上，许多企业要向特定地区的所有居民发送邮寄调查、目录、有关其产品或

---

①　改编自 Deutsche Post，"Letter Prices in Europe"，March 2011。

②　"DMA Response Rate Report"，2012，http://www.targetmarketingmag.com/article/direct-mailresponse-rates-dipping-says-dma-report/1 于 2013 年 7 月访问。

③　改编自 https://www.usps.com/business/every-door-direct-mail.htm 于 2013 年 7 月访问。

服务的信息等材料。门户直邮服务都不要求企业有邮寄名单。使用 USPS 的这项门户直邮服务，企业可以简单地从它们的笔记本电脑或计算机映射出它们希望定位的区域，选择一个投递方式以及投放日期。对于本地企业来说，这可以非常方便地帮助它们发送优惠券、菜单、活动日历、满意度调查及商店地图等。

在邮寄调查之前，需要考虑很多其他的细节。尽管它们似乎相对机械化，但这可能会影响邮寄调查的效率和质量。例如，研究人员需要考虑调查问卷的长度、内容、布局、颜色和格式，记录被访人的格式，访问问卷的格式，对被访者的激励及邮回信封等。激励措施的选择对跨国邮寄调查更是至关重要①。研究人员在后续工作中，还需考虑明信片、信件或电话等不同形式的时间和精力。这些决定将对回复率、收集信息的质量以及执行邮寄调查的费用产生重大影响。开展正式调查之前，研究人员可以借助信息通知的方式初步筛选被访者。

邮寄调查是一种自我管理的调查方式，可以通过电子邮件或传真给被访者。互联网的迅速渗透使企业更频繁地使用在线调查。互联网是高效、快速和低成本的。特别是在国际市场中，由于范围广，所以执行也相对困难，但在线调查仍越来越受研究人员的欢迎。在美国的研究人员很容易通过在线调查对亚洲消费者开展原始资料调研。它不仅价格低廉，而且非常方便高效。通过使研究人员能够更容易地访问和控制数据收集过程，这也为创建深度调查问卷提供了便利，从而更好地帮助实现了一对一调查。在线调查越来越受研究人员的欢迎，同时，越来越多的人们加入了在线调查的样本池。

在线调查

互联网为知识产生和信息传播、用户之间的联结以及社交提供了重要的场所或平台。鉴于这些有吸引力的特征，互联网已经成为研究人员寻求创意和测试新概念的可靠来源。截至 2012 年 6 月，全球约有 24 亿互联网用户。亚洲超过 10 亿

---

① David Jobber, Hafiz Mirza, and Kee H. Wee, "Incentives and Response-Rates to Cross National Business Surveys: A Logit Model Analysis", *Journal of International Business Studies* 4，1991：711—721.

的互联网用户,但与 2000 年相比,互联网用户数量增长最快的是非洲(36 倍),其次是中东地区(26 倍)和拉丁美洲/加勒比(13 倍)。在金砖国家中,2011 年至 2012 年期间,印度独家网站访问量增长最快,达 41%(6 260 万用户)[1],依次为俄罗斯 20%(5 900 万用户)、巴西 6%(5 200 万用户)、中国为 5%(3.33 亿用户)[2]。

在性别构成方面,大约有 13 亿女性(占女性总数的 37%)互联网用户,而男性为 15 亿(占男子 41%)。发展中国家的女性互联网用户约有 8.26 亿,男性互联网用户达 9.8 亿。相比之下,发达国家的 4.75 亿的互联网用户是女性,而 4.83 亿的互联网用户是男性。发展中国家的性别差距比发达国家严重。在发展中国家,使用互联网的女性比男性少 16%,而发达国家使用互联网的女性比女性少 2%[3]。在互联网上使用的语言方面,2011 年全球近 5.6 亿互联网用户使用英语,其次是使用中文(5.90 亿),次之是西班牙文(1.65 亿)。然而,从 2000 年至 2011 年的增长率来看,阿拉伯语用户数量增长了 25 倍,俄罗斯用户增长了 18 倍,中国用户增长了 14 倍[4]。

随着世界各地互联网的普及,研究人员也正更多使用这种媒介来开展相关研究。广泛的互联网更是为各种国际营销调研提供了更好的契机。一些常用的在线调查形式包括:①电子邮寄调查和消费者面板(consumer panels);②在线焦点小组;③网站效果(Website Effectiveness);④广告测量;⑤许可电子邮件营销清单(opt-in e-mail marketing lists);⑥意见调查;⑦新产品开发和⑧顾客满意度调查。

虽然在线调查通常是主要由执行调研的企业控制,但付费和免费在线调查的私营网站也受到了研究人员的欢迎。其中一些网站包括 Question Pro、Zoomerang、Poll Daddy、Survey Monkey 和 Kwik Surveys。这些网站为研究人员提供了一系列服务,包括定制不同的调查问题类型和模板、基于调查类型的调查主题、调查完成后的统计、移动/平板电脑的兼容调查、电子邮件的提醒功能、社交网络的集成、多语言调查、可下载的数据和多种文件格式的报告、数据分析和报告生成、安全和密

---

[1]　"Internet Users in the World Statistics", June 30, 2012, http://www.internetworldstats.com/stats.htm 于 2013 年 7 月访问。

[2]　"No Sign of Slowing Web Uptake in India", September 18, 2012, http://www.emarketer.com/Article/No-Sign-of-Slowing-Web-Uptake-India/1009356 于 2014 年 4 月 10 日访问。

[3]　"The World in 2013—ICT Facts And Figures", http://www.itu.int/en/ITU-D/Statistics/Documents/facts/ICTFactsFigures2013.pdf 于 2013 年 6 月 3 日访问。

[4]　"Top Ten Languages Used in the Web", May 31, 2011, http://www.internetworldstats.com/stats7.htm 于 2013 年 7 月访问。

码保护的管理员功能等。虽然这些网站付费版本为研究课题和组织提供了一系列服务,但免费版本服务与功能也不少,同时还节省了大量成本。

在线调查也被用于营销领域之外的调研,例如健康意识、社会发展和对政府政策的民意调查。通常在线调查可以通过在线论坛或电子邮件的形式让被访者完成调查并提交。在线问卷应确保多项选择问题、开放性意见、多媒体工具(图像和/或视频)的融合,同时整合到社交网络(通过社交网络访问在线调查问卷)。在线调查对研究人员的吸引力主要是可以帮助节省成本(研究人员打印的问卷和旅行费用),以及调查工具交付即时。然而,必须仔细分析在线调查可能引起的任何抽样问题和在线搜集响应的有效性。

调查方法的利弊

本节介绍了四种调查方法在国际调研中的利弊。[1]

个人访问

大多数研究人员认为个人访问是获取数据最灵活的方法。访问是面对面的互动,可以让被访者更加自由和安心。访问员能够澄清被访者在调查过程中可能存在的疑问,因此对于回复的偏差可以得到有效控制。访问员有很高的灵活性,能够以更合适的方式来重新表述问题,同时在调查的任何方面都能与被访者进行详细交谈。对于聚焦于复杂的主题或需要获取大量信息的研究,个人访问是一个理想的调研方法。如果其他家庭成员能够对调研有重大贡献的话,访问员也可以选择对其他家庭成员进行访问。例如,在识字率非常低的西非国家(例如,马里的成人识字率为31%,几内亚为41%,2010年塞拉利昂为42%),这种访问其他家庭成员的方式可能是收集被访者信息的唯一途径[2]。即使个人访问费用非常高,这也是欠

① Monk, "Marketing Research in Canada"; Jack J. Honomichl, "Survey Results Positive", Advertising Age 55, November 1984:23.

② Friedrich Huebler and Weixin Lu, "Adult and Youth Literacy, 1990—2015 Analysis of Data for 41 Selected Countries", *UNESCO Institute for Statistics*, UNESCO Publishing, 2012, http://www.uis.unesco. org/Education/Documents/UIS-literacy-statistics-1990-2015-en.pdf 于 2014 年 4 月 10 日访问。

发达国家数据收集最有效的方法。①

　　然而,访问员的存在也可能是个人访问的最大缺点。被访者可能会为了自己显得有声望和见多识广提供一些非真实的答案。在某些情况下,访问员的存在可能会让被访者感到不舒服和保持沉默。在许多文化中,如拉丁美洲,访问员也备受质疑。同样,在白俄罗斯和中亚国家,有关消费品、媒体偏好、政府政策评估以及对政府行为和政策看法的谈话被认为是威胁和不受欢迎的②。访问员想要获得有成效的访问效果,必须投入大量的努力以赢得被访者的信任。

　　研究还表明,性别和种族对于访问质量有着交互影响③。在全球营销调研中,访问员偏见是显著存在的。例如,如果访问员是男性,访问中东国家的家庭主妇将是很困难的。由于对外国文化或语言问题缺乏了解,访问员可能误解被访者的回答。即使在同一个国家,不同地区的人们可能使用着不同的方言,这也使访问员的任务更加困难。在解释外国的一些非语言暗示方面也可能存在问题。例如,最常见的非语言暗示"摇头"。虽然摇头在世界大部分地区意味着负面答复,但日本人却用它来表示肯定的回答。最后,值得一提的是,个人访问的成本非常高。专栏9.5列举了国际调查中的一些非语言提示。

专栏9.5

有效解释提示④

　　语言也许是研究国际市场时最重要的障碍。因此,不管使用的研究工具如何,确保准确的解释对于获得有效的结果至关重要。以下提示将帮助使用口译员的研究人员实施访问。

　　1. 口译员不同于翻译员。虽然这两者看起来似乎很相似,人们也交替使用。

---

　　①　Naresh K. Malhotra, "A Methodology for Measuring Consumer Preferences in Developing Countries", *International Marketing Review*, Autumn 1988, Vol.5:52—65.

　　②　Andreenkova, "Russia".

　　③　Cynthia Webster, "Hispanic and Anglo Interviewer and Respondent Ethnicity and Gender: The Impact of Survey Response Quality", *Journal of Marketing Research*, February 1996, Vol.33:62—72.

　　④　Adapted from Anne Orban, "Qualitatively Speaking: Ten Tips for Using Interpreters in International Research," *Quirk's Marketing Research Review*, November 2005:20.

但是,要清楚两者之间的差异。翻译者是将一种语言书写的文字翻译成另一种语言书写的文字。相比之下,口译员是用口语进行直接翻译,及时用于口语沟通工作和外国的实时交流。

2. 这一切都是关于意思的理解。口译员一般不进行翻译。相反,他们主要是将访问员的意思传递给被访者。有很多营销人员严重依赖于文字翻译的例子,并产生了错误和经常令人尴尬的结果。因此,它不是关于字面翻译,它是以其他语言适当地呈现你的意思。

3. 暂停应该经常使用。如果你一直不断地说话,口译员理解你的意思更难,你的听众会感到烦躁或同时失去重点的内容。因此,应该适当进行暂停。暂停有助于口译员的信息收集,同时吸收和有效地解释成被访者可以理解的语言。

4. 对于俚语的运用要适可而止。重点应放在必须传达的信息上,这就要求简单且直接的对话,同时少使用俚语、幽默、双关语的言语表达,这有助于口译者正确地传达消息。

5. 关注于被访者,而不是口译者!在最理想的环境中,口译者不需要出现在被访者面前,只有在被解释的消息相互传递时,口译者才会出现。只有研究人员将注意力集中在被访者身上,同时聆听口译员所传递的信息。这样的做法有助于研究者把握被访者的非语言线索。

电话访问

电话访问成本低于个人访问,可以在很短的时间内完成,同时一般都可以得到有效的回复。如果第一次尝试无法联系被访者,那么以后很容易再次回复。诸如瑞士等有非常好的电话网络的国家,可以有效地联系目标群体。在瑞士,即使出于营销目的,也不会对这样的形式有一些合法性的限制。这使电话调查的 RDD 选项合理可行①。另外,电话费用的下降使得抽样能够覆盖更为广泛分布的样本。还有

---

① Michèle Ernst Stähli, "Switzerland", in *Telephone Surveys in Europe*, eds Sabine Häder, Michael Häder, and Mike Kühne, Springer, 2012:3—16.

研究指出,国际电话能持续性地产生更好的结果。事实上,他们不需要现场工作人员,从而进一步降低成本。随着技术的进步,访问员甚至可以通过计算机辅助完成工作,同时简化数据准备工作。

被访者在长时间访问中未能有效合作,电话访问必须尽早结束。访问员偏见的问题类似于个人访问。电话访问不能使用视觉辅助工具来帮助调查过程。在发展中国家,拥有电话的人口比例很低,电话访问似乎更多只能与社会上层取得联系。因此,通过电话访问的样本不太能代表大多数群体。即使存在电话网络,也可能并没有列出具体电话号码的可靠目录。由此,RDD 可能不会很有效,因为没有足够的电话运行保障。在日本这样的一些国家,人们往往认为电话访问是不尊重他人的,其只能在个人访问中能有效地进行合作。电话访问在欧洲不太划算,因为收费非常高,特别是在德国。

邮寄调查

邮寄调查可以覆盖更广泛的被访者群体,且不需要任何实地工作人员。同时,这种形式调查更没有受到调研人员的偏见干扰。与个人访问或电话访问相比,向被访者邮寄问卷的成本往往较低。这种方法可以有效地用于商务调查,因为被访者的知识水平很高,调查的主题也非常具体。此外,由于被访者自行决定回答问卷,被访者的答复可能是经过深思熟虑作出的,同时,研究人员还可以获取其他的必要信息。当涉及敏感或隐私的话题(例如性行为和财务状况)时,邮寄调查通常的优势更是明显(只要被访者相信答案将被保密)。

邮寄调查的无回答率非常高,这会导致一些问题。即使邮寄问卷的成本相对较低,但由于邮寄调查的效率不高,可能导致平均成本非常高。另一个问题是由于回复率低而可能存在显著的偏差。调查问卷一经邮寄就无法控制。例如,被访者可以有选择地回答问题,也可能忽略一些问题,还可能会误解一些问题。此外,邮寄调查无法控制被访者(即收件人或其他人)的身份、被访者是否有咨询过其他人答案,以及被访者如何解释及回答问题等问题。最后,在编制邮件列表时也要认真与细心,避免诸如陈旧、遗漏和重复等问题。

在全球营销调研中,现有的邮件列表可能失效,所以邮寄调查变得困难重重。诸如中国香港等很多地方,人们居住在船上,没有正式的地址。委内瑞拉没有房屋或居住的号码,地址主要由 Casa Rosa 或 Casa Rio 等房屋名称确定。即使研究人员要调查附在杂志的地址清单,这也只包括受过良好教育和富裕的公民,由此存在系统抽样偏差。即使问卷邮寄后,也可能会有较大的流失率。在巴西,30%的邮件没有成功传递发送。许多欠发达国家的邮政系统并不提供转发邮件的服务。此外,文化程度低也可能意味着即使有部分群体能够收到调研问卷,但并非所有人都能够正确响应。包含激励措施的邮件以确保合作也难以保证,因为邮件可能会被盗窃。在执行多国邮寄调查时,也存在一些实际的问题,例如不可能获得这种调查的返回信封。在决定全球营销调研的邮寄调查之前,研究人员需要了解上述所有问题。

邮寄调查面临的很多问题都被在线调查所克服。网络上的回复率比邮寄调查高,同时研究人员可以向更多的被访者发送调查报告,因为较大群体的电子邮件的成本几乎为零。在线调查中不存在邮回信封问题。所有被访者需要做的是点击他们的电子邮件中的链接并填写表格。在线调查减少了数据编码过程所涉及的时间。在国际调研中,这种方式更具优势,主要在于调查回答可以通过后台在线记录,调查所在国家的具体位置对研究没有任何影响。在线调查也能很快地进行被访者选择,这也为研究人员对调研过程具有更多的把控。

在线调查[①]

在线调查正在改变传统营销调研的作用和如何管理调查。作为有吸引力的调研方式,它比传统的调研方法具有调查质量高、管理更方便及成本低等方面优势。

由于没有访问员参与管理这些调查,在线调查有可能消除访问员的错误和偏见。此外,基于 Web 的调查使研究人员对数据质量进行了更多的控制。研究人员可以在调查中设置逻辑检查,排除或控制有矛盾或无意义的答案,从而免除了数据清理和编辑。在线调查将问卷公布在一个安全的网站上,研究人员可以在任何一个被访者完成访问后立即查看结果。在某些情况下,调查的邀请链接也以横幅的形式呈现在某些网络流量高的网站上。这些网站访问者通过点击横幅链接,访问

---

① Dick McCullough, "Web-Based Market Research Ushers in New Age", *Marketing News*, September 14, 1998.

一个安全的网站进行简短的访问。调查完成后,被访者将自动退出调查网站,并回到之前的网站。

尽管在线调查有不少方便之处,但它的有效性还是取决于样本选择、调查设计、反馈程度和技术挑战。在线电子邮件调研中,抽样单位的选择是电子邮件地址、电子订阅组和访问量很大的网站。令人遗憾的是,人们经常更改他们的电子邮件地址,从而获得有效的样本也是一个问题。此外,将设计好的调查问卷转化为电子版本也可能产生问题,这导致了调查的回复率较低,从而降低了统计指标和效度。多语言在线调查更是带来复杂的问题,其中,翻译是一个主要焦点,因为被访者在理解和回答问题方面却没有任何指导。

因此,在线调查需要持续把控、确定其具体形式及方向、进行适当使用和确保长期有效性。然而,随着越来越多的人使用互联网,网络调查将继续吸引更多的研究人员。

使用频率和易用性

在全球营销调研中,邮寄调查通常用于工业产品。邮寄调查具有良好的回复率和较低的调查成本的优势,吸引了越来越多的用户。获取工业产品的邮件列表很容易。对于消费者调研而言,这种方法仅在识字水平高和邮寄名单容易获得的工业化国家才有效。在大多数发展中国家,获得邮寄名单是非常昂贵的。即使存在这样的名单,但由于文化水平较低,大多数潜在的被访者无法正确地给出答复。因此,在这些国家需要采用其他的调查方法。

电话访问取决于当前电话网络线路的质量,各国之间可能有很大差异。有很多国家相关的电话线路尚未搭建得很完善。因此,通过电话开展调查可能更多地访问上层阶级。基于此,如果被访者主要由律师、医生和其他处于较高收入水平的专业人员组成,则宜采用这种方法。此外,影响电话访问的第二个因素是要保证电话目录的可用性或列表的有效性。当然,平均每次呼叫成本也是研究人员无法忽视的一个问题。在许多国家,电信运营商对国内或国际电话收取高额费用,研究人员通过电话进行漫长的调查可能不切实际。

个人访问是调查研究中最灵活的方法,也是全球营销调研中最常用的调查方法。尽管进行个人访问的成本非常高,但由于有效性也非常高,所以在国外是具有成本效益的。由于因为邮寄调查和电话访问会引起很多问题,所以个人访问得到更多的应用。电话访问存在成本高昂的问题,而邮寄调查由于大多数被访者不会将问卷邮回,导致了较低的有效率。因为大多数人在发展中国家勉强糊口,完成问卷并不是他们的义务,假如不运用激励手段,研究人员很难回收数据。此外,当邮递人员意识到信封中包含激励措施时,他们可能会发生邮件盗窃事件。当然,不同国家或地区的文化差异也非常大,这也只能通过个人访问来解决。在印度和中国这样的国家,语言、文化及习俗因地而异。研究人员只能通过面对面访问来收集这些相关的数据。一般来说,关于发展中国家的调查还应该结合观察性研究,因为单一的方法可能无法获取所有社会阶层的信息①。

对实施调查的研究人员的要求

实施调查的研究人员必须符合四个基本要求:①对研究项目的理解;②对相关行业知识的了解;③熟悉正在进行调研的国家习俗和文化特征;④流利的语言。

实施调查是获得信任和建立融洽关系的一项复杂任务,这样才能让被访者更好地将信息传达至陌生人。如果研究人员能够使用被访者熟悉的语言进行交流,这个调查过程将会更容易。研究人员在调查过程中也应该更好地融入该文化情景。如果研究人员能很好地熟知该国重要传统习俗,这将更有利于调研的开展。

对于行业知识和对项目的掌握十分重要,因为这将有助于研究人员更好地设计调查。如果被访者是专业人士和专家的话,他们很可能对技术方面有更好的了解,调查人员可能会获得更好的回应。

一项关于可口可乐公司在所有销售国的认知程度的定期调查,这个调查的总体规划由纽约总部设计,由这些不同国家的当地调查研究人员执行。问卷最初是用英语设计的,并由在这些国家的每个研究者将其翻译成当地语言,然后,针对当地人群开展调查。调查完成后,当地的研究人员负责将结果翻译回英文,并返回到

① Naresh K. Malhotra, "Administration of Questionnaires for Collecting Quantitative Data in International Marketing Research", *Journal of Global Marketing* 2, 1991:63—92.

纽约办事处,最后完成结果分析。由此可见,这些不同国家的研究人员应该熟练掌握流利的英语和当地语言。

许多调研公司指出,没有一个人可以成为所有行业和所有地区的专家。人们需倾向于专注于某一特定领域,并且在该领域积累丰富的经验,这将帮助他们提高与自己不同文化的洞察力。然而,研究公司假如能有效地整合这些相关研究的综合知识和经验,将能更好地在任何行业和世界任何地方展开调查研究。

适用性

原始资料调研章节已经强调了在构念、测量、抽样和分析方面建立等同性的重要性,而构念和测量等同性的建立是研究人员首先关注的阶段。如果使用问卷作为调查工具,必须考虑到有效的构念并且要以恰当的方式收集相关指标数据。通过下面的例子进行阐释。

假如要进行各国高收入家庭汽车配有量的研究。研究人员可以首先构建一个假设,例如假设"住宅中车库的数量是所有车辆数量的一个指标。"这在美国是一个相当准确的估计方式,因为每个房子都有内置的车库。但当这个问卷被用于美国境外的调查问卷时,就会出现不适用的问题。例如,在许多国家,大多数房屋没有车库。人们使用非常规停车位,如人行道和公园等。因此,如果研究人员也希望同样的假设在其他国家保持良好的调查结果的话,他应该在这些国家找到所有的可能替代车库的相关指标,并在调查问卷中详细列出。只有这样,研究结果才被认为是有效的。

从这个例子可以看出,如果想要研究取得有效的成果,调查工具必须要在特定情况下适用于特定国家至关重要。这也再次重现了文化和国家差异的重要性以及研究人员对文化敏感的必要性。

文化影响

第1章就首先阐明了国家之间文化差异的诸多例子,并且影响着市场营销。本章重点介绍不同文化对调查回应的巨大差异。访问员对法国、德国和意大利的个人访问持续时间较长,因为访问员需要对并没有将问卷翻译成当地语言提供更详细的说明。在上述任何一个国家进行 35—40 分钟的调查,但在美国考虑到调查不超过 20 分钟或 25 分钟,必须将访问时间进行压缩控制。这些国家的拒访率也很高,因为很多人接了太多的调查。应该考虑的另一个因素是德国人非常认真地关注时间。如果他们被告知调查将持续半小时,在半小时结束时,他们会要求你停止调查。法国人和意大利人在时间上更加灵活。英国人很有礼貌,不能打断访问员。斯堪的纳维亚国家(丹麦、挪威和瑞典)拒访率较低,一般非常合作。除西班牙以外,大多数地中海沿岸国家的人们都非常喜欢交流。在亚洲国家中,日本人认为通过电话进行调查是不礼貌的,他们必须亲自面对面地访问。在中国香港,研究人员不得进入被访者的住所,他们将不得不在房屋前门的一个空间来调查或观察被访者。在中东国家,妇女不能在没有男人的情况下在他们家中接受访问。研究人员在进行调查时必须铭记这一切。在大多数中东国家,人们一般不太守时,午餐时间一般会持续两到四个小时①。

发展中国家的特定问题②

在进行调查时,语言很可能是一个非常大的问题,特别是对于多语言的国家而言,大多数人的识字水平也很低。在这种情况下,书面问卷的调查往往作用不大。获得好的研究人员也可能是这些国家的一个重要问题。例如,印度从事营销调研的人员社会地位很差,访问员应该与被访者保持着相同的种族群体。发展中国家可能会有更多的被访者偏见,泰国和印度尼西亚妇女不太可能与陌生人交谈,而印度妇女需要熟人的陪同方可接触访问员。在有些文化下,被访者认为访问员可能是商业间谍,他们通常不太愿意透露事实和实际数据。诸如中国香港和中国内地及印度这些国家和地区,获得访问的最佳途径可能是敲门,而不是试图通过电话进行预约。

---

① Sak Onkvisit and John J.Shaw, *International Marketing—Analysis and Strategy*, 3rd edition, Upper Saddle River, NJ: Prentice Hall, 1997:224.

② Joanna Kinsey, *Marketing in Developing Countries*, London: Macmillan Education, 1994.

调查偏差来源

调查研究的偏差①可归因于三个主要来源——被访者、访问员和调查主题。

在许多国家,特别是亚洲国家的被访者提供的回答主要是为了取悦访问员。这就是所谓的社会期许回应——"人们根据目前的文化规范向他人展现自己的倾向"②。研究表明,社会期许回应包括印象管理(人们故意倾向于呈现自己积极的方式)和自我欺骗性的提高(人们提供诚实但有偏见的自我报告的倾向)。印象管理与伪造、掩饰、说谎和欺骗等密切相关。自我欺骗性增强是一种出于积极心态看待自己的倾向和过度自信的一种形式③。

这些社会中人们的道德和文化义务暗示着,被访者尽可能地对访问员友好,许多社会的规范也要求被访者也对陌生人有礼貌。因此,他们的回答往往不是他们真实感受和意见的反映。为了避免这种情况,最好隐瞒研究的赞助者,同时应该对访问员进行充分的培训,以克服这些障碍。此外,问句的措辞能够减少偏差,将问题以第三人称的形式来呈现("人们认为……"而不是"你认为……")。

另一个偏差来源是被访者表现协商的倾向,肯定和积极性的话语。这种行为某种程度而言是默认的响应风格,且不管内容均表现出肯定的态度倾向④,它经常发生在有争议的话题上。有研究表明,默认与口语表达能力、态度的逻辑一致性和社会品味均呈现负相关关系⑤。另外,调查研究和社会学研究表明,默认可能反映了较低地位的被访者对高级访问员的顺从,或者是认知能力低的被访者不加批评

---

① Joanna Kinsey, *Marketing in Developing Countries*, London: Macmillan Education, 1994.

② D.G. Mick, "Are Studies of Dark Side Variables Confounded by Socially Desirable Responding? The Case of Materialism", *Journal of Consumer Research*, 1996, Vol.23:106—119.

③ D.L. Paulhus, "Measurement and Control of Response Bias", in Measures of Personality and Social Psychological Attitudes, eds, J.P. Robinson, P.R. Shaver, and L.S. Wright, San Diego, CA: Academic Press, 1991:17—59.

④ Paulhus, "Measurement and Control of Response Bias"; J.D. Winkler, D. E.Kanouse, and J.E. Ware, Jr, "Controlling for Acquiescence Response Set in Scale Development", *Journal of Applied Psychology*, 1982, 67:555—561.

⑤ S.Messick, "Psychology and Methodology of Response Styles", in *Improving Inquiry in Social Science: A Volume in Honor of Lee J.Cronbach*, eds, R.E. Snow and D.E. Wiley, Hillsdale, NJ: Erlbaum, 1991:161—200.

地吸收一些笼统的表述或暗示性的陈述①。研究人员必须尝试理解导致这些行为背后的价值观。在调查中,不同的文化特质(如谦虚)对调查结果也具有十分重要的影响。日本人倾向于温和谦逊和低估事情,而拉丁美洲人倾向于夸大他们的收入和生活方式。在同一个国家,即使年龄、性别和教育等因素也会对偏见的形成有重要影响,没有受过良好教育的被访者更倾向于尽力地取悦访问员。

特定的文化特质也可能引起偏差。例如,马来西亚的华人往往比马来西亚人或印度人更加沉默寡言,并在调研中更多给出了"不"和"不知道"的答案。中东被访者在学业、收入、职位和成就等方面倾向于使用夸张的表达,这可以通过使用关联技术来克服。

访问员的存在也可能增加了调查的偏差。如果访问员不熟悉国家及其传统,他们可能会误解被访者的口头和非言语回答。假如调查有开放性问题,访问员也可能会错过某些重点。在调查期间,也可能对被访者的一些行为作出错误的归因。

研究的话题也可能引起偏差。对于一些国家,某些话题可能会十分敏感。例如,拉丁美洲人对酗酒行为比较敏感,印度人则认为性是一个禁忌话题。在一些调查中,被访者拒绝回答所有问题,导致无回应的偏差。

调查研究的新途径

技术的不断变化为研究人员的营销调研工作创造了新的机遇。互联网正在将创新带到电脑桌面上,移动技术正在改变人们彼此沟通的方式。互联网技术对营销研究调查的帮助已在第 6 章中进行了详细的讨论。社交媒体和移动技术的普及更是完善了这个创新链。智能手机的快速采用,使研究人员注意到了这种媒介的对调研的作用。研究人员一直在担心如何提高调研的有效性,他们发现尽管不同年龄群体,使用手机进行调查越来越普遍。虽然成年人采用这种技术很高,但在青少年中,这种情况则不太一样。皮尤研究中心(Pew Research Center)调查结果显示,与普通成年人相似,23%的青少年使用平板电脑。另外,25%的青少年是主

---

①   H.Schuman and S.Presser, *Questions and Answers in Attitude Surveys*, New York: Academic Press, 1981.

要的互联网用户。这些用户大多使用手机上网,而不是使用台式机或笔记本电脑等其他设备①。目前,95%的青少年使用互联网,93%的青少年拥有电脑或者可以在家中使用一台电脑。家庭电脑访问中有71%的青少年表示,他们最常使用的笔记本电脑或台式电脑设备是家庭共享的。这种信息对于这个特定群体的营销人员起着关键的作用。

有趣的是,使用移动设备进行调查也是面对面个人访问的一个很好的补充。研究人员正在进行三类移动测量工具的开拓:①连接到互联网的软件;②定制软件和③专用应用程序(或应用程序)②。多平台可移植性是大多数研究人员未来进行这种调查所必须考虑及采用的。专栏9.6展示了使用移动平台进行调查的示例。

专栏 9.6

移动调查③

Sage North America 在加拿大进行了 476 家中小企业的移动调查。Sage SMB 移动设备调查显示,加拿大企业主发现使用移动技术对公司的生产力有积极的影响。Sage 50 的高级副总裁兼总经理、*Sage 50 Accounting-Canadian* 编辑南希·哈里斯(Nancy Harris)表示:"移动设备变得如此普遍,我们许多人觉得这些设备是我们自我的延伸,Sage 在加拿大进行的大多数企业主调查显示,正在采用移动设备来提高生产力。

主要发现:

1. 近83%的被访者认为移动技术对其业务的生产力产生了积极的影响。

2. 近78%的被访者使用笔记本电脑、平板电脑或智能手机等设备记录工作相关信息。

---

① M.Madden et al., "Teens and Technology 2013", March 13, 2013, http://www.pewinternet. org/Reports/2013/Teens-and-Tech.aspx 于 2013 年 7 月访问。

② E.Perreault, "Mobile Surveys: Advantages, Tools & Perspectives", April 2, 2013, http:// blog.voxco.com/2013/04/02/mobile-surveys-advantages-tools-and-perspectives/于 2013 年 7 月访问。

③ 改编自 Sage North America, "Sage SMB Survey on Mobile Devices Finds Canadian Businesses Using Mobile Technology to Positively Affect Their Business", March 18, 2013, http://www.marketwire.com/press-release/sage-smb-survey-on-mobile-devices-finds-canadian-businesses-using-mobiletechnology-1768986.htm 于 2013 年 7 月访问。

3. 笔记本电脑的远程访问在过去一年间增长了 48％,平板电脑增长了 64％,智能手机增长了 78％。

4. 约有 45％的被访者表示,在工作单位允许自带电脑的相关政策。

5. 在移动设备上访问与工作相关的电子邮件是最受欢迎的项目。

全球营销调研实践

二手数据调研、观察和定性方法收集的数据将有助于 Tasty Burgers 识别出需要向潜在客户提出的问题。调查问卷的设计将在第 11 章展开详细的讨论。本章主要是涉及具体的调查方法。常见的四种调查研究方法分别是个人访问、电话访问、邮寄调查和在线调查。

正如之前已经提到的,邮寄调查提供的答复率最低。一般来说,这种方法不应用于全球营销调研,因为每个样本的成本往往很高。电话访问通常是进行调查非常好的手段。它提供更好的回应率,访问员可以澄清被访者可能有的疑问。这是在英国的 Tasty Burgers 调查使用的方法。在巴西、沙特阿拉伯和印度,电话的普及率很低,只有很小的一部分人口拥有电话。通常情况下,电话线路的作用微乎其微,即使拥有有效的电话线路,打电话也非常昂贵。而且,人们也不愿通过电话传达个人信息,这些国家最好的调查方法是个人访问。

本章小结

本章涉及个人访问、电话访问和邮寄调查,并详细讨论了各种方法的优缺点和全球营销调研的适用性。在全球营销调研方面,出于研究问题的性质和复杂性,假如缺乏足够的知识和信息以及可用的预算,可能会受到很大限制。研究人员掌握的一些基本的数据收集方法,在全球营销调研下需要进行大量调整,这些方法可以在特定国家综合使用。在一个多国研究中,不同的国家需要使用不同的方法,主要问题在于数据的可比性和有用性,而不是工具的使用。这是研究人员所必须考虑到的。一般而言,个人访问这个调查方法是在全球营销调研中收集原始资料的最流行手段。此外,随着技术的进步,如电子邮件等一系列工具,也使调查变得更加容易和快捷。移动技术更是将调研"装入"了消费者的口袋。本章也讨论了该技术对研究的影响。

思考题

1. 一个平时例行进行上门调查的美国零售店突然降低了市场调研活动的预算。商店应采取那种调查手段,以便更好地处理? 新的调查方式可能会失去哪些个人访问的优势?

2. 有偏差的意见是实施调查时的常见问题。根据你的理解,你认为哪种调查方法可能会产生最高的偏差?

3. 作为市场研究经理,根据你的认识,你认为在调查研究中,我们要遵循哪些必要的道德准则?

4. 假如要调研"中东地区为什么女性购物者选择特定的零售商店购买衣服?",你会建议使用什么样的数据搜集程序来搜集数据?

5. 您是大型化学品公司营销研究部门的高级分析师:

(1) 公司拥有一种化学品的专利,当与塑料结合使用时,这类化学品将有近乎金属的属性。请您找出该化学品的潜在国际用户,并预测其总体市场潜力。

(2) 可以从被访者获得哪些信息有用的信息?

(3) 什么技术可用于获取所有相关的各类信息?

(4) 设计调查以获取所需的信息。准备所有指标、收集表格及其他需要获得此类信息的资料。

(5) 针对您所设计调查方案,请您估算执行该方案所需要的费用。

10

量表开发

本章概述

全球化导致本土企业和跨国公司国内外市场中的竞争日益激烈。研究人员便面临着开发有效的测量工具以评估顾客对国内外产品的态度与偏好这一任务。

顾客的态度可以塑造他们的行为，而这些态度则产生于顾客对于这些产品所拥有的信息。企业在市场上所做的工作就是要充分理解顾客的态度，最终来影响顾客的行为。然而，跟踪细分市场中的顾客，试图了解他们的行为，并最后给出解决方案通常是非常困难的。所以，营销人员应当尽量理解顾客的态度，并将顾客态度作为了解顾客行为的窗口。与潜在消费者进行交谈，并洞察他们对某一具体产品或概念的态度是一件容易的事情。喜欢的态度能够转换成购买行为，不喜欢的态度则意味着需要对产品进行修改，以使其更加适合消费者的口味。测量消费者对一个具体产品的具体属性的态度是可能的。本章要介绍态度的测量，态度测量工具的使用。在国际营销中，调查中主要使用的方法已经在前面讨论过，本章则主要介绍测量态度的量表开发。

态度

态度是"采用稳定一致的喜欢或不喜欢的方式对特定客体或事物所做的总体

评价"①。态度是对周边环境的心理感知状态,它由以下三个部分构成:

● 认知或知识:它是消费者对客体的信息状态。这个认知或知识是消费者对客体存在的知晓,对客体属性的信念,对客体的每个属性的相对重要性的判断。

● 情感或喜欢:它是消费者对具体客体的喜欢或不喜欢的总体感觉。情感会导致消费者偏好于某一个客体或概念,而不偏好其他客体或概念,所以,偏好的测量是测量态度的理想指标。

● 倾向:它是指消费者对具体客体的未来行为的期望。倾向受限于依购买习惯和规划视野而变化的时间条件。

消费者所处的文化不同,他们的知觉也有很大差异。原产国研究中已经得知大多数消费者认为墨西哥的产品不如日本的产品和美国的产品。随着时间的推移,日本产品依其高质量的认知,已经具有比美国产品还要好的显著优势②。

测量和量表

测量是按照预设的规则,将数字或符号分配给研究客体的具体属性的过程。为了便于数学分析与统计分析,通常使用数字分配给被研究对象的相应属性。在为测量而分配这些数字的时候,要遵循一定的规则。数字和客体属性之间要具有一一对应的关系,这种分配在一定的时间内应当是稳定的。度量是构建一个连续的量表,并根据客体所拥有的测量属性的数量确定在这个量表上的位置的过程。

测量水平界定了分配给一个变量的数值之间的关系。如果测量水平已知,则数据的解释就会简化。基于测量水平,量表可以分为如下四种。

● 命名量表:命名量表是将数字或符号分配给客体用以识别其身份的一种尺度。在命名量表中,分配给客体的标识相互排斥,标有类别。换句话说,如果一个客体所被分配的符号与另一个客体的符号相同,则说明在这个命名量表中,两个客体是相同的。否则,他们就是不同的。性别、地理位置和婚姻状况都是命名量表的

---

① de Mooij, *Global Marketing and Advertising*.

② John R. Darling and Van R. Wood, "A Longitudinal Study Comparing Perceptions of US and Japanese Products in a Third/Neutral Country: Finland 1975 to 1985", *Journal of International Business Studies* 3, 1990:427—450.

例子。命名量表的算术运算只能使用类别计数。例如,大学中课程目录中不同课程的编号就是名义量表的例子。这些数字编号能够帮助我们区别总体中的一个部分如何与其他部分不同,而这些数字编号的比较则将毫无意义。客体间是相互排斥的,各类之间没有必然的联系。数字并不意味着变量间的任何顺序。如将所有的受访者中单身定为1,已婚者定为2,已婚但离婚者定为3。

●顺序量表:顺序量表是根据某些共同的变量采用特殊的顺序对客体进行排列或安排。顺序量表所提供的信息表明客体在某一属性方面比其他客体多一些和少一些。因为顺序之间的具体差异未知,所以,无法基于顺序量表计算均值。然而,却可以根据顺序量表计算中位数和众数。顺序量表只能提供所研究的客体属性比其他客体在这一属性上多些和少些,不能提供两个客体之间究竟相差具体多少的信息。例如,请某大学的研究生采用顺序量表对营销系的课程进行评价。有些学生将这门课程评分最好,其他一些学生将这门课程评为第二好等。对于这门课程是无法计算平均等级的,因为最好,一般,差之间的差异未知。所以,顺序量表只限于计算统计中位数和众数。

●等距量表:两个客体之间差异的计算问题可以通过等距量表来解决。等距量表既能排列两个客体之间的顺序,也能表示两个客体之间所测量的属性之间的增量。这就意味着顺序量表为计算差异提供了空间。例如,华氏温度计和摄氏温度计与不同的间隔和不同的零点。另外,等距量表可以用于分析数据的统计运算,包括加法和减法。所以,利用等距量表计算均值、标准差、相关系数等都是可能的,当然,也可以运算 t 检验、回归分析和方差分析等。

●比率量表:比率量表具有一个有意义的零点,它是等距量表的修改版。比率量表能够准确表明一个客体在某一属性上比另一个客体大多少或少多少。比率量表也可以用来进行数量的比较。例如,可以说一个花费10美元产品的成本是花费5美元的产品成本的两倍。

表10.1总结了上述量表类型及其应用。

表 10.1 量表的类型及其特点

测量量表 类型	态度量表类型	分配数值规则	应 用	统计/统计检验
命名	二分(是或否)	客体具有或不具有某 种特征	分类(性别、区域、社 会地位)	百分比、众数/χ^2

（续表）

测量量表 类型	态度量表类型	分配数值规则	应 用	统计/统计检验
顺序	比较、排列顺序、分项 和配对比较	客体大或小	排名（偏好、等级）	百分位数、中位数、 等级相关/弗里德曼 方差分析
等距	李克特、斯通、斯特普 尔、联想、语义差别	间隔相等	索引数据、温度计、态 度测量	均值、标准差、乘积 相关检验/t 检验、 方差分析、回归分 析、因子分析
比率	具有具体含义的量表	有意义的零点能够比 较绝对大小	销售额、收入、产量、 成本、年龄	几何平均数、调和平 均数、变异系数

量表类型

一个量表或尺度可以有多个维度，其维度的多少依测量的属性和构念的定义 不同而定。例如，我们认为某一特定汽车品牌的选择只依赖于价格，则量表只须有 一个维度。此时价格完全能够解释汽车的购买决策。然而现实并非如此。消费者 在购买汽车的时候要考虑许多方面，如汽车的性能、风格、制造商和价格。因此，汽 车的购买决策有许多维度，每个维度的测量结果都会对消费者的最终购买决策产 生影响。

态度量表大致可分为单项量表和多项量表。单项量表只使用一个题项来测量 构念。然而，消费者对大多数产品的态度是复杂的，因此并不能完全依赖于一个题

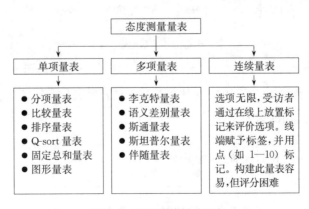

图 10.1　不同类型的态度量表

项进行测量。要想得到消费者的真实态度,需要测量很多方面。在这种情况下,就要使用多项量表。有许多种单项量表和多项量表,下面会对这些量表进行讨论。图 10.1 描绘了不同类型的态度量表。

单项量表

使用广泛的单项量表是分项量表(itemized-category)。分项量表让被访者对所测量的客体给出他们的意见。这种量表有不同的形式,研究人员对所有的分项给出标签以表达被访者的意见。如:

请对当地医院给出你的意见:
非常____　　满意____　　适度满足____　　有点满意____　　不满意____

可以用极值分项来制作标签,如:

请对当地医院给出你的意见:
绝对满意　　　　　　　　　　　　　　　　　　　　　　　　　　绝对不满意
+2　　　　　　　　+1　　　　　　0　　　　　1　　　　2

从上面的例子可以看出回答分项可以有中点,也可以不使用中点。在第二个例子中,量表的分项是平衡的。当然,也可以使用非平衡分项,以便更加倾向于表达非常喜欢,或非常不喜欢。如:

对下面的国家新闻频道给你的意见:
	优秀的	很好的	普通	较差
HNN 新闻	____	____	____	____
新闻直播	____	____	____	____
新闻中心	____	____	____	____

相同的量表可以在问句中加上比较陈述。这种量表称为比较量表。上面的例子可以修改成下面的句子。

相比 HNN 新闻,你如何评价本地新闻站?
优秀的____　　非常好的 ____　　普通____　　较差____

另一种单项量表要求受访者按照某些标准按照升序或降序来对客体进行安

排。这种量表称为等级顺序量表（rank-order scale）。因为消费者在购物情境中经
常会有商品进行排序选择，所以等级排列广泛应用于国际调查。然而，这种量表需
要被访者进行大量的脑力活动，因此当对大量客体进行比较时，通常结果都不会太
准确。一般来说，消费者对列表清单中的最好客体和最差客体都会分得很清楚。
然而，当客体很多时，中间的分项之间的差异会变得非常模糊。所以比较五六个客
体是最优选择。如果客体大于六的话，可以使用两阶段排列方法。在第一阶段中，
请受访者将所有客体排列成两或三类。在第二阶段中，请受访者对每类中客体进
行排列。

当需要排列的客体数量非常多时，如 100 个，即使两阶段排列也是十分困难的。
在这种情况下可以使用 Q 分类量表（Q-sort scaling）。例如，某汽车制造商想要研
究某款车消费者最偏好的属性。产品设计团队提出了 100 种不同的产品概念，每个
概念都有细微的不同。团队向每位受访者发放了 100 张卡片，每个卡片包含一个版
本的产品。然后要求受访者将这些卡片分成 12 堆，如一堆包括包含最喜欢的五个
版本，另一堆包含次喜欢的五个版本。另 10 堆所包含产品版本依偏好程度而逐渐
减少。12 堆依此规则排列完成之后，研究人员挑选最喜欢的一堆，或有些喜欢的一
堆要求受访者对此堆中的 5 个版本进行排序。随着堆的数量增加，结果的可靠性也
会增加。图 10.2 显示了每一堆中卡片的数量。

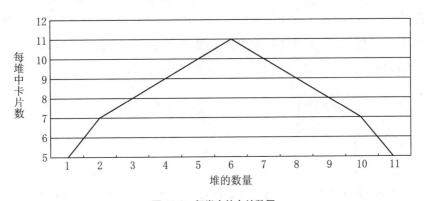

图 10.2　每类中的卡片数量

固定总和量表（constant-sum scales）请被访者将固定的数值分配给不同的类
别，结果是每个类别得到的点数反映了受访者的相对偏好。下面就是这样的
例子：

下面这些因素是您在选择新闻频道时所在意的因素,请您根据每个因素的重要性,将 100 分在这些因素中进行分配。

信息原真　　　　　　　　　　————
报道快速　　　　　　　　　　————
深入分析　　　　　　　　　　————
主题覆盖广泛　　　　　　　　————
覆盖区域广泛(地方、国家和国际)　————
　　　　　　　　　　　　　　　总计 100

在全球营销调研中,研究人员应该对调查对象可能是文盲的情况有所准备。有时调查也会涉及没有读写能力的儿童。这样通过写来进行沟通就会成为一个挑战。在这种情况下,使用图像量表(pictorial scale)去生动地描述类别就比较好。受访者通过图形量表上的相应位置来表示他们同意或不同意的程度。有趣的脸谱量表一种常用的图像量表。

研究人员所使用的量表类型依赖于研究人员的经验、使用偏好和判断。然而,当使用单项量表时还是有一些问题需要注意。虽然理论上认为一份问卷中的量表类型可以从 2 到无限,但实践中还是不能使用太多类型的量表。在邮寄调查和个人访谈中,受访者处理 5 到 7 个类型量表其结果会相对准确。然而在电话访谈中,这个数字还要减少。描述分项的形容词也要依赖于研究实施的国家不同而有所调整。有些国家需要很强的形容词,反之,有些国家则需要使用适当缓和的形容词。根据国家的不同,研究人员还应决定是否使用单极或双极量表,决定是否使用中点回答项。研究指出,某些文化背景下,如像日本人在进行选择时,倾向选择中立值。在这种情况下,研究人员应该避免提供一个中间值选项以强迫受访者进行决策。

多项量表

使用单一题项表明受访者对一个客体的全部态度是不可能,在这种情况下,就需要使用多项量表。图 10.3 是多项量表开发的流程图。多项量表获得受访者对客体的不同方面的态度信息,然后将这些信息组合在一起,形成一个平均值来表示受访者对这个客体的总的评价。经常使用的一些多项量表会在下面的部分进行介绍。

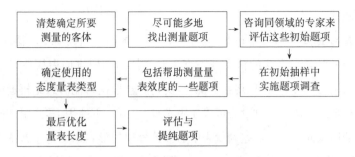

图 10.3 多项量表的开发步骤

李克特量表(Likert scales)是请受访者对具体客体的一些特征或属性的相关描述给出同意或不同意程度的意见的一种测量工具。李克特量表也称加和量表,因为这种量表是对受访者的每个题项的分值相加从而得到一个全部总分以表示对客体的评价。李克特量表通常由两部分组成,即题项部分和评价部分。题项部分基本上是对某种产品、事件,或态度的描述。评价部分则是跨度为从"非常同意"到"非常不同意"的回答选项所构成的清单。下面的例子就是一个常用构念(绩效)的李克特量表形式,它包括了描述与回答评估选项。这个量表可以使研究人员将分值加总从而得到一个平均分。

	非常同意	有些同意	既不是同意也不是不同意	有些不同意	非常不同意
新闻频道很好地覆盖了当地新闻					
新闻频道很好地覆盖全国和世界新闻					
新闻频道主题多样化					
新闻频道提供真实的信息					
新闻频道信息及时					

斯通量表(Thurstone scales)量表可以帮助研究人员获得具有区间属性的单维量表,所以人们称其为相等区间方法。斯通量表的操作方法分为两个步骤。第一步,研究人员提出一些形容词,通常是100个形容词来反映研究客体的所有喜欢程度。然后,一组评定者根据他们的喜欢与不喜欢的程度对这100个形容词进行分组。两个分项之间的间隔是相等的。形容词如果在评定者中没有得到一致的评价,则要删除。结果是产生一个大约是10—20个表明不同喜欢程度的分项。第二步是请受访者对这个量表中的不同的分项在某个客体的不同方面进行评分。这个量表开发过程耗费时间且花费很多。同时,量表分项的确定依赖于所选的评定人

也是有可能的。

　　语义差别量表(semantic differential scales)在国际营销调研中广泛应用,它用以反映受访者对某一客体的信念或态度。对客体的不同方面用描述以下或以上(如好与坏、高与低)的方式展现给受访者,受访者会根据与他们意见相近或相匹配的选项进行选择。语义差别量表可以使用中点,也可以不使用,其使用情况依实施问卷调查的国家而定。语义差别量表中的描述分项的形容词要与实施调查的国家相关,以使受访者能够理解分项的意义。有时适当使用反向问句以避免晕轮效应也是很必要的,因为有时受访者的判断会受其前面的判断的影响。将分数分配给分项,然后提供不同客体的平均值是可能的。形象分析是语义差别量表的一个应用,因为每个分项的平均得分可以直观地比较每个分项的差异。语义差别量表可以帮助研究人员快速得到不同客体在不同分项上如何不同。图 10.4 就是一个形象分析。

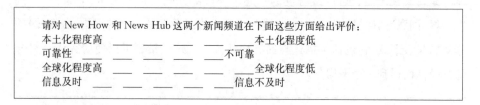

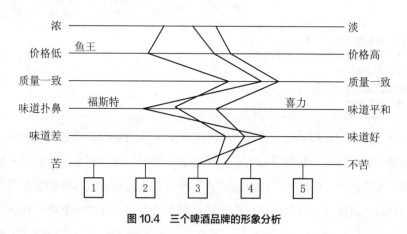

图 10.4　三个啤酒品牌的形象分析

　　斯坦普尔量表(Stapel scales)是语义差别量表的简化版,因为描述分项只有一个极点。受访者依其偏好给出一个分数,高的分数意味着该客体在这个分项上有更好的表现。

伴随量表(associative scaling)是一种在全球营销调研中经常使用的一个多题项量表工具。这种方法克服了语义差别量表中要使用受访者对所有客体熟悉的局限性。在伴随量表中,要求受访者对每个问句给出一个伴随答案就可以。

跨国研究量表

本章前几节讨论的各种类型量表通常用于本土营销调研,如果将同样的量表应用到世界各国进行访问就会有问题。①当决定是否使用相同的量表实施调研时,要考虑实施国家的教育水平或文化水平的影响。文化与教育水平会对所使用的量表的回答格式具有一定的影响。还有一些国家的文化也会影响回答效果,也许也包括一些文化偏见。李克特量表和语义差别量表都具有文化局限,二者都可以视为文化的测量工具。②

研究人员可以根据本土文化规范作为参照来开发量表。例如,可以咨询受访者来表示他们自己的锚点和根据具体文化实践确定相对位置。这种方法可以用来测量受访者对于文化规范的态度(如对婚姻角色的态度)。③在这方面,研究人员在使用李克特量表或语义差别量表时也必须测试锚定点的意义和适当性。例如,在一项关于美日渠道关系研究中,预测试调研中发现日本的管理人员没有充分理解量表锚点同意/不同意(agree/disagree)。结果研究人员不得不将锚点修改为绝对真实、有些真实、根本不真实(definitely true, somewhat true and not at all true)来代替原来的含义。④

---

① Most international research studies conducted use different kinds of scales in their research. A few examples are: Daniel C. Fieldman and David C. Thomas, "Career Management Issues Facing Expatriates", *Journal of Business Studies* (Second Quarter 1992); Vol. 23:271—293. Earl Newmann, "Organization Predictors of Expatriate job Satisfaction", *Journal of Business Studies*, First Quarter 1993, Vol. 24:61—81.

② Julie H. Yu, Charles Keown, and Laurence Jacobs, "Attitude Scale Methodology: Cross-Cultural Implications", *Journal of International Consumer Marketing* 6, No. 2, 1993:45—64.

③ Naresh K. Malhotra, James Agarwal, and Mark Peterson, "Methodological Issues in Cross-Cultural Marketing Research: A State-of-the-Art Review", *International Marketing Review* 13, No. 5, 1996:7—43.

④ J. L. Johnson, T. Sakano, J. A. Cote, and N. Onzo, "The Exercise of Interfirm Power and Its Repercussions in US-Japanese Channel Relationships", *Journal of Marketing* 57, 1993:1—10.

在国际营销调研中另一个需要关注的主题是问句的回答选项,特别回答的标度,是否需要根据具体国家和文化进行调整。例如,在法国小学和初中经常使用 20 点量表。结果,在营销调研中也建议使用 20 点量表。一般来说,非书面量表对低教育水平的受访者比较有效,但对于文盲受访者回答选项是采用图形量表则更好。例如,在生活形态调研中,用不同生活形态群体的图片呈现给受访者,然后要求他们回答他们认为他们自己与图片中的生活形态的相似性可能效果比较好。一些搞笑脸图(funny faces)和温度计刻度(thermometer)也经常用于文化水平低的受访者。

全球量表或泛文化量表[①]

已经实施的研究力图找到是否有泛文化的量表。语义差别量表似乎是一个最接近真正意义的泛文化量表。语义差别量表在不同国家实施调研过程中,对于同样的概念或维度能够给出一致的结果,也能够解释大部分回答误差。然而,研究说明李克特量表和语义差别量表也因文化不同而受到影响(EMIC 特性),即使在文化背景相似的国家如日本、韩国、中国也会不同。[②]研究人员一直尝试使用一个基本参照,即自我认同文化规范来作为参照从而避免偏差。这种方法在评估态度立场时特别有用,因为态度立场通常是相对于主体文化规范而确定的。

全球营销调研人员设计量表的部分工作是要考虑量表的适应性。研究人员要决定一个单一量表是否可以在所有的国家使用,或者是某一个量表只定制地使用于一个国家。美国人习惯使用五点或七点量表,然而其他国家的人,如法国人则习惯使用 20 点量表。语义差别量表在使用量表测量已知属性的准确性方面扮演了重要作用。许多国家的受访问者倾向于夸大他们的感觉,而许多其他国家的受访者则比较中性。所以,优秀(excellent)对于日本人和意大利人来讲意味着非常不同级别的完美。这些语言差异需要进行调整。研究人员已经观察到在跨国情境下中使用非书面语言进行评分效果很好。所有受访者都无视于他们所属的国家或文化,

① Douglas and Craig, *International Marketing Research*.
② J. H. Yu, C. F. Keown, and L. W. Jacobs, *Journal of International Consumer Marketing*, 1993.

而用于非书面语言表达他们的感受。然而,在一些国家使用这样的量表也许会有一些问题。在一些国家,1 被认为是最好的,而在另一些国家,1 也许是最不好的选择。研究人员在请受访者对这些属性进行评分之前,一定要对此有所了解。在许多国家,调研人员不得不向受访者解释量表的中点概念或含义。即使受访者理解中点的概念或中间选项,调研人员还是要根据不同国家的对于中点的理解来修改量表。

牢记在其他国家使用量表的缺点,能够提供准确结果的具有一致性的量表是语义差别量表。因为量表的两端是相反的形容词,受访者很容易理解,并对问句给以回答,因此,它是研究人员认为比较有用的一种方式。

等同性测量①

在全球营销研究中,由于文化的影响,研究人员需要经常改变量表的含义。所以,全球营销调研要求作适当的等同性与可比性检查。能够比较不同国家的数据对于调研人员来讲是非常重要的,所以,检查数据搜集过程的各个方面,以建立不同数据的等同性是非常必要的。由于测量的问题,很难确信数据的相似和差异是真实的,或者他们是否是真实的。测量等同性的问题必须解决,从而减少对测量信度和效度的影响。②通过增加题项来获得更多变差和更加准确与减少题项以使量表具有更小的回报偏差之间总是要有个平衡。③

从各个地区获得的数据需要可比是很重要的,否则这些数据可能导致研究人员得出错误的结论。下面是欧洲关于女性洗澡习惯的实施例子。④最初始数据显示,比利时女性洗澡的比例远高于其他国家。然而,仔细检查数据会发现数据的时间不具有可比性。比利时的调查是问女性在过去的 7 天内是否洗过澡,而其他国家

---

① Douglas and Craig, *International Marketing Research*.

② Alma T. Mintu, Rojer Calantone, and Jule B. Gassenheimer, "Towards Improving Cross-Cultural Research: Extending Churchill's Research Paradigm", *Journal of International Consumer Marketin*, 1995, 7(2):5—23.

③ Michael Mullen, "Diagnostic Measurement Equivalence in Cross-National Research", *Journal of International Business Studies 3*, 1995:25—41.

④ C.Min-Han, Byoung-Woo Lee, and Kong Kyun Ro, "The Choice Survey Mode in Country Image Studies", *Journal of Business Research 29*, 1994:151—162.

则是问"过去的 3 天您洗过澡吗?"

测量等同性与用于建立等同性的测量概念或态度的过程相关。[1]在考虑建立测量等同性方面要考虑如下三个方面的问题。

标准等同(calibration equivalence):标准等同是指测量时所使用的校准系统。这个系统包括货币单位、度量衡、距离、体积和知觉线索,如颜色、形状或形式。在全球营销调研中对这个问题必须小心,因为世界各国所使用的度量衡单位并不相同。例如,美国人习惯于按磅或吨来计量重量,而英国和共同体的大部分国家则使用克和千克。如果错误地使用计量单位,受访者的回答将不准确。对于货币的使用也具有同样的测量问题。美国的十亿在其他国家并不意味着相同数量的货币(如英国)。调研人员还应注意对于知觉线索的解释不同而建立等同。不同国家的文化对于颜色的诠释并不相同。[2]例如,西方国家认为白色象征着纯洁与和平,但日本则将白色看成是哀悼的颜色。[3]

翻译等同(translation equivalence):调研过程中,必须翻译研究工具(量表)以便所调研的国家的受访者能够对研究工具充分理解。研究工具应当在每个研究情境中具有等同的含义。当研究人员不得不解释研究工具,并将其翻译成书面语言时,翻译的工作就变得更加复杂。前面已经指出,本书重点并不是将研究工具翻译成另外一种语言的等同。本书的重点只是强调搜集信息的等同。如将问卷中的维他命翻译成另一种语言几乎是不可能的,这是因为在外国语言中找不到相应的词。正如在日本找不到"丈夫"(husband)的相应词一样。研究人员应当关注如何将问句的意图传达给受访者,从而获得能够跨国家比较的答案。

度量等同(metric equivalence):度量等同是指所使用的测量评分需要等同。研究人员要确保所使用的测量工具的评分系统或量表具有可比性。同时,也要注意依不同国家对于已定的测量的回答来建立等同度量。不同国家使用的量表可能取决于这些国家受访者的文化和教育水平。在美国,研究人员通常使用 5 点量表或 7 点量表。然而,有些国家则使用多到 20 点评分。当样本是由一些阅读能力不好的

① Margaret Crimp and Len Tiu Wright, *The Marketing Research Process* , 4th edition, Herfordshire: Prentice Hall, 1995.

②③ Laurence Jacobs, Charles Keown, Reginald Worthley, and Kyung-II Ghymn, "Cross-Cultural Color Comparisons: Global Marketers Beware," *International Marketing Review* 8, No. 3, 1991:21—30.

人所构成的时候,使用图形量表就比较好。特定国家也决定其是否应该使用单极或双极量表,是否使用具有中点的量表。研究日本市场的研究人员所设计的量表就没有中点,这是因为如果让日本人自己选择的话,他们会倾向于保持中立。研究人员还应该确保在给定的测量工具下在不同国家的受访者的回答的等同。例如,研究人员在拉美国家获得的收入数据需要调整,因为拉丁美洲国家的大多数管理者倾向于夸大他们的收入。[1]

概要分析是检查度量等同一种方法。这种方法要计算每个测量的均值,并将其绘制成图。这些点有线相连。如果这些线不平行,就可以视为两个数据集之间的差异并不是系统回答偏差。必须指出即使线是平行的,均值之间的差异也可能是由于真正的差异引起,并不一定要归因于回答偏差。[2]

态度测量的准确性

营销中所使用的大多数态度测量量表必须准确和有用。在本部分中,重点讨论影响态度测量准确性的因素,即效度、信度、灵敏度、普适性和相关性。

效度

一个态度测量量表测量到它所要测量的内容,则称这个态度测量量表具有效度。如果态度量表具有效度,则说明态度得分的差异能够反映被测客体或个人在所测量特征上的差异。这是一个非常棘手的问题。例如,对于所要测量的管理者的态度差异、消费者积极分子的态度差异、消费者对营销实践的态度差异、消费者对营销监管的态度差异和消费者运动的贡献的差异,研究人员如何知道这些差异是真实的差异呢? 有三种基本方法可以对效度问题进行评估。

表面效度或一致效度(face, or consensus, validity)。当测量结果不言而喻地反映或代表了现象的各个方面的时候,该测量就具有表面效度或一致效度。例如,广

---

[1] Ki-Taek Chun, John B.Campbell, and Jong Hae Yoo, "Extreme Response Style Cross-Cultural Research", *Journal of Cross Cultural Psychology* 5, No.5, 1974:465—480.

[2] Mullen, "Diagnostic Measurement Equivalence in Cross-National Research".

告的购买者认知广为接受的测量方式是过去的广告曝光率。尽管有证据表明广告认知受到受众的兴趣的影响,但这个测量指标还是为大多数人所接受。

效标效度(criterion validity) 效标效度是基于态度测量与其他效标变量之间相关程度来测量效度,因此更有说服力。如果两个变量在相同时测量,就会产生同时效度(concurrent validity)。更好的是如果态度测量可以预测一些未来事件,它就具有预测效度(predictive validity)。如果通过销售记录去预测未来销售额这种关系来说明品牌偏好的测量或购买倾向的测量,则这个测量便具有预测效度。效度对于决策制定是非常重要的,因为决策的本质是需要对不确定的未来事件进行预测。

尽管表面效度、一致效度和预测效度能够对于总体效度提供一些必要的证据,但是它们往往是不够的。这三种方法的特点是他们是在聚合效度(convergent validity)基础上提供证据。即一种态度测量与其他所提出的变量测量相关或聚合(converges),则可以说这个态度测量可以充分代表一个特征或变量。不幸的是,一种态度测量可以聚合于其他变量,也可能聚合于另一个变量。因此很有必要通过"所研究的测量与其他测量(并不能测量相同的变量或概念)之间的低相关来建立区分效度(discriminant validity)"。例如,广告认知测量经常无法测量第二次检验。广告认知度与以往的广告曝光相关联或聚合(这正是我们想测量的),而广告认知度也与消费者阅读的杂志数量和对产品兴趣程度相关。

建构效度(construct validity)建构效度是在判别效的和聚合效度建立之后唯一要考虑的效度。①它是一个根据事先的理论而确定的具体的测量。首先,使用理论定义一个外显的概念或构念,然后,说明这个概念或构念的测量或操作化定义,并通过实证来联系这个概念。建构效度的最大困难是许多用来解释营销行为的构念都是抽象的(如社会阶层、个性或态度)。例如,职业是社会阶层的一个比较好的操作化定义,但是职业是否还能用于测量其他特征? 评估建构效度的方法之一是检验测量是否证实了假设是来自基于概念的理论。由于营销中理论发展还处于年轻阶段,理论本身可能是不正确的,那么测量方法就很危险。这是为什么在营销中建构效度不高的原因。更加显著的原因是在各种不同的环境中,缺乏行之有效的测量。相反,营销研究人员倾向于对每一个具体的问题或调查去开发测量工具,或者

---

①　F. M. Andrews, "Construct Validity and Error Components of Survey Measures", *Public Opinion Quarterly*, Summer 1984:432.

对于他们更多地依赖于表面效度。

信度

至今为止我们一直在讨论观察值(X_o)和真值(X_t)之间的系统误差,我们用这个误差来测量量表的效度。然而,量表的总误差是由系统误差(X_s)和随机误差(X_r)两个部分所构成。随机误差是对一个人或一个客体进行重复测量中缺乏一致性而形成的误差。因此,任何测量都可以由下面的函数表示:

$$X_o = X_t + X_s + X_r$$

$$观察值 = 真值 + 系统误差 + 随机误差$$

请记住在这个方程中效度是用来反映真值的。在这种情况下,如果$X_o = X_t$,则X_s和X_r都是零。因此,如果我们知道测量量表是有效的,则这个量表一定要有信度。反之,则不然。一个量表有很高的信度的时候,即$X_r = 0$,仍然可能存在影响效度的系统误差。但是,如果测量没有信度,则不可能有效度,因为在等式左边$(X_o = X_t + X_r)$至少有最少的量。简言之,信度是效度的必要条件但不是充分条件。

虽然信度(reliability)不太重要,但它却容易测量,并受到相对多的关注。研究表明,相同的量表在不同的文化情境下具有不同的信度,这就会影响到跨文化研究结果的可比性。[1]因此,有效推断得出之前,对于不可比的信度问题,构念间的实质关系必须进行调整。测量量表在一定时间内的稳定性,或一个态度量表的题项内容一致性都是获得信度的基本方法。[2]

使用同样的测量量表对相同的受访者在不同的时间点进行重复测量,并计算结果的相关程度可以评估量表的稳定性。两次调查之间的随机波动程度会导致分数不同,从而使信度降低。这种再测试方法与态度的事前测与事后再测的方法具有相同的问题。第一次调查也许可以使受访者有些主观,并导致态度变化。如果测量与再测量之间的时间间隔太长,在态度测量的真值变化的可能性就会进一步

---

① H. L. Davis, S.P. Douglas, and A.J. Silk, "Measure Unreliability: A Hidden Threat to Cross-National Marketing Research", *Journal of Marketing* 45, No.2, 1981:98—109.

② J.Paul Peter, "Reliability: A Review of Psychometric Basis and Recent Marketing Practices", *Journal of Marketing Research* 16, 1979:6—17.

增加。对于大多数主题来讲,时间间隔应当是两周以下。如果时间太短,第一次测试的效果会溢出到第二次测试;受访者会记住第一次的内容而感到无聊或烦恼等。由于这些问题的存在,时间间隔会产生信度上升的偏差,而时间过长则会产生相反的效果。[1]

评估信度的等同性的方法适用于由多个题项所构成的态度量表,这些题项被用来测量同样的单维态度构念。折半法假定将这些题项目分为两个相等子集,然后可以比较。研究人员设计了一些方法将题项随机分成两半,然后计算两个子集总分的相似度。平均分半相似测量,即 alpha 系数能够通过将每一个题项与其他题项相比较的效果的过程来获得。

灵敏度

评价态度测量量表质量的第三个特征是灵敏度(sensitivity),它是态度中含义差异的判别能力。敏感度是通过增加量表中的题项来获得的,然而,量表题项越多,信度越低。这是因为在回答态度问句时,回答选项非常粗糙,如"是"或"否"可以吸收大量的回答变差,这一点在使用测试再试方法时一定要注意。相反,当只有少许不同态度点时,大量回答选项的使用会受制于考虑,而不是随机扰动的数量。

普适性

普适性是指在不同的研究情境和环境下,量表实施与解释的易用程度。[2]这样,多题项量表的普适性由这个量表是否能够用于多种数据搜集方法,是否用于从不同的个体获得数据,在什么情况下可以解释决定。正如信度与效度一样,普适性并不是绝对的,却是一个重要的方面。

---

[1] Ravi Parameswaran and Attila Yaprak, "A Cross-National Comparison of Consumer Research Measures", *Journal of International Business Studies*, Spring 1987, Vol.18:35—49.

[2] 关于普适性理论的探讨与在市场调研中的应用请参考 Joseph O.Rentz, "Generalizability Theory: A Comprehensive Method for Assessing and Improving the Dependability of Marketing Measures", *Journal of Marketing Research* 24, 1987:19—28。

相关性

量表的相关性是指应用量表去测量一个构念的意义有多大。从数学上来讲，量表的相关性可以表示为信度和效度乘积。

$$相关性＝信度×效度$$

如果信度和效度是通过相关系数计算的，则：

- 量表的相关性可以从 0（无关系）到 1（完全相关）；
- 如果信度或效度低，量表的相关性不大；
- 信度和效度对于量表的相关性都是必要的。

量表开发的心理学和生理学方法[①]

随着一些主要研究领域中的持续出现的科学进步，营销领域所具有的跨学科的属性导致它能够借鉴其他领域的知识并整合与应用到营销中来。一些领域的研究对营销研究产生了很大影响，如 IT、生物学、神经学、生理学、心理学等其他学科。上述这些领域所发展的一些技术已经应用到营销研究之中。这些技术包括眼动分析、皮肤电分析、瞳孔反应和面部肌肉活动。本节跟踪这些技术在营销调研中的进展与应用。

眼动分析

眼动技术是通过记录被试在看视觉刺激时眼睛的注视点次数和注视时长的办法来测量眼动情况。通过对眼睛接收信息和保留信息的眼动模式的测量可以帮助研究人员区分出被试对外部信息的自动反应和自发反应。[②]营销研究已经发现眼动

---

① Yong Jian Wang and Michael S. Minor, "Validity, Reliability, and Applicability of Psychophysiological Techniques in Marketing Research", *Psychology* and *Marketing* 25, No.2, 2008: 197—232.

② D.W. Stewart, and D.H. Furse, "Applying Psychophysiological Measures to Marketing and Advertising Research Problems", *Current Issues* and *Research in Advertising* 5, 1982: 1—38.

与注意①、记忆②、和信息处理③过程具有关联。虽然有些研究已经证明眼动的注视点次数④和注视时长⑤可以对回忆和记忆具有很高的预测能力,但其他研究指出眼动技术仅仅在人们的认知学习过程中起中介作用。⑥在相当部分的研究中眼动测量的信度也受到质疑,这是因为眼动模式的观测结果会受到被试眨眼过多或流泪的影响。⑦这样在招募被试的时候,部分人群会因为各种眼睛的问题而被排除掉,从而限制了营销调研中的眼动实验的应用。

皮肤电分析

皮肤电分析技术是对电流通过人类皮肤时产生的阻力或导电水平进行跟踪。⑧通过对汗腺变化的跟踪,研究人员可对人的兴趣、唤起和愉悦等结果的心理活动进

---

① L. Bogart and B.S. Tolley, "The Search for Information in Newspaper Advertising", *Journal of Advertising Research* 28, 1988:9—19; R. Pieters, E. Rosbergen, and M. Wedel, "Visual Attention to Repeated Print Advertising: A Test of Scanpath Theory", *Journal of Marketing Research* 36, 1999:424—438; R. Pieters and M. Wedel, "Attention Capture and Transfer in Advertising: Brand, Pictorial, and Text-Size Effects", *Journal of Marketing* 68, 2004:36—50.

② H.E. Krugman, "Brain Wave Measures of Media Involvement", *Journal of Advertising Research* 1, 1971:3—9; D.M. Krugman, R.J. Fox, J.E. Fletcher, P. M. Fischer, and T. H. Rojas, "Do Adolescents Attend to Warnings in Cigarette Advertising? An Eye Tracking Approach", *Journal of Advertising Research* 34, 1994:39—52; M. Wedel and R. Pieters, "Eye Fixations on Advertisements and Memory for Brands: A Model and Findings", *Marketing Science* 19, 2000:297—312.

③ A. S. King, "Pupil Size, Eye Direction, and Message Appeal: Some Preliminary Findings", *Journal of Marketing* 36, 1972:55—58; W. Kroeber-Riel and B. Barton, "Scanning Ads: Effects of Position and Arousal Potential of Ad Elements", *Current Issues and Research in Advertising* 3, 1980: 147—163; W. Kroeber-Riel, "Effects of Emotional Pictorial Elements in Ads Analyzed by Means of Eye Movement Monitoring", *Advances in Consumer Research* 11, 1984:591—596.

④ Krugman et al., "Do Adolescents Attend to Warnings in Cigarette Advertising?", *Journal of Advertising Research*, 1994, 34:39—52

⑤ Wedel and Pieters, "Eye Fixations on Advertisements and Memory for Brands", *Marketing Science*, 2000, 19:297—312

⑥ W. Kroeber-Riel, and B. Barton, "Scanning Ads: Effects of Position and Arousal Potential of Ad Elements", *Current Issues & Research in Advertising*, 1980, 3:147—163.

⑦ R. Pieters, E. Rosbergen, and M. Wedel, "Visual Attention to Repeated Print Advertising: A Test of Scanpath Theory", *Journal of Marketing Research*, 1999, 36:424—438.

⑧ P.J. Watson and R.J. Gatchel, "Autonomic Measures of Advertising", *Journal of Advertising Research* 19, 1979:15—26.

行推演。①可以通过监控被试皮肤电流反应或皮肤导电反应来测量皮肤电活动。皮肤电流反应通过一个电流计来记录并评估皮肤导电的能力。皮肤导电反应也可以用多种波动描记仪来监测皮肤的导电性(皮肤电阻的倒数)。在营销研究中,皮肤电活动已经被广泛应用于测量作为情感过程中的注意②、唤醒③、焦虑、情感温暖④,皮肤电分析可以使得研究人员非常准确地识别反应的强度。

尽管皮肤电分析技术在揭示心理活动时在有些研究中已经被证明有效,但也有相反的研究结果存在。例如,有研究者发现皮肤电反应在测量注意时没有效果,作为外部信息的温暖指标效度也有问题。⑤还有,在研究中使用这种技术也要留意一些注意事项。有研究已经表明电极的位置对于研究结果的准确性非常重要,因为如果不仔细选择、清洁和控制好电极位置,研究结果也会存在偏差。同样,为了使得皮肤电技术在实验条件下能应用得更好,研究人员需要对于刺激的影响和敏感性有深刻的理解。另外,还是建议应当在不同的时间间隔的条件下来实施皮肤电技术,以确保研究结果的可靠性。⑥

---

① J.M. Klebba, "Physiological Measures of Research: A Review of Brain Activity, Electrodermal Response, Pupil Dilation, and Voice Analysis Methods and Studies", *Current Issues* and *Research in Advertising* 8, 1985:53—76.

② P.D. Bolls, D.D. Muehling, and K. Yoon, "The Effects of Television Commercial Pacing on Viewers' Attention and Memory", *Journal of Marketing Communications* 9, 2003:17—28.

③ A.Groeppel-Klein and D. Baun, "The Role of Customers' Arousal for Retail Stores: Results from an Experimental Pilot Study Using Electrodermal Activity as Indicator", *Advances in Consumer Research* 28, 2001:412—419; P.D. Bolls, A.Lang, and R.F. Potter, "The Effects of Message Valence and Listener Arousal on Attention, Memory, and Facial Muscular Responses to Radio Advertisements", *Communication Research* 28, 2001:627—651.

④ D.A. Aaker, D.M. Stayman, and M.R. Hagerty, "Warmth in Advertising: Measurement, Impact, and Sequence Effects", *Journal of Consumer Research* 12, 1986:365—381; A.E. Stem and C.S. Bozman, "Respondent Anxiety Reduction with the Randomized Response Technique", *Advances in Consumer Research* 15, No.1, 1988:595—599.

⑤ P.Vanden Abeele and D.L. MacLachlan, "Process Tracing of Physiological Responses to Dynamic Commercial Stimuli", *Advances in Consumer Research* 21, 1994:226—232; P.Vanden Abeele and D.L. MacLachlan, "Process Tracing of Emotional Responses to TV Ads: Revisiting the Warmth Monitor", *Journal of Consumer Research* 20, 1994:586—600.

⑥ Stewart and Furse, "Applying Psychophysiological Measures to Marketing and Advertising Research Problems"; J.T. Cacioppo and R.E. Petty, *Social Psychophysiology*, New York: Guilford Press, 1983.

瞳孔反应

瞳孔技术通过测量被试瞳孔大小的生理变化来测量被试对一个视觉信息的反应。研究发现瞳孔可以作为愉悦或唤起的反应指标。[1]在营销中，使用瞳孔技术来确定广告的有效性，这种技术在广告信息的有效性方面具有明显的判别能力。[2]尽管瞳孔技术在营销研究中有所应用，但研究人员还是质疑这种技术的有效性。这些质疑包括通过瞳孔放大识别相关的心理变化，[3]以及这种技术在营销研究中没有持续使用。自从 20 世纪 70 年代以来，对使用瞳孔技术的研究的信度的质疑不断在上升。另外，研究人员表明需要详细说明心理过程（如关注、愉悦、和信息处理）和生理指标（瞳孔大小）之间的因果关系，只有这样瞳孔技术才能够在未来的研究中得以应用。[4]

面部肌肉活动

与上面介绍的技术不同，面部肌肉活动是自主的生理指标，它是通过放置在脸上的电极来测量由面部肌肉纤维的收缩引起的电信号。在营销研究中使用这种技术时，肌电图是最常用的设备。这种技术在市场营销研究中的应用包括识别在面对诸如广播广告的信息时的情感反应的方向（即快乐与不快）。[5]研究发现使用这种技术时，伴随着积极情感的生理反应在不同的刺激中都是明显的。然而，在使用这种技术时需要注意 EMG 设备产生的电信号会受到被试的身体运动或身体敏感性的影响。因此，未来的研究中使用这种技术时，应该在某种程度上使得被试者在实

---

① E.H. Hess，"Attitude and Pupil Size"，*Scientific American* 212，1965：46—54.

② F.J. Van Bortel，"Commercial Applications of Pupillometrics"，in *Application of the Sciences in Marketing Management*，eds，F.M. Bass，C.E. King，and E.A. Pessemier，New York：Wiley，1968；J.E. Stafford，A.E. Birdwell，and C.E. Van Tassel，"Integrated Advertising：White Backlash"，*Journal of Advertising Research* 10，1970：15—20.

③ Watson and Gatchel，"Autonomic Measures of Advertising".

④ R.D. Blackwell，J.S. Hensel，and B.Sternthal，"Pupil Dilation：What Does It Measure?"，*Journal of Advertising Research* 10，1970：15—18.

⑤ J.A. Wiles and T.B. Cornwell，"A Review of Methods Utilized in Measuring Affect，Feelings，and Emotion in Advertising，" *Current Issues* and *Research in Advertising* 13，1990：241—275.

验过程中将注意力从电极位置上转移开。①

上面所列出的这些技术只是营销研究中所使用的技术的一个部分。虽然这些技术在营销研究领域有重大进展,但是还有一些未来可能出现的相似技术能够对研究人员有所帮助。今后,将这些技术组合起来探究营销现象是这一分支研究的未来发展方向。尽管生理指标技术面临一些研究上的挑战,但这些技术在行为和语言测量方面还是存在很多的优势。鉴于这些技术的积极方面,研究人员将意识到这些研究的潜力,并且这方面的研究将发展成为一个主要的流派。

文化问题

沟通在很大程度上依赖于被访者的文化背景,所以量表设计要考虑文化因素。某些国家的沟通信息明确直率。例如,在瑞士人们可以随便交谈。但日本并非如此,日本人的沟通比较含蓄。人称代词并不能得到明确表达,时态的数量也很少。日本的口语和书面语意思不同,其含义要依据一些情境来判断。②所以当决定使用哪一种量表时,文化判断就非常重要。在某些国家客体之间必须可比,量表的想法也要清楚地传达。

一个国家的教育制度充分反映了该国的文化和传承。在一定程度上,教育塑造了该国家人民的思维或行为。因此,研究国家特征的最有效的方法就是观察这个国家的教育体制和他们所遵循的代际相传的实践。教育也可以对居民是如何接受外国的影响产品和概念产生巨大的影响。教育不仅影响研究人员,也影响到计划在海外市场销售产品的企业。出于量表设计的目的,研究人员在设计量表的时候,充分考虑目标总体的教育水平是非常重要的。受访者的知识与认知决定研究要使用哪种类型的量表。一个简单的例子是在一个发展中国家的由主要是文盲人口所构成的内陆地区实施一项调研。使用图形量表就可以清楚地向受访者传达意

① P.D. Bolls, A.Lang, and R.F. Potter, "The Effects of Message Valence and Listener Arousal on Attention, Memory, and Facial Muscular Responses to Radio Advertisements", *Communication Research* 28, 2001:627—651.

② Jean-Claude Usunier, *Marketing Across Cultures*, 2nd edition, Hertfordshire: Prentice Hall, 1996.

图。研究人员意识到与美国、德国和英国人相反,来自中国内地、日本和中国香港地区的受访者倾向于选择量表的中间项。因此,在中国内地、日本和中国香港地区实施调研所使用的是偶数项量表,当然这会降低数值的集中趋势,也会增加问卷的变异。①

全球营销调研实践

　　Tasty Burgers 要设计一份调查问卷以便通过调查来收集信息。正如前面所介绍的内容,研究人员准备在英国使用电话调查,在巴西、印度和沙特阿拉伯使用人员访问调查。调查的目的是搜集定期光顾快餐店的顾客的人口统计数据。Tasty Burgers 还想知道客户对食物和饮料的偏好,每次光顾快餐店的平均消费。这些数据会帮助管理人员在最大化利润的前提下,决定理想的产品组合。

　　研究人员关注的是问卷中的使用的量表类型。这要根据所要调查的国家和相应国家的量表使用习惯来定。一般来讲,在英国会使用 5 点或 7 点量表。因为在英国使用电话调查,因此,5 点量表比较好,因为这样访问员会可以很容易地向受访者读出量表,受访问者对于 5 个而不是 7 个档次也比较容易记忆。在巴西、印度和沙特阿拉伯使用的是人员访问调查方法。因此,访问员对于纸质问卷的理解具有更大的灵活性。为便于比较,最好都使用 5 点量表。然而,访问员可以使用例子来解释或阐明某一点的含义。例如,如果访问员要请受访者对公司领先竞争对手所销售的汉堡进行评价,可以对评价的五个水平,即"表现出色""表现好""表现一般""表现差""表现非常差"给以解释。

　　在全球营销调研中用绝对水平和可比较的基数来搜集数据是一个比较好的方法。可以选择一个产品作为比较的基础,要求受访者将其他所有的产品与这个作为基数的产品进行比较。作为比较基数的产品应该是在所有国家都具有相似定位的产品。例如,麦当劳快餐连锁店在美国的目标定位是偏好便宜甚至低收入阶层。然而,在印度麦当劳的目标市场是中高收入群体。因此,Tasty Burgers 应该寻找针

对所有细分市场,包括低收入群体的产品,并将其作为比较的基础。这样访问员就能够对快餐市场获得更多的洞察。这种方式也许不能用在电话访谈中,除非问句已经在问卷脚本中得到明确的说明。

另外,在选择量表的时候,还要小心不同国家的货币的区别。如果必要,可以将货币折算成美元,以便于比较。需要请当地文化专家参与调研,因为前面已经提过,文化差异在量表设计中扮演着重要角色。

本章小结

本章涉及调查过程中所使用的态度测量和量表开发。态度是指对于一个已知客体或其他客体用一贯的喜欢或不喜欢的方式给出的总体评价。态度由三个部分构成:认知、情感和意图。测量是按照某些预设的规则,将数字或其他符号分配给所研究客体的某特征的过程。这一章讨论了用于测量的四个量表,即名义量表、顺序量表、等距量表、比率量表。量表可以分为单项量表和多项量表。

本章的重点是在不同的国家实施与使用量表需要进行修订。研究人员一定要记住调查目的是在不同国家搜集可以比较的数据。所以,所使用的量表要具有等同性。特别是研究人员应该确保量表要满足标准等同、翻译等同和度量等同的标准。研究人员还应该注意在不同的国家保持量表的效度、信度、敏感性。

思考题

1. 什么是测量? 测量量表是什么? 每个测量提供什么信息?

2. 识别下面各个量表的类型,并提供你的答案:

A. 你是在哪个季节出生的?

____冬天　　____春天　　____夏天　　____秋天

B. 你对你购买的福特土星汽车的满意度是?

____非常满意　　____满意　　____不是满意也不是不满意

____不满意　　____非常不满意

C. 平均来说你一天抽多少支香烟？

____1 包以上   ____半包到 1 包   ____少于半包

D. 根据您的偏好对下面的洗衣粉品牌的等级进行排列。

____Tide   ____Surf   ____Cheer   ____Wisk   ____Bold

3. 在澳大利亚、日本、印度和德国实施银行形象或其他对私金融机构的形象调研时，你如何选择一组短语或形容词来构建语义差别量表？如果你要使用李克特量表，这个操作过程有何不同？

4. 在什么情况下态度测量能够成为其行为的良好预测指标？如果态度无法预测行为，它还是一个有价值的测量吗？

5. 用自己的话来解释信度和效度的概念。信度与效度之间的关系是什么？

6. 美国广受欢迎的 PollyDolly 制造商卡特玩具（Carter Toys）认为其娃娃玩具在国外市场有很好的销售潜力。管理层已经确定了合适的海外市场作为公司的优先开发的市场，他们委托 Worldwide Research Corp. 在英国、日本、肯尼亚这三个国家实施一项问卷调查。

（1）三个国家可以使用同样的问卷调查吗？给出你的理由。

（2）在每个国家选择合适的量表时应当考虑什么因素？

（3）给每个国家推荐最适合使用的量表。

11

问卷设计

本章概述

作为一种收集信息的调研方法，调研问卷通常是由侧重被试统计显著性检验的一组问句所构成的形式。[①]本章将详细讨论问卷设计、问句类型和在国际营销情境下问卷开发所涉及的一些问题。问卷为调研结果提出了复杂和系统的分析方法。问卷还为调研人员对于不同的受访者和不同的地理区域的调研结果提供了比较标准。实际的问卷涉及许多方面，如措辞、长度、风格和方法论。本章将逐个进行详细讨论。

在进行全球营销调研时，调研人员面对最重要的问题之一，是由于文化和区域的差异产生的感知差异。专栏11.1以幽默的方式表达了这种差异。设计问卷并将其翻译成其他语言时，如何不影响问卷问题的含义，是一个挑战。

调研在当今动态的、需要尽快了解信息的商务环境中起到非常重要的作用。调研结果如果不是唯一的，也通常是主要的重要决策工具。因此，以准确的、无偏差的方式实施调查是至关重要的。调查研究的一个重要组成部分是调查工具的开发，即调研问卷，它是一组旨在获取有用答案的问句。问卷是寻求洞察力（调研委托方）和洞察力来源（受访者）之间的沟通工具。研究人员的作用是确保将委托人

---

① *The Free Dictionary*，http://www.thefreedictionary.com/questionnaire 于 2013 年 6 月访问。

专栏 11.1

看　法①

营销调研人员在街上访问四个人,这四个人分别是一个沙特人、一个俄罗斯人、一个朝鲜人和一个美国纽约人。调研人员问他们:"不好意思,打扰一下,您对肉食短缺有什么看法?"沙特人问道:"什么是短缺?"俄罗斯人问道:"什么是肉食?"朝鲜人问道:"什么是看法?",纽约人问道:"不好意思,什么叫打扰一下?"

的要求准确地转化为恰当的问句,以便受访者能正确地解读这些问题。研究人员必须正确地解读调研结果,并将调研发现转化为有意义的营销术语。②

问卷使调研人员对研究的不同方面进行量化成为可能。设计一个好的问卷可以看作是一门艺术。调研问卷不仅仅是为了从受访者处获取信息的一组问句,调研人员必须非常清楚研究需要的信息类型,并编制问卷来搜集这些信息。

调研人员按照具体的步骤顺序来设计问卷。图 11.1 提供了问卷设计的流程图。第一步是确定要测量哪些变量;这只是在第一步再次确定实施调研的目的和调研内容。确定调研内容涉及回顾研究问题和研究问句。调研人员还须检查二手资料调研过程中所收集的数据和实施探索性研究时提出的假设。通过这样的操作,调研人员需要确定所提出的问句,以便强调调研所要面对的主题。第一步还包括调研人员要思考如何分析所收集的数据。这一步非常重要,因为它可以明确调研预期,并向对研究人员实施当前的研究所能提供和不能提供的数据提供准确的范围。

下一步是决定每个问句的内容和格式。内容是指问句试图获得的大致想法。格式是指提出问句的方式,包括所使用哪种量表类型。接下来是问句的措辞。每

① John Tierney," The BIG CITY:You could Look it up", *The New York Times*, September 24, 1985, http://www.nytimes.com/1995/09/24/magazine/the-big-city-you-could-look-it-up.html 于 2012 年 4 月 14 日访问。

② Kris Hodges, "Ask a Silly Question…", in *Marketing 98/99*, ed., John E.Richardson, Guilford, CT: Dushkin/McGraw-Hill, 1998:98—100.

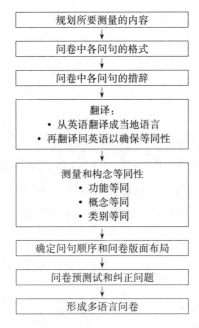

图 11.1 问卷设计的步骤

个问句都应是无偏差的。调研人员应该确保问句符合受访者的理解能力和知识水平。同时,问卷的措辞不应该导致极端的回答或者诱导受访者以使得到的回答符合研究目的。从全球营销调研的角度看,问卷设计过程中的一个重要步骤是问卷的翻译。特别是当研究是在特定地区使用当地语言来进行的调研,调研人员如何使用当地语言来管理问卷是至关重要的。为此,需要将用英语设计的问卷翻译成所需要的当地语言。为了确保等同性,需要再将问卷翻译回英语;而调研会用当地语言进行。还要检查问句的顺序,确保逻辑的连续性。最后一步是对问卷进行预测试,以便纠正可能出现的问题。预测试在任何研究里都是极其重要的一步。在预测试当中,调研人员可以评估问卷的精确性,因为预测试反映了与受访者进行的实际访问过程。

在设计调查问卷时,研究人员必须牢记三个可能对调查问卷的有效性产生重大影响的因素。首先,潜在受访者应该能够理解问句。这意味着,受访者应该熟悉调查所用的语言、上下文和主题。其次,受访者必须有足够的知识来回答问句。调研背后的基本假设应该能表明受访者真实的态度和感受。如果受访者不具备回答问句所需的知识,这个基本假设就不成立。最后,受访者应该自愿参加调研,没有受到任何外部压力,以确保回答够反映受访者的真实感受。

问卷编制

表 11.1 给出了一个典型的问卷结构。如前文所讲,全球营销调研的重点是使用不同数据搜集工具所收集的信息的等同性,在多国研究中问卷不必完全相同。目的是确保调查问卷向受访者传达研究的目的,并引出对研究有用的回应。通过问卷收集的信息可以分为三个主要的类别:人口统计数据、心理数据和行为数据。

表 11.1   典型问卷的结构①

问句位置	问句类型	问句功能	问句举例
开始句	宽泛,普通的问句	打破沉默,与受访者建立和谐的关系	您有手机吗?
接下的几个问句	简单而直接的问句	再次向受访者确认调研问句简单易答	购买手机时您考虑哪些手机品牌?
到问卷的三分之一的问句	重点问句	更多的提及研究目的和研究范围	购买手机时您考虑哪些属性?
问卷的主要部分	重点问句,有些问句可能有难度且复杂	获得调查所需的最多的信息	根据对您的重要程度,请给下列手机属性排序
最后几个问句	对受访者来说可能涉及敏感的个人方面的问句	区分受访者的划分和人口统计信息	您的最高教育水平是?

人口统计数据揭示受访者的信息,例如年龄、性别、婚姻状况、收入、教育程度、职业、家庭规模,等等。这在全球营销调研中并非易事。有些文化支持一夫多妻/一妻多夫制,所以有人可能有多个配偶。还有些国家,离婚和未婚同居是普遍现象。除非调研人员对此有所了解,且有针对性地提出问题,否则很难通过问卷来获得这些信息。国家之间的收入有差异,不同国家对于高、中、低收入的定义也有很大的差别。在设计问卷之前,应当充分搜集有关数据。例如,在一些发展中国家平均年收入大概相当于 500 美元,那么在问卷中设置 25 000 美元以上就毫无意义。

另一个国家之间存在巨大差异的因素是教育。在基础教育和大学教育当中所花的年数之间有巨大的差异。教育方法和教育的内容也有很大的差异。各个国家

① 改编自 Aaker et al., *Marketing Research*, 6th edition。

对定义和产品的用途也不同。每个国家对于城市和乡村的定义都不同。在进行调研之前，必须根据国家来厘清。家庭的定义取决于具体国家。在西方文化里，核心家庭是常态，而在很多东方国家里，人们一直住在大家庭里。这跟居住的地方也有关系。在世界上的某些地方，人们住在独栋或者联排的房子里，有些地方住公寓，有些地方住单元房。调查问卷必须以这样一种方式进行设计，即来自所有国家调查的受访者对问卷的解读都相似。

心理、态度和生活方面的数据搜集在多国调研问卷设计中是最难的。研究人员在自己国家惯用的概念，在进行调研的其他国家可能不存在。即便这些概念存在，在用外语设计问句来表达同样的含义是一项庞大的任务，需要进行大量来回对译。

一个简单的例子，是人们对信贷的态度。在美国，信用卡、车贷、房贷是大多数人日常生活的一部分。但是，在一些亚洲文化里，人们不喜欢任何形式的信贷，并将欠别人或其他机构的钱视作一种羞辱，人们只有在能付全款购买的情况下，才会购买耐用品和奢侈品。美国移民的贫困率比在美国出生的纽约人要低一些。[1] 例如2008年，移民在纽约市的经济活动达到了2 150亿美元，占城市总产值的32%。不仅如此，2000年至2007年间，出生于国外的居民聚居最多的10个社区的经济增长高于纽约市的其他社区。因此，即便是在美国，很多移民也不信任信贷，更喜欢储蓄，比普通美国人更谨慎。[2]

另一个差异是不同文化中女性角色的不同。在西方世界，多数女性有事业，是与男性同样重要的伙伴。在很多中东国家，女性主要被视作家庭主妇，不参与作决策。因此，如果研究涉及女性的态度，那么中东的问卷和调查的方式应该与美国的不同。

行为数据追踪消费者在购买产品时的真实行动，以及如何使用产品。调研人员应该能够搜集相关信息，判断这些行为是否取决于社会文化和经济环境。

还应该有可以在特定国家或文化使用的足够的替代数据。例如，在美国大多数出售的产品都有具体品牌，用问卷可以向受访者询问他们最常用的意大利面或大米的牌子，人们在杂货店或者连锁百货公司购物也是美国的普遍传统，在其他国家则未必如此。比如，在印度，人们在路边买菜，小贩则用电动车贩卖。问印度的

---

① New York State Comptroller，"The Role of Immigrants in the New York City Economy"，Report 17，January 2010.

② Natalia V. Osipova，"Immigrants Baffled by US Debt Culture"，October 24，2012，http://www. voicesofny.org/2012/10/immigrants-baffled-by-us-debt-culture/于2013年7月访问。

受访者这些产品的品牌就不够实际了。《读者文摘》在 20 世纪 70 年代进行的一项调查中发现,法国和西德的意大利面和通心粉的消费量明显高于意大利。①在最近的检验中,发现在《读者文摘》的调研中在所有国家提问都是涉及意大利面的品牌,而很多意大利人对意大利面的购买是很随意的。这就是在调查研究设计时,所使用的方法不能了解购买者行为的典型案例。

研究结果确定了调查问卷中应包括的问句和提问的顺序。调研人员必须决定能给受访者多大程度的自由度来回答问句。问句可以是封闭式的——受访者必须在调研人员提供的选项中作选择。使用封闭式问句,调研人员可以将"是"编码为1,将"否"编码为 0,依此类推。另一种则是开放式问句,受访者可以自由地表达独立观点。使用开放式问句,调研人员必须逐字记录受访者的答案。问句可以是直接的或者间接的。调研人员也可以用视觉线索从受访者处获取观点。下一部分将讨论设计问卷时可以使用的问句种类。

问句格式

问卷设计必须确保在全球营销调研中的数据的等同性。其格式、内容和问句的措辞都应当让受访者正确理解,以使受访者的回答对研究有用。例如,在发达国家,白领工人可能是中产阶级的一分子,而在欠发达国家,同样的人可能是高层的一分子。②因此,问卷必须根据不同的国家进行调整。格式、内容和问卷的措辞必须在了解了对受访者剖析之后再决定。此外,还必须决定给予受访者回答具体问题的自由度。例如,调研人员应该知道开放式问题还是封闭式问题能得到更好的回复。在格式、内容和措辞方面,问句可以划分为:开放式/封闭式问句,直接/间接问句和语言/非语言问句。

开放式问句与封闭式问句

封闭式问句提供一组选项,受访者必须从其中选择一个。开放式问句给受访

---

① Charles S. Mayer, "Multinational Marketing Research: The Magnifying Glass of Methodological Problems."

② Czinkota and Ronkainen, *International Marketing*, 5th edition.

者回答提供了自由度。关于开放式还是封闭式的问句哪个更好,有着令人瞩目的讨论。封闭式问句便于分析,所有的答案都可以预先编码并输入电脑,缺点是必须把所有可能的选项都包括其中。这对国际研究来讲是巨大的挑战,因为研究人员必须事先对购买者行为进行广泛的研究,并搜集数据,以确定在特定国家产品的使用和替代品情况。某些文化中在进行选择时倾向于保持中立。这在调研时会导致显著性的偏差。另一个问题是不同文化的受访者对选项的解读有很大差异。专栏11.2就封闭式/开放式问句的影响给出了例子。

专栏 11.2

开放式还是封闭式?[①]

选择开放式还是封闭式问句是个非常棘手的选择。在下文的例子中,可以看到二者的影响。

在 2008 年总统选举后进行的一项民意调查中,人们回答的问句措辞相同,但问句格式不同,即有些是封闭式问句,有些是开放式问句,结果的差异很大。我们来看一下这个问句:"在决定投票时对你影响最大的因素是什么?"。封闭式问句有 5 个选项,还提供了额外的选项:当受访者的答案不在选项之中时,可以选这一项。观察到的结果是,当"经济"作为一个确切的选项时,超过半数的受访者(58%)选择了这一选项。而回答开放式问句的受访者当中,只有 35% 回答了"经济"。

不仅如此,在回答封闭式问句的受访者当中,只有 8% 选择了给定的 5 个选项之外的答案,而回答开放式问句的受访者当中,43% 回答了没有罗列在问句当中的答案。在封闭式问句里的其他备选的答案的选择比例都比开放式问句的答案要高。下表是两种问题的结果对比。

---

① 改编自 Pew Research Center for the People and the Press,"Open and Closed-Ended Questions",2013,http://www.people-press.org/methodology/questionnaire-design/open-and-closedended-questions/ 于 2013 年 7 月访问。

问　　　题	在投票选举总统时,哪个问题考虑得最多?	
答案	开放式*(%)	封闭式#(%)
经济	35	58
伊拉克战争	5	10
医疗	4	8
恐怖主义	6	8
能源政策	—	6
其他	43	8
候选人纲领	9	—
道德/价值/社会问题	7	—
税收/收入差距	7	—
其他问题	5	—
其他政治纲领	3	—
改变	3	—
其他	9	—
不知道	7	2
	100	100

注:* 没有提示开放式问句的第一个回复。
受访者看到的第一个五选一的答案。

在全球营销调研环境中,调研人员很难在封闭式问句中创造一组好的选项。研究人员常见的一个做法是用开放式问句进行探索性研究,目的是发现最常见的答案,用这些答案开发封闭式问句。这是在研究人员不熟悉的国家里开发量表时,避免错误的一个方法。

如果研究人员不熟悉购买行为,最好用开放式问句。开放式问句不会给受访者施加任何限制,这就消除了由于研究人员对文化的不熟悉而导致的偏见。研究人员也不必熟知特定问句的全部答案的范围。局限性很明显,即这些问句无法预先编码。一旦数据搜集完毕,编码和制表的过程是非常乏味的。填写回答之前,受访者对回复的长度和考虑取决于留给受访者的时间。如果受访者有时间压力,回答可能匆忙且不专心。

在全球营销调研中,影响问句设计是开放式还是封闭式的决定因素是受访者的文化程度、教育水平和沟通技巧。如果受访者文化程度高并且对调研主题熟悉,开放式问句能帮助调研人员收集很多信息。同样,只有在受访者表达能力强,能够清楚地向调研人员进行明确的沟通时,开放式问句才能达成目的。在国际调研中使用这些问句时要注意,避免由于教育水平导致的偏见。这些问句的用处也取决于访问人员完善记录回复的能力。开放式问句主要用于探索性研究,主要目的是深入了解研究主题。要求受访者列出调研时能想到的全部可能选项,并对重复率高的答案进行检验。

直接问句与间接问句

直接问句避免了问句内容和含义的模糊性。间接问句要求受访者列出他们的朋友或者同伴,而非自己的选择。如果话题没有争议性,或者不会引起受访者的不适,就可以用直接问句。而对于敏感性话题,最好使用间接问句。在全球营销当中,研究人员可能必须花时间来找出在特定文化里的敏感话题。例如,在美国讨论性偏好是很普通的问题,在很多亚洲文化里则很避讳,涉及这类话题应该选择间接问句。同样,在很多拉美国家逃税是很常见的,受访者对于任何人向他们询问收入和税收方面的问题都很警惕。

语言问句与非语言问句

大多数问卷设计为可以(在访问中)向受访者念出来,或者受访者可以自己阅读(在邮件调研中)。但在有些情况下,例如受访群体主要是儿童或者进行调研的国家文化水平很低,调研人员就必须使用非文字提示,为了让受访者更好地理解问句,可以使用图片卡或者其他视觉辅助工具。有时会给受访者提供样品,前提是受访者熟悉产品及其用途。在文化程度高的国家,非文字线索也是重要的。有时,调研人员会向一部分受访者提供非语言线索,以确保问卷的翻译准确。在此,人们的联想和产品用途都要考虑在内。例如,在亚洲文化中摇头代表同意,而在西方文化代表不同意。所以,非语言提示不见得能规避文化偏见。

措辞和翻译

问句的措辞是问卷设计的一个重要方面。有些情况下,不同的词语可以表示同一个意思,这就需要调研人员的在措辞上,选取在该国最常见的用法。例如,在美国婴儿车叫作"baby carriage"或"stroller",在英国叫作"pram"。①同样,透明胶带在美国、加拿大、意大利、俄罗斯和乌克兰叫作"scotch tape",在澳大利亚、爱尔兰、新西兰和英国叫作"sellotype"。

此外,受访者如果不理解问句,就会选择不回答或者给出错误答案,这就会导致调研的偏差。要记住,样本的个人情况非常重要。受访者群体应该能清楚问句的措辞、预期和结构。例如,向操持家务的人询问空调有关的技术问题,就没有意义了。

还要留意的是受访者的注意力有限,如果问句太长,会走神。比较好的办法是将问句拆分成几个部分,以便受访者更好地理解和回复。如果选项比较多,最好以书面的形式,不要让访问人员念给受访者听。电话访问时,访问人员应该口头告知受访者将从一个类型的问句转向另一个类型,让受访者有一个心理准备。

问卷应该避免偏见和歧义,这在全球营销调研中非常重要,因为同一个含义有很多解读方式。看看这个问句:"是的,我同意你所说的。"但是,在亚洲国家,这句话有很多种意思。可能代表某人承认另一个人所说的是事实;也可能代表某人听懂了另一个人的意思但不一定同意,还可以代表完全同意或者完全不同意。同时,不仅问句的措辞重要,量表也同样重要。专栏 11.3 就是个例子。营销中一个很大的失误,就是用词不当,或者用错了语境。

专栏 11.3

多语言环境下的营销调研②

Weijters、Gueuens 和 Baumgarter 指出了用来标记调研反馈量表端点的标记是如何影响消费者的。在国际营销的情境下,特别是多国研究当中,多语言量表和问句的翻译起着至关重要的作用。在不同的语言中回复分类标签必须等同,否则会导致调研结果产生很大的偏差。

---

① Sak Onkvisit and John J.Shaw, *International Marketing-Analysis and Strategy*, Third edith, Upper Saddle River, NJ: Prentice Hall, 1997:214.

② 改编自 Bert Weijters, Maggie Geuens, and Hans Baumgartner, "The Effect of Familiarity with the Response Category Labels on Item Response to Likert Scales", *Journal of Consumer Research*, 2013, Vol.40:368—381。

考虑一下李克特量表(同意—不同意)。通常,受访者要表明他们对一组陈述的同意程度,量表中同意的程度,按照从强烈(不)同意到完全(不)同意的程度进行了区分。

一项新的研究发现,在多语言调研当中,如果受访者不了解翻译过来的术语的含义,调研结果就不能用了。研究调查了来自美国、英国、加拿大和法国的说英语或法语的消费者,发现受访者选择量表的程度取决于他们对这些标签的熟悉程度。比如,如果用词在日常用于中很常见(例如"完全同意",英语为 completely agree,法语为 tour a fait d'accord),不同的类别会得到更多的回复。如果用不常见的分类标签(例如"极其同意":英语为 extremely agree,法语为 extrêmement d'accord),同意率会下降。这种趋势同时存在于英语和法语中。

另一项研究发现让消费者自己陈述对于不同食物胆固醇含量的知晓度时,得到的结果比将"完全不同意"到"完全同意"之间的同意程度均等划分后,要强烈得多。

这两个例子清楚地说明了使用正确的标签的重要性。不仅问句的措辞,标签也要谨慎估量,确保无偏见,以确保在不同语言里,量表标签用语的一致性。

问卷问句的形式是跨国研究中的一个重要内容。①调研人员可能不熟悉消费者购买行为或者另一个国家或文化情境中与回答相关的决定因素。某些情况下适合用开放式问句,因为开放式问句没有任何强制的结构或者给回答分类,可以避免文化偏差。但在跨文化情境下要谨慎,确保不会出现由于教育水平差异导致的偏差。另一个考量是直接问句或间接问句,直接问句避免了由于问句内容和含义而导致的歧义。另一方面,受访者可能不愿意回答某些问题。另外一个选择是非语言提示的使用程度,与语言提示不同,非语言提示使用刺激物来帮助受访者理解,特别是在文化水平不高的国家,比如阿拉伯国家和远东地区,常用的方式是卡片。总之,问句的形式上的选择主要考虑要确保受访者理解问句、相关产品和产品的概念。

---

① Shelby Hunt, Richard D. Sparkman, and James B. Wilcox, "The Pretest in Survey Research: Issues and Preliminary Findings", *Journal of Marketing Research* ,1982, Vol.19:269—273.

语言方面

在全球营销调研问卷设计中的一个重要方面是要熟悉当地的语言,用语尽量简单,避免过长的解释和指导。这样,调研人员才能保证所有的受访者都能理解问句,提供有意义的答案。同时用语要准确,比如如果调研人员想找出受访者某种行为的频率,就要提供具体的选项,例如"一周一次"。而像"经常"或者"通常",受访者的理解可能不同。专栏11.4给出了问卷设计的一些窍门。

专栏 11.4
问卷设计的窍门①

全球营销调研的问卷设计需要调研人员做很多准备。以下是需要避开的一些陷阱。

- 清楚地了解问卷背后的问题和主要目的。
- 理解问句的措辞。
- 注意问句的顺序和问题之间的整体性。
- 分组的问句要有合适的小标题,并且要理解所提的问句。
- 确保问卷没有错误。
- 用与主题有关的普通的问句开始问卷,让受访者对提问的过程感到轻松。
- 避免答复过于宽泛的问句。
- 指导语不应使受访者感到困惑,切应简洁清晰。

问句不应该掺在一起,否则会给受访者造成很大的困惑,研究人员也难以分析答复。考虑一下最近针对汽车购买者满意度进行的调查。所给的问句是"你对汽车的设计和性能满意吗?"顾客可能对其中的一项感到满意对另外一项不满意(对设计满意,对性能不满意,或者相反)。如果受访者回答"是"或"否",调研人员很难

---

① 参 Aaker et al., *Marketing Research*, 11th edition。

判断是针对哪一项回答的,设计还是性能。

　　问卷也不应该以任何方式反映调研人员的观点。这可能会体现在问句的备选答案上,像"你花钱最多的方面是衣服还是外出就餐?"如此,备选答案就局限在调研人员所提出的一两个选项上,而受访者花钱最多的地方很可能是其他内容。任何带有强烈情绪或者能影响受访者自尊的用语都应该避免。规避这种陷阱的方法之一是用少量受访者来检验问卷,可以尽早修正这种错误。

　　全球营销调研的另一个重要方面是问卷和回答的翻译。翻译相关的错误会导致调研的失误。例如,微软公司在西班牙和墨西哥发布的西班牙语版里,savage(意为"野蛮人")和 man-eater(意为食人族)是 Indian(意为"印第安人")的同义词。①精确的翻译对于使用语言和使用非语言的刺激物与回答是同样重要的。翻译的过程很详细,且投入度很高。首先由专业的翻译将原版的英语问卷翻译成外语。再由对原版内容不熟悉的另外一个人翻译回英语。这样才能确保两种语言中术语名词的一致性。

　　这种方法有几个缺点:最重要的问题是不同文化中,文字信息的心理表征不同。②专业翻译可能并不熟悉常用典故。而翻译人员通常不太熟悉营销和劝说的艺术,译成的问卷常常会失真。③

　　不仅如此,在一些方言众多的国家里,例如印度和中国,翻译人员不可能对所有方言都熟练。在问卷设计的原文里,包含该种方言的语气和风格。将翻译好的问卷再翻译回英文,是期望翻译之后的问卷,在所有语言当中保持等同性。但实际操作中并非总能做到。比如日语中并没有与丈夫一词准确相对的词语。术语的选择是信息系统当中的一个特有的问题,因为美国发明了许多无法与其他语言相对应的名词。在这种情况下,研究人员必须解决口语等同的问题。有一种强烈的观点是应聚焦于所收据数据的可比性,而不是问卷本身。调研人员应该专注于调研的目的,尽可能有效地记录所收到的回答。用何种工具达成这一目的是次要的。

　　预测试问卷在国际市场营销研究中至关重要。进行预测试是确保所有版本的

---

①　"Microsoft Says Sorry, i.e., Oops", *Deseret News*, July 6, 1996.

②　Bernd Schmitt, Yingang Pan, and Nader T. Tavossili, "Language and Consumer Memory: The Impact of Linguistic Differences between Chinese and English," *Journal of Consumer Research*, 21, 1994:419—431.

③　Simon Anholt, "The Problem of International Work: Why Copy Can't Be Translated", *DM News*, January 23, 1995:13.

问卷都能被来自不同国家的受访者以类似的方法解读。所以在使用问卷之前,检查问卷的清晰度和流利度是有必要的。在全球营销调研中,非语言线索和回复的翻译也是很重要的。对于预测试的概念和视觉线索投入足够的时间和精力能够避免错误沟通引起的理解的差异。删减问卷中的冗余可以帮助调研人员交叉检查回复的有效性。①

文化问题

即使认真设计和翻译问卷,以满足不同国家和文化的要求,由于文化差异引起的偏差也还是会存在。这里我们将讨论导致这些偏差的影响因素。

在拟定问卷草稿时,对社会、心理和民族了解是必要的。②这是一个很好的迹象,表明人们会如何回复某些话题,对私人问题怎样反应,以及愿意为访问花费多少时间。应当根据样本总体对于冗长的程度、复杂程度、可信度、一致性和极端性的反应,来决定问卷的措辞、长度和形式。受访者应该能理解问卷所选用的量表和语言、要测试的概念。比如,如果要设计一个问卷来对菲律宾进行全国性研究,问卷应该翻译成 9 种不同的语言。研究印度的话,则要翻译成数百种语言。在文化水平很低的地方,应该使用图形量表和视觉辅助手段以确保受访者能清楚地了解所测试的概念。现有研究表明开放式问句能够更有效地降低文化偏差。但弊端是很难对开放式的问句进行编码,这在多个国家进行的研究当中可能会产生数千个回答。

翻译是调研人员在全球营销调研中所面临的另外一个主要问题。在一项调查信任和承诺,以及这些属性在管理关系中的重要性的研究发现,在日本,没有信任相关的概念的对应译法。Amae 的字面翻译是"放纵的依赖"(英文为 indulgent dependency),giri-ninjo"义理人情"＊是一种道德规范,即人情往来。然而这些概念不能完全匹配西方的信任的概念,只适用于日本人之间的互动。③这项研究聚焦于美

---

① Naghi Namakforoosh, "Data Collection Methods Hold Key to Research in Mexico", *Marketing News*, 28, 1994:28.

② Joanna Kinsey, *Marketing in Developing Countries* England: Macmillan Education, 1994.

＊ 来源为中文,类似知恩图报维持关系的一种社会关系道德规范。——译者注

③ Jean L.Johnson, Tomoaki Sakano, Kevin Voss, and Hideyuku Takenouchi, "Marketing Performance in US-Japanese Cooperative Alliances: Effects of Multiple Dimensions of Trust and Commitment in Cultural Interface", Working Paper, 1998, Washington State University.

日之间的互动,缺少准确的术语使得调研人员很难精准地提问。

几乎每个人都想在社交中表现得当,或者提供符合面试人员预期的答案。这在某些文化当中要更强烈些。日本人几乎总想以他们觉得面试官希望他们的方式作出回应,以免对访问人员造成困扰或者不安。几个较贫困国家的受访者觉得接受调查是他们的荣幸,会尽可能多地提供信息来取悦访问员。导致偏差的另一个原因是受访者的愿望,即渴望提供社会能认可的答案。很普遍地,在很多文化当中,受访者认为需要呈现某种生活方式或者表现得较为成熟。因此,这些答案不是他们应该回答的,而是他们对于这个问题的感觉。

构念等同性

这一概念在前几章提及过。构念等同性涉及调研中的产品或者服务的功能,而非搜集信息所用的方法。调研人员必须确定在不同国家进行研究的构念是等效的。同一个产品在不同地区的认知是有实质性的差异的。调研的国家必须对所研究的产品有着同样的认知或用途,如若不然,数据比较就会像含酒精的饮料那样,而酒精饮料在希腊、西班牙和意大利被看作是可口可乐那样的软性饮料。这种理解对于研究的结论和结果是至关重要的。构念的等同性包括三个部分:功能等同、概念等同和分类等同。

功能等同性

功能等同性涉及确定既定的概念或行为在不同的国家之间具有相同的目的或者功能。以自行车为例。在美国,自行车的主要用途是休闲,在很多发展中国家则是一种交通工具。因此,在美国,相关的竞争产品是休闲体育类,例如滑冰或者滑雪装备。在其他国家,竞争性产品是另外一组物品,比如替代交通方式。就行为而言,不同文化中的人的行为方式也不同。对美国人来说,日常采购是烦人的事,完成得越快越好,多数食品零售商提供自助结账方式和购物车,为消费者提供方便。在很多国家,日常采购是一种社交活动,商贩和顾客之间有很多互动。同样,世界各国的人看待事物的方式也会有差异。在美国汽车是必需品,在很多发展中国家则被看作是奢侈品和身份的象征。所有这些因素将在问卷设计中发挥重要作用。研究人员必须确保他们在正确的情境下提出问题。

概念等同性

概念等同性涉及个人对目标和刺激物的解读,在这一方面的重点是个体在态度和行为上的差异,而非社会规范和行为(与功能等同性的情况相同)。调研人员应该力图了解具有不同文化背景的人所呈现的个人特征的程度,这些个人特征包括侵略性、权威性或者对归属感的需要。各国的社交互动、仪式和实践都不同。在英国,订婚意味着对结婚的承诺,而在意大利和西班牙,订婚只代表有男(女)朋友。

分类等同性

构念等同性的最后一个部分叫作分类等同性。这涉及相关对象和其他刺激物如何归类。在很多国家,啤酒被看作是软饮料。许多国家对软饮料、碳酸饮料、冲剂型饮料和液体浓缩饮料的分类方法都不相同,在甜食方面也是如此。很多文化里认为糖果是甜食的一种,但在中国糖果不是膳食的一部分。在很多中东和非洲国家,婚姻当中可能有多位妻子。甚至职业的类别也不尽相同。欠发达国家中,诸如教师和宗教领袖的地位很高。

文化、经济地位、社会结构和产品用途的差异会导致对同一个问题的回复存在巨大差异。例如,在美国,顾客满意度指数代表了客户期望、感知质量和感知价值的整体满意度。[①]该模型旨在考查多个指标来衡量顾客满意度。因为模型所用的结构代表了无法直接测量的不同类型的顾客评价。使用多个指标可以得出一个可以在企业、行业、部门和国家之间进行比较的指标。虽然这一指标也可用于国际间的比较,但设计问卷时要格外注意,因为顾客预期和认知质量、认知价值在文化和国家构念上比较敏感。

---

① Claes Fornell, Michael D. Johnson, Eugene W. Anderson, Jaesung Cha, and Barbara Everitt Bryant, "The American Customer Satisfaction Index: Nature, Purpose, and Findings", *Journal of Marketing* 60, 1996:7—20.

例如，测量美国和印度顾客对小客车的满意度。美国的顾客通常把车看作是必需品，因为汽车成本占年收入的比例并不太高，顾客的选择余地很充分。但在很多发展中国家，车是奢侈品，只有少部分人能消费得起，车的成本占年收入的比例很高，选择余地也很小。如此，顾客对与车相关的价值、质量和预期都不同。

如果问卷没有全面考虑这些不同点，就无法得知真相。因此，问卷翻译会碰到一个问题，例如在世界上很多语言里，都无法精确地翻译 perceive（中文：认知）一词。即使能够精准地翻译，也有很大差异（如例子中对车的认知）。

假设福特汽车进行 Fiesta 车型的顾客满意度调研。尽管第六代 Fiesta（Mark VI）在 2010 年面向全世界市场上发售，由于在不同国家车型上的差异，也不能用同一个问卷在全世界范围内测量顾客满意度。例如，Fiesta 在全世界市场上销售有四种车身设计，包括 3—5 门的两厢车、4 门轿车、2 门小货车，这其中 5 门的两厢车没有在印度发售，4 门轿车在中国、北美、南美、大洋中的部分地区销售，3 门两厢车在欧洲、大洋洲和例如新加坡这样的亚洲部分地区销售，3 门小货车只在欧洲销售。同样，外观内饰、燃料类型（汽油或柴油），从低配到顶配的标准也都不同。考虑到这些属性的差异，绝对意义上的问题不能提供准确的结果。因此，没有一个可以在所有国家使用的单一问卷。

即使根据国家的不同开发不同的问卷时，一定要用比较的方式提出问句，但研究人员必须用可比较的标准以获取结果。一个可行的办法是选择一个社会的某部门使用的模型，就与这一模型有关的满意度进行提问。如此，在拟定问题时，每个市场上竞争对手的车型都要考虑到。比如，在美国这个问题可能是"跟日产 Versa 相比，请就以下方面评价 Fiesta"（列出要比较的属性）。在印度，同一个问句的措辞可能是"与大众的 Vento 相比，请就以下方面评价 Fiesta"。

注意有些方面是文化敏感的。比如，美国人通常会把想法说出来，如果对车有任何不满，就会在回答中反映出来。而亚洲人不够直率，会因为害怕伤害访问员而隐藏负面评价。在这种情况下，必须进行调整，访问员需要用一定的时间说服受访者直言不讳。这要求调研人员对外国文化有深刻的理解。

用正确的方式设计问卷只解决了问题的一半，分析结果是另外一个主要问题，最好让熟悉当地或者当地文化的研究人员加入分析工作。

在线问卷设计指南

如我们之前提到的那样,互联网已经改变了许多国家的营销研究方式。许多发达国家用网络调研来取代传统的书面调研。那么,网上和传统问卷调查真的相同吗? 实际上,网络调研在很多方面都优于传统方式,例如以下几点:

● 网上调研的格式使得调研人员可以构建复杂的跳问模式,使问句与受访者相关度更高,可以更精准地回答。

● 调研人员可以将调研设计成这样一种方式,即受访者的答案可以很容易地嵌入,并相应地生成后续问句。例如,当读到这样的问句时,"下列哪些是您喜欢的餐馆?",受访者的回答是"Olive Garden。"在网络调研中,研究人员可以弹性地使用这一回答来设计后续问题,"你会向亲友推荐'Olive Garden'吗?"

● 作为上一问句的推展,研究人员可以灵活地根据先前受访者的回答来减少备选答案。例如,让受访者给评价最常用的品牌时,调研人员可以过滤掉受访者先前不熟悉的品牌。这会使回答更相关。

● 调研人员可以用媒体来对研究的各个方面进行检验。不同于传统方式,音频视频很简单地放入网络调研里。

● 语句也可以随机化。传统方式里,除了开头,还有一种方法来随机化语句。而在网络调研中,所有的语句都能做到真正随机化,以去除语句顺序带来的偏见。

● 网络调研还可以设计得很好看。与传统方式不同,网络调研设计可以很有趣,让受访者更投入地回答问卷。

诸如 Survey Monkey、Zoomerang 这样的网站让调研设计变得非常简单,即便如此,本章前文所说的概念依然很重要。第 9 章提供了可供调研人员选择的网络调研的简介。

以下是调研人员在创建网络问卷时应该认识到的一些设计方面的注意事项。[1]

(1) 欢迎页:欢迎页是受访者看到第一个内容。调研人员在此向受访者解释调研的目的、保密条款以及奖励物的信息。

---

[1] Valerie M. Sue and Lois A. Ritter, *Conducting Online Surveys*, Second edition, London: SAGE Publications, 2012.

（2）第一个问句：已观察到的现象是受访者因为对问题感到无聊而弃答。所以第一个问句关系到后续问卷的整体语气风格。

（3）色彩：传统调研使用黑白问卷，因为彩色问卷的打印和邮寄成本太高。合理地在网络调研中使用色彩能够让受访者感到回答问题的趣味性。不过，要谨慎使用色彩，过度的使用会让受访者分心。表11.2列出了美国的成年人对常见颜色产生的联想。

表 11.2　美国成年人对色彩的联想①

色彩	负面联想	积极联想
蓝色	悲伤、压抑	男性、天空、水、和平、真实、平静
紫色	—	皇室、奢侈
粉色	—	female, cute, soft, gentle
橙色	注意	秋天、万圣节、创造力
白色	寒冷、不育、医院	冬天、贞操、干净、纯真、真实、和平、雪
黑色	死亡、邪恶、哀悼、夜晚、神秘、恐惧	正式、格调、权力、深度
黄色	疾病、有害	高兴、阳光、乐观、夏天
灰色	阴沉、保守、无聊	成熟、尊严
红色	危险、侵略性、血、热、停止	权力、爱、火、激情、亲密、勇气
褐色	无趣	大地、自然
绿色	经验不足、不幸	钱、新鲜、羡慕、自然、成长

（4）技术改变：调研人员应该意识到，技术不仅能让他们问卷设计中发挥创造力，还应该意识到多个平台上可能遇到的问题。操作系统、浏览器、屏幕配置、环绕文本视觉外观的不同，以及系统不兼容，都会导致受访者无法作出回答。如今，调研人员还应该了解移动设备的兼容性，以便受访者可以在旅途当中回答问题。

（5）要给出说明：因为网络调研是自我管理的，所以给受访者提供详细的说明是很重要的。专栏11.5提供了网络调研说明的例子。很多调研都包含这些说明，但针对每个问句的具体说明是非常重要的。例如，单选题可以这样给出说明"选择一个答案"，多选题则是"选择所有适合的选项"，开放式问题可以说"请尽量具体。"

（6）回复的形式：调研人员获得回复的方法有很多。回复列表可以是单选键、复选框、下拉菜单、排序、常数和、开放式问题文本框。调研人员可以根据问题的类型和理解水平，选择其中的任何一种。问卷还可以包括逻辑检查，并向回复者提示错误，以解决问题。

---

① 改编自 Sue and Ritter, *Conducting Online Surveys*, Second edition。

专栏 11.5

网络调研的说明①

- 本调研仅需要占用不到 10 分钟的时间即可完成。

- 如果不清楚您所在单位的具体业务,请跳过本题,获取相关信息后再完成 (稍后点击链接,未回答问题会自动显示,或者在回答问卷过程中随时点击后退键)。

- 每人回答一次。

- 可随时转到上一页修改回复,回答完毕点击"提交"后,您将获得小礼物。问卷合格的前 50 位将得到耐克跑鞋/健步鞋!

- 所有问卷截至 2006 年 7 月 14 日!

- 如您想手填问卷,我们很乐意给你邮寄纸质版。

- 如需协助,请拨打 555-555-5555。请记住:所有问卷截至 2006 年 7 月 14 日!

- 谢谢您的参与。

点此开始问卷!

---

(7) 强制回复:逻辑检查可以扩展并提示错误,强制受访者对某一问题进行回复。如果强制回应选项没有实施,对问题的实际回应可能非常低。虽然研究人员不必强制受访者回答难题,对于重要的、受访者可能直接跳过的问题,获得回复还是很重要的。

(8) 导航指南:有的调研人员会使用导航,提供路线图来帮助答卷人了解在调研中的具体位置,减轻困扰,尽快完成。

(9) 字体:字体和字号会影响受访者的阅读的容易程度。表 11.3 提供了三种字体,便于选择。

(10) 其他线索:除了讨论的内容外,调研人员还可以选择图像、音频和视觉刺激。最后,用"感谢您的参与"来结束问卷。

---

① 改编自 Sue and Ritter, *Conducting Online Surveys*, Second edition.

表 11.3　不同类别最常用的三种字体①

排序	阅读时间(秒)	可读感	商务感	年轻和趣味感	字体选择
1	Tahoma(270)	Courier	Times New Roman	Comic Sans MS	Arial
2	Times New Roman(273)	Comic and Verdana	Courier	Bradley	Verdana and Georgia
3	Verdana(280)	Times New Roman	Schoolbook	Verdana	Comic

全球营销调研实践

　　本节讨论设计和管理全球营销调研问卷的实践方面。调研人员需要研究的第一个方面是样本总量特征。调研人员可以获得一个样本总量名单,但这取决于样本总量和地点。例如,纽约肺病专家的名单也许能得到,但发展中国家没有这样的名单。即使在发达国家,如果样本总量的定义是亚特兰大使用洗发水和护发素的所有女性,完整名单也很难获取,即使有,可能也不完整。在像巴西、印度这样的发展中国家,洗发水的使用很难追踪,获得名单就更难了。所以,确定样本总量,是获取完整名单还是选择有代表性的样本是调研的第一步。

　　一旦确定了样本总量,问卷的设计就取决于样本总量特征。在亚特兰大,随机选取能够理解洗发水的概念的女性是比较可靠的办法。而在肯尼亚,和其他欠发达国家一样,女性不用瓶装洗发水,而是使用更便宜和含有更多传统成分的洗发用品。

　　所有的全球营销调研都必须解决语言问题。在迈阿密地区,最好用英语和西班牙语设计问卷。在肯尼亚,则必须用英语和当地语言。在亚洲和中东地区的很多文化里,对陌生人和女性谈话是很不友好的。问卷的管理也可能存在很大差异,选择电话访问、邮件调查或者商场拦截调查等方式,取决于可用的时间。由于邮政系统的效率,在很多欠发达国家,邮件的回复率会很低。在很多国家,为了提高回复率,有必要使用激励物。②不太可能得到邮件列表。所以,个人拦截或者商场拦截

---

　　① 　改编自 M. L. Bernard, M. M. Mills, M. Peterson, and K. Storrer, "A Comparison of Popular Online Fonts: Which Is Best and When?", *Usability News* 3.2, 2001, http://usabilitynews.org/a-comparisonof-popular-online-fonts-which-is-best-and-when/于 2013 年 7 月访问。

　　② 　Charles Keown, "Foreign Mail Surveys: Response Rates Using Monetary Incentives", *Journal of International Business Studies*, Fall 1985, Vol.16:151—153。

可能是搜集信息的最佳方式。调研人员需要识别城市中不同的区域，以获得最高的成功率。

不同国家适合的问句种类也不同。如果在美国使用开放式问句，多数受访者可能提供详细的信息，表达真实感受。但在许多东方国家，不喜欢说得太具体，在中国和亚洲其他国家使用开放式问句的结果不会太好，所以最好选择封闭式问句，让受访者从具体的选项里挑选答案。调研人员还必须注意在欠发达国家存在的各种偏差。亚洲国家的很多女性可能声称会使用洗发水，只是因为这样会表现得更时髦，更成熟。受访者也可能因为访问人员太礼貌，不忍心拒绝，而回答问题。

最后，所有调研都取决于研究人员手里可用的资源。这样，成本就成了确定调研类型、问卷长度、调研人数、地域覆盖面的主要因素。

本章小结

问卷调查是调研人员的主要信息来源，调研人员可以用问卷进行量化。在问卷中有三个重要的因素：受访者应该能理解问题，有足够的知识来回答问题，且在自愿的、无外部压力的情况下参与。问卷搜集三种数据：人口统计数据、心理数据和行为数据。问卷问句可以是开放式的或封闭式、直接或间接、语言的或非语言的。问句的类型取决于进行调研的国家或文化。调查问卷应该始终进行预测试，保证达成计划目标。问卷必须满足构念等同性的要求：功能等同、概念等同、类别等同。在设计网络问卷时，调研人员还应该了解本章所讨论的技术方面的问题。

思考题

1. 美国的大众节目"有趣的科学"的制造商 Little Kids 感到在新兴市场对于教育玩具有很大的潜力。管理层已经确定了选择了合适的新兴国家市场作为优先考虑。Worldwide Research 公司受到委托对考虑之内的三个国家，即巴西、土耳其和南非实施调研。

（1）三个国家可以使用相同的问卷吗？请对你的回答给出理由。

（2）在每个国家实施定量调查时对于所选择的量表需要考虑哪些因素？

（3）对于每个国家推荐一下所使用的量表。

2. 尽管社区居民参与活动没有减少，但 St. John's Residents' Association 报告捐款数额有所下降。财务方面的下降造成了社区服务的负担，如安全、娱乐和小区环境的日常维护。为了推动居民捐款，委员会决定对全部居民实施个人访问，以确定每个居民关于给协会捐款的习惯。

（1）这种调查方法如何影响研究的结果？每个委员会成员接到一份问卷实施个人访问，头四个问句如下：

（i）过去的一年你参加几次协会的会议？

（ii）你知道协会收入的唯一来源是来自居民的捐款吗？

（iii）你每年给协会捐款吗？

（iv）平均你捐多少钱呢？

（2）下面的这些因素如何影响这个研究的结果呢？

（i）问句的顺序

（ii）问句措辞

（iii）主题

（iv）受访者与协会之间的关系

3. 讨论一下在设计全球营销调研问卷过程中所遇到的翻译问题。

4. "描述研究中的问卷设计要难于探索性研究中的问卷设计"，讨论这个陈述。

12

抽 样

本章概述

　　全球营销调研的目的是研究总体的特征与偏好。总体（population）的定义是在相关调研问题中，具有一些共同特征的所有研究对象的集合。针对总体中所有成员进行的调查称为普查（census）。在大多数调查研究中，由于资源与时间限制，进行普查并不可行。调研人员从总体的元素中选择一个子集，这个子集称为样本（sample）。然后根据从样本获得的相关信息，调研人员对总体作出推断。这里的关键假设是样本对总体具有代表性，从样本收集的任何数据可以应用于总体的所有成员。

　　需要记住的是，使用样本有可能导致调研项目产生误差。调研人员即使能够确定目标总体，也不可能接触到总体的所有成员。选择的样本也许包括一些不属于总体的成员。也有可能总体的某些部分没有包括在样本中。另外，样本成员也并非总是能够作出正确的回答。

抽样的统计基础

重要的是,读者应该熟悉关于抽样的一些常用术语。[①]调研人员接触到的抽样单位会提供回答(response),这些回答是分析的基础。回答的任何函数称为统计量(statistic)。统计量是指针对所有回答获得的某个特定指标的数值,如样本均值或样本方差。抽样分布(sampling distribution)是统计量的概率分布。调查中的总误差分为两个主要部分。如果总体参数与样本统计量的差异仅仅源于抽样,这叫作抽样误差(sampling error)。它的主要原因是抽取的样本容量小于总体。在大多数情况下,使用相对较大的样本可以在很大程度上降低抽样误差。本章后面将会讨论如何确定恰当的样本容量。需要记住的是,统计上确定的样本容量必须是调研人员已经收到的完整回答的数量。

如果总体参数与样本统计量的差异并非抽样导致的误差,这叫作非抽样误差(non-sampling error)。非抽样误差的起因可能是测量误差、回答记录误差、数据分析误差或无回答误差。

抽样过程

决定使用样本时,必须考虑许多因素。图 12.1 展示了抽样过程的流程。

抽样过程的第一步是确定目标总体。目标总体的定义必须清楚而准确。目标总体的定义越明确,从样本获得的结果就越好。在全球营销调研中,由于不同国家决策过程的差异,这一点尤为重要。对市场的充分了解能够帮助调研人员确定目标总体与样本容量。在进行第二步之前,需要处理总体与抽样框之间的差异。这会帮助调研人员确定抽样单位。抽样单位可能包括个人、家庭或组织。抽样单位的基础假设是,单位中的所有回答成员提供关于整个单位的信息。同样,调研人员需要充分了解市场,才能确定抽样单位。例如,如果想要将家庭作为抽样单位,调

① William Trochim,"Statistical Terms in Sampling",October 2006,http://www.socialresearch-methods.net/kb/sampstat.php 于 2014 年 12 月访问。

研人员需要澄清家庭在那个国家的定义。

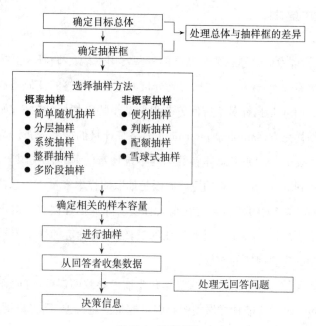

图 12.1 抽样过程

下一步是确定抽样框。抽样框是用来获得样本的总体成员的清单。在全球营销调研中,获得抽样框的问题是缺乏有记录的信息来源。另外,不同国家的决策过程存在差异。例如,在日本,决策制定必须经过每个家庭成员的一致同意。[①]然后,应该获取属于抽样框的成员的清单。在发达国家,很容易从专业组织和数据库营销公司获得这些信息,但是,在营销调研仍然处于起步阶段的发展中国家,找到可靠的来源对调研人员来说是个难题。例如,2013 年发展中国家的固定电话平均普及率估计为 11.1%,其中 2013 年亚太地区国家、阿拉伯国家和非洲国家的固定电话平均普及率分别为 12.9%、9.3% 和 1.4%。[②]电话普及率如此之低,进行基于电话的调查必然产生不可靠的结果。

第三步是选择抽样方法。获得样本的方法以及有关样本产生的决策有很多。调研人员首先应该在贝叶斯方法与传统抽样方法之间作出选择,然后决定采用放

---

① Edward Leslie, "Some Observations on Doing Business in Japan", *Business America*, 1992:2—4.

② ITU World Telecommunication, "ICT Indicators Database", 2013, http://www.itu.int/ict/statistics 于 2013 年 4 月 25 日访问。

回式抽样或者不放回式抽样。大多数营销调研项目采用传统的不放回式抽样方法,因为不会重复联系同一位回答者来获取相同的信息。有些传统抽样方法不大正规甚至很随便。然而在大多数情况下,抽样过程更为复杂。然后需要从由许多抽样单位组成的总体中获得一个代表性样本。获得代表性样本的首选方法是使用概率抽样。下一节将详细讨论概率抽样与非概率抽样。

调研人员不正确地定义抽样框会导致三类问题。如果选择的抽样框小于总体,有些总体成员不会被采样,调查研究就不会考虑到他们的偏好与态度。这称为子集问题(subset problem)。例如,如果总体包括特定地理区域内所有的电话机主,而调研人员只是浏览电话簿,这就会导致子集问题,因为未列入电话簿的号码不会被取样。另外,据发现,未登记电话号码的人与登记了电话号码的人存在显著差异。如果抽样框大于总体,就会出现超集问题(superset problem)。如果总体由使用隐形眼镜的人构成,而调研人员从配镜师那里获得的样本数据库包括使用框架眼镜和隐形眼镜的人,这就成为一个超集问题。最后也是最严重的错误是子集/超集问题。当调研人员遗漏了抽样框中的某些成员,却包括了不属于抽样框的其他成员时,这个问题就会出现。假设调研人员想要接触销售额至少4 400万美元的小企业主,如果调研人员使用的企业清单包含所有销售额高于500万美元的企业(严格来讲并非都是小企业),这就会导致子集/超集问题。

第四步是确定样本容量。可以使用统计方法或者一些特殊方法确定样本容量。如果凭经验知道应该采用多大的样本容量,或者当某些因素限定了样本容量时,就可以使用特殊方法。经验法则和比较研究就属于确定样本容量的特殊方法。样本容量的确定取决于四个因素:①需要分析的群组和子群数量;②研究信息的价值;③抽样成本和④总体的变异性。

第五步是进行抽样,第六步是利用抽样设计,从回答者收集数据。抽样的目的是得到对总体具有代表性的大量数据。不幸的是,有些样本成员会成为无回答者,因为他们①拒绝回答;②没有能力回答;或③联系不到。

无回答是一个严重问题。它意味着,考虑到无回答问题,样本容量必须足够大。另外,它也表示回答者与无回答者有可能存在重要差异,因此会导致误差。无回答误差的严重性取决于无回答程度。如果无回答所占的百分比很小,误差也很小。更正无回答误差的方法是用样本中的匹配成员替换每个无回答者。另外三种方法是:①改良调研设计,降低无回答数量;②重复联系,降低无回答和③尝试去估计无回答误差。因此,在进入决策阶段之前,需要先处理无回答问题。

由于定义总体与抽样框时存在不确定性,选择抽样方法对全球营销调研至关重要。本节提供的流程图有助于调研人员理解抽样过程和使用恰当的抽样方法。下一节介绍抽样类型。

抽样类型

由于定义总体与抽样框时存在不确定性,选择抽样方法对全球营销调研至关重要。从理论上讲,抽样方法分为两大类:概率抽样和非概率抽样。在概率抽样中,总体中每个成员被取样的概率是已知的。但是,进行抽样过程之前,调研人员需要确定正确的抽样框,并且充分了解研究对象或抽样单位。

概率抽样有几个优点。它说明调研人员的样本具有代表性。它有助于调研人员阐明使用样本代替普查所导致的差异。它也有助于调研人员识别抽样可能造成的误差。

在全球营销调研中,并非总是能够获得抽样框。在这种情况下,最好使用非概率抽样方法。确定抽样框并不需要付出巨额成本;但是,也不可能保证样本的代表性。回答有可能包含无法解释的隐藏误差和不确定性。增加样本容量无法帮助克服这些误差。因此,调研人员尽可能避免使用非概率抽样方法。

概率抽样

样本获取可以利用概率理论。在这个过程中,调研人员首先确定抽样的总体与样本容量。通常,样本容量取决于所需的研究准确性、调研人员可用的资源和调研人员搜集的抽样清单的可靠性。概率抽样涉及四个特定考虑因素。首先,必须确定目标总体。第二,需要选择抽样方法。第三,必须确定样本容量。样本容量取决于准确性要求、总体的变异性和抽样成本。最后,必须处理无回答问题。下面讨论概率抽样的各种类型。

简单随机抽样

简单随机抽样这种方法是指,从总体中完全凭偶然任意抽取一组对象,而且总体中任何给定成员被抽到的概率都相等。这种方法用于抽样总体具有同质性时。将标注了名字的小卡片混合放进一个容器,然后抽出需要的数量。这种方法特别适用于小样本容量;但是,如果需要从总体中抽出大量成员,这个过程将非常繁琐。抽取随机样本的另一个方法是利用随机数表。专栏 12.1 给出了一张用来抽取样本的计算机生成随机数表。调研人员可以从表格的任意位置开始,进行横向或纵向抽取,使用这些数字生成一个样本。计算机越来越多地被用于生成随机数。从全世界所有国家抽取一组青少年就是随机抽样的一个例子。世界各地的青少年应该具有相似的观点和行为,因此这是从同质性总体抽取的一个随机样本。

专栏 12.1
计算机生成随机数表

99	55	62	70	92	44	32
95	17	81	83	83	04	49
39	58	81	09	62	08	66
50	45	60	33	01	07	98
33	12	36	23	47	11	85
63	99	89	85	29	53	93
78	37	87	06	43	97	48
59	73	56	45	65	99	24
52	06	03	04	79	88	44

分层随机抽样

分层随机抽样也称为比例抽样,这个过程分为两个步骤,相对于简单随机抽样,它的准确性与效率都有所提高。根据某些因素,可以将总体划分为一些清晰的群组或层级,而分层抽样的第一步就是识别这些层级。其中每个群组都包括具有高度同质性的总体成员。第二步是从每个具有相对同质性的群组抽取成员;但是,群组之间具有明显差异(例如,男性与女性)。从总体抽取样本时必须考虑这些差异。分层抽样正是如此。例如,一个汽车制造商试图找出哪些因素对于新车购买者最为重要。假设该制造商进行的探索性研究显示,男性与女性采用不同的标准评价汽车。这项研究的总体将是,有兴趣在下一年购买新车的所有 18 岁以上的成年人。然后可以将总体分为男性与女性,并针对每个群组进行简单随机抽样。

分层抽样

分层抽样可以按比例进行,也就是说,从每个群组抽出的成员数量与总体容量成正比或反比。但是,如果群组很小,比例抽样无法提供人数足够的样本。在这种情况下,应该使用非比例样本。分层抽样保证了样本对总体的代表性。另外,它还能确保给定总体中的每个子群都能被充分地代表,不论这个子群有多小。分层抽样在全球营销调研中的使用非常频繁。如果想要研究北美的早餐谷物市场,总体应该包括加拿大、美国和墨西哥。样本则应包括按比例抽取的加拿大人、美国人和墨西哥人。另外,还可以根据不同种族群体的饮食习惯,将加拿大人进行分层。

系统随机抽样

系统随机抽样的使用情况是,调研人员知道用于抽样的总体成员清单存在一定的规律:随机性、周期性或单调性。因此,如果总体包含 1 000 人($=N$),需要的样本容量为 100 人($=n$),每隔 10 个人($=I$,取样间距)抽取一个。抽样起点可以从第一个名字与最初的第 I 个名字之间随机抽取,然后每隔 I 个名字抽取一个。

系统随机抽样在电话访谈中使用得最频繁。如果总体中的所有成员属于同一个特定地理区域,而且他们的电话号码前缀都相同,就可以使用系统抽样获取代表性样本。如果调研人员想要在某个区域进行电话调查,该区域电话号码的前三位数字(区号)是 408,接下来的三位数字是 560,那么可以调查的 1 万个电话号码的清单就是(408)560—0000 至(408)560—9999。假设需要的样本容量为 1 000。可以从(408)560—0000 至(408)560—0010 中随机抽取一个号码作为起点,然后每隔 10 个号码抽取一个列入清单。据证实,未登记电话号码的家庭与在电话簿上登记了号码的家庭具有不同的特征。这种方法能够剔除由于忽略总体中的未登记号码而导致的误差。

上述所有随机抽样方法都存在一个缺点,即地理覆盖问题。如果总体分布很广,将难以获得代表性样本。使用聚类抽样能够克服这个问题。

整群抽样

整群抽样这种方法将整个总体划分为若干相似的群组,每个群代表一个小型总体。然后随机抽取一些群作为样本。完成整群抽样之后,就可以调查这些群的所有成员。这种方法不同于分层抽样,因为被采样的群中的所有成员都会被调查。

多阶段抽样

进行多阶段抽样分为几个步骤。在全球营销调研中,由于信息匮乏、调研成本高,大多数调研人员会选择这种抽样方法。假设一个软饮料制造商想要研究他们

专栏 12.2

四个国家用于普查的样本特征[①]

样本特征	巴 西	法 国	印 度	美 国
样本设计	每隔 2.13 个家庭的系统抽样	采用"滚动式普查"。每年列举:20%的低于1万人口的市镇(考虑到它们的完整性);8%的从1万以上人口的市镇抽取的住宅单位。	两阶段分层系统抽样阶段1:在农村,根据人口和作物模式对地区分层。按照与人口成正比的概率,从地区层级系统地抽取普查村庄。在城市,根据人口对行政区分层。按照相等的概率,从行政区层级循环系统地抽取城市街区。阶段2:将选出的大型村庄和街区拆分为农村或城市,并随机抽取其中的一些作为阶段2中的层级,再加上阶段1中选出的小型村庄和街区。从阶段2层级中的某个随机起点,循环系统地抽取家庭。富裕家庭采样过多。在农村和城市,富裕家庭与其他家庭的比率为2∶8。	—
抽样单位	家庭	私人住宅和群居的个人	家庭	家庭
样本比例(%)	5	33(大约)	0.06	1
样本容量	9 693 058	19 973 287	602 833	3 061 692

---

① 资料来源:Compiled from 4 webpages within IPUMS International, Minnesota Population Center, University of Minnesota(https://international.ipums.org/international/). The 4 individual webpages are:Brazil(https://international. ipums. org/international/sample_designs/sample_designs_br. shtml); France(https://international. ipums. org/international/sample_designs/sample_designs_fr. shtml); India (https://international. ipums. org/international/sample_designs/sample_designs_in. shtml); and USA (https://international. ipums. org/international/sample_designs/sample_designs_us. shtml).

生产的饮料的品牌知晓度。首先将打算进行品牌知晓度研究的所有国家划分为若干相似的地区,划分标准是预先确定的一组属性,如人均收入或该饮料的年销售量。然后将这些地区拆分成不同国家,再将国家进一步拆分成不同城市。在每个城市识别出不同的居民区聚类。然后,调研人员根据所需的样本容量,抽取特定数量的聚类作为随机样本,并调查这些聚类中的所有成员。从所选聚类获得的结果可以被推广,用来获得整个地区的知晓度数据。根据所需信息的复杂性和需要覆盖的地理区域,多阶段抽样可能涉及多达三个或四个阶段。专栏 12.2 提供了四个国家进行普查测量所采用的样本特征。

非概率抽样

在非概率抽样中,调研人员通常不需要确定抽样框。因此,这种抽样方法欠缺效率与准确性;不过,这种方法可以用于探索性调研、问卷的预测试和对同质性总体的调查。在许多全球营销调查研究中,因为这些国家的调研过程非常特殊,非概率抽样方法应用频繁。例如,某个调研项目想要研究埃及、约旦、沙特阿拉伯和阿拉伯联合酋长国等目标国家的手机使用情况。尽管这些国家的手机覆盖率可能都很高,但是不可能对目标总体进行随机抽样。这些国家不接受陌生人敲门询问信息。在这种情况下,就应该使用非概率抽样方法。下面讨论一些流行的非概率抽样方法。

判断抽样

当调研人员对市场充分了解,利用专家判断抽取样本时,进行的就是判断抽样。例如,在购物中心进行一项调查,想要获得职业女性对特定化妆品的意见,采访者可能会选择与那些看似有工作的女性进行交谈。在购物中心进行调查时,采访者通常会与那些看起来愿意回答的人进行交谈。这基于的假设是,来购物中心的所有人有着相似的态度和观点。但是情况并非总是如此,调查有可能出现误差。判断抽样用于调研人员需要快速得到结果时。如果样本容量很小,比如在探索性调研或问卷预测试中,这种方法的准确性相当好。

雪球式抽样

总体中包含的个体属于特殊范围时,可以使用雪球式抽样。使用这种方法时,调研人员首先找到具有总体的所有特征的某个个人或单位,然后请这个人给出满足总体特征的所有其他人的名单。需要从非常特殊的总体中进行抽样时,这种方法特别有效。使用这种方法很容易抽取宇航员、深海潜水员和三胞胎家庭这样的样本。这种方法的缺点是,往往被选中的都是那些公众可见的人。本章篇首提及的手机调研使用的就是雪球式抽样。利用这种方法,调研人员首先采访一个符合要求的回答者。然后请这个回答者提供满足总体要求的一些熟人的名字与地址。采访中东和许多亚洲国家的女性时,这种方法更加有效。

便利抽样

便利抽样用于快速而廉价地获得信息。选择标准可能非常简单,比如最初几个下地铁的乘客和大学里注册某门课程的学生。这种方法不是很准确,仅仅用于探索性调研。

配额抽样

配额抽样是一种有条件的判断抽样,从每个特定子群抽取的数量必须满足最低限额。子群的确定通常基于一些人口统计变量,如年龄、性别、地址和收入。假设一项调研想要研究青少年的看电视偏好,调研人员决定对来自当地学校的、去同地区某个购物中心的十几岁男孩和女孩进行抽样。调研人员的假设是,所有去这个购物中心的青少年都在当地上学,而并非来自其他城市。如果已知当地青少年中男孩所占的百分比是 60%,需要的样本容量为 300,那么调研人员应该采访 180个去这个购物中心的男孩。

因为急于满足配额,调研人员有时会忽略与统计原则有关的一些问题。在下面这个例子中,在美国和加拿大进行的一项研究想要评估自由贸易协定对就业的影响。这项研究将对男性与女性工人进行采样。表 12.1 提供了总体在两个城市的分布情况。

表 12.1　总体分布

	男　性	女　性	总　计	百分比
美　国	300	200	500	50
加拿大	200	300	500	50
总　计	500	500	1 000	100
百分比	50	50	100	

研究需要的样本容量为 100 人,于是调研人员决定抽取 50 名美国人和 50 名加拿大人。另外,他们决定抽取一个男性占 50% 的样本。配额情况可能如表 12.2 给出的那样。从表格中可以看出,边际频数——50% 与 50%——匹配;但是,每个单元格的联合频数——30%、20% 和 30%——不匹配。选择配额抽样时应该避免这类错误。

表 12.2　总体配额

	男　性	女　性	总　计	百分比
美　国	50	0	50	50
加拿大	0	50	50	50
总　计	50	50	100	100
百分比	50	50	100	

在线抽样

我们从本书一开始就一直在讨论,在国际营销背景下,互联网为营销调研带来了巨大变化。第 6 章讨论了进行国际调研时采用在线调查的有利之处。在线抽样方法是这个问题的延伸。对于调研人员来说,理解样本来源至关重要。进行在线调查时,为了获得代表性样本,重要的是调研人员必须理解样本来源、如何抽样以及在访谈过程中如何管理样本。[①]下面讨论在线样本的一些类型。[②]

● 网络筛选样本:也称为网络拦截或截流样本。这些参与者被筛选并导向适合他们参与的调查。他们并非专题讨论小组成员,因为信息仅仅限于在筛选过程中能够搜集到的。这种样本的控制程度较低,其回答率也较低。

● 清单样本:与网络筛选样本一样,搜集到的有关回答者的信息有限。清单样本包括那些同意接收有关他们感兴趣主题的电子邮件信息的参与者;但是他们尚未同意参与调研。与网络筛选样本类似,控制程度与回答率往往较低。

● 数据库样本:越来越多的人都在订购数据库样本。与上述样本类型相比,在数据库样本中,招募公司拥有更加丰富的回答者信息。另外,数据库样本的控制程度往往更高。它的应用目的不只是调研。许多公司都利用数据库样本进行营销,向潜在顾客发送直复式营销信息,吸引他们关注公司。这种样本与专题讨论小组

①②　C.Maginnis, "Online Sample—Can You Trust It?" July 2003, http://www.quirks.com/articles/a2003/2003078. aspx(Retrieved in July 2013).

仍然不一样,尽管有些数据库可以用作专题讨论小组。数据库样本的回答率通常低于专题讨论小组。

● 在线专题讨论小组:设立在线专题讨论小组的首要目的是进行在线调查研究。近年来随着技术进步,在线专题讨论小组的开发、实施与维护有所增加。招募公司了解专题讨论小组成员的详细信息,并且能够控制项目。另外,回答率通常较高,因为这些专题讨论小组成员是自愿参与的。招募公司为讨论小组成员的参与提供奖励。

因为可以获取在线样本,公司进行在线调研变得有利可图。在线调研总是有用吗?开展在线调研之前,公司应该首先确定调研性质。应该考虑以下问题:[1]

(1) 调查是否可以采用自填问卷式?

(2) 关于产品或服务的信息是否可以在电脑显示器上有效地传播?

(3) 是否可以通过电子邮件接触目标回答者?

(4) 网络总体成员是否能够代表客户的目标市场?

如果所有回答都是肯定的,就可以开始搜寻在线样本了。表 12.3 提供了不同调查方式的综合比较。

表 12.3 调查方式的综合比较[2]

项 目	信 件	电 话	网 络
总体回答率	好,通过恰当的刺激	好,但是越来越困难	好,使用电子邮件邀请;否则不好
题项回答率	好	好	对于单屏版式非常好;对于滚屏版式不好至好
自我选择误差	小	小,但是问题越来越大	使用有针对性的电子邮件邀请时小;只是在网页上贴出时相当大
成本	对于大样本很高;对于小样本更低	对于大样本不是很高	通常最低,尤其对于大样本
回收时间	慢	快	非常快
数据录入准确性	需要用键控打孔机验证	使用计算机辅助电话访谈(CATI)时好	版式恰当时非常好,另外可以使用弹出窗口验证
回答者完成调查的时间	慢	一般	快
开放式回答	好	好	不确定,调研显示出矛盾的结果

---

[1] C. Maginnis, "Online Sample—Can You Trust It?".

[2] Scott Dimetrosky, Sami Khawaja, and Phil Degens, "Best Practices for Online Survey Research," *Quirks Marketing Research Review*, January 2001.

抽样方法的利弊

　　能够获得所需抽样框和目标总体清单时,简单随机抽样容易实施。在全球营销调研中,情况并非总是如此。确定人们、地址和街道的地点是一项复杂工作。例如,在许多亚洲国家,确定住所靠的是名字,而不是数字。即使使用数字,它们也不是连续排列的。这些国家的许多地区都没有街道图,因此,进行全球营销调研时,简单随机抽样成本高而且耗时。

　　在样本对总体的代表性方面,分层抽样非常有效,因为可以对总体中对研究有重要影响的部分赋予更高的权重。但是,在国际背景下,识别总体中这样的部分时,可能会出现问题。

　　系统随机抽样特别适用于电话访谈,即使在大多数电话号码未登记的国家。但是这种方法很难用于信件或个人访谈,因为在有些国家,很难得到回答者名单和他们的邮寄地址。

　　整群抽样调查的只是被选样本中的特定子群。如果调研人员进行一项关于德国的研究,决定只抽取法兰克福和柏林等大城市作为样本,使用这种方法会节省大量的时间与成本。这种方法的一个关键假设是,法兰克福和柏林的居民总体特征相似。否则,研究就可能出现重大误差。

　　判断抽样是获取样本的一种有效方法,只要样本由某个兴趣领域的专家构成,尤其是对于工业营销调研,因为这类调研要求回答者必须具备深入知识。在文化水平低的国家,调研人员可以对那些受过良好教育、比普通大众更具学识的人进行采样。在国际背景下,这种方法不利的一面是,调研人员可能不是特别了解市场。另外,忽略总体的绝大部分成员,只抽取特定类型的回答者,这可能导致调研误差。

　　雪球式抽样主要依靠最初回答者获得更多回答者的名单。这种方法的问题是,最初回答者往往会给出与他们的人口统计特征相似的人的名字。这可能导致所选样本会失去对总体的代表性。

　　便利抽样是一种非常简单的方法,调查的是愿意参与或者方便联系的回答者。它的优势在于进行调查的成本低,而且可以快速获取信息。但是由于样本缺乏对总体的代表性,这种方法也可能导致重大误差。

　　配额抽样适用于调查特定行业的人。这种方法能够以相对较低的成本快速获取代表性样本。因为涉及调研人员的判断,调研人员有必要充分了解进行调研的市场。专栏 12.3 概述了一种克服配额抽样弊端的方法。

专栏 12.3

配额抽样的使用①

最近进行的一项研究使用配额抽样,测量英国 11—17 岁的青少年对日光浴床的使用,研究发现了地理差异,探索了包括监督在内的使用方式。这项研究在六个城市进行——利物浦、斯托克/斯塔福德、桑德兰、巴斯/格洛斯特、牛津/剑桥和南安普敦。

在每个邮政编码地区进行的访谈数量是由该地区家庭数占这个城市家庭总数的比例确定的。针对每个邮政编码地区,编制了街道清单以便进行访谈。因为调研目的是研究年轻人对日光浴床的使用,所以至关重要的是抽取同等数量的男孩和女孩。为此,在性别配额内,分别对相同年龄的男孩和女孩进行了访谈。面对面访谈是在家里或某个方便地点进行的,而且对于 14 岁以下儿童,获得了家长的书面允许。

在 3 101 名回答者中,研究发现 6％的儿童曾经使用过日光浴床,15％的儿童未曾使用过,不过可能在将来会使用。与 11—14 岁类别的日光浴床使用率(1.8％)相比,15—17 岁类别的使用率显著较高(11.2％)。但是,与较大儿童对日光浴床的未来使用倾向(14.1％)相比,较小儿童的未来使用倾向更高(15.6％)。

研究还确定了不使用日光浴床的原因。各种原因与两个年龄类别的回答分别为:①没有兴趣(11—14 岁为 53.4％,15—17 岁为 55.8％);②健康风险(11—14 岁为 38.7％,15—17 岁为 46％);③进入日光浴中心权限以及相关费用等现实原因(11—14 岁为 13.4％,15—17 岁为 13.5％);④不允许或不建议这样做(11—14 岁为 6.3％,15—17 岁为 1.6％);⑤其他原因(11—14 岁为 7.6％,15—17 岁为 4.1％)。

---

① Catherine S. Thomson, Sarah Woolnough, Matthew Wickenden, Sara Hiom, and Chris J. T welves(2010), The BMJ, 340: c877. Retrieved from http://www.bmj.com/content/340/bmj.c877 于 2014 年 10 月访问。

研究还发现,女孩对日光浴床的使用率普遍高于男孩,而且较低社会等级家庭的孩子的使用率高于较高社会等级家庭的孩子。另外还存在地理差异。苏格兰和威尔士 11—17 岁的使用率高于英格兰,而在英格兰,北部地区的孩子比其他地区使用得更普及。

研究还发现对日光浴床的使用监督并不充分。在这六个城市,23% 的回答者说他们在家使用日光浴床,而 19% 的儿童在没有任何监督的情况下,在日光浴沙龙或健身休闲中心使用。即使提供监督时,情况也不令人满意,只有 37% 回答说他们被告知了使用风险。

从抽样方法的角度,该研究充分显示了配额抽样的重要性,利用这种方法能够反映出不同年龄与性别的特定回答者的使用差异。

在成本、完成调查速度甚至回答率方面,在线调查具有离线调查无法比拟的优势。但是,许多人都提出了对在线调查的样本误差和代表性的担忧。表 12.4 概括了上述一些抽样的方法的优点与缺点。

表 12.4　抽样方法：优点与缺点①

方　法	描　述	优　点	缺　点
便　利	寻找自愿参与者,或者由于不是所有被选者最终都能参与,或者碰巧找到一组可以参与的研究对象	确保研究人数充足的廉价方法	代表性也许很差
配　额	根据总体某些特征的比例,按照配额抽取人数	确保抽取到的具备恰当特征的对象在人数上充足	无法证实样本对特定总体具有代表性
雪球式	具备所需特征的对象给出更多恰当对象的名字	有可能包括那些没有清单的群组或者无法确定的聚类的成员(例如,吸毒者、罪犯等)	无法确定样本是否对总体具有代表性
判断(或立意)	根据特定特征精选对象	需要抽取多个群组时,确保群组容量均衡	由于调研人员的主观性,不易保证样本对总体的代表性

① 改编自 T. R. Black, *Doing Quantitative Research in the Socail Sciences：An Integrated Approach to Research Design，Measurement，and Statistics* (Thousand Oaks, CA：SAGE Publications, 1999)：118.

（续表）

方　法	描　述	优　点	缺　点
阶　段	聚类（随机抽取聚类）、随机和分层随机抽样的结合	通过在各阶段之间和群组内部进行随机抽样，能够获取概率样本；总体清单非常本地化时，有可能抽取到概率样本	复杂，结合了聚类和分层随机抽样的局限性
简单随机	从整个总体抽取随机样本	如果所有对象都参与，代表性很高；最理想的方法	没有总体成员的完整清单时，不可能进行；获取成本可能很高；如果群组成员有遗漏，可能具有破坏性；进程太长，数据和样本可能发生变化
分层随机	从确定的群组（层级）和子群等抽取随机样本	通过从层级清单抽取个体，能够确保样本充分代表，甚至按比例代表特定群组（例如，按照性别）	更加复杂，比简单随机抽样更吃力；必须清楚界定层级
整　群	从连续的对象群中抽取随机样本（例如，按照机构），直到小群组被选为抽样单位	不存在总体成员清单，却存在本地清单时，有可能随机抽取；搜集到的群组数据可以避免因遗漏成员而导致的混乱	同一级别的群必须具有等同性，而一些自然形成的群在某些重要特征方面并不具有等同性（例如，在地理特征方面：人数相等，但是失业率不同）

确定样本容量

可以使用统计方法或者一些特殊方法确定样本容量。如果凭经验知道应该采用多大的样本容量，或者当某些因素限定了样本容量时，比如预算限制，就可以使用特殊方法。这一节讨论确定样本容量的几种常用的特殊方法。

经验法则

确定样本容量的方法之一是使用经验法则。调研人员建议，样本应该足够大，将其划分为群组时，每个群组的最小容量达到 100 以上。[1]假设，想得到不同国家的

---

[1]　Seymour Sudman, *Applied Sampling*, New York: Academic Press, 1976:50.

人对某个计算机软件套装的观点。具体来讲,想要估计那些觉得软件应该具备一些先进功能(意味着软件套装的定价可以更高)的人的百分比。进一步假设,需要对以下群组进行比较:①频繁使用这些功能的人;②偶尔使用这些功能的人;③从不使用这些功能的人。因此,样本容量应该保证每个群组至少有100人。如果认为最小的群组——频繁使用者占总体的10%,那么采用简单随机抽样时,为了抽出100人的对象群组,需要的样本容量为1 000。

几乎在所有的研究中,群组间比较都可以提供有价值的信息,这通常也是研究的动机。因此,有必要考虑最小的群组,并确保它的容量足够大,以便保证可靠性。

除了考虑主要群组之间的比较,进行分析时还应该考虑子群。例如,也许有必要将频繁使用者群组按照年龄进行划分,并且比较少年、青年、中年人和老年人的使用情况。据调研,划分这种小群组时,每个子群的最小样本容量应该为20—50。[1]这里的假设是,子群所需的准确性较低。假设,频繁使用者中最小的子群——经验丰富的程序员大约占总体的1%,而且每个子群需要20人。进行简单随机抽样时,建议采用的样本容量约为2 000。

如果群组或子群中的某一个相对于总体的百分比较小,那么使用非比例抽样比较明智。假设,总体中只有10%收看教育频道,并且需要将这个群组的观点与总体中其他群组进行比较。如果采用电话访谈,可以随机接触一些人,直到找到100个不看教育频道的人。继续访谈,但是需要对所有回答者进行筛选,只采访那些收看教育频道的人。最后得到的样本容量应该为200,其中一半是收看教育频道的人。

预算限制

通常,预算具有严格的限制。一个博物馆馆长可能只有500美元可以用于调研,不会再多了。如果数据分析需要100美元,每个回答者访谈需要5美元,那么可承受的最大样本容量为80。问题是80的样本容量是否有意义,或者是否应该改变调研设计,或者干脆不做。

---

[1] Seymour Sudman, *Applied Sampling*, New York: Academic Press, 1976:50.

比较研究

另一个方法是寻找类似的研究,使用它们的样本容量作为指导。为了进行比较,在样本被划分成的群组数量方面,研究必须具有可比性。另外,研究的可靠性必须达到令人满意的水平。

表 12.5 基于对几百个研究的总结,提供了关于典型样本容量的大概思路。注意,全国性研究的典型样本容量往往大于地方性研究。可能的原因是,全国性研究涉及的问题通常对于财务更加重要,因此,需要的准确性更高。还需要注意的是,涉及机构的样本往往比涉及人或家庭的样本更小。原因可能在于,对机构采样比对人采样的成本更高。

表 12.5　以人和机构作为总体的研究的典型样本容量①

子群分析的数量	人或家庭		机　　构	
	全国性	地方性或特殊	全国性	地方性或特殊
无或很少	1 000—1 500	200—500	200—500	50—200
一般	1 500—2 500	500—1 000	500—1 000	200—500
很多	2 500+	1 000+	1 000+	500+

确定样本容量的因素

样本容量其实取决于四个因素。第一个是将要分析的样本中群组和子群的数量。第二个概括地讲是研究信息的价值,具体是指研究结果所需的准确性。一个极端的情况是,如果研究没什么重要性,就不需要进行调研。第三个因素是抽样成本。必须进行成本效益分析。如果抽样成本较低,就应当使用较大的样本容量。最后一个因素是总体的变异性。如果总体中所有成员对某个问题的观点都相同,那么样本容量为 1 就足以令人满意。随着总体变异性的增大,样本容量也需要更大。

假设我们感兴趣的是,交响乐季票持有者对于将工作日演出开始时间从晚上 8 点更改晚上 7 点半的态度。总体包括 1 万名季票持有者。在他们当中,3 000 名回

---

① Seymour Sudman. *Applied Sampling*. p.87,经许可后使用。

答"绝对应该如此"(编码为＋2)，另外 2 000 名回答"希望如此"(编码为＋1)，依此类推。所需信息是总体(1 万名季票持有者)回答的平均数或均值，表示为 μ：

$$\mu＝总体均值＝0.3$$

这个总体均值是一个我们感兴趣的总体特征。通常，它是未知的，而我们的目的是通过从总体抽取一个样本，确定它尽可能近似的取值。

我们感兴趣的另一个总体特征是总体方差 σ^2 和它的平方根，即总体标准差 σ。总体方差是总体离差的指标，也就是季票的不同持有者之间在态度方面的差异程度。它基于每个回答与总体平均回答 μ 的差异程度。再将这个差异进行平方(使所有的得数为正)，然后对所有回答取平均值。在我们的例子中，总体方差为：

$$\sigma^2＝总体方差＝2.22$$

和

$$\sigma＝总体标准差＝1.49$$

问题是我们不知道总体均值，必须通过样本进行估计。假设从总体抽取了一个容量为 10 的简单随机样本。表 12.6 显示了所选的 10 个人和他们各自的态度。

表 12.6 百老汇持票者的态度

Nakamichi	$X_1＝+1$	Vinod K.	$X_6＝+1$
John S.	$X_2＝+2$	Amir K.	$X_7＝-1$
Paula R.	$X_3＝+2$	Jose F.	$X_8＝+1$
Francois T.	$X_4＝0$	Spiros M.	$X_9＝-2$
Werner R.	$X_5＝+1$	Zhang T.	$X_{10}＝0$

正如总体具有一组特征一样，每个样本也具有一组特征。样本特征之一是样本平均数或均值：

$$\overline{X}＝\frac{1}{10}\sum_{j=1}^{10}X_j＝0.5$$

现在，我们已经介绍了两个均值，重要的是需要将它们区分开。第一个是总体均值 μ，它是一个总体特征。第二个是样本均值 $\overline{X}$，它是一个样本特征。因为 $\overline{X}$ 是一个样本特征，所以如果抽取新的样本，它将改变。样本均值 $\overline{X}$ 用来估计未知的总体均值 μ。

另一个样本特征或统计量是样本方差 S^2，可以用来估计总体方差 σ^2。使用简

单随机抽样时,样本方差为:

$$S^2 = \frac{1}{n-1} \sum_{j=1}^{n} (X_j - \overline{X})^2 = 0.61$$

注意,如果样本回答比较相似,S^2 将较小,如果回答分散,S^2 将较大。相应的样本标准差为:

$$S = 样本标准差 = \sqrt{S^2} = 1.27$$

同样,重要的是区分总体方差 σ^2 与样本方差 S^2。

当然,不是所有样本的 $\overline{X}$(或 S)取值都相等。如果从总体抽取另一个容量为10的简单随机样本,$\overline{X}$ 可能等于 0.3 或 1.2 或 0.4,或其他任何值。关键是 $\overline{X}$ 将随样本而变化。

从直觉上讲,有理由认为 $\overline{X}$ 的变异性将随总体方差 σ^2 的增大而增加。一个极端的情况是,如果总体不存在变异性,那么 $\overline{X}$ 也不存在变异性。也有理由认为,样本容量越大,$\overline{X}$ 的变异性越小。样本容量较小时,一个或两个极值就足以影响样本均值,因此导致相对较大或较小的 $\overline{X}$。随着样本容量增大,这些极值的影响将变弱,因为它们会被其他值平均。$\overline{X}$ 的变异性由它的标准误差来测量,标准误差为:

$$\sigma_{\overline{X}} = \overline{X} 的标准误差 = \sigma_X / \sqrt{n} = 1.49 / \sqrt{10} = 0.47$$

($\sigma_{\overline{X}}$ 可以简单地写为 σ)。注意,$\overline{X}$ 的标准误差取决于样本容量 n。如果 n 改变,标准误差也会相应变化,如表 12.7 所示。

表 12.7　增加样本容量

样本容量	$\sigma_{\overline{X}}$	$\sigma_{\overline{X}} = \sigma_x / \sqrt{n}$
10	1.49	0.470
40	1.49	0.253
100	1.49	0.149
500	1.49	0.067

现在,我们终于可以利用这些概念来帮助确定样本容量。为此,分析者必须确定所需的抽样误差大小和置信水平(例如,95%置信水平)。

这个决定取决于更准确信息的价值与增加样本容量的成本之间的权衡。对于特定的置信水平,较小抽样误差的成本是较大的样本容量。类似地,对于特定的抽样误差,较高置信水平的成本也是较大的样本容量。通过一些示例,这些道理就显而易见了。

利用区间估计的通用公式(记住,S 与 S_X 是相同的):

$$\overline{X} \pm 抽样误差,或者\ \overline{X} \pm Z\sigma_X / \sqrt{n}$$

我们知道:

$$抽样误差 = Z\sigma / \sqrt{n}$$

将其除以抽样误差,再乘以 $\sqrt{n}$:

$$\sqrt{n} = Z\sigma / (抽样误差)$$

将两边分别平方,我们得到样本容量的表达式:

$$n = Z^2 \sigma^2 / (抽样误差)^2$$

因此,如果我们知道所需的置信水平,就会得出 Z,也知道允许的抽样误差,那么利用公司就可以确定需要的样本容量。

假设我们需要的置信水平是 95%,估计总体均值的抽样误差不得超过 0.3。在此,抽样误差 = 0.3,置信水平为 95%,所以 $Z = 2$。总体标准差为 1.49,那么样本容量应该是:

$$n = 2^2 (1.49)^2 / (0.3)^2 = 98.7 \approx 99$$

如果置信水平由 95% 变为 90%,样本容量将会减小,因为我们对估计结果不需要那么肯定。Z 值等于 5/3,而样本容量为:

$$n = (Z\sigma)^2 / (抽样误差)^2 = (5/3)^2 (1.49)^2 / (0.3)^2 = 68.5 \approx 69$$

如果允许的误差增大,样本容量也会减小,即使置信水平 95% 保持不变。在我们的例子中,如果允许的误差增大至 0.5,那么样本容量为:

$$n = (Z\sigma)^2 / (抽样误差)^2 = 4(1.49)^2 / (0.5)^2 = 35.5 \approx 36$$

应该注意的是,样本容量的计算不依赖总体容量。一个常见的错觉是,好样本应该包括相对较高百分比的抽样框。其实,无论总体是 1 000 或者 100 万,样本容量的确定方法都是相同的。不需要关心样本是否包含了总体的合理百分比。当然,如果总体较小,样本容量可以降低。显然,样本容量不应该超过总体。

确定总体标准差

以上展示的方法假设总体标准差是已知的。在大多数实际情况中,它是未知的,必须使用某种方法进行估计。

一种方法是使用从以前的比较性调研或测试性调研得到的样本标准差。另一种方法是主观估计 S。假设我们的任务是估计某个社区的收入。可能 95% 的人的月收入在 4 000 美元至 20 000 美元之间。假设在正态分布下,这两个值之间相隔四倍的总体标准差,那么总体标准差将等于 4 000 美元。

还有一种方法是采用最坏情况。在我们的例子中,如果一半总体的回答是 $+2$,另一半的回答是 -2,那么总体方差将是最大的,它会等于 4。在 95% 置信水平下,允许的误差为 0.3 时,建议的样本容量将为 178。注意,样本容量比预期的更大,因此,准确性也会超出需要。它的逻辑是,在提高准确性的同时可以接受错误。

比例

需要估计比例(例如,对改变交响乐演出开始时间持负面态度的人所占的比例)时,方法是使用样本比例估计未知的总体比例 π。这种估计基于样本,因此总体方差为:

$$\sigma_p^2 = \pi(1-\pi)/n$$

其中,

π = 总体比例;

p = 样本比例(对应于 X),用来估计未知的;

σ_p^2 = p 的总体方差。

那么样本容量的公式是:

$$n = Z^2 \pi(1-\pi)/(抽样误差)^2$$

如图 12.2 所示,总体比例等于 0.5 时,会出现最坏情况(总体方差最大):

$$\pi(1-\pi)=0.25$$

$$\pi=0.50$$

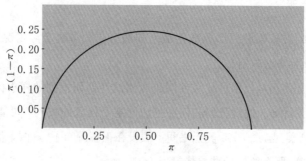

图 12.2 $\pi(1-\pi)$的图示

因为总体比例未知,常用的方法是假设最坏情况。那么样本容量的公式就简化为:

$$n=Z^2(0.25)/(抽样误差)^2$$

因此,如果按照误差 0.05(或者 5 个百分点),在 95%置信水平上估计总体比例,那么所需样本容量为:

$$n=2^2(0.25)/(0.05)^2=400$$

因为相对于 95%置信水平的 Z 值为 2,允许的抽样误差为 0.05。图 12.3 总结了两个样本容量公式。

> 通常,
> 样本容量 $= n = Z^2\sigma^2/(抽样误差)^2$
> 其中,
> $Z=2$,在 95%置信水平上
> $Z=5/3$,在 90%置信水平上
> $\sigma=$总体标准差
> 抽样误差$=$允许的抽样误差
> 对于比例,
> 样本容量 $= n = Z^2 0.25/(抽样误差)^2$

图 12.3   一些有用的样本容量公式

抽样误差(也称为准确性或精度误差)可以从相对的角度来定义,而不是从绝

对的角度。换句话说,调研人员需要的样本估计值可能是总体数值加或减 G 个百分点。因此,

$$D = G\mu$$

样本容量公式可以写为:

$$n = \sigma^2 Z^2 / (抽样误差)^2$$

其中,

$$c = (\sigma/\mu)$$

它称为变异系数(coefficient of variation)。

若干问题

调查工具或实验通常并非只基于一个问题——有时涉及几百个问题。通常不值得对所有问题都采用这种过程。合理的方法是挑选几个有代表性的问题,并从中确定样本容量。必须包括预期方差最高的那些关键性问题。

成本效益分析

在全球营销调研中,选择抽样方法是值得着重关注的一个问题。由于国别差异,抽样方法在不同国家的可靠性程度不同。因此,调研人员应该选择对一个国家最有效的方法,这一点至关重要。在多国研究中,不应该在所有国家使用同一种方法。最好是使用抽样可靠性相等的不同方法。重要的是调研人员必须关注回答率和回答质量方面的可比性。采用的具体方法反而是次要的。使用不同抽样方法时,成本也会存在相当大的差异。采用标准化抽样方法也许能够集中进行编码与分析;但是,特定抽样计划的管理成本或者抽样准确性的降低可能远远超过标准化的利益。例如,如果调查研究需要在所有国家进行随机抽样,在某些国家获取潜在回答者清单的成本可能非常高。在这种情况下,调研人员应该在抽样方法上退让一步,选择最有成本效益的方法,同时保证研究的准确性与可靠性。

抽样等同性

在全球营销调研中,确保在不同国家抽取的样本的可比性是至关重要的。重点并不是采用的方法或者作为样本来源的资料的等同性,而是从样本中收集的信息的等同性。为了保证这一点,需要注意两方面问题。

第一步是决定在调查中应该接触什么人,以及研究需要接触家庭中的一个回答者还是多个回答者。这通常取决于相关决策过程,不同国家可能存在较大差异。在某个国家由一个人作出的决策,在其他国家可能需要两个或更多人共同决定。在企业界,决策是由官阶的不同级别制定的。不同国家的目标细分可能不一样。如果从抽样总体生成的结果需要具有跨国可比性,那么必须考虑这些差异。这方面的例子数不胜数。例如,在美国,对于大多数已婚夫妇而言,大型投资决策属于共同决策。但是在中东,不会向女性争求这种问题的意见。如果在研究中想要问询回答者的投资习惯,为了获取完整信息,在美国我们需要与双方交谈,而在中东只调查男方就足够了。在美国,孩子在许多购买决策中拥有主要发言权,可是在许多其他国家情况并非如此。这说明为了获得类似信息,需要调查不同类别的人。

第二个问题涉及样本对总体的代表程度。在大多数发达国家,关于潜在市场和抽样框的信息很容易获得。但是,在日本,抽样研究经常使用的居民清单是调研人员无法获得的。[①]发展中国家不具备如此庞大的数据库,因此很难获得能够满足调研人员需要的抽样框。为了获得代表性样本,调研人员只能在不同国家使用不同方法。在特定发展中国家的偏远地区,文化水平较低,调研人员不得不仅仅调查那些受过教育的村民。这种做法将导致误差,因为没有被调查的那部分总体可能有很大的不同。在这种情况下,判断抽样或雪球式抽样会更有效。这个问题的另一方面是,从一个细分市场或国家获得的数据是否可以推广至其他国家或细分市场。可以根据人口统计特征和心理统计特征相似性将不同国家划分成若干聚类。抽样结果可以在这些聚类之间推广。许多调研人员为此使用尼尔森地区划分办法;但是,在全球营销调研中,国家间的推广有可能造成重大误差。

---

① Kazuaki Katori, "Recent developments and Future Trends in Marketing Research in Japan Using New Electronic Media", *Journal of Advertising Research*, 1990, vol.12:53—57.

文化问题

在全球营销调研项目中,确定正确的抽样类型并使用恰当的抽样方法取决于许多因素,其中最重要的是这些国家之间的文化差异。调研人员面临几个现实问题。为美国一家软件开发公司进行的一项调研突显了所有这些问题。这项研究想发现该应用软件在英国、德国、日本、法国和比利时的市场潜力。目标样本是这些国家各大公司的首席信息官、系统管理者和系统开发专家。主要问题是在这些国家找到等价样本。可以选择抽取职位相同或相似的人;但是,这样提供的信息在五个国家之间不具有可比性。该项研究的第一步是了解需要采样的每个类别的责任与工作说明。下一步是确定这些国家中履行相似职能和承担相似工作责任的专家,不论工作职位是什么。这种样本提供的回答在不同国家具有可比性。最后,需要注意抽样设计问题,但不要过于纠结,这也会有帮助。[①]

发展中国家所需的修正[②]

对调研人员来说,在发展中国家获取样本更加困难,因为抽样框不存在或很差。大多数发展中国家没有登记目录、年龄和性别细分,也没有电话目录、地图或居住单元编号。很难得到普遍特征的详细信息来抽取有意义的样本。即使有可能得到以上某种资源,它们也早已过时而且非常不准确。由于缺少抽样资源,抽样过程很可能会遗漏总体中的大部分人。巴西就是个例子,由于抽样资源在这个国家分布不均,里约热内卢和圣保罗的抽样框有所不同。结合了不同城市的不同抽样框的全国城市样本有可能会生成几乎完全准确的结果。快速发展中的城市涉及的另一个问题是如何保证充足的抽样框。更新这些抽样框的成本非常高。在许多情况下,明确术语的含义变得特别重要,比如在特定调研中,居住单元的准确意义。因此,发展中国家现有抽样框的覆盖率和可比性还有待改进,必须对抽样过程进行

① Uma Sekharan, "Methodological and Theoretical Issues and Advancements in Cross-Cultural Research.", *Journal of International Business Studies* 4, 1991:711—721.

② Kinsey, *Marketing in Developing Countries*.

修正。

这带来的重要结果是,在发展中国家,便利、判断、配额和雪球式抽样比概率抽样方法使用得更加频繁。它们比概率抽样方法更具成本效益,而且得到的结果更好。便利抽样是最廉价的方法,但可能不是非常有效。在这些国家进行判断抽样依据的假设是,某些成员比其他成员更有见识。例如,询问村长、神父或其他当地官员的观点,并假设它们反映了那个地区的观点。进行配额抽样时,调研人员需要对那个地区有所了解,采用符合逻辑的方法抽取配额。雪球式抽样从某个受访者获得其他受访者的清单。调研人员制定发展中国家抽样计划的最佳方法是,观察并设计他们自己的抽样框。

对于发展中国家,另一个需要考虑的重要因素是,发展中国家市场可能更加分化,差异性更大。每个样本对于代表一个潜在市场的总体都应该具有代表性。例如,特定地理区域内的收入水平可能存在巨大差异。因此需要选择恰当的聚类方法。

全球营销调研实践

抽样是营销调研过程非常重要的一方面,对结果的有效性具有重大影响。在国际背景下,这往往更加重要,因为调研人员缺乏信息来源。本节以过去进行的实际调研为例,试图帮助调研人员避免一些常见的抽样错误。

一家冰箱制造商想要了解世界各地一些国家的冰箱购买决策过程。为这项调研过程确定的一些国家是美国、英国和印度尼西亚。必须为每个国家选择恰当的抽样方法。在美国和英国,调研人员决定采用跨地域方式对家庭进行随机抽样,这样得到的样本可以代表整个国家。这个决定背后的逻辑显而易见——在这两个国家,几乎每个家庭都有冰箱,因此可以忽略抽到没有冰箱家庭的概率。在这两个国家,也很容易得到人名和电话号码清单。可是在印度尼西亚,由于拥有冰箱的百分比很低,不可能进行随机抽样。更恰当的方法是雪球式抽样或便利抽样。另外,还存在获取所有受访者名字和地址清单的问题。

在许多国家,选择抽样框也可能是一项复杂决策。例如,一家金融服务公司想要评估不同国家的顾客满意度。这对于在美国的调研人员是一项简单任务——设计一张问卷来让顾客评价该公司顾客服务的各个方面。然后将这张问卷发放给顾客;但是,在某些国家,这个简单的过程也许很难执行。在巴西,这项调查完全无法成功,因为任何涉及个人财务的调查都被税务部门当作一种审计。在一些中东国家,家庭中的男性成员制定所有投资决策,因此,即使记录中显示的是一位女性客户,联系她的配偶或监护人才会有用。必须根据决策过程重新定义抽样框。在大多数欠发达国家,服务的概念对于顾客和公司很陌生。任何超出基本服务的项目都被当作给予顾客的优惠。在这种情况下,让顾客评价服务的各个方面是没有意义的。

预期不同国家在经济、政治和社会制度方面的变革对于调研至关重要,尤其对于抽样而言。为了研究苏联的公众舆论而进行的一项调查就是个例子。①调研人员预期到了苏联的解体和波罗的海诸国将脱离苏联。因为这些国家很小,对于结果不会产生重要影响,调研人员决定在研究中排除这些国家。选择抽样方法之前,需要对这个国家有充分了解。

我们在本节展示一个实际调研问题,这项调研关注了对国际市场采用的抽样方法。②心理统计特征是用来定义并测量消费者生活方式的一种方法。广告商和营销者普遍采用这种方法,因为相比基本的人口统计变量而言,它能够提供更详细的消费者信息。心理统计特征调研涉及两个阶段:第一阶段是确定恰当的心理统计特征表述语;第二阶段侧重于划分消费者类型。关键是需要通过识别总体中具有显著差异的消费者细分来确定消费者差异,同时也要识别具有相似行为的消费者。

这项研究有两个目标。第一是确定印度和中国台湾地区不同顾客的心理统计特征维度,第二是根据心理模式划分女性消费者类型。所选样本限于 18—35 岁的职业女性。选择这个年龄群组的原因是,它占这三个地区 * 女性总体相对较大的百分比,而且它看起来也是一个有利可图的细分市场。

以前在印度进行的调研根据回答者的收入与专业水平确定了五个不同的细分市场。专栏 12.4 列出了这些细分市场。在台湾地区进行的类似调研提供了八个不同的细分市场,在专栏 12.5 列出。

---

① James L.Gibson, "Mass Opposition to the Soviet Putsch of August 1991: Collective Action, Rational Choice and Democratic Values in the Former Soviet Union", *American Political Review*, 91, No. 3, 1993:671—684.

② Jackie L.M. Tam and Susan H.C. Tai, "The Psychographic Segmentation of the Female Market in Greater China", *International Marketing Review* 15, no.1(1998):61—77.

* 应该是两个地区。因为文中只提及了印度和中国台湾两个地区。

专栏 12.4

印度的细分市场①

细分市场	特　　征
贫困者	由基本上生活在贫困线以下的人构成。通常包括非技术型劳动力和从事兼职或季度性工作的人。
追随者	包括低收入者和小商贩。他们的大部分支出用于生活必需品。
探索者	最多样化的群体,从政府雇员到个体经营者。多样化还体现在其他特征方面,比如年龄、教育水平和态度。
奋斗者	包括许多成功专业人员、官僚、政府官员和农民。该群体中的大多数人有大量存款,通常代表着印度成功人士的基准起点。
走向全球的印度人	通常包括大企业主、政治家和大公司主管。开始包括印度某些顶级学院的毕业生。

专栏 12.5

中国台湾的细分市场②

细分市场	特　　征
传统居家者	不太富裕,没有兴趣购买和尝试新产品;大约占人口的 16%
自信的传统主义者	中年,主要为男性群体;有很高的自我形象,对社会规范与期望感觉敏锐(12%)
不满的现代人	相对富裕并且较年轻;往往追随日本和西方时尚,但是保持许多传统观念(17%)
逆反青年	通常年龄在 15—24 岁之间,个人主义强烈;碰到感兴趣的东西时,属于冲动型购买者(7%)
年轻奋斗者	平均年龄 29 岁;竞争和物质主义特性;看起来是最有可能在将来获得成功的群体(13%)
中产阶级有望成功者	平均年龄 31 岁;适度花费者,愿意冒一些财务风险(8%)
顾家的宿命论者	主要是 42 岁的女性;不是特别富裕;生活节奏往往较慢(13%)
了无生气者	平均年龄 32 岁;哪方面都不突出,大众消费品的购买者(14%)

---

① 改编自 Jonathan Ablett et al. ,"The 'Bird of Gold':The Rise of India's Consumer Market", McKinsey Global Institute,May 2007,于 2014 年 10 月 20 日检索。

② From "Research note:Psychographic segm entation of the female market in greater China," by Jackie L. M. Tam and Ms. Susan Tai in International Marketing Review, Vol. 15, Iss. 1, 1998. 经 MCB University Press 许可再版。

中国台湾地区的消费者主要是按照地理因素分类的,而印度顾客的细分主要依据收入水平。在过去 20 年间,虽然人数有所降低,但是印度顾客很大一部分是生活在贫困线以下的人。另外,虽然人数增加了 10 倍,但是归类为精英的印度人的百分比始终不到 2%。

参考了许多文献之后完成了问卷设计。问卷的最终版本包括三个部分。第一部分是兴趣与观点的问句,第二部分是参加活动频数的问句,第三部分是关于人口统计信息的题项。生活方式表述语的选择基于三个标准:必须与女性有关、对营销者有价值以及可测量。

台湾地区的目标总体是有职业的个人,主要针对 18—35 岁女性。目的是得到在年龄特征方面相符的三个女性群体,而不是在对每个地区职业女性总体的代表性方面。台湾地区的回答者大部分是单身,获得大学学历者超过 60%。印度和中国台湾的就业市场竞争激烈,也许可以解释这一点。调研人员对数据进行了因素分析和聚类分析。第 15 章将详细介绍这些方法。

本章小结

本章深入讨论了用于全球营销调研的抽样方法。调研人员从总体抽出元素的子集,这个子集称为样本。抽样分布是统计量的概率分布。如果总体参数与样本统计量的差异只是源于抽样,这称为抽样误差。如果总体参数与样本统计量的差异并非源于抽样误差,这称为非抽样误差。如果所选抽样框小于总体,总体中的某些成员就不会被采样,因此调研无法考虑他们的口味与态度。这称为子集问题。如果抽样框大于总体,会导致超集问题。抽样方法分为概率抽样与非概率抽样。在概率抽样中,总体中每个成员被采样的概率是已知的。本章详细讨论了多种不同的概率与非概率抽样方法以及每种方法的利弊。本章还讨论了确定样本容量的统计基础与获得全球营销调研抽样等同性的方法。需要注意的是,定义总体、确定抽样框和选择抽样方法具有国别差异,受可用资源的限制。

思考题

1. 某市政府关心居民对本市交通系统使用率低的问题。为了确定提高交通系统使用率的方法,市政府计划对所有持有交通系统月票的人进行抽样。请评论。

2. 一家软饮料制造商打算在亚洲市场推出一个新口味。他们认为 25% 的人将会购买。关键问题是购买者的使用频率。他们的判断是,95% 的人每月使用 1—17 次。在此基础上,总体标准差估计为 4。

a. 解释总体标准差估计值是如何得到的。

b. 如果所需准确性为 ±1,在 90% 和 95% 置信水平上,需要的样本容量各是多少?(抽样误差不能超过 1。)

c. 如果准确性为 ±0.4,重复问题 b。

d. 选择置信水平与所需准确性时,需要考虑哪些因素?

3. 对于以下目标总体,确定态度研究中的总体清单或抽样框:

a. 上个月所有在纽约乘坐公共交通系统的人;

b. 伦敦的体育用品零售店;

c. 在印度销售网球拍的店铺;

d. 巴西的晚间电视节目收视者。

4. 在印度等收入水平两极分化明显的发展中国家进行调研时,你如何保证抽样等同性?

5. 对于多国调研,

a. 国际环境中使用的抽样方法与国内调研有什么不同?

b. 决定在各国使用相同的抽样方法之前,调研人员需要考虑哪些相关问题?

6. 一家宠物食品制造商想要获得 4 000 个宠物店经理对一种新的狗粮的观点。某协会提供了这些宠物店的清单,分为 400 家大型店铺和 3 600 家小型店铺。该制造商抽取了 200 家店铺作为随机样本,但遗憾地发现其中只有 19 家大型店铺,因为他们代表着 30% 以上的潜在销售额。一位朋友建议他再抽取一个样本。你的建议是什么?你需要哪些其他信息?

7. Good Foods Inc. 是一家有机食品店,经营地点是在某个发展中国家的人口为 10 万的一个快速发展中城市,该店铺计划提供购买食品的送货上门服务。目前,店铺顾客分布在店铺周围 10 英里半径范围内。对于新服务,店铺保证当日送达。店铺认为该举动能够扩大他们的顾客基础。

 a.为了确定配送范围内的家庭数量,店主应该使用的抽样框是什么?

 b.据发现,目前配送范围内的家庭数量为 1 000,占该城市家庭总数的 5%。店铺管理者想在全市进行调研,并决定抽取 2 000 个家庭的随机样本。

 c. 样本应该占总体的多少百分比?

 d.建议一个最适合该调研的抽样方法,说明你的理由。

 8. 解释比例分层抽样与非比例分层抽样的区别。

第三篇　数据分析与结果报告

13

简单数据分析

本章概述

　　调研者利用数据分析将搜集到的信息转换为可靠的、可行的结论与报告。收集数据之后，必须选择恰当的数据分析方法。分析方法取决于收集到的数据类型，因为某些分析方法只能适用于特定类型的数据。

　　需要记住的是，数据分析工具能够帮助调研者将结果进行量化。不过，研究的准确性取决于调研设计。然而，数据分析并不能挽救设计糟糕的调研。

　　数据分析具有几个优点。它能够帮助调研者理解一组看似无关的变量与数值。这些见解能够帮助经理避免作出错误决策，因为错误的决策会导致财务损失。它还有助于保持调研过程的连续性，有助于调研者分析与理解他人的工作成果。

数据准备①

　　全球营销调研需要遵循的数据分析基本步骤与国内调研是相同的。第一步是

---

　　① William Trochim, "Data Preparation", October 2006，http://www.socialresearchmethods.net/kb/statprep.php 于 2014 年 10 月访问。

数据准备。这个步骤涉及采集数据、核查数据的准确性、有必要时对数据进行编辑、将数据录入计算机、转换数据以及开发并编制数据库结构。

数据采集

任何调研项目都会先后得到来自各种来源的应答。重要的是，在调研者准备好分析数据之前，所有数据必须存储在单独的位置。首选做法是建立某种类型的数据库，以便在不断得到应答时添加信息。另外，有必要保留原始的应答表单，并为每份表单制定一个代号（比如数字之类的身份符号），这样在数据编辑阶段，更方便对应答表单进行交叉核查。

数据编辑

进行数据编辑是为了识别应答中的遗漏、歧义或错误。这些错误是由多种原因造成的。采访者有可能遗漏了某些指示，因此导致应答错误。由于疏忽或蓄意，有时应答未能回答某部分或某些特定问题。应答也有可能不清晰。应答者填写的应答也有可能在逻辑上不一致。在某些情况下，应答者甚至根本就没有参与调研的资格。

解决这些问题最好的方法是再次接洽应答者。[1]在全球营销调研项目中，当一手数据收集成本过高时，这种解决方法并不可行。次优解决方法是剔除那些存在某种错误、应答者明显未能理解调研目的的问卷。还有一种不那么极端的方法是仅仅剔除那些不可接受的问题，而保留问卷的其余应答。也可以利用均值对特定问题的结果进行推断。

数据编码

问卷编码是为了识别调研的应答者与所使用的变量。每个调研项目都需要制

---

[1]   Naresh K. Malhotra, "Analyzing Marketing Research Data with Incomplete Information on the Dependent Variable", *Journal of International Marketing Research* 24.1(1987):74—84.

定一张编码表,用来描述数据及其位置。数据描述应包含以下信息:

- 变量名称;

- 该变量在调研项目中代表什么;

- 变量的格式——数据、货币、文本等;

- 用来描述变量的单位——美元、公斤等;

- 变量在数据库中的位置;

- 从中获取数值的应答表单代号;

- 所需其他注释。

对封闭式问题进行编码比开放式问题容易得多。①对于开放式问题,调研者需要列出该问题的所有预期答案。如果应答与预期答案都不相符,调研者必须进行判断,将其归入某个之前列出的类别。在国际市场调研中,情况往往更加复杂,因为不同的购买与产品使用习惯导致很难在一开始列出所有可能的答案。即使列出了这些答案,由于语言和习语使用方面的差异,调研者也很难将应答归入列表中的某个类别。

全球营销调研需要注意的另一个问题是,为了统一各种类别,如何协调不同国家之间的编码模式。为了达到这个目的,可以由总部制定编码准则,由各个国家的当地机构参照执行。在使用编码表进行分析之前,总部必须对其进行核实。对应答表单进行编码之后,就可以将数据录入计算机。为了确保不出现错误,最好对数据进行一下核对。

数据调整

营销调研很少使用原始数据。每个调研项目都需要进行数据转换。下面讨论一些常见的数据转换方法。

在很多情况下,应答者未能对问卷中的所有问题作出回答。其原因可能是疏忽,也可能是对敏感问题不愿透露信息。处理这种缺失数据的方法取决于调研项

---

① 更多细节参见 Philip S. Siedel, "Coding," in Handbook of Marketing Research, ed., Robert Ferber(New York: McGraw-Hill, 1974); Pamela L. Alreck and Robert B. Settle, The Survey Research Handbook(Homewood, IL: Richard D. Irwin) 1985:254—286.

目。在很多情况下,可以简单地忽略这些问题,并对其他已获得的数据展开分析。某些统计软件包要求输入一个特定数值,如 0,表示缺失的数值。使用软件包之前,必须对此进行核实。

为问卷设计量表时,调研者往往将某些问题的标度类别进行颠倒,以防应答误差。例如,某个问题要求应答者用分数 5 表示最喜欢的类别,用 1 表示最不喜欢的类别。而在另一个问题中,调研者将其颠倒,要求应答者用 1 表示最喜欢,用 5 表示最不喜欢。进行数据分析时,必须对所有这些数据进行统一编码,所有最不喜欢的类别必须用相同的数值来表示,最喜欢的类别亦是如此。因此需要调整数据。

需要注意的另一个问题是合并类别。在后面将要讨论的特定数据分析方法中,我们会看到,为了取得显著的统计检验结果,每个类别里的观察值个数都需要有一个特定的最低限制。因此,如果样本容量不够大,要满足这些要求,必须将两个以上的类别进行合并。在一张包含以下问题的问卷中:

你的年收入是多少?

- 低于 20 000 美元
- 20 000—39 999 美元
- 40 000—59 999 美元
- 60 000—79 999 美元
- 80 000—99 999 美元
- 100 000 美元以上

如果某个或所有类别中的应答数量低于统计上要求的数量,可以合并类别以便满足要求。新的类别列表可以是:

- 低于 20 000 美元
- 20 000—59 999 美元
- 60 000—99 999 美元
- 100 000 美元以上

还需要检查数据的信度,即调研者需要从专家那里核实对于特定国家或文化,这些数据是否可接受。对于那些之前几乎从未进行过调研的国家或文化环境,这是必不可少的。在多国调研中,为了适应不同文化而采用了特定工具,由于语言和概念上的差异,收集到的数据不一定在所有国家都是可信的。尽管检查信度通常既昂贵又耗时,可是它对于全球营销调研至关重要。另外,还应该检查数据的货币指标等价性、度量等价性与数值等价性。

统计调整用来提高数据的质量。调研者可以使用多种方法对数据进行统计调整,我们之后进行讨论。

加权是指对数据库中每个应答赋予一个数值,用来提高应答对总体的代表性。[1]如果调研者在研究中发现了某些感兴趣的总体特征,可以按照事先确定的规则进行加权。例如,调研者可以对某产品的重度使用者的应答分配较高的权重,这样他们的意见就能得到更多的重视。

变量重构是指对现有变量进行修改后创建新的变量,或者将一组特定变量压缩创建为数更少的变量。创建新变量的方法包括取两个现有变量的比值,使用现有变量的平方根或对数,以及使用虚拟变量。虚拟变量主要用于对定性变量进行分类。

尺度转换也是一种常用的数据调整方法,是指对尺度值进行处理,确保与其他尺度的可比性。标准化是比较受欢迎的一种尺度转换方法。调研者可以使用这种方法对大量不同的数据进行比较。[2]假设某产品的销量依赖于两个变量:广告费和价格。当调研者使用这两个变量的数据运行回归时,统计软件包会给出回归方程。可是,描述每个变量对产品销量的影响是很困难的,因为他们的单位不同。通过改变一个或两个变量的单位,可以对回归方程进行修改。因此,调研者可以使用标准化来消除所用单位的影响。数学上的方法是将数据值与均值之差除以标准差。这种方法只适用于等距尺度或比率尺度的数据。

数据分析

数据分析的第一步是确定每个变量与其他变量之间相互独立,方法是对数据进行列表。调研者可以通过列表了解变量的分布,并计算某些关键的描述性统计量。

---

[1] 更多关于加权的细节参见 Trevor Sharot, "Weighting Survey Results", *Journal of the Marketing Research Society* 28, July 1986:269—284。

[2] Ronald E. Frank, "Use of Transformation", *Journal of Marketing Research* 3.3, 1996:247—253.

列表阶段得到的描述性统计量分为三类。第一类表示变量的集中趋势,可以使用均值、众数或中位数来反映。第二类表示离中趋势,可以使用极差、方差(或标准差)以及变异系数进行估计。第三类表示分布形状,使用偏度或峰度进行测量。

总结较大的数据组时,描述性统计量很有用。不过,单独使用一个数字传达关于整组数据的所有信息时,可能会出现信息的遗失。这些统计量广泛用于名义尺度的变量。如果对名义尺度变量之间的关系感兴趣,可以使用交叉列表。即使将要对数据组进行更复杂的分析,交叉列表也是数据分析不可缺少的部分。在某些情况下,等距或比率尺度数据被当作名义变量处理,那么就需要对数据进行交叉列表。

统计技术

根据需要进行分析的变量的个数,统计技术分为单变量技术与多变量技术两大类。单变量技术(univariate techniques)用于数据组中的变量需要孤立地进行分析时。当每个观察值都涉及多个指标,需要同时分析两个以上变量时,可以使用多变量技术(multivariate techniques)。图 13.1 提供了单变量与多变量技术的分类。本章侧重于单变量方法,第 14 章将介绍方差分析、相关分析与回归分析,第 15 章将讨论多变量技术。

假设检验

进行调研项目,首先要对总体作出某些假设,然后在数据分析阶段检验这些假设。调研者通常基于对总体的先验知识而作出假设。必须对收集到的数据进行检验,确定总体参数与样本统计量之间是否存在显著差异。实证结果必须要通过检验,才能继续进行其他检验。假设检验就是用来判断总体参数与某个样本或两个样本的统计量之间是否存在差异。

进行假设检验,首先要作出原假设与备择假设。原假设是指所检验的总体与样本参数之间的差值。需要强调的是,假设检验的目的是判断样本统计量与假设的总体参数之间是否存在差异。

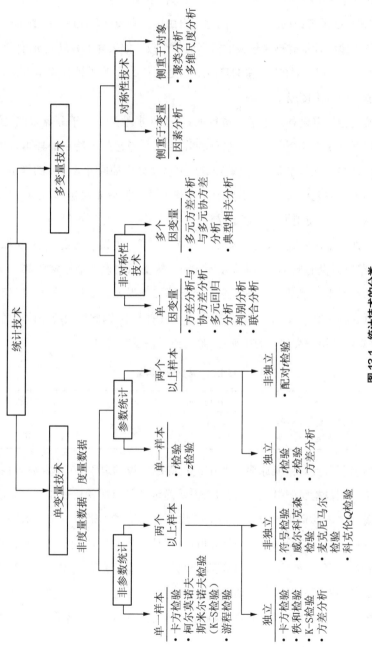

图 13.1　统计技术的分类

为了进行假设检验,调研者需要了解样本的概率分布,这取决于检验目的。表13.2 列出了各种假设检验、概率分布以及每种情况下这些检验的使用条件。处理抽样分布时,必须考虑的一个重要问题是自由度。自由度(degrees of freedom, df)是指计算检验统计量时不受约束的数据值的个数。如果样本容量是 n,计算均值时的自由度为 n。但是,样本方差的自由度却是 $(n-1)$。为了计算样本方差,必须将计算均值时的自由度减 1。

检验是在特定显著性水平上进行的,显著性水平是指位于分界限制之外的样本均值的百分比。这个分界限制也称为临界值。[1]考虑一个特定的样本均值、样本容量 n 以及显著性水平 5%。这意味着反复从总体中抽取容量为 n 的样本,样本均值超出临界值的概率为 5%。临界值是由均值的抽样分布决定的。为了得到比较准确的测量,建议使用大样本容量(超过 30)。

显著性水平用 α 表示,也称为第一类误差。第一类误差的定义是,当原假设正确时,拒绝原假设的概率。当原假设错误时,接受原假设的概率称为第二类误差,用 β 表示。表 13.1 清晰地描述了第一类与第二类误差。最理想的是,任何假设都应该降低 α 与 β 值。$(1-\beta)$ 可以用来测量 β 值的大小,因此称为统计检验力。可以看出,要想降低第一类误差的可能性,第二类误差必然增加。

表 13.1　数据分析结果

在总体中	接受原假设	拒绝原假设
原假设正确	正确决策	第一类误差
原假设错误	第二类误差	正确决策

调研者冒着接受错误原假设和拒绝正确原假设的风险,在特定显著性水平上作出决策。假设检验的另一个问题是,需要确定它是单尾检验还是双尾检验,这取决于检验目的。如果我们想知道某个参数是否大于或小于另一个参数,我们会进行单尾检验。单尾检验只有一个临界值,如果计算出的统计量落在临界区域,原假设将被拒绝。可是,如果我们想知道某个总体参数是否落在特定边界之内或之外,我们就会使用双尾检验。根据抽样分布,双尾检验可能有一个或两个临界值,如果计算出的参数值落在临界区域,原假设将被拒绝。表 13.2 列出了为了达到不同目

[1]　Alan G. Sawyer and Paul J. Peter, "The Significance of Statistical Significance Tests in Marketing Research", *Journal of Marketing Research*, May 1982:122—131.

的,各种统计检验的使用条件。

本章的剩余部分讨论各种假设检验方法,主要通过举例说明。

表 13.2 假设检验与相关的统计检验①

假设检验	群组或样本个数	目 的	统计检验	前提或注解
频数	一个	拟合度	X^2	
分布	两个	独立性检验	X^2	
比例	一个	比较样本与总体比例	Z	如果 σ 已知,并且是大样本
		比较样本与总体比例	T	如果 σ 未知,并且是小样本
	两个	比较两个样本比例	Z	如果 σ 已知
		比较两个样本比例	T	如果 σ 未知
均值	一个	比较样本与总体均值	Z	如果 σ 已知
		比较样本与总体均值	T	如果 σ 未知
		比较两个样本均值	Z	如果 σ 已知
	两个	比较两个样本均值(对于独立样本)	T	如果 σ 未知
		比较两个样本均值(对于相关样本)	T	如果 σ 未知
	两个以上	比较多个样本均值	F	使用方差分析(下一章讨论)
方差	一个	比较样本与总体方差	X^2	
	两个	比较两个样本方差	F	

注:σ 为总体标准差。

总体方差已知时,单个均值的假设检验

某个出口商的最佳目标是每天装运 5 000 件。如果生产过程发生变化,需要调整机器。每个月进行一次样本容量为 100 的检验,以确保达标。根据历史记录,该生产过程的标准差为 250。四月份的样本显示每天装运的均值为 4 960 件。公司想要在 0.05 显著性水平上检验该差异是否足够显著,是否需要停止这个生产过程并调整机器。假设检验过程如下:

原假设:$H_0: \mu = 5\,000$(假设的总体均值)

备择假设:$H_a: \mu \neq 5\,000$(真实的均值不是 5 000)

样本容量:$n = 100$

样本均值:$\bar{x} = 4\,960$

总体标准差:$\sigma = 250$

显著性水平:$\alpha = 0.05$

总体标准差已知,而且样本容量足够大,可以看作无限来处理,因此可以使用

---

① Aaker et al., *Marketing Research*, 11th edition.

正态分布。第一步是使用以下公式计算均值的标准误差。

$$均值的标准误差 \ \sigma_{\bar{x}} = \sigma / \sqrt{n}$$

这是一个显著性水平为 0.05 的双尾检验,根据正态分布表,0.975[1−(0.05/2)]曲线以下面积的 Z 值应该是 1.96。计算出的 Z 值为:

$$Z = \frac{\bar{x} - \mu}{\sigma_{\bar{x}}} = \frac{(4\,960 - 5\,000)}{25} = -1.6$$

图 13.2 提供了这个假设检验的图示。拒绝规则是,如果 $|Z_{calc}| > Z_{a/2}$,则拒绝原假设,并支持备择假设。因为 1.6 < 1.96,管理层可以确定生产过程符合 5 000 件的质量评估标准。

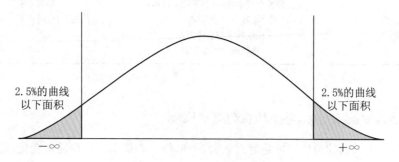

图 13.2 正态分布: 双尾检验

以上是一个双尾检验的例子,因为我们检验的是数值是否位于两个临界区域。而单尾检验只有一个临界区域,我们检验的是样本均值是否大于或小于临界值。

同样是这个例子,如果制造商想知道该生产过程是否每天平均制造 5 000 件以上,并在 0.01 显著性水平上进行检验。假设检验的过程如下:

原假设:$H_0 : \mu \geqslant 5\,000$(假设的总体均值)

备择假设:$H_a : \mu < 5\,000$(真实的均值低于 5 000)

样本容量:$n = 50$

样本均值:$\bar{x} = 4\,970$

总体标准差:$\sigma = 250$

均值的标准误差:$\sigma_{\bar{x}} = \dfrac{\sigma}{\sqrt{n}} = \dfrac{250}{7.07} = 35.36$

$$Z = \frac{\bar{x} - \mu}{\sigma_{\bar{x}}} = \frac{(4\,970 - 5\,000)}{35.36} = -0.85$$

这是一个显著性水平为 0.01 的单尾检验(左尾检验),根据正态分布表,0.99 (1−0.01)左尾端曲线以下面积的 Z 值应该是−2.33。计算出的 Z 值为−0.85。左尾检验的拒绝规则是,如果 $Z_{calc} < -Z_a$,则拒绝原假设,并支持备择假设。因为 −0.85 >−2.33,我们不能拒绝原假设。图 13.3 说明了这个检验。

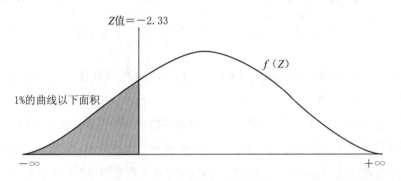

Z值=−2.33

1%的曲线以下面积

$f(Z)$

$-\infty$ $+\infty$

图 13.3 正态分布: 单尾检验

总体方差未知时,单个均值的假设检验

在大多数情况下,总体变异性,也就是总体标准差是未知的。计算标准误差时,我们必须使用标准差的估计值。这会改变样本均值的抽样分布。我们使用 T 分布代替标准正态分布。不过,对于大样本容量($n > 30$),T 分布与标准正态分布很接近,两种分布可以互换使用。为了说明 T 分布的应用,假设上述例子中的样本容量为 25。观察到的平均产量为 4 962 件,样本标准差(用 s 表示)为 245。为了检验该均值差异是否在统计上显著,我们进行如下假设检验。

原假设:$H_0: \mu \geqslant 5\,000$(假设的总体均值)

备择假设:$H_a: \mu < 5\,000$(真实的均值低于 5 000)

样本容量:$n = 25$

样本均值:$\bar{x} = 4\,962$

样本标准差:$s = 245$

显著性水平:$\alpha = 0.01$

因为总体标准差未知,可以将样本标准差作为总体标准差的估计值。另外,既

然使用了总体标准差的估计值,那么均值的标准误差也需要使用估计值,计算如下:

$$S_{\bar{x}} = \frac{s}{\sqrt{n}} = \frac{245}{\sqrt{25}} = 49$$

如先前所讨论的,如果 σ 未知,恰当的概率分布是 T 分布。恰当 T 分布的自由度为 $n-1$(在我们的例子中为 24)。表格中的 t 值为 2.492。计算出的 t 值为:

$$t_{calc} = (\bar{X} - \mu)/S_{\bar{x}} = \frac{(4\,962 - 5\,000)}{49} = -0.78$$

左尾 t 检验的拒绝规则是,如果 $t_{calc} < t_{n-1}^a$,则拒绝原假设,并支持备择假设。在这个例子中,因为 $-0.78 > -2.492$,我们不能拒绝原假设。

在有些情况下,调研者需要描述两个样本均值之间的差异。例如,如果一个企业经理计划在外国设立制造厂,想要了解两个国家的生产成本,因为工资是成本构成中的重要部分,调研者需要确定两个国家的平均工资之间是否存在显著差异。

调研者在 A 国的类似行业抽取了 400 名雇员作为样本,得到的平均工资为 105.70 美元,标准差为 5.00 美元。B 国的相应数值为 112.80 美元和 4.80 美元,样本容量为 576。要求在 99% 的置信水平上报告结果。

如果两个国家的雇员是不同的人,那么可以认为样本是独立的。相反,如果调研者想要比较的是同一个国家内一组特定雇员在两个不同时期的工资,那么样本就不是独立的。这种情况应该作为配对样本处理,差异的假设检验方法也稍有不同。

总体方差已知时,独立样本均值差异的假设检验

可以作出以下原假设与备择假设:

原假设: $H_0 : \mu_1 - \mu_2 = 0$

备择假设: $H_0 : \mu_1 - \mu_2 \neq 0$

如果 $| Z_{calc} | > Z_{a/2}$,则拒绝 H_0。

因为使用的是大样本容量,我们可以使用样本标准差代替总体标准差进行近似计算。均值差异的标准误差为:

$$S_{\bar{x}_1 - \bar{x}_2} = \sqrt{\frac{s_1^2}{n_1} + \frac{s_2^2}{n_2}} = \sqrt{\frac{(5.00)^2}{400} + \frac{(4.80)^2}{576}} = 0.32 \text{ 美元}$$

其中，

s_1＝样本 1 的标准差

s_2＝样本 2 的标准差

n_1＝样本 1 的容量

n_2＝样本 2 的容量

计算出的 Z 值为：

$$Z_{calc} = \frac{(\bar{x}_1 - \bar{x}_2) - (\mu_1 - \mu_2)}{S_{\bar{x}_1 - \bar{x}_2}} = \frac{(105.70 - 112.80) - 0}{0.32} = -22.19$$

其中，

$(\bar{x}_1 - \bar{x}_2)$＝样本均值之差

$(\mu_1 - \mu_2)$＝总体均值之差

对于 $\alpha = 0.01$ 的双尾检验，表格中的 Z 值为 2.58。因为 $|Z_{calc}| > Z_{\alpha/2}$，拒绝原假设。这意味着 A 国与 B 国的日平均工资不相等。

当 σ 未知时，对于双样本检验，不论是否假设两个标准差相等，都可以使用 T 分布。表 13.3 展示了如何计算检验统计量、自由度（df）与标准误差。

表 13.3　检验两个均值的方法

σ 未知并且假设相等	σ 未知并且假设不等
计算	计算
$t = \dfrac{(\bar{x}_1 - \bar{x}_2) - (\mu_1 - \mu_2)}{S_{\bar{x}_1 - \bar{x}_2}}$	$t = \dfrac{(\bar{x}_1 - \bar{x}_2) - (\mu_1) - (\mu_2)}{S_{\bar{x}_1 - \bar{x}_2}}$
其中	其中
$S_{\bar{x}_1 - \bar{x}_2} = S_p \sqrt{\dfrac{1}{n_1} + \dfrac{1}{n_2}}$	$S_{\bar{x}_1 - \bar{x}_2} = \sqrt{\dfrac{S_1^2}{n_1} + \dfrac{S_2^2}{n_2}}$
其中	其中
$S_p^2 = \dfrac{(n_1 - 1)s_1^2 + (n_2 - 1)s_2^2}{n_1 + n_2 - 2}$	$g = \dfrac{\dfrac{S_1^2}{n_1}}{\left(\dfrac{S_1^2}{n_1}\right) + \left(\dfrac{S_2^2}{n_2}\right)}$
$df = n_1 + n_2 - 2$（自由度）	$df = \dfrac{(n_1 - 1) - (n_2 - 1)}{(n_2 - 1)g^2 + (1 - g)^2(n_1 - 1)}$

拒绝规则同前。

相关样本均值差异的假设检验

一个制造商想检验他的产品在 A 国是否比在 B 国至少便宜 20 美元。他可以使用假设检验。报价如下：

A 国	237	135	183	225	147	146	214	157	157	144
B 国	153	114	181	186	134	166	189	113	188	111
差异	84	21	2	39	13	-20	25	44	31	33

差异用 D 表示。

原假设：$\qquad\qquad\qquad H_0 : D \geqslant 20$

备择假设：$\qquad\qquad\qquad H_a : D < 20$

恰当的检验统计量为：

$$t = \frac{\bar{D} - d}{S_{\bar{D}} / \sqrt{n}}$$

其中，

d = 假设的差异；在这个例子中 $d = 20$

n = 样本容量（10）

然后，

$$\bar{D} = \frac{1}{n} \sum_{i=1}^{n} D_i = \frac{210}{10} = 21$$

因此，

$$S_{\bar{D}}^2 = \frac{1}{n-1} \left(\sum_{i=1}^{n} D_i^2 - n \bar{D}^2 \right) = \frac{1}{9} \left[14\,202 - 10\,(21)^2 \right] = 1\,088$$

$$S_{\bar{D}} = 32.98$$

$$t = \frac{21 - 20}{32.98 / \sqrt{20}} = 0.96$$

拒绝规则同前。对于 $\alpha = 0.05$，自由度为 9（也就是 $n-1$）的单尾检验，临界 t 值为 -1.833。因为计算出的 t 值 $0.96 > -1.833$，不能拒绝原假设。因此，制造商的判断是有根据的。

样本与总体比例的检验

在很多情况下,调研者对样本比例感兴趣。下面介绍检验样本之间或样本与总体之间比例差异的统计显著性的方法。

一个作者认为某所学校 95% 的学生使用他的书作参考。出版商想检验这个说法,并从该学校抽取了 225 名学生进行调查。调查显示,87% 的学生使用这本书。出版商想确认这个差异是否在统计上显著。假设检验过程如下:

$p_0 = 0.95$:假设的使用这本书的学生比例

$q_0 = 0.05$:假设的不使用这本书的学生比例

$p = 0.87$:样本中使用这本书的学生比例

$q = 0.13$:样本中不使用这本书的学生比例

原假设:$H_0 : p = 0.95$

备择假设:$H_a : p \neq 0.95$

样本容量:$n = 225$

显著性水平:$\alpha = 0.05$

对比例进行假设检验的第一步是,使用假设的比例计算比例的标准误差,计算如下:

$$\sigma_p = \sqrt{\frac{p_0 q_0}{n}} = \sqrt{\frac{0.95 \times 0.05}{225}} = 0.014\ 5$$

因为 np 与 nq 都大于 5,可以使用二项分布的正态近似计算。因此,根据 Z 分布表,0.975 曲线以下面积的恰当 Z 值为 1.96。所以,接受区域的界限为:

$$p_0 \pm 1.96 \sigma_p = 0.95 \pm (1.96 \times 0.014\ 5) = (0.922,\ 0.978)$$

因为 0.87 不在接受区域,出版商应该拒绝作者的判断(原假设)。

两个样本比例的检验

作为国际化的第一步,一个化妆品制造商计划进入某个外国市场。初步调研将选择范围缩小至两个潜在市场。在这两个国家分别对 100 名女性进行了调查。A 国有 84% 女性表示她们肯定会购买该产品,而 B 国为 82%。制造商想知道该差异是否足够显著,以便制定决策。可以使用假设检验确定该差异是否具有统计显著性。

$p_a = 0.84 = A$ 国潜在用户的比例

$n_1 = 100 = A$ 国的样本容量

$p_b = 0.82 = B$ 国潜在用户的比例

$n_2 = 100 = B$ 国的样本容量

原假设: $\qquad H_0 : p_a = p_b$

备择假设: $\qquad H_a : p_a \neq p_b$

显著性水平: $\qquad \alpha = 0.05$

正如对均值差异进行合并方差估计一样,如果假设两个比例相等,p(成功的比例)的最佳估计值为:

$$p = \frac{n_1 p_a + n_2 p_b}{n_1 + n_2} = \frac{(100 \times 0.84) + (100 \times 0.82)}{200} = 0.83$$

$$q = 0.17$$

使用以下公式计算 $\sigma_{p_a - p_b}$ 的估计值为:

$$\sigma_{p_a - p_b} = \sqrt{\frac{pq}{n_1} + \frac{pq}{n_2}} = \sqrt{\frac{0.83 \times 0.17}{100} + \frac{0.83 \times 0.17}{100}} = 0.053$$

计算出的 Z 值为:

$$Z_{calc} = \frac{(p_a - p_b) - (0)}{\sigma_{p_a - p_b}} = \frac{0.02}{0.053} = 0.38$$

表格中的 Z 值为 1.96(当 $\alpha = 0.05$ 时)。因此,我们不能拒绝原假设。

对于所有的假设检验问题,除了显著性水平,决策的制定也可以基于 p 值。p 值的定义是原假设得到接受的最高显著性水平。通常,p 值越小,样本结果的置信度越高。

对假设检验结果产生重要影响的因素是样本容量。假设检验的基本目的是,验证从样本得到的信息是偶发事件,还是代表着总体特征。如果样本容量很大,偶发事件的概率会大大降低。利用检验统计量的公式,可以从数学上推断出这一点。如果样本容量扩大,变异性指标——标准误差降低。

卡方检验

使用描述性统计,可以制作两个变量的交叉列表。卡方检验用来检验两个变量之间的统计独立性。除此之外,它还可以用来检验拟合度。在这两个情况下,我们都使用卡方分布。如果变量之间相互独立,它们的连续型概率分布将接近于卡方分布。卡方分布曲线以下面积为1。自由度不同,卡方分布不同。

独立性的检验

统计独立性意味着一个变量值的信息不会提供另一个变量值的信息。下面这个例子介绍了检验统计独立性的方法。我们想知道宠物饲养情况是否与地理位置相关。表13.4列出了各地的宠物饲养情况。

表 13.4　宠物饲养情况分布

	拥有宠物	没有宠物	行合计	概　率
欧　洲	22	18	40	0.20
美　洲	48	52	100	0.50
亚太地区	10	50	60	0.30
列合计	80	120	200	1.0
概　率	0.40	0.60	1.0	—

下一步是计算每个单元格的期望值。为了计算期望值,我们必须先计算每个单元格的观察结果的概率。因为我们在开始时假设两个变量独立,特定单元格观察结果的概率就应该是这个单元格的联合概率。对于特定单元格,其联合概率为:

$$P(特定行) \times P(特定列)$$

按照这种方法,我们得到了这组观察结果的期望值表格,参见表13.5。

表 13.5　宠物饲养情况的期望值分布

	拥有宠物	没有宠物	行合计	概　率
欧　洲	16	24	40	0.20
美　洲	40	60	100	0.50
亚太地区	24	36	60	0.30
列合计	80	120	200	1.0
概　率	0.40	0.60	1.0	—

原假设：H_0＝宠物饲养情况与地区相互独立

备择假设：H_a＝宠物饲养情况与地区不相互独立

卡方检验统计量(χ^2)的计算公式为：

$$\chi^2 = \sum_{i=1}^{k} \frac{(O_i - E_i)^2}{E_i}$$

O 代表观察值，E 代表期望值。自由度为 $(r-1) \times (c-1)$，其中 r 代表行数，c 代表列数。这个例子的自由度为 $(3-1) \times (2-1) = 2$。

计算出的 χ^2 值为 20.03。查表所得自由度为 2 的 χ^2 值为 5.99。因为 20.03 落在临界区域，我们拒绝原假设，得出的结论是，宠物饲养情况与地区不是相互独立的。

χ^2 相关强度的计算公式为：

$$C = \sqrt{\frac{\chi^2}{\chi^2 + n}}$$

代入数值后得到：

$$C = \sqrt{\frac{20.03}{20.03 + 200}} = 0.30$$

必须注意的是，只有当列联表中每个单元格的期望频数都大于 5 时，卡方检验结果才有效。卡方检验结果取决于样本容量。很难将结果推广用于任何容量的样本，也很难比较容量不同的两个样本结果。

拟合度的检验

该检验用来检验特定一组观察值是否符合特定期望模式或特定概率分布。考虑下面这个例子，一个计算机制造商想要了解他们的大型计算机在美国、英国、新加坡和日本的销售情况。过去的数据显示销量百分比分别为 30％、25％、25％ 和 20％。今年，该制造商销售了 2 500 件。表 13.6 给出了每个国家的销量。

表 13.6　大型计算机的销量

国　　家	销　　量	国　　家	销　　量
美　国	680	新加坡	675
英　国	520	日　本	625

假设检验过程如下。

原假设：H_0＝销量符合期望模式

备择假设：H_a＝销量不符合期望模式

与前面的示例一样，我们计算每个国家销量的期望值。结果见表13.7。

卡方检验统计量(χ^2)的计算公式为：

$$\chi^2 = \sum_{i=1}^{k} \frac{(O_i - E_i)^2}{E_i}$$

代入数值后得到χ^2＝59.42。这个例子中的自由度为3。查表所得的值为7.81。因为计算出的值落在临界区域，我们拒绝原假设，得出的结论是，销量不符合期望模式。

表13.7 大型计算机销量的期望值

国　　家	概　　率	期望频数
美　国	0.3	$0.3 \times 2\,500 = 750$
英　国	0.25	$0.25 \times 2\,500 = 625$
新加坡	0.25	$0.25 \times 2\,500 = 625$
日　本	0.20	$0.20 \times 2\,500 = 500$

本章小结

　　数据分析工具帮助调研者将结果量化。不过，研究的准确性取决于调研设计，数据分析并不能挽救设计糟糕的调研。数据准备涉及数据采集、核查数据的准确性、编辑、将数据录入计算机、转换数据以及开发并编制数据库。进行数据分析，首先要将数据制成表格，得到描述性统计量。根据需要分析的变量个数，数据的统计分析方法分为单变量方法与多变量方法。本章介绍的数据分析技术是假设检验、比例的检验与独立性和拟合度的卡方检验。

思考题

　　1. 抽取200位去欧洲度寒假的游客作为样本，其中86名应答者表示他们去过西班牙。检验原假设：一半的旅行者去过西班牙。

2. 一个汽车零部件和服务零售商随机抽取了100名顾客作为样本，想了解哪个品牌的音响系统对他们最具吸引力。在这些样本顾客中，35人选择了Bose音响系统。检验原假设：45％的顾客喜欢这个品牌，相对的备择假设是：真实百分比低于45％。

3. 据了解，在一家大型家居装饰店购买Better Living品牌墙漆的人中，62％购买了喷砂漆，23％购买了光面漆，15％购买了缎面漆。由80位Better Living墙漆的购买者构成的一个样本显示，74％选择了喷砂漆，17％选择了光面漆，9％选择了缎面漆。检验原假设：被调查的购买者的分布与该店铺购物者的分布相同。

4. 解释数据准备的步骤。

5. 一个休闲食品制造商认为，在下一年所有的大型体育赛事场馆摆设摊位，会以每星期平均40箱的数量提高产品在超市的销量。由25家超市构成的随机样本显示，平均销量增长为31.3箱，样本标准差为12.2箱。在5％显著性水平上检验原假设：销量增长的总体均值至少为40箱，阐明你作出的任何假定。

6. 一家咖啡店随机抽取顾客，发现他们对新上市的柠檬薄荷茶的平均偏好为5.1(在1—7点量表中，7表示最喜欢)。在先前的调查中，平均偏好一直是5.0。平均偏好改变了吗？（使用 $\alpha = 0.10$ 和 $\sigma = 0.10$）。

7. 分析数据时，调研者使用的数据转换方法有哪些？

14

高级数据分析

本章概述

本章介绍六种高级分析技术。首先,讨论方差分析(ANOVA)技术。这是实验性研究中使用的一种非常重要的统计技术。利用这种技术,调研者能够检验不同处理组的均值之间是否存在统计上的显著差异,并对均值之间的差异进行估计。第二,本章介绍相关分析技术。相关分析涉及对两个变量之间线性关系强度的测量。第三,讨论用来分析两个以上变量之间关系的回归技术。回归分析的目的是建立一个预测方程,称为回归模型,将因变量与一个或更多预测变量联系起来。第四,介绍混合时间序列截面(time-series cross-sectional,TSCS)数据分析技术。这种技术经常用于全球营销调研,因为全球营销调研搜集的是一段时间内关于一组单位(比如人、国家、地区、品牌等)的信息。第五,讨论遗传算法(genetic algorithm,GA)。遗传算法是一种模拟自然进化过程的搜索方法。这种技术经常用来解决最优化与搜索查询问题,应用于各种知识领域。最后,讨论分层贝叶斯(Hierarchical Bayes,HB)模型。分层贝叶斯模型表现为一组子模型,使用贝叶斯定理将他们结合起来,用来解释数据中包含的不确定性。

方差分析

这种技术主要用来分析实验数据。调研者使用这种方法来确定,实验中不同处理水平下观察到的差异是由处理水平的改变造成的,还是仅仅由随机因素造成的。下面的例子说明了方差分析在统计学中的应用。

选择委内瑞拉、日本和澳大利亚三个国家制造的产品,比较它们在加拿大的销售情况。为了确定原产国(country of origin,COO)效应对销量的影响,在加拿大选取了 5 个城市。表 14.1 列出了不同原产国水平下的产品销量。

表 14.1　不同原产国水平下的销量

原产国(COO)水平	城　　　市					
	1	2	3	4	5	均值
委内瑞拉	8	12	10	9	11	10
日　本	7	10	6	8	9	8
澳大利亚	4	8	7	9	7	7

单因素方差分析

我们想要研究的是一个具有 1, 2, $\cdots$, r 不同水平的定性因素(在原产国实验中,共有 3 个水平)。也就是说,我们想研究这 r 种处理水平对反应变量(在这个例子中是销量)的影响。作为单因素方差分析(one-factor ANOVA,有时称为 one-way ANOVA)的第一步,我们需要确定不同处理水平下的均值 μ_1, μ_2,$\cdots$, μ_r(μ_r 代表在处理水平 r 下可以观察到的反应变量的总体均值)之间是否存在统计上的显著差异。因此我们检验原假设:

$$H_0: \mu_1 = \mu_2 = \mu_3 = \cdots = \mu_r$$

(这个假设的意思是,所有处理水平对反应变量均值的影响都相同。)

备择假设是:

$$H_1: \mu_1, \mu_2, \cdots, \mu_r \text{ 中至少有 2 个是不同的}$$

(这个假设的意思是,至少 2 个处理水平对反应变量均值的影响是不同的。)

在原产国实验的例子中,原假设是原产国的差异对销量没有影响。不同原产国样本均值存在差异可能是因为在每个原产国使用的仅仅是容量为 5 的样本。备择假设是,原产国对销量的影响在每个原产国之间不尽相同。

为了检验这些假设,我们需要计算组间差异与组内差异的比值。组间差异的定义是不同处理水平下反应变量的差异。而组内差异的定义是特定处理水平下反应变量的差异。如果可以证明组间差异显著大于组内差异,我们就可以拒绝原假设。

原产国间差异

为了检验原假设,首先注意不同原产国水平下的均值差异($\overline{X}_1 = 10$, $\overline{X}_2 = 8$, $\overline{X}_3 = 7$)。然后考虑每个原产国水平内的差异(例如,在原产国委内瑞拉,5 个城市的销量分别为 8、12、10、9 和 11)。在原产国效应对销量没有影响的原假设下,这些估计值应该相似。如果根据不同原产国水平下各城市间差异而计算出的估计值较大,就应该对原假设提出质疑。

组间差异估计值是基于每行(原产国水平)的样本均值之间的差异,其计算公式为:

$$SS_r = \sum_{p=1}^{r} n_p (\overline{X}_p - \overline{\overline{X}})^2$$

其中,

SS_r=原产国水平(行)间平方和,也称为处理平方和或由原产国水平解释的差异

$\overline{X}_p$=在原产国水平 p 下的销量均值(例如,$\overline{X}_1 = 10$)

$\overline{\overline{X}}$=总均值$\left(\text{在这个例子中为 } 8\frac{1}{3}\right)$

n=每个原产国水平下的观察值个数($n = 5$)

p=处理方法,即原产国水平($p = 1, 2, 3$)

r=处理方法的个数,即国家的个数($r = 3$)

因此在这个例子中,处理平方和为:

$$SS_r = 5[(10 - 25/3)^2 + (8 - 25/3)^2 + (7 - 25/3)^2] = 23.3$$

显然，当均值间的差异变大时，处理平方和也变大。组间差异估计值表示为 MSS_r（原产国水平间的均方，是城市间差异的估计值），计算方法是将 SS_r 除以其相关的自由度（df），在这个例子中是处理方法个数（行数）减 1。所以：

$$MSS_r = \frac{SS_r}{r-1} = \frac{23.3}{3-1} = 11.65$$

原产国内差异

组内差异估计值是基于每个原产国水平（行）内的差异，其计算公式为：

$$SS_u = \sum_{i=1}^{n_p} \sum_{p=1}^{r} (X_{ip} - \bar{X}_p)^2$$

其中，

SS_u＝原产国水平（行）内平方和，也称为误差平方和或原产国水平未解释的差异

X_{ip}＝原产国水平 p 下第 i 个城市的销量观察值

n_p＝每个原产国水平下的观察值个数（对于所有的 p，$n_p=5$）

p＝处理方法，即原产国水平（$p=1,2,3$）

r＝处理方法的个数，即国家的个数（$r=3$）

因此在这个例子中，误差平方和（或未解释差异）为：

$$SS_u = (8-10)^2 + (12-10)^2 + \cdots + (7-7)^2 = 34$$

组内差异估计值表示为 MSS_u（原产国水平未解释的均方，是城市内差异的估计值），计算方法是将 SS_u 除以其相关的自由度。当各组容量相同时，自由度等于 $r(n-1)$，在这个例子中为 12；当各组容量不同时，自由度等于总样本容量（N）减去组容量相同的处理水平总个数。所以：

$$MSS_u = \frac{SS_u}{N-r} = \frac{34}{12} = 2.8$$

计算得到由处理方法（原产国水平）解释的差异与其未解释差异之后，将二者相加就可以得到总差异或总平方和（SS_t）。因此：

$$SS_t = SS_r + SS_u$$

即：

$$57.3 = 23.3 + 34$$

表 14.2 是方差分析的差异来源表。

表 14.2　方差分析的差异来源表

差异来源	差异或平方和 (SS)	自由度 (df)	差异估计值或均方 (MSS)	F 比值
原产国水平间差异	$SS_r = \sum_{p=1}^{r} n_p (\overline{X}_p - \overline{\overline{X}})^2 = 23.3$	$r - 1 = 2$	$MSS_r = \dfrac{SS_r}{2} = 11.65$	$\dfrac{MSS_r}{MSS_u} = 4.16$
原产国水平内差异	$SS_u = \sum_{i=1}^{5} \sum_{p=1}^{3} (X_{ip} - \overline{X}_p)^2 = 34$	$N - r = 12$	$MSS_u = \dfrac{SS_u}{12} = 2.8$	
总差异	$SS_t = \sum_{i=1}^{5} \sum_{p=1}^{3} (X_{ip} - \overline{\overline{X}})^2 = 57.3$	$N - 1 = 14$		

F 统计量与 p 值

现在，我们需要考虑店铺销量的两个差异估计值（组间与组内）之间的比值。这个比值叫作 F 比值或 F 统计量：

$$F = \frac{MSS_r}{MSS_u} = \frac{11.65}{2.8} = 4.16$$

如果原假设——原产国水平对销量没有影响是正确的，那么样本均值之间的差异估计值，即 MSS_r，应该与组内（原产国水平内）的差异估计值相等。F 比值就应该接近于 1。但是如果原假设不正确，不同原产国水平导致销量不同，那么反映不同原产国水平的 MSS_r 就会较大。因此，F 比值就会较大。

p 值是指在原假设下，F 比值大于 4.16 的概率。计算 p 值时，需要使用 F 概率分布。F 值取决于分子 MSS_r 的自由度（2）与分母 MSS_u 的自由度（12）。根据这两个自由度，使用 F 分布表可以确定 p 值，至少是其近似值。F 分布表给出的该例子中的 p 值如下，其中自由度分别为 2 和 12。

F 统计量	p 值	F 统计量	p 值
1.56	0.25	3.89	0.05
2.81	0.10	6.93	0.01

可见,表格中没有关于 4.16 的 p 值,不过它应该大约为 0.04。如果原假设正确,F 统计量大于或等于 4.16 的概率就是 0.04。因此,原假设不正确的证据比较明显。即使原假设是正确的,样本均值之间的差异也可能是由随机事件造成的,但其概率却比较低(1/25)。因为 p 值小于 0.05,我们可以说 F 统计量在 0.05 水平上显著。注意:方差分析方法与单因素方差分析的回归方法得到的 F 统计量是相等的。

关联强度

测量相关强度的恰当描述性统计量是计算 ρ,即处理平方和(SS_r)与总平方和(SS_t)的比值。ρ 测量的是样本数据中被解释差异的百分比。在我们的例子中,$\rho =$ 23.3/57.3=0.407。也就是说,数据中总差异的 40.7% 是由处理方法(原产国水平)解释的。但是,样本 ρ 值往往偏高,比较有用的是计算处理方法与因变量之间总体关联强度的估计值(ω^2)。在我们的例子中,总体关联强度的样本估计值为:

$$\omega^2 = \frac{SS_r - (r-1)MSS_u}{SS_t + MSS_u} = \frac{23.3 - 2(2.8)}{57.3 + 2.8} = 0.295$$

也就是说,销量数据中总差异的 29.5% 是由处理方法(原产国水平)解释的。

相关分析

皮尔逊相关系数(Pearson correlation coefficient)测量两个等距尺度变量之间的线性关系强度。正相关表示的关系是,一个变量的值较高,另一个变量的值也较高。负相关表示的关系是,一个变量的值较高,另一个变量的值却较低。如果基于总体计算这个系数,它叫作总体相关系数,用 ρ 表示。如果基于样本计算这个系数,它叫作样本相关系数,用 r 表示。如果在二维图中用点来标绘这两个变量,称为散点图,样本相关系数能够反映所有的点向一条从左到右上升或下降的直线系统地聚集的趋势。样本相关系数 r 总是落在 -1 到 1 之间。r 等于 1 表示两个变量之间的完美正向线性关系,而 r 等于 -1 表示完美负向线性关系。相关系数为 0 表示没有线性关系。

简单相关系数

两个变量之间关系的一个合理指标是协方差：[①]

$$Cov_{(X,Y)} = \sum (X_i - \overline{X})(Y_i - \overline{Y})$$

计算样本相关的第二步是将这个协方差除以样本容量：

$$\frac{1}{(n-1)} \sum (X_i - \overline{X})(Y_i - \overline{Y})$$

这个表达式称为样本协方差。X 与 Y 之间的样本协方差（用 Cov_{XY} 表示）测量的是 X 与 Y 的相关程度。如果改变某个变量的计量单位，协方差的大小就会改变。如果我们将这个指标除以 X 和 Y 的样本标准差，就会得到样本相关系数，它不会受到变量计量单位的影响：

$$r_{XY} = \frac{1}{n-1} \times \sum \frac{(X_i - \overline{X})}{S_X} \times \frac{(Y_i - \overline{Y})}{S_Y}$$

这个样本相关系数 r 的表达式称为皮尔逊积差相关系数（Pearson product-moment correlation coefficient）。它的简化表达式为：

$$r_{XY} = \frac{Cov_{XY}}{S_X \times S_Y}$$

积差相关系数具有几个重要属性。它不受样本容量与计量单位的影响。它落在 -1 到 1 之间，可以很直观地进行解释。它应用于回归分析，我们将在下一章进行介绍。

需要理解的是，尽管相关系数 r 是两个变量之间相关性的测量指标，但它不意味着两个变量之间存在因果关系。相关系数只能测量变量之间相关关系的性质与强度。它不能代表因果关系。还需要注意的是，样本相关系数会受到观察值中的异常值或极值的严重影响。相关系数可以测量两个问题或两个变量之间的关系。它隐含的假设是，变量是等距尺度的，如年龄或收入。表 14.3 展示了相关

[①]　Dawn Iacobucci and Gilbert A. Churchill, Jr., *Marketing Research*：*Methodological Foundations*，10th edition，Ohio：Cengage Learning，2009.

系数的计算。

表 14.3　相关系数的计算

	日本销量		中国销量		
	Y_i	$Y_i-\overline{Y}$	X_i	$X_i-\overline{X}$	$(X_i-\overline{X})(Y_i-\overline{Y})$
店铺 A	3	−6	7	−4	24
店铺 B	8	−1	13	2	−2
店铺 C	17	8	13	2	16
店铺 D	4	−5	11	0	0
店铺 E	15	6	16	5	30
店铺 F	7	−2	6	−5	10
合　计	54	0	66	0	$78=\sum_i (X_i-\overline{X})(Y_i-\overline{Y})$
均　值	$\overline{Y}=9$		$\overline{X}=11$		$15.6=\dfrac{1}{n-1}\sum_i (X_i-\overline{X})(Y_i-\overline{Y})$

$$r_{XY}=\frac{1}{n-1}\frac{\sum_i (X_i-\overline{X})(Y_i-\overline{Y})}{S_X S_Y}=\frac{78}{5(3.85)(5.76)}=0.70$$

$$S_X=3.85=\sqrt{\frac{1}{n-1}\sum_i (X_i-\overline{X})^2}$$

$$S_Y=5.76=\sqrt{\frac{1}{n-1}\sum_i (Y_i-\overline{Y})^2}$$

偏相关系数

皮尔逊相关系数测量两个变量之间的线性相关程度。当关系中的变量多于两个时,就应该使用偏相关分析。偏相关系数(partial correlation coefficient)测量的是对一个或更多其他变量的影响进行控制后,两个变量之间的相关程度。例如,广告支出与品牌销量之间的关系受到许多其他变量的影响。为了简化,我们假设这个关系受到第三个变量的影响,即优惠券的使用。如果品牌经理想了解广告支出金额(X)与相关品牌销量(Y)之间的关系,他或她必须对优惠券(Z)的影响进行控制。偏相关系数的公式为:

$$r_{XY,\,z}=\frac{r_{XY}-r_{XZ}\times r_{YZ}}{\sqrt{(1-r_{XZ}^2)}\times\sqrt{(1-r_{YZ}^2)}}$$

尽管该相关分析能够测量两个变量之间的相关强度,但无法说明关系的性质。因此,可以使用回归分析来理解两个或更多变量之间的关系性质。

斯皮尔曼等级相关系数

斯皮尔曼等级相关系数(Spearman rank correlation coefficient)是两个按等级排序的变量之间的相关性指标。等级相关系数无法说明变量之间的线性关系强度。另外,对等级相关系数的平方的解释与总体决定系数是不一样的。因此,我们不能说它是由 X 与 Y 的相关性所解释的 Y 的总体差异的一部分。

考虑下面的例子。假设两个应答者 A 与 B 按照他们的偏好对 10 个谷物品牌进行排序。表 14.4 显示了两个应答者的排序数据。感兴趣的问题是,两个应答者是否具有相似偏好。可以通过计算两组排序之间的等级相关系数来回答这个问题。

表 14.4　两个国家的应答者对谷物的排序

品　牌	1	2	3	4	5	6	7	8	9	10
应答者 A(新加坡)	6	9	1	3	4	5	8	7	2	10
应答者 B(俄罗斯)	5	10	4	7	2	6	8	3	1	9

计算等级相关系数时,需要使用等级差值。当排序的对象都不相同时,它的计算公式很简单,如下所示:

$$r_s = 1 - \frac{6(\sum_I D_I^2)}{n(n^2 - 1)}$$

其中 D_I 是第 I 个品牌的等级的差值,n 是品牌的个数。

斯皮尔曼等级相关系数很容易计算。我们需要知道的就是对象(如被排序的品牌)的个数 n 与每对排序的差值 D_I。r_s 是对等级计算的相关系数。我们现在展示这个系数的计算。表 14.5 列出了数据。

表 14.5　相关系数的计算

品牌	应答者 A (新加坡)	应答者 B (俄罗斯)	差值 D_I	差方 D_I^2
1	6	5	1	1
2	9	10	-1	1
3	1	4	-3	9
4	3	7	-4	16

品牌	应答者 A (新加坡)	应答者 B (俄罗斯)	差值 D_i	差方 D_i^2
5	4	2	2	4
6	5	6	−1	1
7	8	8	0	0
8	7	3	4	16
9	2	1	1	1
10	10	9	1	1
				$\sum D_i^2 = 50$

现在,将数值代入 r_s 的公式。因为 $n=10$,$\sum D_i^2 = 50$,所以:

$$r_s = 1 - \frac{6 \times 50}{10(10^2 - 1)} = 1 - \frac{300}{990} = 0.697$$

斯皮尔曼等级相关系数为 0.697,看起来偏高。结果说明新加坡与俄罗斯应答者对谷物品牌的偏好排序相似。

如果排序中存在相同的对象,我们仍然可以使用斯皮尔曼相关系数公式。但是与无相同对象的情况不同的是,等级的均值和方差与 n 的关系就不那么简单了。如果存在一对相同的对象,最简单的处理方法是对每个对象取它们的等级的均值。当排序中有两个以上连续的对象都相同时,则对每个对象取它各自的等级的均值。

回归分析[①]

回归分析是将两个或更多变量关联起来的一种统计技术。其中的自变量称为预测变量,它决定着调研者感兴趣的变量的取值。感兴趣的变量称为因变量或反应变量。回归分析帮助调研者建立模型,根据自变量预测因变量的值。如果研究的目的是决定因变量与一个自变量之间的关系,它叫作简单回归。如果涉及的自变量多于一个,就叫作多元回归分析。

进行简单线性回归,首先要确定一个因变量和一个预测变量。例如,感兴趣的是特定产品在多个国家的销量。我们的目的是确定人均收入对该产品在这些国家

---

① 关于回归分析的详细介绍,参见 Aaker et al., *Marketing Research*,11th edition。

销量的影响。可以假设如下回归模型。

$$Y_i = \beta_0 + \beta_1 X_i + \varepsilon_i$$

其中，

Y_i：产品在特定国家 i 的销量。

X_i：特定国家 i 的人均收入。

β_0：模型系数，表示当自变量 X 取值为 0 时，因变量 Y 的均值，也叫做截距。

β_1：模型系数，表示斜率，测量 X 变量每增加一个单位所导致的因变量的值的变化。

ε_i：误差项，代表除了 X_i 以外的其他因素对 Y_i 的影响。

表 14.6 解释了回归系数的计算。

表 14.6 回归系数的计算

如果

$$y = \alpha + \beta x + \varepsilon$$

其中，

  α 是截距

  β 是斜率系数

  ε 是误差项

估计方程为：

$$\hat{y} = a + bx$$

斜率系数的估计值为：

$$b = \frac{\sum xy - \sum x \sum y}{n \sum x^2 - (\sum x)^2}$$

$r = x$ 与 y 的相关系数

S_x，$S_y = x$ 和 y 的标准差

$$a = \bar{y} - b\bar{x}$$

进行回归分析时，必须作出几个假设。其中最重要的是，所选择的变量必须事实上能够解释或预测因变量，而且没有遗漏其他重要的变量。第二个假设是，自变量与因变量之间的关系是线性而可加的。第三个假设是，存在一个随机误差项，它解释了测量误差对因变量的影响，以及未列入回归方程的那些变量对因变量的影响。

模型需要调研者输入因变量与自变量的值。统计软件会输出回归系数以及相关的 β 系数与 t 值。这个模型可以用来评估每个自变量与因变量之间的关系强度。所有的统计软件还会给出 R^2 值，它代表模型的拟合度。

一项研究想考查不同国家的顾客对新产品的反应,可以使用回归分析作为数据分析工具。该研究试图预测特定国家消费者对某个新产品的反应,以及这个产品在该国达到特定市场渗透水平所需的时间。该研究侧重于新产品得到某个文化接纳所采用的新产品与技术的不同扩散模式,以及不同国家的接纳过程存在差异的原因。

研究中使用的数据是不同国家五类产品的销量数据。[①]产品类别包括录像机、微波炉、手机、家用电脑和 CD 播放器等耐用消费品。使用的国家是澳大利亚、比利时、丹麦、芬兰、法国、德国、意大利、荷兰、挪威、葡萄牙、西班牙、瑞典、瑞士和英国。从产品进入一个国家的第一年开始收集数据,直到最近。使用回归分析检验了扩散模式的时间效应。回归分析显示国家 i 的模仿系数取决于世界主义、人口流动性与女性劳动力的比例。回归方程如下:

$$（模仿系数）_i = \beta_0 + \beta_1（世界主义）+ \beta_2（流动性）+ \beta_3（女性劳动力）$$

表 14.7 汇总了分析结果。

表 14.7　对影响跨国扩散系数的截面与时间序列因素进行的同步估计

变　量	过去调研假设	CD 播放器	微波炉	录像机	手　机	家用电脑	是否支持原假设
创新倾向							
世界主义	正向	0.020 2 (12.56)	0.006 9 (42.02)	0.017 4 (34.13)	−0.009 1 (−2.06)	0.035 7 (11.64)	是
女性劳动力	负向	−0.004 7 (−6.63)	−0.001 8 (−29.45)	−0.003 4 (−18.57)	0.036 4 (21.11)	−0.016 4 (−14.11)	是
模仿倾向							
世界主义	负向	−0.140 9 (−10.93)	0.120 5 (6.35)	−0.104 4 (−24.60)	−0.282 3 (−2.26)	−0.265 8 (−12.34)	是
流动性	正向	0.077 9 (6.53)	1.166 0 (18.00)	−0.192 3 (25.65)	−0.920 0 (−5.90)	0.258 5 (5.13)	是
女性劳动力	正向	0.050 0 (6.43)	−0.141 0 (−10.89)	0.013 5 (3.99)	−0.290 1 (−8.41)	0.031 9 (2.11)	是
时间滞差	正向	0.367 8 (46.91)	0.053 4 (15.20)	0.022 6 (38.57)	0.049 9 (6.11)	0.036 6 (4.77)	是

注:括号中代表 t 统计量。所有的系数都在 0.05 水平上显著。

资料来源:V.Kumar, Ganesh Jaishankar, and Raj Echambadi, *Journal of Product Innovation Management*, 1998: 255—268.

---

① V.Kumar, Ganesh Jaishankar, and Raj Echambadi, "A Cross-National Diffusion Research: What We Know and How Certain Are We", *Journal of Product Innovation Management*, 1998, 15(3).

对回归模型参数的解释

表 14.7 中的参数值提供了许多洞见。首先,每个自变量的假设影响都得到了支持。例如,对于 CD 播放器,该国的世界主义水平越高,同时女性劳动力比例越低,则创新倾向越高。对模仿倾向也可以作出类似解释。如果对估计自变量的相对重要性感兴趣,应该按照以下公式计算标准回归系数。

$$\beta_{世界主义} = b_{世界主义} \times \frac{S_{世界主义}}{S_{创新}}$$

其中,$S_{世界主义}$ 和 $S_{创新}$ 是世界主义和创新倾向的标准差,$b_{世界主义}$ 是非标准回归系数。总的来说,如果回归模型所有假设都得到了支持,那么最重要的变量是标准回归系数最大的那个。

检验自变量的显著性

如果 β_1 等于 0,则世界主义对模仿系数没有影响,那么建立的模型就失去了意义。因此,有必要进行假设检验来验证 β_1 是否等于 0。如果有充足的证据表明 β_1 等于 0,就应该放弃这个模型。β_1 的估计值 b_1 的标准误差用 S_{b_1} 表示。可以进行如下假设检验来估计 b_1 的值。

原假设:$H_0 : \beta_1 = 0$

备择假设:$H_a : \beta_1 \neq 0$

检验统计量为:

$$t = \frac{b_1 - \beta_1}{S_{b_1}}$$

计算出的检验统计量呈 T 分布。通过确定 α 的水平,如 0.05,并利用双尾检验规则,我们拒绝或不能拒绝原假设。

混合时间序列截面分析[①]

这种技术经常用于全球营销调研,因为在全球营销调研中,数据来自一段时间内的一组单位(如人、国家、地区、品牌等)。也就是说,我们可以将这类数据表示为:$i = 1, 2, \cdots, N$,其中 i 代表在时间段 t 获得的信息,而 $t = 1, 2, \cdots, T$。最终数据包含这段时间内所有单位的许多观察值($N \times T$)。

通常,时间序列截面数据的时间段个数多于单位个数。调研者关注的是这类数据中各单位之间的差异与特征。例如,某个数据集记录了东盟国家的移动电话技术渗透情况。该数据集有可能追踪了 15—20 年间,甚至更长时间内的这 10 个成员国的情况。通过研究这个数据集,调研者可以追踪并发现每个国家在这段时间内的移动电话发展模式。

因此,我们可以将时间序列截面数据简单地想象为数据堆的集合。就是说,可以将它看作层层叠加起来的多个数据堆,其中每一层数据包括的是某个特定单位在各个时间段的所有变量的取值,也就是截面数据(例如,东盟某个成员国在 20 年间的移动电话渗透率)。将各层数据进行叠加就构成了所有单位的数据(例如,东盟每个成员国的移动电话渗透率)。

国际人口研究经常使用这种数据集,例子包括:①澳大利亚家庭收入和劳工动态研究小组,是一个基于家庭的专家小组,帮助研究贫困趋势、退休后理财计划、生理与心理健康趋势以及财富与幸福指数的国际间比较等问题。②收入与计划参与调查,该调查搜集到的数据提供了美国个人与家庭收入方面的信息,以及他们参与收入转移计划的情况。③中国家庭追踪调查,该调查搜集了社会、经济、教育、健康以及其他家庭参数方面的数据,帮助调研者理解个人、家庭以及团体的社会与经济变化。

通常,可以利用普通最小二乘法对混合线性回归模型进行估计,如下所示:

$$y_{it} = \beta_1 + \sum_{m=2}^{M} \beta_m x_{mit} + e_{it}$$

[①]　Federico Podestà, "Recent Developments in Quantitative Comparative Methodology: The Case of Pooled Time Series Cross-Section Analysis", DSS Papers Society SOC 3-02, 2002, www.unibs.it/sites/default/files/ricerca/allegati/1233pode202.pdf 于 2014 年 3 月 14 日访问。

其中，

$i=1, 2, \cdots, N$, 代表某个截面单位；

$t=1, 2, \cdots, T$, 代表某个时间段；

$m=1, 2, \cdots, M$, 代表某个特定解释变量。

所以 y_{it} 表示因变量(例如，销量这种连续型变量)，x_{it} 表示特定单位 i 在特定时间段 t 的自变量。β_1 和 β_m 分别代表截距和变量系数，而 e_{it} 代表随机误差项。

混合时间序列截面分析的优点

● *解释能力更强*：通常，基于时间序列数据或截面数据进行的分析中，数据量是有限的。也就是说，时间序列数据只包含一个特定单位在某段时间内的信息。在另一方面，截面数据只包含特定数量的单位在特定一个时间段内的信息。因此，这两类数据集只能包含有限的数据，导致样本容量相对较小。其结果是，潜在解释变量的总个数超过了模型所需的用来分析因变量与自变量关系的自由度，因此降低了模型的解释能力。

相反，混合时间序列截面数据集拥有 $(N \times T)$ 个观察值，也就是可以获得一组变量在一段时间内的数据。这不仅增加了样本容量，也增加了变量个数。因此，调研者能够检验大量预测变量对因变量的水平与变化的影响，这提高了模型的解释能力。[1]

● *侧重于感兴趣的变量*：在截面或时间序列分析中，某些变量可能得不到充分关注，因为它们在各个时间段或各个单位之间的差异很小。然而，混合分析所使用的数据集要大得多(结合了单位与时间)，与简单的时间序列或截面分析相比，它更有可能揭示出数据的变异性。[2]

● *捕捉同步变化*：除了追踪仅仅是时间上或单位之间的变化，调研者还可以利用混合时间序列截面分析来捕获这两个维度之间同时发生的变化，因为数据库是由跨时间与跨单位的数据结合构成的。除了建立截面模型(解释在某个时间段内

---

① M.G.Schmidt，"Determinants of Social Expenditure in Liberal Democracies"，*Acta Politica* 32，No.2，1997：153—173.

② A.Hicks，"Introduction to Pooling"，in *The Comparative Political Economy of the Welfare State*，eds，T.Janoski and A.Hicks，Cambridge University Press，1994.

各国的差异)或时间序列模型(解释一个国家在不同时间段内的差异),混合模型可以用来检验所有国家跨时间段的情况以及他们之间的内在差异。[①]

混合时间序列截面分析的缺点

尽管这种技术非常流行,能为调研者提供诸多有利之处,但是有研究指出,调研者必须注意这种技术的某些方法问题。具体而言,研究表明这种技术经常违反标准最小二乘法关于误差处理的假设,即所有误差具有同方差性并且互相独立。[②]另外,有研究发现,对混合数据使用最小二乘法时,很有可能造成有偏差的、无效的或不一致的估计结果。这是因为利用最小二乘法对混合数据进行回归估计时的误差往往会造成以下五点问题。[③]

● 误差往往呈现序列相关性,也就是说,国家 i 在时间 t 与时间 $t+1$ 的误差之间具有相关性。这是因为这两个时间点上的观察值与属性之间是相互依赖的。例如,GDP 增长率与人口这种国别信息往往在不同时间点上并不是互相独立的,在很大程度上取决于前一个时间点上的取值。

● 在同一个时间点上,不同国家的误差之间往往具有相关性,也就是说,国家 i 在时间 t 的误差与国家 j 在时间 t 的误差之间具有相关性。此外,统计模型中某个国家(如美国)的误差可能与其邻国(如墨西哥与加拿大)的误差是相似的。另外,特定地理区域内的国家(如东南亚国家)的误差之间可能相互依赖,但是却与其他地理区域内的国家(如中东国家)的误差之间相互独立。

● 误差往往具有异方差性,也就是说,变量取值较高的国家往往方差也较高。例如,美国的失业率通常比瑞士更高,也更加不稳定。这意味着具有劳动力异质性的大国的失业率的方差往往比具有劳动力同质性的小国更高。另外,误差具有异方差性,也可能是由于不同国家的因变量的尺度不一样(比如,印度与中国在教育

---

① P.Pennings, H.Keman, and J.Kleinnijenhuis, *Doing Research in Political Science*: *An Introduction to Comparative Methods and Statistics*, 2ⁿᵈ edition, California: SAGE Publications, 2006.

② N.Beck and J.N.Katz, "What to Do(and Not to Do) with Time-Series Cross-Section Data", *American Political Journal Review* 89 1995:634—647; J.A.Stimson, "Regression in Space and Time: A Statistical Essay", *American Journal of Political Sciences* 29, No.4, 1985:914—947.

③ A.Hicks, "Introduction to Pooling".

方面的政府支出水平可能存在差异)。

● 在特定情况下,误差可能反映或掩盖单位和时间效应。也就是说,如果模型的设定不正确,进行回归估计时,误差项有可能存在异方差性和自相关性。通常,模型设定不正确,是因为不同单位和时间点的因变量水平没有同质性(而这是最小二乘估计的要求)。在这种情况下,最小二乘估计值无法准确地预测各个时间和截面单位,而且异方差性和自相关性也会大幅度提高。

● 不同时间或单位的误差可能是非随机的,因为不同子集的参数具有异质性。也就是说,国家或时间的各个子集之间,对因变量与自变量关系的处理方法往往存在差异,因此跨空间或时间的误差往往反映出某些带有因果关系的异质性。这个问题也可能是模型设定不正确导致的。

遗传算法[①]

遗传算法(genetic algorithm, GA)是一种高度模拟自然进化过程的搜索方法。这种技术经常用来解决最优化与搜索查询问题,应用于各种知识领域,如生物信息学、计算科学、工程、经济学、营销和制造等。

在营销领域,遗传算法用来研究宏观扩散模型。简单遗传算法包括三个操作算子:再生、交叉与变异。利用这三个操作,遗传算法按照以下三个步骤进行迭代。

第一步,根据目标函数值 f,将某一代(母代)的个体串遗传到下一代(子代)。这个步骤称为再生(reproduction)。对于用来确定产品销售额的扩散模型,可以将目标函数值 f 设为预测销售额与实际销售额之间误差的平方和。根据适应度值选择个体串,这意味着适应度值较高的串产生一个或多个后代的概率也较高。概率取决于母代中的解所占的比例,其根据是这些解的线性排序系统或竞争选择。这个算子人工模拟了达尔文的适者生存自然选择过程。

第二步是简单交叉(crossover)。简单交叉有两种方法。第一,再生串(或新生代)中的成员被随机配对。第二,每一对串按照以下方法进行交叉:根据 1 与串长度

---

① Rajkumar Venkatesan, Trichy V. Krishnan, and V. Kumar, "Evolutionary Estimation of Macro-Level Diffusion Models Using Genetic Algorithms: An Alternative to Nonlinear Least Squares", Marketing Science 23, No.3, 2004:451—464.

减 1 之间[1，$l-1$]的均匀随机数，选择串的第 K 个整数位置。交换位置 $K+1$ 与 l 之间的所有特征，生成两个新的串。再生与交叉的机制非常简单，涉及随机数的生成、串复制和串的部分交换。不过，再生与交叉过程中结构性的、随机性的信息交换赋予了遗传算法强大的力量。

最后一步，串或解向量中的某个细胞发生随机变化。这个过程称为变异（mutation）。通过这个过程，遗传算法将确定最优解。当该算法陷入某个局部最小值时，变异算子能够从这个解随机移动至搜索空间的另一点，从而摆脱这种陷阱。

以上步骤不断重复，直到算法终止。算法的终止取决于预设的迭代次数、进化过程的运行时间，或者最优解在之前 n 代中的变化。串的最后一代——最佳串的构成就是遗传算法对问题的解。应该注意的是，新的串生成时，原来的串（之前各代的串）就会被淘汰。再生过程往往选择适应度最高的成员，因此才能实现代代进化。最初由一组相对平庸的解所构成的种群会发生进化，并在最后一代中生成一组覆盖了最优区域的解。为了获得最优解，可以使用梯度搜索算法，比如从最后一代的均值开始进行梯度搜索，或者使用最后一代中适应度最高的解作为最优解。选择最优解的方法取决于终止迭代的准则。

除了这种方法，也可以使用其他算法，比如基于顺序搜索的非线性最小二乘法（SSB-NLS）。虽然 SSB-NLS 与遗传算法使用相同的目标函数，但是这两种方法存在几个重要的实质性差异，因此它们经常得到不同的解，许多研究已经证实了这一点。[①]这些差异是：

● SSB-NLS 使用单点梯度搜索算法来确定使目标函数得到最优解（误差的平方和最小）的系数。

● 遗传算法使用并行的进化搜索算法来确定使目标函数得到最优解（在此情况下，误差的平方和最小）的系数。

① P.Del Moral and L. Miclo, "Asymptotic Results for Genetic Algorithms with Applications to Nonlinear Estimation", in *Theoretical Aspects of Evolutionary Computation*, eds, L.Kallel, B.Naudts, and A.Rogers, Berlin: Springer-Verlag, 2001:439—494; Robert E.Dorsey and Walter J.Mayer, "Genetic Algorithms for Estimation Problems with Multiple Optima, Nondifferentiability, and Other Irregular Features", *Journal of Business Economics and Statistics* 13, No.1, 1995:53—66; Ralf Salomon, "Evolutionary Algorithms and Gradient Search: Similarities and Differences", *IEEE Trans. on Evolutionary Computations*, 1998, 2(2):45—55.

● 从理论上讲,当数据点较少,系数数量较大,系数空间呈多模式,或者模型本身呈非线性时,遗传算法对最优解收敛的概率较高。[1]但是,SSB-NLS 依靠平滑的、通常是二维的平面来确保对局部最优解的收敛——如果选择了恰当的起始值,这个局部最优解即可代表全局最优解。[2]

● 对于高度非线性函数来说,遗传算法的估计值比 SSB-NLS 的适应度更高、预测能力更强,[3]它们是两种具有不同性质的最优化方法。[4]

从估计的角度来说,遗传算法具有诸多优势,但是这种方法却存在两个局限性。第一,这种方法需要对目标函数进行多次评估,因此与 SSB-NLS 相比,它的运行时间较长。不过,以当今的计算能力,这个局限性很容易克服。第二,为了获得最优解,必须谨慎选择收敛准则。相对于遗传算法的广泛应用性,这种方法涉及的编码复杂性是它的主要障碍,但是,自带齐全功能与应用的许多软件套装(例如,Matlab、S-Plus、C++和 Excel)正在被不断开发出来,这些软件甚至可以在普通的电子表单上运行。

分层贝叶斯模型[5]

分层贝叶斯(HB)模型是一种采用分层形式的模型,使用贝叶斯方法进行估计。分层模型包括一组子模型,利用贝叶斯定理将它们整合在一起,并解释数据中包含的不确定性。营销调研中使用的这种模型的设计与结构通常包括一个用于单位内分析的模型(用来描述个体应答者在一段时间内的行为)和一个用于单位间分析的

① Moral and Miclo, "Asymptotic Results for Genetic Algorithms with Applications to Nonlinear Estimation".

② G.A.F.Seber and C.J.Wild, *Nonlinear Regression*, New York: John Wiley and Sons, 1989:92.

③ Robert E.Dorsey and Walter J.Mayer, "Genetic Algorithms for Estimation Problems with Multiple Optima, Nondifferentiability, and Other Irregular Features", *Journal of Business Economics and Statistics* 13, No.1, 1995:53—66.

④ Salomon, "Evolutionary Algorithms and Gradient Search".

⑤ Greg M. Allenby, Peter E. Rossi, and Robert E. McCulloch, "Hierarchical Bayes Models: A Practitioner's Guide", January 2005, http://ssrn.com/abstract = 655541; Greg M. Allenby, Peter E. Rossi, and Robert E.McCulloch, *Bayesian Statistics and Marketing*, New York: John Wiley and Sons, 2005.

模型(用来描述不同单位之间的多样性或异质性)。许多计算方法被开发出来,使用计算机进行简单的重复计算来运行贝叶斯定理。这些计算方法称为马尔可夫链蒙特卡洛(Markov chain Monte Carlo, MCMC)方法,与分层模型一起使用。贝叶斯定理通过条件概率追踪不确定性。它结合了多个概念,比如根据有关事物的先验知识得出的事件结果的概率,和根据观察数据对有关事物的先验知识做出的陈述。

为了说明贝叶斯定理,假设一家美国零食公司想在中国推出它们最畅销的产品,其中添加了一种新原料,目前正处于测试阶段。这里的两个条件是:含有新原料($I+$)和不含新原料($I-$)。类似地,它们在中国测试产品时,面临两个结果:中国人喜欢($L+$)和中国人不喜欢($L-$)。受托进行该项研究的市场调研者可能会关注两个方面:敏感性[表示为 $P(L+|I+)$]和特异性[表示为 $P(L-|I-)$]。其中,较大的 $P(L+|I+)$ 值表示,在添加新原料的条件下,中国消费者更加易于喜欢这个新产品;较大的 $P(L-|I-)$ 值表示,在不添加新原料的条件下,中国消费者更趋向于不喜欢这个产品。通过测试其他亚洲国家喜欢或不喜欢含有或不含新原料的产品,调研者能够对敏感性与特异性进行测量,并在此过程中收集关于新产品的重要统计信息。

但是,公司的管理方法可能不同。根据产品开发方面的先验知识,公司需要知道的是,在中国消费者喜欢这个产品的条件下的 $P(I+|L+)$,而不是 $P(L+|I+)$。换句话说,他们想要知道的是,在中国消费者的特定反应下,添加或不添加新原料的影响。另外,公司在中国只有一个测试结果,而非许多。因为样本容量太小(在本例中为1),公司需要倍加谨慎,不能根据重复研究的假设结果而做出决策。

在这种情况下,贝叶斯定理可以帮助公司利用 $P(L|I)$ 得到 $P(I|L)$。条件概率如下:

$$P(I+|L+) = \frac{P(L+|I+) \times P(I+)}{P(L+)}$$

和

$$P(I-|L+) = \frac{P(L+|I-) \times P(I-)}{P(L+)}$$

如果使用机会比率,则表示为:

$$\frac{P(I+|L+)}{P(I-|L+)} = \frac{P(L+|I+)}{P(L+|I-)} \times \frac{P(I+)}{P(I-)}$$

或

后验几率比＝似然比×先验几率比

可见,利用贝叶斯定理,能够根据添加新原料条件下的可能性,得到与公司管理直接相关的统计信息,这可以帮助他们更新先验知识,并了解如何为不同国家开发新产品。换句话说,贝叶斯定理使用敏感性和特异性等大样本概念,将其转换为一个统计量,从而对单一国家进行推断。另外,它将这些指标与以概率形式表示的先验知识相结合。

尽管形式上简单而直观,但是由于分析计算过程的复杂性,贝叶斯方法不是很流行。不过,马尔可夫链蒙特卡洛方法解决了这个困难。这种方法利用模拟抽样分布的方式进行一组重复计算,而不是导出后验分布的解析形式。然后将这些模拟样本用于计算参数的估计值和置信区间。HB 模型的形式是构造一条马尔可夫链,从模型参数的后验分布中抽取随机样本。

为了说明 HB 模型的发展,考虑以下简单回归模型:

$$y_t = \beta x_t + \varepsilon_t,\text{其中 } \varepsilon_t \sim normal(0, \sigma^2)$$

其中回归系数的先验分布通常假定为遵循正态分布:

$$\pi(\beta) = \frac{1}{\sqrt{2\pi\sigma^2}} \exp\left[\frac{-1}{2\sigma^2}(\beta - \overline{\beta})^2\right]$$

类似地,还要对方差项 $\bar{\omega}(\sigma^2)$ 的先验分布进行假设。以上是均值为 $\overline{\beta}_1$、标准差为 σ 的钟形曲线的公式。将这个先验分布与反映参数数据信息的概率相结合:

$$\pi(y_t \mid \beta, \sigma^2, x_t) = \prod_{t=1}^{T} \frac{1}{\sqrt{2\pi\sigma^2}} \exp\left[\frac{-1}{2\sigma^2}(y_t - \beta x_t)^2\right]$$

模型的马尔可夫链可以描述为:

(1) 对于给定的数据 $\{y_t, x_t\}$ 和最近抽取的 σ^2,抽取 β;

(2) 对于给定的数据 $\{y_t, x_t\}$ 和最近抽取的 β,抽取 σ^2;

(3) 重复。

MCMC 方法的思路虽然简单,但是它的运行需要推导出正确的(条件)分布来生成模拟样本。现代的计算方法和软件能够帮助调研者生成样本,因此为这种方法在营销领域的广泛应用提供了保证。

作为一种被广泛应用的技术,贝叶斯方法向调研者提出了一些挑战。第一,用于估计 HB 模型的现成软件数量有限,可用性较低。另外,帮助调研者估计模型的定制软件仍然处于初期开发阶段,需要一定时间才能为调研者提供全面可用的程序。第二,调研者必须坦然面对的是,与许多流行的估计模型不同,HB 模型并不收敛。因此,即使经过几千次迭代,平均参数估计值仍然存在一定的变异性。最后,HB 模型为每个应答者提供估计值的分布,而非点估计值。这一点对于理解不确定性是强有力的,但是它增加了分析的复杂性,尤其是在市场模拟情况下。

总之,调研者利用贝叶斯模型能够以更加逼真的方式研究人类行为的复杂性与不确定性。由于形式简单且直观,这种方法可以帮助调研者理解多种复杂现象,并形成关于市场的真知灼见。随着计算功能的进步,这种方法将越来越多地被调研者用于研究广泛的营销问题。

本章小结

单因素方差分析的目的是估计并比较不同处理方法对反应变量的影响。统计实验经常被用来确定不同处理方法对反应变量的影响是否存在差异,以及用来估计差异的大小。可以将方差分析表扩展应用于 n 个因素。相关分析用来测量两个变量之间的线性关系强度。回归分析的目的是建立一个预测方程,称为回归模型,将因变量与一个或多个预测变量关联起来。

混合时间序列截面分析收集的是一段时间内一组单位(比如人、国家、地区和品牌等)的数据。这种技术的优点是解释能力更强、能够侧重于感兴趣的变量以及能够捕捉同步变化,但是它也存在缺点,如误差的相关性、异方差性以及同期相关性等问题。遗传算法是一种模拟自然进化过程的搜索方法,经常用来解决最优化与搜索查询问题。在适应度与效果方面,这种技术优于其他搜索式算法。但是,这种技术的缺点是执行时间长,并且编码复杂。分层贝叶斯模型是一种采用分层形式的模型,使用贝叶斯方法进行估计。分层模型包括一组子模型,利用贝叶斯定理将它们整合在一起,并解释数据中包含的不确定性。虽然这种技术能够辅助调研者构建关于不确定性的模型,但是它也提出了许多挑战,例如用于估计这种模型的软件程序很有限,平均参数估计存在差异性,必须呈现每个应答者的估计的分布,却不能使用点估计。

思考题

1. 圣帕特里克长老会医院的妇产科保留着新生儿的年龄与体重记录。下面是目前在院婴儿年龄(以月计)与体重(以磅计)的一个随机样本。

年龄	4.5	5.5	3.0	2.0	1.5	6.5	7.5	9.0
体重	13.0	16.5	11.5	11.0	10.0	17.0	18.5	20.0

a. 确定年龄与体重之间的样本相关系数。

b. 在 5% 的显著性水平上检验总体相关系数是否为 0。

2. 一家大型食品零售商想了解广告支出对店铺客流量的影响。你被邀请为顾问来帮助他们。向你提供了一份包括 20 个店铺的随机样本。该样本提供了每个店铺在某个星期六的进店顾客人数(Y_i)与前一天的广告支出金额(X_i)。下表中提供了相关信息。

店铺	店铺客流量(Y_i)	广告支出(X_i)(美元)	$X_i \times Y_i$	X_i^2
1	90	40	3 600	1 600
2	125	75	9 375	5 625
3	320	100	32 000	10 000
4	200	110	22 000	12 100
5	600	190	114 000	36 100
6	450	200	90 000	40 000
7	400	300	120 000	90 000
8	700	310	217 000	96 100
9	800	380	304 000	144 400
10	810	410	332 100	168 100
11	1 000	480	480 000	230 400
12	1 170	500	585 000	250 000
13	1 200	520	624 000	270 400
14	1 500	550	825 000	302 500
15	1 000	560	560 000	313 600
16	900	580	522 000	336 400

（续表）

店铺	店铺客流量(Y_i)	广告支出(X_i)（美元）	$X_i \times Y_i$	X_i^2
17	700	690	483 000	476 100
18	1 000	700	700 000	490 000
19	1 300	710	923 000	504 100
20	1 350	800	1 080 000	640 000
合计	15 615 00	820 500	8 026 075	4 417 525
均值	780.75	410.25		

a. 对广告支出对店铺客流量的影响进行线性回归估计。

b. 如果计划支出广告费为750，你预期这会对店铺客流量产生什么影响？

3. 一家石油公司的分析师建立了一个正式的线性回归模型，用来预测 50 个加油站的销量。估计模型为：

$$\hat{Y} = b_0 + b_1 X_1$$

其中：

$$\hat{Y} = 月平均销量（加仑）$$

$$X = 加油站的占地面积（平方英尺）$$

$$X_1 = X - \overline{X}（与均值的差异）$$

一些实证结果为：

变量	均值	数据的极差	回归系数	t 值	r^2
Y		5 000—8 000 加仑	$b_0 = 10\ 000$		
X	10 000	3 000—20 000 平方英尺	$b_1 = 3.1$	2	0.3

a. r^2 表示什么？

b. 解释参数估计值 b_0 与 b_1。

4. 推出一款新型个人电脑时，为了确定应该使用三个广告之中的哪一个而进行了一次实验。120 位正在考虑购买个人电脑的人被随机分为三组，每组 40 人。向每一组展示一个不同的广告，并向每个人询问他们购买该广告品牌的可能性。使用 1（非常不可能）到 7（非常可能）点量表。结果显示平均购买可能性为：

广告 A：5.5

广告 B：5.8

广告 C:5.2

方差分析表如下：

差异来源	*SS*	d*f*	*MSS*	*F* 比值	*p* 值
广告造成的	12	2	6.0		
未解释的	234	117	2.0		
总差异	246	119			

a. 恰当的原假设是什么？备择假设是什么？

b. *F* 比值与 *p* 值各是多少？

c. 结果是否在 0.10、0.05 和 0.01 水平上显著？

d. 三个广告的影响之间是否存在差异？

15

多变量数据分析

本章概述

本章讨论多变量数据分析技术。这些技术涉及同时对两个或多个变量进行分析。根据是否确定两个或更多变量依赖于一个或更多自变量,多变量技术可以分为对称性技术与非对称性技术。对于非对称性技术,如果调研者知道自变量的值,就可以预测因变量的值。对于对称性技术,调研者关注的是变量之间的相互作用。在这种情况下,不存在因变量与自变量之分。

对称性技术

全球营销调研常用的三种对称性技术是因素分析、聚类分析与多维尺度分析。

因素分析

利用因素分析技术,调研者可以找到解释多个变量之间相关性的几个因素。调研者可以研究多个变量的差异与一组潜在因素的关系。在营销调研中,因素分析主要用来进行数据简化与转换。全球营销调研项目可以搜集到众多属性方面的大量数据。通过识别出解释这些属性的基本因素,可以将数据缩减以便控制。还可以用这种方法来识别非相关的因素。将多个变量编入量表时,还可以利用因素分析来恰当地分配权重。使用因素分析的营销调研领域包括性格量表的开发和关键产品属性的识别等。

总之,因素分析这种方法就是将原始变量转换为新的、非相关的变量,称为因素(factors)。测量因素所解释的信息量的一个指标是方差,因此,通常将各因素按照方差递减的顺序进行排列。第一个因素的方差最大。确定第一个因素及其载荷之后,主成分将找出第二个解释方差最大的因素。这个过程不断重复,直到分析者确定得到了所有有用的因素。找出因素之后,有必要利用某种旋转方法进行因素旋转。这有助于更好地解释因素。[①]

因素

因素是不可直接观测的变量或构念,需要从输入变量中进行推断。因素分析模型中只有一组少量的自变量,称为因素,假设是这些因素影响或解释了因变量。因素与变量之间的相关系数称为因素载荷,用来帮助解释因素。因素分析的主要目的是缩减模型中变量的个数,所以一个显而易见的问题是应该使用多少个因素。从理论上来说,因素的个数能够与变量一样多,但这是没有意义的。因此,经验法则是,因素所解释的差异必须至少与普通变量一样多。这背后的逻辑是,如果用某个因素替代模型中的一个或多个变量,它所解释的方差必须至少与原始输入变量一样多。

特征值标准

特征值(eigenvalue)代表因素对原始变量方差的解释力。只有特征值大于 1 的因素才会保留在模型中;其他因素不会留在模型中。也就是说,某个因素在所有变量上的因素载荷平方和代表这个因素所解释的总方差的特征值。特征值低于 1 的因素不适合留在模型中,因为经过标准化后,每个变量的方差都等于 1。一个因素至少应该能够解释某个变量的方差。如果解释不了,最好保留原始变量。

碎石图标准

碎石图(scree plot)是描绘特征值与因素个数之间关系的一种图表。根据碎石图

---

① 关于因素分析的详细介绍,参见 Aaker et al., *Marketing Research*, 11th edition。

的形状,可以确定因素个数。通常这种图有一个明显的分界,曲线陡峭下降的部分代表特征值较大的因素,而曲线平缓下降的部分代表其他因素。这段平缓下降的部分称为碎石(scree)。实验证明,碎石开始的那一点代表应该提取的正确的因素个数。

方差百分比标准

当提取因素所解释的方差累积百分比达到一个令人满意的水平之后,便可以确定提取的因素个数。令人满意的方差水平取决于调研问题。通常使用的标准是因素至少解释方差的70%。

因素的解释

因素分析程序需要针对样本中的每个个体或对象输入一组变量。也可以输入一个相关矩阵。最重要的输出结果就是因素载荷,也就是因素与变量之间的相关系数。进行因素分析的前提是存在能够解释这些变量的潜在因素,并且这些变量能够完全和充分代表这些因素。

因素值

因素就相当于一个变量,大多数因素分析程序都会输出所有应答者的每个因素的得分值。这些数值称为因素值(factor scores)。在后续分析中,可以使用因素值替代原始变量,因为因素的个数少于变量,而且这些因素是在概念上有意义的。因素值是根据对相关变量的知识而计算出来的,所以说因素是一种派生变量。因素可以表示为对原始变量的线性贡献。

共同度(公共因素方差)

共同度是所有变量的公共(common)因素所解释的某个变量的方差百分比。

解释的方差

解释方差百分比是一项综合指标,表明因素对原始变量总方差的解释程度。[①]解释方差百分比这个统计量可以用来评估和解释一个因素。

---

①　解释方差百分比与相关因素的载荷平方和成比例。因此,一个因素的解释方差百分比取决于因素载荷高的变量个数。一个变量的共同度实际上等于该变量的因素载荷平方和。

因素旋转

对于任何数据集,因素分析可以生成众多结果(因素载荷与因素值)。每种因素旋转方法都可以生成特定的因素旋转结果。每次旋转因素后,因素的载荷结果与解释都会改变。从几何学的角度,旋转意味着旋转维度。因素旋转方法有多种,如方差最大旋转(用于正交旋转)与快速斜交旋转(用于斜交旋转)。

因素分析存在几个弊端。这是一种非常主观的方法,完全取决于分析者的判断。它不使用任何常规的统计检验,因此很难知道结果是显著的还是偶然的。因素个数的确定、对因素的解释以及为了选择因素而进行的旋转(如果分析者对一组因素不满意,就会不停继续进行旋转)都涉及主观判断。

与此相关的一种局限性是,因素分析通常不使用统计检验。[①]所以很难知道结果仅仅是偶然的,还是真正反映了某些意义。因此,因素分析的标准做法是,将样本随机分为两组或多组,并对每组分别进行因素分析。如果每个分析产生的因素相同,那么可以更加确信结果并非统计上的偶然事件。

因素分析在全球营销调研中的一个应用实例是为了测量美国、德国和法国的消费者创新性而进行的一项研究。[②]国际市场常常向管理层提出许多挑战。当地消费者可能会将他们的产品看作新产品或新事物。为了成功营销产品,管理层需要了解全世界的新产品接受模式。这项研究关注的概念称为特定领域创新度(domain-specific innovativeness scale, DSI),这个概念早前被开发出来,当特定产品领域的新产品在市场上出现时,用这个概念来测量消费者率先尝试新产品的创新性或倾向。经证实,特定领域创新度对讲英语的国家的产品和服务是有效的。而这个研究试图用法语和德语版本来测量讲法语和德语的人的创新性。该研究还从跨文化角度对营销扩散理论的某些问题作出了评价。

创新性被描述为一种呈正态分布的消费者特征。另外,创新性是针对特定领域的。消费者可能会采用某个领域的最新产品,而在其他领域却是落后者。特定领域创新度指标采用的是六项李克特量表,能够可靠并有效地测量在特定产品领域的消费者创新性。该量表属于平衡式量表,有三个正向问题和三个反向问题。

---

① David W. Stewart, "The Application and Misapplication of Factor Analysis in Marketing Research", *Journal of Marketing Research* 18, 1981:51—62.

② Ronald E. Goldsmith, Francois d'Hauteville, and Leisa R. Flynn, "Theory and Measurement of Consumer Innovativeness", *European Journal of Marketing* 32, No.3, 1998:340—353.

该量表的内部一致性很高,而且不受社会期望与默许反应假象的影响。量表的效标效度也得到了肯定,因为量表与那些应该正相关的行为指标之间存在正相关关系。量表与产品涉入指标正相关,与产品知识正相关,而与意见搜寻指标不相关。为了进行这项研究,假设特定领域创新度是单维的、内部一致的,并且不受社会期望与默许的影响。还假设特定领域创新度与产品使用、产品涉入和产品知识等指标正相关,与意见搜寻指标不相关,能够复制先前的研究,从而具有理论效应。

还有一个研究也使用因素分析作为数据分析的工具之一,该研究的目的是开发基于消费者的品牌资产的个体层面测量指标。[1]根据早前的研究,[2]该研究使用的是美国、韩裔美国人和韩国的消费者数据。该研究调查了 12 个品牌:6 个运动鞋品牌(阿迪达斯、亚瑟士、拉盖尔、耐克、彪马和锐步),4 个胶卷品牌(爱克发、富士、柯达和柯尼卡)和 2 个彩色电视机品牌(三星和索尼)。品牌选择基于三个标准。第一,保证品牌在韩国和美国都可购得。第二,品牌的市场份额存在明显差异。第三,所选品牌的原产国不同。美国是拉盖尔、耐克、锐步和柯达的原产国,德国是阿迪达斯、彪马和爱克发的原产国,日本是亚瑟士、富士、柯尼卡和索尼的原产国,而韩国是三星的原产国。

经过对问卷的预测试,决定在主研究中使用 6 个感知质量的问题、3 个品牌忠诚的问题、3 个品牌认知的问题和 5 个品牌联想的问题。在这个阶段,为了开发品牌资产指标,进行了三个层面的分析。第一,进行个体分析,确定每个样本都涉及共同的问题和维度。第二,进行跨组分析,检验个体分析所确定的问题的因素不变性,以便对构念进行跨文化比较。最后,进行混合分析,确定混合样本中不受文化影响的品牌资产通用维度。

经过这些分析,使用关于多维品牌资产(multidimensional brand equity, MBE)的 10 个问题作为基于消费者的品牌资产量表。由于跨文化不变性,可以对多维品牌资产的得分与维度进行跨文化比较,而不同的得分则代表构念确实存在跨文化差异。这 10 个问题涉及品牌忠诚、感知质量和品牌认知/联想这三个维度。在所有文化当中,耐克和柯达的 MBE 指数与每个品牌资产维度的得分都是最高的。在美

---

① B. Yoo, and N. Donthu, "Developing and Validating a Multi-Dimensional Consumer-Based Brand Equity Scale", *Journal of Business Research* 52, No.1, 2001:1—14.

② D. A. Aaker, *Managing Brand Equity*, New York: Free Press, 1991; K.L.Keller, "Conceptualizing, Measuring and Managing Customer-Based Brand Equity", *Journal of Marketing* 57, No.1, 1993:1—22.

国市场,索尼得到的评价高于三星,但是韩国人更偏爱三星,而不是索尼。专栏15.1
(a—d)用图表显示了关于12个品牌的MBE应用。

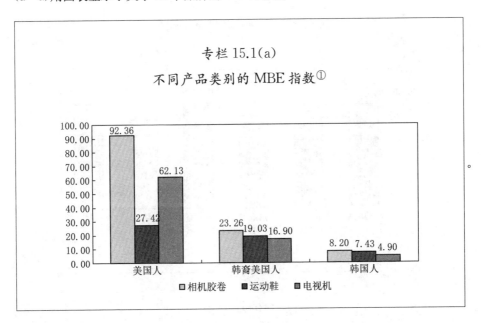

专栏 15.1(a)

不同产品类别的 MBE 指数[①]

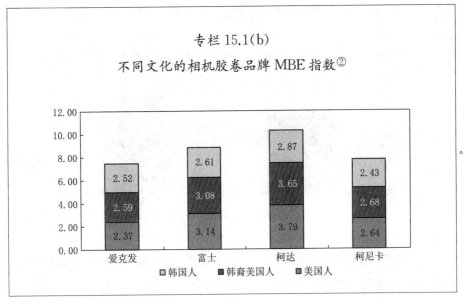

专栏 15.1(b)

不同文化的相机胶卷品牌 MBE 指数[②]

[①②] Yoo and Donthu, "Developing and Validating a Multi-Dimensional Consumer-Based Brand Equity Scale".

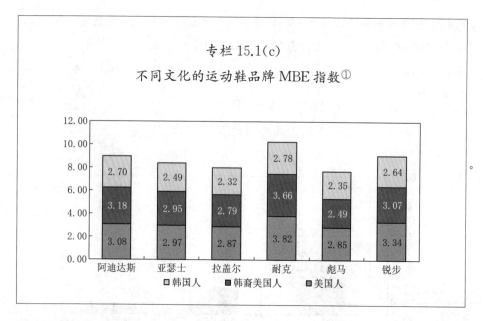

专栏 15.1(c)

不同文化的运动鞋品牌 MBE 指数①

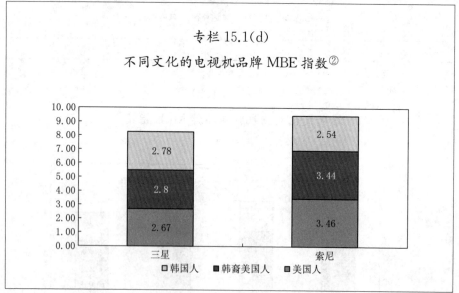

专栏 15.1(d)

不同文化的电视机品牌 MBE 指数②

　　为了评估 MBE 的聚合效度,该研究还开发了一个品牌资产的四项单维(直接)指标,并将其命名为总体品牌资产。这两个指标之间存在显著的强相关关系。在

　　①②　Yoo and Donthu, "Developing and Validating a Multi-Dimensional Consumer-Based Brand Equity Scale".

美国人、韩裔美国人和韩国人中，MBE 指数与综合平均得分之间的相关系数分别为 1.00、0.98 和 0.99。另一个综合得分，即 10 个问题的原始得分之和，与 MBE 指数的相关性也很高。美国人、韩裔美国人和韩国人的 MBE 指数与原始综合得分的相关系数分别为 0.97、0.91 和 0.94。这些结果说明，基于均值或原始得分的综合得分可以用作 MBE 指数的近似值，尤其是在非韩国或非美国国家。

聚类分析

在聚类分析中，变量被分入不同的子群或簇中。这些群组是通过聚类分析过程形成的，使用的是一组特定的计算方法。聚类分析主要用来根据对象的属性将其分入不同的群或簇。同一个群组的对象之间存在很高的相关性，而与其他群组的对象之间的相关性较低。聚类分析形成的群组，具有最低的组内差异性和最高的组间差异性。有可能存在多种群组划分方法。调研者可以根据情况选择最恰当的一组群组。

聚类分析通常涉及六个步骤。[①]第一步，界定研究问题。第二步，选择恰当的相似性指标来将对象分组。第三步，确定对象的聚类方法。第四步，确定期望的群组个数。第五步，对群组进行评估，创建描述性资料以便于管理。最后，根据某些信息对群组进行验证，确保这些群组能够生成有意义的结果。下面对各个步骤进行简要说明。

问题界定：在这个阶段，界定并识别那些能够形成自然群组或聚类的个体或对象。通常在营销研究中，营销经理的目标之一是识别相似消费者的细分，以便针对每个细分开发并定制营销方案。因此，这种分组的目的可能是基于消费者所寻求的产品功效而对他们进行分组。或者也可以根据生活方式对顾客进行分组。分组的结果可能是，某一组喜欢户外运动，另一组喜欢娱乐项目，而第三组喜欢烹饪与园艺。每个细分具有不同的产品需求，对广告会作出不同的反应。

相似性指标：为了将对象分组，需要采用某种相似性或相异性指标。相似的对象被分在同一群组，而相异的对象被分在不同群组。聚类分析通常使用的指标是：①距离指标，②相关系数，和③关联系数。

---

① 关于聚类分析的详细介绍，参见 Aaker et al.，*Marketing Research*，11th edition。

聚类方法:有两种聚类方法——层次聚类法与非层次聚类法。层次聚类法可以从某个群组中的所有对象开始,将其划分和细分,直到所有的对象都分入他们独自的单一对象群组。这种方法称为自上而下方法,或分解法。相反,自下而上方法,或合并法,从单一对象群组中的每个对象开始,系统地进行合并聚类,直到所有对象归入一个群组。当某个对象与群组中另一个对象相关时,两者保留在同一群组中。常用的层次聚类法包括单连锁聚类、全连锁聚类、平均连锁聚类、离差平方和法和重心法。

非层次聚类法唯一的差别是,只要聚类标准能够得到改善,在群组形成过程中,允许对象脱离某个群组并加入另一个群组。这种方法需要首先选择一个聚类中心,在预设距离阈值之内的所有对象都包含在这个聚类中。如果需要三个聚类,则需设定三个聚类中心。这些聚类中心可以是随机数字,也可以采用在层次方法中得到的聚类中心。最常用的非层次聚类法包括连续阈值法、并行阈值法和优化法。

群组个数:确定群组个数的方法有多种。在第一种方法中,群组个数是预先设定的。这也许是出于逻辑或管理方面的原因。在第二种方法中,可以根据聚类标准设定聚类水平。例如,如果聚类标准很容易解释,如平均组内相似性,那么有理由设定一个特定水平来决定群组个数。在第三种方法中,群组个数是由软件生成的聚类模式确定的。可以将连续步骤之间的距离作为准则,当这个距离超过特定值,或者连续步骤之间的距离出现较大差异时,分析者便可以选择停止。最后,还可以利用图表绘制组内方差与组间方差的比值与聚类个数之间的关系。曲线出现急转弯处的点标志着恰当的群组个数。在该点之后继续增加群组个数是毫无作用的,而选择少于该点的群组个数将导致不相关的类别被分入同一群组。

评估并描述群组:确定群组之后,必须对其进行有意义的描述。经常使用的方法是重心法——群组中对象在每个变量上的平均值构成每个对象的资料。如果数据是等距尺度的,并且是在原始变量空间进行的聚类,这种方法就可以作为一种很自然的概要描述方法。

统计推断:没有检验群组统计可靠性的明确方法,因为很难提出可行的原假设。不过,调研者可以使用某些特定方法。例如,可以对同一组数据采用两种以上不同的聚类方法,然后比较生成的群组与距离指标。另一种方法是将数据随机分成两半,分别进行聚类,然后检验不同子样本中每个群组的平均值。另外,还可以使用模拟方法,利用随机数生成器创建数据集,令其匹配于不包含群组的原始数据的总体属性。真实数据和人工数据可以使用相同的聚类方法,然后对生成的结果进行比较。

专栏 15.2 展示了一个聚类分析的结果,进行该分析的目的是了解荷兰的高等院校如何利用社交媒体行为进行传播与招生。该研究探索了未来大学生的主要特征,分析了他们在日常生活中使用社交媒体的方法,并揭示了社交媒体对他们决策过程的影响,尤其是在高等院校的选择方面。利用这种方法对未来大学生进行细分,可以帮助开发或完善基于社交媒体的传播策略,有效到达未来大学生,并为他们提供更好的信息来帮助他们正确选择学习院校。

专栏 15.2
荷兰未来大学生的聚类(基于社交媒体使用)[1]

细分:社交媒体用户	描　　述
社交用户(40.7%)	三个聚类中最大的群组;该组用户使用社交媒体账户的主要目的是娱乐与社交。
信息用户(29.7%)	该组用户不但利用社交媒体进行娱乐与社交活动,还进行信息搜寻活动。他们还参与信息添加活动,如分享照片和视频。
新手用户(29.5%)	该组用户的特征是,为了娱乐与社交而使用社交媒体的水平很低。

多维尺度分析

多维尺度分析采用一套计算方法,描述变量或对象之间的相关矩阵。[2]营销调研者主要使用这种方法来研究对象之间的关系,比如特定产品类别中的不同品牌。多维尺度方法可以用来分析消费者对不同品牌的感知与偏好。还可以用来识别对

---

① Efthymios Constantinides and Marc C. Zinck Stagno, "Potential of the Social Media as Instruments of Higher Education Marketing: A Segmentation Study", *Journal of Marketing for Higher Education* 21, No.1, 2011:7—24.

② Efthymios Constantinides and Marc C. Zinck Stagno, *Journal of Marketing for Higher Education*, 2011:7—24.

消费者非常重要的产品属性、最受欢迎的属性、具有产品竞争优势的属性组合以及消费者可获得的替代品。

全球营销调研中使用多维尺度方法的一个例子是,为了确定工业化国家之间的收敛与发散模式而进行的一项研究。①研究目的是分析增加国家之间的贸易与旅游是否能够帮助拉近国家之间的关系。该研究检验了 18 个工业化国家在 28 年间的宏观环境特征相似性。该研究的三个假设是:

(1) 工业化国家间的宏观环境特征越发相似。

(2) 作为国家间差异的决定因素之一,地理距离的重要性正在下降。

(3) 个人主义与权力距离是宏观环境演变模式的重要决定因素。

原始数据集包括 42 个变量,分别是经济、人口统计、市场基础设施和生活质量等变量。使用四个标准将变量减少到 15 个。

(1) 各个时间段的数据可获得性。

(2) 造成多重共线性问题的冗余变量。

(3) 删除在各研究时段不存在差异的变量。

(4) 选择在不同国家之间具有较高变异系数的变量。

多维尺度分析用来检验第一个假设。观察到了 28 年间宏观环境因素的收敛和/或发散模式。使用欧几理德距离指标计算出了 15 个宏观环境变量的相异性矩阵。输入生成的 72×72(18 个国家×4 个时间段)矩阵来进行多维尺度分析。

图 15.1 与图 15.2 中对 18 个国家与 4 个时间段的三维图解显示,这些国家的宏观环境特征越发发散,而并非收敛。在 20 世纪 60 年代,这些国家主要在右上象限形成了紧密的聚类。美国是唯一落在左上象限的国家。截至 1970 年,聚类移向左侧。不过,重要的移动发生在 1980—1988 年间。所有国家都明显左移,并且越发分散。对这些国家在 4 个时间段内 15 个宏观环境变量的平均相异性进行的检验,进一步证实了分散性的提高。

---

① Samuel Craig, Susan Douglas, and Andreas Grein, "Pattern of Convergence and Divergence Among Industrialized Nations: 1960—1988", *Journal of International Business Studies*, 1992.

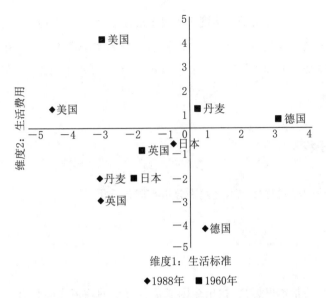

图 15.1 欧洲国家、美国与日本的多维图（维度 2: 生活费用）

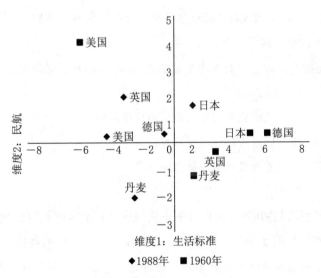

图 15.2 欧洲国家、美国与日本的多维图（维度 2: 民航）

对这两个图进一步观察会发现,在整个研究期间,不仅国家之间的距离增长,而且维度 1 明显出现了由左至右的移动。对引起该维度变化的解释变量进行考查后显示,它反映的是总体生活标准。

维度 1 解释了国家相异性的大部分变化。因此,用来建构这三个维度的大部分原始变量与维度 1 是相关的。维度 1 代表生活标准,反映为人均收入与轿车数量的增加。它还包括通信网络(电话与广播的数量)与真实财富等方面。在这方面变动最大的国家是地中海国家,其标志为社会权力结构与社会不平等。

非对称性技术

本章讨论的非对称性技术是判别分析与联合分析。

判别分析

判别分析的基本思想是,找出令因变量各类别的均值之间具有最大差异的一种自变量的线性组合。[1]在回归分析中,判别分析用来进行预测和描述。这种技术根据一组指标,将对象归入两个或更多群组。这些群组各不相同,每个个体对象属于其中某一个群组。判别分析的目的是:

(1)确定能够形成群组的预测变量的线性组合,相对于组内差异,其组间差异最大;

(2)利用特定方法将新的对象归入先前形成的群组之一;

(3)检验群组之间是否存在显著差异;

(4)确定对群组差异最具有解释力的变量。

判别分析利用判别函数,主要用来识别能够解释群组间差异的变量。该模型需要输入自变量与因变量的值。判别分析将提供判别函数的特征与函数的显著性。确定判别函数显著性使用 F 检验。程序还将给出原始与标准的判别权重,帮助将对象进行分类。

运行判别分析的假设是,所有自变量(比如 p 个自变量)必须满足多元正态分布。任意两个群组的自变量的 $p \times p$ 方差——协方差矩阵必须相同。

---

① Thomas Kinnear, James Taylor, Lester Johnson, and Robert Armstrong, *Australian Marketing Research*, Sydney: McGraw-Hill Book Company, 1993.

　　下面举例说明如何使用判别分析。调研者考查了小企业首席执行官对外国市场的兴趣。向 200 个小企业发放了问卷,回收了 98 份。根据原始变量出口意愿(willingness to export),调研者创建了一个称为出口兴趣(export interest,EI)的变量。如果公司有兴趣进入外国市场,那么出口意愿的得分为 4 或 5。否则,得分为 1、2 或 3。如果出口意愿为 4 或 5,那么 EI 变量值为 2;如果出口意愿为 1、2 或 3,EI 变量值则为 1。由此形成两个群组——一组的出口兴趣高($EI=2$),而另一组的出口兴趣低($EI=1$)。在这个例子中,判别分析使用的自变量是劳动力规模(规模)、企业收入(收入)、在国内市场的经营年限(年限)和企业目前生产的产品数量(产品)。于是建立了一个包含 4 个自变量的判别函数。表 15.1 和表 15.2 总结了分析结果。

表 15.1　判别分析结果①

变　　量	混合一组内判别载荷	总样本标准判别系数	原始典则系数
规　　模	0.585	0.825	0.077
收　　入	0.249	0.196	0.300
年　　限	0.541	0.824	0.895
产　　品	0.358	0.156	0.061

表 15.2　分类矩阵②

	高	低	合计
实际高	16(72.73%)	6(27.27%)	22(100%)
实际低	9(23.68%)	29(76.32%)	38(100%)
合　计	25(41.67%)	35(58.33%)	60(100%)
	命中率=(16+29)/60=75%		

　　考察预测变量的标准判别系数,我们得出的结论是,劳动力规模(0.83)与在国内市场的经营年限(0.82)是 EI 水平的两个最具判别力的变量。分类矩阵得到的命中率为 75%,即分类正确的对象所占的百分比,该结果优于将每个企业归入最大群组(38/60=0.63 或 63%)的机会分类方法。

联合分析

　　联合分析是一种非常强大的数据分析工具,在全球营销调研中的应用日益增

---

①②　Aaker et al.,*Marketing Research*,11th edition.

长。这种方法处理的是两个以上自变量对某个因变量排序的联合效应。它提供定量指标来测量一个属性相对于另一个属性的重要性。通过向应答者描述代表属性水平不同组合的虚拟产品来获取数据。这种方法能够获取成对比较判断，了解某种轮廓（组合）相对于另一种的偏好程度。计算机程序为每个属性水平赋值（称为成分效用）。对每个虚拟产品的属性水平值进行求和，这些合计值的排序应该近似于应答者的偏好排序。效用值最高的组合应该是本来最喜欢的，而效用值最低的组合应该是最不喜欢的。属性水平最高值与最低值差异越大，则该属性越重要。

获取应答者偏好的方法是，请他们同时考虑两个属性，或者对整套属性轮廓（组合）做出总体判断。全轮廓法更适用于大多数情况，因为它具有以下优势：

● 同时考虑所有的虚拟产品，因此它是一种更现实可行的方法；

● 调研者可以选择使用排序法或打分法；

● 应答者同时对所有属性进行评价，因此投入的时间与精力更少。

遗憾的是，当属性数量增多时，判断变得复杂，应答者的压力增加。这将导致准确度的下降。在这种情况下，最好采用配对权衡法。调研者必须注意配对权衡法的特定弊端。

● 这种方法冗杂而耗时。因此，应答者不可能总是作出准确回答。

● 属性之间有可能存在交互作用，请应答者分别评价属性时，他们也许手足无措。例如，请应答者分别评价价格和质量这两个属性时，那些将价格与质量关联起来的人可能不知道该如何排序。

● 请应答者同时只考虑两个属性，这缺乏现实性。

联合分析曾经被荷兰的一家慈善机构用来进行直邮应答最优化的数据分析。[①]该研究的目的是通过确定最优邮件设计，来改善直接邮件的效果。调研者首先建立了应答最优化的理论框架。该领域以往的研究显示，应答取决于以下因素，按重要性排序：

① Marco Vriens, Hiek R. van der Scheer, Janny C. Hoekstra, and Jan Roelf Bult, "Conjoint Experiments for Direct Mail Response Optimization", *European Journal of Marketing* 32, No. 3, 1998: 323—339.

(1) 清单的质量

(2)（商业）产品的特征

(3) 邮件的创造性元素或设计

(4) 邮件的时间

对应答者回复直接邮件的过程进行研究后，他们识别出三个关键的行为构成：

(1) 潜在应答者打开信封

(2) 潜在应答者注意到邮件与产品的特征元素

(3) 对产品作出应答

将四个因素与直接邮件的回复过程相联系，可以得出以下结论。直接邮件的设计特征影响其吸引力，进而影响打开信封的可能性——这是注意到内容的前提。邮件内容的吸引力影响注意到向潜在顾客提供的产品的可能性。最后，产品的吸引力本身影响应答可能性。

使用联合分析为调研者提供了许多灵活性。可以请应答者对一组实验性设计的信封的吸引力作出判断。利用相对重要性与成分效用值，可以得到最优设计的结论。不过，请应答者评价的设计也许并不可行。因此，调研者选择使用联合现场实验。样本中的每个家庭都会收到一份实验设计不同的信封。

联合实验的设计与实施涉及数据收集与数据分析的众多步骤。这些步骤包括：

(1) 选择与定义属性

(2) 确定特征的相关水平

(3) 考虑偏好模型

(4) 选择数据收集方法

(5) 设置刺激物

(6) 定义因变量

(7) 选择数据收集过程

专栏 15.3 列出了信封实验所包含的特征。

专栏 15.3

信封实验①

特　征	水平(水平数量)	特　征	水平(水平数量)
开　本	A5、Cabinet 或 Ola(3)	装饰彩纸条	打字、手写或无(3)
额外特征	全息图、信封上的额外视窗或无(3)	发件人	全名或缩写(2)
纸张类型	无氯纸或回收纸(2)	附加	奖券或无(2)

从中抽取样本的研究总体是由该慈善机构提供的,数据库中近三年至少捐赠过一次的人。在 1 692 人的原始样本中,360 人表示愿意与该研究合作。访谈时的到场人数为 200,收到有效问卷 170 份。表 15.3 列出了三个主要应答细分所给出的各种特征的相对重要性(百分比)。

表 15.3　细分给出的属性相对重要性②

特　征	细分 1	细分 2	细分 3	加　权
开　本	17.1	14.3	33.5	20.6
额外特征	41.1	22.4	45.5	34.2
纸张类型	4.2	41.4	9.5	21.9
装饰彩纸条	19.2	8.4	2.7	9.7
发件人	6.5	2.5	8.1	5.2
附　加	11.8	11.2	0.7	8.3

细分 1 包括的应答者为年龄 35—50 岁、有子女并且居住于主城区之外的人。细分 2 的应答者年龄在 65 岁以上。细分 3 的应答者为年龄 35 岁以下、无子女并且居住于主城区内的人。

如果无法将细分结果与背景特征相关联,需要利用细分规模计算加权平均相

①　"Envelope Experiment", from Marco Vriens, Hiek R. van der Scheer, Janny C. Hoekstra, and Jan Roelf Bult, "Conjoint Experiments for Direct Mail Response Optimization", *European Journal of Marketing*, Vol.32(3/4), 1998:323—339.经 MCB University Press 许可后使用。

②　"Relative Importance of Attributes by Segments", from Marco Vriens, Hiek R. van der Scheer, Janny C. Hoekstra, and Jan Roelf Bult, "Conjoint Experiments for Direct Mail Response Optimization", *European Journal of Marketing*, Vol.32(3/4), 1998:323—339. Reprinted with permission from MCB University Press.

对重要性。该机构是否决定向三个细分邮寄三种不同的信封,而不是同一种信封,这取决于这种策略的收益是否超过额外成本。

邮寄给应答者的信件也存在差异。专栏 15.4 列出了信件特征。向 48 000 个家庭邮寄了测试信件,应答率为 54.4%。专栏 15.5 总结了应答数值。据观察,通过向不同细分邮寄定制信件,捐赠平均增长了 5%。因为直接邮件涉及上百万家庭,其绝对金额是相当可观的。

专栏 15.4

信件实验特征[①]

特　征	水　平	特　征	水　平
支付建议	附带或不附带	附言	总结或新信息
手册	有或没有	签名	教授或董事
插图	左上、右上或没有	致辞	信件或支付建议
放大器	许多、少数或没有		

专栏 15.5

信件实验应答[②]

特　征	水平	应答(%)	捐赠*
支付建议	附带	52.94	9.57
	不附带	55.83	9.69
手　册	有	54.43	9.63
	没有	54.35	9.63

---

①② "Characteristics included in the letter experiment", from Marco Vriens, Hiek R. van der Scheer, Janny C. Hoekstra, and Jan Roelf Bult, "Conjoint Experiments for Direct Mail Response Optimization", *European Journal of Marketing*, Vol. 32(3/4), 1998:323—339. 经 MCB University Press 许可后使用。

（续表）

特　征	水平	应答(%)	捐赠*
插　图	左上	55.91	9.77
	右上	49.51	9.02
	没有	56.25	9.97
放大器	许多	55.54	9.73
	少数	53.52	9.51
	没有	55.46	9.86
附　言	总结	56.11	9.79
	新信息	52.17	9.42
签　名	教授	55.61	9.84
	董事	53.18	9.42
致　辞	信件	54.50	9.63
	支付建议	54.28	9.63
总　体		54.39	9.63

注：* 所有家庭的平均捐赠额（荷兰盾）。

　　该研究的结论是，细分之间在特征的平均相对重要性与最优水平方面存在巨大差异。获取家庭的特征是应用细分结果的前提。如果得不到家庭特征，则应该使用针对总体的最优邮件。

本章小结

　　根据是否将两个以上变量指定为一个以上自变量的因变量，多变量技术分为对称性与非对称性技术。因素分析用于识别数据中的潜在维度或构念，并通过剔除冗余来减少变量个数。聚类分析被用于将变量、对象或人进行分组。多维尺度分析用于识别感知或评价对象所使用的维度，根据这些维度将对象定位，并针对新老产品制定定位策略。联合分析用于预测概念性新产品的购买或使用。还可以基于应答者的权衡决策，用来确定不同属性的相对重要性。判别分析利用判别函数，主要用于识别能够解释预先定义群组之间差异的变量。还可以用来将对象归入已定义的一个或多个群组。

思考题

1. 什么是因素分析？它如何帮助调研者进行数据分析？
2. 如何确定一种解决方案中的聚类数量？
3. 多维尺度分析与因素分析和聚类分析有什么不同？
4. 判别分析的用途是什么？
5. 联合实验的设计与实施涉及哪些步骤？

16

展示结果

本章概述

　　调研不能止步于找到所提出问题的解决方案。如何向利益相关者传达解决方案是至关重要的。调研者往往过于重视数据分析的技术层面,而忽略了一个事实——如何应用数学与统计输出结果才是最重要的。展示结果在营销中起重要作用,而且在全球营销调研环境中具有特殊地位。典型的营销调研过程涉及两种展示:提案与结果。对调研者来说,展示提案是非常重要的,因为客户会根据展示决定是否继续开展研究。展示结果也很重要,因为它阐述与调研目的有关的决策。有些管理者仅仅根据展示评价整个调研过程,因此调研者需要精心设计展示。结果展示可以采用书面或口头形式,本章讨论这两种形式的基本准则。

书面报告

　　书面报告必须针对特定受众,在这里是决策制定者。清晰的思路与语言是必要条件,还应该恰当地使用视觉辅助、数字和表格。必须确保报告听起来不会显得居高临下。这在很多文化当中都是一个重要问题,因为这些文化认为一个人的行为必须尊重对方的年龄、职位与性别。报告必须明晰调研的所有信息需求,调研者必须清晰并简洁地传达调研结果。要记住,委托调研的管理者特别忙碌,不会浪费时间与精力,费力地从大量数据中寻找重要信息。很有可能结果并不符合某个或更多决策制定者的先入之见,不会作为有效结果被接受。对调研者来说,重要的是要保持客观,尽管最简单的做法是令报告看起来更容易接受。必要时,调研者必须能够捍卫结果。

全球营销调研的书面报告并没有特定格式;不过,营销调研行业广为接受的做法是,所有书面报告应该包括以下内容:①

（1）标题页点明调研的本质。该页应该标明营销调研公司与委托调研机构的名称。机密报告还应该指定接收人的名字。

（2）目录需标注页码。目录应该包括报告中的所有标题,以及用于展示的表格、图表或其他视觉辅助。

（3）执行摘要概括整个调研过程。大多数决策制定者仅仅阅读执行摘要,因此执行摘要必须包含对决策制定起重要影响的调研信息。应该包含的信息有调研目的、主要结果与调研者提出的所有建议。

（4）报告正文必须详细,并且记录整个调研过程。

● 通常,正文从前言开始,前言的内容取决于受众。如果决策制定者不熟悉调研项目与营销调研过程,前言内容必须要全面。应该包括决策问题的性质与进行调研的环境。

● 研究方法必须详细。报告的这部分必须包括调研设计——调研问题、需要检验的假设、总体的界定、抽样计划、数据收集方法与数据分析方法。

● 调研结果必须被展示出来,展示结果时必须要考虑到问题的性质与将要作出的决策。这部分应该尽量少地包含非专业人员难以理解的专业术语。

● 仔细解释调研过程的局限性。这些局限性可能源于抽样、数据收集或分析阶段的偏差。

（5）建议是调研结果的逻辑扩展,需要调研者具备相当的经验与判断力。建议必须实用,使管理层能够据此采取行动。

---

① 改编自 H.L.Gordon,"Eight Ways to Dress a Research Report",*Advertising Age*,October 20,1980:S—37。

大多数调研者没有接受过报告撰写培训,因此会忽视良好的报告撰写风格。以下几点对于撰写一份优秀的报告特别重要:

- 应该使用主标题和副标题传达讨论材料的内容或大意;
- 报告应尽可能使用现在时态;
- 主动语态使报告更加生动有趣;
- 展示数据时应该使用表格与图表,因为它们易于理解并且美观;
- 使用引用转述应答者评论。这会令管理者印象深刻。

口头展示

除了书面报告,大多数客户还喜欢听取口头展示。以下清单可以帮助调研者进行有效的展示:

- 进行展示的练习,并请某人倾听。处理展示的漏洞,使之更为有效。
- 展示之前,检查所有设备。确保灯光、麦克风、投影仪以及其他视觉辅助工作正常。制定应急计划,以防设备故障。
- 体谅受众的感受。展示开始时概括调研过程。
- 展示结束前讨论具有争议的调研主题。受众对调研过程的有效性具有信心时,对于巨变的态度会更加开明。
- 口头展示的黄金法则是:不要照着读。随手拿着笔记,适时查看,确保不遗漏任何要点,但是展示过程中应该面对受众。
- 使用视觉辅助强调事实与数字等要点。这些工具令展示更具条理并易于理解。
- 避免可能分散受众注意力的言谈举止。不要在句子中使用"要知道""okay"等填充语。
- 认真倾听受众的提问。受众完成提问之后再做回答。这一点在某些文化中非常重要,因为这些文化认为预测问题并提前回答是不礼貌的表现。
- 如果没能理解问题,复述问题并请求澄清。类似地,如果不知道问题的答案,不要编造答案。
- 回答尽量简短,并尽可能提供佐证。

在口头和书面展示中,使用表格和图表都是有帮助的。这些工具帮助调研者以受众易于理解的方式来总结并传达大量信息。调研者可以使用众多软件包轻而易举地生成这些图表。

展示的效度、信度与普适度

无论是口头还是书面展示,调研者都需要处理效度、信度与普适度问题。尽管精简展示很重要,但是必须将调研项目的特定事实传达给受众。例如,展示中必须提及抽样过程中所确定的样本容量及其逻辑依据。必须向受众传达问卷设计所采用的特殊翻译或用词方法。还有一点需要牢记,必须避免普遍化。该项调研可能针对特定国家或文化,如法国,作出了重要结论;但是,不能将这些结果推广至德国或其他欧洲国家。

传播技术的整合发展

数据可视化

大数据现象彻底变革了营销调研行业。大数据不仅意味着需要分析的数据更多,同时也给大信息量的展示工作带来了挑战。结果展示经历了漫长的发展过程。它在国际营销环境中起特殊作用,因为信息是在多国之间进行分享的。当今,有许多软件和工具可以用来将数据可视化并展示给受众。数据可视化的主要目的是清晰并有效地传达信息。[1]企业现在可以使用在线可视化工具,如 Google Chart API 和 Visual.ly 等。而 Processing 等桌面应用程序使得企业可以使用更强大的、基于台式电脑的应用程序,而不仅仅是简单的、基于网络的在线小工具。[2]企业和学者们还可以使用 SPSS、SAS 和 R 这样的专业工具。

[1] V.Friedman, "Data Visualization and Infographics", January 14, 2008, http://www.smashing-magazine.com/2008/01/14/monday-inspiration-data-visualization-and-infographics/于 2013 年 7 月访问。

[2] B.Suda, "Top 20 Data Visualization Tools", September 17, 2012, http://www.netmagazine.com/features/top-20-data-visualization-tools 于 2013 年 7 月访问。

新技术与展示的整合

在全球营销调研环境中,结果展示可能是整个过程中最重要的一步。正是在这个阶段,调研的所有目标才得以实现。Microsoft Office 产品非常普及,大多数计算机都可以使用 Microsoft PowerPoint 进行展示。但是,随着全世界迈向云存储,对免费的、基于网络的技术解决方案的需求巨大,对于展示也是如此。

Prezi 就是可以替代 Microsoft PowerPoint 的一种网络工具。它可以制作高质量的动画展示。另外,它可以全部存储在云端,这将免去携带闪存盘保存最终版本的烦恼。即使是非专业设计人员,也可以利用它的各种主题与模板,轻而易举地制作美观的展示。其他动画展示软件工具包括 GoAnimate、Google Docs 和 SlideRocket 等。目前,应用程序开发的重点正在转向实现用户利用智能电话和平板电脑等移动设备来制作华丽的展示。Haidu Deck 就是这样一种应用,用户可以在 iPad 上制作展示。

开源平台的应用也越发广泛。例如,有许多 Open Office 这样的免费软件工具,支持所有操作系统,有益于大众。Impress 是 Open Office 的办公套件之一,可以用来制作展示。其特性类似于 PowerPoint,用户能够很快适应。

平板电脑在工作中的使用

在飞速发展的技术环境下,不断有新的工具开发出来,以提高工作效率。平板电脑与移动设备不再局限于作为娱乐与沟通设备,它们可以搭载办公软件,协助用户实现实时办公,而且笔记本电脑和台式机标准配备的主要应用程序的丰富功能,它们一个都不缺。Forrester Research 提供的如下数字与趋势,说明平板电脑在职员中越来越受欢迎:[①]

● 随时随地信息工作者(使用三个以上设备、有多个工作地点、使用多种应用的

---

① Ted Schadler, "2013 Mobile Workforce Adoption Trends", February 4, 2013, http://www.vmware.com/files/pdf/Forrester_2013_Mobile_Workforce_Adoption_Trends_Feb2013.pdf 于 2014 年 3 月 24 日访问。J.P.Gownder, "Global Business and Consumer Tablet Forecast Update, 2013 to 2017", *Forest Research*, August 5, 2013, http://blogs.forrester.com/jp_gownder/13-08-02-global_business_and_consumer_tablet_forecast_update_2013_to_2017_0#于 2014 年 3 月 26 日访问。

人)的数量占全球劳动力的比例,从 2011 年的 23％上升至 2012 年的 29％。

- 将近 25％的信息工作者使用平板电脑,22％使用 Box、Dropbox、SugarSync 和 YouSendIt 等文件同步与分享软件,70％的职员在工作中使用 Dropbox 来处理办公或个人文件。

- 36％的信息工作者使用平板电脑进行展示,而使用个人电脑的仅占 27％。

- 截至 2017 年:

○ 全球平板电脑配备量将达 9.05 亿。

○ 将近 60％的北美(美国与加拿大)在线消费者与 42％的欧洲在线消费者将拥有平板电脑。另外,在新加坡和韩国等亚洲领先市场,平板电脑也将占据主要地位。

○ 全世界总销量将达 3.81 亿台。

- 未来几年将出现的趋势包括:

○ 除了公司配备和个人自带的平板电脑以外,还将出现一种所有权模式,即员工负担平板电脑的部分成本,便可以得到他们选定的设备。

○ 平板电脑在医疗保健等行业具有超便携性,医生和护士可以在面对患者(例如,展示化验结果)或者进行诊疗时(例如,将信息载入患者记录与监控健康状况)使用平板电脑。

○ 平板电脑将跨越组织的等级界限,除了主管和行销员,公司配备的平板电脑也将发放给其他职员使用。

在发货量方面,据国际数据公司(International Data Corporation, IDC)报告,2013 年第一季度,装运给零售商销售的平板电脑总计为 4 920 万台。该数字比 2012 年上半年的平板电脑总发货量更大。另外,预计平板电脑的销量将在 2013 年超越便携式个人电脑,在 2015 年超越所有个人电脑。[1]在所有权方面,据皮尤互联网和美国生活项目报告(Pew Internet and American Life Project),平板电脑拥有率自 2012 年的 18％上升至 2013 年的 34％。报告还指出,最有可能拥有平板电脑的是 35—44 岁之间的人,另外,最有可能的用户还是应届毕业生(49％)、父母以及年收入至少 75 000 美元的家庭。[2]

---

[1] "IDC Forecasts Worldwide Tablet Shipments to Surpass Portable PC Shipments in 2013, Total PC Shipments in 2015", *Press Release*, 28 May 2013.

[2] Kathryn Zickuhr, "Tablet Ownership 2013", Pew Research Center, June 10, 2013, http://pewinternet.org/Reports/2013/Tablet-Ownership-2013.aspx 于 2014 年 3 月 26 日访问。

平板电脑使用率的迅速提高受到平板电脑应用开发的重要影响。据 Juniper Research 预测,2013 年平板电脑应用的销售额将近 88 亿美元,其销售收入有望在 2017 年超越智能手机的应用。尽管非工作性应用仍然占据主导地位,但是商业与工作效率应用正呈现增长前景。[①]这些趋势清楚地说明了平板电脑的普及度与重要性,利用效率应用可以轻松并富有创造性地执行工作任务。专栏 16.1 介绍了一款为平板电脑设计的效率应用。

专栏 16.1

开始 Quip 吧[②]

Quip 是一个跨平台文字处理应用程序,是平板电脑的协作工具之一,可以用来轻松地创建并分享文件。其特性包括实时协作编辑、跨平台即时通讯工具、离线编辑、文件夹、检查单,利用内容更新实时追踪文件编辑、使用 @mentions 为用户添加标签、推送通知以及已读回执。

Quip 基本版可以通过在 iPhone 或 iPad 上创建账号免费下载。但是,完整版 Quip Business 向用户每月收费 12 美元,允许多达 250 个用户进行在线协作。利用强大的云计算,用户可以在个人电脑上登录账号处理文件,实现该应用在平板电脑与个人电脑之间的无缝转换。除了基本的设置选项与文件的美化功能,该应用的个人电脑版还允许用户以 PDF 格式下载文件并直接打印。

可以通过电子邮件或文字消息,与(手机或平板电脑上的)联系人列表成员分享文件。当有人发送消息、分享文件或作出编辑后,其协作者便可以收到通知推送。内容更新(称为 Diffs)与微软 Word 的追踪修订功能类似,以绿色凸显添加,以红色凸显删除。另外,还可以对文件夹进行分享或保存(利用简单的检索方法),有效并有序地管理未完成的文件。

---

① "The State of the Tablet Market", *TabTimes*, August 13, 2013, http://tabtimes.com/resources/the-state-of-the-tablet-market 于 2014 年 3 月 18 日访问。

② 改编自 Videep Vijay Kumar, "Productivity in the Mobile Era", Hindu, August 14, 2013, http://www.thehindu.com/sci-tech/technology/productivity-in-the-mobile-era/article5022189.ece 于 2014 年 3 月 20 日访问。

本章小结

在营销调研中,向客户展示调研提案与调研结果的沟通技能至关重要。应该根据受众确定展示的类型与性质,使其作用最大化。展示通常包括项目概述、正文与总结。本章介绍了一些有助于有效制作展示的准则,以及有助于对结果进行协作与展示的技术。

第四篇　跨国市场的营销调研方法

17

亚太地区

本章概述

    亚太地区国家在文化和市场特征方面极度差异化。亚洲的几个国家可归类为高语境文化,在这些国家强调权威人士认可或者推荐产品。虽然广告和营销是决定消费者兴趣和购买的有效手段,但口碑和榜样的作用也是要注意的。大多数亚洲国家可以归类为集体主义,与美国相比,家庭决策模式和集体互动的比例比较高。

    在面对整个亚太市场时,要注意购买力和基础设施上的差异。新兴的工业化经济体(中国香港、新加坡和韩国),与南亚经济体(印度、巴基斯坦和孟加拉)以及东盟国家(马来西亚、菲律宾、印度尼西亚、泰国、缅甸、文莱、越南、柬埔寨和老挝)有着显著差异。这些国家的经济波动意味着公司不但要考虑在进行营销之前的人口和心理特征,还要考虑承担能力的主要方面,还要考虑的是以及口味的重大差异。在菲律宾,麦当劳很快就发现,它们在马尼拉市区的市场份额只有 10%,而对手的业务却蓬勃发展。[①]

---

    ① *ABS-CBN News*,"How Jollibee Beat McDonald's in Philippines",November 2,2013,http://www.abscbnnews.com/business/02/11/13/how-jollibee-beat-mcdonalds-philippines 于 2013 年 8 月 2 日访问。

区域特征

世界银行估计当今生活在东亚和太平洋地区的人口超过 19.8 亿,占世界总人口的三分之一。区域的贸易协定有助于给这些紧密联系的贸易联盟带来消费者,从而鼓励和促进国际贸易。美国公司可以通过针对适当的消费者进行调查,用一种可控的方式接触这些消费者。在大多数环太平洋国家发生的经济转型被叫做经济爆炸(economic explosion)。在 2013 年世界出口总额的 18.8 万亿美元当中,亚洲占 33%。①随着经济的飞速增长,消费者生活水平上升,他们通过邮购来购买美国商品和服务的能力也在增长。随着大型跨国公司开始在环太平洋地区投资经营,越来越多的美国人来到了这里。仅在日本,就有 49 815 名美国公民就业(在中国香港地区有 601 000 人)。这些潜在顾客的许多人享受外派薪酬方案,生活舒适,他们在家收邮包,也喜欢购买美国产品。

大多数环太平洋国家的教育和整体工业化水平正在增加。这种趋势使得通过非传统营销渠道进行购买的可能性增加。在许多国家,就业人口正在从农业转向制造业和服务业。这意味着消费者家庭的可支配收入更高,在零售商店购物的时间更少。图 17.1 和图 17.2 说明了亚太地区互联网商业和网络普及率的增长情况。

全球电子商务起飞已经有 20 年了。尽管中国在电子商务方面处于亚洲的领先地位,不过根据 2013 年的电子商务报告中的 Forrester 准备指数,韩国的人均借记卡/信用卡数量排在第三位。一些有关亚洲电子商务潜力的有趣的统计数据如下:
- 到 2017 年产生超过 1 万亿美元的 B2C 销售额。
- 到 2020 年将有 48 亿移动用户。
- 到 2020 年,亚太地区的 GDP 将达到 6.9%。
- 到 2020 年将创造 610 万个工作岗位。

图 17.1　亚洲的电子商务潜力②

---

① World Trade Organization Statistics Database, http://stat.wto.org/Home/WSDBHome.aspx? Language＝E 于 2013 年 8 月 12 日访问。

② GSMA, "Asia Pacific Is Home to Half the World's Mobile Subscribers Says New GSMA Study", press release. Groupe Speciale Mobile Association(GSMA), June 9, 2014. Retrieved from http://www.gsma.com/newsroom/asia-pacific-home-half-worlds-mobile-subscribers/on May 6, 2014; "Global B2C Ecommerce Sales to Hit ＄1.5 Trillion This Year Driven by Growth in Emerging Markets", February 3, 2013. Retrieved from http://www.emarketer.com/Article/Global-B2C-Ecommerce-Sales-Hit-15-Trillion-This-Year-Drivenby-Growth-Emerging-Markets/1010575 于 2014 年 5 月 6 日访问。

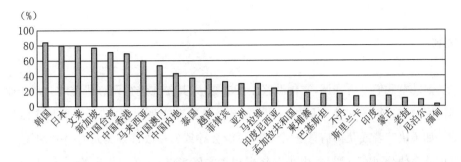

图 17.2　亚洲的网络普及率①

　　表 17.1 给读者简要介绍了在亚洲和太平洋地区国家进行营销的一些国家的特征。信用卡让公司更容易建立直销渠道。手机使用量的增加和基于网络的技术建立的支付机制,需要在相关市场上提高信用卡的普及率。国内邮购名单的可用性对于营销研究人员来说特别重要。取得邮购名单的容易程度决定了数据搜集的方法。这也有利于直销,进口限制将决定在这些市场中开展业务的模式。例如,中国对进口的要求非常高,然而市场规模有利于企业直接投资,并在中国设立制造基地。从表中清晰可见,这些国家的特征有很大不同,营销研究人员必须在这些国家采取不同的方法来收集可比较的数据。

表 17.1　国家营销的特征②

国家(地区)	2013 年固定宽待用户(每 100 人)	2014 年输入时间(天)
澳大利亚	25.01	8
文　莱	5.71	15
中国内地	13.63	24
中国香港	30.75	5
印度尼西亚	1.30	26
日　本	28.84	11
马来西亚	8.22	8
新西兰	29.21	9
菲律宾	2.61	15
新加坡	25.70	4
泰　国	7.35	13

---

　　①　改编自 The next web(Retrieved from http://wearesocial. sg/blog/2013/01/social-digitalmobilechina-jan-2013/we-are-social-internet-penetration-in-asia-2/on June 2013)。

　　②　"Fixed Broadband Internet Subscribers(per 100 People)",http://data. worldbank. org/indicator/IT. NET.BBND.P2 于 2014 年 5 月 6 日访问。"Trading Across Borders",http://doingbusiness.org/data/exploretopics/trading-across-borders 于 2014 年 5 月 6 日访问。

文化

前几章我们一再强调，文化敏感性很重要，尤其是在进行调查研究时。每个亚洲国家都有独特的文化和历史，如果美国公司忽视这些问题，结果可能是灾难性的。如果决策者或获得信息是错误的，可能会导致公司数百万美元的损失，更糟的是可能会使公司声誉受损，失去多年来积累的好名声。（必须指出的是，澳大利亚是环太平洋地区国家，但不被看作是亚洲国家。）有时，被忽视的小事可能会带来巨大的差异。例如，如果在广告活动中在泰国或者中国香港的道路上展示汽车，要记住这些国家（地区）的人开车时是左侧通行的。否则，虽然不会违反当地的文化规范，但也可能让观众看到研究人员完全不了解市场，或者未能充分注重细节。虽然每个具体市场都是独一无二的，但以下的常见问题适用于整个地区：

● 在大多数亚洲文化中，想从潜在消费者那里获得即时的回复是违背传统的购买习惯的。例如，用"运营商正在等候"为电视的广告作结尾，消费者可能会充耳不闻。广告人在邮件中要注意措词，并避免硬性推销。

● 多数亚洲人把姓氏放在名字之前，因此宋志澜（音译）应该被称为宋先生。在开发数据库和/或邮件调查问卷时，要注意这些问题。

● 品牌名称/品牌认知在整个地区是很重要的，有助于建立一个舒适区，来促进购买。考虑使用鉴定书，并提供一个当地或者该地区的客户名单。

● 与西方同行相比，亚洲人比较保守，很重视忠诚、尊重、年龄和性别。关系在整个地区也很重要，必须重视。

● 在亚洲地区，在信封上作小广告不像美国那么普遍。

设计调研时，研究人员应该考虑到在环太平洋国家（地区），数字、形状、颜色可能有非常不同的内涵（有时是负面的）。例如：在日本，数字4和9代表死亡，奇数代表不幸，黑色和白色是葬礼的颜色，明亮的红色和其他大胆的颜色不适合用于邮件推广。中国香港市民认为数字8代表繁荣或好运，数字4代表死，3代表生，红色和黄色是幸运色，白色和蓝色在中国是葬礼的颜色。在韩国，数字10和红色墨水代表厄运。专栏17.1总结了经济学人的调查结果，强调许多亚洲经济体的乐观情绪。

专栏 17.1

乐观主义让亚洲脱颖而出[①]

尼尔森最近的一项调查(Q1-2013)发现,印度尼西亚的消费者是最快乐的。此外,还发现印度尼西亚是世界上最乐观的国家,得分为 122。印度尼西亚乐观的原因包括 2010—2013 年以来经济增长率为 6%,抵御了全球经济疲软,一些地区的最低工资上涨了 40%,2013 年以来股市反弹了 15%。在全球 10 个最有信心的国家中,有 7 个来自亚太地区,如印度、菲律宾和泰国。

据尼尔森调查,亚太地区消费者的主要优先事务是攒钱,有 62% 的受访者表示,除了满足基本生活费用以外的钱都要存起来。在满足基本生活之外,与世界上其他地方相比,亚太地区的消费者更愿意持有结余的现金,意愿是其他地区的两倍以上。

季节和假期

营销活动的安排时间可能对成败产生重要影响。这一基本真理在环太平洋地区和美国同样有效。这些假期有助于公司设计和管理营销邮件,并确定安排合适的活动时间。专栏 17.2 列出了所观察到的环太平洋地区的一些主要假期。

语言和翻译问题

今天,在环太平洋地区使用着 1 000 种不同的语言,包括英文。因此,以下几项需要考虑:

[①] 改编自 Dhara Ranasinghe, "Where Do the World's Happiest Customer Live", *CNBC*, May 1, 2013, http://www.cnbc.com/id/100692893 于 2014 年 5 月 6 日访问。

专栏 17.2

亚太地区重要季节/假日 ①

季节/假日	月　份	国　　家
斋月盛宴	每年不同	印度尼西亚、马来西亚等伊斯兰国家
中国春节	一月末	大多数东亚国家
南半球夏季	十二月—二月	新西兰/澳大利亚
黄金周	四月末至五月初	日　本
盂兰盆节	七月末至八月末	日　本

- 由于英国在该地区历史悠久的影响力，一些亚洲人说英语。
- 很多亚洲企业高管（以及消费者）曾在英语国家学习，因此了解或者使用英语。
- 在一些亚洲国家，英语具有一定的内在价值，可以用作为营销工具。

移动互联网营销

随着移动技术的改进，营销人员更容易接触到消费者。电子邮件和在线消息是接触消费者最流行的方式。人们现在不仅通过笔记本电脑和台式机使用电子邮件和在线信息，还可以通过 iPhone、安卓等智能手机进行访问。这在亚洲是个主导趋势。

例如，在中国香港、印度、中国内地、新加坡和马来西亚，每四个人当中就有一个人通过智能手机使用电子邮件和在线信息。在日本，每十个人当中就有一个人用智能电话使用电子邮件和在线信息。营销人员正在用这种新技术来接触客户②。

---

① United States Postal Service, *Marketing Resource Guide to the Pacific Rim*, ed., William A. Delphos(Washington, DC: United States Postal Service, 1993), p.150.

② International Post Corporation, "IPC Strategic Perspectives: On Direct Mail Growing the Business in Asia", October 2009, http://www. ipc. be/~/media/Documents/PUBLIC/strategic-perspectives/2009%20Strategic%20Perspectives/IPC%20SP%20DM%20growing%20the%20business%20in%20Asia.pdf 于 2014 年 5 月 6 日访问。

直投邮件已经被电子邮件长期取代,现在移动互联网营销正在亚太地区掀起波澜。

二手信息来源

大量的公开出版的信息可以帮助企业在这些市场上进行竞争。而这些资源有很多并没有使用,因为高管找不到相关信息。下列是可以查看这些二手信息的途径。

美国商务部

美国商务部提供了一个名为 FlashFacts 的亚太热线。这项免费服务是一周 7 天,一天 24 小时的。企业可以通过致电(华盛顿特区)(202)482-2954(按键电话),就可以直接在传真机上收到 1—7 页的报告。所有报告的完整目录也可以通过致电热线,遵循提示或者访问网站预定。

国家技术信息服务

联系国家技术信息服务局(NTIS)可得到许多有用的美国政府出版物。在市场研究过程的最初阶段,公司可以联系 NTIS,并发送一份涵盖环太平洋地区的出版物目录。在 http://ntis.gov/help/cooperate.aspx 上可以找到相关国家发布的出版方的电子邮件地址、网站、线下地址和电话号码。

电脑化信息

现在可以通过电子媒体获得一些市场研究资源。这非常有助于保持信息的更新,并传播给商业界。下列服务提供有关环太平洋市场的宝贵和及时的信息:

● 美国政府提供有关出口目的国的有价值的信息和指南,还有美国出口商的现行法规,可访问:http://export.gov/index.asp。

● 美国国务院出版了世界各国的背景信息,还出版了一份关于其他国家与美国关系的情况介绍。可访问：http://state.gov/aboutstate/。

● 美国商务部门出版了世界各国的国际市场研究信息，可访问：http://www.buyusainfo.net/adsearch.cfm？ search_type＝int&loadnav＝no。

● 美国人口普查局向其他国家发布的有关美国贸易细节的信息，可访问：htttp://www.census.gov/foreign-trade/data/。

● 世贸组织还出版了有关美国与其他国家贸易的报道，2013 年的报告可访问：http://wto.org/english/res_e/publications_e/wtr13_e.htm。

澳大利亚

商业特征

虽然澳大利亚人比较友好和好相处，但这种行为并不会延伸到商业关系中。大多数人按一套商务礼仪办事，注重语言和非语言方面。例如，发名片是适当的，但可能收不到名片，因为澳大利亚人不带名片。问好和告别时，习惯握手。不等别人介绍，主动介绍自己是可以接受的，大多数澳大利亚人认为这是非正式和外向的。

在澳大利亚进行市场研究

澳大利亚高度城市化－82％的人居住在城市里。锁定这些市场，外国公司需要评估进入市场的容易程度。大多数澳大利亚人生活在悉尼、墨尔本和堪培拉等主要城市的南部地区。表 17.2 给读者提供了一个可用于在澳大利亚和新西兰进行营销时的沟通框架。

超过 80％的澳大利亚人上网。由于高互联网覆盖度，在线调查很受欢迎。通常，通过电子邮件将在线调查发送给特定客户数据库或者研究小组，这些数据库用小礼物来鼓励用户注册。另一个在澳大利亚广泛使用的调查技术是计算机辅助电话采访(CATI)。CATI 非常有效，提高了电话采访的速度和准确性。CATI 和在线调查机制已经取代了澳大利亚传统的当面访问和邮寄方式。一个要考虑的重要方面是澳大利亚主要城市的规模。虽然这是个问题，但可获得的二手数据的可靠性和准确性保证了外国公司能进行有效的营销研究。

表 17.2　市场研究：基础设施分析

国　　家	澳大利亚	新西兰
2013 年互联网用户(百万)*	19.55	3.81
2013 互联网普及率(% 人口)*	86.90	86.60
2012Facebook 用户(百万)*	11.81	2.29
2012 座机电话使用(百万)*	10.47	1.88
2012 移动电话使用(百万)*	24.40	4.92

在技术进步方面,澳大利亚市场与美国市场相似。媒体研究可以用于所有媒体,包括电视观众的测量。澳大利亚和新西兰的新闻意识评级都很高。虽然印刷媒体的读者数量有所减少,网络报纸却越来越受欢迎,电视普及率也很高。整体而言,整个地区文化素养和媒体意识高,都能使用先进的方式沟通,这意味着可以在澳大利亚进行有效的市场调查。

推荐随机抽样,这也是最合适澳大利亚市场的方法,可以获得文化多样性极大的澳大利亚市场的信息。很多移民从几个亚洲国家涌入澳大利亚,这意味着他们的消费模式、消费者特征都和其他人群有着显著的不同。

中国

中国市场营销与消费行为

近几年来,中国的消费者行为发生了显著的变化,越来越表现出与其他富裕国家相似的行为倾向。快速增长的客户群体越来越多地喜欢自我放纵、更个性化、更忠于自己喜爱的品牌。传统上,中国消费者追求价值,倾向于从众。[①]尽管大多数中国消费者仍属于传统消费者,但收入水平较高,可支配的现金更多,预计在未来几

---

① Yuval Atsmon, Max Magni, and Lihua Li, "From Mass to Mainstream：Keeping Pace with China's Rapidly Changing Consumers", September 2012, https：//solutions. mckinsey. com/insightschina/_ SiteNote/WWW/GetFile.aspx?uri=％2Finsightschina％2Fdefault％2Fen-us％2Fabout％2Four_publicα-tions％2FFiles％2Fwp2055036759％2FMcKinsey％20Insights％20China％20-％20From％20mass％20to％20mainstream％20％E2％80％93％20Keeping％20pace％20with％20China％E2％80％99s％20rapidly％20changing％20consumers_fd6a761f-2b88-4e8f-a7cc-8afac03a88f1.pdf 于 2013 年 8 月 5 日访问。

年,更多的消费者会转化为自我放纵型。在沿海大城市和城市群中,这些自我放纵、有品牌意识、精明的顾客更为普遍。

中国消费者在娱乐活动上花费更多,外出就餐呈上升趋势。然而,消费者也保持谨慎,仍然认为存钱是必不可少的。消费者对某些外国品牌表现出明显的偏爱,例如电子产品。但在涉及个人护理、家庭护理和食品饮料方面,中国人更喜欢国产品牌。此外,拥有更多可支配收入的消费者在这些方面则倾向于选择外国产品。可信度高的大品牌,提供更多的功能性利益及一些噱头吸引着更多的消费者。

商务特征

中国人非常重视时间,大多数会议都准时开始。涉及合同时非常重视准确性和细节。他们很在意长期关系,因为通过建立长期关系,每个公司的文化都能得到更好的理解。进入中国的公司需要用相当长的时间来了解法律和谈判方面的文化。在进行商业交易时,能够理解和欣赏中国文化的公司会取得成功。另一方面,中国人了解文化差异,也不会期望外国人完全适应自己的传统。他们会对合作伙伴进行评估,而不是依据标准去衡量。①

非语言交流有助于评估与之讨论合同的官员的地位。大多数中国会议是客套的,目的是等待最好的时机去商讨合同或者生意的正式内容。大多数中国人处境危险时会变得僵硬。与印度相似,中国企业内部也存在较大的差异。

产品定位

西方公司在中国销售时一个值得关注的地方是,应该采用相应的产品定价和定位策略。中国消费者正在迅速成熟,现在他们对质量和价值感兴趣。然而,中国消费者更重视西方品牌,愿意为这些产品付出更高的价格,因为他们认为西方品牌会提升其地位。②中国的分销系统是大多数营销人员必须考虑的一个方面。在中国

① CNN, "Doing Business in China: Five Tips for Success", October 21, 2011, http://edition.cnn.com/2011/10/21/business/china-business-investors-culture 于 2013 年 8 月 5 日访问。

② Derrick Daye, "Brand Positioning for Chinese Market", *Brand Strategy Insider*, August 28, 2012, http://www.brandingstrategyinsider.com/2012/08/brand-positioning-for-chinese-markets.html♯.UgAOl4FKb4c 于 2013 年 8 月 5 日访问。

找到一个全国性的分销或者运输系统是很难的。①根据最近的盖洛普调查,中国消费者的人口统计数据见专栏17.3。

专栏17.3

搜集中国消费者的信息②

直到最近,中国的消费者研究都是很特别的,本质上局限于北京等一线城市。这意味着研究只限于最富有的5%。随着快速的经济增长和城市化进程,不可忽视不断增长的中产阶层。这意味着公司需要了解更广泛的消费者,但面临着地理和人口上的障碍。要了解如此广泛的消费者并不容易。市场研究人员经常面对着如何从如此多样化的消费者中搜集和分析数据的问题。

研究人员面临的另一个重要问题是随着中国移动业务的爆炸和互联网的迅速普及,研究人员可以使用很多类似在线调查、社交媒体等工具来搜集数据。研究人员的主要挑战来自如何管理不同的信息流,以及如何选择最合适的方法来定位各种消费者的人口信息。

此外,中国消费者的汽车拥有量在增加。拥有一辆新车是地位的象征,截至2011年,有11个城市的汽车超过100万辆,并且还有增加的趋势。消费者不仅渴望拥有一辆车和新的经济地位,还提高了路上行驶的车辆的数量,促进了为普通人进行的汽车研发和生产。

对跨国品牌的认可表明这些品牌策略是有效的。中国消费者喜欢购买跨

---

① Matthew Rouse, "Chinese Distribution Is Complex", *The Manzella Report*, May 1, 2009, http:// www. manzellareport. com/index. php/manufacturing/210-chinese-distribution-is-complex-companies-may-beforced-to-build-their-own-networks 于 2013 年 8 月 5 日访问。

② 改编自 Asia Research Online, "Understanding the Chinese Consumer", May 2012, http://asia-research.net/2012/05/understanding-the-chinese-consumer/于 2013 年 8 月 6 日访问。People's Daily On-line, "Number of Private Cars in China Exceed 70 Million", July 20, 2011, http://english.peopledaily.com.cn/90001/90776/90882/7446361.html 于 2013 年 8 月 6 日访问。and China.org.cn, "Chinese Prefer Foreign Brands", August 6, 2012, http://www.china.org.cn/business/2012-08/06/content_26140532.htm 于 2013 年 8 月 6 日访问。

> 国公司品牌有两个原因:首先,对于身份敏感的消费者来说,拥有跨国品牌是对其地位的一种认可。其次,中国消费者青睐跨国品牌背后的创新技术/理念,认为中国市场缺乏这些理念。

有几个指导方针,可以帮助进入中国的公司确定应该考虑的因素。首先,必须考虑有利益的地区和可用的基础设施。第二,考虑顾客在这方面的预期,即组织的性质和类型。也许在中国运作的主要前提之一是了解商业文化。咨询顾问有助于了解这些文化。专栏 17.4 解释了中国工人的态度。

专栏 17.4

中国工人的态度[①]

中国人很难说"不",因为他们认为说"不"是令人尴尬和丢脸的,因此他们会表示同意。他们认为这样做是礼貌的、没有恶意的,虽然在工作场合这可能会造成问题。中国人不愿意说出坏消息,往往会通过中间人来转达或者暗示,很少会直言不讳。为了解决这一问题,最好向中国同事解释你喜欢直接沟通,不会对坏消息感到不安。

获得政府和金融机构的名单也是合适的,便于了解所做的交易,以及在中国进行运作的前期基础。

在中国进行市场研究

在中国进行基础研究最大的问题之一是语言。在大多数情况下,翻译问卷的文字是不够的,这不能捕捉到研究的全部内容。对公司来说,在翻译上花钱是很有价值的,翻译可以解释行业的具体行话,并提高问卷与受众的相关度。有关中国的行话,参见专栏 17.5。

---

① 改编自"China Communication Styles:World Business Culture",http://www.worldbusiness-culture.com/Chinese-Business-Communication-Style.html 于 2013 年 8 月 6 日访问。

专栏 17.5

方言和成语①

汉语,又叫普通话,是中国的官方语言。但这一问题由于存在几种方言而变得复杂,这些方言有相似之处,同时也作为单独的事物存在。就文本而言,单个方言是非常相似的,只是语音和口音不同,会影响使用。当一个说粤语的人碰到说客家话或者福建话的人,他们可能会用普通话来交谈。

中国商业市场研究行业很新并且在不断成长。中国于 1988 年才成立了第一家市场研究机构:广州营销调研公司。与任何发展中行业一样,研究实践也发生着重大变化。

数据收集

不同的数据收集方法,例如上门调研、中心定位测试、邮件调查、电话调查、网络调查都在当今的中国普遍存在。随着移动和互联网技术的普及,网络和电话调查在中国越来越受欢迎。在某些情况下,当面访问仍然是首选。在采访大型公司、准政府官员或医务人员时,当面访问是理想的,因为中国人期待访谈期间的人际互动,并将面谈看作是一种尊重。这与西方文化形成鲜明对比,西方高管喜欢通过电话访问,以节省时间。

另外,在访问二三线城市消费者时,首选是当面访问。这是因为城市之间的价格差异很大,进行访问和网络/电话访问没有明显的成本差异。而且,小城市的现场提供商更喜欢传统方法。

最流行的数据收集方法是电话采访,特别是在 B2B 当中。大多数中国的研究中心都配备了一个 CATI 中心。然而,由于方言的原因,电话采访的效率没有那些全国都说同一种语言的国家那么高。电话访问通常用普通话进行。如果受访者和访问人员说不同的方言,就很难相互理解,访问会需要比平常更多的时间。为了解

---

① 改编自 China Business:World Trade Press Country Business Guide,1994,174。

决这一问题,训练有素的访问很重要。虽然在中国手机的使用很流行,但移动平台的短信或者冷呼叫是不受欢迎的。

在中国,网络调查在研究人员当中不是太受欢迎,因为研究人员对受访者样本的代表性和真实性持怀疑态度。业内的网络调查并不广泛。随着中国市场的日益成熟,在线调查的欢迎度将会上升。同时,严格的质量控制和数据清理程序是在线调查的唯一补救措施。

抽样

市场研究的样本一般有三个来源:客户名单、公共来源和现场提供商的专用数据库。

客户名单:在对客户的现有顾客进行研究时,样本来自客户提供的顾客数据库。在几种情况下,客户的数据库不是最新的,因此研究人员在使用这些数据库抽取样本时,需要添加缓冲区。

公共来源:由于中国政府禁止发布全面的电话号码列表,住宅电话目录是不存在的。即便在商务方面,也只有电话黄页,基本上不做广告的行业不会列入企业名录。另外,值得注意的是,一些呼叫中心没有仔细考虑样本框和也没有配置拨号软件。

*商业数据库*由 Dun 和 Bradstreet 等公司出版和销售。这些数据库在发达国家是很平常的。考虑到国有企业、准国有企业和其他复杂的带有社会主义属性的公司,这些数据库并不总是能反映现实,政府相关机构的数据库有时可能会偏向政府相关的公司。

现场提供商专用数据库:像其他市场一样,中国的现场提供商搜集了专用数据库的联系信息。研究人员通常不清楚这些数据库是如何建立的,因为他们不愿意提供数据库的相关细节。网络抽样似乎是他们建立数据库的常用办法。有时,需要根据要求进行特别的研究。大多数提供商数据库中的受访者是高度互联的(A联系 B, B联系 C, C联系 D,依此类推)。因此,无法从这些数据库获得概率抽样,而样本总体基本都包含着便利抽样。

印度

印度有着十多亿人口,对营销研究有着巨大的吸引力,尤其是印度在经济水平、种姓、宗教和语言上非常多元化。

商业特征

在印度做生意要考虑某些文化方面的细微之处。印度教统治着印度生活的各个方面,经常渗透到关系和文化当中。尽管在大城市和西方化的圈子里没有得到严格的遵守,但也要考虑宗教在其中的作用。打招呼时候,要避免使用名字,常见的做法是将两个手掌压在胸前,说:"Namaste",意为"向你问好"。对女性的态度代表一种尊重,在向女士打招呼时,男女之间应该保持距离。例如,一位年轻女士通常不会碰除丈夫之外其他男性的手。受过教育的女性并不对此感到反感,不过最好是口头向女性问好。在印度,对时间的态度很不严格,大多数人对提供的服务感到自满。

开展业务时,最好将合同协议的维度制成图表,这是印度商业环境的一部分。虽然近几年来零售店大量出现,大多数与小业主进行的交易仍以讨价还价为主。印度人会把人们请到家里来,通过交流文化或者个人信息让客人感到宾至如归,但他们认为生意和个人生活是分开的。专栏 17.6 给出了在印度进行营销研究的文化方面的指标。

专栏 17.6

在印度做生意的禁忌和窍门①

- 印度语是国家语言,但做生意时主要说英语。
- 男人和男人握手是可以接受的,男人和女人握手则不然。

---

① 改编自 Kwintessential, "Doing Business in India", http://www.kwintessential.co.uk/etiquette/doing-business-india.html 于 2014 年 5 月 8 日访问; and Aimee Groth, "12 Essential Tips for Doing Business in India", Business Insider, January 6, 2012. Retrieved from http://www.businessinsider.com/12-things-you-need-to-know-about-doing-business-in-india-2012-1? op=1 于 2014 年 5 月 18 日访问。

- 问候别人时通常用"Namaste"。

- 种姓复杂而且难以理解。这也是很多印度人的敏感区域,最好远离这个话题。

- 初次会面时用姓氏来称呼别人,还要提及高级的学术或其他头衔。

- 好客是印度社会的一大特点。无论是否被邀请,所有客人都将受到欢迎到家里并受到款待,印度人期望这样做将来会有回报。

- 由于温度通常很高,着装很随意。

- 同印度人一起用餐时,一定要记住只能用右手进食。

- 把手放在臀部是不礼貌的。

- 用脚碰触或者指向别人是不礼貌的。

在印度进行市场研究

随着印度转型为工业国,需要准确的有关需求的信息,这让市场研究变得越来越重要。企业花了很长时间才认识到市场研究在资金调配和有效利用人力资源上

专栏 17.7

麦当劳在印度①

麦当劳在全球获得成功,在不损伤品牌形象的情况下适应当地的口味。在保持品牌形象的同时,麦当劳很好地适应了印度市场。由于很多印度人的宗教信仰,麦当劳长久地从菜单里去掉了牛肉和猪肉。最近,他们决定在 2013 年中的时候,在印度朝圣的城市提供全素菜单。这一举措表示麦当劳已经完全适应了当地市场的偏好。尽管麦当劳在全印度只有 270 家分店(在全球共有 33 000 家分店),这家快餐连锁店看好了印度巨大的市场潜力,愿意提供定制化的提供品。由于经济条件的变化和外出就餐的流行,和中国相似,印度为美国连锁餐饮业提供了诱人的发展机会。

---

① 改编自"In India, McDonald's Plans Vegetarian Outlets", *Wall Street Journal*, September 5, 2012.

的重要作用。市场研究面临的两个主要挑战是确保市场覆盖印度各个有代表性的地区,以及招聘面试人员进行市场研究。技术正在帮助市场研究行业来应付这两个挑战。

印度是一个多样化的国家,不同的地区使用不同的语言,有着不同的风俗习惯,覆盖印度不同地区是成功进行调查的重点。目前还没有足够的印度年轻专业人士从事市场研究行业。因此,现存的印度市场研究公司很少,这些公司与独立的市场研究人员在合同制的基础上一起工作。专栏 17.7 解释了麦当劳如何使其经营方式适应印度文化。

数据收集

作为近期发展的一部分,移动市场调研工具有助于远距离地实地调研,同时能保证数据的高质量。智能手机和平板电脑有助于收集数据,并即刻将数据回传给调研代理。

电话

用电话进行数据收集的问题是基础设施的不确定性和实际建设、开发时昂贵的费用。不仅如此,如何接触到顾客也是个问题。印度是个大国,由于调研一般都只集中在大都市进行,有很多消费者接触不到。考虑到城乡差异,如果能根据购买行为来收集信息,则是比较理想的。然而,基础设施不支持在全国范围内进行电话调研。印度约有 2 800 万部有线电话,9.04 亿部手机,截至 2014 年,印度的电话密度(每 100 人拥有的固定电话和移动电话数量)为 72.5%。[①]随着移动电话技术的到来,能够接触到的顾客范围扩展了,但即便是现在,农村地区人口也不像城市人口那样可以广泛接触。

焦点小组

焦点小组是了解印度市场非常有效的手段,尤其对于市场新进入者来说。印

---

① Department of Telecommunications, Ministry of Communications and Information Technology, Government of India, "Annual Report 2013—2014", http://www.dot.gov.in/sites/default/files/AR%202013-14%20English%20%282%29_1.pdf 于 2014 年 5 月 6 日访问。

度人喜欢参与焦点小组讨论,所以寻找受访者不是问题。接送焦点小组受访者的费用不贵,接送受访者会提高他们的参与率。焦点小组的构成应该顾及印度社会经济的划分以及在态度上的地区差异。奖励只能在访问之后给予,因为奖励会让印度人觉得受限制而无法正确地分享他们的感受。[①]

邮件调研

使用邮件进行调研涉及的两个问题分别是人口规模过大和缺乏用来锁定顾客的好的数据库。市场规模和差异化程度足以保证数据搜集,但由于投递不规律,邮政业罢工等导致的邮政系统的可靠性不足,使得问题更加复杂。

传真

与电话类似,这种搜集顾客回复的方式受限于行业现状。停电、服务中断、掉线,等等,给这种本来有效的数据搜集方式制造了障碍。随着互联网、电子邮件和手机技术的发展,用传真搜集数据日益减少。

电子邮件和因特网

随着时间的发展,因特网作为市场调研工具得到了显著的改进,不过基础设施方面依然存在问题。这部分归结于远程通信的程度,和以户户通为基础的系统建立所需要的费用。在印度,电脑的平均费用在 30 000 到 40 000 卢比之间(在 2015 年,1 美元约合 62 卢比),建网的费用约为 1 000 到 5 000 卢比。不仅如此,上网服务按小时收费,意味着用户上网不能超时。尽管到 2014 年,估计网络覆盖率为 19%,通过手机进行网络调研更有吸引力,因为手机拥有率在提高。[②]但是移动调研面对的一个主要问题是低识字率(61%)。[③]专栏 17.8 提供了在印度进行营销调研的一个概览。

---

① Quirk's Marketing Research Media, "Qualitatively Speaking: Use Focus Groups to Understand India's Massive Markets", http://www.quirks.com/articles/a2004/20041109.aspx 于 2013 年 8 月 12 日访问。

② Retrieved from http://www.internetlivestats.com/internet-users/india/ on May 6, 2014.

③ CIA, "India".

专栏 17.8

在印度做营销调研[①]

超过 10 亿人口分布在 28 个州和 7 个邦。印度有 21 种主要语言和超过
1 700 种小众语言及方言,并且有多种宗教。如此众多的人口和地区差异,选择
一种适当的样本是个巨大的任务。由于不同的语言和方言给翻译还带来了一
些问题。

在印度,邮政系统的低效导致邮件调研低效。尽管移动技术在发展,电话
采访还是昂贵并且无法覆盖农村地区,所以电话访问不能用来覆盖全部地区。
在电话不能覆盖的地区,最好的数据搜集方法是人员访问。因人工费用低,人
们通常也愿意在家里或公共场所接受访问。

与电话调研相比,在线调研绝对是更节约更相对有效的数据搜集方法。印
度的发展是有差异的——一些部门例如银行业和 IT 很发达,但制造业不发达。
因此,并非所有部门都能通过网络调研来进行。同时,考虑到印度是多语言国
家,用多种语言进行网络调研将成为调研者的噩梦。鉴于在印度进行网上调研
的这些缺陷,面对面和电话调研是接触不同印度消费者的有效方式。

印度消费者市场的洞察

印度中产阶层人口约为 3 亿。[②]将印度消费者作为整体进行营销的危险在于,
中产阶层之间的教育程度、购买力和消费有着巨大的差异(主要由于地域的不同而
导致的)。考虑到量表包括低层中产和高层中产,只将收入作为决定因素经常会受
到误导。在印度,营销需要公司精细地设计产品、使用定价策略来表达印度和西方

---

① 改编自 Value Notes,"Online Survey in India:When Does It Work?",May 31,2013. Retrieved
from http://www.valuenotes.biz/online-survey-india-work/于 2014 年 6 月 3 日访问。

② Sambuddha Mitra Mustafi,"India's Middle Class:Growth Engine or Loose Wheel?" *New York
Times*,May 13,2013,http://india.blogs.nytimes.com/2013/05/13/indias-middle-class-growth-engine-
or-loosewheel/?_r=0 于 2013 年 8 月 12 日访问。

世界的差异。这将有助于公司理解印度正在发生的变化,例如阶级之间的流动性,从农村到城市的移民,以及新媒体的影响。

在快速消费品(FMCG)市场上,食品占整体市场的 43%。①尽管过去几年来的高通胀让支付能力成为一个重要的问题,支付水平仍持续提高。信贷手段的增加和价格竞争,刺激了印度的消费支出。市场调研者应该描述这一特点,以搜集信息,获取不同人群在不同细分市场的信息。

印度市场调研面临的挑战

印度的 GDP 增长率预计会以 6%-9% 的速度持续增长到 2025 年。这一乐观的预测基于印度企业及中产阶层可支配收入的大幅度增长。②

像印度这样蓬勃发展的经济,不仅会使当地公司获得丰厚的利润,对全球公司来说也是个吸引人的目标。③随着中产阶层的不断壮大,很显然企业对于掌握并理解消费者行为和交易的需求也日益增加。印度不同地区的消费者们有很大的差异,这就需要对市场进行详细的研究。不少公司已经开始投资于印度市场进行研究,以了解并迎合不同地区的顾客。不过,还是有很多挑战阻碍了行业的发展。

在过去,阻碍数据搜集的两个主要问题是缺少基础设施和零售商/顾客态度。移动技术的进步有助于解决其一,即基础设施。随着移动用户的增加和技术的进步,在农村地区改进硬件设施(用平板电脑或者智能手机替代电脑)更加容易,这为从农村地区搜集数据铺平了道路。在此必须指出的是,像电力这样的基础设施的供应,不能保证所有的农村地区。给零售商配备数据搜集所需的硬件和软件很容易,但如果没电,就无法搜集数据。

另一个问题是过去零售商一直不愿意分享他们的交易数据,目前情况有所改善,但态度并没有彻底改变。现在零售商对于共享数据的态度更加开放,并开始欣

---

① IBEF, "Indian Consumer Market", http://www.ibef.org/industry/fmcg-presentation 于 2013 年 8 月 12 日访问。

② McKinsey, "The 'Bird of Gold': The Rise of Indian Consumer Market", http://www.mckinsey.com/insights/asia-pacific/the_bird_of_gold 于 2013 年 8 月 13 日访问。

③ Business Line, "Govt Nixes Franchise Route for Multi-Brand Retail Stores", http://www.thehindubusinessline.com/industry-and-economy/govt-nixes-franchise-route-for-multibrand-retailstores-clarifies-sourcing-norms/article4788426.ece 于 2013 年 8 月 13 日访问。

赏收集数据的技术。唯一能让所有零售商共享数据的方法是让他们清楚市场调研能给生意带来的好处。①

日本

日本市场在大多数市场调研人员看来是难以逾越的。不过，也不乏成功案例，消费类产品如麦当劳和可口可乐，以及高科技产品如 IBM 和苹果，都说明还是有很多调研可用的。

文化特征②

日本人倾向于作为整体来运行，这种倾向也反映在购买行为上。他们购买某个产品不取决于产品的效用或者价值，而是取决于该产品所在社区/亲友中的接受程度。在购物时，日本人倾向于考虑销售人员/亲友和其他人的意见，而不是其他消费者。因此，顾客能把销售人员视作是友好的、知识渊博的顾问，这一点变得至关重要。由于产品的购买很大程度上取决于社群的接受程度，营销计划中必须将所有社群作为目标市场。对普通消费者来说，产品的整体外观比产品的性能更重要。因此，在产品设计/外观方面要作好调研。日本消费者购买产品，要么是为了使用，要么是为了显示身份，这两种情况下所支付的价格有明显的差异。任何介于二者之间的产品，在日本都不好卖。

商业特征

日本人习惯根据文化来和人打交道。他们极度礼貌，总想满足大家的需要和

① V.Rajesh. "Dig through the data goldmine". *The Hindu Business Line*，July 25，2013. Retrieved from http://www.thehindubusinessline.com/features/weekend-life/dig-through-the-data-gold-mine/article4949282.ece 于 2013 年 8 月 13 日访问。

② Intelligence Bridges，"Where Your Intelligence Cross to Japan"，http://www.intelbridges.com/japanesedisposition.html 于 2013 年 8 月 13 日访问。

愿望。接近他们的时候要小心,避免太直接,以免他们无法回答或者接受这个问题,结果就是导致他们在外方面前丢脸。鉴于日本社会的集体主义程度,集体主义也带入了工作场所。大多数高管人员都是以团队的形式出现,这样往往很难判断谁的级别最高。

礼貌、敏感和良好的礼仪形成了日本企业的基础。忠于公司被看作是美德,许多高管都与公司共事多年,这意味着在商务当中看重与伙伴的长期合作关系,强调与客户的实际互动。开会时,日本人非常正式。时间在日本是神圣不可侵犯的,如有延误必须提前通知他们。①参加会议时,日本人喜欢穿正装,也很看重交换名片。与美国文化相比,日本会议更正式和死板。专栏 17.9 提供了通行日本市场的一些有用的提示。

专栏 17.9

针对日本市场有用的提示②

在会见日本客户时,必须使用名片。会议期间需要交换名片。要带着敬意去接受名片,并安全妥当地保管,因为忘记日本人的名片会被认为是无礼,是对长期合作关系缺乏兴趣的体现。

与日本人保持长期合作关系是很重要的,因为这是获得他们青睐的唯一方式。在确定合作伙伴时,日本人更喜欢合作伙伴有一个一致的管理风格,而非低价或者其他优惠。

与日本企业打交道的秘方③

多年来,出现了一些关于日本人是如何经营商务的一些误区。最常见的如下:

---

① Venture Japan, "Japanese Business Culture", http://www.venturejapan.com/japanese-business-setiquette.htm 于 2013 年 8 月 12 日访问。

② Adapted from Venture Japan, "Japanese Business Culture", http://www.venturejapan.com/japanesebusiness-etiquette.htm 于 2013 年 8 月 12 日访问。

③ Venture Japan, "Japanese Business Myths", http://www.venturejapan.com/japan-business-myths.htm 于 2013 年 8 月 12 日访问。

- 日本是最不应该进入的市场。
- 外派的美国管理人员可以在接受在职培训的同时,给我们的日本员工做培训。
- 日本公司在第一年都不赚钱。
- 日本高管都期望高薪和每年巨额的冬夏两季的奖金。
- 在日本的头五年,需要花费数百万美元。
- 在日本销售比任何其他市场更为昂贵;因此,日本分销商有理由分得销售收入的 50%—70%。
- 会双语的员工期望能拿到两倍于当地公司的薪水。
- 日本雇员期望被终身雇用,即便有理由,也很难解雇员工。

专栏 17.10 展示了日本文化的典型特征,及其对公司业务拓展能力的影响。

专栏 17.10

日本的公司文化①

尊敬长者早已成为日本文化的主要内容,日本人被看作是世界上最有礼貌、谦虚、高尚和善良的。然而,这种心态影响了他们企业文化成长和扩展业务的能力,一直备受质疑。尊重权威被视为阻碍日本企业专业化发展的障碍。在组织内积极主动,或向上级提供建议的可能不会受到重视并且被看作是与组织脱节。有些人认为这样会错失良机,在不鼓励新想法和建议的文化里,公司的发展潜力严重受限。最近的研究表明,近三分之二的日本公司没有盈利过,但还在继续运营,到底哪些企业能生存下去,还有待观察。

在日本进行营销调研

在日本的调查研究中的文化差异让问题更加复杂化,这可能会妨碍市场调研。

---

① 改编自 Nick Thomson,Japanese culture:Help or hindrance for business growth? The Guardian 17 October 2014。

尽管公司必须解决这些问题,但这也反映出在美国以类似的方式进行调研时存在的问题。

日本数据来源

日本内政和通信部(总务省)发表的关于日本经济、财政情况、商务活动、家庭收支、住房等方面的统计数据。这些数据可从 http://www.stat.go.jp/english/data/ 获得。

另一个营销相关的不错的信息来源是:http://allon.info/index.html 该网站提供了大量关于日本市场细分和日本市场份额排名的信息,不包括有关日本总体人口的统计信息。

数据收集

在日本,尽管电话和互联网调查的数量在上升,上门采访依然是数据收集的主要方法。固有的文化与这种调查方法是一致的。现在,越来越多的女性外出工作或者花费大量的时间外出,这使得上门访问的机会减少。住宅区使用对讲门禁,提高了潜在受访者可以过滤或者拒绝调研人员的上门访问的几率。

近年来,在日本很多企业采用了电话调查和电话营销,因此在日本消费者中冷呼叫数量激增。而日本消费者并不适应,他们对冷呼叫不感兴趣,感到被打扰了。所以访问人员有必要在冷呼叫的开始就清楚地表达通话目的。访问人员了解文化的敏感性也是至关重要的。很多时候,受访者期望有机会回答问题。[①]

一些日本公司正在将成本有效性视为选择调研方法的主要依据:重点考虑接近样本人群的便利程度,以及获取结果和列表的速度。越来越依赖定量测量手段与定量测量,意味着公司可以依靠营销调研公司提供的增值服务。专栏 17.11 提供了在日本获取数据的来源。

---

① Quirk's Marketing Research Media, "Simplifying Research in Japan", http://www.quirks. com/articles/a2001/20011104.aspx? searchID=633178253&sort=9 于 2013 年 8 月 12 日访问。

专栏 17.11

日本数据来源

日本内政部发布的有关日本经济/金融情况的统计资料。包括商业活动、家庭收入与支出、住房,等等。这些数据可以访问 http://www.stat.go.jp/english/data/。

另一个营销相关信息的好来源是 http://www.allon.infor/index.html。除了有关日本人口统计的信息外,该网站还提供了日本的市场划分信息和日本的市场份额。

传真:使用传真机可以通过家庭内部的人员接触到数位符合个人访问条件的受访人。这种方法的优点包括接触量大、速度快、成本低(取决于传真机和安装费的价格)、问卷的容量(可以达到电话调查和邮件调查双管齐下的容量)、视觉辅助(文字和数字)。缺点是居民传真机的普及率低,主要用于商务受访者。在选定的受访者家中安装传真机的成本非常高,用户对传真机的使用能力也限制了对传真机的充分使用。

在线/移动调查:互联网作为有效的调查工具广受欢迎。截至 2010 年,日本的互联网普及率为 78.2%,手机普及率为 90.4%。[1]市场调研人员可以通过在线调查接触很多消费者。然而,在进行全球调查时,要注意对日本消费者进行定制化的调查。

本章小结

本章整体介绍了亚太地区,向营销调研人员提供了有用的个人和企业数据,并专门讨论了澳大利亚、中国、印度和日本,主题包括这些国家的基础设施、媒体渗透、文化习惯和数据来源。

---

① Industry Report. Telecoms and technology—Japan.

18

欧　洲

本章概述

自从 1993 年创立单一市场以来,欧盟在建立一体化区域上已经有一段时间了,这只有通过实现商品、服务、服务、人员和资金的自由流动才能实现。为了实现这种自由,制定了 200 多项有关开放边界的法律,分别涉及税收政策、商业条例、专业资格。专栏 18.1 比较了过去 20 年欧盟市场结构转型前后的变化。

专栏 18.1

欧盟:旅途如此遥远①

	1992 年	2012 年
欧盟国家	12	27
欧盟消费者(百万)	345	500
欧元区国家	NA	17
基础因特网接入率	NA	95％

---

① 改编自"The European Union Explained—Consumers", February 2013,http://europa.eu/pol/cons/flipbook/en/files/consumers.pdf 于 2013 年 8 月 18 日访问。

（续表）

	1992 年	2012 年
常规因特网使用	NA	68%
欧盟居民使用网上银行	0%	37%
网上购物人数	NA	43%
移动电话使用	少于 1%	超过 100%
家中接入互联网	NA	73%
2010 年物品和服务的网上调研	NA	56%
汽车拥有情况（每 1 000 居民）	345	477
公司数量（百万）	12	21
2010 年欧盟国家内商品贸易价值（10 亿为单位）	€ 800	€ 2 538
2010 年欧盟内外商品贸易价值（10 亿为单位）	€ 500	€ 2 850

以欧洲为目标市场，应将其视为合并在一起的几个不同的国家，而不是地理条件相同的团体。在这些国家中，人们习惯于本地市场，根据公司的类型在欧洲范围内进行研究。随着美国投资的流入，这种情况发生了剧变。美国的市场调研首先考察人口统计数据①，而欧洲的研究有很大一部分是基于政府或者公共数据的。当研究人员以为欧洲各国的国家机构在处理数据上是一致的时候，问题就出现了。例如，法国国立德拉统计与经济研究所（INDSEE）提供的法国消费者数据是很准确的，而意大利的资料往往是未经处理的。

区域特征

在欧洲，分析消费者行为数据很简单，跟美国的方法很相似。例如消费者反应特定小组和观众电子测量手段，有助于解读观念和使用率，这些都是有比较意义的。表 18.1 列出了在某些欧洲国家观看电视的文化特征。

在欧洲工作的美国营销人员最关心的问题之一，可能是如何侧重于获得定量信息来作为依据，来对当地市场作出推论。与日本和韩国的营销人员不同，与分析

---

① Blayne Cutler，"Reaching the Real Europe"，American Demographics，October 1990：38—43.

表 18.1　2012 年日均电视观看时长①

国　家	分钟(每天每人)	国　家	分钟(每天每人)
意大利	255	法　国	230
波　兰	243	德　国	222
英　国	241	巴　西	216
西班牙	246		

商业文化相比,数字和原始数据优先级别更高。欧洲市场研究行业的营业额达到
141.4 亿美元。

自 20 世纪 90 年代以来,欧洲的移动密度大幅上升,与此同时美国和日本的移
动用户数量猛增。随着 GSM 标准的引进以及各种增值服务和不同价位移动设备
的推出,刺激了欧洲移动用户的增长。根据欧洲民意调查,欧洲的移动密度为
128%,日本为 100%,美国为 104%。高移动密度意味着 4.5 亿人拥有 6.5 亿张激活
的 SIM 卡,平均每人一张以上。②由于移动用户的快速增长,移动信息流量(手机短
信和彩信)业务也增长强劲。表 18.2 列出了欧洲国家 2009 年移动用户数量和短信
使用情况。

表 18.2　欧洲移动用户和短信使用情况③

国　家	手机用户(每 100 人)	平均(每人)短信发送量
希　腊	180	677
意大利	151	NA
葡萄牙	151	2 397
立陶宛	148	2 757
卢森堡	146	889
芬　兰	145	713
保加利亚	139	87
捷　克	136	730
塞浦路斯	133	1 984
德　国	132	420
英　国	130	NA

---

①　改编自"Average Daily TV Viewing Time per Person in Selected Countries in 2012", Statistica,
2013, http://www. statista. com/statistics/214353/average-daily-tv-viewing-time-per-person-in-selected-
countries/于 2013 年 8 月 15 日访问。

②　Eurobarometer, "Wireless Intelligence; E-Communications Household Survey", 2010.

③　改编自 Eurostat, http://epp. eurostat. ec. europa. eu/statistics_explained/index. php/Telecom-
munication_statistics 于 2013 年 8 月 18 日访问。

（续表）

国　家	手机用户（每100人）	平均（每人）短信发送量
瑞　典	126	1 758
丹　麦	124	2 413
荷　兰	122	495
爱尔兰	119	2 677
匈牙利	118	188
波　兰	118	1 224
罗马尼亚	118	346
爱沙尼亚	117	163
西班牙	111	180
比利时	108	1 374
斯洛文尼亚	103	491
马耳他	102	1 201
斯洛伐克	102	252
拉脱维亚	99	NA
法　国	95	978
奥地利	83	687
瑞　士	121	736
挪　威	111	1 328
冰　岛	106	459
列支敦士登	97	NA
马其顿	95	229
克罗地亚	91	787
土耳其	88	1 793

鉴于这些发展，由于各种应用功能，如手表、计算器、闹钟、个人信息管理设备、GPS 导航、音乐播放器和相机等，移动设备已经普遍存在于欧洲公民的个人和商业生活中。即使对商业用户来说，移动信息服务也至关重要，特别是约 50％的员工每周有 2—3 天不在工作场所。[①]

欧洲统计信息来源

欧洲有些非常好的二手数据来源，部分如下：

（1）欧洲央行。欧洲中央银行收集必要的相关数据，并发布符合欧洲和国际标

---

① IDC，"Worldwide Mobile Worker Platform，2009—2013 Forecast".

准的公正、准确的数据。

(2) 欧洲官方统计：数据库指南。其中列出了近 120 个可公开访问的数据库，信息几乎涵盖了社会和经济的所有部门。

(3) 欧洲官方统计：信息来源。提供超过 250 个政府机构、机构、部位和银行发布的信息。

(4) 欧盟统计局——您的欧洲统计合作伙伴：欧共体官方统计济南。包含欧盟相关的统计数据。

(5) 数字欧洲(Europe in Figures)。提供有关欧盟现状的信息，是了解欧洲当前和未来发展情况的良好的信息来源。

(6) 欧盟统计年鉴。包含欧盟境内有关人民、土地和环境、国民经济、工商业的信息。

欧洲——单一经济体？

当市场研究人员试图将欧盟或者欧共体看作一个大集团时，不能将所有国家标准化。在英国和捷克共和国经营同一家连锁店，需要仔细考虑不同市场的独特之处。由于基础设施差异很大、经济增长速度不同、文化多样化，对于营销人员来说，欧洲大陆还有一些制约因素不容易克服。例如，普遍存在的是零售店不会提供与西方相似的服务。在东欧的某些地方，购物完全是另外一种体验。人们不能把商品拿到收银员处结账，顾客必须告诉柜台里的工作人员要买什么，先在收银员处付款，才能拿到商品。[1]

尽管欧共体成员国认为他们已经由单一货币和紧密的贸易关系联结在一起了，两个最大的问题是国家特性是独立和独特的，以及旧欧洲和东欧新兴市场的人均财富之间的巨大差异[2]。由于市场(国家)不同，市场偏好和口味也各不相同，最

---

① About.com, "Top 7 Tips for Shopping in Eastern Europe", http://goeasteurope.about.com/od/easterneuropeanhistory/tp/shopping.htm 于 2013 年 8 月 13 日访问。

② Forbes, "Is Eastern Europe Economically Converging with the West?" August 12, 2012, http://www.forbes.com/sites/markadomanis/2012/07/14/is-eastern-europe-economically-converging-with-the-west/ 于 2013 年 8 月 13 日访问。

好能够迎合当地市场的品位和喜好。

在欧洲进行营销研究有很多种方法,其中一种是根据地理位置来对待顾客。当一个外国公司准备进入任何一个欧洲国家时,需要根据公司来源国的不同,来评估消费者行为的类型。专栏 18.2 显示了俄罗斯饮料行业的独特性。

专栏 18.2
俄罗斯饮料市场①

在可口可乐和百事可乐两家饮料巨头的版图中,俄罗斯也许是唯一尚未攻克的国家。在软饮料市场,碳酸饮料仅占 2011 年软饮料销售总量的 39%,其余销售来自瓶装水和果蔬汁。俄罗斯人现在更加注重健康,与碳酸饮料相比,他们喜欢更健康的饮料。经济的稳定增长带来的可支配收入的增加,以及更具有健康意识的公民,让俄罗斯的非碳酸饮料行业有着巨大的增长潜力。俄罗斯消费者不仅寻求更健康的替代品,还喜欢更廉价的产品。本土的比较便宜的品牌在群众中广受欢迎。

欧盟致力于消除所有区域内经济贸易壁垒,创造单一市场。根据 2012 年欧盟统计局的估计,这 28 个国家总人口为 5.07 亿,是世界上最富有的市场之一。

事实上,欧洲拥有世界上最富裕国家当中的 7 个。整体上,GDP 将近 25 500 欧元(34 000 美元)②,相比之下,美国的 GDP 是 15.7 万亿美元,人均 GDP 为 49 965 美元。③

欧洲市场还包括非欧盟成员国。欧洲自由贸易联盟(EFTA)成员国有冰岛、列支敦士登、挪威和瑞士,这对美国直销人员来说是绝佳的机会。EFTA 成员国的市场结构与欧盟高度一致,其中许多国家申请并成为了欧盟成员国。为了支持这些

---

①　改编自"Just the Facts: The Russian Soft Drinks Market", December 6, 2010。Accessed on August 18, 2013 from http://www.just-drinks.com/news/just-the-facts-the-russian-soft-drinks-market_id102578.aspx。

②　Eurostat, http://epp.eurostat.ec.europa.eu/portal/page/portal/eurostat/home/于 2013 年 8 月 14 日访问。

③　World Bank National Accounts Data.

国家,EFTA 已同意与欧盟合作建立欧洲经济区。该协议被广泛视为将欧洲自由贸易联盟七国纳入欧盟的初步阶段。

文化

尽管新欧洲拥有巨大的规模和财富,但重要的是,要意识到欧洲不应该也不能被视作一个单一市场。例如,欧盟的 28 个国家有 24 种官方语言、13 种货币(包括欧元)、多种付款方式和不同的民族文化。要与欧洲客户进行有效沟通,研究人员必须了解他们的文化。这需要高度的文化敏感性,在开发广告活动和撰写副本时特别重要。欧洲人有着独特的文化和历史,如果忽视这些问题,研究者就会名誉扫地。

哪怕最小的细节也应该在营销活动中加以考虑。例如在欧洲书写日期时,日期放在最前边,然后是月份,最后是年份。所以,7/2/13 在英国是 2013 年 2 月 7 号,在美国则是 2013 年 7 月 2 号。在这方面的错误不会冒犯任何文化规范,但可能会让目标受众觉得,美国公司不完全了解市场。专栏 18.3 列出了一些文化方面的注意事项。

专栏 18.3

欧洲文化的守则和注意事项①

- 大多数国家能说英语,将其作为主要商务语言。
- 法国人为自己的语言感到自豪,更喜欢说法语。
- 城市里的德国人的商务英语说得很好,但不喜欢用英语交谈。
- 初次会面,握手是常见的问候方式。
- 交流中经常互称对方的名字,也经常加上诸如博士/医生/教授这样的头衔。

---

① 改编自"Passport to Trade：A Bridge to Success",http://businessculture.org/western-europe/ 于 2014 年 5 月 8 日访问;"Don't Be the Ugly American," http://away.com/stores/travel-guides/europe/european-customs-guide-1.html 于 2014 年 5 月 15 日访问。

- 与法国人的会议通常正式又冗长。他们觉得商务对话以法语开始,再转用英语是不礼貌的。
- 德国人非常准时、守时,商务气氛很正式,掌握工作相关的知识是受尊敬的。
- 与英国人做生意时,他们希望交换印刷的名片。
- 在欧洲,餐饮是慷慨和热情的常见体现方式。
- 多数欧洲国家在业务联系之前不需要建立个人关系。

季节和假期

一般,八月的欧洲很多人都去度假了,公司只有一些留守人员。美国公司还应该意识到,在欧洲,人们庆祝圣诞节假期的方式和美国有些不同。例如,在荷兰,礼物是在圣诞节前两周的圣尼古拉斯节交换的,西班牙则是在圣诞节之后的两周互赠礼物。

语言问题

研究人员需要作出的一个重要决定是要不要翻译问卷,这取决于几个因素,包括目标受众、产品类型和调查的性质。一般来说,除非确定目标受众可以用英语阅读的,建议还是翻译问卷。语言问题应该根据不同的情况来处理。许多公司发现只翻译问卷的特定部分(例如激励、回收提示等)就可以了。英语还可以和当地语言写在一起,以确保能达至最广泛的目标群体。

很多国际研究人员认为公司可以成功地在 100 多个国家用英语进行邮件调研。但是在欧洲没有通用语言,虽然英语和法语被普遍看作是欧洲的商业语言,但很多企业高管也说德语。实际上,在欧洲(东欧、西欧)超过 2 亿人觉得德语是他们的第一或者第二语言。德语是德国、奥地利、瑞士、卢森堡、列支敦士登和比利时的官方语言之一。表 18.3 给出了成年人英语熟练程度的比例。

表 18.3 英语最熟练的 10 个国家①

排序	国　家	成年人英语熟练百分比(%)	排序	国　家	成年人英语熟练百分比(%)
1	瑞　典	68.91	6	比利时	62.46
2	丹　麦	67.96	7	奥地利	62.14
3	荷　兰	66.32	8	匈牙利	60.39
4	芬　兰	64.37	9	德　国	60.07
5	挪　威	63.22	10	波　兰	59.08

　　欧洲各国对英语的看法也不同。比如,寄到法国的邮件最好翻译成法语,寄到荷兰和德国的邮件可以用英语。此外,翻译后的文本可能比英文版占用更多页面空间。例如,同样的内容,法语版要多占 20％的空间,德语增加 30％,芬兰多占40％以上。在翻译上切记不能偷工减料,这是做生意的必要成本,价格不是选择翻译公司的唯一标准,必须质量至上。

消费者邮件名单

　　名单的类型也会影响翻译决策。符合国际惯例的名单,如果目标是该区域的富裕消费者时,可以用英语邮寄。另一方面,如果是基于某个国家的名单,最好使用翻译件。最好和名单经纪人探讨一下语言问题。

　　近年来,欧洲委员会加强了对数据保护的立法。在一个欧盟国家收集的数据可能会用于另一个欧盟国家,所以欧盟委员会在所有欧盟国家中采取了一个统一的数据保护法,以避免不同国家之间的法律冲突。根据这一法律,个人数据资料只能用于合法目的,在欧盟区内,对数据的保护能够防止数据滥用,各机构也有义务尊重数据所有者的权利。②各国内部的和 B2B 名单可以在欧洲各国使用,价格从288 欧元到 5 000 欧元不等。价格取决于所要达到的消费者数量、选取名单的标准,和其他要考虑的因素。③

---

　　①　改编自 EF EPI, "EF English Proficiency Index 2012". 于 2013 年 8 月 18 日访问 http://www.ef.com/__/～/media/efcom/epi/2012/full_reports/ef-epi-2012-report-master-lr-2。

　　②　European Commission,"Protection of Personal Data",http://ec.europa.eu/justice/data-protection/index_en.htm 于 2013 年 8 月 13 日访问。

　　③　CEBUS,"Where New Business Starts",http://www.cebus.net/en/于 2013 年 8 月 13 日访问。

计算机信息和服务

由于在 IT 领域的进步,很多市场研究资源可以通过电子化媒体来获取。这非常有利于保持信息的更新并传播给商业界。一些信息来源如专栏 18.4 所示。

专栏 18.4

欧盟的电子信息来源

目前,有很多网络资源可供欧洲市场参考。以下是一些有关贸易信息的来源,以及政策等相关信息。

欧洲机构收集和提供的信息

● 欧洲文献中心(EDC):EDC 成立于 1976 年,储藏欧盟所有官方出版物,可以访问 http://www.eui.eu/Research/Library/ResearchGuides/EuropeanInformation/EuropeanDocumentationCentreatEUI.aspx。

● 欧盟在线:有关欧盟大部分活动的信息可以从下列网址检索 http://www.eui.eu/Research/Library/ResearchGuides/EuropeanInformation/EuropeanUnionOnlin.aspx。

● 欧盟统计局:包含有关欧盟的所有统计资料,可以检索 http://epp.eurostat.ec.europa.eu/portal/page/portal/rurostat/home。

● Europa.eu:是有关欧盟生活各个方面宝贵信息的来源,可以检索:http://europa.eu/index_en.htm。

● EBU:是一个为盲人提供的信息的机构。在这里可以找到视障人士的很多信息,可以访问 http://www.euroblind.org/resources/guildlines/nr/88。

非欧盟机构收集和提供的信息

● 美国政府对出口到其他国家的商品和美国出口商相关的法规提供了宝贵的信息和指导,获取地址:http://export.gov/index.asp。

> ● 美国国务院发布了世界各国背景信息,还出版了一份各国与美国关系的详细说明。获取地址:http://state.gov/r/pa/ei/bgn/2798.htm。
>
> ● 美国商业服务部出版所有国家的全球营销调研信息,获取地址:http://www.buyusainfo.net/adsearch.cfm? search_type＝in&loadnav＝no。
>
> ● 美国人口普查局向其他国家发布有关美国贸易细节的信息,获取地址:http://www.census.gov/foreign-trade/about/index.html。
>
> ● 世界贸易组织还出版了有关美国与其他国家贸易的报告,获取地址:http://wto.org/english/res_e/publications_e/wtr13_e.htm。

法国

在法国做生意

法国人相信地位,通常不同的群体不会混在一起。例如,上层资产阶级不会想跟中上阶层或中等收入阶层混在一起。教育资历和智力在法国是最重要的卖点。

跟法国人交谈时,有必要区分是幽默还是讽刺。法国人在商务会谈时很少使用幽默。大多数法国人对未能达成一致的部分感兴趣,随着争论变得越来越激烈,他们倾向于好好享受争论的过程。这被看作是一个人性格、情感和思维过程的体现。最好将对话从个人话题转为更广泛的话题,比如政治和艺术,因为法国人喜欢保护隐私。

法国人对公共部门工作道德的态度是,对于在所在的领域没有奋斗的动力,因为工会的力量能让这些工作人员维持保住工作的水准即可,而在小公司里,更看重工作质量和业绩。此外,作为对工人的激励,有很多的升职机会并获得同伴的尊重。

法国的管理结构相当集中化,重点在于 CEO 的决策。法国公司的大多数高级管理人员受过良好的教育,他们接受高层领导的管理,并将决议传达至员工层面去执行。①

---

① World Business Culture, "Business Culture in France", http://www.worldbusinessculture.com/French-Business-Negotiation.html 于 2013 年 8 月 14 日访问。

在法国做市场调研

　　法国的基础设施系统非常成熟,并经常更新,能够给营销机构提供直接的支持。法国的直邮市场是欧洲规模最大且不断增长的市场之一。法国有近1 300万个家庭的消费者名单。①2010年法国直销业价值达到470亿美元,预计到2020年将增长5倍。②不过,邮购的销售额有所下滑,这可能是由电话和网络的用量上升导致的。

　　由于便利和容易使用,电话营销被认为是能更好地接触消费者的方式。2010年移动用户密度达到100％,通过电话能轻松地接触到消费者。③电子商务在法国也发展迅速,网民达到80％。接近12％的法国互联网用户每天访问购物网站。④电信和IT技术部门在法国经济中发挥了核心作用。法国良好的电信基础设施为研究人员提供了便利,也有效地吸引了消费者。

　　通过研究法国人口的不同阶层进行基础研究是理想的方式。因为社会阶层的差异影响了每个家庭的购买模式。法国人珍惜在家的个人时间,不愿意回答问题。建议使用商场拦截,因为他们在社会环境中更加放松,也愿意提供观点。要注意的是,法国地区对于目前的生活方式的看法很理想主义,倾向于反映更好的状态而非实际状态。研究人员应该对这种偏见作出反应,并对答案的相关性进行考量。

德国

　　德国现在是个一体化的市场,完全民主化,其文化特征反映了过去民主德国和联邦德国的共同点,这符合一种思想,即不考虑政治影响力、文化对社会的渗透程

---

　　①　SNA, "National Address Management Service", http://www.laposte.fr/sna/rubrique.php3? id_rubrique=12 于2013年8月15日访问。

　　②　US Commercial Service, "Doing Business in France: 2012 Country Commercial Guide for US Companies", http://www.kallman.com/pdfs/2012-Doing-Business-In-France-Country-Commercial-Guide-for-US-Companies.pdf 于2013年8月15日访问。

　　③　"Telecoms and Technology: France", Industry Report, 2012.

　　④　US Commercial Service, "Doing Business in France".

度,对变化的适应较慢。

总体特征[①]

德国人非常重视工作准确性,以精准作为导向。这一特点转化为工作行为,即精细、朝着以既定目标为导向的行为哲学(其中效率是主要特征)。德国人在与人交往中并不主动,倾向于用自己的方式行事。德国公司的交易要求以礼仪为基础。通常商业活动不能超越办公时间,休闲活动也严格地限定在私人时间内。

商业特征

德国的经理人通常是所在领域的专家,期望着通过展示强大而清晰的领导才能来带领其他人。他们的商务理念涉及与客户的正式互动。因为德国人一般都会为会议做好准备,客户如果也能做好充分准备,将是有利的。通常在商务会议中从不讨论个人生活、个人成就或对个人事物的看法。在德国,以书面或者口头的形式提出具体交易是很重要的。因为德国人注重细节,任何没有说清的东西都被视作有违信任。[②]

德国人倾向于以正式的方式来称呼别人,直呼其名是应当避免的,一个称呼别人的好办法是使用 herr(先生)或者 frau(女士)。德国学校里教英语,大多数人都能识别英语的细微之处。年轻一代不像老一辈那样介意用英语进行商业活动[③]。德国人的时间观念值得注意,他们认为准时是基本的工作道德,对于不能按时出席会议或者不遵守时间未能完成项目的客户不是很好。

对于德国人来说,不管是私人会面还是商务会谈,问候的形式几乎总是有力的握手。公司重视员工的资历,这也涉及公司内部关系。与德国人进行谈判的另一方面见专栏 18.5。

---

① Philip R. Harris and Robert T. Moran, Managing Cultural Differences, 4th edition, Houston, TX: Gulf Publishing Company, 1996:321—325.

② World Business Culture, "Business Culture in Germany", http://www.worldbusinessculture. com/German-Business-Structures.html 于 2013 年 8 月 14 日访问。

③ Internations, "German Business Culture", http://www.internations.org/germany-expats/ guide/15987-jobs-business/german-business-culture-15990 于 2013 年 8 月 14 日访问。

专栏 18.5

在德国谈判①

要和德国的代表交谈,最好面谈,而不是用电话讨论。初次会议的主要目的是认识对方,评估对方是否值得信任,关系是否有益处。

● 德国人倾向于直接说出想法,且不是针对个人。

● 所有的观点必须有适合的数据支持,因为德国人不喜欢炒作和夸大其词。

● 德国人需要时间去建立密切的业务关系。他们在开始时明显的冷淡会随着时间的流逝而消失,一旦他们了解你,德国人是非常友好和忠诚的。

● 即使德国高管能说你的语言,他们还是更喜欢德语的宣传材料和使用说明书。

● 当出现问题时,最好用书面形式清晰、不带感情色彩、富有细节地去解释。

在德国做营销调研

良好的间接研究信息可以让我们更好地分析消费者的观点。特别是在德国北部很难获得回复,对于在商场进行调查或者电话访问会有相当的抵触。随着网络营销的不断上升,德国的直销业务在下降。喜欢在网上进行正规营销的德国人数在增加,包括老一辈在内,越来越多的人倾向于借助网络解决问题。不过,德国人非常在意网站的可靠性和网站的认证程序。②为了得到回复,可以考虑向公众提供

---

① 改编自"Germany" from eDiplomat,"Germany".于 2013 年 8 月 14 日访问。http://www.ediplomat.com/np/cultural_etiquette/ce_de.htm,originally based on material from Mary Murray Bosrock "Put Your Best Foot Forward—Europe:A Fearless Guide to International Communication and Behavior",International Education Systems,1995;Doing Business in Europe(Georgia Department of Economic Development),2007,http://www.georgia.org/SiteCollectionDocuments/Business/International/GC_trade_DoingBiz_Europe.pdf 于 2013 年 8 月 14 日访问。

② Ponemon Institute,"Moving Beyond Passwords:Consumer Attitudes on Online Authentication",http://www.ponemon.org/local/upload/file/NokNokWP_FINAL_3.pdf 于 2013 年 8 月 14 日访问。

激励措施,例如优惠券或者打折或者其他优惠。

营销人员对德国消费者的一个误区是假定大多数德国人住在城市。德国城乡之间在观念和生活方式上的差异很大。有证据表明营销人员应该考虑不同的策略和实施方式,以便更加符合德国的具体地区,而不是整体。专栏18.6讨论了德国的互联网营销。

专栏 18.6

德国的网络营销①

截至2011年,德国的网络覆盖率达到了83%,移动密度达到141.3%。②德国有一定程度的网络审查制度,目的是维护法律和秩序,而非出于意识形态上的考虑。例如,德国禁止儿童色情网站。德国的下载速度远远超过平均的17.5 mbps。借助这种因特网/移动密度和网速,德国将成为视频营销的理想市场。移动应用在德国非常受欢迎,这为社交营销作为移动应用程序营销铺平了道路。越来越多的德国人使用智能手机上网。这一趋势说明营销人员需要设计营销活动,也能吸引网络用户。

英国

在英国做生意

虽然整个英国都为他们共同的遗产而感到自豪,英格兰人、威尔士人和苏格兰人却不能混为一谈。虽然将英国称为不列颠,但最好称呼还是称呼他们各自地区的名字。

---

① 改编自 MVF Global,"Lead Generation and Internet Marketing in Germany"。于2013年8月14日访问 from http://www.mvfglobal.com/germany。

② "Telecoms and Technology—Germany"。

　　跟德国一样,一个好的握手能对方建立了信任,也表达了开展业务的意愿。如果会议结束时没有一个坚定的握手,最好是跟随英国合作方的提示。时间观念在英国是很重要的,守时是一种美德,因为守时说明能够意识到客户对公司或者关系的重要性。老一辈的人喜欢跟熟人做生意,年轻一代则更加开放。①

　　严格划清友谊和商业关系的界限是至关重要的。英国人很少介入客人的个人生活。事实上,除非另有说明,英国人很少会称呼对方的名字。专栏 18.7 列出了和英国人谈判的提示。

专栏 18.7

和英国人谈判②

　　目前在英国做生意通常很正式,而且可以直接与高层接触,不需要经过第三方。通常在初次会议期间或者打电话发邮件时,英国商人会迅速开始用名字来称呼对方。以下是进行谈判的好办法:

●对礼貌且适度放松的会议有所准备。会议期间提供茶点是可以接受的,没有问题。略谈及家庭和个人细节的谈话是受欢迎的,因为英国人想了解对方的背景和兴趣。

●与德国人不同,英国人不喜欢太过直接地开始和结束会议。

●最好避开如政治或宗教这样有争议的话题,也不要比较工作伦理。

●英国人传统上会低估危险,也不会对产品或者计划产生过分的要求。

●在谈判中,最好避免硬性推销,也不要催促英国人作决定。

●最好派高层去英国,因为高层会受到更多的尊敬,更行事有度。

●虽然英国人经常自嘲,但听听就好,不要加入批评。同样,如果听到抱怨,其他人也不要加入。

●英国人经常为了很小的不便而道歉。他们还习惯在一个句子后头加上一个反义疑问句,比如:"今天天气真好,是不?"

---

　　① Kwintessential, "Doing Business in UK", http://www.kwintessential.co.uk/etiquette/doing-business-uk.html 于 2013 年 8 月 14 日访问。

　　② Doing Business in Europe(Georgia: Department of Economic Development).

英国人对国内的语言差异很敏感,如同对英国和美国语言的差异一样;所以,营销企业认为英语是商务活动通用语言的想法是个陷阱,应该避免。不仅是一些单词和用法不同,还要注意哪些语言线索能刺激英国消费者。这会影响要以何种方式来构建广告,以及如何称呼英国消费者。此外,重要的是要注意影响解读态度的非语言交流差异。

在英国进行市场调研

以下是几个可用于英国进行初步研究的详细的二手数据来源。英国国家统计局网站(http://www.statistics.gov.uk/hub/index.html),政府统计办公室网站也是个间接研究的好来源。网站提供有关经济、人口、商业部门、劳动市场和环境的信息。其中一些数据包括:

- 年度统计摘要:提供人口、住房、制造业产品等信息。
- 苏格兰统计局:苏格兰的统计信息。
- 威尔士政府统计:威尔士统计信息。
- 社会趋势:搜集主要统计信息,包括人口信息趋势、收入和财富、教育、就业、居家和家庭、休闲,等等。
- 财政统计:英国主要财政和金融统计信息。
- 家庭支出调查:根据英国家庭类型的年度收入和支出的详细报告。

社会趋势:搜集人口趋势、收入和财富、教育、就业、家庭和住宅、休闲等重要社会统计数据。英国还有几个非官方的数据来源。例如。Euromonitor 在英国出版各种商业和贸易市场研究报告。英国是一个高度多元化的国家,这使得它看起来浑然一体,实际上却是个非常复杂的国家。英国人对于欧共体的机会没有响应。在对于购买或参与国际市场调查活动上的参与度上,英国滞后于芬兰、丹麦、意大利等国家。

电话营销

在过去,英国的电话营销一直是市场研究的热门,但与网络调查相比,电话调查被视作对个人的侵犯,正在消亡。在挑选回复者时,需要基于相关性而不仅仅基于可用的数据①。只有受访者了解通话相关性时,才愿意参与电话营销。专栏 18.8 讨论了在英国如何挑选样本。

专栏 18.8

挑选样本②

当试图获得随机样本时,营销人员必须对选择参与研究的消费者有十足的了解。通常用地域来区分顾客,将他们与其居住的地区相联系。增加样本量可以提供更高的差异检测能力。分析大量消费者时,某些趋势是显著的,邮政编码通常作为地理区分的指标。使用 CAMEO、MOSAIC 和 ACORN,营销人员能够了解选择参与研究的个人。

直邮

直邮曾是英国最有效的调研工具。随着近期数字渠道的激增,直邮已经成为营销人员若干个备选之一,必须决定选择一个理想的电子邮件、手机、电视、纸媒体等沟通手段的组合。不同的企业对于用直邮沟通的感觉不同。例如,维珍媒体广泛使用直邮,而英国天然气公司觉得直邮的销售贡献不会像过去一样多。③当有许多名单可选时,研究人员需要花时间来选择目标受访者,以确保能得到有意义的、有相关性的回复。专栏 18.9 展示了目录营销的工具。

在消费者地址上,要考虑的一个方面是大部分房子不仅有号码,还有名字。很

---

① Marketing Magazine, "Creativity Is the Key to the Future of Telemarketing", June 5, 2006, http://www.marketingmagazine.co.uk/article/562686/creativity-key-future-telemarketing 于 2003 年 8 月 14 日访问。

② 改编自 2014 年 5 月 6 日访问的网站 from http://www.select-statistics.co.uk/article/blog-post/the-importance-and-effect-of-sample-size。

③ Marketing Magazine, "Direct Marketing", Special Report, July 20, 2012, http://www.marketingmagazine.co.uk/article/1141352/special-report-direct-marketing 于 2003 年 4 月 14 日访问。

专栏 18.9

目录的定位策略①

通过目录营销产品时,考虑几种能够促进产品利润的策略是很重要的,例如:

- 清楚地了解你的市场,清楚你要吸引的顾客。
- 目录必须包含能引起直接响应的文案。
- 用艺术和图形来吸引读者并鼓励订阅。
- 确保目录具有个性和吸引力。
- 以读者可以读完整个目录的方式来组织产品。

多人不使用地址,而是用名字来称呼房子,例如曼斯菲尔德庄园,这和我们用来划分人口的方式不同。

虽然国际营销人员的反应是英国人对于实际购买需求有所保留和隐瞒,这和在美国缺乏回复率的情况没有太大差别。在英国进行研究的一个好处是,分销体系与美国相似,接近消费者的方法也差不多。

网络营销

截至 2010 年,英国的网络普及率为 78%,移动密度为 134.9%,越来越多的人用智能手机上网。最近有关英国电子邮件营销的调查显示,43% 的消费者现在注册至少 10 个品牌传播,并认为电子邮件更相关、更有趣。消费者更喜欢不同品牌的网络沟通。尽管调查显示,消费者不太喜欢用手机直接上网,但不久的将来会更加广泛地使用智能手机。营销人员也需要通过手机更有效地吸引消费者。

---

① 改编自"Creative Direct Marketing Group, Inc." at http://www.cdmginc.com/direct-responsearticles/article.aspx?cid=110 于 2014 年 5 月 9 日访问。

本章小结

　　本章讨论了欧洲的营销研究。由于政治和经济条件不同,把欧洲整体视为同质性的一体并不总是可行的,建议区分不同地区的需求分别对待,本章对此进行了详细讨论。本章还详细描述了法国、德国和英国以及这几个国家的相关统计数据、商务特征和文化规则。

19

拉丁美洲

本章概述

不同文化影响下的拉丁美洲 12 个国家的商务模式和战略受到了外界的关注。除了语言不同(西班牙语和葡萄牙语),公司还必须适应当地的气候,还有诸如种族多样性和区域因素等。

在拉丁美洲进行营销调研

在拉丁美洲做研究的营销研究人员的主要问题是资源受限。通常研究人员对市场没有足够的了解,在市场上也没有合适的联系人,所以研究人员的主要障碍是数据获取。拉丁美洲还缺乏可靠的二手数据。①

---

① F.Fastoso and J.Whitelock, "Why Is So Little Marketing Research on Latin America Published in High Quality Journals and What Can We Do About It? Lessons from a Delphi Study of Authors Who Have Succeeded", *International Marketing Review* 28, No.4(2011):435. (Publisher provided full text searching file, Ipswich, MA.于 2013 年 8 月 5 日访问。)

对研究的态度

美国顾客更有经验,接触的市场研究很多,对市场研究倾向于持有批评的态度。然而,在拉丁美洲的人们并不像美国人那样看轻市场研究。相反,对他们来说市场研究是新领域,能满足他们的需求和愿望,并且是评估他们观点的手段。

想从拉丁美洲获取信息,要注意他们的坦率和对作出回应的渴望。拉丁美洲人通常很友好、开放地与研究人员沟通。此外,研究人员不必处理在其他地方(即欧洲)经常遇到的隐私问题。在这个方面,消费者认为研究对他们是有利的,经常自愿参加。[①]他们认为既然有人提问,就应该提供意见。对参与者的补偿是正常的,实物支付(*carnito*,作为感谢的一个小代币)是很常见的。在某些情况下,现金可能会冒犯受访者,还可能会把非正式而且愉快的活动变成交易。[②]拉丁美洲人非常重视个人关系,愿意去帮助熟人。专栏 19.1 讨论了与拉美公司进行交易时面对的挑战。

专栏 19.1
与拉美公司进行研究的挑战[③]

在拉美进行研究面临两个主要挑战:缺少搜集数据的研究网络,以及搜集数据的相关问题。尽管与消费者进行研究可能相对容易,但获得公司对研究计划的支持可能具有挑战性。与管理人员进行研究可能是困难的,往往会导致低回复率。与管理人员计划好的访问,可能由于时间感受的差异和对话题的回避而变得难以捉摸。拉美行业的竞争性质也阻碍了对这些公司的研究。因此,询问有关公司的问题可能受到怀疑。

---

① F.Fastoso and J.Whitelock, "Why Is So Little Marketing Research on Latin America Published in High Quality Journals and What Can We Do About It? Lessons from a Delphi Study of Authors Who Have Succeeded", *International Marketing Review* 28, No.4(2011): 435. (Publisher provided full text searching file, Ipswich, MA.于 2013 年 8 月 5 日访问。)

② 改编自 Strategy Research Corporation, Household Buying Power Report,1996。

③ 改编自 Fastoso and Whitelock, "Why Is So Little Marketing Research on Latin America Published in High Quality Journals and What Can We Do About It?"。

文化和历史

拉美国家由于其起源而有着共同的文化和历史,他们的文化代表了欧洲、美洲原住民和非洲的独特融合。尽管共同的文化和历史造成了许多共同点,拉美国家的组成和人口统计数据却非常多样化,各不相同。

每个国家的相对位置和经济影响,都在居民的消费者行为中发挥着作用。像阿根廷和智利这样的国家受欧洲影响很深,墨西哥和中美洲的居民往往受到美国的消费文化的影响。专栏 19.2 检验了拉美国家经济情境中的不同差异的影响。

专栏 19.2

商业文化①

拉美代表了一种独特的文化同质性与国家之间明显的文化异质性的混合。在对拉美经营的跨国公司的研究中,在阿根廷、巴西、智利、哥伦比亚和墨西哥的七大文化层面上分析了员工行为的差异。

例如,阿根廷和智利较看重地位,有着更高的性别偏见,在巴西、哥伦比亚和墨西哥,更注重自我价值的创造,性别界限比较模糊。阿根廷和智利更传统,更倾向于划清等级。相比之下,巴西和哥伦比亚不看重等级,更倾向在灵活的环境中的向上流动。墨西哥人倾向于在阶层和地位的两个极端之间摇摆。每个国家的员工对文化不同维度的反应程度都不同,这些确定了有效的管理必须考虑到的,一个国家内的个体文化差异。

语言细节

大多数拉美国使用西班牙语作为主要语言,除了巴西说葡萄牙语。理解了这

---

① 改编自 P.Friedrich, L.Mesquita, and A.Hatum, "The Meaning of Difference: Beyond Cultural and Managerial Homogeneity Stereotypes of Latin America," *Management Research: The Journal of the Iberoamerican Academy of Management* 4, No.1(2006):53。

一点,在拉美做研究时,还必须考虑到西班牙语国家之间的差异。

翻译人员或者发言人必须认识到不同地区的细微差别。要注意不同的方言,词汇的用法和特质,因此缺乏对语言的意识不应该成为市场研究企业成功的阻碍。例如,在阿根廷,西班牙语的使用当中穿插着意大利语。在像危地马拉和巴拉圭这样的国家,印第安原住民的人口较多,大多数居民除了讲西班牙语之外,还说土著语。同一个词在每个国家也有不同的含义。在墨西哥,"零售店"这个词,在委内瑞拉是电源插座。①另外,不同的单词可以描述相同的东西。在大多数国家,夹克叫作chaqueta,在阿根廷,叫作 campera。此外,在哥伦比亚,称呼别人的方法差异很大,在哥伦比亚用 usted,在其他几个国家则用 tú。

着装守则

拉美各国的行为守则有很大差异。从一个人怎么发言到如何着装,在社会和商业环境中举止得当,对于研究者来说也是很重要的,应该理解。

在拉美国家,要留下好印象,服装的选择很重要。在同一个范围里,阿根廷可能是着装最正式的,而巴西是最不正式的。在阿根廷举办一个 B2B 的焦点组访谈必须很正式,主持人也必须遵守正式着装的要求。在哥伦比亚波哥大和巴西的家庭户主发言时,要注意到不同。在巴西,穿衣更休闲,而在波哥大,明显更注重服装。

拉美国家的中产阶层②

中产阶层占拉美人口的 30%。在很大程度上,由于创造就业机会、教育和社会计划,拉美的中产阶层在过去十年中增长了 50%。此外,越来越多的女性加入了劳动力市场。拉美中产阶层人均每天收入为 10—50 美元(见表 19.1)。

每个国家的经济发展动力不同,巴西的中产阶层增长最快,达到 40% 以上。其他中产阶层大幅增长的拉美国家包括哥伦比亚、哥斯达黎加、智利和秘鲁。墨西哥的中产阶层从 2000 年到 2010 年稳步增长了近 17%。这些国家不断增长的中产阶

---

① Cateora and Graham, International Marketing, 13th edition.

② Economic Mobility and the Rise of the Latin American Middle Class, Washington, DC: International Bank for Reconstruction and Development/The World Bank, 2013.

表 19.1　拉美国家的人口阶层分布①

	上层(%)	中产(%)	弱势群体(%)	穷人(%)
阿根廷	3	47	34	16
玻利维亚	1	17	35	47
巴　西	3	31	40	26
智　利	5	43	40	12
哥伦比亚	3	30	37	30
哥斯达黎加	4	37	40	19
多米尼加共和国	2	21	43	34
厄瓜多尔	2	20	42	36
萨尔瓦多	1	16	41	42
洪都拉斯	1	16	30	53
墨西哥	2	26	45	27
巴拿马	3	29	39	29
巴拉圭	2	23	41	34
秘　鲁	2	24	39	35
乌拉圭	5	56	32	7

注:数据来自 SEDLAC(拉美和加勒比社会经济数据库)。玻利维亚阶层组成来源是 2008 年,墨西哥是 2010 年。

贫穷=每人每天收入低于 4 美元。

弱势=每人每天收入为 4—10 美元。

中产=每人每天收入为 10—50 美元。

高层=每人每天收入超过 50 美元。

贫困线和收入标准为 2005 年美元为单位的每日购买力平价。

层为品牌创造了新的消费群体。专栏 19.3 讨论了拉美国家人口统计方面的变化。

专栏 19.3

拉美国家人口统计方面的变化②

由于生育下降和工作人口的增加,拉丁美洲的人口状况正在发生急剧变化。这些因素最终造成人口红利。

---

①　改编自 Economic Mobility and the Rise of the Latin American Middle Class。

②　改编自 J.Price, "Latin America's Brave New Demographics", *Latin Trade*(English) 21, No.3, 2013:12。

例如,在巴西、智利、墨西哥的生育率低于 2.1 的替换率。出生率下降很重要,因为孩子少的家庭更容易获得可支配收入,母亲也更有可能外出工作。

到 2020 年,拉美的劳动年龄人口预计增长 4 100 万人,从 2000 年的 42％增加到 53％。因此,对于计算机、汽车和旅游等可支配项目的需求将会增加。这些增长将使拉美进入消费时代。

进行研究: 该做的和不该做的

在拉丁美洲进行研究,有几件事必须考虑。大多数访问还是以面谈为主,拉丁美洲的电信业务正在不断改善,但仍然存在缺乏基础设施和网络覆盖率不足的问题,无法有效接触消费者。不过,在过去的十年里,拉丁美洲的电信业务已经取得了一定的进展。拉丁美洲的手机普及率达到 100％以上,城市里的用户往往拥有多个账号,在农村,网络普及率低于 60％。在原始数字中,大约 70％的拉丁美洲人能够使用手机。[①]

在拉丁美洲招募焦点组往往是一种误导。在询问受访者是否感兴趣时,因为他们的文化中说"不"是不好的,所以他们一律回答"是"。最好的办法是提供交通上的便利,让受访者觉得有义务参加。[②]

另外对于项目结束的时间要有个清楚的概念。对于个人访问,需要花费大量时间,与拉美的合作伙伴打交道具有极大的灵活性。还要注意拉丁美洲国家和其他国家的季节差异。在南半球,假期是在 1 月和 2 月,无法进行研究。

直销

拉丁美洲的直销业在迅速发展,接触顾客一般通过传统的邮政和户外等方式,以及短信、电子邮件和网络等新媒体。拉丁美洲的基础设施对直销能力有很大影响,各国之间的差别很大。直销基础设施水平的差异对营销人员构成挑战,他们必

---

① Informa Telecoms and Media, http://www.informa.com/Media-centre/Press-releases-news/Latest-News/Latin-America-reaches-100-mobile-penetration-says-Telecoms-Media/.

② "Research International Revelations", Marketing News, No.6, 1994.

须考虑到具体国家有哪些资源可以利用。例如,和其他拉美国家相比,巴西的直销基础设施非常新和成熟。随着几个拉丁美洲国家电信、互联网、邮政的发展,一度为松散的数据库管理而付出的代价已经得到了弥补。专栏 19.4 讨论了拉丁美洲的邮政服务。

专栏 19.4

拉丁美洲的邮政服务[①]

拉丁美洲的邮政是非官方、自由化的,没有邮政垄断,在一定程度上有通过新技术和改进产品与服务来进行创新的潜力。

拉丁美洲的邮政私有化程度很高,约 60% 的邮件通过私人邮政服务来邮递。其中一些公司已经成立了拉美私人邮政服务商协会(ALACOPP),参加的国家有阿根廷、巴西、哥伦比亚、墨西哥、智利和乌拉圭。这代表着在拉丁美洲通过邮政做直销是有趣而且动态化的。

多年来,拉丁美洲在直销方面取得了许多进展。现在有几个国家组成了协会来管理和促进直销。1999 年,拉丁美洲成立了 ALMADI(直销和互动营销拉美协会)。阿根廷、巴西、智利、墨西哥、秘鲁、委内瑞拉和哥伦比亚在协会中都有代表。

直销将重点放在客户身上,并鼓励顾客之间的互动。最后,直销要仔细设计,以适合国家语言和文化的特色,取得顾客关注,得到所需的反应。

互联网的运用

拉丁美洲的互联网使用在过去十年中发生了巨大变化。拉丁美洲的互联网服务一度很差。与其他国家相比,拉丁美洲的互联网仍有很大的改进空间,不过已经

---

① 改编自"Quantum Leaps and Baby Steps: How Postal Platforms are Evolving Worldwide", *Global Address Data Association*, May 15, 2012, http://www.globaladdress.org/wp-content/uploads/downloads/2012/05/Quantum-leaps-and-baby-steps-Publication.pdf。更多详细资料请访问 http://noticias.am-pm.com.mx/ALACOPP_ComiteConsultivoUPU.html。

有了长足的进步,能使用互联网的消费者也越来越多。移动和社交媒体的存在正在改变拉丁美洲的互联网使用情况,已经 37% 的拉丁美洲人可以使用互联网。①表 19.2 显示了拉丁美洲国家的互联网普及率。

表 19.2　拉丁美洲的互联网普及率②

国　家	人　口	互联网普及率(%)	国　家	人　口	互联网普及率(%)
玻利维亚	10 426 154	12	危地马拉	14 729 000	17
巴　西	200 019 467	38	洪都拉斯	8 202 681	13
智　利	17 295 000	58	墨西哥	112 890 633	34
哥伦比亚	49 665 343	50	尼加拉瓜	6 050 373	12
哥斯达黎加	4 694 854	47	秘　鲁	29 957 804	35
多米尼加共和国	10 026 000	41	波多黎各	4 032 707	55
厄瓜多尔	14 204 900	23	乌拉圭	3 565 825	58
萨尔瓦多	7 440 662	14	委内瑞拉	29 499 000	37

互联网的内容大部分是英文的,不过近几年来外语的内容呈指数级增长。如表 19.3 所示,西班牙语和葡萄牙语已经是互联网上内容最多的外语了,但内容仍然不足,依旧有很大的发展空间。

表 19.3　互联网上内容最多的 10 种语言③

	语　言	网站内容(%)		语　言	网站内容(%)
1	英　语	56.2	6	汉　语	3.9
2	俄　语	6.0	7	法　语	3.2
3	德　语	5.9	8	葡萄牙语	2.2
4	日　语	4.9	9	波兰语	1.8
5	西班牙语	4.5	10	意大利语	1.7

如果通过互联网进行普通的调查,用户的构成可能会导致偏差。互联网内容的主体是英语,这就留有很大的发展空间。目前的翻译服务可以帮助网页浏览者更好地了解网站内容,西班牙语还是葡萄牙语并不重要。

① Tendencias Digitales,http://www.tendenciasdigitales.com/wp-content/uploads/2012/02/Tendencias-Digitales-Ingles-01.jpg.
② 改编自 Tendencias Digitales。
③ 改编自 W3Techs,http://w3techs.com/technologies/overview/content_language/all 于 2013 年 8 月访问。

在拉丁美洲使用任何系统所遇到的问题,是与政治框架发生冲突,有可能有来自政治方面施加的限制性通信政策,这会很大程度上限制拉丁美洲人对互联网的接入程度。阿根廷、智利和巴西取得了一定程度的政治稳定,有助于打造一个积极的、能够促进通信发展的氛围。①

几家公司以阿根廷、巴西、智利和哥伦比亚为目标市场,不仅是因为这些市场的人口占拉美总人口的50%(约6亿)还因为这些国家反映了电讯的增长趋势,以及家用电脑的购买量的增加。

移动技术②

除了互联网用量增加之外,通过移动设备和社交媒体接触顾客,开始逐渐改变拉丁美洲研究的范围。拉丁美洲在移动技术发展方面处于领先地位,98%的拉丁美洲人口可以获得移动电话信号,84%的家庭正在订阅某种类型的移动服务。阿根廷、智利、墨西哥和委内瑞拉率先在拉丁美洲开始了移动订阅服务。

从农民到药剂师,拉丁美洲的移动连接是深远的、影响重大的。虽然大多数移动的用途是打电话,不过短信和上网的使用量正在上升。委内瑞拉和墨西哥约有四分之一的用户能用移动设备上网。在智利,农民正用手机接收政府的短信和市场信息,以提高生产率。随着基础设施的改进及手机成本的降低,使得很多拉丁美洲人能享受到移动技术进步的好处。

南方共同市场

南方共同市场是由阿根廷、巴西、巴拉圭、乌拉圭和委内瑞拉组成的共同市场,旨在促进拉美地区的业务。自1991年成立,市场领袖1995年宣誓就职,这一贸易自由区成功地促进了国际商务活动,正在朝着市场合理而平稳增长的方向迈进。表19.4比较了南方共同市场的地理数据。

---

① C.Ryder, "Internet Opportunity", Computer World, September 29, 1997.

② World Bank, "Latin America Leads Global Mobile Growth", July 18, 2012.

表 19.4　南方共同市场—基础数据（2011 年）①

国　　家	GDP-PPP(10 亿美元)	土地面积(百万平方公里)	人口(百万)
阿根廷	755.3	2.7	42.6
巴　西	2 394.0	8.5	201.0
巴拉圭	41.6	0.4	6.6
乌拉圭	54.7	0.2	3.3
委内瑞拉	408.5	0.9	28.5
总　　数	3 654.1	12.7	282.0

拉丁美洲与亚洲的关系②

　　能够描述拉丁美洲与亚洲贸易的悖论是，虽然目前的经济危机影响了关系，但也促使一些拉美国家采购和投资。目前拉美有五个投资级别的国家：巴西、秘鲁、巴拿马、墨西哥和智利。这一评级使得这些国家能够吸引投资者并降低融资成本。专栏 19.5 指出了拉丁美洲的经济影响。

专栏 19.5

拉丁美洲的经济影响③

　　拉丁美洲有两种经济：因与美国的关系受影响的，与美国以外的其他国家的有业务往来的。

　　中美洲和墨西哥将随着已经建立的经济关系而继续向美国倾斜。这些国家是拉美经济体的第一类，有一半的出口额是出口到美国的。这些国家有很多接受美国的经济援助。就墨西哥来说，其大部分出口到美国，与美国的关系根深蒂固。

　　拉丁美洲第二类经济体包括巴西、阿根廷、智利和秘鲁。除了美国和其他拉美国家之外，这些国家还大量出口到欧盟和亚洲，是向中国出口的主要国家。

---

① CIA World Factbook，2013，https://www.cia.gov/library/publications/the-world-factbook/.

② Joachim Bamrud，"Latin America's Decade"，Latin Trade，March 30, 2011, http://latintrade.com/2011/03/latin-america%E2%80%99s-decade.

③ 改编自 L.Martinez-Diaz，"Latin America：Coming of Age"，World Policy Journal 25，No.3(Fall 2008)：221—227.

至 20 世纪末,拉丁美洲的经济增长主要依赖阿根廷、智利和墨西哥。此外,拉美国家利用经济增长和通胀率下降,积极地寻求贸易机会。再加上亚洲国内市场对产品需求的下降,这促使一些公司转而考虑拉美地区。

近年来,亚洲国家的高需求拉动了拉美地区的业绩。亚洲是拉丁美洲最大的贸易伙伴之一,仅次于欧盟。例如,中国已经成为拉美几个国家最大的出口市场,中国对巴西、智利、秘鲁和阿根廷等国家自然资源的需求,可以比肩拉美地区与欧盟、美国和中国的出口商品贸易(见表 19.5)。

表 19.5   拉美出口到欧盟、美国和中国的贸易比较①

	贸易总额(百万美元)	对欧盟贸易(%)	对美国贸易(%)	对中国贸易(%)
阿根廷	83 950	16.9	5.1	7.4
巴　西	256 039	20.7	10.1	17.3
智　利	81 411	17.7	11.2	22.8
哥伦比亚	57 420	15.6	38.5	3.5
哥斯达黎加	10 408	17.2	38.3	5.1
多米尼加共和国	8 612	8.0	54.5	5.4
墨西哥	349 569	5.5	78.7	1.7
秘　鲁	46 268	18.2	13.3	15.3
委内瑞拉	94 811	0.6	0.5	0.5

阿根廷

在阿根廷,欧洲文化和拉美印第安文化之间有着严重的冲突,然而,它是拉丁美洲国家里最容易接触的国家之一,因为它的文化多样性带有欧洲色彩,让美国和欧洲客人感到宾至如归。

文化特点

阿根廷强调个人在社会中的作用,并将独立看作一种能力。这影响了商业文

---

① 改编自"World Trade Organization Trade Profiles," April 2013。

化,因为阿根廷人认为听从别人号令是虚弱和不足的表现。展示侠士风度和慷慨帮助有需要的人,被看作是自由意志的体现。布宜诺斯艾利斯和全国其他地区之间的差异也是文化的一个方面。

与阿根廷人打交道时,要注意到虽然他们在外交上极度谨慎,但坦白地表达的意见也是很重要的。他们想在商务交易之前建立个人关系的时候,能看到他们的热情和友善。

在阿根廷,时间和空间概念也很重要。大多数阿根廷人谈话时,距离很近,并经常提到家庭和个人有关的问题。时间被认为是用来享受的,而不是一种可利用的资产。大多数阿根廷人认为这样可以更好地建立关系和阐明情况。

阿根廷人的生活中要强调家庭的作用。普通人将家庭看作生活的重心,强调孝顺和敬老,不过在阿根廷,主要危险之一是要处理裙带关系。公司里大多数职位优先安插家庭成员,虽然有特别的规定来规范这种情况,但与其他拉美国家相比仍然不足。

与其他拉丁美洲国家类似,给参加焦点组或者调查的受访者现金是不合适的。多数情况下,一个小礼物(比如,任何形式的实物)更受欢迎,因为金钱象征着强迫他们表达意见,更像是交易,而不是非正式的交换情绪。

商业特点

阿根廷商人与人们对刻板印象中的其他拉美商人不同,他们资源丰富,受过高等教育,有组建业务网的动力,并且愿意促进阿根廷与世界其他地区的交流。

阿根廷的商业风格就是其混合遗产。一般来说,他们有很强的竞争力,这增加了市场国际化的因素。大多数情况下,虽然着装正式,但工作气氛和工作态度是友善的、非正式的。大多数阿根廷人非常重视合同的具体方面,有兴趣在商务话题之前询问有关合同的问题。

同样需要注意的是,支付手段(消费)和贿赂也是阿根廷商业文化的一部分。对外国人来说,这是个微妙的情况,但必须知道最终目标是在这个国家能有效运转。他们认为,在加快进程的同时,定期的反腐运动也同时存在,这使得商业文化更加复杂。阿根廷的商业礼仪如专栏 19.6 所示。

专栏 19.6

阿根廷的商业礼仪①

初次见面时,握手是最常见的问候形式,而且强调眼神的接触。合适的着装有助于建立信誉,男士着西装领带,女士穿衬衫、西装和裙子。用适当的头衔来称呼别人是很重要的,如先生和女士。

必须清楚告知他们在和谁做生意,必须尊重上级的权威。在阿根廷的工作时间可能过长,工作时间往往超过晚上 10 点。

准时开会很重要,但要准备好会议的时间与其他国家相比,会很长,进展会很慢。在会议期间要展示适当的肢体语言,因为在建立业务关系之前必须建立个人关系。

识别与之打交道的人在公司的权力地位是极其重要的,这个人在组织结构中的地位越高,他/她越可能推迟约定时间。除了级别,确定结束的时间也是很重要的,因为阿根廷人倾向于讨论很多他们认为合适的方面,这可能在交易时为您带来好处。

在阿根廷做市场研究②

阿根廷是拉美国家中最发达的国家之一,因此,有更可靠的市场研究渠道。

电话

自从 1998 年,电信市场开放竞争以来,阿根廷经历了大幅度增长。在布宜诺斯艾利斯和其他主要大城市,有超过 1 000 万条电话线,每 100 人有 39 条,而在农村

---

① 改编自 Fundacion Invertir Argentina, Argentina Business: The Portable Encyclopedia for Doing Business with Argentina, World Trade Press, 1995; and "Argentine Business Etiquette & Culture", http://www.internationalbusinesscenter.org/ 于 2014 年 5 月 6 日访问。

② "Telecoms and Technology Industry Report: Argentina", Telecoms Industry Report: Argentina 4, No.2, 2012: 1—15.

地区每 100 人只有 7 条。与其他拉丁美洲国家相比,阿根廷的固定电话普及率略有增长,在拉美固定电话和手机订阅方面排名第一。像其他拉美国家一样,阿根廷的电信业务增长正在促进移动电话的可靠性和接入性。

移动电话

近年来阿根廷移动电话普及率有了大规模的扩展,除了私营部门,政府还帮助向更多农村地区进一步推广移动技术。截至 2012 年,每 100 个阿根廷人有 142 个移动用户。三家公司主导市场——Claro、电信个人和 Movistar——为大约 5 900 万阿根廷人提供移动服务。

互联网

阿根廷的互联网接入量近年来有所增加,这是由于政府计划和倡导改善接入。阿根廷政府通过一个名为"Conectada"的计划,为农村和欠发达地区提供免费的宽带和数字电视接入。阿根廷互联网市场竞争激烈,订阅费低,服务质量高。此外,低廉的个人电脑和家庭收入增加使得互联网普及率在 2012 年达到 56%。阿根廷目前在互联网接入领域的表现优于宽带,占 90% 的网络订阅。

邮政

阿根廷全国超过 5 000 个邮局,是拉美邮政最发达的邮政国家之一。阿根廷通过国家的 Correo Argentino 和其他私人有地公司邮寄约 8 亿个包裹。尽管阿根廷邮政的可用性和可靠性不错,但阿根廷的邮购营销依然不足,邮件分发价格也很高。[①]

玻利维亚

玻利维亚与阿根廷、巴西、智利、巴拉圭和秘鲁交界,社会经济发展在拉美国家中排名垫底。

---

① US and Foreign Commercial Service and US Department of State, "Doing Business in Argentina: 2013 Country Commercial Guide for U.S. Companies", http://export.gov/argentina/doing-businessinargentina/argentinacountrycommercialguide/index.asp. All rights reserved outside of the US. International Copyright.

文化特点

玻利维亚深受土著文化和流行的拉美文化的影响。玻利维亚的主要少数民族是克丘亚和艾玛印第安人,约占总人口的55%;梅迪斯左或印第安人与白人混血(30%)和白人(15%)。大多数人口集中在玻利维亚(10%),是印第安人之前的生活中心,约一半人口生活在农村,大多靠自给自足的农业为生。作为拉丁美洲最贫困的国家之一,大多数玻利维亚人生活在贫困之中。专栏19.7解释了玻利维亚家庭的教育支出及其对贫困的影响。

专栏 19.7

玻利维亚家庭的教育支出①

玻利维亚高度重视教育。近年来,教育方面的公共支出占GDP的比重很高,约80%的教育费用由国家支付,其余的20%由家庭解决。

玻利维亚家庭的主要支出在教育上,远超服装和医疗的总和。虽然教育支出在高收入家庭和贫困家庭之间不同,即高收入家庭支出超过贫困家庭,城市家庭的教育支出是农村家庭的两倍,但为了缩小教育差距,全国正在大力改善中小学教育。

在像玻利维亚这样的发展中国家里,教育的影响力及其在创造就业机会和脱贫当中起着至关重要的作用。

商务特点②

玻利维亚政府渴望吸引外资。玻利维亚私营部门的大多数成员是经验丰富的

---

① 改编自 Economic and Social Policy Analysis Unit(UDAPE) and the United Nations Children's Fund(UNICEF),"Bolivia—Household Spending on Education",2006,http://www.unicef.org/bolivia/resumen_gasto_hogares_educacion_ENG.pdf.

② US Department of Commerce,"Marketing in Bolivia—Overseas Business Reports",January 1989.

商业人士,他们直接接触美国和西欧的海关和手续。当地代表是外资企业成功运作的重要组成部分。

在产品和分销方面,玻利维亚的小市场要求大多数代理商能代表超过一个产品线的产品。对于推广某个产品线的努力,部分取决于供应商想展示的兴趣和支持,也取决于代理商的能力和兴趣。

在建立了稳固的业务关系后,本地经销商和代理商普遍期望能造访外国公司的工厂和总部,以便更熟悉公司的人员和操作技术。

西班牙语是玻利维亚的官方语言,也是商务用语。虽然在公众和商务场合中,说英语的情况很普遍,但他们更愿意说西班牙语。

玻利维亚的市场研究

玻利维亚是一个发展中国家,在进行市场研究时可能会面临一些挑战。

固定电话

虽然固定电话覆盖率稳步上升,但多数电话集中在拉巴斯和圣克鲁斯等城市地区。截至 2011 年,玻利维亚只有 879 000 个固定电话线,人口约为 1 000 万。[①]鉴于这种情况,想进行市场研究的公司就必须考虑如何接触到目标细分市场。

移动电话

与固定电话线相比,2011 年玻利维亚的移动电话密度达到了每 100 人 80 部。[②]像其他拉美国家一样,移动用户是个趋势,数量也是固定电话的 10 倍。不过,玻利维亚在该地区的电信指数最低,排在古巴、海地和尼加拉瓜之后。即使在较大的城市,也可能存在连接缓慢和网络拥堵的问题。由于国家贫困程度较高,移动宽带不足,增幅也远低于其他拉美国家。[③]

互联网

玻利维亚宽带的价格是拉丁美洲国家最贵的,对于主体人口来说上网很困难。

[①②] CIA World Factbook 2013.

[③] "Research and Markets: Bolivia—Telecoms, Mobile and Broadband", Business Wire(English).

截至 2012 年,共有网民 140 万人,占人口的 30%。然而每 100 个居民中,只有 2 个拥有宽带接入,大部分连接(82.5%)集中在拉巴斯、圣克鲁斯和科恰班巴。[①]

邮政

玻利维亚的邮政服务仍在发展中。近年来取得了一些进展,向家庭和企业发送邮件的连贯性和及时性上仍有改进余地。

巴西

巴西是拉丁美洲国家规模最大、工业化最发达的国家,规模大,多样化,对营销人员来说很诱人。

文化特点

巴西文化是世界上最多样化、差异最大的文化之一,深受葡萄牙、非洲、土著和其他欧洲文化的影响。在巴西,家庭结构和价值观非常重要,大家庭是常态。巴西人往往是亲切和热情的,个人空间的概念很小。他们打招呼和相互称呼的方式是非正式的。握手、拥抱和亲吻脸颊是常见的问候形式,虽然女性倾向于更多的身体接触,并用亲吻打招呼。巴西人在称呼教师、医生、牧师等专业人士时,称呼头衔,然后才是名字,例如总统迪尔玛。肢体语言和称谓也随着个人的社会地位而变化。[②]

巴西文化可以按社会经济地位和种族背景来划分。20 世纪 90 年代后期的通货膨胀带来了巨大的问题,使工薪阶层和中下阶层的购买力下降了 50%,造成了收入的两极分化。[③]进入 21 世纪,巴西的贫困和收入差距问题虽然有所改善,但依然

---

① Informe de Milenio sobre la Economía, Gestión 2012, No. 34, Fundación Milenio (Germany: KonradAudenaur-Stiftung, 2012).

② http://www.brazil.org.za/brazil-culture.html.

③ USDOC International Trade Administration, Brazil—Country Marketing Plan, Market Research Report, 1994.

严重,并且继续不同程度地影响不同地区和阶层的人口。

商务特点

巴西的大部分业务是通过代理商或者经销商来进行的。这部分是因为他们熟悉市场特点,比如通货膨胀趋势。巴西的商业人士受过高等教育,大部人精通英语和其他商业外语。

在巴西做生意,首先要准备好个人事物优先于公司业务。因为巴西人喜欢在签订合同之前花时间相互了解,所以要先建立个人关系。参加活动和吃晚餐要准时,另外,正式服装是商务环境中的规范,当不确定穿衣规范的时候,穿得过于隆重要比过于休闲来得好。[1]

在巴西做市场研究

在拉丁美洲国家里,巴西的电信业务规模最大。因此巴西是主要研究的市场。

固定电话[2]

巴西的电话、电报、数据传输和其他公共服务方面由政府垄断。巴西的电信系统已经有了重大改善,巴西目前拥有固定电话 4 300 万台,每 100 位居民的固定电话拥有率是 20,在全世界排在第六位。巴西的电话系统发达而且可靠,所以也可以用传真的方式向企业发送调查问卷。

移动电话[3]

在移动接入方面,每 100 个居民大约有 120 台手机。巴西人使用的移动设备超过 2.44 亿,由 7 个移动服务供应商提供服务。移动电话的高使用率是因为对于低收入人群来说,价格相对便宜。因此,通过手机来接触消费者愈发可行。

---

[1] http://www.brazil.org.za/brazil-culture.html.
[2][3] CIA World Factbook 2013.

互联网①

截至 2009 年,巴西的互联网用户排名世界第四,用户达到 7 600 万。②此外,巴西拥有完善的网络交换基础设施,可为客户和网络应用提供更好的业绩。巴西有 2 500 个宽带提供商,不过 95％的市场由 5 家市场提供,分别是 Oi、NET Servico (Embrated)、Telefónica Brazil、Universo Online(UOL)和 GVT。虽然许多巴西家庭通过个人电脑和笔记本电脑上网,但移动设备已经成为上网的主要手段。

邮政

巴西的邮政服务是拉美国家最好的之一。随着邮购目录的增长(像西尔斯百货、Reobuck 和 JCPenny 等公司),邮件可以作为一个很好的调查工具。邮政服务在可达性方面的可靠性以及未传递或者丢失邮件的数量,对于数据收集的有效性来说都是很重要的。巴西邮政服务的进步使得其直销行业成为拉美最先进的行业。专栏 19.8 讨论了巴西的直销。

专栏 19.8

巴西的直销③

巴西的直销行业正在迅速增长。过去的十年中,巴西的直销行业的销售额年均增长率约为 13％,2011 年营业收入为 150 亿美元。巴西消费者每月收到 9.3 份直邮邮件,74％的消费者喜欢收到直邮邮件。

由于其可靠的邮政服务,庞大的消费群和不断增长的经济,巴西通过 AMEMD 推出了经过人口统计学和心理分析的数据库,包括 2 000 万个独特的自愿加入的用户。巴西直销协会(ABEMD, Associação Brasilera de Marketing

---

①② Mike Jensen, Broadband in Brazil: A Multipronged Public Sector Approach to Digital Inclusion(Washington, DC: infoDev/World Bank, 2011), http://www.broadband-toolkit.org.

③ 改编自 US and Foreign Commercial Service and US Department of State, "Doing Business in Brazil: 2013 Country Commercial Guide for US Companies", http://export.gov/brazil/build/groups/public/@eg_br/documents/webcontent/eg_br_034878.pdf。

> Directo)是一个致力于联合服务提供商和使用直销策略的公司的全国性的直销
> 组织。因此,对于有兴趣进入巴西的公司来说,直销是一个可行的选择。有关
> 更多 ABEMD 的信息,访问 http://abemd.com.br/english.php。

委内瑞拉

委内瑞拉(意为小威尼斯,这反映了其与欧洲的联系)位于南美洲北部,在加勒
比海地区哥伦比亚河圭亚那之间,是一个拥有丰富自然资源和人力资源的地区。

文化特点[①]

委内瑞拉的人口组成比较多元化,人们外向、友好。这可以从他们互相问候
时的肢体语言上看出来。委内瑞拉人因在谈话时站得很近,用很多手势甚至碰
触而为人所知。男子和女子问候时亲吻是很常见的,不过只是男人吻女人。男
人通常会以握手的方式来问候,在某些情况下,取决于对方的身份,也可能会
拥抱。

委内瑞拉是个重男轻女的社会,显示了男权主义和男权的优越感。因此,社会
对于男人和女人有着不同的期望和待遇。对于传统性别角色的看法仍然普遍存
在,但随着越来越多的女性开始工作以及北美文化的渗透,大男子主义正在面临
挑战。

委内瑞拉的社会经济阶级分层清晰,通常按照性别和种族划分。20 世纪发展
而来的中产阶级受到 20 世纪末 90 年代社会危机的重大影响。尽管委内瑞拉的贫
困人数已经从 1999 年的 50％下降到 2011 年的 27％,但仍然很高。委内瑞拉首都
加拉加斯是一个大都市,但只有一小部分人口有着较高的购买力。此外,委内瑞拉
人口的很大一部分是年轻人,这对该国的社会经济结构产生了重大影响。在委内
瑞拉人口断面图上,30％的人不满 14 岁,65 岁以上的人口只有 6％。

---

① http://www.everyculture.com/To-Z/Venezuela.html#ixzz2aenm068z.

商务特点[①]

委内瑞拉的商业风格是休闲的,大多数称呼也是非正式的。在商务对话时互相称呼 tú,大致翻译为"你"。他们用对熟人用亲吻来问好和道别,这是文化里需要考虑的另一个方面,但在首次商务会面上,为了呼应对方的反应,大多数委内瑞拉人的态度会更正式。在会议上供应咖啡被看作是正常的做法,而不会让气氛变得松散。第一次会议的结尾可能会表示感兴趣,不过这更多的是出于礼貌。委内瑞拉人的独立意识很强,不喜欢总是遵守规则。总之,他们放松休闲的态度也会带入商务场合。

委内瑞拉人很难说"不",如果不提要求或者强加条件,这对公司来说是个优势。如果委内瑞拉人被胁迫,则不会妥协。对美国商人很重要的是,要有耐心地去探索委内瑞拉人想要什么,以及如何适应他们的需求。

有趣的是零售店和其他行业都是以追求员工便利,而非购物者便利的方式经营的。这反映出委内瑞拉向顾客提供服务的态度。退款是闻所未闻的,不满意的服装和产品退换也是不可能的。时间概念上,委内瑞拉与美国也是有很大差异的,对于迟到不像美国那样觉得不好意思。

大多数委内瑞拉人都很爱国,且大多数委内瑞拉人觉得外国人到委内瑞拉不能刺激经济,也不欢迎委内瑞拉和美国的友谊。

在委内瑞拉,签合同从来都不是互惠的。多数人不愿意落于书面,但收到指定信息时,他们会感到高兴。

在委内瑞拉做市场研究

委内瑞拉是拉丁美洲最大的电信和信息技术市场之一,排在巴西、墨西哥、阿根廷之后,居于第四位。

固定电话[②]

委内瑞拉实现了电话系统的现代化,并扩大了带宽。在过去的几年中,一个电

---

① International Trade Administration,"Market Research Reports—USDOC",1992.
② CIA World Factbook 2013.

话要打好几次才能成功,这使得电话研究很耗时,且很难编辑。另外,基础设施的缺乏意味着电话研究这种方式并不可靠。但是,今天委内瑞拉的电话服务,尤其是在农村地区,已经取得了重大发展。固定和移动电话普及率达到每 100 人 130 部。

随着电信基础设施的改善,传真的可靠性增加,可以成为一个可靠的选择。传真是企业的常用工具之一,利用传真可以获得详细回复的问卷。然而,与大多数拉丁美洲国家一样,个人访问仍然普遍存在。专栏 19.9 讨论了在委内瑞拉进行个人访问的过程。

移动电话[1]

委内瑞拉在拉丁美洲较早采用移动技术,三大主要的移动服务提供商分别是 Movilnet、Movistar 和 Digitel,在全国拥有较高的普及率。截至 2012 年,委内瑞拉有 2 900 万移动用户,由于用户拥有多个号码,使得普及率达到100%。由于政治的不稳定性,移动业务增长放慢,部分消费者不得不取消合约。然而,随着越来越多的用户增加了数据业务,需求还会继续增加。

互联网[2]

委内瑞拉互联网的普及率在迅速增长。预计 2012 年的普及率为 44%,近 1 300 万用户,高于 2008 年的 700 万。委内瑞拉的个人电脑拥有率比较低,互联网的使用主要是通过移动设备、网吧和公共资助的信息中心。未来,宽待和移动数据订阅将推动委内瑞拉电信市场的增长。目前,宽待普及率很低,约为 1%,移动互联网站委内瑞拉所有移动用户的 24%。[3]

邮政

邮政服务的最大问题是服务的可靠性,无法将问卷准确送达给样本家庭。大多数问卷丢失,很多根本无法送达,这会显著影响数据的搜集。还有几家私人公司通过将问卷送到主要的搜集点来解决问卷送达的问题。

---

[1] Industry Report,"Telecoms and Technology:Venezuela",2012,Telecoms Industry Report:Venezuela,issue 1:1—12.

[2] Industry Report,"Telecoms and Technology:Venezuela",2012:1—12.

[3] "Latin America Leads Global Mobile Growth",World Bank,July 18,2012.

专栏 19.9

在委内瑞拉进行个人访问

在委内瑞拉进行个人访问时,问题是他们在家根本没有私人时间。在一个家庭的影响渗透到社会的各个领域的国家里,要获得个人对问卷的回复,或者对回答的问卷或者产品满意度的问题,几乎是不可能的。

在商务访谈中,大多数办公时间是周一至周六,9 点以后到下午 1 点,以及下午 3 点到 7 点。而在商业人士当中则是比较容易获得回复的,这主要是由于工作伦理比较灵活。购物中心或街道上的访问并不常见。

本章小结

本章讨论了拉丁美洲的营销研究视角。它提供了有关拉丁美洲国家的贸易、文化、历史和语言的数据。本章重点介绍了阿根廷、玻利维亚和委内瑞拉,详细讨论了这些国家的文化规范、商业习惯、基础设施和数据来源。

20

中东和非洲

本章概述

　　困扰中东和非洲的主要问题是基础设施的不完善和运输不畅。这些国家最大的优势是丰富的石油资源促进了经济发展。像沙特阿拉伯、以色列和黎巴嫩这样的国家已经取得了巨大的进步，加强了电信系统和现有框架下的现代化。对阿拉伯世界来说，市场研究行业是比较新的，而在一些国家，这个概念直到 20 世纪 90 年代才出现。[①]

在中东和非洲进行营销调研

　　本土公司与外国公司在市场研究的重要性上有着强烈的对比。大多数本土公司认为他们充分的了解本国市场生活方式和收入方面的当前趋势，所以他们觉得不应该深入实地研究。

初步研究

　　进行初步研究主要通过观察法和抽样调研。这些可以看作是搜集信息，特别

---

　　① 　本章部分内容由阿联酋迪拜 G.Subramaniam 提供。

是关于普通阿拉伯人心理特征信息的有效途径。观察法通过安装照相机和消费者反应小组来了解消费者的行为,不过这必须首先得到当局的批准,当然,会引起消费者的积极响应。大多数情况下,访问被认为是对隐私的侵犯,关于偏好的信息应该更多地从销售水平中推导出来。

在使用焦点组的时候,最大的缺点是人们担心回答有关个人的问题。有必要确保在中东国家的特定环境或者情况,以避免文化上的误解。上门采访会有问题,因为人们不太接受这种形式,会怀疑寻求这些信息背后的真正意图。此外,由于消费的实际决策人往往是女性,而访问女性是很困难的,这就会导致结果的偏差。这个问题可以通过雇佣女性进行访问来解决。女性对女性访问者回应良好,建议和想法也都是积极的。此外,还要注意的是,很多阿拉伯人不愿意通过电话回答任何问题,邮件的回复率也可能很低。

二手研究

在中东开展二手研究或者收集二手资料存在很大的不准确性,而且大部分信息已经过时。运用市场研究的文化也是很困难的。此外,冲破宗教和社会结构的障碍去赢得受访者的信任(尤其是针对阿拉伯女性)是主要的问题。再加上政府不愿意向营销人员(不论是本国还外国的)透露消费者信息。

除政府外,还可以利用其他二手资料的来源收集有关中东的市场信息。本节将提供二手市场信息来源的相关说明。

政府出版物

这一地区研究人员的主要二手资料来源是地方政府出版物。政府每年出版经济和人口数据,以及工业和贸易数据,包括进口、出口和转口的统计数据,不过这一地区很多国家的出版物在阐述贸易统计数据时,没有使用统一的编码。即使在阿联酋境内,迪拜、阿布扎比和沙迦酋长国出版的外贸统计数字时,在更新之前使用不同的国际贸易标准分类和 HS 编码。而且这些统计资料只提供打印版。电子数据库在这一地区并不常见,地方政府的一些出版物有统计年鉴、对外贸易统计、商会信息。

商业数据库

尽管在这个地区商业数据库的存在有限,像尼尔森、Dun and Bradstree、Business Monitor International 这样的研究公司定期研究中东市场并编制可供公司使用的数据库。这些报告旨在帮助高级管理人员、分析师和研究人员更好地评估风险,掌握商机。

非政府机构

一些协会和特殊利益集团提供有价值的信息,下列为该地区可用的机构/协会名单:

1. 阿拉伯航空运输组织(AACO)
2. 阿拉伯农业投资与发展局(AAAID)
3. 海湾国家阿拉伯教育局
4. 阿拉伯石油、采矿和化工工作者联合会
5. 阿拉伯纺织工人联合会
6. 阿拉伯运输工人联合会
7. 阿拉伯经济和社会发展基金(AFESD)
8. 联合国发展组织阿拉伯湾计划(AGFUND)
9. 阿拉伯钢铁联盟(AOHR)
10. 阿拉伯联盟
11. 阿拉伯货币基金组织
12. 阿拉伯人权组织(AOHR)
13. 阿拉伯矿产资源组织
14. 阿拉伯认证会计师协会
15. 阿拉伯体育联合会
16. 阿拉伯城镇组织
17. 阿拉伯铁路联盟
18. 阿拉伯历史学家协会
19. 阿拉伯大学协会
20. 伊斯兰经济研究所
21. 阿拉伯地区社会科学研究与文献研究中心
22. 海湾合作委员会(GCC)
23. 阿拉伯工程师理事会
24. 阿拉伯工程师联合会
25. 阿拉伯科学研究理事会联合会
26. 阿拉伯国家商业,工业和农业总会
27. 海湾工业咨询组织(GOIC)
28. 国际伊斯兰银行协会
29. 国际阿拉伯工会联合会(ACATU)
30. 国际计划生育联合会
31. 伊斯兰开发银行
32. 穆斯林世界联盟
33. 阿拉伯石油输出国组织(OAPEC)
34. 伊斯兰合作组织(OIC)

35. 石油输出国组织(OPEC)   38. 阿拉伯马格里布联盟

36. 欧佩克国际开发基金   39. 阿拉伯法学家联盟

37. 欧盟—阿拉伯合作议会协会   40. 阿拉伯证券交易所联盟

海外资源

有关中东市场的信息也可以从区域以外所公布的一些来源获得：①export. gov，美国政府贸易门户网站，提供信息来协助美国企业规划其国际销售战略；②美国关于海湾合作委员会的报告：贸易政策、进口政策；③中央情报局世界概况；④欧洲共同体；⑤联合国贸易数据库；⑥全球金融组织，如国际货币资金组织和世界银行。

大学和研究机构

中东二手市场数据的来源还包括该区域内外的大学和研究机构。大学和研究机构的部分清单见表20.1。

表20.1   大学和研究机构

机　　构	描　　述
阿拉伯和中东研究联盟(ICAMES)	ICAMES是肯考迪亚大学、蒙特利尔大学和麦吉尔大学的合作项目，与来自其他院校的研究人员促进和协助当代中东地区的研究(http://mcgill. ca/icames/)
国家安全研究所学院(INSS)	INSS是一个独立的学术机构，研究有关以色列国家安全和中东事务的问题(http://www.inss.org.il/)
阿曼大学	http://www.ammanu.edu.jo/
约旦大学	http://www.ju.edu.jo/
比尔泽特大学	定期更新巴勒斯坦事件、纪事并管理巴勒斯坦档案馆(http://birzeit. edu/)
阿拉伯联合酋长国大学食品与农业学院	研究和知识发展中心的业务涵盖阿联酋的粮食、农业和自然资源的各个方面
哥伦比亚大学中东研究所	提供有关中东地区的目录，了解穆斯林组织和中东以及伊斯兰研究机构(http://library.columbia.edu/locatoins/global/mideast.html)
乔治城大学当代阿拉伯研究中心	重点关注中东地区的信息技术和电子技术(http://ccas.georgetown.edu/)
特拉维夫大学	特拉维夫大学近130个先进研究中心和研究所(http://english.tau.ac.il/ research_institutes)

报纸和杂志

一些英文和阿拉伯文报纸和杂志提供了有关中东市场的信息。表 20.2 列出了互联网上可用的部分报刊。

表 20.2 报纸和杂志

出版物	描 述
Al Arabiya	总部位于迪拜的中东广播和新闻网站之一（http://english.alarabiya.net/）
Al-Hayat	总部设在贝鲁特的泛阿拉伯报纸,提供了有关中东和阿拉伯世界的深入报道(http://english.daralhayat.com/)
Al-Jadid	总部在美国的文化杂志,主要刊登原创的,对阿拉伯作家、记者、学者和诗人的散文和访谈的翻译(http://www.aljadid.com/)
阿拉伯商务	提供中东商业新闻还有金融以及行业活动和信息(http://www.arabian-business.com/)
中东经济新闻摘要（MEED）	周刊,主要为北非和中东地区提供商业新闻、分析和评论。免费但需要注册(Http://www.meed.com/)
中东观察	独立媒体研究机构,设在伦敦,目的在于促进西方媒体对中东问题的准确报道(http://middleeastmonitor.com/)
中东研究与信息项目（MERIP）	总部设在华盛顿的出版商,其《中东报告》杂志深入分析了该地区的事态和进展(http://www.merip.org/)
新闻马赛克	对中东(包括埃及、黎巴嫩、以色列、叙利亚、巴勒斯坦)权力机构、伊拉克和伊朗的电视新闻报道(http://www.linktv.org/mosaic)
阿拉伯贸易	覆盖中东及阿拉伯湾地区国家的商业新闻和信息门户网站(http://www.traderabia.com/)
您的中东	独立的数字报纸,提供有关中东的一系列问题的新闻、分析和深入报道(http://www.youmiddleeast.com/)

其他来源

表 20.3 列出了可用于中东的额外的二手数据来源,部分见表 20.3。

表 20.3 其他来源

资 源	描 述
lookLet	设立在挪威的媒体,为以西方观众为主的人群介绍北非和中东,主要介绍旅行指南和阿拉伯语的基础课程。(http://looklex.com/e.o/index.htm)
中东国际事务评论（MERIA）	由以色列全球国际事务研究中心(GLORIA)发布,包含了多个分析出版物和研究指南(http://gloria-center.org/about-meria/)

（续表）

资　源	描　述
中东在线	来自不同媒体的有关中东新闻的文章（http://www.middle-east-online.com/english/）
越南情报总局	http://www.gid.gov.jo/en.home.hetml
以色列国防	以色列国防军博客，提供大到现场新闻、突破性的技术小到男女争吵的相关消息（http://www.idfblog.com/）
巴勒斯坦中央统计局	巴勒斯坦民族权力机构收集和出版人口、经济和人口普查数据（http://pcbs.gov.ps/default.aspx）

文化和宗教

中东国家由于历史的联系，共享很多文化上的相似之处。考虑到阿拉伯文化的扩张，北非国家与中东各国是相似的，统称为 MENA（中东与北非）。MENA 包括从摩洛哥到伊朗的广大地区，还包括黎巴嫩和阿拉伯半岛。虽然这些国家之间有着不小的差异，但都是由阿拉伯语和伊斯兰教两个著名的文化组成部分联系在一起的。专栏 20.1 解释了中东国家一些典型的文化特征。

专栏 20.1

中东文化的准则和禁忌[①]

- 握手是常见的问候方式，持续时间较长。传统伊斯兰教的问候语大意为"平安与你同在"。

- 通常用名字来称呼别人。

- 男女之间的过多互动是不允许的。除非女士先伸手，否则男性不得与女性握手。

- 最好不要表示喜欢主人的东西，否则他们就有义务把东西送给你。

- 会面也没有议程或者结构，重点就是要耐心。

- 与书面协议相反，他们对自己的说的话很重视。

- 虽然阿拉伯人享受谈判，但也不要使用高压手段，因为没有成效。

[①] 改编自"Doing Business in the Middle East"，http://www.kwintessential.co.uk/etiquette/doing-business-middle-east.html 于 2014 年 5 月 6 日访问。

在中东地区开展业务必须考虑的文化与宗教之间的强大的联系。中东人口中绝大多数是穆斯林,约占 91%。剩下的 9% 人信奉基督教、犹太教和其他宗教。[①]因此,伊斯兰教在中东的政治和公共生活中起着重要的作用。专栏 20.2 讨论了宗教在中东消费者行为中的作用。

在中东地区开展业务时诸如阿拉伯国家的斋月、以色列的犹太新年和赎罪日等宗教节日可能会产生重大影响。日常生活包括办公时间和商业活动都受这些假期的影响。因此,最好不要在犹太新年和赎罪日假期期间做生意。在穆斯林斋月期间营业,可能会面临挑战,因为人们可能会受到节日期间的禁食和深夜社交聚会的影响。

专栏 20.2

伊斯兰和消费者行为[②]

阿拉伯消费者呈现出典型的两极化。虽然进步和现代化受到欢迎,但人们对于放弃其文化包括宗教并不感兴趣。消费者可以尝试新产品,但不能与其宗教价值观相冲突。

作为中东生活的核心组成部分,伊斯兰教的礼仪决定了消费者的大部分行为,并影响到每个企业的做法。因此,企业不仅要了解宗教的基本原则,还要了解这一点。例如,对伊斯兰教信仰的圣训的解释可能因地区而异,导致信徒的做法不同。企业必须了解这些细微差别,相应地调整与消费者的沟通。

虽然伊斯兰教的烙印刻在生活的各个方面,但有一个准则可以用来观察消费者。阿拉伯消费者更喜欢明确区分生意和宗教的企业。关键是良好地理解宗教,尊重他们的文化。[③]

---

① S. A. Zahra, "Doing Research in the(New) Middle East: Sailing with the Wind", Academy Of Management Perspectives 25, No.4, 2011:6—21, doi:org/10.5465/amp.2011.0128.

② 改编自 V. Mahajan, "Understanding the Arab Consumer", *Harvard Business Review* 91, No.5, 2013:128—133。

③ US and Foreign Commercial Service and US Department of State, "Doing Business in the Middle East and North Africa 2005", http://export.gov/middleeast/Doing%20Business%20in%20the%20Middle%20East.pdf. All rights reserved outside of the United States. International Copyright.

语言的细微之处

阿拉伯语是中东的核心力量,然而,要注意的一个主要方面是由于社会阶层结构(由经济状况决定)存在着微妙的方言。这是研究人员的主要障碍,因为方言的变化很大,一个国家的人可能很难与另外一个国家的人沟通。

此外,在与阿拉伯人群打交道时,翻译的过程可能会丢失很多信息。阿拉伯语是一种非常丰富的语言,有很多同义词。在进行定性研究时,这一点尤为重要。例如,人格化,研究人员要求受访者假定某个品牌是一个人的化身——可能无效。对语言和非语言要素进行翻译不仅需要专业知识,还需要了解阿拉伯国家及其内在文化。

收入差异[①]

中东和北非各国的经济状况有巨大的差异。沙特阿拉伯和卡塔尔是生活水平最高的国家之一。相比之下,类似索马里和科摩罗这样的国家属人均收入最低之列。较贫困的国家受到青年失业的影响,本地年轻人的平均失业率为 23%。[②]尽管在贫困国家有很多缺点,随着中产阶层的不断壮大,这一地区正在经历财富转型。总的来说,中东北非占全球中产阶级的 6%。[③]表 20.4 列出了中东和北非国家中产阶层的分布情况。

表 20.4   阿拉伯中产阶层[④]

国　　家	金字塔尖(%)	中产阶层(%)	金字塔底(%)
阿尔及利亚	17	55	28
巴　林	7	60	33
埃　及	13	34	53

①② Zahra, "Doing Research in the(New) Middle East".

③ David Rohde, "The Swelling Middle", Reuters, 2012, http://www.reuters.com/middle-class-infographic.

④ 改编自 V. Mahajan, "Understanding the Arab Consumer", *Harvard Business Review* 91, No. 5, 2013:128—133. Population data are from IMF's World Economic Outlook Database and World Bank's World Development Indicators database 于 2013 年 1 月访问。

（续表）

国　家	金字塔尖（%）	中产阶层（%）	金字塔底（%）
约　旦	20	41	39
科威特	22	57	21
黎巴嫩	10	60	30
利比亚	15	35	50
毛里塔尼亚	3	30	67
摩洛哥	13	32	55
阿　曼	6	63	31
卡塔尔	8	70	22
沙特阿拉伯	13	65	22
苏　丹	8	46	46
叙利亚	3	57	40
突尼斯	22	52	26
阿联酋	11	60	29
也　门	4	60	36

中东的外籍人士

阿拉伯地区最大的特点之一是有不同国家，特别是在海湾合作委员会的外籍人士数量。这使得市场的性质更复杂，这种多元文化特征让市场研究变得更加困难，想在整个市场获得代表性样本，需要大量的成本。例如，在阿联酋各个部门的人口当中，30％为当地人，其余为外籍人士。一个公司要分析消费者文化差异的程度，负担能力水平以及可选的样本是至关重要的。

技术基础设施

在过去的 10 年里，中东的基础设施有了显著的改善，然而，在技术准备方面，该地区依然落后于世界其他地区。除了比较富裕的阿拉伯湾国家外，这些国家的科技基础设施远远低于国际标准。

电信

中东和北非的电信自由化仍在进行中，服务业正在经历现代化和扩大化。基础设施近年来有着显著增长,然而,仍有电话服务仅限于大城市地区的情况。鉴于一些人口的游牧特征,固定电话是非常不可靠的。而且,其中一些国家的基础设施不足也无法支持数据收集。也就是说,大概只有像沙特阿拉伯这样的发达国家才是通过电话做研究的好市场。

在移动电话上,触屏手机在这一地区的普及率为46%。大多数消费者仍然使用一代设备机(用于拨打电话和发送短信),二代机(用于发送电子邮件和即时消息的诺基亚和黑莓设备)。然而,降低成本使得消费者可以用第三代移动设备和服务来访问互联网的数据功能。

由于市场差异,该地区使用情况差异很大。沙特阿拉伯和阿联酋智能手机普及率处于领先地位,每个居民都有两台手机。相比之下,72%的沙特人通过手机读电子邮件,而这样做的埃及人只有7%。此外,基于定位服务的社交媒体在该地区十分受欢迎,有34%的消费者使用。尽管在移动订阅和使用上有很多优势,但许多地区由于价格高,缺少互联网接入设施,故移动业务扩展方面还有很多障碍。[1]表20.5提供了一些中东国家电信基础设施的细节。这有助于确定在这些国家中采用的研究方法。

表20.5　中东的移动通信基础设施[2]

国　家	人口(百万)	电话(百万)		互联网用户(百万)
		固　定	移　动	
叙利亚	22.5	4.3	13.1	4.5
黎巴嫩	4.1	0.9	3.4	1.0
伊　朗	79.9	27.8	56.0	8.2
沙特阿拉伯	26.9	4.6	53.7	9.8
以色列	7.7	3.5	9.2	4.5

互联网[3]

中东地区的互联网接入正在迅速扩大。通过酒吧和餐厅等各种公共场所上网增加了该地区的接入率。截至2011年,中东有39%的人口使用互联网。在全球范围内,阿拉伯语用户占5%,但只有2%的网页是阿拉伯语的。随着越来越多的企业

---

[1]　A. Webster, "MENA Mobile," Middle East 433, 2012:40.
[2]　改编自 World Factbook 2013,于 2013 年 12 月访问。
[3]　P. Smith, "MENA's Huge Internet Promise," Middle East 438, 2012:44.

继续在该地区投资,预计这一数字将会增加。

女性和青年在中东互联网的发展中发挥着重要的作用,尤其是富裕的阿拉伯女性有望能增加电子商务。对于年轻一代来说,互联网和社交媒体将成为开展业务、创造就业和付诸行动的方式。中东和北非三分之二的人口在 30 岁以下,使得该地区成为互联网接入增长最快的国家。然而,该地区的访问仍然存在重大的局限性。

除了经济和基础设施的限制以外,政府对互联网接入的控制也是该地区必须考虑的一个因素。中东和北非是世界上审查最严格的地区之一。政府通常对互联网访问和在线内容有着严格的规定,严格地审查与政府或伊斯兰教冲突的内容。例如,约旦经常由于在该地区的技术优势被称为 Silicon Wadi,收紧了新闻出版发行,对网站和社交媒体的内容进行限制,要求网站在内容上线之前要向当局注册。许多阿拉伯国家也采取措施监控网吧等公共场所的互联网活动。表 20.6 介绍了中东和北非国家互联网普及率。

表 20.6 互联网在中东地区的使用①

中　东	人口(截至 2012 年)	普及率(%)	中　东	人口(截至 2012 年)	普及率(%)
巴　林	1 248 348	77.0	阿　曼	3 090 150	68.8
伊　朗	78 868 711	53.3	巴勒斯坦(西区)	2 622 544	57.7
伊拉克	31 129 225	7.1	卡塔尔	1 951 591	86.2
以色列	7 590 758	70.0	沙特阿拉伯	26 534 504	49.0
约　旦	6 508 887	38.1	叙利亚	22 530 746	22.5
科威特	2 646 314	74.2	阿联酋	8 264 070	70.9
黎巴嫩	4 140 289	52.0	也　门	24 771 809	14.0

邮政②

中东和北非有近 20 000 个邮局办公点,每 13 000 个居民就有一个邮局。与本地区的其他网络相比,相对先进。除了邮政服务外,承运人还提供金融服务,大约

---

① 改编自 Internet World Stats, http://www.internetworldstats.com/stats5.htm 于 2014 年 5 月 6 日访问。

② "The Role of Postal Networks in Expanding Access to Financial Services: Middle East and North Africa Region", The World Bank Group—Global Information and Communication Technology Postbank Advisory, ING Bank Postal Policy, 2004, http://www-wds.worldbank.org/external/default/WDSContentServer/WDSP/IB/2012/06/05/000426104_20120605142535/Rendered/PDF/694640ESW0-P08500PUBLIC00P0853960MNA.pdf.

25％的该地区人口拥有邮政储蓄或者 giro 账户。邮政业务的未来规划还包括政府服务和通信中心。通过将办公室作为电话中心和网吧，可以在该地区增加互联网接入。

然而，在邮政可靠性方面，整个地区存在差异。邮政服务的问题是，虽然目前在沙特阿拉伯是可靠的，但不能应用于所有的中东国家。邮件应该一个月至少投递一次，但很多情况下邮件不能投递，而且收件人必须去邮局取件。邮件数量也会影响可靠性。在叙利亚，每天处理的邮件低至 150 件。摩洛哥每天则处理高达 700 件。

到邮局的距离也有很大的差别。例如，埃及、突尼斯、约旦和摩洛哥的平均距离不到 15 公里。相比之下，伊拉克、伊朗和利比亚的平均超过 40 公里。达到程度可以减少样本量，并将抽样局限于城市中。而且，个别国家和地区的识字率和经济阶层的差异使得邮件很难获得成本效益。

海湾合作委员会

海湾合作委员会是波斯湾的阿拉伯国家的政治和经济联盟，成员包括巴林、科威特、阿曼、卡塔尔、沙特阿拉伯和阿联酋。虽然人口只有 4 500 万，但与中东和北非的其他地区相比，海湾合作委员会是一个富裕地区，人均国内生产总值与欧洲相当。①表 20.7 解释了海湾合作委员会的人口和经济状况。

沙特阿拉伯

文化特征

沙特阿拉伯大多数人口(75％)是本国人，其中包括来自中东、非洲和其他国家的外国人。大多数人口，包括传统的游牧人口，已经分布在全国各大城市。四人之

---

① "GCC Demographic Shift：Intergenerational Risk-Transfer at Play"，Markaz Research—Kuwait Financial Centre, June 2012, http://www.markaz.com/MARKAZ/media/Markaz/Documents/Business%20Activities/DemographicsResearch-MarkazResearch-June-2012.pdf 于 2013 年 8 月 18 日访问。

表 20.7　海湾合作委员会的人口和经济情况①

GCC 的人口情况		GCC 的经济情况	
总人口	44.6 百万	GDP	1.38 万亿美元
平均年龄	27 岁	人均 GDP	231 633 美元
年龄动态(人口的%)		GDP PPP	38 606 美元
小于 15 岁	22.0	通胀率	4.6%
超过 65 岁	2.0	贸易余额	3 038 亿美元
外籍人士	53.0		
失业率	12.1		

一是贝都因人,该地区大多数原游牧人口在社会中占据显要地位。

　　根据沙特法律,沙特是穆斯林国家,伊斯兰教是唯一被认可的宗教。人们有一个刻板印象,认为所有阿拉伯人都是穆斯林。"阿拉伯"意思是带有文化内涵的阿拉伯,而不是宗教协会。②因此,沙特阿拉伯人文化上是阿拉伯人,信仰穆斯林。专栏 20.3 讨论了沙特阿拉伯年轻人当中宗教和世界主义的有趣组合。

专栏 20.3

沙特阿拉伯的年轻人③

　　千禧一代和 Y 一代的人组成了沙特人口的大多数,64%的人口在 30 岁以下,与这一代大多数年轻人的行为一致。沙特的年轻人联系密切,互联网和社交媒体的使用激增,这让他们与外部联系更多。2012 年沙特阿拉伯的 YouTube 使用量增长了 260%,而国际上这一数字为 50%。

---

　　①　改编自"GCC Demographic Shift: Intergenerational Risk-Transfer at Play", Markaz Research—Kuwait Financial Centre, June 2012, http://www.markaz.com/DesktopModules/CRD/Attachments/DemographicsResearch-MarkazResearch-June% 202012. pdf 于 2013 年 8 月 18 日访问; "The GCC Economic and Trade Overview," National Council on US-Arab Relations, 2012, http://ncusar.org/publications/Publications/GCC-Trade-Facts-Figures.pdf 于 2013 年 8 月 18 日访问。

　　②　Harris and Moran, Managing Cultural Differences, 4th edition:347.

　　③　改编自 Isobel Coleman, "Youth, Change, and the Future of Saudi Arabia", March 20, 2013. Retrieved from http://middleeastvoices. voanews. com/2013/03/insight-youth-change-and-the-future-of-saudi-arabia-23098/♯ixzz2cAh5NYCD 于 2014 年 1 月 25 日访问。

> 由于这一数量上的激增,沙特阿拉伯年轻人开始以批判的眼光来看待本国事态,并通过使用社交媒体自由地进行表达。虽然这一代人更愿意表达自己,但对于切断与传统的联系并不感兴趣。相反,他们倾向于逐步地改变,这种改变允许财务的稳定并与伊斯兰信仰相联系。

商业特征

沙特阿拉伯人倾向于认为企业是了解中东管理方式的一个途径。为了取得成功,以下指南通常是有用的。

时间是一个重要的商品,但耐心是种美德。外方花时间去适应阿拉伯文化是有益的。时间被认为是由神明决定的。规定一个僵化的时间框架不重要,重要的是顺应神明的意志。沙特阿拉伯人也是宿命论者,他们相信命运掌握在神的手里。因此,他们不热衷于应急计划。

● 阿拉伯人有着较高情感深度,他们相信表达忠诚和友谊是保持关系的关键。在开展业务时,他们往往热情好客,如果外方能注意到文化的微妙之处,讨论会更加顺利。

● 在阿拉伯文化中个人的概念是非常重要的。在与别人打交道时,不能丢面子或者败坏家族的名声。不论是否有规定,在社会上都有等级划分,蒙羞的人在其所在的人群眼中就失去了地位。

● 谈判是普通交易的一部分,在理想的情况下,达成一致需要一定的时间。

● 沙特阿拉伯的非语言沟通非常复杂。大多数阿拉伯人用外国人能理解的姿势来表达意图,了解这一点对进行市场研究很重要。

● 当针对中东地区所有国家时,人们就会陷入这样的刻板印象:全世界的阿拉伯人都在做生意。沙特阿拉伯在现代化的进程中领先,而像叙利亚和伊朗这样的国家正在缓慢地追赶。

● 妇女在商业中的作用被认为是次要的,不过随着妇女受教育程度的提高,她们在商业方面的存在已经开始变得突出。然而外方必须意识到与阿拉伯女性打交道时应该保持身体距离。

在沙特阿拉伯进行市场研究①

沙特阿拉伯是中东和北非地区最发达的国家之一。因此,在充分考虑文化和商务特征的情况下,可以开展研究。

电话

沙特阿拉伯的电信系统是现代化的,固定电话覆盖了 90% 的家庭。到 2011 年,沙特阿拉伯已经有了 460 万固定电话。自从 2007 年结束固定电话垄断以来,几家财团进入了沙特市场,包括 Verizon(美国)、PCCW(中国香港)和巴林电信公司(Betelco)。因此,由于价格的下降和宽带服务的增加,固定电话普及率有所上升。此外,由于沙特阿拉伯大量的外籍人口,免费的国际电话和互联网电话也有所增加。

移动电话

移动电话的覆盖率远高于沙特阿拉伯固定电话的普及率。该国有三家手机运营商——STC、Mobily 和 Zain Saudi Arabia。由于竞争的加剧和价格下降,2011 年沙特使用的手机有 5 370 万部。许多沙特人拥有一个以上的移动设备,覆盖率达到极高的 200%。随着移动设备市场的饱和,对下一代手机的需求可能来自高收入的人群和大量的年轻人口。随着移动商务和社交网站的日益普及,智能手机的使用将持续增长。

互联网

尽管落后于整个地区,2012 年沙特互联网覆盖率仍达到了 53%。宽带接入用户达到 622 万,其中固定电话用户 225 万,其余为移动用户。截至 2012 年,移动宽带普及率达到 40%。与其他阿拉伯国家一样,沙特对互联网进行了严格的审查,这限制了增长。

---

① "Industry Report: Telecoms and Technology: Saudi Arabia", Telecoms Industry Report: Saudi Arabia 1, 2013:1—12.

邮政

沙特的邮政系统很有效。沙特邮政总部设在利雅得,提高了服务水平,成为世界上最先进的服务机构之一。大部分地址清晰,每个地址都有一个独特的坐标,通过 GPS 网格系统投递邮件,还提供智能邮箱。此外,沙特邮政还为每个居民提供一个邮政专用电子邮件地址,通过这个地址可以发送选择加入的邮件。①

在撒哈拉以南非洲地区进行营销调研

在这一地区和南非,最可靠的信息来源是跨国公司和国际组织建立的数据库。但问题是,由于信息过时,不能对国家或者地区的人口构成进行准确的估计。报纸和其他媒体的可用性往往不一致,只有开普敦是唯一的例外。

经济

非洲的经济活动处于一个充满动态,但未来很有前途的环境中。通常,由于基础设施不足、人才储备有限、政治动荡剧烈、经济困难严重、健康状况差,非洲国家市场被看作是艰难和不稳定的,所以公司更倾向于亚洲经济体,并不了解非洲消费

表20.8 非洲:今天和明天②

今日的非洲	明日的非洲
整体 GDP 1.6 万亿美元(2008)	整体 GDP 2.6 万亿美元(2020)
全体消费者支出 8 600 亿美元(2008)	全体消费者支出 1.4 万亿美元(2020)
2000 年以来 3 160 万新移动用户	11 亿非洲人处于工作年龄(2040)
占世界 60%的荒废的可耕地	1 280 万家庭有可支配收入(2020)
52 个城市人口超过 100 万	到 2030 年 50%的非洲人生活在城市里
收入在 30 亿美元以上的公司有 20 家	

---

① "Saudi Post: Connecting All the Dots," *Foreign Affairs* 87, No.3, 2008:15.

② 改编自 Charles Roxburgh, Norbert Dorr, Acha Leke, Amine Tazi-Riffi, Arend van Wamelen, Susan Lund, Mutsa Chironga, Charles Atkins, Nadia Terfous, and Till Zelno-Mahmalat, 2010。Lions on the Move: The Progress and Potential of African Economies. McKinsey Global Institute.

市场隐藏的潜力。非洲国家近年来的经济进步已经表明了未来可能的持续增长。表 20.8 列出了现在和未来的对非洲经济形势的预测。

随着经济发展,零售、电信、金融等几个行业开始对公司企业产生吸引力。类似诺基亚等外国跨国公司在非洲开展业务,这些公司包括联合利华(20 个国家)、雀巢(19 个国家)、苏黎世国际汽车(15 个国家)、标准特许银行(14 个国家)和巴克莱(12 个国家)。非洲本地公司也开始将其业务扩展到其他非洲国家。

非洲近期的增长和未来的繁荣可以归因于三个关键问题。[①]首先,安哥拉和莫桑比克等几个非洲国家已经采取措施保持政治稳定,减少政治冲突,来促进经济增长。导致超过 1 000 人死亡的严重冲突的数量从 20 世纪 90 年代的年均 4.8 起,减少到 2000 年的 2.6 起。第二,通过较低的预算赤字(从 2000 年以来的占 GDP4.6％降低到 1.8％)和减少外债(占 GDP 的 82％,降低到 2000 年以来的 59％),财政紧缩使得通胀率下降(从 22％降低到 2000 年以来的 8％)。最后,将国企私有化,减少贸易壁垒,取消公司税,加强监管等市场友好的政策,极大地促进了非洲的经济增长。例如,1999 年至 2006 年期间,尼日利亚对 116 家企业进行了私有化,摩洛哥和埃及与主要伙伴达成自由贸易协定,卢旺达成立法院以解决商业纠纷。

鉴于 50 多个国家及其不同的增长率,公司可能难以决定是否这些国家开展业务。这些国家每一个都有自己的一套语言、习俗、货币、传统和针对跨国公司的政策和态度。在最近的一项基于出口和经济的多样化水平对非洲国家进行的分类中,这些国家可以分为四类:多样化经济体、石油出口国、转型经济体和转型前经济体。[②]表 20.9 列出了公司可以使用的分类。

文化和语言

在非洲进行研究需要对非洲大陆的几个国家进行透彻的分析。由于非洲大陆严重的两极分化现象,研究人员的实际研究、分析和解读和应用变得很困难。从突尼斯到南非,苏丹到埃塞俄比亚,与标准化的策略相比,研究人员需要逐个去研究非洲国家。

[①②] Mutsa Chironga, Acha Leke, Susan Lund, and Arend van Wamelen, "Cracking the Next Growth Market: Africa", Harvard Business Review, May 2011:117—122.

尝试进行初步研究时,注意受访者可能并不一定代表整个消费群体是有益的。很大一部分人口住在农村,他们的收入很低。虽然可以把受访者限定在一个特定的水平,但这可能会不利于提问的目的。

与如此多样化的人口打交道时,进行个人访问和焦点组可能是较好的选择。进行研究最大的问题是文化差异、语言及跨地区、跨阶层、跨种族的习惯。研究结构最好能反映全面的洞察,而不是着眼于细微之处。

表 20.9　非洲国家的机遇①

	多样化的经济体	石油出口国	转型经济	转型前经济
代表国家	● 埃及 ● 摩洛哥 ● 南非 ● 突尼斯	● 阿尔及利亚 ● 安哥拉 ● 尼日利亚	● 加纳 ● 肯尼亚 ● 乌干达 ● 塞内加尔	● 刚果 ● 埃塞俄比亚 ● 马里
主要特征	● 主要是银行业、电信业、零售业等制造业和服务业 ● 高人均收入 ● 更稳定的收入增长	● 主要是石油出口 ● 最不多元化的经济 ● 服务业在增长 ● 人均收入最高	● 低人均收入 ● 增长迅速,平均为7%	● 经济差,人均 GDP 最低 ● 缺乏稳定的政府、强大的公共机构和可持续发展的农业等 ● 有限,但有增长
市场机会	● 最大的消费市场——90%的家庭有可支配收入 ● 有利于面向消费者的企业进行业务定位	● 对高端产品和服务有吸引力的市场	● 对银行、电信和现代零售业有吸引力 ● 预计商品出口的高增长会推动经济强劲增长	● 有限,但有增长
挑战	● 劳动成本高于中国或印度 ● 即使在低价值的制造竞争也激烈 ● 需要更熟练的劳动力和更好的基础设施	● 致力于维护政治稳定 ● 降低商品价格的经济脆弱性	● 这些市场上提供的产品必须针对较贫穷的顾客量身打造	● 跨国公司必须追踪这些经济体,只有能处理风险的公司才能进入这些经济体

技术基础设施

要获得消费者回复,电话是有效但昂贵且不可靠的手段,这一问题由于非洲大陆的不一致性并且欠缺基础设施而变得更加复杂。在南非,电话采访是比较合适

---

① 改编自 Mutsa Chironga, Acha Leke, Susan Lund, and Arend van Wamelen, "Cracking the Next Growth Market: Africa", Harvard Business Review, May 2011:117—122。

的,主要问题是种族偏见很大。移动技术使得在很多国家移动电话比固定电话出现得更多,不过,大多数国家严重落后于国家标准。为了获得更好的代表性,推荐使用焦点组和个人访问。[1]

邮政与各地区的识字率相关。非洲的邮政系统也不可靠,服务没有超越城市范围进入农村。

虽然互联网的使用比其他地区高,但由于缺少基础设施、规章制度和网络接入成本,非洲的网络发展滞后。与大多数国家都处于发展曲线比较地的阶段相比,南非共和国形成了鲜明的对比。表20.10说明了几个非洲国家的电信密度。[2]

表20.10 非洲的电信密度(百万)[3]

国　家	人　口	固定电话	移动电话	互联网
安哥拉	18.6	0.3	9.5	0.6
博茨瓦纳	2.1	0.2	2.9	0.1
喀麦隆	20.5	0.7	10.5	0.8
埃塞俄比亚	93.9	0.8	14.1	0.5
加　纳	25.2	0.3	21.2	1.3
肯尼亚	44.0	0.3	28.1	4.0
莫桑比克	24.1	0.1	7.9	0.6
纳米比亚	2.2	0.1	2.2	0.1
尼日利亚	174.5	0.7	95.2	44.0
塞内加尔	13.3	0.4	9.4	1.8
坦桑尼亚	48.3	0.2	25.7	0.7
乌干达	34.8	0.5	16.7	3.2
津巴布韦	13.2	0.4	9.2	1.4

南非

文化特征

南非是一个拥有丰富民族和语言差异的文化多样性的国家。大多数人口由白

---

[1] J. Rice, "The 1994 South African Election—The Research Experience", 23rd MRSA, Marketing Research Society of Australia, Conference, 1994.

[2] Randy Barrett, "Off the BeatenTrack: Unexpected Net Hot Spots", Inter@ctive Week 5, No.47(1998):44.

[3] CIA World Factbook.

人、有色人种、亚裔/印度人组成,还有一些非洲土著少数民族。专栏 20.4 研究了南非黑人与白人之间的文化异同。

专栏 20.4

文化方面①

- 国家最大的特点是财富、地位、权利和教育方面存在严重的不平等。
- 由于历史上的剥削和不平等,与黑人相比,白人家庭享有更多的特权和权利。
- 黑人社区更团结一致、彼此尊重。团结的基础主要在于他们所忍受的不平等。
- 就职业机会和社会特权而言,白人社区的生活方式与普通欧美人相似。
- 与黑人家庭相比,白人家庭更加稳定、和睦、享有特权。

在语言上,有 11 种官方语言,基本都是白话或方言。为了达成一致性,研究人员必须解决概念,对其进行调整,同时能够传达相同的想法,并尝试去除翻译中的偏差。

另外,以南非人口为目标人群时有必要考虑到城乡居民点。定居点决定生活水平,提供了南非种族混合的横断面。南非收入水平的骤然增加,提高了消费品行业的可行性。南非是非洲大陆国家中的发达国家。

在南非,还强调长者观念及其在社会中的地位。听从主办方最年长成员的话是很重要的。这些基于个人之间的统一性和连通性的概念被称为 ubuntu。专栏 20.5 讨论了 ubuntu 的概念。

商务特征

在南非进行商业交易相当乏味。大多数非洲人的态度既不正式,貌似放松,但

---

① 改编自"South Africa:Culture and Conflict",http://www.sahistory.org.za/archive/chapter-3south-africa-culture-and-conflict 于 2014 年 5 月 6 日访问。

专栏 20.5

ubuntu：人际关系①

ubuntu 的概念是传统的南非文化观念概念，来源于班图文化，相信"一个人只有通过他人才能成为一个人"。ubuntu 宣扬宽容、同情和尊重他人，特别是老年人、弱势群体和权威人士。从集体主义社会的必要性出发，ubuntu 的概念包含了一个人对另一个人的联系，从而在社区内建立和平与和谐。礼貌、忠诚、慷慨、诚实的品质是非常受重视的。

也不是真正的放松。同样，在家讨论业务也被看作是不礼貌的。

非正式性可以从商业环境中，人们称呼别人名字中能看出来。此外，诸如先生/夫人，以及称呼博士/医生等专业头衔不常见。大多数业务是用英语进行的，但还是要特别注意口音和言外之意。比如，外国人过度使用外交语言会被解读为缺乏承诺或者不诚实。所以在多数情况下最好用平直的语言直接说出来。另外，不能采用硬推销的策略，否则会有负面效果。相反，强调更友好的关系有助于进行更好的谈判。

在手势和姿势上，握手和拍背部是常见的问候和介绍的规范。南非是一个保守的社会，着装应该正式并且适合场合，尤其是商务会议。②

在南非进行营销研究③

作为非洲最富有的国家之一，南非有足够的基础设施，可以进行成功的市场研究。不过，为了成功地进行研究，必须考虑不同文化动态性以及在国家框架之内接触人口的能力。

---

① 改编自 J.Nel, V.Valchev, S.Rothmann, F.van de Vijver, D.Meiring, and G. de Bruin, "Exploring the Personality Structure in the 11 Languages of South Africa", *Journal of Personality* 80, No.4, 2012：915—948。

② http://www.worldbusinessculture.com/Business-in-South-Africa.html.

③ "Telecoms Industry Report：South Africa", *Telecoms Industry Report* 4, No.2, 2012：1—12.

固定电话

截至 2011 年,南非拥有 410 万固定电话。每 100 个人拥有 7.3 条线路,南非的固定电话普及率低于国际上可与之相比的高收入和中等收入国家。即便降价和改善基础设施,近几年固定电话普及率还是有所下降。因此,固定电话不是接触南非消费者的最好手段。

移动电话

与固定电话相反,手机的需求旺盛。2011 年南非有 640 万部手机。在达到 100% 普及率的情况下,进一步的市场增长将由加入中等和高收入群体的黑人人口推动。数据服务的需求也会增长。

互联网

虽然近年来南非的互联网使用量有所增加,但普及率在发达国家之中是很低的。2011 年互联网普及率达到 21%,是非洲大陆最高的,不过,每 100 人当中只有 1.9 人订购了宽带业务。由于移动服务和个人电脑的增加,互联网的接入将会扩大。南非 50% 的宽带通过移动设备链接。

邮政

南非邮政局(SAPO)是南非的国家邮政部门。全国近 1 100 个网点,还有 1 000 个邮政中心和邮政机构。除了邮件,SAPO 还提供物流、银行和数字服务。①

本章小结

本章讨论了中东和非洲,提供了相关数据,以及在中东和非洲进行营销研究的窍门。重点提供了沙特阿拉伯和南非的信息,以及相关统计数据和资料的来源,例如期刊和网站。

---

① South Africa Post Office Annual Report 2012,http://www.postoffice.co.za/group/aboutus/annualreport/PostOfficeannualreport2012.pdf.

21

北美洲

本章概述

　　作为一个大陆,北美洲由加拿大、美国、墨西哥、中美洲和加勒比国家组成,根据文化、经济和地理标准,北美洲可以划分为许多地区。最常见的划分方法是美国,加拿大,伯利兹,讲英语的加勒比岛屿(例如盎格鲁—美洲、墨西哥)及被界定为拉丁美洲的中美洲国家。另一个常见分类是美国、加拿大和墨西哥,被称为北美自由贸易协定区(NAFTA)。

在北美洲进行营销调研

　　很多公司都在北美洲进行市场研究。大多数公司都有预算来进行研究,以便深入地了解消费者、竞争情报和行业趋势。在这个框架内,由于北美洲存在的文化多样性,市场细分通常是一个要考虑的因素。专栏 21.1 讨论了美国、加拿大和墨西哥的市场研究行业。

专栏 21.1

美国、加拿大和墨西哥的市场研究行业①

全球市场研究每年的营业额大约有 500 亿美元，美国和欧盟占有大部分份额。在美国以外，北美其他地区的研究主要在加拿大和墨西哥进行。根据 ES-OMAR，欧盟占据全球市场研究营业额的 45%，北美紧随其后，占 30%，亚太地区国家占 15%。随着越来越多国家中产阶级人口的增长，市场研究服务也将在这些地区增长。

美国从事市场研究行业的公司有 4 800 家，年总收入 150 亿美元。前 50 家公司占有美国营销研究行业收入的 55%。此外，大部分支出是由想深入了解消费者、竞争对手和行业的企业推动的。在美国各地都能找到市场研究公司，很多公司在纽约、洛杉矶和芝加哥这样的大城市都有员工。营销研究协会是美国的专业机构，旨在推动和发展美国市场研究行业。

尽管美国人对加拿大的营销研究行业很熟悉，不过将加拿大看作有着独特增长和发展潜力的市场是很重要的。通过在多伦多、温哥华和蒙特利尔安装的TAM 系统和零售店控制平台，加拿大营销研究行业是满足消费者需求的重要组成部分。在广度上，加拿大超过 50% 的市场研究是在安大略省——人口最多的省份进行的。营销研究和情报协会是加拿大消费者和市场情报的代表机构。

墨西哥市场研究仍处于发展阶段，但潜力巨大。研究通常集中在马塔莫洛斯、蒙特雷、瓜达拉哈拉和墨西哥城的四个市场中的三个。1993 年，几家研究机构组建了墨西哥自由贸易协会（AMAI），旨在为在墨西哥开展研究提供质量和标准方法。

文化和语言

美国、加拿大和墨西哥是北美最发达的国家。由于其历史，北美文化差异很

---

① 改编自 Market Research and Polling Services，Hoovers。

多,种族多样,有很多少数民族。由于都有英国的殖民历史,加拿大和美国的文化相似,但国家之间也有重要的区别。墨西哥由于靠近美国,有经济上的联系,在某些情况下,与居住在美国境内的西班牙裔人口有文化上的联系。

北美最常用的语言是英语、西班牙语和法语。在美国所用的英语和美国、澳大利亚所说的英语不同。在墨西哥使用的西班牙语与西班牙和拉丁美洲其他国家使用的西班牙语不同,在法国,当地人说的法语和加拿大人的不同,在加拿大的魁北克,很多居民说英语,但法语是当地的官方语言。产品说明、标签和保修证书必须是法语的。如果在加拿大邮寄地址有魁北克,材料必须是英语和法语双语的。专栏 21.2 列出了北美的一些文化特色。

专栏 21.2

北美的文化注意事项

- 第一次和某人打招呼时,一定要用力握手并且有眼神交流。

- 一个人的着装礼仪会给人强烈的印象。在商务环境中,穿着得体的商业服装会让未来合作者觉得自信和可靠。

- 在加拿大开展业务时,很重要的是要牢记加拿大不是美国的一部分。加拿大人很看重这一点。

- 法律上男女平等,社交上一视同仁。

- 在商业环境中,在一起工作之前没有必要建立个人关系。

- 避免轻蔑的姿态,例如翻白眼和走开。

- 会议是事先安排好的,守时很重要。北美人期待在会议期间交换名片。

- 避免吸烟。北美人对很在意无烟的公共环境。

- 尊重他人。礼貌地对待不同年龄和种族的人是很重要的。

北美自由贸易协定

1998 年,美国和加拿大政府签订了自由贸易协定,从 1989 年 1 月 1 日开始生效。该协议的目标是到 1998 年之前消除加拿大和美国之间双边贸易的所有关税。1991 年,美国、加拿大和墨西哥之间开始就建立北美自由贸易协定谈判。会谈于 1992 年 8 月结束,原则上达成协议。该协议于 1994 年 1 月 1 日成为法律。内容包括:

- 10 年内废除墨西哥、加拿大和美国货物贸易 99% 的关税。
- 消除跨境服务流动的大多数障碍,例如,允许金融机构在 2010 年前不限制地进入墨西哥市场。
- 保护知识产权。
- 去掉三个成员国之间对外国直接投资的限制,尽管给予墨西哥能源和铁路、每周航空和广播行业以及加拿大文化方面给予特别条款(保护条款)。
- 允许每个国家采用自己的环境标准,但为了吸引投资降低环境标准是不适当的。

北美自由贸易协定确定了国民待遇原则,以确保北美自由贸易协定国与国内同类产品相同的方式处理北美自由贸易区(NAFTA)的原产地。成员国的服务提供者将得到平等待遇。为了保护自由贸易区的外国投资者,NAFTA 制定了五项原则:①非歧视性待遇;②免除履行要求;③自由转移与投资相关的资金;④仅根据国际法进行征收;⑤对违反协议时寻求国际仲裁的权利的保护。

NAFTA 拥有三个国家超过 4.67 亿消费者,仅次于欧盟的 28 个国家的人口,是全球最大的自贸区。NAFTA 的总产量超过欧盟,产出的商品和服务价值 17 万亿美元。美国和其他国家之间的双边贸易总额在 2010 年达到了 9 180 亿美元,出口额 4 120 亿美元,进口额 5 060 亿美元,有 950 亿美元的商品贸易赤字。服务贸易总额达到 990 亿美元,截至 2009 年,贸易顺差为 283 亿美元。①

美国和加拿大贸易

加拿大的经济活动重点一直是沿着美国边界展开的,延伸了 4 000 多英里。毫不奇怪,贸易沿着从北向南,而不是从东向西的方向展开。加拿大是美国出口额最

---

① Office of the United States Trade Representative, http://www.ustr.gov/trade-agreements/free-trade-agreements/north-american-free-trade-agreement-nafta.

大的单一市场,也是美国制造商最大的市场。2010 年美国对加拿大出口额达到 2 482 亿美元。此外,美加贸易持续增长,2010 年加拿大出口到美国的商品总额达到了 2 765 亿美元。①

美国和墨西哥贸易

美国是墨西哥最重要的贸易伙伴,吸收了墨西哥全世界出口总额的四分之三。另一方面,墨西哥是继日本和加拿大之后的美国第三大贸易伙伴。约 50% 的墨西哥进口来自美国。②2010 年,美国与墨西哥的货物贸易总额为 3 930 亿美元,出口额为 1 363 亿美元,进口额为 2 997 亿美元。墨西哥从美国购买大部分的耐用品和工业材料。③不出所料,墨西哥是美国出口增长最快的主要出口市场。到目前为止,墨西哥是美国最大的拉丁美洲贸易伙伴,约占美国对该地区进出口贸易的五分之三。2009 年墨西哥占美国商品贸易总额的 11.7%,相比之下,拉丁美洲其他地区合计占美国商品贸易总额的 8.3%。④

美国

文化特征

美国文化的多样性,对市场研究来说很独特。在统一的美国文化之外,根据人口和心理参数,可以作人口划分。美国人来自世界各地,大多数是欧洲后裔。西班牙裔(拉美裔)和非洲裔美国人(黑人)是该国最大的少数族裔。表 21.1 说明了美国的种族多样性。

---

①③　Office of the United States Trade Representative, http://www.ustr.gov/trade-agreements/free-trade-agreements/north-american-free-trade-agreement-nafta.

②　World Trade Organization Trade Profiles, April 2013.

④　J.F. Hornbeck, "US-Latin America Trade: Recent Trends and Policy Issues", Congressional Research Service, 2011, http://www.fas.org/sgp/crs/row/98-840.pdf.

表 21.1　美国的多元化情况：2010 年普查①

	占人口的百分比(%)	2000 年之后的变动(%)
西班牙裔/拉丁裔	16.3	43.0
非西班牙裔/拉丁裔	83.7	4.9
白　人	72.4	5.7
非洲裔美国人/黑人	12.6	12.3
亚　裔	4.8	43.3
美国印第安人和阿拉斯加原住民	0.9	18.4
夏威夷原住民和太平洋岛民	0.2	35.4
其　他	6.2	24.4
两个或以上	2.9	32.0

注:西班牙裔/拉丁裔可以来自任何种族。

　　从地理角度来看,美国大多数人口居住在城市地区,其中许多人住在郊区。根据方言和口语使用的不同,全美国和 50 个州也可以划分为 4 个区域,每个区域都有自己的细微差别和社会规范。通常情况下,一个南方人和一个北方人之间的差异会很微妙地影响沟通,也会影响如何去判断恰当的行为。

　　在美国进行研究时,重要的是明确界定研究对象的人口划分类别。人口当中存在的种族、社会经济和区域的差异可能导致对同一信息的不同解读。由于移民人口众多,还必须考虑文化适应情况。居民是否适应美国的生活方式还是带有原住国＊的很多痕迹,是应当了解的。

商业特征

　　几乎在所有文化当中,了解高层的权力和权威都是重要的。许多美国经理人是高度个人主义、时间观念强、以目标为导向的。在大多数情况下,经理人对他们所作的决策负责。与倾向妥协的文化不同,在美国,下属可以参与决策,但最终的决定和后果由经理人负责。因此,个人价值和成就与成功和回报高度相关。

　　有关业务问题的公开辩论和讨论是受欢迎的。此外,沟通可以非常直截了当,以推动业务的开展。沟通的首要目的是交流信息、实施和意见,建立一种个人关系在美国商业文化中并不重要。相反,形成公司的业务关系很重要。不过,为了未来

---

　　①　US Census 2010.
　　＊　COO 此处为 country of origin 的缩写,意为来源国,原产国。——译者注

的机会去建立业务相关的网络通常被视为个人进步的重要组成部分。

会议往往是正式的,目的是落实商业交易,而不是培养个人关系。亲切的交流、礼貌和作介绍时的简短聊天被看作是商务礼仪。其他商务礼仪包括遵守会议时间和期限,遵守组织结构和上下级关系,遵守公司政策。①

在美国做市场研究②

在美国,市场研究是一个发达的行业。美国消费者对市场研究活动非常熟悉,很多人都曾经参与过。从焦点组到网上调查,美国市场研究的能力很强。基础研究方法可以针对细分市场的特点量身打造,并定制化地尝试新技术。此外,政府、学术机构和个人团体可以很容易的获得二手数据。

美国是世界上最大的信息和技术的消费国。因此,只要遵守消费者隐私和保护的相关法律,就可以轻松地通过现有基础设施接触消费者。专栏 21.3 讨论了美国消费者数据隐私和保护。

专栏 21.3

美国的消费者隐私和保护③

绝大多数美国公民很看重对隐私的保护。隐私保护法已经存在多年,保护通过邮件、电话、电脑和电子邮件进行的沟通。随着技术的不断发展,保护已经扩展到通过互联网和智能手机进行的新型沟通方式。

在美国,保护隐私是维护消费者信任的关键。因此,"消费者隐私权益保护

---

① "Doing Business in the United States | US Social and Business Culture", Communicaid, http://www. communicaid. com/access/pdf/library/culture/doing-business-in/Doing% 20Business% 20in% 20the% 20USA.pdf.

② "Telecoms and Technology Industry Report: United States of America", Telecoms Industry Report: USA 4, 2012:1—12.

③ 改编自"Consumer Data Privacy in a Networked World: A Framework for Protecting Privacy and Promoting Innovation in the Global Digital Economy", US Intellectual Property Enforcement Coordinator Annual Report on Intellectual Property Enforcement, February 2012. Retrieved from http://www. whitehouse.gov/sites/default/files/privacy-final.pdf 于 2014 年 1 月 28 日访问。

法案"的设立,允许消费者控制公司提供和保留的个人信息的类型和数量。消费者还有权在必要时访问和修改个人资料。此外,该法案确保在搜集消费者数据时的透明度、安全性、准确性和问责机制。消费者数据的搜集、使用和披露还必须用于信息的提供。例如,公司要声明消费者的数据不会出售给第三方,以确保消费者受保护的范围。"消费者隐私权益保护法案"旨在为消费者提供明确的指导,帮助他们处理个人信息,同时也为寻求和使用消费者个人信息的公司提供指导。

电信

美国固定电话数量多年来持续下降。2011 年,全国固定电话 1.46 亿,每百人有 32 条线路,而同年移动电话用量为 2.093 亿。消费者正在采用其他的沟通方式,包括 VoIP* 和手机。VoIP 是很受欢迎的国际电话,很多家庭还将放弃了家庭联网,转而使用移动设备。

2012 年美国的移动电话普及率达到 115%,不少消费者拥有多个号码。对智能手机和平板电脑的数据和互联网服务的需求,是移动设备使用背后的驱动力。此外,4G 网络正在增加数据能力。移动供应商之间的竞争的一个主要内容是。美国市场的主要参与者有 AT&T、Verizon、T-Mobile 和 Sprint Nextel。

互联网

2012 年美国互联网普及率达到 82%。每 100 人中有 31 个互联网用户,大多数通过有线调制解调器和 DSL 连接宽带。美国政府制订了一项国家宽带计划,到 2020 年将有 1 亿家庭接入高速网络。随着移动需求的增加,通过智能手机和平板电脑接入互联网越来越受欢迎。除了查看电子邮件、搜索、使用社交网络之外,美国消费者正在使用移动设备完成购物、银行和娱乐等日常活动。

邮政

美国邮政非常可靠。USPS 是唯一的独立的联邦机构,负责全国的邮件递送。

---

* VoIP,一种网络通话应用。——译者注

2012 年 USPS 的递送量接近 16 万,通过超过 24 000 的投递单位,向 1.52 亿居住和商务地址进行投递。直投邮件营销在美国市场很常见。USPS 面向企业提供一种"直投到户"的服务。服务可以通过网络轻松完成,并可以送到指定的住处。①

墨西哥

文化特征②

值得注意的是,墨西哥已经发生了重大变化:识字率上升到了 94%,城市化水平达到了 78%。墨西哥人热情好客,其态度和行为受到欧洲和美洲原住民的影响。

对墨西哥人来说,个人特点是应该受到承认的。与其他人完成任务的方式相比,特别是与美国人相比,会被看作是一种侮辱。在这种背景下,墨西哥社会对在行业和艺术领域中取得个人成就的人们给予了极大的关注和尊重。③

家庭在普通墨西哥人的生活中起到主要作用,在开展业务之前了解墨西哥人的家庭纽带和联系是很重要的。家庭关系是建立和培育纽带的基础。外国公司要明白,询问有关家庭的问题是关心的表现,而不是侵犯隐私。④

(墨西哥的)沟通方式与美国有很大的不同。大多数墨西哥人用一种迂回的方式说话,避免任何直接的建议或者对话。为了确保愉快的气氛,墨西哥人会说对方想听的,而不会说任何生硬的内容。这么做的目的并不是说想通过恭维来完成工作,目的是让对方感到宾至如归。专栏 21.4 指出了墨西哥的通用礼仪。

商务特征

在涉及组织结构时,要注意到公司内部的层级。系统自上而下运行,资历是层

---

①　"United States Postal Service Annual Report to Congress 2012", http://about.usps.com/publications/annual-report-comprehensive-statement-2012/annual-report-comprehensive-statement-2012.pdf.

②　Harris and Moran, Managing Cultural Differences, 4th edition:226—231.

③④　Peggy Kenna and Sondra Lucy, Business Mexico: A Practical Guide to Understanding Mexican Business Culture, Chicago, IL: Passport Books, 1994:18—23.

专栏 21.4

墨西哥的礼仪[①]

（1）初次会面时，较长时间的握手和低头（与女性）是很常见的。

（2）人与人之间的距离比较近，两个人之间的距离过远被视作无礼。

（3）按时开会并不重要，在墨西哥，会议开始的 30 分钟之内到达被认为是准时的。

（4）讲话时手放在口袋里是不礼貌的，把手放在臀部被视作是一种挑战。

（5）开展业务时耐心和尊敬是很重要的。很多时候，在业务关系之前建立个人关系是重要的。

次之间的区分因素。外国公司应该注意到官员之间的排位，根据层次的区分来修改决策制定体系。

一个值得注意的方面是大男子主义——男子气概也渗透到商业交易当中。虽然管理层也有女性代表，但只有男性才能得到社会的尊重，表现出强大的领导素质。这会影响业务的运作方式，假定由女性代表外国公司，需要费很大的力气才能受到与男性平等的对待。虽然这种情况正在发生变化，但大男子主义影响着市场研究的方式。

在墨西哥，一项交易的结果有形化是很重要的，演示的风格和内容同等重要。与他们对灵活性的看法相反，墨西哥喜欢在演示时使用视觉辅助和大量的文字播放。这是市场研究人员理解和解读墨西哥人兴趣和观点的核心。

尽管如此强调演示，墨西哥人更喜欢给出足够的时间来作决定。开展业务时，花时间和墨西哥同行交谈，建立个人关系是很有益处的。如果会议拘泥于议程，意味着不重视合作伙伴。对于墨西哥人来说，商业关系是先前建立的个人关系的延伸，时间对于建立这种关系来说至关重要。而且，为了不失颜面，墨西哥人会避免立即承诺或者直接交谈。这是由于墨西哥人倾向于宿命论，并强调在合适的时机

---

①　改编自"Mexico—Cultural Etiquette"，http://www.ediplomat.com/np/cultural_etiquette/ ce_mx.htm 于 2014 年 5 月 6 日访问。

开展业务。对墨西哥人来说,时间是相对的,灵活的。mañana(意为明天)的概念,渗透在商业的各个方面。mañana 不是一种拖延的手段,但是规避期限或者具体时间的方法。

在墨西哥进行市场研究

在墨西哥进行研究时,对外国公司来说,选择能有效地与顾客沟通并分析顾客反应的翻译是很有益处的。这在定性测试(例如焦点组)时很关键,因为受访者的反应是形成提问过程的一个重要方面。如果有来自当地代表的支持就更好了,最好精通西班牙语并且能说几种方言。

与其他拉美国家一样,墨西哥人认为访问的是他们能表达想法和作出贡献的过程。与在美国给受访者一定酬劳相比,最好由当地人士来选取理想的激励措施。通常,给受访者礼物比付钱更受欢迎,因为付钱意味着提供服务。

至于二手数据,可以在 32 个州近 2 403 个城镇搜集。这些数据是关于年龄构成、收入、住宅、教育、性别以及包括制造业、商业和金融服务业的具体信息。这些信息的主要来源之一是国家统计与地理研究所(Instituto Naciónal de Estadistica Geografía e Informatica, INEGI)。

在基础设施方面,墨西哥是拉丁美洲第二大信息和通信技术市场,不过与发达国家相比,其电信的普及率较低。由于缺乏市场竞争、实际收入的温和增长,导致其基础设施和接入渠道不足。

电信[1]

墨西哥电信市场有一个重要角色 Telmex,占市场份额的 76%。由于墨西哥电信业的垄断,其普及率的增长依靠手机成本和订阅的推动,而不是依靠创新。墨西哥的电信业被认为以适中的速度发展。2011 年共有固定电话线路 1 970 万条,手机 9 460 万台。这对市场研究人员来说,意味着通过电话或者传真来联系潜在受访者没有太大的问题;不过,这种研究方法有几个障碍。

---

[1] "Industry Report Telecoms and Technology:Mexico", Telecoms Industry Report:Mexico 4, No.3, 2012:1—13.

虽然服务的可用性对于企业和政府来说是充足的,墨西哥主要城市之间的增长程度却很不同。虽然墨西哥人口集中在城市附近,但还有相当一部分居住在小城镇地区的居民在收入、购买力和文化上有很大的差异。因此,2012 年固定电话普及率只覆盖了 14% 的人口。

至于移动电话,2012 年普及率达到 89%,与其他中等收入国家的接近 200% 形成鲜明对比。随着市场竞争的加剧,未来会有更大的增长。包括 VoIP、移动数据和互联网的使用会引领 3G 网络的扩张,并引入 4G 和 LTE 网络。

互联网

近年来,墨西哥的互联网使用量和个人电脑拥有量都有大幅增长。收入和信贷的增加,让更多的人获得了设备和服务,不过接入量仍然落后于其他可比较的国家。

邮政

墨西哥的邮政系统是不太有效的。这会妨碍使用邮件调查——这一比较有成本效益的进行市场研究的方式的使用。这表明在墨西哥进行调查的最佳方法是个人访问和商场拦截。这两种方法能接触到消费者,同时进行一对一互动,这在非语言沟通比例很高的国家是很重要的。

加拿大

文化特征

加拿大由 12 个极其多样化的省份和地区组成。有趣的是,大多数主要城市都位于美加边界上。尽管地理上靠近,美国和加拿大市场有几方面的不同。而加拿大政府已经采取措施来保持这种差异,其中包括加拿大政府实施的保护主义法律,旨在防止加拿大文化受到侵蚀,促进加拿大文化产业,特别是出版业、电影和音乐的发展。专栏 21.5 讨论在数字时代加拿大文化保护的作用。

专栏 21.5

加拿大文化是否仍需保护[①]?

加拿大的文化保护主义方式发生了重大变化。文化已经全球化和数字化。像其他发达国家一样,大多数加拿大人在电脑和移动设备上通过指尖接触世界。互联网使得文化产品更容易获取,也更难以保护和控制。加拿大人通过万维网访问范围很广的音乐、出版物和其他类型的娱乐。这样,加拿大的流行文化就不可避免地受到全球事物的影响。

由于很多产品数字化,保护法正在缓慢放宽,允许企业进入加拿大市场。很多 20 年前制定的法规,在数字消费的今天已经不复存在了。例如,一家大型零售商塔吉特最近获准出售加拿大文化产品,绕过了所有文化产品必须由加拿大人控制的规定。这项裁决表明,加拿大将制定新的文化投资规则,允许外国公司在加拿大建立和运营文化产业。

许多人认为,加拿大文化仍需保护,以免受外部影响。在很多情况下,保护加拿大元素是明智和必要的。不过,以发展的眼光来看,保护的目的是在保持加拿大文化的同时,去除对外国所有权所加的限制,及阻碍经济发展的全面禁令。

商务特征

加拿大人不喜欢在加拿大和美国之间作比较。如果考虑在加拿大开展业务,建议将其看作一个独立的国家,而不是美国的复制品。此外,注意加拿大英语区和法语区(如魁北克省)之间的区别是有益的。例如,这两个地区谈判方式上是不同的。[②]说英语的加拿大人在与外方和商业伙伴打交道时采用更合作的策略,法语区

[①]　改编自"Canadian Culture Protection Rules Set for Update: Target Ruling Sets Stage for Reworking of Outdated Rules", July 17, 2012. Retrieved from http://www.marketwatch.com/story/canadian-culture-protection-rules-set-for-update-2012-07-17 于 2014 年 2 月 6 日访问。

[②]　Harris and Moran, Managing Cultural Differences, 4th edition: 217.

的加拿大人倾向通过竞争来获取最佳策略。这些差异如表 21.2 所示。

表 21.2　加拿大内部的不同①

	说英语的加拿大人	说法语的加拿大人
时　间	强调准时	较松散
肢体语言	动作小	富有表现力
谈判理念	抽象的观点	具体化的观点
风　度	含蓄	外向
语言的使用	低语境	非语言强调
谈判人员的选择	根据年龄和社会基层等具体的区别	不强调区别＝对不平等容忍度更高
议价策略	合作	竞争
礼仪意识	不太关注	高度关注
信　任	倾向于新人愿意沟通的人	评估对信息的信任程度

与美国人相比,加拿大人更加正式。外国公司有必要了解沟通模式,并注意加拿大公司的等级结构。加拿大的商业文化致力于与其他同行建立联系。外国公司要注意到,促进关系需要时间。加拿大人倾向于评估业务关系,在挑选业务伙伴和优化行业关系的战略上花时间。②

加拿大文化受到欧洲规范的显著影响如此之深,营销人员必须根据影响来源国的特点进行区分。例如,针对法语区的直销与英语区不同,不仅是语言上,尺寸和颜色上也有不同。

在加拿大做营销调研

美国和加拿大营销调研公司,由于共同的语言和长期的联系,相比之下,在加拿大进行调研比在墨西哥更容易。③向焦点组访问和个人访问的受访者提供酬劳(货币或其他方式)是可行的。大多数情况下,定性访问有助于研究人员在多元化的

---

① 改编自 Harris and Moran, Managing Cultural Differences, 4th edition. "Canada Business Etiquette and Culture", http://international-business-etiquette.com/besite/canada.htm 于 2014 年 5 月 6 日访问。

② United States Postal Service, International Marketing Resource Guide, ed. William A. Delphos, Washington, DC: Braddock Communications, 1994:85.

③ JackHonomichl, "Research Cultures are Different in Mexico, Canada", Marketing News 27, No.10, 1993:12—13.

市场中锁定具体的小众群体。如果有翻译人员,能更有效地翻译消费者的观点。加拿大说英语的人相当多,但某些术语或者行话会为受访者的看法增加色彩,值得注意。

加拿大的基础设施发达,能有效地接触到消费者进行市场研究。鉴于加拿大市场的多样性,电信普及率可能会有所不同,不过服务的改善会满足消费者的需求。

电信①

加拿大电信基础设施是极其先进的,通过电话、传真或者互联网进行调查是比较方便和精确的。也许几家公司面临的主要问题之一就是消费者群体抱怨隐私受到了侵犯。当研究人员面对所选样本的低回复率,试图扩充数字以获得更好的代表性时,电话和目录推销会惹怒消费者。

在电信覆盖率上,2012 年固定电话和移动电话分别为 46% 和 78%。近年来,随着消费者转而使用无线服务和 VoIP,固定电话的使用有所减少。加拿大的移动密度低于同类的亚洲和欧洲发达国家,原因是许多用户只用一个号码。此外,许多用户不愿意使用无线服务,而且市场上有三个主要供应商,竞争程度低。

互联网

2012 年互联网普及率达到 4%,用户超过 2 900 万。与移动市场相比,互联网市场竞争激烈,宽带容量和接入量都有所增加。通过电缆和 DSL 连接宽带的用户各占一半。在手机上网方面,仍有不少人口抵制互联网服务。

邮政

在加拿大邮件由政府所有的加拿大邮政公司来递送,该公司通过 7 000 个网点在全国各地提供可靠的服务。2011 年加拿大邮政雇用 69 000 人,不过,频发的劳工问题导致公司业务受到干扰。罢工和可预见的问题威胁到生产效率,导致服务的中止。②

---

① "Telecoms and Technology Industry Report: Canada", Telecoms Industry Report: Canada 2, 2012:1—12.

② "Canada Post Corporation SWOT Analysis", 2012, Canada Post Corporation SWOT Analysis: 1—9.

本章小结

本章讨论了在北美国家，包括美国、墨西哥和加拿大进行营销研究的实践方面。①这三个国家在地理上非常接近，有大量的商品、服务和人员跨境流动。尽管如此，如果认为这些国家相似，在其中一个国家管用的方法在其余两个国家也同样有效就大错特错了。本章还介绍了这三个国家可用的二手数据来源和文化特征。

---

① For information on marketing research in the US, please refer to Aaker et al., Marketing Research, 6th edition; Kumar et al., Essentials of Marketing Research.

第五篇　全球营销调研的未来方向

22　全球营销调研的未来

22

全球营销调研的未来

本章概述

　　当今商务的本质的确是全球化的。竞争性融合是由竞争的必然性所带来的，目的为了不断地战胜一个比一个强大的竞争对手，而这些竞争对手可能来自一个比一个更大的自由市场，在这种情况下企业不得忽视全球贸易的习惯和实践。同时，较少的贸易壁垒意味着对于那些不能迅速采用全球贸易最佳实践的企业，会发现竞争环境越来越激烈，本土市场也越来越少。一国对其他国家的影响从来没有像今天这么重要，当今世界经济是高度相互依存的，我们能看到一个国家经济的下滑会影响很多外国公司的经济。近年来，广大公众对国家和企业日常工作的兴趣大增。消费者比以前更想了解产品信息、产地和生产方式、工人待遇薪酬，等等。各国年轻人的价值观日益趋同，全球产品让消费者之间的连接更加紧密，社交媒体改变了消费者网络上的交流方式。随着全球经济的健康发展，技术、社交、政治因素都对当今的全球经济产生了影响。这些因素在决策过程中发挥着至关重要的作用，作为营销人员和研究人员，应该了解这些因素。鉴于这些发展和变化，下列趋势和指标值得注意和遵守。

　　● 失败的成本很高，公司对信息的需求更加清晰，所以信息的精确度和相关性是很有必要的。

　　● 相比较以民族为中心，以地域为中心更重要。因此，产品和服务会从全球消费者的角度出发,所以要评估这些消费者的偏好。

● 鉴于信息流的多重途径,创新的好处可以毫无障碍地传播,同样,对产品更多的需求也会得到更好地传播。

互联网的领域不断地扩大也会改变二手数据的收集方式。

● 对于经验丰富的研究人员来说,数据收集和回复中的潜在偏见的可能性是一种常识,研究人员会采取措施来产生更可靠的数据。

● 随着数据爆炸,出资进行研究的客户会要求更复杂的数据分析,这也会引起信息的滥用。

● 全球营销研究公司不断地受到压力,去降低全球营销研究的成本,同时保持研究的实用性不会下降。因此,对每一项研究都要不断地提出解决方案,这种需求将成为常态。

● 全世界正在成为一体,对全球营销研究人员的需求也在逐年上升。

世界经济在不断变化,企业需要认识到这些变化可能对其业务带来的影响。美国经历了长期的稳定增长和低通胀,不过,2008 年的经济衰退改变了这一情况,影响了所有世界上的主要国家。金砖国家(例如巴西、俄罗斯、印度、中国和南非)由于其巨大的增长潜力,引起了来自发达经济体的关注。然而,其中一些国家最近的经济放缓使得投资者对向这些发展中国家的投资有所疑虑。这些信息非常重要,为在这些国家开展业务提供了重要的视角。

全球营销调研:前路

在过去的 20 多年里,全球营销调研越来越受欢迎,对其的需求也越来越多。这是个巨大的飞跃,在可预见的未来,对全球营销调研的需求会增长。这是由于全球经济的持续增长,更多的国家正在进行私有化,创新的快速发展,企业竞争压力增大,更多的国家希望能够出口产品/服务,以寻求贸易顺差或者缩小与其他国家之间贸易活动的差距。技术进步给互联网和万维网带来了新的魅力。在此,我们提供了在不同的全球营销调研活动中值得注意的一些趋势。

大数据

如今,大数据为营销公司提供了很多机会。大数据(big data)是一个术语,用来描述技术的发展趋势将改变向企业传递信息的方式。[1]大数据帮助企业从数据中寻求市场情报,并利用这种信息获得业务优势。[2]对客户及其偏好的了解,让公司能够更好地设计产品/服务,作出明智的业务决策。大数据有以下三个特点。

数据量

现在的数据搜集量是不可思议的。截至 2012 年,每天大约创建 2.5 亿字节的数据,即 10 亿千兆字节的数据,这一数据每 40 分钟就会增加一倍。技术改变生活的速度,以及改变我们搜集、储存和解读数据的方式也是令人惊讶的。沃尔玛每小时处理超过 100 万笔顾客交易,并将其导入超过 2.5 千兆亿字节数据的数据库。[3]

速度

速度就是步伐。数据创造和记录的速度让公司在竞争中脱颖而出。例如,阿历克斯·桑德·本特兰(Alex Sandy Pentland)及其在麻省理工学院媒体实验室的团队用客户手机位置数据推断出了黑色星期五,也是美国圣诞节购季的开始当天梅西百货停车场的人数。通过分析这些信息,梅西百货可以在实际记录这些交易之前,对这关键一天的零售销量进行预估。[4]

种类

据观察,一个公司数据约 85% 是非结构化的、非数字格式的。不过,非数字格

---

[1] D. Liebenson, "Big Data: Opportunity or Threat for Market Research?" March 21, 2012, http://www. greenbookblog. org/2012/03/21/big-data-opportunity-or-threat-for-market-research/于 2013 年 8 月 22 日访问。

[2] "Ideastorm", http://www.ideastorm.com/于 2013 年 8 月 22 日访问。

[3] "Big Data Meets Big Data Analytics", SAS White Paper 于 2013 年 8 月 21 日访问。

[4] A. McAfee and E. Brynjolfsson, "Big Data: The Management Revolution", *Harvard Business Review* 90, No.10, 2012:60—66.

式的数据仍是分析和决策的一部分。①包括消息、社交网站上状态的更新,网站上传图像,来自手机定位的有关我们生活的最新添加的信息,这些信息无所不在。公司现在追踪消费者之间的信息,以了解和测量顾客之间彼此分享的评论和意见。

大数据是商业界的最新产物,许多公司仍在努力去了解如何充分地利用现有的大量信息。大数据的最大优点是能够根据实时获取的顾客偏好来影响消费者的选择。正在使用大数据的公司,不仅可以改进预测,还能推动销售,并有助于更好地决策,改进顾客解决方案。然而,前所未有的数据也给管理带来了挑战。例如,在大多数情况下,大数据需要先进的技术和软件来处理信息和收集洞察。这对于那些没有基础设施来进行数据挖掘或者无力负担高级软件成本的公司来说,可能会带来问题。大数据仍然处于发展的初期,预计技术的进步能带来使用和实施的变化,这将有利于企业的发展。

云计算

如前所述,如今产生了很多的数据,并引起了有关企业存储量的问题。云计算颠覆了企业使用计算能力的方式。Forrester 调研公司预测了渠道伙伴对于云软件和服务的依赖度将从 2013 年的 22% 增加到 2014 年的 27%。②云计算的基本概念如下:公司不再购买计算能力并在公司内部进行储存,而是从供应商那里租赁所需的存储空间。供应商在需要时提供维护服务并解决故障。世界各地的消费者都以某种形式,可能并不知情的情况下,使用了云计算。例如,使用雅虎或者谷歌这样的基于网络的第三方的电子邮件提供商来发送邮件,是云计算的最基本形式。

云计算让公司能够专注于自己的核心业务,更快地对市场环境作出反应。云计算被广泛地应用于存储、计算和检索。云计算赋予客户公司及其用户远程访问数据,并能够随时跟上当前动态的商务环境的能力。云的另一个关键用途是系统带来的适应性和定制功能。这样顾客在点击式界面上,获得根据他们的要求和偏好所需要的信息。自动化、可定制化的平台可以让公司更有效率地运作。

另外,云计算还能扩展。即客户公司可以根据需求增加或者缩小容量和服务,

---

① "Big Data Meets Big Data Analytics", SAS White Paper.

② "Roundup of Small and Medium Business Cloud Computing Forecasts and Market Estimates", 2013, http://www.forbes.com/sites/louiscolumbus/2013/07/30/roundup-of-small-medium-business-cloudcomputing-forecasts-and-market-estimates-2013/于 2013 年 8 月 21 日访问。

这对企业来说更容易,并且更具有成本效益。租赁而不是拥有计算资源似乎是未来的趋势,对于大企业和小企业来说,云计算都能供提供灵活性、定制化服务,并节约成本。目前云计算的营销领导者有亚马逊(Amazon Web Services)、谷歌、微软、Salfesform.com、IBM、Rackspace 等。不过,并非所有公司都全心全意地接受了基于云的系统。有些公司更在意整合、数据安全、可靠性和有效地节约成本。[①]专栏22.1 列出了有关云计算的一些有趣的统计数据。

专栏 22.1

有关云计算的一些事实[②]

● 2001 年有 65％的美国公司采用了云计算。

● 80％的公司在使用了云之后的半年之内就取得了巨大的进步。

● 微软公司将 2011 年 90％的研发预算用在了云计算产品和策略上。

● 欧洲可能会成为世界上第一个释放微软云的真实实力的地区,据估计 95％的欧洲企业都是中小型企业(SMBs)。

● 41％的公司高管和员工声称在公司里某种程度上使用云。

● 使用云计算之后,64％的公司减少了浪费并减少了能源的消费水平。

● 云计算最快速的扩展之一发生在 2009 年 9 月,当时亚马逊在 24 小时之内,在同一区域推出了超过 50 000 个虚拟机。

● 谷歌于 2007 年初推出 Google Apps for Business 之后,进入企业云市场。

云计算的上述方便可以很容易地使用并且更经济,没有任何基础设施或者维护的问题。在当今时代,商业软件必须适用于访问和处理与市场变化和利润增加有关的数据。其让员工更快地熟悉最新的应用程序,让员工能更多地关注工作本身:帮助、理解和服务顾客。

---

① A.McAfee,"What Every CEO Needs to Know About the Cloud", *Harvard Business Review* 89,No.11,2011:124—132.

② 改编自 L.Johnson,"Cloud Computing：Fast Facts",Business2Community,January 23,2013。于 2013 年 8 月 21 日访问 http://www. business2community. com/tech-gadgets/cloud-computing-fast-facts-0386816。

云计算的使用呈指数级的增长,IDC 研究预测,到 2013 年云计算相关的支出将增长 3 倍(总计 442 亿美元)。到 2014 年,该行业预计将超过 1 400 亿美元,除了已经从云的客户关系管理(CRM)解决方案中获利的主要跨国公司之外,中型企业也开始接受这些战略。①

数据收集的来源

由于企业和顾客的每一个商业活动都被监控和研究,预计互联网上将有 1 千兆亿字节的数据。1 千兆亿字节相当于 1 亿个国会图书馆所包含的信息。②事实上,IDC 最近的一项研究表明,我们已经跨过了 1 千兆亿字节的门槛。该研究还预测,未来十年间全球数据量将增长 29 倍。③数据爆炸的一个重要因素是互联网的蓬勃发展。随着对等网络的出现,对话将不再具有边界和局限性。这些网络越来越多地影响到客户如何在世界各地进行互动,以及企业如何使用社交媒体工具来管理客户关系。更重要的是,所有沟通都是具有潜在巨大商机的数据。

第 6 章讨论了互联网革命给营销调研带来的影响。顾客之间的线上互动和讨论改变了企业看待信息的方式。在网络的世界里,有着丰富的有关顾客行为的信息。仅 2009 年,个人创造的数据比截至 2008 年,有史以来全人类创造的数据还要多。④现在,顾客与亲朋好友分享有关他们自身的、有关所购买产品的,以及他们偏好的信息,这些信息使得企业能更好地运作。例如,通过网店购买书籍不仅可以向公司提供顾客所购书记的信息,还可以对顾客在购买前会考虑的信息进行说明。⑤而之前这种信息是不存在的。

顾客相互之间以及顾客与企业之间的参与和互动带来了可供营销人员使用的大量的信息。网上消费者之间的互动增加,使公司能够了解有关消费者的个人信

---

① J.Modavi,"CRM Consulting in the Age of Cloud Computing",2010,AllThingsCRM.com 于 2013 年 8 月 23 日访问。

② DavidKiron and Rebecca Shockley,"Creating Business Value with Analytics",*MIT Sloan Management Review* 53,No.1,2011:57—63.

③ "The 2011 IDC Digital Universe Study",June 2011,www.emc.com.

④ A.Weigend,"The Social Data Revolution(s)",*Harvard Business Review*,2009. Retrieved from https://hbr.org/2009/05/the-social-data-revolution 于 2014 年 3 月 5 日访问。

⑤ McAfee and Brynjolfsson,Big Data:The Management Revolution".

息,以及他们在论坛上对购买决策的讨论。消费者参与的水平不同,从讨论品牌到实际的参与并提供反馈或者建议,再到从充分参与到公司内容的创作和贡献。消费者不仅要彼此交流思想和想法,还要和公司进行共创。他们充分参与公司的活动,提供有关改进的新想法、建议和反馈意见。

另一个层面的消费者参与是大量采购,在这当中消费者与公司员工一起创建内容并作出决策。大量采购的一个例子是三星的开放创新计划,该计划涉及了全球联盟,打造商业界和顶尖大学之间的联系,与供应商合作,成功地运作海外研究中心,目的是为其技术和电子产品寻求灵活开放创新的解决方案。[①]2013 年,三星与大批量供应商 Marblar 合作,利用 NASA 专利创新了一系列技术项目。[②]Waze 是一个基于社区的交通和道路信息网站。戴尔电脑的 Ideastorm 网站鼓励用户上传创意,截至 2013 年 8 月,用户已经提交了超过 19 000 个创意。[③]

很明显,在这个新数字时代,社交媒体的扩张和普及不仅提高了消费者参与程度,还减少了 B2C、B2B,乃至 C2C(顾客对顾客)之间的沟通差距。这些社交互动对商业运作非常重要,因为对正式的营销沟通方式的考量正在逐渐减少,新媒体正在受到持续关注。

研究分析和研究技术

如前所述,公司处理的数据中有 85% 是非结构化,非数字化的。新的研究正是用来处理所生成的各种数据的。

文本分析已经存在一段时间了,不过社交媒体的游戏规则已经完全改变了。对话更加非正式化,俚语和行话被广泛使用。另外,今天共享信息量是巨大的。研究人员和技术专家正在开发更好、更复杂的算法,去测量所有可用的非结构化数据。以下将对此进行讨论。

---

① "Open Innovation Is a Samsung Initiative to Identify and Grow the Technologies and Infrastructure of the Future", http://www.samsung.com/global/business/semiconductor/aboutus/business/open-innovation/overview 于 2014 年 10 月 31 日访问。

② Steve O'Hear, "Marblar Wants You to Create Samsung's Next NASA-Powered Product and Get Paid", October 23, 2013, http://techcrunch.com/2013/10/23/marblar-samsung/于 2014 年 10 月 31 日访问。

③ "Ideastorm",/于 2013 年 8 月 22 日访问 http://www.ideastorm.com/。

词云和标记云

如图 22.1 所展示的词云网站那样,词云和标记云这样的技术,使得用户可以视觉化地描绘一个网站的文字内容。本质上,词云量化了所选择的文本,其中常用的单词以较大的字体来表示。词云帮助我们找到所选定文本或者最常见用的词汇的中心思想,并用消费者易于阅读的风格描述出来。

图 22.1　全世界网站的云展示

注:仅供展示。

情绪分析或意见挖掘

社交媒体通过分析那些主要从博客、网站、社交网络网站获取的信息来进行决策。大多数的数据是非数字形式的,对其进行分析日渐得到欢迎。网上讨论的背后是带有情绪的,因此情绪分析越来越受欢迎。情绪分析过程实际上只涉及文本分析、语言学和接受语言处理,确定和挖掘原材料的主观信息。[1]为了恰当地识别消费者所分享信息的意义,公司目前借助情绪分析来发现消费者意见和评论背后的意图。

显然消费者希望表达自己的看法,社交工具如博客、微博、社交网站和评论门户网站受到了极大的关注。以 Twitter 为例,其能让公司对人口统计信息、感兴趣的主题或者任何其他优选标准进行分类。对于企业来说,情绪分析可以立即让他

---

① A. Aspili, "Who Benefits from Sentiment Analysis?" Social Media Today，January 23，2013.于 2013 年 8 月 22 日访问。http://socialmediatoday.com/aspilialleli/1180346/who-benefits-sentiment-analysis。

们了解社交媒体上有关其产品或服务谈话的预期,找出与其品牌相关的谈话的要点——对话是积极的,消极的还是中性的。

目前使用日益广泛的一个工具是文本分析。文本分析深入搜集消费者文本数据,不仅包括诸如社交媒体那样的网络平台,还包括新闻或者信息数据库。文本分析提供消费者反应和对特定公司、产品或者服务的反应的客观总结。据 Forrester 调研公司报道,文本分析市场预计将从 2011 年的 4.99 亿美元增加到 2014 年的近 10 亿美元。①

除此之外,网上还有几种可用于分析情绪的工具。Sentiment 140 是一个免费工具,用户可以用来在 Twitter 上发现品牌、产品或者话题。

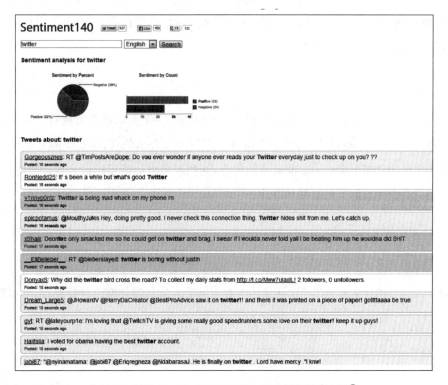

图 22.2　使用 Sentiment 140 对 Twitter 进行情绪分析②

---

① R.King,"Sentiment Analysis Gives Companies Insight into Consumer Opinion",2011./于 2013 年 8 月 23 日访问 www.businessweek.com。

② "Sentiment140 Tool",于 2013 年 8 月 22 日访问 http://www.sentiment140.com/search? query =twitter&hl=en。

隐私

随着业务不断地扩展到国际市场,必不可少地,公司需要搜集和使用关于当前顾客和潜在顾客的数据来改善他们的业绩和营销措施。通过获取客户交易和行为信息以及社会人口资料,公司可以更好地了解客户的偏好和欲望。然而,公司顾客越来越不情愿透露个人信息,不愿意被追踪个人隐私。[1]这个问题源自周期性的数据窃取或者数据泄露,其中一个例子就是 ChoicePoint 在 2005 年出售了 169 000 条记录给未经审核的虚假企业。[2]这些事件和相关问题导致政府增加了有关搜集和使用个人信息的规定。这些规定也给企业带来了新的障碍。隐私问题可能有很多来源,例如收集信息、对收集数据的控制、使用和表达信息的错误、信息的不当访问以及政府收集和使用数据的规定。[3]

信息收集

信息的收集是指“与相关收到福利的价值相比,一个人对他人所拥有个人具体信息关注程度”。换句话说,如果消费者自愿与公司分享信息,很重要的是要了解有关信息如何在多个公司之间共享的规范,这些规范也适用于跨国公司。因此,顾客关注收集个人信息的数量和方式。

控制信息

控制是指一个人的“由表态(即批准、修改)或退出(即选择退出)所显示出来的对个人信息的控制程度”。[4]这涉及顾客对于其个人信息的分享进行批准、修改和选

① J.Wirtz and M.O.Lwin, "Regulatory Focus Theory, Trust, and Privacy Concerns", *Journal of Service Research* 12, No.2, 2009:190—207.

② Bob Sullivan, "ChoicePoint to Pay $15 Million over Data Breach", January 26, 2006.于 2013 年 8 月 23 日访问 http://www.nbcnews.com/id/11030692/ns/technology_and_science-security/t/choice-point-pay-million-over-data-breach/#.Uhs_kD_9X1Z。

③ V.Kumar and WernerReinartz, *Customer Relationship Management：Concept, Strategy, and Tools*, Berlin: Springer-Verlag, 2012.

④ N.K.Malhotra, S.S.Kim, and J.Agarwal, "Internet Users' Information Privacy Concerns(IU-IPC): The Construct, the Scale, and a Causal Model", *Information Systems Research* 15, No.4, 2004: 336—355.

择加入及选择退出的权利。随着越来越多的国家和地区的信息和商务运作,有关选择加入和退出条款的明确指示对于数据使用道德至关重要。

表 22.1 爱尔兰管理直销渠道的 OPT-IN/OPT-OUT 规则①

	邮购营销	文字/电子邮件营销	固定电话营销	传真营销	移动电话营销
个人顾客	选择退出	选择退出(提供相似产品或服务)	选择退出	选择退出	选择退出
非顾客个人	选择退出	选择退出	如在 NDD 数据库,则选择加入,否则选择退出	选择加入	选择加入
商务联系人(顾客与非顾客)	选择退出	选择退出	如在 NDD 数据库,则选择加入,否则选择退出	选择加入	选择加入

注:(1)NDD 是指国家目录数据库,包含固定电话用户名单的数据库,也作为国家电话营销选择退出登记的一种形式。(2)选择进入是指只有个人明确表示同意的情况下,才能对其进行营销。(3)选择退出是指提供给个人选择不接受营销的选择,并且没有选择不接受,即可以对其进行营销。

信息中的错误

错误表示担心“防止数据中故意和意外错误的措施不足。”②错误的范围包括从数据输入错误到重复条目,到不完整的用户信息,乃至破坏性的错误,比如丢失记录。最近,澳大利亚银行 ANZ 在日常的系统升级期间丢失了数千个包含税务档案号码的顾客记录。数千人因此被错误地征了税。③为了防止类似错误的发生,对计算机数据库中所有个人信息进行复查是很重要的。在这方面,公司应该努力确保数据的准确性。此外,为了更好地进行数据管理,必须制定有关确定和纠正数据库错误的规定和程序。

---

① Direct Marketing—A General Guide For Data Controllers, Office of the Data Protection Commissioner,Ireland.于 2013 年 8 月 23 日访问 http://www.dataprotection.ie/viewdoc.asp?DocID=905。

② M.H.Harris, G.VanHoye, and F.Lievens, "Privacy and Attitudes Towards Internet Based Selection Systems: A Cross Cultural Comparison", *International Journal of Selection and Assessment* 11,No.2—3, 2003:230—236.

③ Charis Palmer, "ANZ Customer Data Lost During System Upgrade", June 3, 2013.于 2013 年 8 月 23 日访问 http://www.itnews.com.au/News/345317,anz-customer-data-lost-during-systemupgrade.aspx。

信息获取不当

这涉及"对未经授权即能使用数据的担忧"。[①]未经授权使用信息,也叫数据泄露,这可能是有意的,也可能是无意的。而数据泄露总会有损机构,并且困扰顾客。类似的事件最近出现了数起。其中比较引人注目的有 Epsilon 数据泄漏,这一世界上最大的基于权限的电子邮件营销供应商丢失了大量的客户数据,这些数据属于公司 2 500 家客户当中的 50 家;[②]索尼在线游戏网站数据泄漏,暴露了超过 1 亿客户的记录,包括奥地利、德国、荷兰和西班牙客户的直接借记记录;[③] Verizon Wireless 数据泄漏包括 30 万客户的序列号、名称、地址、姓名、客户注册数据、密码和电话号码等信息;[④]澳大利亚电信公司 Telstra 的数据泄漏,丢失了包含客户信息的电子表格,并让这些信息出现在搜索引擎上。[⑤]为了防止这种情况发生,企业必须投入更多的资源来遏制这种未经授权的访问,来保护个人信息。此外,公司必须确定公司内部未经授权的人员无法访问此类信息,以确保个人数据的安全。

政府法规

有关数据隐私的政府法规存在还是缺失,会产生重大后果。强大的政府数据隐私政策提供了一种安全感,支持用户与公司共享信息,缺乏这一政策则会吓倒那些想分享信息的人。此外,有证据表明,缺乏商业政策或者政府法规导致更大的隐私问题,[⑥]隐私条例的差异突出了隐私问题的跨国差异。例如,在未经人民许可的

---

① Harris et al., "Privacy and Attitudes Towards Internet Based Selection Systems".

② Mike Lennon, "Massive Breach at Epsilon Compromises Customer Lists of Major Brands", April 2, 2011.于 2013 年 8 月 23 日访问 http://www.securityweek.com/massive-breach-epsilon-compromises-customer-lists-major-brands。

③ Charles Arthur, "Sony Suffers Second Data Breach with Theft of 25m More User Details," May 3, 2011.于 2013 年 8 月 23 日访问 http://www.theguardian.com/technology/blog/2011/may/03/sony-data-breach-online-entertainment。

④ Emil Protalinski, "After Hacker Disappears from Twitter, Verizon Reveals Customer Data Was Leaked by a Marketing Firm," December 23, 2012.于 2013 年 8 月 23 日访问 http://thenextweb.com/insider/2012/12/23/after-hacker-disappears-from-twitter-verizon-reveals-customer-data-was-leaked-by-amarketing-firm/。

⑤ Michael Lee, "Telstra Apologetic After Old Customer Data Leaks Online", May 16, 2013.于 2013 年 8 月 23 日访问 http://www.zdnet.com/au/telstra-apologetic-after-old-customer-data-leaksonline-7000015474/。

⑥ J.Wirtz, M.O.Lwin, and J.D.Williams, "Causes and Consequences of Consumer Online Privacy Concern," *International Journal of Service Industry Management* 18, No.4, 2007:326—348.

情况下,英国在公共和私人部门以及政府机构和商业数据库中都安装了闭路电视监控系统。同样,美国的"爱国者法案"赋予执法机构重要的监督和调查权,其中包括未经同意,允许在美国检查公民电话、电子邮件通信以及医疗、财务和其他记录。[①]

这些方法代表了文化和社会价值观的差异,也代表了对客户隐私的不同看法。在德国,人们认为个人信息的威胁主要来自媒体,而在美国,认为威胁主要是由政府引起的。这些差异源自国家的历史,在德国的前景可以看作是法西斯主义和社会结构的结果,美国的观点来自政府对个人自由干预最小的概念。[②]就此而言,表22.2列出了美国和德国的客户隐私条例。

表22.2　美国和德国的客户隐私规定[③]

	美　国	德　国
冷呼叫(例如,给没有准备的客户或顾客打电话)	允许(如不在Robinson目录中)	禁止
未经许可的商务邮件(例如,商业电子消息,通常在未经消费者实现请求或者同意的情况下批量发送)	禁止	禁止
跨国数据传输(美国到德国或德国到美国)(例如,将客户相关数据转移到不同的国家,例如,当消费者从位于不同国家的卖家进行网购的时候)	允许	
向第三方传输数据(未经同意)(例如,向其他公司提供个人资料,如营销服务提供商,而不通知客户)	允许	禁止
退出数据收集的权利(例如,在提供个人信息后,客户可以拒绝进一步使用数据)	有说明	未说明

鉴于这些不同的规定,公司(特别是那些国家经营的公司)必须根据不同的法律要求和变化而不断地自我更新。如果没有遵守客户隐私法,企业不但要面对法律后果,还会在国外市场失去信誉。此外,随着国际贸易法律和法规的增加,必须遵从市场准入规则。

虽然上述的趋势描述并不详尽,仍然指出了未来需要关注的方向。本书提供的信息将帮助读者更好地为在21世纪进行全球营销调研作准备。

---

① EPIC "US Patriot Act," 2011.于2013年8月23日访问 http://epic.org/privacy/terrorism/us-apatriot/#introduction。

② J.Q.Whitman,"The Two Western Cultures of Privacy:Dignity Versus Liberty", *Yale Law Journal* 113, No.6, 2004:1151—1221.

③ V.Kumar and Werner Reinartz, *Customer Relationship Management:Concept, Strategy, and Tools*, Berlin:Springer-Verlag, 2012.

案例研究

星巴克:回到源头

星巴克在全球 60 多个国家销售其高档的特色咖啡。不仅咖啡,该公司还通过其自营店铺和特许经营的店铺销售其他饮料和各种新鲜食点。除了旗舰品牌星巴克之外,该公司还销售一系列的咖啡和茶,并通过许可证将商标授权给其他大客户使用。授权业务部门叫作渠道开发部,所掌握的品牌组合包括全豆咖啡和研磨咖啡,高级茶品牌 Tazo®、星巴克 VIA® Ready Brew、Stabucks® 咖啡和 Tazo® 茶 K-Cup® 混装,以及各种即饮饮料,比如星巴克 Refreshers™ 饮料,还通过诸如杂货店、仓储俱乐部、便利店和美国食品服务客户等渠道在全球销售其他品牌产品。表 CSI.1 列出了五年内星巴克全球网店的数量。

表 CSI.1 世界各地的星巴克店铺

	2012 年		2011 年		2010 年		2009 年		2008 年	
	数量	年同比增长率(%)	数量	年同比增长率(%)	数量	年同比增长率(%)	数量	年同比增长率(%)	数量	年同比增长率(%)
美洲										
公司自营店	7 857	3	7 623	1	7 580	0	7 613	−5	8 030	无
特许经营店	5 046	6	4 776	−5	5 044	2	4 933	2	4 832	无
欧洲,中东和非洲(EMEA)										
公司自营店	882	1	872	3	847	−7	911	2	891	无
特许经营店	987	11	886	10	807	14	707	16	609	无

（续表）

	2012 年		2011 年		2010 年		2009 年		2008 年	
	数量	年同比增长率(%)	数量	年同比增长率(%)	数量	年同比增长率(%)	数量	年同比增长率(%)	数量	年同比增长率(%)
中国和亚太地区(CAP)										
公司自营店	666	30	512	17	439	7	409	6	385	无
特许经营店	2 628	13	13	9	2 141	4	2 062	7	1 933	无
总　　　额	**18 066**	**6**	**6**	**1**	**17 003**	**1**	**16 858**	**0**	**16 680**	无

现煮咖啡的成功

　　星巴克成功的关键在于咖啡豆采购，该公司从世界各地的多个咖啡产地采购绿色咖啡豆，并进行定制化的烘焙，以适应不同的单一口味和混合口味的咖啡。公司与咖啡生产商、外部的贸易公司和出口商密切合作，以保证绿色咖啡豆的货源。作为回馈社群的一部分，星巴克在六个国家开办了农民支持中心（farmer support centers）。中心配有农业专家，与咖啡种植社区合作，以促进咖啡生产。在星巴克参与的市场上，其主要竞争来自快餐店即饮饮料市场和咖啡专卖店。表 CSI.2 列出了过去五年世界各地星巴克的收入组合和增长率。

表 CSI.2　星巴克的营收组合及增长率

	饮料	食品	包装咖啡和单人份咖啡	其他产品	总和
2012 年					
总收入(百万美元)	7 838	2 092	2 001	1 366	13 299
占总收入的比例(%)	59	16	15	10	100
年同比增长率(%)	9	4	38	33	14
2011 年					
总收入(百万美元)	7 217	2 008	1 451	1 024	11 700
占总收入的比例(%)	62	17	12	9	100
年同比增长率(%)	7	7	28	8	9

（续表）

	饮料	食品	包装咖啡和单人份咖啡	其他产品	总和
2010 年					
总收入（百万美元）	6 750	1 878	1 131	947	10 707
占总收入的比例（%）	63	18	11	9	100
年同比增长率（%）	8	12	17	6	10
2009 年					
总收入（百万美元）	6 238	1 680	965	890	9 774
占总收入的比例（%）	64	17	10	9	100
年同比增长率（%）	（-6）	11	（-2）	（-27）	（-6）
2008 年					
总收入（百万美元）	6 663	1 511	987	1 220	10 383
占总收入的比例（%）	64	15	10	12	100
年同比增长率（%）	11	13	8	7	10

这一业务机制给星巴克带来了回报，2012 财务年度取得了圆满成功。他们的净营业收入提高了 14%，达到 133 亿美元，同比增长了 7%，渠道开发部门的收入增长了 50%。在以咖啡为主的成本提高的情况下，与前些年相比，公司的营业利润和净收益都取得了令人赞叹的增长。表 CSI.3 列出了星巴克的财务状况。

表 CSI.3　星巴克财务信息

（百万）	2012 年	2011 年	2010 年	2009 年	2008 年
美洲					
总净销售收入	9 936	9 065	7 560	7 061	7 491
营业收入/（亏损）	2 074	1 842	1 291	530	454
国际					
总净销售收入	1 862	1 598	2 288	1 914	2 099
营业收入/（亏损）	263	233	225	91	108
渠道开发					
总净销售收入	1 292	860	707	674	680
营业收入/（亏损）	348	287	261	281	269
其他					
总净销售收入	208	175	150	124	111
营业收入/（亏损）	（689）	（635）	（358）	（341）	（328）

（续表）

（百万）	2012 年	2011 年	2010 年	2009 年	2008 年
总和					
总净销售收入	13 299	11 700	10 707	9 774	10 383
营业收入/（亏损）	1 997	1 728	1 419	562	503

你好，哥伦比亚

星巴克过去在国际扩展方面谨慎而缓慢，现在则计划要进入哥伦比亚市场，最近宣布计划在哥伦比亚首都波哥大开设第一家星巴克，并希望在未来的五年内，在全国开设至少 50 家网点。

星巴克在拉丁美洲的第一家店于 2002 年 9 月开设在波多黎各。随后，公司进入了秘鲁、智利、哥斯达黎加、巴西、阿根廷、危地马拉和萨尔瓦多在内的其他国家。尽管在拉丁美洲的扩展缓慢，公司目前看来准备弥补失去的时间。据最近的统计，该公司在拉丁美洲地区经营了近 650 家门店。

为何现在进入哥伦比亚

星巴克已经从哥伦比亚进口咖啡豆 40 多年了，进入哥伦比亚是其致力于国际扩张的努力之下的重要进展。这一举措正赶上市场上出现的一些新情况。首先，宣布进入哥伦比亚的时间，正赶上哥伦比亚咖啡农民，由于全球市场的低价，他们罢工要求政府给予更多的补贴。2011 年至 2012 年，咖啡豆价格下跌了近 40%。其次，由于哥伦比亚大部分咖啡豆出口了，本国顾客抱怨本地咖啡店不能提供国产咖啡，只能提供来自其他国家的，例如厄瓜多尔。可以看出，哥伦比亚消费者想喝本国咖啡的愿望。最后，哥伦比亚对贩毒集团进行军事打击，使得哥伦比亚作为投资目的地，对外国公司投资的吸引力增加了。

走进市场的策略

星巴克新咖啡店将由一家合资企业来经营。合资方分别是一家墨西哥餐厅公司 Alsea 和哥伦比亚食品集团 Grupo Nutresa 的子公司 Colcafe。这一让当地公司参与管理咖啡店的举措预计能让星巴克更好地满足当地的需求,更好地满足消费者的要求。在当地的竞争,主要来自 Oma 和 Juan 这样的连锁店。还有一个重要的竞争对手,可能是销售廉价甜味咖啡饮料的街头小贩。

作为应对竞争的准备步骤,星巴克决定向哥伦比亚顾客提供本地采购和烘焙的蒸馏咖啡、滴滤式咖啡以及包装咖啡。该公司的首席执行官霍华德·舒尔茨(Howard Schultz)说过,"我们知道要在哥伦比亚开业,往那供应咖啡时,鉴于哥伦比亚悠久的咖啡种植历史,将咖啡豆送回美国烘焙是不够尊重这一历史的。"星巴克并没有透露其在哥伦比亚的定价结构,舒尔茨说,星巴克不会去与该国由农民拥有的胡安·瓦尔德兹(Juan Valdez)连锁店进行低价竞争以损害对方,而可能提高一点收费,来创建宾至如归的休息环境。他还强调,公司在进入这一多年的咖啡来源国时,会表示出敬意。

讨论题

1. 星巴克准备进入哥伦比亚,哪些问题需要解决,使其进入市场能够成功、顺利?

2. 要确定问题 1 中的问题,需要哪些信息? 所需信息的可能来源是什么?

3. 以你的观点,其他哪些拉美国家是星巴克应该瞄准的主要目标市场? 请给出理由。

资料来源

1. 星巴克公司年报。

2. Atossa Araxia Abrahamian, "Starbucks to Sell Home-Grown Coffee to the Colombians," *Reuters*, August 26, 2013.

3. Julie Jargon and Dan Molinski, "Starbucks to Serve Locally Grown Coffee in Colombia," *Wall Street Journal*, August 26, 2013.

案例 **2**

特斯拉的商标纠纷

特斯拉汽车公司是一家设计、制造和销售电动汽车及电动汽车动力系统零部件的企业。该公司引以为傲的是其领先的电动汽车概念,并渴望让普通消费者也能消费得起。特斯拉已经成功推出了 Roadster(第一台全电动跑车)、Model S(全电动豪华轿车)和 Model X(全电动多功能车)。除了生产电动汽车,特斯拉还向其他汽车制造商销售动力系统零部件,包括锂电池组件,并向戴姆勒、丰田和松下等公司提供零部件。

加速!

自 2008 年推出首款车型以来,该公司表现稳健。截至 2012 年 12 月,公司实现总收入 4.133 亿美元,同比增长 102%,收入的两个主要来源是汽车销售和研发。2012 年汽车销售收入为 3.857 亿美元,比 2011 年增长近 160%。收入的激增原因是在北美继续销售的 Model S,以及在国际上销售 Roadster 车型。不过,由于戴姆勒和丰田项目的完成,公司研发服务的营业收入降低。

尽管公司连续亏损,但其在资本市场上的市值大幅上涨,目前价值 200 亿美元,相当于福特现值的三分之一。2013 年,该公司的股票上涨了近 390%,价值超过铃木、马自达、菲亚特等公司。公司的市场乐观情绪如此之高,连特斯拉的首席执行官埃隆·马斯克(Elon Musk)最近也承认了。他说:

　　"实际上我认为特斯拉现在的价值是……我是说市场是非常慷慨的,显然给了我们足够的信用以供将来运行,所以我们将尽全力尊重市场对我们的信心……但说实话,我真的感觉我们得到的估值比我们应得的要高。"

　　表CSⅡ.1为特斯拉财务表现。

表 CSⅡ.1　选定的特斯拉财务信息

(千美元)	2012 年	2011 年	2010 年	2009 年	2008 年
销售收入					
汽车销售	385 699	148 568	97 078	111 943	14 742
研发服务	27 557	55 674	19 666	—	—
总收入	413 256	204 242	115 744	111 943	14 742
成本					
汽车销售	371 658	115 482	79 982	102 408	15 883
研发服务	11 531	27 165	6 031	—	—
总收入	383 189	142 647	30 731	9 535	(1 141)
运营支出					
研发支出	273 978	208 981	92 996	19 282	53 714
SG&A 支出	150 372	104 102	84 573	42 150	23 649
总支出	424 350	313 083	177 569	61 432	77 363
税后净亏损	(396 213)	(254 411)	(154 328)	(55 740)	(82 782)

营销方式

　　公司通过一个包括位于世界各主要城市的国际网络向消费者直接营销汽车,网络主要由公司拥有的店铺和展厅组成。目前,该公司在北美、欧洲和亚洲设有由店铺和展厅组成的网络,并计划在将来开设更多的网点。这些商店大多也提供汽车服务和零售服务。不过,未来几年,该公司打算在其经营的几个市场上单独建立销售和服务网点。

　　公司认为,通过拥有和经营自己旗下的店铺能向顾客提供卓越的客户体验,实现运营效率和获得销售和收入服务的方式,给公司带来了优势。此外,公司认为,这样的分销配置使他们能够更好地控制库存成本,管理保修服务和定价,保持和强化特斯拉品牌,并快速获得客户反馈。此外,该公司认为拥有自己的销售网络能避免传统经销商结构的利益冲突,并有助于通过服务、销售保修零件和维修获得收入,这些都是经销商的收入和利润的关键来源。

公司希望他们的重点营销策略有助于实现主要营销目标:①产生对汽车的需求,并引导销售团队;②建立长期品牌意识和管理企业声誉;③管理现有客户群,建立忠诚和客户推荐;④将客户投入纳入产品开发过程中。

凭借如此强大的业务基础和明确的议案,公司希望持续受到媒体对公司和汽车的关注。特斯拉已经意识到,媒体报道和积极的口碑一直是其销售的主要推动力,并且在没有传统广告和营销成本相对较低的情况下,帮助公司达成销售。除了明智地使用媒体和病毒式营销工作之外,公司还是用传统的广告手段,包括在各种媒体上刊登产品,并在与目标受众特征相关的网站和应用上进行点击付费广告。

鉴于汽车行业的高度竞争,特斯拉认为,严格的安全和法规要求和车辆排放规范的影响,动力部件和电子耗材部件的技术进步以及不断变化的顾客需求和期望会继续增强,并将引导电动汽车行业的未来发展方向。

竞争格局

电动汽车由三大动力系统组成:

电动汽车,由单个车载能量存储系统(例如燃料电池的电池组)供电的电动车辆,直接由电源供电。

插入式混合动力车,由电池组和内燃机供电。可以加油,包括用于发动机的传统石油燃料和用于电池组的电力。内燃机可以与电动机一起工作,驱动车轮,或者仅为电池充电。例如,雪佛兰 Volt。

混合电动汽车,由电池组和内燃机供电的混合电动汽车,只有传统石油燃料作为加油选项。电池组通过再生制动充电,例如丰田普锐斯。

特斯拉已经意识到,几乎所有行业领军的汽车公司都拥有比他们具有更大的财务、技术、制造和营销资源,并不断地寻求途径,将更多的资源用于汽车的设计开发、制造、分销、推广、销售和技术支持。除了品牌名称更强大,在市场上存在的时间更长,特斯拉的竞争对手通常对市场上的竞争、新技术的出现进行快速反应,通过召回、车辆设计、整体营销举措对车辆进行修改和完善。

鉴于这种复杂的市场结构和构成,特斯拉选择完全依赖电动汽车和电动汽车零部件的设计和开发,将其作为全球市场竞争的基础。为了保持这一点,特拉斯将更多的资源用于研发,以制造更好更优质的汽车。

大力投入研发

特斯拉在研发上投入了大量资源。2012 年研发费用为 2.74 亿美元,比 2011 年增长了 31%。研发所含的活动包括制造、过程验证、原型生成以及模拟在各国市场不同条件下的产品测试。

公司的所有研发工作中,主要关注点是动力系统和车辆工程。事实上,特斯拉的核心知识产权包含在电力动力系统和组成部分当中,例如电池组、电力电子设备、发动机、变速箱和集成系统软件。所有这些都是公司内部设计的,并应用在了获得重大成功的 Roadster 和 Model S 车型上。公司还计划将这些设计纳入未来车辆的开发。其动力系统的模块化设计非常紧凑,所包含的运动部件比内燃动力系统要少,显示出了设计上的独创性。这些功能适用于不同的应用,并对车辆的成功作出了贡献。除了这一核心焦点,特斯拉还拥有自己的设计能力,能够设计引擎、底盘、内部组件、加热和制冷、抵押电力系统,以及计算机辅助设计和碰撞测试模拟。这显著增加了特斯拉的工程能力,并缩短了其车型的产品开发时间。

从公司对研发工作的投入水平来看,这些努力作为知识产权受到保护是可以理解的。在很大程度上,公司也成功了。特斯拉所拥有的专利、专利申请和商业秘密,包括专有技术、雇员和保密协议、版权法、商标、知识产权许可和其他合同权利,以建立和保护对自己技术的所有权。截至 2012 年,特斯拉在美国专利和商标局以及较广泛的国际范围内,共有 117 项专利,超过 258 项专利申请。随着公司继续对研发进行投资,想在市场上获得成功,知识产权非常重要。

"T"形车标

2010 年,随着 Roadster 车型在日本发布,特斯拉开始进入亚洲市场。自此,该公司进驻邻近市场,如中国香港地区和中国内地。在亚洲市场发现可行的市场增长的同时,也存在着挑战。

当特斯拉宣布进入中国时,发现商标的标识和 T 形车标已经被一位年轻的中国商人占宝生注册。占声称自己是合法的电动汽车企业家,致力于在中国制造和销售特斯拉电动车。2006 年,占提出使用英文 Tesla,特斯拉的音译中文,特斯拉的 T 形车标和公司的专用字体。于是,特斯拉向中国法院提出使用这些名称和标识的权利。

虽然别人觉得特斯拉很容易胜诉,但现实没这么简单。西方公司在中国开展业务时,经常遇到类似的问题。法律专家认为,公司进入国际市场时经常碰到类似的问题,会碰到个人或公司想通过外国品牌来赚钱。对于中国的商标制度来说,这个案例太难了,通常要看是谁先获批商标使用权的。如果一家公司没能获得注册的权利,它有两个昂贵的选择。要么向法院起诉,长期打官司耗资巨大,要么庭外和解,从商标持有者那里购买商标。

苹果公司发现,在其发布第一个 iPad 的十年之前,就已经有人在中国注册了 iPad。公司不得不支出 6 000 万美元来解决由拥有商标权的当地公司提起的诉讼。法拉利 SpA 在 2007 年也经历了法律上的折磨,当时该公司输掉了长达 10 年的商标官司。当时他们向一家中国的百货公司提出索赔,因为他们使用了类似法拉利的奔马。尽管法拉利花费了不菲的时间和资源,公司还是输了;中国法院裁定法拉利在中国并不是很有名气。这也解释了为什么像可口可乐(红色和白色泡腾的标识)、麦当劳(金色拱形)、迪斯尼(例如米老鼠和唐老鸭这样的角色)、福特(可识别的蓝色)在中国受到保护,因为这些品牌也被其他人和其他公司所熟知。

民法与判例法

这一问题主要来自中国的法律框架。中国是有着民法法典的国家,这意味着法律只能由行政或者立法权来修改或修订。而在具有判例法的国家,通过法院制度和先例,借鉴过去的裁定来建立新的法律制度,就可以对法律进行修改或修订。后者主要存在于英国及其前殖民地,包括美国在内。考虑到这样的一个环境,专家们觉得特拉斯赢得这个案子并不容易,就像在民法法典的国家一样,第一个申请商标的一方通常会获胜。而且,为了取胜,特拉斯还必须证明它们的商标是众所周知的。

或者特拉斯能够证明占的目的是敲诈钱财。这不太容易,因为中国商标法对想证明商标所有人恶意行为的公司有着举证的要求。为了证明这一点,特拉斯必须提供证据表明曾与该公司过去曾有过联系,并且事先知道特拉斯会进入中国。专家认为,占会很容易证明他与特拉斯之前没有联系。

特拉斯的一丝希望在于"保护工业产权巴黎公约"。如果公司能确定他们的商标是众所周知的,这一全球认可的协议将超越所在过的法规,保护知名商标。虽然大多数国家都受这一公约的约束,但这些国家保留确定该商标是否在当地众所周知的权利。这种情况下,特斯拉的官司可能会遇到问题。实际上,特拉斯还必须证明,这个品牌在中国注册商标时,在中国是知名的。随着官司的进展,似乎占可以令人信服地证明,在2006年(占注册商标时),该品牌在中国并不知名。

像特拉斯这样一个比较新的公司碰到这样一个复杂的情况,人们可能觉得庭外解决是最好的。事实上,公司在2009年尝试过,只是谈判失败。特斯拉首席执行官埃隆马斯克想给占30万美元来换取商标。但占提出,让马斯克出资超过300万美元入股他的公司。特斯拉还有一个办法,就是证明占在近几年还至少试图获取其他三个商标。但中国法院很可能会认为证据不足。

法律变更

经过多年的讨论,中国已经采取措施修改商标法,这有助于遏制侵权行为,为商标持有者保证一个公平的市场。新法规定,商标侵权赔偿从低至50万元人民币*上限为300万元人民币**。新法还规定,如果商标代理人知道或者商标进行恶

---

　*　约合72 000美元,已按最新汇率修改,原文为82 000美元。——译者注
　**　约44万美元,原文为50万美元,已不符合近期的汇率。——译者注

意注册或者侵犯他人商标权时,不得转让商标。任何违规行为都将受到工商管理局的行政处罚并留下不良信用记录,严重的会被勒令停业。新法还保护重新拥有商标的所有人,即便品牌名称还未注册,商标所有人也有权禁止他人注册或者使用与其品牌相类似的商标。

　　法律的改变给特斯拉和其他可能被称为商标侵权目标的公司提供了希望,不过特斯拉仍有很多难关。这是因为公司还必须证明自己的品牌不仅在西方或者美国知名,在中国也是著名商标。因此,对特斯拉来说,新的变化和收益还是有怀疑的。目前,所有的新法律都表明,中国正在日益努力地解决世界最大的专利和商标侵权者的不良声誉。

讨论题

　　1. 特斯拉聘请您帮它们确立品牌在中国的声誉。

　　2. 特斯拉之前曾经于 2010 年 7 月到 2011 年 2 月在新加坡开展过业务。由于没有得到新加坡政府的免税待遇,特斯拉选择离开。鉴于中国复杂的法律框架,特斯拉是否应该离开中国? 请提供依据。

　　3. 印度和印度尼西亚是汽车的高增长市场。你认为特斯拉下一步可以考虑进入这些市场吗? 特斯拉可能在这些国家面临怎样的法律和监管挑战?

资料来源

　　1. 特斯拉公司年报。

　　2. Angelo Young, "Tesla Motors' (TSLA) Trademark Problem in China: What Multinational Companies Can Learn from Tesla About Securing a Trademark on the Mainland", International Business Times, August 30, 2013. 于 2013 年 8 月 30 日访问 http://www.ibtimes.com/tesla-motors-tsla-trademark-problem-china-what-mul-tinationalcompanies-can-learn-tesla-about-1401973。

　　3. "China Passes New Trademark Law," China Daily USA, August 30, 2013.

于 2013 年 8 月 30 日访问 http：//usa. chinadaily. com. cn/business/2013-08/30/content_16932794.htm。

4. Zachary Shahan，"Tesla Motors Worth ＄20 Billion（About 42％ GM's Worth），& the One Reason Why"，Clean Technica，August 29，2013.于 2013 年 8 月 30 日访问 http：//cleantechnica. com/2013/08/29/tesla-motors-worth-20-billion-about-42-gmsworth-the-one-reason-why/。

5. Roben Farzad，"Tesla Is Now Worth ＄20 Billion,"Bloomberg Business-week，August 27，2013.于 2013 年 8 月 30 日访问 http：//www. businessweek. com/articles/2013-08-27/tesla-is-now-worth-20-billion。

6. Angelo Young，"'Trademark Troll' ZhanBaosheng Tried to Take Other Company Names；Will This Help Electric Carmaker Win Its Trademark Case?"*International Business Times*，August 20，2013.于 2013 年 8 月 30 日访问 http：//www. ibtimes. com/trademark-troll-zhan-baosheng-tried-take-other-company-names-will-help-electric-carmaker-win-its。

细分印度家庭

麦肯锡公司发布的报告根据实际的可支配年收入,印度的家庭可以细分为以下五个经济等级。

● 被剥夺者(deprived):这一群体的收入低于 90 000 卢比,约合 1 969 美元,是印度最贫穷的群体。这一群体的很多人生活在印度政府确定的贫困线以下(农村人均每天 2 400 卡路里,城市人均每天 2 100 卡路里)。这一群体通常没有技能,从事季节性或者兼职工作。

● 追求者(aspirers):这一群体收入在 90 000 卢比至 200 000 卢比之间,约合 1 969—4 376 美元,主要由低技能的打工者和小贩组成。这些人努力着想过上舒适的生活,通常把大部分收入用于购买基本生活必需品。

● 寻求者(seekers):这一群体的收入在 200 000 至 500 000 卢比之间,约合 4 376—10 941 美元。这一群体包括年轻的大学毕业生,专业人士、商界人士、政府雇员和个体经营者。他们之间在人口和心理因素如年龄、态度、教育和就业方面也有差异。

● 奋斗者(strivers):这一群体的收入在 500 000 至 1 000 000 卢比之间,约合 10 941—21 882 美元,这一群体由成功的商业人士、实业家、专业人士、高级官僚、政府官员、小城镇和农村的富农组成。该群体的财政资源稳定,信贷储蓄稳定。这一群体及其之上的群体在印度社会被看作是成功人士。

● 全球印度人(global Indians):这一群体在收入方面是最成功的。收入超过 1 000 000 卢布,约合 21 882 美元。这一群体包括大企业高管、大企业主、政治家以及农业大地主。即将加入这一群体的包括来年轻、成功的中级管理人员或者毕业于印度顶尖教育机构的毕业生。他们在各种跨国公司获得高级职位，同时获得高薪。这些人对生活中的优质商品有着一定的品味，在奢侈的生活方式上花费很多。

表 CSⅢ.1 展示了这些群体多年来的变动。

表 CSⅢ.1 印度前景的改变

收入群体	家庭年可支配收入(千)	1995—1996 年	2001—2001 年	2005—2006 年	2009—2010 年
被剥夺者	低于 90	131 176	135 378	132 249	114 394
追求者	91—200	28 901	41 262	53 276	75 304
寻求者	200—500	3 881	9 034	13 183	22 268
奋斗者	500—1 000	651	1 712	3 212	6 173
全球印度人	1 001—2000	189	546	1 122	2 373
	2 001—5 000	63	201	454	1 037
	5 001—10 000	11	40	103	255
	超过 10 001	5	20	52	141

讨论题

1. 开发一个调查问卷，为即将推出的全自动洗衣机选择理想的细分市场。
2. 在你看来，哪个群体最有可能回收他们使用的产品？提供依据。

资料来源

Jonathan Ablett，Aadarsh Baijal，Eric Beinhocker，Anupam Bose，Diana Farrell，Ulrich Gersch，Erza Greenberg，Shishir Gupta，and Sumit Gupta，"The 'Bird of Gold'：The Rise of India's Consumer Market，" McKinsey Global Institute，May 2007.

案例 **4**

斯巴鲁：供不应求的问题

在这些困难的经济时期里，斯巴鲁仍然在追梦。2013 年的前 7 个月，斯巴鲁在美国的销售额激增了 27%，可能在接下来的一年销售额会再次增加，跻身于少数几个有此业绩的汽车制造商之一。表 CSIV.1 列出了斯巴鲁 8 年来的业务表现。

表 CSIV.1　斯巴鲁的商业表现

	2013—2014 第一季度	2012—2013 财务年度	2011—2012 财务年度	2010—2011 财务年度	2009—2010 财务年度	2008—2009 财务年度	2007—2008 财务年度	2006—2007 财务年度	2005—2006 财务年度
生产（千）									
日　本	153	583	468	459	453	474	490	484	466
美　国	44	181	171	165	104	92	109	103	121
总　和	197	764	639	624	557	566	599	587	587
销量—小客车和微型车（千）									
日　本	41	163	172	158	171	179	209	227	230
美　国	116	390	309	307	250	210	210	207	210
其　他	34	171	159	192	142	169	178	144	132
总　和	191	724	640	657	563	555	597	578	572
全球净销售收入（10 亿日元）	513.3	1 779.0	1 389.1	1 452.2	1 294.5	1 316.3	1 421.2	1 339.3	1 332.8
全球运营收入（10 亿日元）	64.9	111.0	39.4	80.4	21.7	(9.2)	37.1	37.8	51.6
汇率（日元兑美元）	98	82	79	86	93	102	116	117	112

2013 年 7 月,公司年报表明相比 2012 年 7 月增长了 43％,前七个月增长了 27％,高于 2012 年同期。根据 2013 年 7 月的销售情况来看,斯巴鲁可以在短短 27 天内售出在美国的全部库存——比汽车业平均水平的一半时间还略短。此外,自 2012 年初以来,它们的股票价格上涨了五倍。这些惊人的数字是有计划的营销活动的结果。

小众市场营销的力量

富士重工(FHI)的子公司斯巴鲁在早期面对诸如本田、丰田、通用等市场巨头等方面的挑战。不仅如此,丰田拥有 FHI 的 16.5％,使得斯巴鲁很难在丰田和本田主导的前驱车细分市场上进行竞争。竞争对手拥有斯巴鲁缺少很多资源:财务缓冲、高销量、高知名度的品牌,而且可以在价格上进行竞争,这是斯巴鲁无法做到的。因此,为求生存,斯巴鲁开始寻找被竞争对手忽视的区域。公司很快发现,市场上全轮驱动的产品不多,并在这一小众市场上加大投入。它们给车增加了一个硬件上的特点:对置式发动机——活塞是左右活动,而不是上下活动。斯巴鲁还有一个独特的组合,非常适合林地和丘陵路况。

它们的小众市场通过多项营销决策获得了支持。尽管通过低价的前驱车仍然能获利,斯巴鲁还是坚持四轮驱动。事实上,新推出的 BRZ 是它们唯一拥有后轮驱动的车型,明显偏离了焦点。通过这一举措,公司提供具有优越功能和良好设计的跑车。

此外,它们的营销手册包括精心挑选的定价结构,早早领先于竞争对手给汽车配齐标准功能,更加聚焦于关注广告和促销活动,而不是折扣和财务刺激来增强市场,并且分配营销资源,以培养现有北美顾客的忠诚度。良好的产品、实惠的价格和四轮驱动的结合,使得斯巴鲁具有很好的价值。这种有吸引力的组合提高了二手斯巴鲁的售价,使得斯巴鲁车辆在租赁业上具有优势,而一些竞争对手正在缩短租赁。

虽然这一切花了好几年的时间,但集中营销的举措获得了很好的回报。过去的几年来,该公司的销售额一直在增长,并在 2014 年在美国突破了 50 万台的销售量。事实上,斯巴鲁甚至从最不看好的"现金兑现计划"中获利。虽然很多斯巴鲁的车没有通过这一互换计划，公司还是设法销售了近 17 000 辆车。据方案的发言人迈克尔·麦克海尔(Michael MaHale)介绍，参与这一计划的几乎都是第一次买斯巴鲁，这清楚地说明了品牌的成功。

获奖众多

斯巴鲁能掌握顾客不是没有原因的。最近的车型横扫各种示范工程和设计大奖。2012 年日本新车评估计划(JNCAP)给翼豹 G4(四门轿车)/运动(5 门)系列打分为 5 星。斯巴鲁从 JNCAP 获得的其他奖项包括 2007 年翼豹获得 JACAP 大奖，2008 年 Forester 和 Exiga 七人座获得 JNCAP 优秀汽车奖(分别获奖)，2009 年 JN-CAP 大奖和 2011 年 Legacy 五星奖。斯巴鲁还获得了欧洲新车评估项目的类似奖项(Euro NCAP)。斯巴鲁从欧洲获得的奖项包括 2009 年颁给 Legacy 的五星奖(最高等级)和 XV 及 Forester 在 2012 年获得的五星奖。

此外，2013 年斯巴鲁 BRZ 最近由于优越的驾驶系统和赛车能力获得了由汽车杂志颁发的"全明星"奖。同样，新的 2014 Forester SUB 是第一台在各方面的表现均超过高速安全保险学院(IIHS)碰撞测试的车型，获得了最高安全等级(TSP+)。这是斯巴鲁继 2013 年 Legacy 和 Outback 之后获得的第三个 TSP+。这样斯巴鲁成为连续四年所有在北美地区销售的 ICT 车型(Subaru legacy，Subaru Outback，Subaru Forester，Subaru Tribeca，Subaru Impreza，Subaru XV Crosstrek，和 Subaru BRZ)都通过 IIHS 测试的第一个公司。有了这样令人瞩目的奖项和汽车安全等特点，很容易理解为什么车辆在市场上的表现如此不俗。

小众大市场

有着这么多有利于斯巴鲁的业绩，大家可能认为斯巴鲁的高管可能会非常欣喜，实际上并非如此。庆祝活动比较有节制是因为销售太好，公司几乎满负荷运转。问题的部分原因是通常保守的销售预测没有预测到销量的激增。事实上，保守的预测是如此不靠谱，斯巴鲁的美国负责人 Takeshi Tachimori 道歉，而没有因为供不应求埋怨生产部门的负责人。斯巴鲁从新车型的畅销和日元疲软中受益,与其他日本汽车制造商相比,飙升的利润和销售额使得总裁吉永泰之(Yasuyuki Yoshinaga)开始担心小众市场是否太大了。

困境还包括,为他们赢得顾客和评论家青睐的车型的短缺,等候买车的名单还在不断增加。例如,2013 年前 7 个月的销售增长超过上一年同期的 200%。这一与丰田联合开发的车型是如此受欢迎,在美国等待时间超过 8 个月。

为了满足不断增长的需求,斯巴鲁计划在日本的两个工厂满负荷的工厂增加产能。在美国,公司还计划扩展位于印第安纳州拉法耶特的工厂,投资 4 亿美元,到 2016 年将产能提高 76%,达到 300 000 辆。

前路漫漫

基于目前的发展,有人可能认为新工厂会解决斯巴鲁的供货问题。然而,增加一个年产 20 万台车的工厂没有太大的经济意义,除非斯巴鲁再生产 20 万辆车。要确定一个解决方案,公司高管正在讨论各种选择,包括扩大斯巴鲁汽车的阵容,为像印度这样的市场推出更便宜的车;着眼于公司的畅销产品,抬高价格,重新安置与丰田在印度的工厂,改变生产周期重新分配斯巴鲁和丰田汽车的生产水平。虽然这些建议看似都是合理的,但仔细观察能看到这些问题的复杂之处。

扩大汽车阵容是斯巴鲁可能考虑的一个可能,实际上公司于 2013 年在美国市场推出了首款汽油—电力混合动力车:XV Crosstrek 混合动力车。但鉴于最近的发展,专家们对公司对该技术的支持程度表示担忧。此外,公司是后进入混合动力车市场的,也没有全动力或插电式混合动力车能够满足加州在 2016 年生效的排放规定。

另一种选择是为印度和印度尼西亚等汽车数量大幅度增长的大众市场生产汽车。不过,公司总裁不清楚这是否斯巴鲁的正确发展方向。吉永泰之说:"我们不是能成长成丰田那样规模的公司。即便能,我们也就不再是斯巴鲁了。"

有些专家认为,斯巴鲁比较小。多亏小众的产品定位,与丰田稳定的合作关系,斯巴鲁如果专注于核心竞争力(其四驱车和水平发动机的组合),斯巴鲁可能会做得更好。偏离这一定位,都可能成为斯巴鲁会输掉的一个赌局。专注于小众的策略谨慎行事也可能过于保守。

从微观角度看,控制过剩的需求的直接方法是提高价格。这不仅能提升公司的利润,还可以通过提高价格制造一个有力的缓冲区,有可能改进品牌地位。然而,目前他们的做法并不侧重于财务激励,仅针对广告和促销。因为这样的举措可能会影响他们的形象,消费者也可能不再考虑购买他们的产品。

在生产模式方面,事实证明丰田的产量比斯巴鲁多,可能会通过提供装配线来帮助斯巴鲁。不过,发言人史蒂文·柯蒂斯(Steven Curtis)表示:"尽管丰田在过去20个月内已经宣布在北美进行10个制造业扩张活动,额外增加了20亿美元的投资和新增4 000多个工作岗位,但是我们不会在任何扩张中与斯巴鲁合作。"尽管由于斯巴鲁的销量增长速度比丰田快,丰田汽车可以重新考虑这一安排,但由于两家公司之间的深厚关系,这种安排将不大可能发生变化。

即便每件事都按照斯巴鲁的风格在走,但他们似乎遇到了十字路口,必须为未来的路线作出一些艰难的决定。随着公司思考正确的路线,斯巴鲁可以看出,一个充满挑战的问题是一个很好的问题。

讨论题

1. 在确定最佳方案时,你会建议斯巴鲁怎样做来应对供货问题?需要什么信息来达成这个解决方案?如何搜集这些信息?

2. 斯巴鲁是否应该选择在国外市场定位小众市场,而不是普通和大众市场的定位?请说明。

资料来源

1. 富士重工公司年报。

2. Kyle Stock,"Two Ways to Fix Subaru's Supply Problem," *Bloomberg Businessweek*, August 28, 2013. 于 2013 年 8 月 28 日访问 http://www.businessweek.com/articles/2013-08-28/two-ways-to-fix-subarus-supply-problem#r=nav-fs.

3. Yoshio Takahashi andYoree Koh，"Subaru's Got a Big Problem：It's Selling Too Many Cars," *Wall Street Journal*，August 19，2013.于 2013 年 8 月 27 日访问 http：//online. wsj. com/article/SB10001424127887323838204579002400970446352. html。

4. Ma Jie and Yuki Hagiwara，"Subaru's 412% Surge Leads Carmaker to Debate Niche Status," *Bloomberg*，August 9，2013.于 2013 年 8 月 27 日访问 http：//www. bloomberg. com/news/2013-08-08/subaru-s-412-surge-leads-carmaker-to-debate-nichestatus-cars.html。

5. "All-New Subaru Forester Awarded 2013 'IIHS TOP SAFETY PICK ＋'," *Automotive World*（news release），May 20，2013.于 2013 年 8 月 27 日访问 http://www. automotiveworld. com/news-releases/all-new-subaru-forester-awarded-2013-iihstop-safety-pick/。

6. Jim Henry，"Detroit Auto Show：Subaru VP Tom Doll on U.S. Sales Gains with Lower Incentives"，*CBS Money Watch*，January 12，2009.于 2013 年 8 月 27 日访问 http：//www. cbsnews. com/8301-505123_162-42940343/detroit-auto-show-subaru-vptom-doll-on-us-sales-gains-with-lower-incentives/？ tag＝bnetdomain。

7. Jim Henry，"Subaru Passes 200,000 in U.S.；Next Up 300,000," *CBS Money Watch*，December 9，2009.于 2013 年 8 月 27 日访问 http：//www.cbsnews. com/8301505123_162-42940913/subaru-passes-200000-in-us-next-up-300000/？ tag＝bnetdomain。

8. Jim Henry，"Subaru's Slim Product Line Drives Record Sales"，*CBS Money Watch*，February 22，2010.于 2013 年 8 月 27 日访问 http：//www. cbsnews. com/8301-505123_162-42941057/subarus-slim-product-line-drives-record-sales/。

案例 **5**

工作中的千禧一代

皮尤研究中心将 1980 年以后出生的人划分为千禧年开始工作的第一代人。

千禧一代的画像

在皮尤 2010 年进行的研究中,千禧一代被问到与其他年代的人(X 一代、婴儿潮、沉默的一代)相比的独特之处。表 CSV.1 列出的是调研结果。

表 CSV.1 千禧一代与其他代年人群的不同

千禧一代($n=527$)	X 一代($n=173$)	婴儿潮($n=283$)	沉默的一代($n=205$)
技术使用(24%)	技术使用(12%)	工作伦理(17%)	二战,萧条(14%)
音乐/流行文化(11%)	工作伦理(11%)	受尊敬(14%)	更聪明(13%)
自由/宽容(7%)	保守/传统(7%)	价值/道德(8%)	诚实(12%)
更聪明(6%)	更聪明(6%)	婴儿潮(6%)	价值/道德(10%)
衣服(5%)	衣服(5%)	更聪明(5%)	工作伦理(10%)

如表 CSV.1 所示,将近 24% 的千禧一代认为,使用技术让他们感到特别。而 X 一代认为技术是他们这一带最大的独特之处,不过数量远远低于千禧一代。婴儿潮一代认为,工作伦理是他们的主要特征(17%),而沉默的一代认为大萧条和二战的共同体验是他们最好的特点(14%)。

千禧一代和教育

在教育上,千禧一代尚未达到 X 一代的成就。不过根据皮尤研究中心的调研,假以时日,他们可能会成为受教育程度最高的一代人。目前只有 19％还在上大学;另外有 26％在念书,想从大学毕业;30％的人希望能得到大学学位。相比 X 一代,只有一半的人从大学毕业或者将来获得大学学位。不仅如此,18—24 的年轻人上大学的人数达到有史以来的最高值。另外,根究美国人口普查,发现 54％的千禧一代已经上过大学或者已经毕业,相比 X 一代只有 49％。

很多千禧一代在受教育的同时还在工作。调查发现 18—29 岁的人当中有 24％同时上学和工作,约 10％上学的同时全职工作,14％上学的时候做兼职工作。表 CSV.2 提供了目前千禧一代工作和受教育的信息。

表 CSV.2　学习和工作的千禧一代

	所有千禧一代	18—24 岁	25—29 岁
全职工作,不上学(％)	31	19	48
全职工作,上学(％)	10	9	10
兼职工作,不上学(％)	10	11	9
兼职工作,上学(％)	14	20	5
不工作,上学(％)	13	20	4

千禧一代和就业

调查还研究了千禧一代的就业特征,发现 65％的千禧一代有全职或兼职工作。另外,作为一个群体,他们的工作比 X 一代的 75％少,与婴儿潮一代(68％)大体相当。不过,13％的千禧一代是全日制学生,不会为了工资而工作,相比之下 X 一代只有 1％,婴儿潮一代更少。在就业方面,三个群体大体相当。千禧一代和 X 一代大体相同,分别为(80％和 78％)。婴儿潮一代就业人数较少(68％),主要由于其中 13％已经退休。

对工作的乐观

在最近的一项由捷孚凯奥米特和 Monster.com 进行的电话调查中,发现与婴儿潮一代相比,千禧一代对于稳定的职业更积极。表 CSV.3 提供了最近调查的信息。

表 CSV.3　对于职业的看法

	千禧一代		婴儿潮一代	
	虚构	现实	虚构	现实
认为职业的概念过时(%)	62	37	48	45
职业需要大学教育和培训(%)	33	65	39	55
职业以为这一个工作做很多年(%)	30	67	37	57

如表 CSV.3 所示,在具有代表性的 1 000 个样本当中,将近 62% 的千禧一代说会在很大程度上认为职业是现实的。只有 48% 的婴儿潮一代有一样的想法。不仅如此,37% 的千禧一代觉得职业能够提供一种成就感,而婴儿潮一代只有 26%。

尽管经济形势不好,千禧一代还是对他们的事业非常乐观。在一项 2012 年皮尤针对 18—34 岁的人进行的研究中,高达 88% 的人说有足够的钱或者将来会有足够的钱满足长期财务目标。即便是失业和财务紧张的人,也有 75% 相信他们会或者已经实现人生目标。相比而言,根据盖洛普,将近 54% 的超过 55 岁的美国人认为现在的年轻人的生活不太可能比其父辈更好,而只有 42% 的 18—34 的人这么看。

注意开支

自从金融危机以来,有近 55% 的 18—29 岁的人说他们会仔细留意开支。同一年龄组的人 2006 年时只有 43% 的人这么做。30 岁以下的成年人一直担心无法储蓄或者投资不足(2006 年有 72%,2010 年有 77%)。这与 30—45 岁的人群中关心如何财产增值的人比例相当。

千禧一代的财务脆弱性之一是由于保险覆盖率低,61% 的千禧一代说有某种形式的医保,X 一代是 73%,婴儿潮一代则有 83%,沉默的一代有 95%(有医保或者

退休计划覆盖）。千禧一代中,西班牙裔更容易由于生病而遭遇财务危机。18—29
岁的拉丁裔约 42％有医保,黑人有 64％,白人有 67％。

讨论题

1. 你是一个顶尖商学院职业管理中心的主任。怎样针对千禧一代定位你们商
学院的学术类课程?

2. 你会提供给学术课程负责人哪些信息,设计哪些学术课程,以便更好地帮助
迁徙的一代?

3. 在准备邀请公司进行校园招聘时,你会邀请哪些公司? 如何向招聘人员定
位商学院?

资料来源

1. "Millennials: A Portrait of Generation Next", February 2010, Pew Research
Center.

2. Sydney Brownstone, "Millennials Are Actually Optimistic About the
Prospect of Careers", *Fast Company*, August 29, 2013.于 2013 年 8 月 31 日访问
http://www. fastcoexist. com/3016572/millennials-are-actually-optimistic-about-the-
prospect-of-careers。

3. Emily Alpert, "Millennial Generation Is Persistently Optimistic", *Los An-
geles Times*, July 07, 2013.于 2013 年 8 月 31 日访问 http://articles.latimes.com/
2013/jul/07/ local/la-me-millennial-optimism-20130708。

4. Richard Fry, "College Enrollment Hits All-Time High, Fueled by Communi-
ty College Surge", *Pew Research Center Report*, Oct. 29, 2009.于 2013 年 8 月 31
日访问 http://pewsocialtrends. org/pubs/747/college-enrollment-hits-all-time-high-
fueled-by-community-college-surge。

图书在版编目(CIP)数据

全球营销调研/(美)V.库马尔著；于洪彦，金钰，
朱鸿译.—上海：格致出版社：上海人民出版社，
2019.10
ISBN 978 - 7 - 5432 - 2974 - 7

Ⅰ.①全… Ⅱ.①V… ②于… ③金… ④朱… Ⅲ.①
市场调查 Ⅳ.①F713.52

中国版本图书馆 CIP 数据核字(2019)第 110327 号

责任编辑 程　倩
装帧设计 路　静

全球营销调研

[美]V.库马尔 著

于洪彦　金　钰　朱　鸿 译

出　　版　格致出版社
　　　　　上海人民出版社
　　　　　(200001　上海福建中路 193 号)
发　　行　上海人民出版社发行中心
印　　刷　常熟市新骅印刷有限公司
开　　本　710×1000　1/16
印　　张　37.5
插　　页　4
字　　数　627,000
版　　次　2019 年 10 月第 1 版
印　　次　2019 年 10 月第 1 次印刷
ISBN 978 - 7 - 5432 - 2974 - 7/F·1204
定　　价　108.00 元